코기토 총서
세계사상의 고전

Collationes in hexaemeron
by Bonaventura

코기토 총서 041
세계사상의 고전

6일간의 세계 창조에 대한 강연

보나벤투라 지음 | 박주영 옮김

도서출판

옮긴이 박주영(朴桂泳)은 1960년 서울에서 태어나 한국외국어대 독일어과를 졸업했으며, 같은 대학교 동시통역대학원에서 석사학위를 받았다. 이후 같은 대학교 대학원 철학과에서 「하이데거에 있어서의 신에 대한 물음」으로 석사학위를 받고 박사과정을 이수한 다음에, 독일 보쿰 대학에서 「토마스 아퀴나스의 철학에서 악의 문제에 대한 연구」(Das Schlechte und das Böse. Studien zum Problem des Übels in der Philosophie des Thomas von Aquin)로 박사학위를 받았다. 부전공으로 가톨릭 신학과 역사학을 공부했으며, 독일 정부에서 시행하는 라틴어와 그리스어의 국가시험을 통과했다. 2002년부터 한국외국어대에서 라틴어와 그리스어, 토마스 아퀴나스 철학, 중세철학 등을 강의했으며, 2003~06년에 서울대 철학사상연구소 연구원을 지냈다. 논문으로 「빛과 인식의 상관관계에 대하여: 아우구스티누스, 보나벤투라, 토마스를 중심으로」, 『대이교도대전』에 나타난 행복에 관하여」, 「토마스 아퀴나스의 『진리론』에 따른 인간 인식의 오류 가능성」, 『6일간의 세계 창조에 대한 강연』(Hexaemeron)의 연구번역」, 『모든 학문의 신학으로의 환원』(De reductione artium ad theologiam) 연구번역」, 「토마스 아퀴나스의 『악론』(De Malo) 연구」 등을 발표했다. 저서로 『중세와 토마스 아퀴나스』(살림, 2004), 『아우구스티누스』(살림, 2006), 『악이란 무엇인가』(누멘, 2012)를 비롯해, 번역서로는 『삶의 목적인 행복』(헤르만 클레버, 가톨릭출판사, 2006), 『행복론』(아우구스티누스, 누멘, 2010)이 있다. 현재 한국외국어대 교양학부 강사로 있다.

코기토 총서 041
세계사상의 고전

6일간의 세계 창조에 대한 강연

2019년 7월 1일 제1판 제1쇄 인쇄
2019년 7월 10일 제1판 제1쇄 발행

지은이 | 보나벤투라
옮긴이 | 박주영
펴낸이 | 박우정

기획 | 이승우
편집 | 이남숙
전산 | 한향림

펴낸곳 | 도서출판 길
주소 | 06032 서울 강남구 도산대로 25길 16 우리빌딩 201호
전화 | 02)595-3153 팩스 | 02)595-3165
등록 | 1997년 6월 17일 제113호

ⓒ 박주영, 2019. Printed in Seoul, Korea
ISBN: 978-89-6445-214-1 93100

본 역서는 가톨릭대학교 강 엘리사벳 연구기금의 연구비 지원에 의해 작성되었음(과제 번호 KEF-2013-A3)

이성과 신비의 조화를 주장하면서도 신비 체험을 더 강조한 보나벤투라

신학과 세상에 대한 자연철학적 해석 사이의 마찰로 학문적 논쟁이 격심했던 시기에 그는 라틴 아베로에스주의와 그리스도교적 아리스토텔레스주의를 모두 비판하면서 플라톤–아우구스티누스 노선을 따르는 입장에서 그리스도의 지혜로 돌아갈 것을 주장했는데, 그에 따르면 모든 앎과 확실성은 인간 이성에 바탕을 두되 '영원한 지혜에 의한 빛'을 통해서만 가능하다고 강조했다(파올로 모란다 카바촐라(Paolo Moranda Cavazzola, 1486~1522)의 「보나벤투라」(1506~22)).

엘 그레코(El Greco, 1541~1614)의 「성흔(聖痕)을 받는 프란체스코」(1585~90)

보나벤투라는 프란체스코로부터 모든 사물에서 하느님 자신을 보도록, 그 안에서 창조자의 전능함과 지혜와 아름다움을 반영하는 거울로 모든 사물을 보도록 배웠다. 그에게 사물은 자신의 창조자를 드러내는, 그들의 모형은 그 안에서 빛나는 모상뿐만 아니라 하느님을 제시하고 길의 안내자로서 하느님에게 이끌리는 표시이다.

프란시스코 데 에레라(Francisco de Herrera the Elder, 1576~1656)의 「프란체스코회에 입회하는 보나벤투라」(1628)

어린 시절 보나벤투라의 병치레가 잦자 그의 부모는 프란체스코 성인에게 도움을 청했는데, 그를 본 프란체스코가 'Oh buona ventura'(오, 복된 잉태여)라고 했다는 이야기가 전해지고 있다. 1238년 보나벤투라는 프란체스코회에 입회하면서 원래의 이름인 '피단차'에서 '보나벤투라'로 개명하였다. 아울러 보나벤투라는 1261년 프란체스코 성인에 대한 전기(傳記)인 『프란체스코 대전기』와 『프란체스코 소전기』를 집필하기도 했다.

프란시스코 데 수르바란(Francisco de Zurbarán, 1598~1664)의 「새 교황 선출에 대해 기도하는 보나벤투라」(1628~29)

신학적 측면에서뿐만 아니라 교회 행정에서도 탁월했던 보나벤투라는 1265년 교황 클레멘스 4세에 의해 요크(York) 대주교로 임명되었으나 거절했다가, 1273년 다시 알바노(Albano) 대주교에 임명되어 업무를 수행하였다.

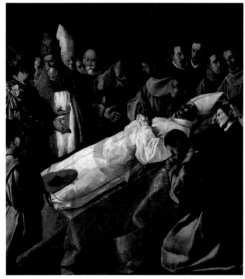

(위) 프랑스 리옹(Lyon)에 있는 성 보나벤투라 교회
(아래) 프란시스코 데 수르바란의 「보나벤투라 유해의 안치」(1629~30)
1274년 5월 7일 교황 그레고리우스 10세에 의해 교회의 개혁과 예루살렘 성지에 대한 군사적 원조, 그리고 동방정교회와의 통합 문제를 논의하기 위해 소집된 제2차 리옹 공의회에 참석한 보나벤투라는 7월 15일 새벽에 교황을 비롯한 동서교회의 고위 성직자들이 지켜보는 가운데 선종(善終)하였다.

이 책은 보나벤투라(Bonaventura, 1217?~74)의 *Collationes in hexaemeron*
을 번역·주해한 것으로, 번역의 저본으로는 Bonaventura, *Collationes in
hexaemeron*(Lat./Deut, München, 1979)을 사용하였다. 이 책의 원문은
Quaracchi 1891, 제5권에서 취해졌고, 각주 등을 위해 Quaracchi 1934
판본을 사용했다.

제목『6일간의 세계 창조에 대한 강연』이 시사하듯이, 이 작품은 6일간
이루어진 하느님의 창조 작업을 중심으로 이루어진 강연집이다. 그러나
아쉽게도 이 강연은 4일 동안의 창조 작업에서, 그나마도 미진하게 끝나
고 만다. 그럼에도 불구하고 이 강연집은 보나벤투라의 사유 세계와 사
상 전반을 이해하는 데 중요한 전거가 된다.

동료 수사들에게 행한 학술 강연인 이 책은 새로운 사상과 사유가 스
스로를 해명하고 인정받기 위해 고심하던 시기에 탄생했다. 신학과 세상
에 대한 자연철학적 해석 사이의 마찰로 인해 이 시기에 학문적인 논쟁
은 극심했고, 때마침 강력하게 서구로 유입된 아리스토텔레스의 사상이
새로운 시대 조류를 형성하는 결과를 낳았다. 당시의 시대 조류는 다음
과 같이 세 가지로 요약할 수 있다. 첫째, 시제 드 브라방(Siger de Brabant)[1]

---

1 아베로에스주의자로 이른바 라틴 아베로에스주의의 대표적 철학자이다. 그는 그리스
   도교 신앙에 반하는 학설로 파리 주교에 의해 1270년과 1277년에 이단 선고를 받았

으로 대변되는 라틴 아베로에스주의[2]를 꼽을 수 있다. 둘째, 아베로에스주의의 오류를 비판하면서 아리스토텔레스 사상을 수용한 그리스도교적 아리스토텔레스주의를 꼽을 수 있다. 아리스토텔레스 사상은 모든 인간에게서 지성은 단일하다는 것, 그리고 세계의 영원성과 모든 자유를 부정하는 운명적인 필연성에 대한 이론이다. 셋째, 이에 극단적으로 대립하던 전통적인 아우구스티누스주의를 꼽을 수 있다. 두 노선, 즉 아베로에스주의와 아리스토텔레스주의에 반대하여 플라톤-아우구스티누스 노선에 서 있던 보나벤투라는 학술 강연을 개최하여 철학자의 오류와 아베로에스주의의 이단적 주장을 반박한다. 특히 아리스토텔레스의 오류인 세상의 영원성, 영원으로부터의 창조 가능성, 영혼과 영혼의 능력 사이의 실제적 구별을 강하게 비판했다. 보나벤투라는 아베로에스주의와 아리스토텔레스에 대한 반대 입장을 『성령의 일곱 가지 선물에 대한 강연』(Collationes de septem donis spiritus sancti)과 설교인 「모든 이의 단 하나인 스승 그리스도」(Christus unus omnium magister)와 『6일간의 세계 창조에 대한 강연』에서 분명히 했다.

보나벤투라는 『6일간의 세계 창조에 대한 강연』에서 사람들에게 그리스도의 지혜로 돌아갈 것을 요구하는데, 그에 따르면 모든 앎과 확실성은 영원한 지혜에 의한 빛을 통해서만 가능하다. 그는 여기에서 일곱 가지 빛에 대해 통찰하려 했다. 자연적인 지성의 빛, 신앙적인 지성의 빛, 성서적인 지성의 빛, 명상적인 지성의 빛, 예언적인 지성의 빛, 신비적인 지성의 빛, 영광적인 지성의 빛, 이렇게 일곱 가지 빛이 있다. 하지만 보나벤투라의 갑작스런 선종(善終)으로 인해 결국 네 번째 빛까지만 강연할 수밖에 없었다.[3]

오랜 기간 동안 주류를 이루었던 플라톤주의적 신학 노선에 아리스토

다. 시제 드 브라방에 대해서는 토마스 아퀴나스, 이재경 역주, 『지성단일성』, 분도출판사, 2007, 26~32쪽 참조.
2   토마스 아퀴나스, 같은 책, 2007, 18~26쪽 참조.
3   원유동, 『보나벤투라의 빛의 形而上學』, 한국학술정보(주), 2008, 147쪽 이하 참조.

텔레스주의적 입장이 수용된 이후 '아베로에스주의'와 같은 극단적인 분위기를 진정시키면서도 가능한 한 객관적인 시각에서 '신앙'과의 결속을 자연스럽게 부각한 이 책은 결코 과거(過去)의 글로 치부할 수 없는 강연집이다.

1. 저자의 생애와 주요 작품

이 책의 저자인 보나벤투라는 피단차 귀족 가문의 아들로 1217년경 이탈리아의 비테르보(Viterbo) 인근 바뇨레지오 다 조반니(Bagnoregio da Giovanni)에서 태어났다. 그런데 그의 출생 연도에 대해서는 학자들의 견해가 조금씩 다른데, 무려 5년 정도의 차이를 보이고 있다. 몇몇 사람은 1217년 후반에서 1222년까지를 출생 연도로 보는가 하면, 1217년에서 1218년으로 보는 견해도 있다. 그의 출생 연도에 대한 두 견해에서 공통적인 것은 1217년을 출생 연도로 본다는 점이다. 따라서 아래에서는 1217년을 기준으로 삼았다. 이름 보나벤투라와 관련해서는 다음과 같은 일화가 전해진다. 그는 요한으로 세례를 받았고 조반니 피단차가 그의 이름이었다. 그런데 그가 어린 시절 병치레가 잦자 성 프란체스코에게 도움을 청했고, 그를 본 프란체스코 성인이 'Oh, buona ventura'('오, 복된 잉태여')라고 했다고 한다. 1238년 프란체스코회에 입회하면서 피단차에서 보나벤투라로 개명하였다.

1243년 파리로 간 보나벤투라는 헤일즈의 알렉산더(Alexander of Hales) 밑에서 공부했다. 알렉산더는 교수로서 프란체스코회에 입회한 영국인 재속 사제였다. 알렉산더는 초창기 프란체스코 학파를 대표하는 인물로, 페트루스 롬바르두스(Petrus Lombardus)의 『명제집』(Libri sententiarum)을 표준적인 신학 교과서로 처음 도입했다. 당시 파리 대학에서는 롬바르두스의 『명제집』에 대한 주해 작업을 2년 동안 해야만 교수 자격이 주어졌다. 보나벤투라도 이 과정을 거쳐 1248년에 강의할 수 있는 자격을 얻었다. 그는 롬바르두스의『명제집』에 대한 주해서를 1250년에 쓰기 시작하여 1254년 완성했다. 그러나 수도원 출신 교수들이 파리 대학에서 강의하는 것에 불만을 품었던 재속 성직자 교수들은 이들이 대학에서 강의하는 것에 반대했고, 이로 인해 보나벤투라는 파리 대학에서 교수로 재직하는 데 어려움을 겪었다. 보나벤투라와 토마스 아퀴나스(Thomas Aquinas)를 파리 대학 신학부의 교수로 임용하라는 교황 알렉산데르 4세(Alexander IV)의 압력으로 갈등이 어느 정도 해소되었던 1253년에 가서야 보나벤투라는 파리에 있는 프란체스코회 수도원에서 신학을 강의할 자격을 얻었다. 이 기간에 그는『신학요강』(*Breviloquium*)이라는 신학 교과서를 저술했고 4년 뒤인 1257년에 수도회의 제7대 총장이 되었다. 그는 성 프란체스코(St. Francisco) 사후에 제각기 프란체스코 정신의 정통 후계자임을 자처하는 여러 파벌을 화해시켜야 하는 과제에 직면했다. 이 과제는 예를 들면 요아킴 데 플로리스(Joachim de Floris) 문제와 청빈 문제 등에 대한 것이었으며, 당시 수도회는 36개의 분파로 나뉠 정도로 심각하게 파벌 문제를 겪고 있었다. 그는 수도회를 재통합하고 조직을 재정비했다.

그의 작품 가운데 성 프란체스코의 전기가 두 편 있다. 이는『프란체스코 대전기』(*Legenda major Sancti Francisci*)와『프란체스코 소전기』(*Legenda minor Sancti Francisci*)로서 두 작품 모두 1261년에 저술되었다. 이 작품 이외에 수도회 총장으로서 겪은 고뇌의 한가운데에서 그는 독실한 신비적 작품을 저술했는데, 바로『하느님께 나아가는 정신의 여정』(*Itinerarium mentis in Deum*)이다. 책의 제목이 '*Itinerarium mentis ad Deum*'이 아니라 '*Itinerarium mentis in Deum*'이라는 점에서 우리가 포착할 수 있는 사실은 보나벤투라가 하느님에게 다가가는 것보다 하느님 안으로 침잠하는 것을 더 중요한 것으로 간주했다는 점이다. 그가 유명해진 것은 이 책의 저술 덕분이다. 이 책은 성 프란체스코가 그리스도의 성흔(聖痕)인 오상(五傷, 예수님이 십자가에서 고난을 받을 때 양손과 양발, 그리고 옆구리에 입은 상처)을 받은 베르나 산에서 그가 체험한 성 프란체스코의 환상에 대한

12

해석으로 평가된다.

한편, 보나벤투라의 행정적인 재능은 많은 칭송을 받았고, 덕분에 1265년 그는 교황에 의해 요크(York)의 대주교로 임명되었다. 그는 이 직을 고사했으나 1273년 알바노(Albano)의 대주교직까지 거절할 수는 없었다. 이 해에 그는 창조에 대한 성서적 설명을 다룬 그의 마지막 책인 『6일간의 세계 창조에 대한 강연』을 저술했다. 이 책은 영원한 말씀인 그리스도에게 돌아갈 것을 바라고 촉구하기 위해 1273년 파리의 대형 강의실에서 그의 동료 수사들에게 행한 강연으로 구성되어 있다. 그러나 그는 이 책을 완성하지 못하고 1274년 7월 15일에 선종하고 말았다. 이 책은 제목에서 드러나듯이, 창조자 하느님께서 이 세상과 이 세상의 모든 피조물을 창조한 6일간의 창조 작업에 근거해 구약과 신약을 망라하는 성경 구절을 인용·해석하면서 자신의 견해를 설파한 강연집이다.

『6일간의 세계 창조에 대한 강연』에 대한 다양한 제목의 필사본이 있는데, 우리는 이 필사본의 제목에서 이 책이 다루고 있는 것이 무엇인지 유추해 낼 수 있다. 이 책은 『교회의 조명』(Luminaria ecclesiae) 또는 『조명』(Illuminationes), 『6일간의 작업에 대한 교회의 조명』(Illuminationes ecclesiae in hexaëmeron) 또는 더욱이 『7개의 환상 또는 조명에 대한 강연』(Collationes de septem visionibus sive illuminationibus)이라고 지칭되었다. 보나벤투라의 저술 가운데 세 가지 저술, 즉 『하느님께 나아가는 정신의 여정』과 『모든 학문의 신학으로의 환원』(De reductione artium ad theologiam), 그리고 『6일간의 세계 창조에 대한 강연』은 그 내용에서 저자의 사상이 가장 긴밀히 연결되어 있는 작품들이다. 보나벤투라의 몇몇 작품이 번역되어 있긴 해도 여전히 아쉬움으로 남는 것은 그의 마지막 작품인 이 『6일간의 세계 창조에 대한 강연』이 아직까지 번역되지 않았다는 사실이다.[4] 더욱이 토마스 아퀴나스와 동시대인으로 그와 같은 시기에 파리

---

4 『하느님께 나아가는 정신의 여정』은 『하느님께 이르는 영혼의 순례기』(원유동 옮김, 누멘, 2012)라는 제목으로 번역되어 있다. 박주영, 「『모든 학문의 신학으로의 환원』

대학 교수로 활동했던 보나벤투라에 대한 소개는 다른 중세 사상가, 특히 토마스 아퀴나스의 사상에 대한 소개에 비해 초라할 정도로 빈약하다. 『보나벤투라의 빛의 형이상학』의 저자인 원유동은 "국내에서는 보나벤투라를 주제로 한 학위논문은 아직 없다"[5]라고 말한다. 다만 "부분적인 연구가 주석가들이나 사상지를 통해서 간헐적으로 발표되고 있다"[6]라는 점이 다소 위안이 될 뿐이다.

그의 책을 소개할 때 가장 빈번히 언급되는 『하느님께 나아가는 정신의 여정』이외에 중요한 책으로는 앞서 언급한 『모든 학문의 신학으로의 환원』을 들 수 있다. 이 책은 보나벤투라 전집에서 7쪽 정도밖에 되지 않지만 프란체스코 수도원의 정신을 반영한 아주 소중한 증거가 되는 작품이다. 보나벤투라가 그의 생애 말년에 집필한 작품인 『모든 학문의 신학으로의 환원』은 『6일간의 세계 창조에 대한 강연』을 집필하기 직전에 쓴 것으로 보인다. 따라서 이 두 책에서는, 예를 들면 빛과 조명에 대한 언급과 학문의 분류에 대한 서술 같은 거의 동일한 사상과 서술이 발견된다. 총서의 서문에 결합해서 우리가 보나벤투라는 이 작품의 근본 사유를 위-디오니시우스 아레오파기타(Dionysius Pseudo-Areopagita)[7]의 『천

(*De reductione artium ad theologiam*) 연구 번역」, 『중세철학』 제19호, 한국중세철학회, 2013, 183~234쪽 참조. 『6일간의 세계 창조에 대한 강연』의 현대어 번역본으로는 프랑스어와 독일어 그리고 스페인어 번역본이 있다. 또한 중세 철학의 대가인 에티엔 질송(Étienne Gilson)의 보나벤투라에 관한 뛰어난 저서인 『성 보나벤투라의 철학』은 영어와 독일어 번역본이 출간되어 있음에도 우리말로 아직 번역되어 있지 않다. 이 책이 번역·소개된다면 보나벤투라 사상을 연구하는 데 많은 기여를 할 것으로 기대된다. 보나벤투라 사상에 대한 연구서와 그의 작품의 번역서 중 대표적인 것은 앞에서 언급한 원유동, 『보나벤투라의 빛의 形而上學』, 한국학술정보(주), 2008과 소피아 로비기, 이재룡 옮김, 『성 보나벤투라』, 가톨릭대학교출판부, 2001이 있다. 이 두 권의 책은 많은 번역서와 저서를 참고문헌에서 소개하고 있어 보나벤투라 사상을 연구하는 사람들에게 많은 도움을 줄 것이다.

5 원유동, 앞의 책, 2008, 서론.

6 같은 곳.

7 앞으로는 디오니시우스로 지칭한다.

상위계론』(*De caelesti hierarchia*)에서, 또는 성 빅토르 후고(Victor Hugues)[8]의 작품에서 끄집어냈다고 반복해 말한다면, 또는 그가 후고의 『교육론』(*De eruditione didascalica*)에서 이 작품의 영감을 받았다고 한다면 이런 언급에 대한 충분한 이유가 있다. 『모든 학문의 신학으로의 환원』 첫 부분에 있는 학문론은 확실히 후고의 『교육론』의 영향을 받았다. 이 작품의 본래적인 사상은 무엇보다도 후고의 『천상위계에 대한 연구』(*Expositio in hierarchiam coelestem*)에서 상세하게 발견된다.

그렇다면 디오니시우스나 후고의 영향 이외에 우리가 여기에서 언급한 보나벤투라의 세 작품에서 공통적으로 언급되는 것은 구체적으로 무엇인가? 바이어발테스(Beierwaltes)가 적고 있듯이, 물론 "보나벤투라의 저작 중에서 그의 사유의 철학적이고 신플라톤적인 함축을 분명히 보여 주는 것은 무엇보다도 1259년 10월에 완성된 『하느님께 나아가는 정신의 여정』이다. 철학적이고 신플라톤적인 의미란 상승, 자신을 넘어섬, 정신의 근원이며 원형인 것과의 신비적인 일치를 의미한다."[9] 『하느님께 나아가는 정신의 여정』은 신에 대한 명상에서 생길 수 있는 인간과 신의 신비적인 합일을 그리고 있고, 보나벤투라 사상의 백미라고 할 수 있는 조명설을 제시하고 있다. 조명설(照明說)과 범형론(範型論)을 토대로 한 『6일간의 세계 창조에 대한 강연』이 이것과 같은 맥락에 서 있는 저작이다. 이 책에서는 『하느님께 나아가는 정신의 여정』에서 보나벤투라가 서술한 내용이 좀 더 상세하게 설명되면서 이에 덧붙여 그의 심오한 사상이 전개된다. 이 저작에서 보나벤투라가 탐구해 나가는 것은 진리와 지혜, 그리고 앞에서 살펴본 이 책의 필사본 제목에서 알 수 있듯이 하느님

---

8 생 빅토르 후고(1096~1141): 초기 스콜라 신학자이며 신비주의자이다. 생 빅토르 학파의 창시자로, 보나벤투라가 계승한 '신비신학'의 효시자이다. 작품에는 『교육론』 (전 7권)이 있는데, 인문학(3권), 신학(3권), 종교적 사색(1권)으로 구성되어 있다.

9 Werner Beierwaltes, "Aufstieg und Einung in Bonaventuras mystischer Schrift Itinerarium mentis in deum", in: *Denken des Einen*, hg. W. Beierwaltes, Frankfurt am Main, 1985, S. 391.

에 의한 조명이다. 이 두 작품에서 보나벤투라는 가장 상반되는, 하지만 가장 가까이 있는 것인 대우주(maior mundus)와 소우주(minor mundus)를 관련짓는다.[10] 즉 직관을 이용해 세계와 인간을 관련짓는다. 『6일간의 세계 창조에 대한 강연』에서 그는 「창세기」에 언급된 각 피조물의 생성 단계에 따라 대우주를 바라본다. 반면 소우주인 인간이 자신의 안으로 단계적으로 하강하는 내적인 단계에 따라 소우주를 바라본다. 대우주와 소우주에 대한 모든 진술, 즉 자연학적인, 물리적인 혹은 철학적인 언급은 이 내적인 구조 원리를 필연적으로 분명히 한 것일 뿐이다. 보나벤투라는 성서와 신앙고백, 그리고 교부들, 특히 아우구스티누스(Augustinus)의 작품과 디오니시우스의 가르침에 천착한다. 또한 강연 3에서 우리는 디오니시우스 사상의 영향을 엿볼 수 있는데, 전체 작품의 개요를 주제에 따라 설명한 후에 소개되는 이 사상은 이 강연집의 전체적인 내용을 함유하고 있다고 볼 수 있다. "디오니시우스가 교회의 위계에 대하여 말하듯이, 하느님의 법은 가장 낮은 자를 매개자를 통해 최고의 것으로 되돌리는 것입니다"(『6일간의 세계 창조에 대한 강연』 강연 3, 32).[11] 이와 같은 맥락에서 보나벤투라는 이 강연 말미에서 "나는 그대들을 이 생명의 나무로 데려가고 싶었다"라고 밝힌다.

2. 『6일간의 세계 창조에 대한 강연』을 통해 본 보나벤투라의 사상

1) 믿음을 모르는 철학의 오류

이성에 대한 신앙의 관계는 중세 스콜라 시대에 아우구스티누스를 따

---

10 Bonaventura, *Itinerarium mentis in Deum*, c.II, 2 참조.
11 '위계'라는 개념이 디오니시우스에게서 중요하듯이, 보나벤투라에게도 매우 중요하다. 앞으로 본문에서는 책 제목은 생략하기로 한다.

르는 철학자의 인식론에서 중요한 자리를 차지한다. 보나벤투라의 인식론은 그의 형이상학에 정확히 상응한다. 모든 사물이 그들의 근원인 하느님에 향해 있듯이, 모든 인식은 하느님의 실재와 그의 구원의 진리를 깨닫게 해야 한다. 학문의 세계는 위계적으로 질서지어진 이성적인 세상이다. 이 세상은 결국 영원한 영광에 대한 직관에서 완성된다. 보나벤투라가 볼 때 철학과 신학, 이성적 학문과 신앙이 그들의 고유한 원리에 의해 서로 다르다고 해도 철학은 참된 또한 완전한 인식을 위해 결코 충분하지 않다. 보나벤투라의 인식 개념은 완전히 구원사적으로 규정되어 있다. 그는 분명히 다음과 같은 사실을 확신한다. "하느님의 지혜는 하느님의 작품의 흔적에서 분명해졌다." 그러므로 성경에 따르면 "지혜가 바깥에서 외치고 광장에서 목소리를 높인다."[12] 글을 모르는 사람이 책을 손에 쥐고 있듯이, 그럼에도 그 내용에 신경 쓰지 않듯이 우리도 그렇다. 이렇게 "성경은 우리에게 그리스어와 야만인들의 언어, 그리고 헤브라이어가 되었고 그것의 근원에서 완전히 알려지지 않았다."[13] 신앙이 없다면 어느 누구도 사후에 인간을 기다리고 있는 삼위일체의 신비 또는 초자연적인 운명을 알 수 없다. 그런데 보나벤투라가 생각할 때 철학자는, 그가 아무리 재능이 있다고 해도 재능은 있지만 단순한 무지 상태에 있는 사람보다 더 나쁜 상태에 있다. 모든 학문처럼 철학도 참된 인식의 길보다 오류의 근원이 되었다. 철학자는 우리가 알아야 하는, 즉 존재하는 가장 중요한 사물에 대해서 명백한 오류를 범한다. "철학은 다른 학문으로 나아가기 위한 길이다. 그러나 철학에서 멈추기를 원하는 사람은 어둠에 빠진다." 보나벤투라는 철학을 받아들이는 일이 가장 큰 위험이라고 한다.

철학은 믿음의 빛을 갖고 있지 않기에 철학자를 심연과 어두움으로 떨어뜨린다. 자연이라는 교과서가 인간이 타락하기 이전처럼 되려면 하느

---

12 「잠언」 1 : 20.
13 『6일간의 세계 창조에 대한 강연』 강연 2, 20.

님이 인간에게 새로운 책과 새로운 인식을, 즉 성서와 믿음에 대한 인식을 선물해야 했다. "저 책, 즉 세상은 마치 죽어 없어지고 소멸된 것 같다. 그런데 사물의 비유들이 받아들여지도록 세상을 비추는 다른 책이 있었다는 것이 더욱 필수적이다. 이 책이 성경인데 성경은 세상이라는 책에 기록되어 있는 사물의 유사성, 독자성, 그리고 은유를 설정한다. 따라서 성경은 하느님을 인식하고 찬양하고 사랑하기 위해서 세상 전체를 복원한다"(강연 13, 12). 또 "저 모든 빛이 하나의 빛으로부터 근거를 갖듯이 이 모든 인식은 성서에 대한 인식으로 질서지어진다. 이들 인식은 성서 안에 갇혀 있고 그 안에서 완성되며 이를 통해 영원한 조명으로 질서지어진다. 우리의 모든 인식은 특히 신비에 대한 통찰에 관한 한 성서에 대한 인식에 자리 잡고 있어야 한다. 신비에 대한 통찰을 통해 조명이 하느님에게 되돌아가고 그곳에서부터 발생한다."[14] 자연의 교과서는 타락한 인간에게 자신의 본래적인 심오한 의미를 되찾게 한다.

2) 조명설: 빛의 형이상학

방금 언급한 인용문에서 우리는 보나벤투라의 사상에서 중요한 빛과 조명이라는 개념을 보았다. 조명설은 보나벤투라 사상에서 중요하다. 보나벤투라는 그의 수도원 창시자인 프란체스코 성인으로부터 모든 사물에서 하느님 자신을 보도록, 그 안에서 창조자의 전능함과 지혜와 아름다움을 반영하는 거울로 모든 사물을 보도록 배웠다. 그에게 사물은 자신의 창조자를 드러내는, 그들의 모형이 그 안에서 빛나는 모상일 뿐만 아니라 하느님을 제시하고 길의 안내자로서 하느님에게 이끌어가는 표시이다. 보나벤투라는 무엇보다도 사물의 외형에 의해 사물의 존재의 가장 깊은 근원을 보며, 이 근원에서 그는 하느님을, 사물의 근원을, 사물의 모형과 사물의 목적을 본다. 『6일간의 세계 창조에 대한 강연』에서 그는 "세상 전체는 하느님의 지혜를 묘사하는 빛으로 가득한 거울과 같고,

---

14 박주영, 앞의 글, 2013, 제7장.

빛을 내뿜는 석탄과 같다는 것이 분명하다"(강연 2, 27)라고 한다. 그러나 아우구스티누스의 진정한 계승자로 자처하는 보나벤투라에게는 외적인 세상보다도 인간의 영혼과 영혼의 작용이 하느님의 실재와 구원의 진리를 드러내는 모상이다. 보나벤투라가 볼 때 이들은 빛의 아버지인 하느님에게서 나아가는 빛이고 그에게 되돌아가는 빛이다.『하느님께 나아가는 정신의 여정』에서 그렇듯이『모든 학문의 신학으로의 환원』에서도, 또한『6일간의 세계 창조에 대한 강연』에서도 모형론과 상징주의, 범형인인 하느님과 그의 모상인 피조물이 그의 사유의 토대이다.

『6일간의 세계 창조에 대한 강연』에서는 예를 들어 창조의 첫째 날에 대한 상은 자연적으로 주어진 통찰의 빛이 하느님께서 창조하실 때 영혼으로 흘러들도록 원하신 선물이라고 인식된다. 이 빛은 단계적으로 더해져 영혼은 다른 빛을 더 잘 받아들이게 된다. "영혼의 빛은 지혜이다. 이 빛은 어떤 나락을 알지 못한다. 이 빛이 존재하지 않는 것은 생각될 수도 없고 표현될 수도 없다. 왜냐하면 만약 진리가 없다면, 어떤 진리도 없다는 것이 참이기 때문이다"(강연 4, 1 참조).

우리는 일반적으로 보나벤투라의 빛에 대한 사유를 '빛의 형이상학'이라고 일컫는다. '빛의 형이상학'이란 이론을 정립한 최초의 인물로 우리는 영국의 자연철학자이자 광학자, 신학자인 로버트 그로스테스트(Robert Grossetest, 1175?~1253)를 꼽을 수 있다. 그의 이론 중에서 중요한 것이 '빛의 형이상학'이다. 그로스테스트는 무엇보다도 아리스토텔레스 작품의 번역과 자연철학적 저서, 학문 이론적 저서로 커다란 영향력을 발휘했다. 그는『빛에 관해서 혹은 형상의 시작에 관해서』(*De luce sive de inchoatione formarum*)라는 형이상학적 저서와 디오니시우스의『신명론』(*De divinis nominibus*)에 대한 신학적 주해 등을 저술했다.『신명론』주해에서 그로스테스트는 자신의 빛에 대한 형이상학을 신학적 숙고와 결부시킨다. 그는 최초의 빛을 신과 동일시한다. 그로스테스트에 따르면, 모든 피조물은 신의 모상(模像)으로 불릴 수 있는데 모상이 최초의 빛의 산물이기 때문이다. 이런 사유를 우리는 '빛의 형이상학'이란 용어로 표현한다. 부언하면 '빛의 형이상학'은 신을 근원적인 빛이라 생각하여 여기에서 나오는 광선에 의해 피조물을 설명하는 사상을 말한다. 플라톤이 최고의 실재인 선의 이데아를 태양에 비유한 것에서부터 아우구스티누스의 전통에 입각한 그로스테스트와 그의 제자 로저 베이컨(Roger Bacon, 1220?~92)과 비텔로(Witelo, 1220?~75),[15] 보나벤투라 등에서 이런 사상을 볼 수 있다. 더욱이 서구 사상에서 빛에 대한 사유는 보나벤투라의 사유에서 절정에 이른다고 할 수 있다.

디오니시우스에서도 빛의 형이상학이 발견되는데,[16] 그는 빛으로서 신에 대해 이야기하며 빛과 신을 동일한 것으로 본다. 예를 들면 디오니시우스는 절대적인 선이 자연적으로 확산되는 것을 묘사하기 위해 태양 광선의 방사에 대한 전통적인 이미지를 사용한다. "태양이 선택하거나 숙고해서가 아니라 태양이 존재한다는 것에 의해서 그들의 능력에 맞게 태양빛을 받아들일 수 있는 모든 사물을 비추듯이 절대적인 선인 하느님도 또한 그것의 고유한 존재에 의해서 모든 존재자의 고유한 정도에 맞게 존재자들에게 모든 선함의 빛을 방출하기 때문이다."[17]

반복하지만 『모든 학문의 신학으로의 환원』에서도 빛에 대해 언급한다. 보나벤투라는 이 작품의 제1~7장에서 빛들의 아버지에게서 나오는 빛 또는 조명에 대해서 언급한다. 이와 비슷하게 보나벤투라는 뒤따르는 빛들 또는 학문들이 나뉘는 수를 이들에게 부여하고 이 수에 대한 근

---

15 폴란드 태생으로 13세기 철학자이자 자연과학자이다. 비텔로에 대해서는 박주영, 『악이란 무엇인가』, 누멘, 2012, 143쪽 이하 참조.

16 Thomas Aquinas, *Super Librum Dionysii de divinis nominibus*, 제4장, 강의 4: "Et dicendum quod lumen intelligibile Bonus dicitur, propter hoc quod omnem quidem supercoelestem mentem implet intelligibili lumine."

17 Dionysius, *De divinis nominibus*, c.4, 1. "καὶ γὰρ ὥσπερ ὁ καθ'ἡμᾶς ἥλιος, οὐ λογιζόμενος ἤ προαιρούμενος, ἀλλ'αὐτῷ τῷ εἶναι φωτίζει πάντα τὰ μετέχειν τοῦ φωτὸς αὐτοῦ κατὰ τὸν οἰκεῖον δυνάμενα λόγον, οὕτω δὴ καὶ τἀγαθόν, ὑπὲρ ἥλιον, ὡς ὑπὲρ ἀμυδρὰν εἰκόνα τὸ ἐξηρημένως ἀρχέτυπον, αὐτῇ τῇ ὑπάρξει, πᾶσι τοῖς οὖσιν ἀναλόγως ἐφίησι τὰς τῆς ὅλης ἀγαθότητος ἀκτῖνας."

거를 제시한다. 감각적인 인식의 하위의 빛은 인간의 다섯 감각에 상응해서 다섯 가지이고, 내적인 빛 또는 철학은 이성철학(형이상학)과 자연철학(자연학), 그리고 도덕철학(윤리학)으로 나뉜다. 이외에 인간이 구원의 진리를 인식하도록 인간을 비추는 빛은 성서의 빛이다. 반면『6일간의 세계 창조에 대한 강연』에서 보나벤투라는 영혼을 비추는 네 가지 서로 다른 빛이 있다고 한다. 낮은 단계의 첫 번째 빛은 오직 은유적으로만 '빛'으로 드러난다. 다음 단계의 빛은 감각-지각의 빛이다. 각 감각은 서로 다른 강도로 빛을 수용한다. 즉 시각은 그것을 동공에서 잡고, 청각은 공기와 혼합된 빛을, 미각은 액체와 혼합된 빛을 느낀다. 그리고 다른 것들도 이와 유사하다. 세 번째 빛은 우리를 이성적인 진리의 영역으로 이끄는 빛들이다. 이 빛은 철학의 세 영역을, 즉 논리학과 자연학, 그리고 윤리학을 조명한다. 마지막으로 네 번째 최고의 빛은 정신이 구원의 진리를 이해하는 것을 가능하게 해주는 성경의 빛이다.

　오직 천상에서만, 축복받은 사람들이 얼굴과 얼굴을 대하고 하느님을 볼 때, 인간의 정신은 영원한 이성, 즉 하느님의 정신 안에 있는 이데아를 직접 알게 된다. 그러나 마치 우리의 눈이 태양 자체를 볼 수 없다고 해도 모든 것을 태양빛을 통해 보듯이, 우리는 현재의 삶에서 필수적이고 영원한 진리에 대한 앎을 이들 진리의 반사된 빛을 통해 얻는다. 우리는 감각과 경험을 통해 일종의 앎을 획득한다. 그러나 인간 이성의 창조된 빛은 사물에 대한 어떤 확실성에 도달하기에 충분하지 않다. 어떤 것에 대한 현실적인 진리에 도달하기 위해 우리에게 필요한 것은 특별한 신적인 조명이다.

　그렇다면 성경은 어떤 방식으로 우리에게 조명을 드러내는가? 성경은 내적인 상을 통해 하느님의 지혜를 통해 조명한다. 성경은 정신적인 고상한 상을 제시하는데, 이 상은 특히 믿음의 근본적인 상이다. 또한 성경은 외부에 있는 본을 통해 외부에서 조명하는데 성경 전체는 이런 본으로 가득 차 있다. 정의, 용기, 실천적 지혜, 정결, 고결한 모든 덕에 대한 예는 성경이 제시한다. 성경은 내적인 상, 외적인 예, 천상의 약속, 지옥의 징벌을 보여 준다. 계명은 등불이고 율법은 빛이다. 율법의 이름 아래, 또는 증언의 이름 아래 또는 말씀의 이름 아래, 또는 가치가 같은 어떤 이름의 이름 아래 모든 시구에 계명에 대해 언급되어 있다. 성경은 올바른 방향을 잡아주는 계명에 의해 나아갈 바를 밝히고 엄중한 판결로 지나온 길을 밝힌다. 성경은 형상의 표시를 통해 멀리서 비추고, 성경은 이웃에서 나온 은총의 선물을 비춘다.

세상에 있는 모든 것은 다음과 같은 열두 개의 표징으로 환원된다. 즉 천상적인 형상의, 기본적인 자연의, 기상적인 자연의, 광물적인 자연의, 씨앗의 자연의, 헤엄치는 것들의, 날아다니는 것들의, 걸어다니는 것들의 자연의 표징으로, 인간의 기관, 인간의 힘, 인간의 일, 인간의 기술로 환원된다. 천상적인, 기본적인, 기상적인, 광물적인 형상이 이것으로 함께 흘러들어 간다. 자연의, 싹이 나는 것의, 헤엄치는 것의, 날아다니는 것의, 걸어다니는 것의 형상이 궁극적인 것을 향해 흘러들어 간다. 인간의 사지(四肢), 인간의 힘, 인간의 행위, 인간의 기술이 이것으로 흘러들어 간다. 이 열두 개는 세 개의 결실을 맺는다. 처음 네 개에서 은총의 열매가, 중간 것에서 정의의 열매가, 마지막 것에서 지혜의 열매가 유래한다. 은총의 열매에 대해서는 「시편」에서, 정의의 열매에 대해서는 「아가」에서, 지혜의 열매에 대해서는 「잠언」에서 언급된다. 이 열매는 그리스도에서, 복된 요셉에서 유래한다. 그리스도로부터 나오는 열매도 세 가지이다. 예수는 그 자체 은총의 열매이다. 예수는 정의의 열매이고, 하느님의 아들이므로 지혜의 열매이다. 세 가지 열매인 은총의 열매, 정의의 열매, 지혜의 열매 중에서, 특히 지혜의 열매가 중요하다. 왜냐하면 지혜는 강하게 하고, 싸우고, 명상하고, 찬양한다. 지혜는 선을 강화하기 때문이다. 지혜는 악에 맞서 싸운다. 지혜는 최고선을 명상하는 것이다. 지혜는 영혼이 맛보고 결합하도록 한다. 지혜의 열매 중에서 세 번째 열매는 최고선을 명상함인데, 최고선은 은총의 선물에 의해 이웃으로부터 나온 숙고에서 유래한다. 이 모든 결과에서 사랑과 애덕이라는 결실이 나온다. 모든 것은 사랑과 애덕의 추구 대상이다. 모든 성서는 사랑을 향

22

해 배열되어 있고 배열된 열두 개의 열매는 사랑으로 상승한다. 하강할 때 하느님의 열두 은사가 사랑으로부터 흘러나온다. 이 은사들은 열매인데, 성령의 열매는 사랑, 기쁨, 평화, 인내, 너그러움, 선의, 호의, 온유, 신의, 중용, 절제, 순결이다. 사실 은총과 정의와 지혜는 사랑 없이 있을 수 없다. 우리가 향유하는 사랑받아야 할 네 가지가, 즉 하느님, 하느님 안에 있는 나 자신, 하느님 안에 있는 이웃, 하느님 안에 있는 내 몸이 사랑으로부터 나온다.

3. 각 강연의 개관

1) 강연 1~3: 강연의 서론

이 강연집은 23개의 강연으로 구성되어 있다. 강연은 창조 작업의 날에 따라 행해졌다. 강연 1~3은 서론에 해당한다. 강연 4에서 첫 번째 봄에 대한 첫 번째 강연이 시작되고, 첫 번째 봄은 강연 7에서 네 번째 강연으로 끝난다. 이것이 창조의 첫째 날에 상응한다. 강연 8~12까지 두 번째 봄에 대한 다섯 강연이 행해진다. 세 번째 봄에 따른 강연인 강연 13~19는 일곱 강연으로 구성되어 있고, 강연 20~23은 네 번째 봄에 따른 강연으로 네 강연이 행해진다. 보나벤투라가 애초에 구상했을, 하느님의 창조 작업의 마지막 이틀에 상응하는 나머지 봄에 대한 강연은 완성되지 않았지만 그럼에도 봄의 싹은 이미 서술된 강연들 안에서 발견된다. 예컨대 물에 사는 온갖 생물들, 새들을 창조하고 그것들이 번성하도록 복을 내려주는 가운데 닷새 날이 지나고 마지막으로 '우리와 비슷하게 우리 모습으로 사람을 만들자'라는 말씀으로써 창조 작업은 절정에 이르고 마침내 마침표를 찍게 된다.

강연 1~3은 앞으로 전개될 강연에서 다루어질 내용에 대한 핵심적인 강연이다. 강연 1에서는 인식 근거의 외적인 범위에 따라 인식 근거를 서술하고, 강연 2에서는 그 근거가 내적으로 보인다는 것에 따라 인식 근거를 서술한다. 강연 3은 강연 1과 2의 논의를 종합하는 한편 결론적 성격을 갖는다.

강연 1의 도입부에서는 성령의 역할과 강연을 듣는 청중의 자격이 언급된다. 강연을 듣는 대상, 강연의 시작과 강연의 끝을 알려 주는 것은 성령이다. 강연을 듣는 청중은 세 가지 요구 사항에 직면한다. 청중은 신법(神法)을 준수하고, 하느님의 평화와 결합하고 하느님을 찬미해야 한다. 신법은 교회로 하여금 정신을 비추게 하고 덕을 견고하게 한다. 교회는 하느님의 평화에 결합함으로써 하나가 된 이성적인 사람들의 공동체이다. 이 공동체에서 사람들은 사랑하며 살아가는데, 사랑은 계명의 완성에서 나온다. 또한 이 교회는 하느님에 대한 찬미의 화합에 의해 하나가 된 이성적인 사람들의 교회이다. 이 강연은 하느님의 율법을 준수하는 사람, 하느님의 평화를 사랑하는 사람, 그리고 하느님을 찬미하는 사람에게 행해져야 한다. 이런 사람들이 교회의 사람들이기 때문이다. 이에 반해 부적절한 청중도 세 부류로 나뉜다. 첫째, 음욕과 탐욕의 정신에 사로잡힌 사람이다. 육체에 탐닉하는 사람과 탐욕적인 사람은 개나 돼지 같은 사람이다. 둘째, 악하거나 잔인한 성격을 지닌 사람, 시기하고 화를 잘 내는 사람이다. 이들은 평화와 결합하는 데 반대되는 정신을 지니고 있다. 마지막은 주제넘고 호기심 가득한 정신을 지닌 사람인데, 이들은 하느님을 찬미하는 것과 어울리지 않는다. 주제넘은 사람은 하느님을 찬양하지 않고 자기 자신을 칭찬하고, 호기심이 가득한 사람은 독실하지 않다.

보나벤투라는 강연을 그리스도에서 시작한다. 그리스도는 모든 학문의 중심이며 매개자이고 지혜이며 말씀이다. 하느님의 말씀은 그것이 지상에서 드러나는 동안 형상화된다. 그래서 그 말씀은 세상이 세상을 인식하게 하고, 세상의 시작을 인식하게 한다. 왜냐하면 하느님의 말씀에 의해 세상이 만들어졌기 때문이다. 또한 목적을 인식하게 하는데, 말씀 안에서 세상이 완성되었기 때문이다. 하느님의 말씀의 일곱 단계는 일곱 개의 주요 학문의 의미를 밝혀준다. 왜냐하면 말씀은 그것이 드러남으로써 세상의 일곱 중심이 되기 때문이다. 이 말씀은 곧 하느님의 지혜이다.

말씀에 대한 인식에서 인간은 인식할 수 있는 모든 것을 인식한다. 그 이유는 성부(聖父)의 모상 또는 말씀인 진리는 말씀에서만 피조물의 진리이기 때문이다. "마음의 귀가 말씀을 듣지 않는다면, 광채가 눈을 밝히지 않는다면 후각이 전능한 자의 숨결과 숨을 내쉬는 것을 느끼지 않고 미각이 달콤함을 느끼지 않는다면, 영혼이 영원하지 않다면 인간은 상을 인식하기에 적합하지 않다"(강연 3, 22). 하느님의 정신 자체, 믿음에 의해 마음에 주어진 숨이 불어넣어진 말씀은 인간 정신과 세례에 의해 변화된 내적인 인간을 조명하고 이 인간 안에서 상을 인식하도록 한다. 왜냐하면 말씀은 통찰이고 순수한 정신이기 때문이다. 신적인 이 광선에 의해 "영혼은 자신의 가장 내면으로 이끌린다."[18] 내면에 대한 관조를 넘어서 올라가는 단계는 보나벤투라가 정신의 탈혼 상태(mentis excessus)[19]라고 한 것과 동일할 것이다.

강연 2는 지혜를 언급하면서 시작된다. 지혜는 빛의 아버지로부터 영혼으로 하강하는 빛이며, 지혜는 하느님의 집을 만든다. 지혜와 관련한 네 가지, 즉 지혜의 근원, 지혜의 집, 지혜의 문, 지혜의 형상에 주목해야 한다. 만약 지혜가 최고선이라면 가장 사랑받아야 마땅하다. 그런데 만약 모든 선이라면 그것은 보편적으로 모든 것의 너머에서 욕구되어야 한다(강연 2, 6). 또한 지혜의 모습은 경이롭다. 지혜의 모습은 "때로는 단일하고 때로는 다양하고 때로는 모든 형상이고 때로는 어떤 형상도 아니다. 그러므로 이 모습은 네 형상의 빛으로 장식되어 있다. 그것은 신법의 규칙에서 단일하게, 성경의 신비에서 다양하게, 하느님 작품의 흔적에서 모든 형상으로 드러나고, 신으로부터 일탈하여 몸 둘 데 없이 떠도는 상태에서는 어떤 형상으로도 드러나지 않는다"(강연 2, 8 참조).

---

18 위 디오니시우스, 엄성옥 옮김, 「교회의 위계」, 1, 2, 『위 디오니시우스 전집』, 은성, 2007.

19 Bonaventura, *Itin.*, c.VI, 7.

강연 3은 먼저 통찰의 선물을 다룬다. 통찰은 첫째, 도덕적인 사려의 규칙, 둘째, 학문적인 숙고의 통로, 셋째, 천상에 대한 명상의 열쇠이고 인간은 통찰에서 시작해 지혜에 도달한다. 말씀과 관련해 세 가지 통찰이 있다. 첫째, 창조되지 않은 말씀에 대한 통찰이 있는데, 이 말씀에 의해 모든 것이 생겨났다. 둘째, 사람이 되신 말씀에 대한 통찰이 있고 이 말씀에 의해 모든 것이 구속된다. 구원자는 하느님의 말씀이다. "우리에게 한 아기가 태어났고 우리에게 한 아들이 주어졌습니다. 왕권이 그의 어깨에 놓이고 그의 이름은 놀라운 사람, 충고하는 사람, 하느님, 용맹한 사람, 영원한 아버지, 평화의 군왕이라 불리리이다"(「이사야서」 9:5). 셋째, 기(氣)가 불어넣어진 말씀에 대한 통찰이 있는데, 이 말씀에 의해 모든 것이 계시된다. 창조되지 않은 말씀에 대한 인식이 모든 통찰의 뿌리이다.

통찰 이외에 상을 언급하는데, 상은 세 가지이다. 하나는 육체적인 상이고 다른 하나는 상상적인 상(표상 상)이고 마지막 상은 영적인 상이다. 이들 상 이외에 창조의 6일에 상응하는 여섯 가지 상이 있다. 이들은 자연에 의해 주어진, 신앙에 의해 고양된, 성경에 의해 형성된, 명상에 의해 정지된, 예언에 의해 명백해진, 몸을 떠나 들어올려짐으로써 하느님 안으로 흡수된 인식의 상이고 찬미된 영혼에 대한 일곱 번째 상이 이들을 뒤따라 나온다. 첫 번째 상인 자연이 부여한 통찰의 상과 두 번째 상인 신앙에 의해 고양된 인식 상은 많은 사람들이 갖고 있는 인식 상이고 세 번째 상인 성경에 의해 형성된 인식 상과 네 번째 상인 명상에 의해 정지된 통찰의 상은 소수의 사람들이 갖고 있는 인식 상이다. 다섯 번째 상인 예언에 의해 명백해진 인식 상과 여섯 번째 상인 몸을 떠나 들어올려짐으로써 하느님 안으로 흡수된 인식 상은 극소수의 사람만이 소유하는 인식 상이다.

2) 강연 4~7: 빛의 창조

창조 작업과 직접적으로 관련된 강연은 강연 4에서 시작한다. 첫 번째 창조의 날에 대한 첫 번째 강연인 강연 4의 도입부에서 보나벤투라는 철학자들이 아홉 개의 학문을 인정했고 많은 철학자들은 오류의 어둠에서 떠나기를 원하는 동안 크나큰 오류에 연루되었다고 한다. 여기에서 그는 아리스토텔레스의 크나큰 세 가지 오류를 지적했다. 이 오류는 첫째, 하느님 안에 사물의 원형이 있다는 것을 부정함, 또한 하느님은 인간에 앞서 앎을 갖고 있다는 것과 하느님의 섭리를 부정함, 그리고 마지막으로 신적인 세계 질서를 부정함이다. 이것들을 부정함으로써 심각한 맹목적 앎이 나온다. 이 맹목적 앎은 세상의 영원성에 대한 학설, 지성단일성에 대한 학설, 영원한 삶의 부정으로 이어진다.

첫 번째 창조의 날, 즉 빛이 창조된 날에는 인간 이성의 빛에 대한 고찰이 상응한다. 영혼의 빛은 진리이고 이 빛은 사라지지 않는다. 이 빛은 먼저 세 광선을, 즉 사물의 진리, 표징 또는 말씀의 진리, 도덕의 진리를 내보낸다. 이 세 가지 진리는 생산하는 원리, 주체, 대상의 측면으로부터 고찰된다. 하느님은 진리이시고 이 진리에 따라 존재자의 원인, 인식의 근거, 그리고 삶의 질서가 있다. 이 진리는 존재의 원인에 따라서는 사물의 진리이고, 인식의 근거에 따라서는 말함의 진리이고, 삶의 질서에 따라서는 도덕의 진리이다. 사물의 진리는 존재자와 존재의 비분리이고, 말씀의 진리는 말과 통찰의 일치이고, 도덕의 진리는 삶의 올바름이다. 존재하는 것들은 자연적으로 있거나, 이성적으로 있거나, 의지에 따라 있다. 첫째, 자연에서부터 있는 것에 따라서는 사물에 대한 앎이 있다. 이성에서부터 있는 것에 따라서는 말씀에 대한 앎이 있다. 의지에 의해 있는 것에 따라서는 도덕에 대한 앎이 있다.

우리는 원리·주체·대상에 상응해 영혼 안에 진리의 세 가지 광선이 있고, 존재의 원인은 성부에, 인식의 근거는 성자에, 삶의 질서는 성령에 상응한다고 요약할 수 있다. 강연 5는 앞 강연의 반복으로 시작한다. 하느님께서 창조의 첫째 날 만드신 것이 '빛'이다. 이 빛은 꺼지지 않고 빛난다. 어떤 사물이 빛날 때 그 사물은 사물의 진리로, 말함의 진리로 그리고 도덕의 진리로 빛난다. 앞서 언급했듯이, 사물의 진리는 존재자와 존재가 구분되지 않음이다. 이때 빛은 존재의 원인이라는 점에서 위대하다. 말함의 진리로서 사물은 말과 지성의 일치이고, 이 빛은 이해의 근거라는 점에서 분명하다. 도덕의 진리로서 사물은 삶(살아 있는 것)의 올바름이고, 이때 빛은 삶의 질서라는 점에서 선하다. 사물의 진리는 본질의 진리, 형상의 진리, 자연의 진리이다. 첫 번째 것은 형이상학적 진리이고, 두 번째 것은 수학적 진리이고, 세 번째 것은 자연과학 또는 자연학의 진리이다. 말씀의 진리도 세 가지인데 이는 첫째, 정신의 개념을 지시하는 말함과 관련 있는 한, 둘째, 정신의 동의를 이끌어내는 논증과 관련 있는 한, 셋째, 정신을 감정으로 기울어지게 하는 설득과 관련 있는 한 있다. 첫 번째 것은 문법이고, 두 번째 것은 논리학이고, 세 번째 것은 수사학이다. 도덕적 진리도 세 가지인데 절도와 근면, 그리고 정의에 관한 한 있다. 습관적인 실행과 관련 있는 것이 절도이고, 정신적인 고찰에 관계되는 것이 꾸준함이고, 공공의 법에 관계되는 것이 정의이다. 첫 번째 진리는 습관적인 덕이고, 두 번째 진리는 이성의 덕이며, 세 번째 진리는 정의의 덕이다.

방금 언급한 단락에서 엿볼 수 있듯이, 진리와 덕은 긴밀한 관계를 맺고 있다. 또 지혜나 진리가 절대자와 관계 맺고 있다면, '덕'은 완전히 윤리적으로 중요하다. 철학자가 설정하고 제시한 중용도 일종의 덕이라고 할 수 있다. 철학자는 열두 개의 중용을 설정했는데, 이 가운데 여섯 가지 중용인 절제, 관대함, 용기, 온유함, 호의, 아량은 각각 악덕을 제거한다. 즉 절제는 탐식과 사치를, 관대함은 인색함과 탐욕과 착취를, 용기는 태만과 비겁함과 게으름을, 온유함은 분노와 미움과 성급함을, 호의는 질투를, 아량은 교만함, 건방짐, 허영, 자만심을 제거한다.

이들 덕 이외에 중요한 것은 네 가지 중요한 덕들이다. 보나벤투라는 중요한 네 가지 덕의 임무를 언급하고 있다. 실천적 지혜는 보편적인 것을 조종하고 올바른 일 이외에는 어떤 것도 원하거나 행하지 않는다. 실천적 지혜는 이 세상과 이 세상에 있는 모든 것이 속하는 신적인 것에 대해 명상함으로써 모든 것을 무가치하게 여기고 오직 신적인 것만을 인식하려고 한다. 절제는 육체가 원하고 요구하는 것을 모두 포기하는 것이다. 위험에 대한 공포를 넘어 정신을 이끌어가고 모욕 이외의 어떤 것도 두려워하지 않으며, 불행을 행복인 양 의연하게 참는 것이 용기이다. 용기는 관대함, 신뢰, 안전, 아량, 항구성, 관용, 확고함을 능가한다. 뉘우치게 될 어떤 것도 추구하지 않고, 어떤 일에서도 중용의 법을 초과하지 않으며 욕정을 이성의 멍에 아래 제어하는 것이 절제이다. 절도, 경외심, 금욕, 순결, 명망, 관대, 냉정함, 정결이 절제에 속한다. 각자의 것을 각자에게 분배하는 것이 정의이다. 결백함, 친애, 화목, 경건함, 종교, 정서, 인간성이 정의에서 나온다. 이런 모든 것의 위에 있는 것은 믿음, 소망, 사랑으로 대변되는 신학적인 덕이다. 사랑만이 감정을 치유한다. 그런데 하느님의 사랑은 순수하고 신중하고 경건하고 영원하다. 이 사랑은 절제의 관점에서 순수하고, 실천적 지혜의 관점에서 신중하고, 정의의 관점에서 경건하고, 용기의 관점에서 영원하다. 사랑은 모든 덕의 목적이며 형상이고 깨끗한 마음과 진실한 믿음에서 나오는 희망에 근거한다.

특히 강연 6과 7은 '철학의 오류'에 대한 보나벤투라의 사상을 엿볼 수 있는 중요한 내용을 담고 있다. 강연 7의 도입부는 앞에 나온 강연 내용의 반복이다. 철학자들은 원인에 대해 무지했기 때문에 악습을 몰랐다. 그들은 의사를 알지 못했다. 그런데 그리스도는 덕의 본보기(모범)에 의해, 진리의 증거에 의해, 사랑의 충동에 의해, 그리고 구령(求靈)의 치료제에 의해 의사라는 사실이 드러난다. 신앙은 치유하고, 올바르게 하며 질서를 정한다. 따라서 신앙만이 빛과 어둠을 구분한다.

3) 강연 8~12: 창조의 둘째 날

영혼은 자신이 믿음을 통해 획득한 자연적인 통찰의 한계를 인식한다. 믿음은 강생한 말씀을 바라볼 때 영혼에 자신을 계시한다. 여기에서 첫 번째 통찰을 더 확장한 믿음의 포괄적인 지평인 두 번째 통찰이 시작된다. 믿음은 영혼에 고귀한 것을 되돌려주기에 창조의 둘째 날 영혼은 믿음을 자신의 기반으로 인식한다. 사람의 믿음은 대체로 성경 말씀에서 시작한다. 이는 고귀한 성향과 비교된다. 믿음의 의미는 숭고함과 항구성, 그리고 아름다움에서 드러난다.

강연 9의 도입부에서는 세 개의 증거에서 나오는 믿음의 세 가지 확고함이 언급된다. 믿음의 확고함은 첫째, 창조되지 않은 말씀에 의해 표현된 진리에 대한 증언에서 나온다. 이 말씀 위에 땅이라 명명되어 제시된 교회가 세워졌다. 둘째, 육화된 말씀에 의한 진리가 있다. 그는 자신을 낮추어 우리에게 내려왔다. 왜냐하면 육화된 말씀을 통해 자신을 표현하기 때문이다. 세 번째 확고함은 영을 받은 말씀에 의해서 명확해졌듯이 진리에 대한 증언에서 나온다. 모든 진리를 예언하고 기록하도록 예언자들의 마음을 비춘 것은 성령이다. 이렇게 믿음의 확고함은 창조되지 않은 말씀을 통해, 두 번째 확고함은 육화된 말씀을 통해, 세 번째 확고함은 영을 부여받은 말씀을 통해 표현된 진리에 대한 증언에서 나온다.

우리는 진리 자체인 하느님의 존재를 가장 먼저 숙고해야 한다. 하느님의 첫 번째 이름은 존재이다. 하느님에 대한 명명은 '나는 있는 나다'이다. 이 명명은 하느님에 대한 믿음의 초석이다. 하느님은 또한 '최초의 존재'이다. 하느님에 대한 모든 언급은 존재로 환원된다. 존재는 하느님에게 고유한 이름이다. 모든 피조물은 또한 하느님께서 기원이자 근거임을 드러낸다. 즉 창조된 존재자가 있다면 창조되지 않은 존재자도 있고, 만약 참여에 의한 존재자가 있다면 본질에 의한 존재자도 있고, 만약 합성된 존재자가 있다면 단적인 존재자가 있고, 만약 다양성에 의한 존재자가 있다면 하나의 형상(단일성) 또는 동등한 존재자가 있다. 만약 가능적인 존재자가 있다면 현실적인 존재자가 있고, 만약 변할 수 있는 존재자가 있다면 변할 수 없는 존재자가 있으며, 만약 어떤 것에 따라 있는 존재자가 있다면 단적인 존재자가 있다. 만약 의존적인 존재자가 있다면 절대적인 존재자가 있고, 만약 종에 속하는 존재자가 있다면 종에 속하지 않는 존재자가 있다.

또한 최초의 존재인 하느님의 특징은 다음과 같이 요약할 수 있다. 처음 네 가지는 '영원한, 불멸의, 부패할 수 없는, 변할 수 없는' 속성을 갖는데, 이 네 가지는 '영원한'으로 요약할 수 있다. 두 번째 네 가지는 '살아 있는, 지혜로운, 능력 있는, 아름다운'이고 '지혜로운'으로 요약할 수 있다. 세 번째 네 가지 특징은 '정의로운, 선한, 복된, 성스러운 영(성령)'이고, 이들은 '복된'으로 요약할 수 있다. 모든 피조물은 믿음과 희망과 사랑에 의해 하느님에 도달하기 때문에 무엇을 믿어야 하고, 무엇을 기대해야 하고 무엇을 사랑해야 하는지를 드러낸다.

무엇보다도 하느님은 최고선이고 이 선은 세 가지 유출에 의해, 즉 가장 현실적인, 가장 온전한, 최종적인 또는 가장 최종적인 유출에 의해 최고로 흘러넘친다. 가장 현실적이기에 항상 있고, 항상 있었고, 항상 있을 것이다. 항상 생산하고, 항상 생산했고, 항상 생산할 것이다. 항상 있을, 항상 있었을, 그리고 앞으로 항상 있을 것은 피조물이 가질 수 없다. 생산의 유형을 요약하면 다음과 같다.

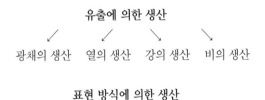

이와 같은 방식으로 하느님은 원인의 원인이며, 가장 뛰어난 생산 기술자이며, 가장 신중하게 지배하는 지도자, 가장 분명하게 명시하는 또는 제시하는 빛이고, 가장 올바르게 보상하고 판단하는 법이라는 것이 인식된다. 피조물은 창조자로부터 생산되지만 자신이 가진 본성만으로

는 생겨나지 않는다. 창조자와 피조물의 본성은 다르다. 창조자는 보존하는 원인이기에 지배하는 지도자이다. 또한 하느님 자신이 교사이므로 그는 오류를 범하지 않고 가르친다. 그리스도는 내적으로 조명하기에 내적인 스승이고, 그리스도를 통해서가 아니라면 어떤 진리도 알려지지 않았다. 그는 가장 정당한 법에 의해 가장 올바르게 상벌을 주는 법이다.

4) 강연 13~19: 네 시대와 열두 신비

강연 13의 서두에서는 사물이 세 가지로 구분되는 첫 번째 구분에 대해 논의한다. 이 세 가지는 성경의 정신적인 통찰, 성사적인 모습, 다양한 명상에 대한 것이다. 정신적인 통찰의 근원적 시원 때문에, 정신적인 통찰의 가장 깊은 심오함 때문에, 정신적인 통찰의 가장 거침없는 다양성 때문에 통찰은 가죽부대에 고인 물과 같다. 창조의 셋째 날 물이 모이고 뭍이 드러났다. 강이라고 불리는 정신적인 통찰은 성경에서 유래한다. 정신적인 통찰은 성경에서 기원하고 성경을 통해 견고해진다. 두 번째 근거는 가장 깊은 심오함이다. 육화된 지혜가 심오함을 말한다. 그리스도는 창조 때 계셨고, 강생했고, 수난을 당하며 돌아다녔고, 성서를 통찰하며 심연의 바닥을 거닐었다. 세 번째 근거는 가장 거침없는 다양함이다. 다양한 운행과 다양한 움직임을 통해서 비로 내리고, 강물로부터, 샘으로부터 흘러넘치고 모든 것이 바다에서 나온다.

성경에서 분량이 적은 율법에 대한 율법서는 큰 강으로 늘어나고, 그 다음 예언자들의 빛으로 변하고, 그다음 태양인 복음으로 변한다. 다양한 형상을 더 분명하게 본 사람은 에제키엘이다. 그는 사람 얼굴을 한 첫 번째 생물체, 사자 얼굴을 한 두 번째 생물체, 황소 얼굴을 한 세 번째 생물체, 독수리 얼굴을 한 네 번째 생물체를 보았다. 이 네 개의 얼굴은 네 개의 중요한 통찰, 즉 축자적 통찰, 비유적 통찰, 도덕적 통찰, 그리고 신비에 대한 상징적 통찰을 의미한다. 저 통찰들은 기묘한 방식으로 일치하고 조화를 이룬다. 방금 언급한 통찰은 영적인 통찰의 시원이다. 내용을 표로 요약하면 다음과 같다.

축자적 통찰	자연적 측면	인간적 측면
비유적 통찰	신비적 측면	믿어야 할 것에 대한 통찰
전의적 또는 도덕적 통찰	신비적 측면	행해야 할 것에 대한 통찰
신비의 상징적 통찰	신비적 측면	기뻐해야 할 것에 대한 통찰

성경은 하느님의 목소리이기에 많은 통찰이 내포되어 있다. 하느님은 영혼의 원인이고, 영혼에 의해 형성된 소리의 원인이고, 그 소리가 귀속되는 사물의 원인이다. 하느님은 모든 피조물에서 자신을 세 가지 방식으로, 즉 본질과 능력, 그리고 작용에 따라서 드러낸다. 모든 피조물은 삼위일체이신 하느님을 제시하고 하느님에게 다다르게 된다. 하느님이 피조물에게 자신을 계시하는 책인 성경은 네 가지 이유 때문에 전승된다. 성경은 첫째 성령의 은총을 찬양하기 위해 전승된다. 율법 이전에 인간의 눈은 멀었고, 율법 아래에 있을 때 인간은 한없이 연약했고, 예언자들의 시대에 인간은 악했더랬다. 첫 번째 사람들은 무지에 의해, 두 번째 사람들은 연약함에 의해, 그리고 세 번째 사람들은 악의에 의해 죄를 짓는다. 둘째, 성경은 신앙을 도입하기 위해 전승된다. 신앙은 가장 어렵고 힘든 일에 대한 믿음이다. 사람은 약속에 의해 믿음으로 이끌리고, 예언자들의 신탁에 의해서 이끌렸다. 셋째, 성경은 지혜를 밝히기 위해서 전승되고, 넷째, 성경은 구원을 다시 만들어내기 위해서 전승된다. 또한 성경에는 네 가지 시대에 상응하는 신비가 묘사되어 있는데, 성경 전체는 열두 신비로 이루어지고 또한 성경의 통찰의 조명도 열둘이다.

먼저 생명나무, 즉 태초로부터 시작하고 영원에서 끝나는 성경의 나무에 대한 신비가 강연 14에서 언급된다. 낙원 한가운데 있는 생명나무는 그리스도이다. 첫 번째 시대에 사물의 창조의 신비와 죄의 정화의 신비, 그리고 선조들의 성소의 신비가 있다. 두 번째 시대에 율법 선포의 신비, 적들의 패망의 신비, 그리고 판관의 선출의 신비가 있다. 세 번째 시대인 예언자의 시대에 왕의 도유의 신비, 계시의 신비, 복구의 신비가 있고, 네 번째 시대에 사람의 구원의 신비, 은총의 확산이라는 신비, 성경의 봉인이 개봉되는 신비가 있다.

보나벤투라가 이 열두 신비를 논한 것은 이것들이 생명의 나무에 대한 신비들이고 하느님이 태초에 이 세상을, 그리고 이 세상 위에 있는 모든 것을 창조했음을 강조하기 위한 것이고, 구약과 신약을 아울러 시대를 분류한 것은 구약은 율법의 시대임을, 신약은 율법의 완성이고, 이 완성은 그리스도에 의해 드러남을 보이기 위해서이다.

강연 15, 1~9번은 적그리스도에 대한 상술이다. 적그리스도는 그리스도에 대립하는 사람 또는 행위를 의미한다. 적그리스도는 방금 언급한 열두 개의 신비에 대응해 서술된다. 위에 언급한 각 신비와 이 신비에 대응하는 적그리스도의 대표자들과 그들의 행위는 다음과 같다.

시대	신비	적그리스도	적그리스도적 행위
첫 번째 시대	사물 창조의 신비	라멕	이중결혼/자연법 위반
	죄의 정화의 신비	니므롯	신이라 자처하는 악행
	성소의 신비	단	가장 기만하는 사람
두 번째 시대	율법 선포의 신비	발라암	우상숭배자
	적들의 패망의 신비	아칸	탐욕의 죄
	판관 선출의 신비	아비멜렉	형제 살해/잔인함
세 번째 시대	왕의 도유의 신비	골리앗	신성모독
	계시의 신비	파렴치한 왕	비겁하고 교활함
	복원의 신비	안티오코스/하만	유다의 법을 파괴
네 번째 시대	인간 구속의 신비	배신자 유다	가장 악의적인 인간
	은총 확산의 신비	마술사 시몬	가장 나쁜 거짓말쟁이
	성경 개봉의 신비	심연에 있는 짐승	모든 악을 야기/완성

시대에 대한 상술은 강연 16에서도 계속된다. 은총을 가져오는 첫 번째 시간은 교황 클레멘스 1세(Clemens I, 재위 88~99)의 죽음과 함께 끝난다. 피에 의한 세례라는 두 번째 시간은 클레멘스 1세에서 실베스테르(Sylvester, 재위 314~35)까지의 시간이다. 모든 것을 포괄하는 믿음의 규정이라고 보나벤투라가 일컫는 세 번째 시간은 실베스테르에서 레오 1세(Leo I, 재위 440~61)까지의 시간이고, 정의 규범의 시간인 넷째 시간은 레오 1세부터 그레고리우스 1세(Gregorius Ⅰ, 재위 590~604)까지의 시

간이다. 드높여진 왕좌의 시간인 다섯 번째 시간은 그레고리우스 1세부터 하드리아누스 1세(Hadrianus I, 재위 772~95)까지의 시간인데, 이 기간에 제국은 독일인들에게 넘어갔다. 여섯 번째 시간은 정화된 학설의 시간으로 하드리아누스 1세에서 시작한다. 일곱 번째 시간은 휴식의 시간으로 천사들의 환호성에서 시작하여 영원히 지속된다. 이 시간에 하느님의 신비가 완성된다. 그리스도의 신비체와 관련 있는 시대는 다음과 같다.

첫째 날	아담~노아	유년기(빛의 창조)
둘째 날	노아~아브라함	소년기(물과 뭍의 분리)
셋째 날	아브라함~다윗	청소년기(물의 집합/나무들의 창조)
넷째 날	다윗~바빌론 유배	젊은이들의 시대(천체의 창조)
다섯째 날	바빌론 유배~그리스도의 시대	노년기(물고기와 새의 창조)
여섯째 날	그리스도~세상 끝	노년(인간이 창조됨)
일곱째 날	그리스도의 수난 이후	영혼의 휴식
여덟째 날	부활	

여섯째 날인 노년은 원숙한 시대이고 지혜의 시대이다. 또 요한보다 여섯 달 뒤에 잉태된 그리스도는 지혜이며, 지혜는 여섯 번째 시대에 강생한다. 중세 철학자나 신학자들은 숫자 '여섯'을 애용한 듯하다. 일곱째 날은 휴식의 날이기 때문일 것이다. 누구보다도 특히 보나벤투라의 작품에서 이것이 확연히 드러난다. 그는 셋으로 분류하거나(강연 15, 20 참조) 여섯을 강조하거나, 아홉 또는 열둘을 사용한다. 위에서 제시했듯이, 하느님께서 엿새 동안 세상을 만드시고 7일째 휴식하셨듯이 그리스도의 신비체도 여섯 시대를 가지며 여섯 번째 시대와 함께 나아가는 일곱 번째 시대가 있고 여덟 번째 시대가 있음에 주목해야 한다.

앞에서 언급했듯이, 율법의 시대인 구약과 율법의 완성인 신약은 분류되고 보나벤투라는 다섯 가지 점에 따라 구약과 신약을 비교하는데, 이 가운데 다섯 번째 비교가 중요하다고 할 것이다. 다섯 번째 비교는 다섯의 근거에 따라 있다. 첫 번째 시간은 자연의 조건에, 두 번째 시간은 선조들의 영감에, 세 번째 시간은 합법적인 규정에, 네 번째 시간은 예언자들의 예증에, 다섯 번째 시간은 폐허의 복구에 속한다. 이에 상응해 신약에는 이른 아침, 세 시, 여섯 시, 아홉 시, 열한 시가 언급된다. 구약과 신약을 비교해 상응 요소를 요약하면 아래 표와 같다.

구약	신약
창조된 자연의 시간	선사된 은총의 시간
정화되어야 하는 죄의 시간	피에 의한 세례의 시간
선택된 민족의 시간	보편적인 규범의 시간
제정된 율법의 시간	정의로운 법의 시간
왕의 은총의 시간	숭고한 주교좌의 시간
예언자의 목소리의 시간	명징한 교리의 시간
중간 휴식의 시간	휴식의 시간

5) 강연 20~23: 창조 나흗날

하느님은 넷째 날 태양과 달과 별들을 만들었다. 강연 20, 28에서는 네 가지 상에 대해 언급한다. 첫 번째 상에서는 자연적으로 주어진 통찰의 빛이 선물처럼 인식되는데, 이 빛은 하느님의 창조의 의지로부터 영혼 안으로 흘러간다. 이 빛은 각 단계를 거치며 점점 강해진다. 인간은 명상에 의해 고양(高揚)된 통찰을 빛 물체들이 창조된 넷째 날의 작업에 의해 얻는다. 넷째 날의 상은 주로 천상의 위계의 고찰과 호전적인 교회의 고찰과 단계지어진 인간 정신에 대한 고찰이다.

'눈멀게 함'은 최고의 빛남(=조명)이다. 영원한 태양, 성부와 성자와 성령은 인간에게 활력을 주며 빛나며 뜨겁게 한다. 성부는 가장 원기 왕성하고, 성자는 가장 빛나며, 성령은 가장 뜨겁게 한다. 성부는 가장 원기 왕성하고, 성자는 가장 아름답고 빛나는 광채이고, 성령은 가장 뜨거운 열이다. 저 태양이 모든 것에 활력을 주고, 모든 것을 조명하고, 모든 것을 뜨겁게 하듯이, 저 세 가지인 생기, 광채, 열이 하나의 태양이고 서로 구분된다고 해도 세 개의 태양이 있는 것이 아니듯이 성부와 성자와 성령은 한 하느님이다. 보일 수 있는 저 태양에서 생기가 빛나고 열을 내고, 광채가 활기 있게 만들고 열을 내고, 열이 생기 있게 만들고 빛나듯이, 이렇게 구분되어 있는 동일성을 설명하는 성삼위의 상호 내재성의 근거에 따라 성부는 자기 자신과 성자와 성령 안에, 성자는 성부와 자기 자신과 성령 안에, 그리고 성령은 성부와 성자와 그 자신 안에 있다.

경건, 진리, 거룩함에서 성부에게 귀속되는 자연법, 말씀에 귀속되는 성문법, 성령에 귀속되는 은총의 법이 나온다. 자연법은 자애의 법이다. 성문법은 진리의 법이다. 거룩함의 법은 은총의 법이다. 이 세 가지에 의해서 삼위(三位)인 하느님, 즉 성부, 성자, 성령인 하느님은 자애롭고 참되며 거룩하다. 하느님은 자연에 자애로운 법을, 성경에 참된 법을, 은총에 거룩한 법을 부여한다. 도덕적인 모든 법은 이 세 가지에 따라 있거나 세 가지 법에 따라 있다. 자연법에는 좀 덜 구분되고 덜 밝혀진 것들이 있다. 성문법에서 법들은 더 명시되어 있고 덜 완전하다. 은총의 법에서 법들은 더 명시되어 있고 더 완전하다. 이 세 가지 법에 따라 하느님은 경건한 숭배자, 참된 고백자, 거룩한 애모자이다. 이로부터 세 계명에 적합하게 세 개의 광선이 정신으로 내려온다. 보나벤투라는 여기에서 그리스도인에게 적용되는 열 가지 계명(=십계명)을 언급한다.

하느님의 탁월성에 대한, 하느님의 유입에 대한, 하느님의 주재에 대한 숙고에 따라 아홉 개의 빛이 영혼에서 일어난다. 천상의 위계는 태양으로부터 조명되고 태양과의 일치 때문에, 위계의 온전함의 배열 때문에, 바라봄의 다양성 때문에 배열된다. 반면 달은 투쟁하는 군대인 교회이다. 투쟁하는 교회는 천상의 예루살렘으로부터 빛을 받는다. 투쟁하는 교회는 조명하는 것의 위계에 상응하는 질서를 가져야만 한다. 이 질서는 진행의 근거에 따라, 상승의 근거에 따라, 연습의 근거에 따라 구분된다. 이에 따라 세 가지 질서가 있다. 근본적인 질서는 성부에 상응한다. 위계는 성자에 상응한다. 완결하는 위계는 성령에 상응한다. 교회에 있는 세 개의 근본적인 위계는 선조의 위계, 예언자의 위계, 사도의 위계이다. 선조들의 위계는 왕좌의 위계에 상응하고, 예언자의 위계는 커룹(케루빔)에, 사도의 위계는 사랍(세라핌)에 상응한다. 선조들에게는 믿음의 항구함이 있고, 예언자들에게는 인식의 투명함이 있으며, 사도들에게는 사랑의 뜨거움이 있다. 전진적인 세 가지 질서에 의해 교회는 순교자의, 고백자의, 독신자의 질서에서 확고해진다. 순교자의 위계에는 진리의 증거가, 고백자의 위계에는 거룩함의 특전이, 독신자의 위계에는 정결의 특전이 있다. 셋째, 완성하는 사람의 위계가 있고 이는 통치자의, 교사의, 수도회의 위계이다. 지배자의 위계는 왕권에 상응한다. 교사의 위계는 대천사에, 규정을 지키는 사람은 겸손함의 의무를 갖는 천사에 상응한다. 완결하는 위계가 있고 이는 성직자의, 주교의, 족장의 위계이다.

4. 저서의 의의

이 강연집은 저자가 동료 수사들에게 행한 강연이라는 점에서 독특한 저작으로, 하느님의 창조 작업을 기조로 하여 창조주와 피조물의 관계를 제시하고 있으며, 수많은 성경 구절에 대한 저자의 적절한 해석은 이전까지의 저서에서 볼 수 없던 중요한 특징이다.

가장 먼저 언급할 것은 무엇보다도 신의 존재에 대한 이해이다. 보나벤투라는 플라톤과 아우구스티누스 노선을 따르며, 그의 신비 사상은 디오니시우스의 전통을 따른다고 할 수 있다. 그에 따르면 신을 인식하는 데는 두 가지 방법이 있는데, 긍정 신학과 부정 신학에 의한 방법이다. 하느님은 인간의 세상을 구성하는 결함과 전혀 다른 왕국에 계신 분이다. 하느님은 긍정에 따라 인식되고 부정의 방식에 의해 인식되며, 무엇보다 모든 긍정과 부정을 넘어 있는 존재이다. 디오니시우스가 그의 「신비신학」에서 언급하는 말이 무엇보다도 '신비신학'의 정점이 될 것이며, 또한 보나벤투라의 사상도 반영할 것이다. "그에 대한 어떤 말도 없다. 그에 대한 이름도 앎도 없다. 어둠과 빛, 오류와 진리 — 그는 이것들 중의 어떤 것이 아니다. 그는 긍정과 부정의 너머에 있다. 우리는 그것의 옆에 있는 것에 대해 긍정하고 부정하지만, 그에 대해서는 긍정도 부정도 하지 않는다. 왜냐하면 그는 모든 서술의 너머에서 긍정이고 부정이며, 또한 모든 사물의 완전하고 유일무이한 원인이며 뛰어나게 단순하고 절대적인 본성 덕분에 모든 제한에서 자유롭고 모든 제한 너머에 있기 때문이다. 그러므로 그는 모든 부정을 넘어 있다."[20]

보나벤투라는 신비신학을 완성한 신학자이다. 또한 13세기에 처음으로 '빛의 형이상학'을 하나의 이론으로 정립한 것은 보나벤투라의 중요한 업적 가운데 하나이다. 더불어 신비주의자로서의 그의 사상은 영성신학에 영향을 끼친 것에 그치지 않는다.

사회가 복잡해지고 주변이 번다할수록 우리는 정신의 안정과 휴식을 원하게 된다. 이런 욕구는 우리가 자연과 주변에 있는 사물들, 나아가 창조자를 생각하는 정도에까지 이르게 할 수 있다. '제2의 프란체스코'라고도 불리는 보나벤투라도 프란체스코 성인처럼 인간뿐만 아니라 모든 피조물에서 하느님의 존재와 하느님의 모형을 보고자 했다. 인간을 포함한 자연은 하느님의 모상으로서 있고, 자연과 피조물은 하느님을 알 수 있게 하는 거울이며, 하느님을 제시하는 상징이다. 그래서 이 강연은 신학자나 철학자들에게 유용할 뿐만 아니라 모든 사람에게 유용하다 할만하다.

언급했듯이, 미완의 작품으로 남은 이 작품의 편집자가 쓴 부록에서 우리는 "애통하고 또 애통한지고!"라는 탄식을 보게 된다. 그럼에도 우리에게 위안이 되는 것은 우리가 지금의 상태로도 충분히 훌륭한 작품을 우리 앞에 갖고 있다는 것이다.

보나벤투라가 "나는 그대들을 이 생명의 나무로 데려가고 싶었다"(강연 23, 31)라고 강연 마지막 부분에서 언급하고, 또한 아가의 구절인 "솔로몬 임금은 자신을 위하여 레바논 나무로 연(輦)을 만들었네. 기둥은 은으로, 등받이는 금으로 만들고 의자는 자홍포로 덮었으며 그 안은 예루살렘 아가씨들이 사랑스럽게 꾸몄네"[21]를 인용하며, 금으로 된 등받이

---

20 위 디오니시우스, 엄성옥 옮김, 「신비신학」, 『위 디오니시우스 전집』, 제5장, 은성, 2007 참조.

는 명상하는 지혜이고 자홍포로 덮인 의자는 위에 있는 것으로 상승하게 하고 아래에 있는 것으로 하강하게 하는 사랑(애덕)이라고 한다는 점에서, 또한 이 강연의 전체적인 내용에서 보나벤투라가 중요하게 생각한 점이 무엇인지가 드러난다. 그것은 지혜, 하느님에 대한 명상, 그리고 무엇보다도 사랑이다.

---

21 「아가」3 : 9~10.

차례

Collatio I

De qualitatibus in auditoribus divini verbi
requisitis et de Christo omnium scientiarum medio

1. In medio Ecclesiae aperiet os eius et adimplebit eum
Dominus spiritu sapientiae et intellectus et stola gloriae vestiet illum,
Ecclesiastici decimo quinto. In verbis istis docet Spiritus sanctus
prudentem, quibus debet sermonem depromere, unde incipere, ubi
terminare.

Primo, quibus debet loqui: quia Ecclesiae; non enim dandum
est sanctum canibus, nec margaritae spargendae sunt ante porcos.

Secundo docet, ubi debet incipere: quia a medio, quod est

하느님의 말씀을 듣는 이들에게 요구되는 품성과
모든 학문의 중심인 그리스도에 대한 강연

1. "회중 가운데에서 그의 입을 열어주리라. 하느님께서 지혜와 통찰의 정신으로 그를 채울 것이고 은총의 옷으로 그를 입힐 것이다."[1] 이 말씀에서 성령은 지혜로운 사람을 가르칩니다.[2] 즉 누구에게 이 말씀을 인용해야 하고, 어디에서 시작하고 끝내야 하는지를 가르칩니다.

첫째, 성령은 누구에게 말해야 하는지를 가르칩니다. 이 말씀은 교회에 말해져야 합니다. 왜냐하면 "거룩한 것을 개들에게 주지 말고, 너희의 진주를 돼지들 앞에 던지면"[3] 안 되기 때문입니다.

둘째, [성령은] 어디에서 시작해야 하는지를 가르칩니다. 이는 중심[4]이신 그리스도에서 시작해야 합니다. 왜냐하면 중심을 소홀히 한다

---

1 「집회서」15 : 5 : "prima divisio, quae sequitur, dat materiam collationum trium priorum, quae sunt quaedam introductio in alias sequentes."
2 수도회의 제7대 총장을 지낼 때 행한 강연이지만 동료 수사들에게 한 강연이므로 존댓말로 번역했다.
3 「마태오복음서」7 : 6.
4 'medium'은 문맥에 따라 '중재자', '중심', '핵심'(강연 1, 10 참조), '한가운데'(강연 1, 15 참조), '중용'(강연 1, 31 참조) 등으로 번역했다.

Christus; quod medium si negligatur, nihil habetur.

Tertio, ubi terminare: quia in plenitudine sive adimpletione spiritus sapientiae et intellectus.

2. Sed primo loquendum est de nobis ipsis et videndum, quales esse debemus. Si enim oculo infirmo apponatur radius, potius excaecatur, quam illuminetur. Loquendum est igitur Ecclesiae, quae quidem est convocatio rationalium; synagoga autem est congregatio gregum et hominum brutaliter viventium. Ecclesiae loquendum est, quae quidem est unio rationalium concorditer et uniformiter viventium per concordem et uniformem observantiam divinae legis, per concordem et uniformem cohaerentiam divinae pacis, per concordem et uniformem consonantiam divinae laudis. Haec autem ordinata sunt: quia laus esse non potest, ubi non est pax, nec divina pax, ubi non est observantia divinae legis.

3. De primo in prima ad Timotheum: Haec tibi scribo, fili Timothee, ut scias, quomodo oporteat te conversari in domo Dei, quae est Ecclesia Dei vivi, columna et firmamentum veritatis. Ecclesia dicitur columna et firmamentum, quia mentis illustrativa, et quia virtutis stabilitiva. Venientes enim ad eam illustrantur per fidem et stabiliuntur per virtutis constantiam. Et haec duo facit lex divina. Unde est columna filiorum Israel, ad cuius motum apparet omnino, quomodo agendum et quomodo quiescendum. In hoc enim

면 [인간은] 아무것도 얻을 수 없기 때문입니다.

셋째, [성령은] 어디에서 끝내는지를 가르칩니다. 성령은 지혜와 통찰의 정신의 충만함 또는 완성이기 때문입니다.

2. 먼저 우리 자신에 대해 언급해야 하고, 우리가 어떻게 처신해야 하는지를 보아야 합니다. 만약 광선이 건강하지 않은 눈에 들어선다면 그 눈은 밝아지는 것이 아니라 오히려 멀게 됩니다. 그러므로 참으로 합리적인 사람들의 모임인 교회에서 강연해야 합니다. 회당(會堂)은 짐승 떼와 짐승처럼 사는 사람들의 집합입니다. 교회에 관해서 다음과 같이 말해야 합니다. 교회는 사실 신법(神法)을 조화롭고 한결같이 준수함으로써, 하느님의 평화와 조화롭고 한결같이 결합함으로써, 하느님을 향한 찬미의 조화롭고 한결같은 화합에 의해 이루어진, 조화롭고 한결같은 이성적인 사람들의 합일체입니다. 이들은 질서정연합니다. 왜냐하면 평화가 없는 곳에 찬미는 있을 수 없고 신법이 준수되지 않는 곳에 하느님의 평화는 없기 때문입니다.

3. 첫 번째 것에 대해서 「티모테오에게 보낸 첫째 서간」에서 언급됩니다. 나는 아들인 티모테오,[5] 그대에게 이 글을 씁니다. 이로써 "그대가 하느님의 집에서 어떻게 처신해야 하는지 알게 하려는 것입니다. 이 집은 살아 계신 하느님의 교회로서, 진리의 기둥이며 기초입니다."[6] 교회를 기둥이며 기초라고 일컫는 이유는 교회가 정신을 비추며 덕을 견고하게 한다고 언급되기 때문입니다. 교회에 오는 사람들은 믿음에 의해 조명되고 덕의 항구성에 의해 견고해집니다. 이 둘로 신법이 이루어집니다. 그러므로 이스라엘의 자손들을 위한 기둥이 있습니다.[7] 기둥이 움직이도

---

5 티모테오와 티토는 바오로의 아들이다.
6 「티모테오에게 보낸 첫째 서간」 3 : 15.
7 「탈출기」 13 : 21; 「민수기」 9 : 15 이하; 「에즈라기 하권」 9 : 12(불가타 성경의 「에즈라기 하권」은 우리말 성경의 「느헤미야기」이다. 따라서 불가타 성경 「에즈라기 하권」

omnes Ecclesiae concordant, ut custodiant legem Dei, sicut olim totus populus motum columnae aspiciebat. Qui ad hanc non aspicit semper non est de unitate Ecclesiae, ut si eam non intelligas, vel si intelligis, eam non sequaris.

4. Item loquendum est Ecclesiae rationalium unitorum per concordem et uniformem cohaerentiam divinae pacis. Unde dicitur in Ecclesiastico: Filii sapientiae ecclesia iustorum, et natio illorum obedientia et dilectio. Ecclesia enim mutuo se diligens est. Dilectio autem nascitur ex legis impletione. Lex enim praecipit dilectionem, in prima ad Timotheum: Finis praecepti est dilectio seu caritas de corde puro et conscientia bona et fide non ficta. Et idem Apostolus: Qui diligit proximum Legem implevit. Et probat per verbum Salvatoris: In his, inquit, duobus universa Lex pendet et Prophetae. Oportet ergo, ut legis observatores sint amatores, Ioannis decimo tertio: In hoc cognoscent omnes, quia discipuli mei estis, si dilectionem habueritis ad invicem; et Apostolus: Non est Deus dissensionis, sed pacis.

록 어떻게 행동해야 하고 어떻게 행동하지 말아야 하는지가 온전히 드러납니다. 모든 교회는 이 점에서 일치하며 예전에 모든 백성이 기둥의 움직임을 바라보았듯이 하느님의 법을 준수합니다. 그대가 교회를 바라보지 않을 때처럼 또는 바라보지만 교회를 따르지 않을 때처럼 교회를 항상 바라보지 않는 사람은 교회와 일치하지 않는 사람입니다.

4. 또한 하느님의 평화와 조화를 이루며 한결같이 결합함으로써 하나로 결집한 합리적인 사람들의 교회에 대해 말해야 합니다. 「집회서」에서는 "지혜의 자손들은 정당한 사람들의 교회이며 그들의 나라는 순종과 사랑"[8]이라고 합니다. 교회는 서로에 대한 사랑으로 살아갑니다. 그런데 사랑은 계명의 완성에서 나옵니다. 계명은 사랑을 명령하는데 「티모테오에게 보낸 첫째 서간」에서는 "그러한 지시의 목적은 깨끗한 마음과 바른 양심과 진실한 믿음에서 나오는 사랑"[9] 또는 애덕[10]이라고 합니다. 사도도 같은 것을 말합니다. "이웃을 사랑하는 사람은 율법을 완성한 것입니다."[11] 그는 예수님의 말씀을 통해 이를 증명합니다. 예수님께서는 "온 율법과 예언서의 정신이 이 두 계명에 달려 있다"[12]라고 합니다. 그러므로 계명을 지키는 사람은 사랑하는 사람이어야 합니다. 「요한복음서」제13장에서는 "너희가 서로 사랑하면, 모든 사람이 그것을 보고 너희가 내 제자라는 것을 알게 될 것"[13]이라고 합니다. 그리고 사도는 "하느님은 불화의 하느님이 아니라 평화의 하느님이시기 때문"[14]이라고 합니다.

9:12는 우리말 성경의 「느헤미야기」 9:12: "낮에는 구름 기둥으로 그들을 이끄시고 밤에는 불기둥으로 그들이 가는 길을 비추어 주셨습니다"이다).

8 「집회서」 3:1. 우리말 성경에는 이 구절이 없다. 우리말 성경에 없는 성경 인용은 역자가 번역한 것이다.

9 「티모테오에게 보낸 첫째 서간」 1:5.

10 caritas는 '사랑' 또는 '애덕'이라고 번역했다.

11 「로마서」 13:8.

12 「마태오복음서」 22:40.

13 「요한복음서」 13:35.

5. Item, loquendum est Ecclesiae rationalium unitorum per concordem et uniformem consonantiam divinae laudis; in Psalmo: Apud te laus mea in ecclesia magna. Sicut enim ex multitudine vocum unitarum secundum quandam proportionem et harmoniam dulcedo cantus fit; sic ex multorum affectione harmonia spiritualis, placens Altissimo; unde in Psalmo: In ecclesiis benedicite Deo domino de fontibus Israel. —Talibus igitur observatoribus divinae legis, amatoribus divinae pacis, persolutoribus divinae laudis, et non aliis, debet fieri sermo; et tales sunt viri ecclesiastici. Qui autem rapitur extra hanc Ecclesiam, illi non debet fieri.

6. Rapitur autem homo per spiritum carnalitatis et cupiditatis, contra primum. Hi duo sunt, qui avertunt hominem a lege Dei et excaecant duos oculos mentis. Lex enim Dei praecipit bonum commune et bonum spirituale et retrahit ab amore foedo, qui est carnalitatis, et ab amore privato, qui est cupiditatis. Lex enim odiosa est carnali et cupido; nec unquam eam audire volunt. Sunt enim sicut canis et porcus. Canis enim semper est cupidus et nunquam communicare volens, porcus autem semper in luto esse vult.

7. Item, contra cohaerentiam pacis est spiritus malignitatis et crudelitatis, invidus et iracundus; et hi duo totum pervertunt: invidus

5. 또한 하느님에 대한 찬미의 조화롭고 한결같은 화합에 의해 하나가 된 합리적인 사람들의 교회에 대해 말해야 합니다. 「시편」에서는 "큰 모임에서 드리는 나의 찬양도 그분에게서 오는 것"[15]이라고 합니다. 다수의 사람이 한목소리를 내는 소리에서 어떤 비례와 조화에 따라 노래의 아름다움이 생기듯이, 다수의 감정으로부터 가장 높으신 분의 마음에 드는 정신적인 조화가 생깁니다. 「시편」에서는 "축제의 모임에서 하느님을 찬미하여라. 이스라엘의 원천에서 주님을 찬미"[16]하라고 합니다. 따라서 이 강연은 다른 사람이 아닌 하느님의 율법을 준수하는 사람에게, 하느님의 평화를 사랑하는 사람에게, 하느님을 찬미하는 사람에게 행해져야 합니다. 이런 사람들이 교회의 사람들입니다. 그래서 이 교회의 밖으로 추방당한 사람에게는 이 강연을 하면 안 됩니다.

6. 음행과 물욕이라는 심성에 사로잡힌 사람은 첫 번째 것과 어긋나게 됩니다. 이 두 가지가 사람을 하느님의 법으로부터 돌아서게 하고 마음의 두 눈을 멀게 합니다. 하느님의 율법은 공동의 선과 영적인 선을 명령하고, 육욕의 사랑인 추악한 사랑으로부터, 그리고 욕정의 사랑인 불완전한 사랑으로부터 떠나게 합니다. 육체를 탐닉하는 사람과 탐욕스러운 사람에게 율법은 가증스러운 것입니다. 이들은 결코 율법을 들으려고 하지 않습니다. 이들은 개 또는 돼지와 같은 사람들입니다. 개는 언제나 탐욕스럽고 결코 나누어주려고 하지 않으며 돼지는 항상 진창에서 뒹굴려고 하기 때문입니다.

7. 또한, 사악함과 잔혹함의 심성이, 시기와 분노라는 심성이 평화라는 조화로움을 거스르는데 이 두 가지 심성은 모든 것을 망쳐놓습니다. 시

14 「코린토 신자들에게 보낸 첫째 서간」 14 : 33. 우리말 성경에는 '불화'가 아니라 '무질서'로 번역되어 있다.
15 「시편」 22 : 26.
16 「시편」 68 : 27.

omne bonum convertit in malum, iracundus omne malum in bonum et ipsam redditionem mali reputat bonum. Et ideo ponunt tenebras lucem et lucem tenebras, Isaiae quinto. Unde tales non sunt idonei ad audiendum legem Dei.

8. Item, contra consonantiam divinae laudis spiritus praesumtionis et curiositatis, ita quod praesumtuosus Deum non magnificat, sed sese laudat; curiosus autem devotionem non habet. Unde multi sunt tales, qui vacui sunt laude et devotione, etsi habeant splendores scientiarum. Faciunt enim casas vesparum, quae non habent favum mellis, sicut apes, quae mellificant.

9. Talibus itaque iam dictis non est faciendus sermo, quia sunt domus exasperans; et aliquando propter indispositionem auditorum facit Dominus linguam adhaerere palato; sed loquendum est fratribus, unde in Psalmo: Narrabo nomen tuum fratribus meis, in medio ecclesiae laudabo te, et viris spiritualibus, ut a sapientia mundana trahantur ad sapientiam christianam. Praecessit enim impugnatio vitae Christi in moribus per theologos, et impugnatio doctrinae Christi per falsas positiones per artistas. Non itaque

기하는 사람은 모든 선을 악으로 바꾸고 분노한 사람은 모든 선을 악으로 변하게 하고 선을 악으로 되갚는 것을 선이라고 여깁니다. 그래서 「이사야서」 제5장에서 말하듯, 어둠을 빛으로 만들고 빛을 어둠으로 만듭니다.[17] 따라서 이런 심성을 지닌 사람들은 하느님의 법을 듣기에 적합하지 않습니다.

8. 또한, 주제넘고 호기심 가득한 심성은 한목소리로 하느님을 찬미하는 일을 거스릅니다. 주제넘은 사람은 하느님을 찬양하지 않고 자기 자신을 칭찬합니다. 호기심이 많은 사람은 독실하지 않습니다. 그러므로 많은 사람들은 비록 앎에서 빛을 발한다 해도 [하느님을] 찬양하지 않으며 독실하지 않습니다. 사실 그들은 예를 들면 꿀을 만드는 꿀벌처럼 벌집이 없는 초막을 만듭니다.

9. 따라서 방금 언급한 사람들에게 강연을 해서는 안 됩니다. 왜냐하면 이들은 반항의 집안사람들이기 때문이며[18] [말씀을] 들을 사람들이 들을 준비가 되어 있지 않을 때 주님은 혀를 입천장에 붙이십니다.[19] 오히려 형제들에게 강연을 해야 합니다. 그래서 「시편」에서는 "저는 당신 이름을 제 형제들에게 전하고 모임 한가운데에서 당신을 찬양하오리다"[20]라고 합니다. 또한 그들이 세상의 지혜로부터 그리스도의 지혜로 이끌려가도록 영적인 사람들에게 강연을 해야 합니다. 신학자들로 인해 관습과 관련하여 그리스도의 삶에 대한 논란이 일었고 인문학부 구성원들로 인해 그릇된 전제에 의해 그리스도의 가르침에 대한 논란이 일었습니다. 이렇게 보잘것없는 양식,[21] 즉 마늘과 부추와 수박에 대한 욕구

---

17 「이사야서」 5:20.
18 「에제키엘서」 2:5.
19 「에제키엘서」 3:26.
20 「시편」 22:23.
21 「민수기」 21:5.

redeundum est in Aegyptum per desiderium vilium ciborum, alliorum, porrorum et peponum, nec dimittendus cibus caelestis. — Et sic patet primum.

10. Circa secundum nota, quod incipiendum est a medio, quod est Christus. Ipse enim mediator Dei et hominum est, tenens medium in omnibus, ut patebit. Unde ab illo incipiendum necessario, si quis vult venire ad sapientiam christianam, ut probatur in Matthaeo: quia nemo novit Filium nisi Pater, neque Patrem quis novit nisi Filius, et cui voluerit Filius revelare. — Manifestum est etiam, quod ab illo incipiendum, a quo duo maximi sapientes inceperunt, scilicet Moyses, inchoator sapientiae Dei, et Ioannes, terminator. Alter dixit: In principio creavit Deus caelum et terram, id est in Filio secundum Augustinum; et Ioannes: In principio erat Verbum, et Verbum erat apud Deum, et Deus erat Verbum. Hoc erat in principio apud Deum. Omnia per ipsum facta sunt. Si ergo ad

때문에 이집트로 되돌아가면 안 되고[22] 천상의 음식을 무시해서도 안 됩니다. ― [성령이 알려 주는 바] 첫 번째 것, 즉 강연을 들을 대상이 누구인지는 이렇듯 분명하게 드러납니다.

10. 두 번째 것[23]과 관련해서는 핵심에서 시작해야 한다는 것에 주목하시오. 이 핵심은 그리스도이십니다. 곧 드러나게 되듯이, 그리스도는 모든 것 사이에서 중심을 유지하는 하느님과 사람 사이의 중재자이시기 때문입니다.[24] 따라서 「마태오복음서」에서 증명되었듯이, 누군가 그리스도의 지혜에 도달하고 싶어 한다면 그리스도로부터 시작하는 것이 필수적입니다. "아버지 외에는 아무도 아들을 알지 못한다. 또 아들 외에는, 그리고 그가 아버지를 드러내 보여 주려는 사람 외에는 아무도 아버지를 알지 못하기"[25] 때문입니다. ― 또한 그리스도에서 시작해야 한다는 것이 분명한데, 두 명의 위대한 현자, 즉 하느님의 지혜의 창시자인 모세[26]와 이 지혜의 종결자인 요한이 그리스도에서 시작했습니다. 이 두 현자 중 한 사람은 "한처음에 하느님께서 하늘과 땅을 창조하셨다"[27]라고, 다시 말해서 아우구스티누스에 따르면, 아들 안에서 [창조하셨다고] 말하고, 요한은 "한처음에 말씀이 계셨다. 말씀은 하느님과 함께 계셨는데 말씀은 하느님이셨다. 그분께서는 한처음에 하느님과 함께 계셨다. 모든 것이 그분을 통하여 생겨났다"[28]라고 합니다. 그러므로 그것, 즉 생겨난

---

22 「민수기」11:5.
23 강연을 어디에서 시작해야 하는지, 즉 강연의 출발점을 말한다.
24 「티모테오에게 보낸 첫째 서간」2:5.
25 「마태오복음서」11:27.
26 모세는 '강에서 건진 아이'라는 뜻이다.
27 「창세기」1:1.
28 「요한복음서」1:1~3. 아우구스티누스, 김기찬 옮김, 『고백록』(*Confessionum libri tredecim*), 제11권 [9, 11], 현대지성사, 2005: "In hoc *principio*, deus, *fecisti caelum et terram* in verbo tuo, in filio tuo, in *virtute* tua, in *sapientia* tua, in *veritate* tua miro modo dicens et miro modo faciens."

notitiam creaturae perveniri non potest nisi per id, per quod facta est; necesse est, ut verbum verax praecedat te, in Ecclesiastico.

11. Propositum igitur nostrum est ostendere, quod in Christo sunt omnes thesauri sapientiae et scientiae Dei absconditi, et ipse est medium omnium scientiarum. Est autem septiforme medium, scilicet essentiae, naturae, distantiae, doctrinae, modestiae, iustitiae, concordiae. Primum est de consideratione metaphysici, secundum physici, tertium mathematici, quartum logici, quintum ethici, sextum politici seu iuristarum, septimum theologi. — Primum medium est aeternali origine primarium; secundum virtuali diffusione pervalidum; tertium centrali positione profundum; quartum rationali manifestatione praeclarum; quintum morali electione praecipuum; sextum iudiciali compensatione praecelsum; septimum universali conciliatione pacatum. — Primum medium Christus fuit in aeterna generatione; secundum in incarnatione; tertium in passione; quartum in resurrectione; quintum in ascensione; sextum in futuro examine; septimum in sempiterna retributione sive beatificatione.

12. Primum ergo medium est essentiae aeternali generatione primarium. Esse enim non est nisi dupliciter: vel esse, quod est ex se et secundum se et propter se, vel esse, quod est ex alio et secundum

것에 의해서만 피조물을 인식할 수 있다면 「집회서」에서 언급되듯이 참된 말이 필수적으로 그대의 행동을 앞서가야 합니다.[29]

11. 그러므로 우리의 의도는 "그리스도 안에 하느님의 지혜와 지식의 모든 보물이 숨겨져 있다"[30]는 것과 그리스도 자신이 모든 지식의 핵심이라는 것을 분명히 밝히는 것입니다. 일곱 유형의 중심, 즉 본질, 자연, 거리, 학설, 절제, 정의, 일치라는 중심이 있습니다. 첫 번째 중심은 형이상학자의, 두 번째 중심은 자연철학자의, 세 번째 중심은 수학자의, 네 번째 중심은 논리학자의, 다섯 번째 중심은 윤리학자의, 여섯 번째 중심은 정치가 또는 법학자의, 일곱 번째 중심은 신학자의 탐구와 관련됩니다. 첫 번째 중심은 영원한 시원(始原)에 있는 첫 번째 것입니다. 두 번째 중심은 능력의 확산이라는 면에서 생동력을 가진 것입니다. 세 번째 중심은 중심적 위치로부터 [떨어져 있는] 폭(幅)입니다. 네 번째 중심은 합리적으로 공표됨으로써 분명해졌습니다. 다섯 번째 중심은 도덕적 선택에 따라 탁월하게 되었습니다. 여섯 번째 중심은 사법적 보상에 따라 빼어나게 되었습니다. 일곱 번째 중심은 보편적인 통합에 의해 평온해졌습니다. 첫 번째 중심은 영원으로부터 출생하신, 두 번째 중심은 강생하신, 세 번째 중심은 고난을 받으신, 네 번째 중심은 부활하신, 다섯 번째 중심은 승천하시는, 여섯 번째 중심은 미래의 심판 때 오시는, 일곱 번째 중심은 영원히 보상하시고 복되게 만드시는 그리스도십니다.

12. 첫 번째 중심은 영원한 생성과 관련하여 첫 번째 것인 본질이라는 중심입니다. 존재는 오직 두 가지 관점에서만 있습니다. 즉 존재는 그 자체로부터의 것이자, 그 자체에 따른 것이며 그 자체로 인한 것이거나 타

---

29 「집회서」 37 : 20. 이에 상응하는 우리말 성경 구절은 제37장 제16절이다. "말은 만사의 시작이고 모든 행동에는 계획이 앞선다."
30 「콜로새 신자들에게 보낸 서간」 2 : 3.

aliud et propter aliud. Necesse etiam est, ut esse, quod est ex se, sit secundum se et propter se. Esse ex se est in ratione originantis; esse secundum se in ratione exemplantis, et esse propter se in ratione finientis vel terminantis; id est in ratione principii, medii et finis seu termini. Pater in ratione originantis principii; Filius in ratione exemplantis medii; Spiritus sanctus in ratione terminantis complementi. Hae trespersonae sunt aequales et aeque nobiles, quia aequae nobilitatis est Spiritui sancto divinas personas terminare, sicut Patri originare, vel Filio omnia repraesentare.

13. Metaphysicus autem, licet assurgat ex consideratione principiorum substantiae creatae et particularis ad universalem et increatam et ad illud esse, ut habet rationem principii, medii et finis ultimi, non tamen in ratione Patris et Filii et Spiritus sancti. Metaphysicus enim assurgit ad illud esse considerandum in ratione principii omnia originantis; et in hoc convenit cum physico, qui origines rerum considerat. Assurgit etiam ad considerandum illud esse in ratione ultimi finis; et in hoc convenit cum morali sive ethico, qui reducit omnia ad unum summum bonum ut ad finem ultimum, considerando felicitatem sive practicam, sive speculativam. Sed ut considerat illud esse in ratione omnia exemplantis, cum nullo communicat et verus est metaphysicus. Pater enim ab aeterno genuit Filium similem sibi et dixit se et similitudinem suam similem sibi et cum hoc totum posse suum; dixit quae posset facere, et maxime quae voluit facere, et omnia in eo expressit, scilicet in Filio seu in isto medio tanquam in sua arte. Unde illud medium veritas est;

자로부터의 것이자 타자에 따른 것이며 타자로 인한 것입니다. 그 자체로부터 있는 것으로서의 존재는 필연적으로 그 자체에 따른 것이자 그 자체로 인한 것입니다. 기원됨이라는 견지에서 존재는 그 자체로부터 [나온] 것이며, 모범[=범형]이라는 견지에서 존재는 그 자신에 따른 것이고, 목적이라는 견지에서 존재는 그 자체로 인한 것입니다. 즉 시작과 중간, 그리고 끝 혹은 목적이라는 견지에서 [그렇다는 것입니다]. [그래서 존재는] 발생의 시원이라는 견지에서 성부, 모범이 된다는 견지에서는 성자, 완결되게 끝을 맺음이라는 견지에서는 성령입니다. 이 세 위격은 동등하며 똑같이 고귀합니다. 왜냐하면 신성한 세 위격을 완결하는 성령은 모두의 기원인 성부나 모두의 전형(典型)인 성자와 동일한 고귀함을 가진 것이기 때문입니다.[31]

13. 그런데 형이상학자는 창조된 개별적인 실체의 원리에 대한 숙고를 넘어서 보편적이며 창조되지 않은 존재에, 또한 시작과 중간과 최종적인 목적이라는 근거를 갖는 존재에 다다른다고 해도 [그의 숙고는] 성부와 성자와 성령이라는 근거로까지 고양하지는 않습니다. 형이상학자는 모든 것의 시원이라는 견지에서 높은 위치에서 저 존재를 숙고합니다. 이 점에서 그의 생각은 사물의 시원을 숙고하는 자연철학자의 생각과 일치합니다. 그는 궁극적인 목적이라는 견지에서 저 존재를 숙고하기 위해 상승합니다. 이 점에서 그의 의견은 실천적인 또는 사변적인 지복을 숙고하는 동안 모든 것을 최종적인 목적 같은 최고선으로 환원하는 윤리학자의 의견과 일치합니다. 그런데 모든 것의 범형이라는 근거에서 저 존재를 숙고할 때 그는 어떤 것과도 교류하지 않으며, 이때 그는 참된 형이상학자입니다. 성부는 자기와 닮은 성자를 영원으로부터 낳아 스스로를 말씀으로 드러내시고, 또한 자신과 닮은 모상을 드러내셨는데, 이를 통해 자신의 전능함을 드러내셨습니다. 그는 그가 할 수 있는 것, 특

---

31 Bonaventura, *I Sent.*, d.20, a.1, q.2.

et constat secundum Augustinum et alios Sanctos, quod Christus habens cathedram in caelo docet interius; nec aliquo modo aliqua veritas sciri potest nisi per illam veritatem. Nam idem est principium essendi et cognoscendi. Si enim scibile in quantum scibile secundum Philosophum aeternum est, necesse est, ut nihil sciatur nisi per veritatem immutabilem, inconcussam, incoangustatam.

14. Istud est medium personarum necessario: quia, si persona est, quae producit et non producitur, et persona, quae producitur et non producit, necessario est media, quae producitur et producit. Haec est ergo veritas sola mente perceptibilis, in qua addiscunt Angeli, Prophetae, philosophi vera, quae dicunt.

15. De isto medio dicitur in Genesi: Produxit dominus Deus de humo omne lignum pulchrum visu et ad vescendum suave, lignum etiam vitae in medio paradisi. Secundum quod dicit

히 그가 하고자 하는 것을 말씀으로 드러내셨으며, 그가 지어낸 것[=피조물]에서처럼 그에게서, 즉 성자 내지는 바로 그 중재자에게서 모든 것을 드러내셨습니다. 이런 까닭에 그 중재자가 진리인 것입니다. 또 아우구스티누스와 다른 성인들에 따르면 "하늘에 자리하고 계신 그리스도가 내적으로 가르친다"[32]라는 것이 확실합니다. 저 진리에 의해서가 아니라면 어떤 방식으로도 다른 어떤 진리를 알 수 없습니다. 확실히 존재의 원리와 인식의 원리는 같습니다. 철학자에 따르면 인간이 알 수 있는 것이 알 수 있는 것인 한 영원한 것이라면,[33] 불변의, 확고부동한, 협소한 틀로 제한할 수 없는 진리에 의해서가 아니라면 아무것도 알려질 수 없다는 것이 필연적입니다.

14. 이 진리는 필연적으로 위격의 중심입니다. 산출되지만 산출하지 않는 위격이 있다면 또 산출하지만 산출되지 않은 위격이 있다면 산출되었고 산출하는 위격의 중심이 있어야만 하기 때문입니다. 따라서 이것은 오직 정신으로만 파악할 수 있는 진리입니다.[34] 진리를 말하는 천사, 예언자, 참된 철학자들이 이 진리에서 배웁니다.

15. 저 중심에 대해서 「창세기」에서 "주 하느님께서는 보기에 탐스럽고 먹기에 좋은 온갖 나무를 흙에서 자라게 하시고, 동산 한가운데에는 생명나무와, 선과 악을 알게 하는 나무를 자라게 하셨다"[35]라고 합니다.

---

32 Augustinus, *In Evangelium Ioannis tractatus*, 3:13 [PL 35, 2004]; Augustinus, *De trinitate*, VI [10,11], quo Filius dicitur 'ars quaedam omnipotentis atque sapientis Dei plena omnium rationum viventium'; 아래 강연 3, 8 참조; Bonaventura, *De scientia christi*, 물음 3, Sed contra, 3 참조.

33 아리스토텔레스, 이창우·김재홍·강상진 옮김, 『니코마코스 윤리학』제6권, 제3장, 도서출판 길, 2011(이하 아리스토텔레스, 『니코마코스 윤리학』으로 표기함).

34 Anselmus, *Dialog de veritate*, 11 [PL 158,480].

35 「창세기」2:9.

Augustinus, de omnibus productis dictum est: Fiat; fecit, et factum est, praeterquam de luce, de qua dixit: Fiat lux, et facta est lux; quia primo producta sunt ab aeterno in arte aeterna, secundo in creatura intellectuali, tertio in mundo sensibili.

16. Et hoc est contra errores eorum qui credunt mundum ab aeterno creatum. Quia enim mentes nostrae cognatae sunt aeternis luminibus, putant, quod sicut res productae sunt seu descriptae in arte aeterna ab aeterno, sic ab aeterno in isto mundo creatae sint; et sicut mundus ab aeterno descriptus est in arte aeterna, sic descriptum putant in materia. Hoc autem verbum Genesis de paradiso terrestri, intelligitur de intellectu angelico, humano et aeterno. Pater enim, ut dictum est, similem sibi genuit, scilicet Verbum sibi coaeternum, et dixit similitudinem suam, et per consequens expressit omnia, quae potuit.

17. Verbum ergo exprimit Patrem et res, quae per ipsum factae sunt, et principaliter ducit nos ad Patris congregantis unitatem; et secundum hoc est lignum vitae, quia per hoc medium redimus et vivificamur in ipso fonte vitae. Si vero declinamus ad notitiam rerum in experientia, investigantes amplius, quam nobis conceditur; cadimus a vera contemplatione et gustamus de ligno vetito scientiae boni et mali, sicut fecit lucifer. Si enim lucifer, contemplando illam

이 구절에 맞갖게 아우구스티누스는 "빛이 생겨라"[36] 하시자 생겼다는 그 빛에 대해서 언급된 것 이외에 생산된 모든 것에 대해서 "생겨라, 생겼다 그리고 만들어졌다"라고 진술되었다고 합니다.[37] 첫째, 영원으로부터 영원한 기술 가운데, 둘째, 이성적인 피조물에서, 셋째, 감각적인 세상에서 생겼기 때문입니다.

16. 이것은 세상이 영원으로부터 창조되었다고 믿는 사람들의 오류에 반대됩니다.[38] 우리의 정신이 영원한 빛과 유사하기 때문에 이 사람들은 영원으로부터 영원한 기술로 생산된 또는 질서를 부여받은 사물이 있듯이, 창조된 사물이 영원으로부터 이 세상에 있다고 생각합니다. 세상이 영원으로부터 영원한 기술에 의해 묘사되듯이, 이 사람들은 세상이 질료로 정돈되어 있다고 생각합니다. 그런데 지상의 낙원에 대한 「창세기」의 저 말은 천사와 인간의 이성, 그리고 영원한 이성에 의해서 이해됩니다. 언급했듯이, 성부는 자신과 유사한 것을 생산합니다. 다시 말해 그 자신과 똑같이 영원한 말씀을 낳아 자신의 유사성을 말씀으로 드러내고 그에 따라 자신이 할 수 있던 모든 것을 표현합니다.

17. 따라서 말씀은 성부와 말씀에 의해 창조된 사물을 표현하고 무엇보다도 이들을 한데 모으는 성부의 통일성으로 우리를 이끕니다. 이에 따라 말씀은 생명의 나무입니다. 왜냐하면 우리는 이 중재자에 의해 생명의 샘[39] 그 자체로 되돌아가 살게 되기 때문입니다. 그런데 만약 우리가 우리에게 허락된 것보다 더 많이 탐구하면서 경험을 통한 사물에 대한 앎에 이끌려 간다면 우리는 루시퍼[40]가 그랬듯 참된 관상의 경지로

---

36 「창세기」 1:3.
37 Augustinus, *De genesi ad litteram*, II, c.8, n.16 참조.
38 Bonaventura, *II Sent.*, d.1, p.1, a.2, q.1s. [II, 558ss.].
39 「시편」 36:10: "정녕 당신께는 생명의 샘이 있고 당신 빛으로 저희는 빛을 봅니다."
40 "몇몇 중세의 문헌은 사탄과 루시퍼를 구별하고 있지만, 일관된 전통은 그들을 하나

veritatem, de notitia creaturae reductus fuisset ad Patris unitatem; fecisset de vespere mane diemque habuisset; sed quia cecidit in delectationem et appetitum excellentiae, diem amisit. Sic Adam similiter.—Istud est medium faciens scire, scilicet veritas, et haec est lignum vitae; alia veritas est occasio mortis, cum quis ceciderit in amorem pulchritudinis creaturae. Per primariam veritatem omnes redire debent, ut, sicut Filius dixit: Exivi a Patre et veni in mundum; iterum relinquo mundum et vado ad Patrem; sic dicat quilibet: Domine, exivi a te summo, venio ad te summum et per te summum.—Hoc est medium metaphysicum reducens, et haec est tota nostra metaphysica: de emanatione, de exemplaritate, de consummatione, scilicet illuminari per radios spirituales et reduci ad summum. Et sic eris verus metaphysicus.

18. Secundum medium est naturae virtuali diffusione pervalidum, quod est de consideratione physici, qui considerat mobile et generationem secundum influentiam corporum caelestium

부터 전락하여 선과 악에 대한 앎이라는 금지된 나무를 맛보게 됩니다. 만약 루시퍼가 저 진리를 직관하면서 피조물에 대한 앎으로부터 성부의 통일성으로 돌아갔더라면 그는 저녁에서 아침을 창조했고 낮을 맞이하게 되었을 것입니다. 그런데 루시퍼는 쾌락과 우월 욕구에 빠졌기 때문에 낮을 알지 못했습니다.[41] 아담의 경우도 이와 유사합니다. ─ 말씀은 알게 만드는 중재자입니다. 다시 말해 진리이고 이 진리는 생명의 나무입니다. 또 다른 진리는 죽음의 상태인데 이는 누군가 피조물의 아름다움을 사랑하는 일에 빠질 때 있습니다. 첫 번째 진리에 의해 모든 것은 본래의 상태로 돌아가야 합니다. 그래서 성자께서 "나는 아버지에게서 나와 세상에 왔다가, 다시 세상을 떠나 아버지께 간다"[42]라고 하듯이, 각 사람은 "주님, 저는 최고인 당신에게서 나와 최고인 당신을 통해 최고인 당신에게로 간다"라고 합니다. ─ 이런 것이 신을 향해 다시 이끌어가는 형이상학적 중재자이고, 이런 것이 유출과 범형, 그리고 완결과 관련된 우리 형이상학의 총체입니다. 즉 영적인 빛에 의해 조명을 받아 지고의 것에게 돌아가는 것입니다. 그리고 이렇게 그대는 참된 형이상학자가 될 것입니다.

18. 두 번째 중심은 본성이라는 [중심으로] 능력의 확산이라는 면에서 생동력을 가진 것인데 자연철학자의 탐구와 관련된 것입니다. 자연철학자는 천체가 요소에게 끼치는 영향에 따라, 혼합 형상을 향한 요소의 질

의 존재로 단정하며 서로 구별하지 않고 단지 악이 의인화된 악마라는 단일 개체로서 그 이름들을 사용한다." "'루시퍼'라는 이름은 위대한 왕, 새벽별, 자신의 자만심 때문에 하늘에서 떨어진 헬렐 벤 샤하르(Helel-ben-Shahar)"(「이사야서」 제14장 참조) 그리고 커룹과 "이 세상의 왕이며 하나님 왕국의 박해자인 사탄과의 연합으로 생겨났다." 제프리 버튼 러셀, 김영범 옮김, 『중세의 악마 루시퍼』, 도서출판 르네상스, 2006, 7~8쪽. 『중세의 악마 루시퍼』는 제프리 버튼 러셀이 다룬 『악의 역사』 4부작 중 세 번째 책이다.

41 Augustinus, *De genesi ad litteram*, IV, c.22-25, n.39-42 [PL 34, 311-313].

42 「요한복음서」 16:28.

in elementa, et ordinationem elementorum ad formam mixtionis, et formae mixtionis ad formam complexionis, et formae complexionis ad animam vegetabilem, et illius ad sensibilem, et illius ad rationalem, et ibi est finis.

19. Considerat autem physicus duplex medium, scilicet maioris mundi et minoris mundi. Medium maioris mundi est sol, medium minoris est cor. Sol enim est in medio planetarum, secundum cuius delationem in obliquo circulo fiunt generationes, et regulat physicus generationem. Inter omnes autem planetas maioris diffusionis est sol. A corde similiter est diffusio, quidquid dicant medici. Nam spiritus vitalis ab eo diffunditur per arterias; spiritus autem animalis per nervos, licet complementum recipiat in cerebro; spiritus vero naturalis ab eodem diffunditur per venas, licet compleatur in hepate.

20. Hoc medium fuit Christus in incarnatione; unde dicitur in Ioanne: Medius vestrum stetit, quem vos nescitis [et iterum: Qui post me venit, ante me factus est. Et iterum loquitur Ioannes, amicus sponsi, de ipso sponso Domino, ostendens quomodo est medium Ecclesiae]; et sequitur: Qui misit me baptizare in aqua, ille mihi dixit: Super quem videris Spiritum sanctum descendentem et manentem super eum, hic est qui baptizat in Spiritu sancto. — Scriptura quandoque dicit Christum medium, quandoque caput.

서에 따라, 복합 형상을 향한 혼합 형상의 질서에 따라, 식물 영혼을 향한 복합 형상의 질서에 따라, 감각 영혼을 향한 식물혼의 질서에 따라, 그리고 이성적 영혼([이 모든 것의] 목적인)을 향한 감각 영혼의 질서에 따라 운동과 생성을 탐구합니다.

19. 자연철학자는 두 개의 중심을, 즉 대우주와 소우주의 중심을 숙고합니다. 대우주의 중심은 태양이고, 소우주의 중심은 심장입니다. 태양은 행성의 중심에 있고 비스듬한 궤도에서 움직임에 따라 생산이 발생하고 자연철학자는 생산을 조절합니다. 그런데 모든 행성 가운데 태양이 빛을 가장 많이 발산합니다. 마찬가지로 의학자들이 말하는 것이 무엇이 되었든 상관없이 심장으로부터의 발산도 있습니다. 생명의 정기는 동맥을 통해 심장으로부터 퍼져나갑니다. 한편 동물의 정기는 뇌에서 보충을 받지만 신경을 통해 퍼져나갑니다. 자연 정기는 실로 간에서 보충을 받지만 심장으로부터 정맥을 통해 퍼져나갑니다.

20. 이 중심은 강생하신 그리스도십니다. 그래서 「요한복음서」에서는 "너희 가운데에는 너희가 모르는 분이 서 계신다"[43]라고 합니다. [또다시 "내 뒤에 한 분이 오시는데, 내가 나기 전부터 계셨던 분이시다"[44]라고 하고, 신랑의 친구인 요한은 [그분이] 어떻게 교회의 중심이 되는지를 드러내면서 신랑인 주님에 대해 말합니다.] 그리고 이어서 "물로 세례를 주라고 나를 보내신 그분께서 나에게 일러 주셨다. '성령이 내려와 어떤 분 위에 머무르는 것을 네가 볼 터인데, 바로 그분이 성령으로 세례를 주시는 분'"[45]이라고 합니다. ─ 성경은 그리스도를 어떤 때는 중심이라고, 어떤 때는 머리라고 칭합니다. 모든 감각과 정신적인 움직임과 은

---

43 「요한복음서」 1 : 26.
44 「요한복음서」 1 : 30.
45 「요한복음서」 1 : 33.

Caput dicitur, quia ab eo fluunt omnes sensus et motus spirituales et charismata gratiarum. Hoc autem influit, secundum quod est unitum membris. Caput enim Christi Deus est, secundum scilicet quod Deus est; sed viri caput Christus, secundum quod Deus et homo. Diffundit ergo Spiritum sanctum in membra Ecclesiae sibi unita, non separata. Unde sicut in corpore humano non est diffusio a capite in membra, nisi sint unita; sic in corpore mystico. Ipse est ergo medium duorum animalium ut cor; unde in Habacuc: In medio duorum animalium cognosceris; et secundum aliam translationem: in medio annorum, scilicet ut sol; quia totum tempus decurrit, secundum quod iste sol descendit per decem gradus in horologio Achaz. Ipse est ergo secundum Septuaginta in medio animalium, quae praeibant, et quae sequebantur.

21. Tertium medium est distantiae centrali positione profundum, de quo mathematicus, cuius licet prima consideratio sit circa mensuram terrae, est tamen ulterius circa motus corporum superiorum, ut habent disponere haec inferiora secundum influentiam eorum.

22. Hoc medium fuit Christus in crucifixione. In Psalmo: Rex noster ante saecula operatus est salutem in medio terrae. Terra enim plane centrum est, et ideo infima et ideo modica; et quia infima et modica, ideo suscipit omnes influentias caelestes, et ideo facit mirabiles pullulationes. Sic Filius Dei infimus, pauperculus,

총의 선물(카리스마)이 그리스도로부터 흘러나오기 때문에 그분은 머리라고 불립니다. 머리에서 이것들이 흘러나오고 그다음 지체와 결합됩니다. 그리스도께서 하느님이신 한 그리스도의 머리는 하느님이십니다. 그런데 그가 하느님이며 사람인 한 그리스도는 남자의 머리입니다.[46] 그러므로 그는 자기와 분리된 교회의 지체에게가 아니라 자기와 하나가 된 교회의 지체에게 성령을 보냈습니다. 따라서 인간의 육체에 지체가 결합되어 있지 않다면 머리로부터 지체로 확산되지 않듯이 신비로운 육체에서도 그렇습니다. 성령은 두 생명의 중심입니다. 따라서 「하바쿡서」에서는 "두 생물체의 가운데에서 너는 인식될 것"[47]이라고 합니다. 또 다른 번역에 따르면 해(年)들의 가운데에서, 해가 인식하듯이 인식할 것입니다. 저 태양이 아하즈의 해시계에서 열 칸 뒤로 돌아가듯이 모든 시간은 돌아가기 때문입니다. 아하즈는 70인역 성서에 따르면, 앞서는 또 뒤따르는 생물체의 중간에 있습니다.[48]

21. 세 번째 중심은 거리와 관련된 중간적 위치로 한복판이라는 [의미에서 중심인데], 이것은 수학자의 탐구 대상입니다. [수학자의 탐구는] 지상[적인 것]의 측량에 관한 것이기는 하지만 하위 물체를 자신의 영향력으로 조정하는 탁월한 물체의 운동으로까지도 확장됩니다.

22. 이런 의미에서의 중심은 십자가형을 받으신 그리스도입니다. 「시편」에 따르면, "하느님은 예로부터 저의 임금님 세상 한가운데에서 구원을 이루시는 분!"[49]입니다. 그래서 지구(혹은 지상)는 [세계의] 정확한 중심이며, 그런 까닭에 가장 미천하고 보잘것없습니다. 또한 가장 미천하고 보잘것없기에 온갖 천상의 영향을 받으며, [죄악 따위가] 만연합니

---

46 「코린토 신자들에게 보낸 첫째 서간」 11:3.
47 「하바쿡서」 3:2.
48 「이사야서」 38:8;「열왕기 하권」 20:11; Bonaventura, *III Sent.*, d.13, a.2, q.3, ad 6.
49 「시편」 74:12.

modicus, humum nostram suscipiens, de humo factus, non solum venit ad superficiem terrae, verum etiam in profundum centri, scilicet operatus est salutem in medio terrae, quia post crucifixionem anima sua ad infernum descendit et restauravit caelestes sedes.

23. Hoc medium est salvativum; a quo recedens damnatur, scilicet a medio humilitatis. Et hoc ostendit Salvator: Ego in medio vestrum sum, sicut qui ministrat; et in Matthaeo: Nisi conversi fueritis et efficiamini sicut parvuli, non intrabitis in regnum caelorum. In hoc medio operatus est salutem, scilicet in humilitate crucis.

24. Sed caligo subintravit, quia Christiani hunc locum medium dimittunt, in quo Christus hominem salvavit. Unde homo impugnat suam salutem, nesciens se metiri. Quid enim prodest, quod sciat metiri alia, cum se metiri nesciat? Si enim aliquantulum se plus quam debet, exaltat, periculum sibi est; sicut dicit beatus Bernardus, quod si quis intrans per portam, caput erigat, laeditur; qui autem se inclinaverit, non laeditur. Unde responsum fuit beato Antonio,

다. 이렇듯 신의 아들은 가장 미천하고 간난(艱難)하며, 보잘것없는 흙으로 빚어진 자가 되시어 지상뿐만 아니라 실로 중심(지구)의 한복판으로까지 오셨습니다. 즉 구원을 지구의 한복판에서 이루셨습니다. 왜냐하면 십자가형을 받으신 후, 그의 영혼이 지옥까지 내려갔고, 또한 천상의 옥좌를 되찾으셨기 때문입니다.

23. 이 중심은 구속(救贖)의 중심입니다. 이로부터 떨어져 나가는 사람은, 즉 겸양이라는 중심에서 벗어나는 사람은 단죄당합니다. 구속을 이루시는 분께서는 이렇게 선포합니다. "나는 섬기는 사람으로 너희 가운데에 있다"[50]라고 하고, 「마태오복음서」에서는 "너희가 회개하여 어린이처럼 되지 않으면, 결코 하늘나라에 들어가지 못한다"[51]라고 합니다. 이 중심 안에서, 즉 십자가의 겸양 안에서 구원이 이루어집니다.

24. 그런데 그리스도 신자들이 그리스도께서 인간을 구속하신 이 중심적 위치를 떠났기 때문에 어둠이 살금살금 기어들어 왔습니다. 사람들은 스스로에 대해 헤아릴 줄 모르고 구속을 물리쳤습니다. 스스로를 헤아릴 줄 모르는 채 다른 사람을 헤아릴 줄 아는 것이 쓸모나 있겠습니까? 성 베르나르두스가 만약 문을 통해 들어가는 누군가가 머리를 곧추세운다면 다칠 것이요 머리를 숙이면 다치지 않는다고 말씀하셨듯이,[52]

---

50 「루카복음서」 22 : 27.

51 「마태오복음서」 18 : 3.

52 Bernardus, *Sermon in cantic*, 37,7; *Vitae patrum* [PL 183, 115].
클레르보의 베르나르(Bernard de Clairvaux, 1090~1153): 로마 가톨릭 성인. 축일은 8월 20일이며, 라틴 이름은 베르나르두스(Bernardus)이다. 클레르보에 대수도원을 설립한 후 수도원 개혁에 힘을 쏟았다. 주요 저서에 『하느님에의 사랑에 대하여』(1126), 『아가에 대한 설교』 등이 있다. 베르나르는 독일어에서 기원한 이름으로 '곰처럼 힘센', '힘센 곰'을 뜻한다. 베르나르는 종종 하얀 수사복 차림에 수도원장의 지팡이를 들고 있는 모습으로 미술 작품에 등장한다. 양봉가·양초 제작자·일꾼의 수호성인이다.

quod solus humilis evadere poterat laqueos diaboli. — Sed unde est, quod humilitas non habetur nec lumina sapientiae? Quia ignis non custoditur in medio cinerum, sed lucerna nostra exponitur omni vento, et cito exstinguitur lucerna. Statim enim ostendere volumus, si quid boni in nobis est. Sed mirabilis fuit sapientia divina, quae per cinerem humilitatis operata est salutem. Medium enim, cum amissum est in circulo, inveniri non potest nisi per duas lineas se orthogonaliter intersecantes.

25. Quartum medium est doctrinae rationali manifestatione praeclarum. Ad hoc est omnis sermo rationalis, ut per ipsum tanquam per medium exprimamus quod est apud nos. Sermo enim est ad simplicem orationem; oratio ad argumentationem secundum quatuor species argumentationis; argumentatio ad syllogismum; syllogismus ad persuadendum. Medium ergo per suam evidentiam et manifestationem et convenientiam cum extremis compellit rationem ad assentiendum, ut, quia extrema prius non conveniebant inter se manifeste, per virtutem medii cum utroque extremo convenientis inter se manifeste conveniant.

26. Hoc medium fuit Christus in resurrectione. Est autem argumentum Christi et argumentum diaboli. Argumentum diaboli ducit ad infernum et est paralogismus et sophisticum argumentum et destructivum; argumentum Christi constructivum et reparativum. Diabolus enim paralogizavit primum hominem et supposuit quandam propositionem in corde hominis quasi per se notam, quae est: creatura rationalis debet appetere similitudinem sui Creatoris, quia scilicet est imago — unde in damnatis erit maxima poena,

만약 누군가 응당한 바를 조금이라도 지나쳐 스스로를 높이는 사람은 위험에 빠집니다. 이런 까닭에 안토니우스 성인은 오직 겸손한 사람만이 악마의 덫에서 빠져나올 수 있었다고 답하신 것입니다. ― 그런데 겸손함도 지혜의 빛도 지니지 않은 것은 어디에서 옵니까? 불씨는 재의 한가운데 있지 않고 우리의 등잔은 온통 바람에 내맡겨져 있기 때문에 금방 꺼져 버립니다. 우리 안에 어떤 선이 있다면 우리는 그 선을 즉시 드러내려고 합니다. 재처럼 된 겸양을 통해 구원하는 하느님의 지혜는 놀랍기 그지없습니다. 사실 원에서 중심이 없어졌기에 중심은 직각으로 서로 가로지르는 두 선에 의해서만 확인할 수 있습니다.

25. 네 번째 중간은 이성적으로 드러냄으로써 있는 투명한 학설입니다. 이성적인 모든 강연이 중간을 위해 있어서 우리는 중간을 통해서 그렇듯 그 자체를 통해서 우리 곁에 있는 것을 표현합니다. 말은 단순한 연설을 위해 있습니다. 논증을 위한 말은 논증의 네 가지 종류에 따라 있습니다. 논증은 삼단논법을 위해, 삼단논법은 설득을 위해 있습니다. 매개명사는 그 명증성과 명백성, 그리고 극단에까지 이르는 일치를 통해 이성으로 하여금 동의하지 않을 수 없게 합니다. 그래서 애초에는 분명히 서로 일치하지 않았던 극단이 양극단 각각에 일치하는 매개명사의 덕택으로 서로 분명하게 일치하게 됩니다.

26. 이 중심은 부활하신 그리스도였습니다. 그런데 그리스도의 논증과 악마의 논증이 있습니다. 악마의 논증은 지옥으로 이끌고 그 논증은 배리(背理)이며 궤변적이고 파괴적인 논증입니다. 그리스도의 논증은 건설적이고 새로운 것입니다. 악마는 첫 번째 사람을 마비시켰고 사람의 마음 안에 일종의 전제를 설정합니다. 마치 이 전제가 그 자체로부터 이해되듯이, 이 전제란 피조물은 창조자의 모상이기 때문에 이성적인 피조물은 자기 창조자와 유사해지기를 추구해야 한다는 것입니다. ― 이런 이유로 모상은 영혼에 본질적이고, 유사하게 이런 추구는 단죄받은 사람

quia, cum imago sit animae essentialis, similiter et talis appetitus erit essentialis in damnatis — sed si comederis, assimilaberis: ergo bonum est comedere de vetito, ut assimileris. Et per istum syllogismum omnes peccant, quia, ut dicit Dionysius, nullus malus fit, ad malum aspiciens, sed omnis intendit bonum et appetit bonum; sed fallitur, quia similitudinem boni accipit pro vero. Per istum paralogismum induxit diabolus hominem in passibilitatem naturae, in necessitatem indigentiae, in mortalitatem vitae.

27. Econtra argumentum Christi fuit salvativum et destructivum argumenti diaboli. Ex quo enim diabolus fecerat hominem dissimilem Deo, cum tamen promisisset, similem se facturum; necesse fuit, Christum esse similem homini, ut faceret hominem similem sibi sive Deo. Christus ergo habuit conformitatem naturae in quantum Deus cum Patre, aequalitatem potentiae, immortalitatem vitae. In his tribus coniunctus fuit Patri. Necesse ergo fuit, ipsum in aliis tribus oppositis coniungi homini.

들에게 본질적이기 때문에 단죄받은 사람들에게 가장 큰 벌이 내릴 것입니다. — 그런데 "너희가 그것을 먹는 날, 너희 눈이 열리게 될 것"[53]입니다. 그러므로 그들이 하느님처럼 되도록 금지된 것을 먹는 것은 좋은 일일 것입니다. 따라서 저 삼단논법에 의해서 모든 사람이 죄를 짓습니다. 왜냐하면 디오니시우스[54]가 말하듯이 어느 누구도 악을 바라보면서 악을 행하는 것이 아니라 모든 사람은 선을 의도하고 선을 욕구하기 때문입니다. 그런데 사람들은 선과 유사한 것을 참된 선으로 받아들이기에 기만당합니다.[55] 이 배리에 의해서 악마는 인간을 자연의 고통으로, (필연적으로) 결함으로, 삶의 사멸성으로 이끌어갑니다.

27. 그와 반대로 그리스도의 논증은 구원하는 것이고 악마의 논증은 파괴하는 것입니다. 이로부터 악마는 약속했음에도 불구하고 인간을 하느님과 닮지 않게 만들고 자신을 하느님과 유사하게 만듭니다. 그래서 그리스도는 사람을 자신과, 바꾸어 말하면 하느님과 유사한 것으로 만들기 위해서 자신이 사람과 비슷하게 되어야 했습니다. 그리스도는 그가 하느님인 한 성부와 본성적으로 일치하고, 동등한 능력과 불멸의 삶을 갖고 있습니다. 이 세 가지 방식으로 그는 성부와 결합하고 있습니다. 그러므로 그는 이와 대립하는 또 다른 세 가지 방식으로 인간과 결합해

---

53 「창세기」3:5 참조.
54 디오니시우스 아레오파기타를 말한다. 그는 위-디오니시우스 또는 위-아레오파기타 또는 신비주의자 디오니시우스 등으로 불린다. 신플라톤주의의 영향 아래 이 이름으로 쓰인 작품들이 전해지고 있다. 그의 학설은 디오니시우스 아레오파기타를 사도의 제자로 생각한 중세 저자들에게 가장 큰 영향을 끼쳤다. 작품으로『신명론』(De divinis nominibus),『신비신학』(De mystica theologia),『천상위계론』(De caelesti hierarchia),『교회위계론』(De ecclesiastica hierarchia),『서간들』(Epistolae) 등이 있다.
55 위 디오니시우스, 엄성옥 옮김, 「신명론」,『위 디오니시우스 전집』, 제4장, 31 이하, 은성, 2007: "모든 선한 것들과 악한 것들은 선 때문에 존재하므로, 선은 심지어 악한 것의 근원이요 목표가 되어야 합니다"; 제4권, 32: "이런 까닭에 우리가 선을 위해서 행하는 일은 옳은 것처럼 보이지만 선하지 않은 것을 선하다고 여기면서 행하는 일은 실제로는 옳지 않습니다."

Assumsit ergo passibilitatem naturae, necessitatem indigentiae, mortalitatem vitae. Tria ergo habuit per essentiam et tria assumsit per misericordiam. Necesse ergo fuit, ut tria vincerentur a tribus. Sed vita per essentiam superari non potuit a morte, nec potentia a penuria, nec impassibilitas a passibilitate. Necesse ergo fuit, ut homo transiret a mortalitate ad immortalitem, a defectu ad opulentiam, de passibilitate ad coronam.

28. Maior propositio fuit ab aeterno; sed assumtio in cruce; conclusio vero in resurrectione. Iudaei credebant Christum confudisse et improperabant ei: Si Filius Dei es, descende de cruce. Nam Christus non dicebat: sinite me vivere, sed dicebat: sinite me mortem assumere et alteri extremitati copulari, pati, mori; et tunc sequitur conclusio. Unde ipse illusit diabolo.

29. Et ista sunt argumenta, quibus Christus utebatur, per quadraginta dies apparens eis. Nonne, inquit, oportuit Christum pati, et ita intrare in gloriam suam? De hoc medio Ioannes: Cum sero esset die illo, stetit Iesus in medio discipulorum et ait illis: Pax vobis. Et duo ibi ostendit, scilicet gloriae sublimitatem, eo quod impassibilis et immortalis, clausis ianuis, intravit tanquam Deus; postea ostendit eis manus et latus et confessionem extorsit a Thoma, ut diceret:

야 했습니다. 그는 본성의 수동성을, 궁핍의 곤궁함을, 삶의 사멸성을 받아들입니다. 또 그는 본질에 의해 세 가지를 갖고 있고 자비심에 의해 세 가지를 취합니다. 따라서 세 가지가 세 가지에 의해 극복되는 것이 필연적이었습니다. 그런데 삶은 본질적으로 죽음에 의해, 능력은 무능력에 의해, 고통 없음은 고통에 의해 극복될 수 없습니다. 그러므로 인간은 사멸성에서 불멸성으로, 부족함에서 풍부함으로, 고통에서 왕관으로 건너가야만 했습니다.[56]

28. 대전제는 영원으로부터 있었습니다. 그런데 소전제는 십자가에 있었고 결론은 실제로 부활에 있었습니다. 유대인들은 그리스도가 자신들을 모욕했다고 믿었고 그를 모독했습니다. "네가 하느님의 아들이라면 십자가에서 내려와 보아라."[57] 그리스도는 나를 살게 해달라고 하지 않았고 내가 죽음을 받아들이도록 해달라고, 그리고 다른 지체도 묶이고, 고난을 당하고 죽게 해달라고 했습니다. 그때 결론이 나옵니다. 그래서 그는 악마를 조롱했습니다.

29. 이는 40일 동안 사도들에게 나타나신[58] 그리스도가 사용하는 논증입니다. 예수님께서는 "그리스도는 그러한 고난을 겪고서 자기의 영광 속에 들어가야 하는 것이 아니냐?"[59]라고 물으셨습니다. 요한은 이 중심에 대해 말합니다. 그날(=주간 첫날) 저녁이 되었을 때 예수님께서 제자들 가운데에 "서시며 '평화가 너희와 함께!'라고 그들에게 말씀하셨다."[60] 그리스도는 그곳에서 두 가지를, 다시 말해서 영광의 숭고함을 보여 주셨습니다. 그는 고난을 당할 수 없고 사멸할 수 없기에 하느님처럼 닫힌 문을 통해 들어오셨습니다. 그다음 그리스도는 그들에게 두 손과

---

56 아우구스티누스, 성염 역주, 『신국론』, 분도출판사, 2004, 제9권, 15 [PL 41, 268] 참조.
57 「마태오복음서」 27 : 40.
58 「사도행전」 1 : 3.
59 「루카복음서」 24 : 26.

Dominus meus et Deus meus! Vide processum! Primo intravit ut Deus, ianuis clausis; haec fuit maior; deinde minorem propositionem assumit, cum ostendit eis manus et latus; tertio conclusionem extorsit, ut confiteretur Thomas: Dominus meus et Deus meus.

30. Non sine causa signatur liber septem sigillis. Ecce, inquit, vicit leo de tribu Iuda, radix David, aperire librum et solvere septem signacula eius. Ista sunt septem media. In huius significationem Christus sepulcrum reseravit, et significat apertionem libri, et linteamina removit, et significat manifestationem mysteriorum. — Haec est logica nostra, haec est ratiocinatio nostra, quae habenda est contra diabolum, qui continuo contra nos disputat. Sed in assumtione minoris est tota vis facienda; quia nolumus pati, nolumus crucifigi. Tamen ad hoc est tota ratiocinatio nostra, ut simus similes Deo. —Diabolus vero parum reputabat argumentum Christi, cum vidit eum patientem. Sed Christus illusit ei; Iob: Nunquid illudes ei quasi avi, aut ligabis eum ancillis tuis? Christus reputavit argumentum fortissimum, Ioannis duodecimo: Ego si exaltatus fuero a terra, omnia traham ad me ipsum.

옆구리를 보여 주셨고, "저의 주님, 저의 하느님!"[61]이라는 토마스의 고백을 끌어냈습니다. 이 전개를 보십시오! 그가 하느님처럼 닫힌 문을 통해 들어온 것이 대전제였습니다. 그다음 제자들에게 두 손과 옆구리를 보여 주었을 때 그는 소전제를 취했습니다. 셋째, "저의 주님, 저의 하느님!"이라는 토마스의 고백을 결론으로 이끌어냈습니다.

30. 두루마리가 아무런 근거 없이 일곱 개로 봉인되지는 않았습니다. 그가 나에게 "보라, 유다 지파에서 난 사자, 곧 다윗의 뿌리가 승리하여 일곱 봉인을 뜯고 두루마리를 펼 수 있게 되었다"라고 합니다.[62] 이것들이 일곱 중간입니다. 이 중간을 드러내기 위해 그리스도가 무덤을 열었고, 두루마리의 개봉을 지시하고, 아마포를 치웠고, 신비의 계시를 지시했습니다. — 이는 지속적으로 우리에 반대하는 악마에게 제시될 수 있는 우리의 논리이고, 우리의 추론입니다. 그런데 소전제를 취할 때 우리는 전력을 기울여야 합니다. 왜냐하면 우리는 수난을 겪으려고 하지 않고, 십자가형에 처해지려고 하지 않기 때문입니다. 그럼에도 우리가 하느님에 유사한 것이 우리의 완전한 추론의 목표입니다. — 실제로 악마는 고난받고 있는 그리스도를 보았을 때 그의 주장이 보잘것없다고 생각했습니다. 그러나 그리스도는 악마를 비웃었습니다. 욥은 말합니다. "너는 그것을 새처럼 노리개로 삼을 수 있으며 네 계집아이들을 위하여 끈으로 묶을 수 있느냐?"[63] 그리스도는 자신의 주장이 가장 강력하다고 생각했고, 「요한복음서」 제12장에서 "나는 땅에서 들어올려지면 모든 사람을 나에게 이끌어 들일 것"[64]이라고 합니다.

60 「요한복음서」20:19.

61 「요한복음서」20:29.

62 「요한묵시록」5:5.

63 「욥기」40:29.

64 「요한복음서」12:32.

31. Quintum est medium modestiae morali electione praecipuum. Modestia enim virtus est; virtus autem in medio consistit; hoc medium considerat ethicus.

32. Hoc medium fuit Christus in ascensione. Dicitur in Exodo: Ingressus Moyses medium nebulae, fuit ibi quadraginta diebus et quadraginta noctibus. Et hoc fuit Christus in ascensione; unde in Actibus dicitur: Nubes suscepit eum ab oculis eorum. Sic Christianus debet ascendere de virtute in virtutem, non statuendo terminum virtutis, quia ex hoc facto desineret esse virtuosus.

33. Fundamentum autem virtutis fides est, et nos ponimus eam sicut medium. Hic dicit ethicus, quod medium est, ut ratio recta determinat. Ista autem fides est; fides est sicut stella matutina in medio nebulae. Ad istam ascendit Christianus assumtus de aquis baptismi et intrat caliginem, quae quidem caligo fides est cum lumine in aenigmate. Hoc fundamentum est, per quod fundatur in nobis Christus; per hanc fidem proficit anima ascendendo ad virtutes

31. 다섯 번째 중심은 도덕적 선택에서 중요한 것인 절도(節度)라는 중심입니다. 절도는 덕인데 덕은 중용에 있고 윤리학자는 이 중용을 숙고합니다.

32. 그리스도께서 승천하실 때 그분이 이 중심이었습니다. 「탈출기」에서는 "모세는 구름을 뚫고 산에 올라갔다. 모세는 밤낮으로 40일을 그 산에서 지냈다"[65]라고 합니다. 그리고 그리스도께서도 그렇게 하셨습니다. 그래서 「사도행전」에서는 예수님께서 "구름에 감싸여 그들의 시야에서 사라지셨다"[66]라고 하는 것입니다. 그리스도 신자는 이렇게 힘차게 올라가야 하고[67] 기진해 멈추면 안 됩니다. 기진해 멈추면 덕스러움이 멈출 것이기 때문입니다.

33. 덕의 기반은 신앙이고 우리는 신앙을 [우리 삶의] 중심으로 삼습니다. 윤리학자는 올바른 이성이 규정한 것이 중용이라고 말합니다.[68] 올바른 이성은 신앙입니다. 신앙은 구름 사이에서 비치는 새벽별 같습니다.[69] 세례의 물로써 받아들여진 그리스도는 새벽별로 승천하고 어둠 속으로 들어갑니다. 사실 어둠은 어렴풋이 보는 믿음입니다.[70] 믿음은 기반인데 이 기반에 의해 그리스도께서 우리 안에 확고하게 계십니다. 영혼은 마치 모세가 열두 번 번제물(燔祭物)[71]을 올리던 산기슭으로 올라가듯

---

65 「탈출기」24:18.
66 「사도행전」1:9.
67 「시편」84:8.
68 아리스토텔레스, 『니코마코스 윤리학』제2권, 제6장, 1107a 1 : "이 중용은 이성에 의해, 실천적 지혜를 가진 사람이 규정할 그런 방식으로 규정된 것이다."
69 「집회서」50:6.
70 「코린토 신자들에게 보낸 첫째 서간」13:12 참조.
71 구약시대에 희생동물을 통째로 태워 바치던 제사를 번제라 하고, 이때 바쳐진 희생동물을 번제물이라 한다.

politicas, quasi ad radicem montis, ubi Moyses fecit duodecim holocausta; deinde ad virtutes purgativas, quasi ad medium montis; deinde ad virtutes animi iam purgati quasi ad supremum montis, ubi aptus est locus ad contemplandas virtutes exemplares. De quibus in Sapientia: Vapor est enim virtutis Dei et emanatio quaedam est claritatis Dei sincera; sequitur: candor est lucis aeternae quantum ad munditiam vel temperantiam; et speculum, quantum ad prudentiam; attingit a fine usque ad finem fortiter, quantum ad fortitudinem: et disponit omnia suaviter, quantum ad iustitiam. [In iis igitur virtutibus nostra intentio, qua ad Christum pervenire conamur, facit nos proficere per similitudinem cum Christo. Consideratio Christi in ascensione a dextris Dei elevat hominem de virtute in virtutem per fidem, ut fiat in summo per viam caliginis, quam etiam Christus ambulavit. Sic ex fide proficit homo per virtutes consuetudinales et intellectuales in Christum, qui est exemplar virtutum.]

34. Sextum medium est iustitiae iudiciali recompensatione perpulcrum seu praecelsum. Quod medium erit Christus in iudicio. Hoc considerat iurista sive politicus, ut fiat retributio secundum merita. — Hoc totum mundum pulchrificat, quia deformia facit

이[72] 이 믿음에 의해 공공의 덕으로 상승하면서 나아갑니다. 그다음 영혼은 마치 산의 가운데로 올라가듯이 정화의 덕으로 올라갑니다. 그다음 말하자면 본이 되는 덕을 명상하기에 적합한 장소인 산의 정상으로 올라가듯이 이미 정화된 영혼의 덕으로 상승합니다.[73] 이것들에 대해 「지혜서」에서는 "지혜는 하느님 권능의 숨결이고 전능하신 분의 영광의 순전한 발산"[74]이라고, 또한 우아함 또는 절제에 관한 한 "지혜는 영원한 빛의 광채"[75]라고 합니다. 지혜는 실천적 지혜에 관한 한 거울이고, 용기에 관한 한 "지혜는 세상 끝에서 끝까지 힘차게 퍼져가며"[76] 정의에 관한 한 만물을 부드럽게 배열합니다. [그러므로 우리가 그 덕을 통해 그리스도에 도달하려고 시도하는 덕에서 우리가 그리스도와 닮음으로써 전진하는 것이 우리의 의도입니다. 승천하여 하느님의 오른편에 계신 그리스도를 숙고하면서 인간은 믿음에 의해 힘차게 나아가고 정점에서 그리스도가 걸었던 어둠의 길을 통해 나아갑니다. 이렇게 인간은 믿음으로부터 습관적인 덕과 지성적인 덕[77]에 의해 모든 덕의 본인 그리스도에게 나아갑니다.]

34. 여섯 번째 중심은 합법적인 보상에 근거한 아름다운 또는 탁월한 정의입니다. 이 중심은 판결하는 그리스도일 것입니다. 재판관과 정치가는 이 중심을 고찰하고 공로에 따라 보상되도록 합니다. ― 이 중간은 모

---

72 「탈출기」 24 : 5.
73 공공의 덕, 정화의 덕, 정화된 영혼의 덕에 대한 설명은 강연 7, 4 참조.
74 「지혜서」 7 : 25.
75 「지혜서」 7 : 26.
76 「지혜서」 8 : 1.
77 아리스토텔레스, 『니코마코스 윤리학』 제2권, 제1장, 1103a 15 : "탁월성에는 두 종류가 있다. 하나는 지적 탁월성이며, 다른 하나는 성격적 탁월성이다. 지적 탁월성은 그 기원과 성장을 주로 가르침에 두고 있다. 그런 까닭에 그것은 경험과 시간을 필요로 한다. 반면 성격적 탁월성은 습관의 결과로 생겨난다. 이런 이유로 성격을 이르는 '에토스'(ēthos)도 습관을 의미하는 '에토스'(ethos)로부터 조금만 변형해서 얻어진 것이다."

pulchra, pulchra pulchriora et pulchriora pulcherrima. Unde Augustinus dicit, quod damnati pulcherrime locantur in inferno.

35. Ezechielis primo: Vidi, et ecce, ventus turbinis veniebat ab aquilone et nubes magna et ignis involvens; et splendor in circuitu eius, et de medio eius quasi species electri, scilicet de medio ignis. Et in medio eius similitudo quatuor animalium. Describitur iudicium, primo quantum ad commotionem naturarum, per ventum turbinis et per nubem; secundo, quantum ad conflagrationem ignis, per ignem involventem; tertio, quantum ad examinationem mentium vel meritorum, per splendorem, tunc enim conscientiae clarae erunt; quarto, quantum ad assistentiam iudicantium, per circuitum; per electrum, Christus in duplici natura; per quatuor animalia, quatuor ordines: pontificum in leone, martyrum in bove, confessorum in homine, virginum in aquila, propter contemplationem. Unde fiet segregatio puri ab impuro per Christum, agnorum ab hoedis.

36. Agant ergo iuristae de iudiciis pecuniarum, nos agamus de iudicio nostro. Unde ante iudicium para iustitiam tibi.

37. Septimum medium est concordiae universali conciliatione

든 세상을 아름답게 만듭니다. 추한 것을 아름다운 것으로 만들고 아름
다운 것을 더 아름다운 것으로 만들고, 더 아름다운 것을 가장 아름다운
것으로 만들기 때문입니다. 그러므로 아우구스티누스는 단죄받은 사람
들이 지옥에서 가장 아름답게 자리 잡고 있다[78]고 합니다.

35. 「에제키엘서」 제1장에서는 "그때 내가 바라보니, 북쪽에서 폭풍이
불어오면서, 광채로 둘러싸인 큰 구름과 번쩍거리는 불이 밀려드는데,
그 광채 한가운데에는 불 속에서 빛나는 금붙이 같은 것이 보였다"[79]라
고 하고, 또 그 한가운데에서 네 생물의 형상이 나타났다고 합니다. 첫
째, 폭풍과 구름에 의해 자연의 동요가 있는 한, 둘째, 번쩍거리는 불에
의해 대화재에 관한 한, 셋째, 광채에 의해 정신 또는 보상의 검토에 관
한 한 판결이 내려지고 이때 양심이 분명해집니다. 넷째, 재판관에 대한
조력에 관한 한, 주변 상황에 의해 번쩍거리는 금붙이에 의해 두 본성을
지닌 그리스도가 서술됩니다. 네 생물에 의해서 네 가지 위계가 묘사됩
니다. 주교는 사자의 형상으로, 순교자는 황소의 형상으로, 고백자는 사
람의 형상으로, 동정녀는 명상 때문에 독수리의 형상으로 묘사됩니다.
따라서 양과 염소가 갈라지듯이,[80] 그리스도는 순결한 사람을 죄인과 구
분할 것입니다.

36. 법학자들은 돈에 대해 판결할 것이고 우리는 우리의 판단에 따라
행합니다. 그러므로 "심판이 닥치기 전에 너 자신을 성찰"[81]하라고 합
니다.

37. 일곱 번째 중심은 일반 회중 가운데 있는 일치의 중심인 화해입니

---

78 Augustinus, *De vera religione*, c.41, n.77 [PL 34, 156].
79 「에제키엘서」 1 : 4; Bonaventura, *Brevil.*, p.7, c.1 참조.
80 「마태오복음서」 25 : 32.
81 「집회서」 18 : 20.

pacatum. De quo theologus agit, qui considerat, quomodo mundus factus a Deo reducatur in Deum. Licet enim agat de operibus conditionis, principialiter agit tamen de operibus reconciliationis.

38. Hoc medium est Christus in sempiterna beatificatione. Agit enim theologus de salute animae, quomodo inchoatur in fide, promovetur in virtutibus, consummatur in dotibus. Unde in Apocalypsi: Non esurient neque sitient amplius, nec cadet super illos sol neque ullus aestus; quoniam Agnus, qui in medio throni est, reget illos et deducet eos ad vitae fontes aquarum. Agnus in medio aquarum est Filius Dei, Filius, dico, qui est media persona, a qua omnis beatitudo. Vidit enim Ioannes fluvium in medio platearum procedentem a sede Dei et Agni. Agnus enim Dei deducet nos, ut, videntes corpus et animam et Divinitatem, pascua inveniamus sive ingrediendo, sive egrediendo. Hic lucet super corpus et animam, medium beatificans. In Psalmo: Fluminis impetus laetificat civitatem Dei, scilicet procedens a sede Dei et Agni, Spiritus sanctus. Et nullus defectus interior erit, quia non esurient neque sitient per defectum pabuli, per quod deficit vita; neque cadet super illos sol, per extrinsecam perturbationem.

다. 하느님에 의해 만들어진 세상이 어떻게 하느님에게 회귀하는가를 숙고하는 신학자가 이것에 대해 다룹니다. 창조의 작업에 대해 다룬다고 해도 그는 무엇보다도 화해의 작업에 대해 논합니다.[82]

38. 이 중간은 복되게 만드시는 가운데 계신 영원한 그리스도이십니다. 신학자는 믿음에서 시작하는 방식으로 영혼의 안녕에서 시작하고 덕으로 촉진되고 선물에서 완성됩니다. 그러므로 「요한묵시록」에 따르면 "그들이 다시는 주리지도 목마르지도 않을 것이며, 해도 그 어떠한 열기도 그들에게 내리쬐지 않을 것이다. 어좌 한가운데에 계신 어린양이 목자처럼 그들을 돌보시고 생명의 샘으로 그들을 이끌어주실 것이다."[83] 물의 한가운데에 계신 어린양은 하느님의 아들입니다. 하느님의 아들은 중간에 있는 위격이며, 하느님의 아들로부터 모든 지복이 흘러나온다고 나는 말합니다. 요한은 "하느님과 어린양의 어좌에서 나와 도성의 거리 한가운데를 흐르고"[84] 있는 강을 보았습니다. 하느님의 어린양이 우리를 데리고 가서 우리는 몸과 영혼과 신성(神性)을 보면서 "드나들며 풀밭을 찾아 얻을 것"[85]입니다. 그것은 몸과 영혼과 행복을 주는 중간을 비춥니다. 「시편」에서는 "강이 있어 그 줄기들이 하느님의 도성을 즐겁게 한다"[86]라고 합니다. 즉 하느님과 어린양과 성령의 어좌에서 나오면서 즐겁게 합니다. 그리고 더 깊은 내면에서 어떤 것도 부족하지 않을 것인데, 왜냐하면 삶에 필수적인 음식이 모자라 주리거나 목마르지 않을 것이기 때문입니다. 또한 악천후 때문에 그들 위에서 태양이 작렬하지도 않을 것입니다.

---

82 Bonaventura, *Brevil.*, p.1, c.1 참조.
83 「요한묵시록」7:16-17; Bonaventura, *Brevil.*, p.5, c.1 이하; p.7, c.7.
84 「요한묵시록」22:1-2.
85 「요한복음서」10:9.
86 「시편」46:5.

39. Ista media sunt septem candelabra aurea, sive Christus in medio candelabrorum, quae sunt septem illuminationes sapientiales praedictae, scilicet metaphysica, naturalis etc. Isti sunt septem oculi Agni et septem oculi super unum lapidem, ut dicit Zacharias, et septem dies, quos fecit prima lux.

39. 이런 중심이 일곱 개의 황금 등잔대입니다. 또는 등잔대 한가운데에 계신 그리스도이십니다.[87] 이 등잔대는 앞서 언급한 지혜의 일곱 조명, 즉 형이상학적인, 자연적인 조명 등을 지칭합니다. 이들은 어린양의 일곱 눈이고,[88] 즈카르야가 말하듯이, 하나의 돌 위에 있는 일곱 개의 눈이고,[89] 최초의 빛이 만들어낸 7일입니다.

---

87 「요한묵시록」 1 : 13; Bonaventura, *Brevil.*, p.5, c.7.
88 「요한묵시록」 5 : 6.
89 「즈카르야서」 3 : 9; "돌은 하나인데 눈은 일곱이다"; 또한 「창세기」 1 : 3 이하; 2 : 3 참조.

Collatio II

De plenitudine sapientiae, in qua sermo terminandus est, scilicet de sapientiae porta et forma

1. In medio Ecclesiae aperiet os eius et adimplebit illum spiritu sapientiae et intellectus et stola gloriae vestiet illum, Ecclesiastici decimo quinto. Ostensum est supra, quibus debet doctor sermonem depromere, et unde debet incipere. Modo ostendendum est, ubi debet terminare: quia in plenitudine sapientiae et intellectus.

De sapientia autem nota quatuor: quis ortus, quae domus, quae porta, quae forma. De duobus primis dictum est in Collationibus septem donorum, ubi dicebatur, quod sapientia est lux descendens a Patre luminum in animam et radians in eam facit animam deiformem et domum Dei. Ista lux descendens facit intellectivam speciosam, affectivam amoenam, operativam robustam.

강연이 종결되어야 하는 곳인 지혜의 충만함에 대한 강연.
지혜의 문과 모습에 대한 강연

1. 「집회서」 제15장에서는 "지혜는 그를 이웃들보다 높이 들어올리고 회중 가운데에서 그의 입을 열어주리라"[1]고 합니다. [우리는] 강연자가 누구에게 강의를 해야 하는지와 어디에서 강의를 시작해야 하는지를 앞에서 서술했습니다. 어디에서 그것을 끝내야 하는지가 이제 서술되어야 할 것입니다. 강연은 지혜와 통찰의 풍부함에서 끝나야 합니다.[2]

그런데 지혜에 대해서는 그것의 근원, 그것의 집, 그것의 문, 그것의 형상, 이 네 가지를 살피시오. 처음 두 가지 것에 대해서는 『성령의 일곱 가지 선물에 대한 강연』에 언급되었습니다.[3] 이곳에서는 지혜를 빛의 아버지로부터 영혼으로 하강하는 빛이라고 언급하였습니다.[4] 그리고 지혜는 영혼에서 빛나면서 영혼을 하느님과 비슷하게 만들고 하느님의 집을 만

---

1 「집회서」 15:5.

2 강연 1, 1 참조.

3 Bonaventura, *Collationes de septem donis spiritus sancti*, 강연 9 '지혜의 선물에 관하여' 참조.

4 「야고보 서간」 1:17.

—Haec domus septem columnis aedificatur, quas beatus Iacobus manifeste tangit. Quae desursum est, inquit, sapientia primum quidem pudica est, deinde pacifica, modesta, suadibilis, bonis consentiens, plena misericordia et fructibus bonis, non iudicans, sine aemulatione. De ista domo dicitur Matthaei septimo: Omnis, qui audit verba mea haec et facit ea, assimilabitur viro sapienti, qui aedificavit domum suam supra petram.

2. Porta sapientiae est concupiscentia eius et vehemens desiderium; unde in Psalmo: Aperi os tuum, et ego adimplebo illud. Haec est via, per quam sapientia venit in me, per quam ego intro ad sapientiam, et sapientia intrat in me, sicut caritas similiter. Unde Deus caritas est, et qui manet in caritate in Deo manet, et Deus in eo. Haec autem sapientia non habetur nisi cum summa complacentia; ubi autem summa complacentia est, praecedit summa concupiscentia; in Ecclesiastico: Fili, concupiscens sapientiam conserva iustitiam, et Deus praebebit illam tibi. —Observatio iustitiae disponit ad eam habendam, sicut appetitus materiae inclinat ad formam et facit eam habilem, ut coniungatur formae mediantibus dispositionibus; non quod illae dispositiones perimentur, immo magis complentur sive in corpore humano, sive in aliis. Observatio igitur iustitiae introducit

듭니다. 하강하는 이 빛은 통찰을 조화롭게, 격정을 매력적으로, 활동을 활발하게 만듭니다. ― 이 집은 일곱 기둥 위에 세워졌고, 복된 야고보가 이것에 대해 분명히 언급했습니다. 그는 "위에서 오는 지혜는 먼저 순수하고, 그다음으로 평화롭고 겸손하고 유순하며, 자비와 좋은 열매가 가득하고, 판단하지 않으며, 질투하지"[5] 않는다고 말합니다. 이 집에 대해서 「마태오복음서」 제7장에서 "나의 이 말을 듣고 실행하는 이는 모두 자기 집을 반석 위에 지은 슬기로운 사람과 같을 것"[6]이라고 합니다.

2. 지혜에 대한 욕망과 강력한 욕구가 지혜로 들어가는 문입니다. 따라서 「시편」에는 이렇게 쓰여 있습니다. "네 입을 한껏 벌려라, 내가 채워주리라."[7] 이것이 지혜가 내 안으로 들어오는 길이며, 내가 지혜 안으로 들어가는 길이고 지혜가 내 안으로 들어옵니다. 사랑도 이와 비슷합니다. "하느님은 사랑이십니다. 사랑 안에 머무르는 사람은 하느님 안에 머무르고 하느님께서도 그 사람 안에 머무르십니다."[8] 그러나 지혜는 가장 마음에 드는 것과 함께 있을 때만 획득될 수 있습니다. 그러나 가장 마음에 드는 것이 있는 곳에 최고의 욕망이 앞서갑니다. 「집회서」에서는 "아들아, 지혜를 원한다면 계명을 지켜라. 주님께서 너에게 지혜를 베푸시리라"[9]라고 합니다. ― 정의를 준수하면 지혜를 갖게 됩니다. 마치 질료가 형상으로 기울려고 하고 형상을 적합하게 만들어서 매개하는 성향에 의해 형상과 결합되듯이 말입니다. 이 성향이 제거되듯이 그런 것이 아니라, 오히려 다른 생물체에서처럼 인간의 몸에서 또는 다른 것에서 질료가 더 채워지기 때문입니다. 그러므로 정의가 보존될 때 지혜를 이

---

5 「야고보 서간」 3 : 17. 우리말 성경에는 '겸손하고'가 '관대하고'로, '판단하지 않으며, 질투하지 않습니다'가 '편견과 위선이 없습니다'로 되어 있다.
6 「마태오복음서」 7 : 24.
7 「시편」 81 : 11.
8 「요한의 첫째 서간」 4 : 16.
9 「집회서」 1 : 26.

sapientiam. Unde Sapientiae septimo: Candor est lucis aeternae et speculum sine macula Dei maiestatis et imago bonitatis illius. Et cum sit una, omnia potest, et in se permanens omnia innovat et per nationes in animas sanctas se transfert.

3. Quomodo autem habetur haec sapientia, patet et auctoritate et exemplo. De primo Sapientiae sexto: Initium enim illius verissima est disciplinae concupiscentia. Cura ergo disciplinae dilectio est, et dilectio custodia legum illius est; custoditio autem legum consummatio incorruptionis est: incorruptio autem facit esse proximum Deo. Concupiscentia itaque sapientiae deducit ad regnum perpetuum. Concupiscentia ergo sapientiae generat concupiscentiam disciplinae. —Disciplina autem duplex est: scholastica et monastica sive morum; et non sufficit ad habendam sapientiam scholastica sine monastica; quia non audiendo solum, sed observando fit homo sapiens. Unde in Psalmo de sapientia: Bonitatem et disciplinam et scientiam doce me. Scientia enim non habetur, nisi praecedat disciplina; nec disciplina, nisi praecedat bonitas; et sic per bonitatem et disciplinam inest nobis scientia. —Aegrotus enim audiendo medicum nunquam sanatur, nisi praecepta eius observet, sicut dicit Philosophus secundo Ethicorum. Per istam autem viam sapientiae pauci vadunt, et ideo pauci perveniunt ad veram sapientiam. [Sic ergo desiderium sapientiae videtur implicare disciplinam,

끌어 들입니다. 「지혜서」 제7장에서는 "지혜는 영원한 빛의 광채이고 하느님께서 하시는 활동의 티 없는 거울이며 하느님 선하심의 모상이다. 지혜는 혼자이면서도 모든 것을 할 수 있고 자신 안에 머무르면서 모든 것을 새롭게 하며 대대로 거룩한 영혼 안으로 들어간다"[10]라고 합니다.

3. [사람이] 이 지혜를 얻는 방식은 권위와 예시에 의해 드러납니다. 첫 번째 것에 대해서 「지혜서」 제6장에서는 "지혜의 시작은 가르침을 받으려는 진실한 소망이다. 가르침을 받으려고 염원함은 지혜를 사랑하는 것이고 지혜를 사랑함은 그 법을 지키는 것이며 법을 따름은 불멸을 보장받는 것이고 불멸은 하느님 가까이 있게 해주는 것이다. 그리하여 지혜를 향한 소망은 사람을 왕위로 이끌어준다"[11]라고 합니다. 그러므로 지혜에 대한 욕구는 가르침에 대한 욕구를 만들어냅니다. ― 교육은 학교교육과 수도원 교육 또는 도덕의 교육, 이렇게 두 가지입니다. 그리고 수도원 교육이 없다면 학교교육은 지혜를 획득하는 데 충분하지 않습니다. 왜냐하면 인간은 지혜를 들음으로써뿐만 아니라 준수함으로써 지혜로워지기 때문입니다. 그러므로 「시편」에서는 지혜에 대해 이렇게 말합니다. "올바른 깨달음과 지식을 제게 가르치소서."[12] 먼저 교육을 받지 않는다면 인간은 앎을 얻을 수 없고 선하지 않다면 가르침을 얻을 수 없기 때문입니다. 이렇게 선과 교육에 의해서 우리에게 앎이 내재합니다. ― 철학자가 『니코마코스 윤리학』 제2권에서 말하듯이, 아픈 사람이 의사의 처방을 준수하지 않는다면 의사의 말을 들음으로써 결코 치료되지 않기 때문입니다.[13] 그런데 지혜의 이 길을 통과한 사람은 적고 따라서 참된 지혜에 도달한 사람도 적습니다. [이렇게 지혜에 대한 욕구는 교

---

10 「지혜서」7:26-27.

11 「지혜서」6:17-20.

12 「시편」119:66.

13 아리스토텔레스, 『니코마코스 윤리학』 제2권, 제4장, 1105b 15: "의사의 말을 주의해서 듣기는 하지만, 처방된 바는 전혀 행하지 않는 환자들과 비슷하다."

dilectionem, rectitudinem, legum custoditionem, sanctificationem, incorruptionem, deiformitatem. Per deiformitatem autem sapientia imprimitur, quia desiderando deiformitatem venimus ad sapientiam. Oportet ergo quod amator spiritus sapientiae sit vir desideriorum.]

4. Concupiscentia disciplinae parit dilectionem. Cura ergo disciplinae est dilectio. Si enim habes disciplinae dilectionem, eris amator virtutis in te et in aliis et in suo fonte. Disciplina autem non debet esse servilis, sed liberalis, ut diligat disciplinantem, ut ex amore faciat, non ex timore. Si enim propter disciplinam es pauper, oportet, ut diligas paupertatem; et sic de aliis. Dilectio autem custodia legum est. Si enim diligis bonum, observas legem, quia finis praecepti est caritas de corde puro. Quando autem custodis legem, sanctificaris et efficeris plenus Spiritu sancto; et tunc abstraheris ab omni amore, qui non est Deus.

5. Haec enim sanctitas est, quam describit Dionysius de Divinis Nominibus, capitulo duodecimo: Sanctitas, inquit, est ab omni immunditia libera et perfecta et omnino immaculata munditia. Sanctificari ergo est abstrahi ab omni amore inquinativo et corruptivo, qui potest animam corrumpere. In hoc debet creatura

육, 사랑, 올바름, 법의 준수, 성화(聖化), 순결함, 그리고 하느님의 형상을 뒤섞이게 하는 것처럼 보입니다. 그런데 우리는 하느님의 형상을 욕구하면서 지혜에 도달하기 때문에 지혜는 하느님의 형상에 의해 각인됩니다. 따라서 지혜의 영(靈)을 연모하는 사람은 분명히 욕구하는 사람입니다.]

4. 가르치려는 욕구는 사랑을 낳습니다. 그러므로 교육에 대한 염려는 사랑입니다. 만약 그대가 교육에 대해 애착을 갖고 있다면 그대는 그대 안에 있는 덕의, 또한 다른 사람 안에 있는 덕의, 또 그것의 원천에 있는 덕의 연모자가 될 것입니다. 그런데 교육은 맹목적이어서는 안 되고 자유로운 것이어야 합니다. 그래서 교육은 교육하는 사람을 기쁘게 하고 교육자는 두려움에서가 아니라 사랑으로 교육합니다.[14] 만약 그대가 교육 때문에 가난하다면, 그대는 가난을 좋아해야 합니다. 그리고 다른 것들에 대해서도 이와 같습니다. 그런데 사랑은 율법을 준수하는 것입니다. 만약 그대가 선을 사랑한다면 그대는 율법을 지킵니다. 왜냐하면 "지시(=율법)의 목적은 깨끗한 마음에서 나오는 사랑"[15]이기 때문입니다. 그런데 그대가 율법을 준수할 때, 그대는 거룩하게 될 것이고 성령으로 충만해질 것입니다. 그리고 이때 그대는 하느님 이외의 모든 사랑에서 멀어질 것입니다.

5. 이 거룩함이 디오니시우스가 그의 저서 『신명론』 제12장에서 서술한 것입니다. 그는 "거룩함은 모든 불결함에서 자유롭고, 완전하며 전적으로 오점이 없는 깨끗함"[16]이라고 합니다. 그러므로 거룩하게 된다는 것은 더럽히고 타락하게 하는, 영혼을 부패시킬 수 있는 모든 사랑에서 분리되어야 한다는 것입니다. 여기에서 피조물은 창조자에 동화되어

---

14 「요한의 첫째 서간」 4:18: "사랑에는 두려움이 없습니다."
15 「티모테오에게 보낸 첫째 서간」 1:5.
16 Dionysius, *De divinis nominibus*, c.12, 2 [PL 122, 1168].

assimilari Creatori: Sancti, inquit, estote, quoniam ego sanctus sum. Haec sanctitas facit deiformem; et ideo illi Spiritus seraphici dicebant: Sanctus, sanctus, sanctus [qui est clamor assimilationis, quia Sanctus sonat purum].

6. Cum autem anima deiformis facta est, statim intrat in eam Sapientia, quia candor est lucis aeternae et speculum sine macula Dei maiestatis; et sequitur: per nationes in animas sanctas se transfert, Sapientiae septimo. Sine sanctitate non est homo sapiens. Unde in Ecclesiastico: Homo sanctus in sapientia manet sicut sol; nam stultus sicut luna mutatur. Sanctitas immediata dispositio est ad sapientiam: ergo concupiscentia et vehemens desiderium porta est sapientiae; Sapientiae septimo: Optavi, et datus est mihi sensus; et invocavi, et venit in me spiritus sapientiae. Et praeposui illam regnis et sedibus, et divitias nihil duxi in comparatione illius, usque ibi: Laetatus sum

야 합니다. 그[17]는 말합니다. "내가 거룩하니 너희도 거룩한 사람이 되어 야 한다."[18] 이 거룩함은 하느님과 비슷한 것을 만들어냅니다. 그러므로 거룩한(세라핌적인) 이 정신은 세 번 "거룩하시다, 거룩하시다, 거룩하시다"[19]라고 합니다. [이것은 동화의 외침입니다. 왜냐하면 '거룩하시다'는 순수하게 울리기 때문입니다.]

6. 영혼이 하느님과 비슷해졌을 때 지혜가 즉시 영혼으로 들어가는데, "지혜는 영원한 빛의 광채이고 하느님께서 하시는 활동의 티 없는 거울"[20]이기 때문입니다. 「지혜서」 제7장에서 계속해서 "대대로 거룩한 영혼 안으로 들어간다"[21]라고 합니다. 경건하지 않은 인간은 지혜롭지 않습니다. 그래서 「집회서」에서는 "태양처럼 경건한 인간은 지혜 안에 머문다. 어리석은 자는 달처럼 변한다"[22]라고 합니다. 거룩함은 지혜에 직접 향해 있습니다. 따라서 욕망과 강력한 욕구는 지혜의 문입니다. 「지혜서」 제7장에서는 이렇게 언급합니다. "내가 기도하자 나에게 예지가 주어지고 간청을 올리자 지혜의 영이 나에게 왔다. 나는 지혜를 왕홀과 왕좌보다 더 좋아하고 지혜에 비기면 많은 재산은 아무것도 아니라고 생각하였으며 값을 헤아릴 수 없는 보석도 지혜와 견주지 않았다. 온 세상의 금도 지혜와 마주하면 한줌의 모래이고 은도 지혜 앞에서는 진흙처

---

17 주 하느님을 의미한다.

18 「레위기」11:45.

19 「이사야서」6:3. 사람은 세라핌이다. 세라핌은 불같이 뜨겁다는 의미이다. 치품천사 (熾品天使)의 치(熾)는 '불이 활활 탐' 또는 '불기운이 성함'이라는 뜻이다. 우리말 성경에는 사랍이라고 번역되어 있고, 이 구절 성경 번역에 각주로 사랍은 "주님을 모시면서도 제 얼굴을 가려야 하는 혼합적인 존재로서 '타오르는'을 뜻한다"라고 실려 있다. 성경에서 세라핌이 분명히 등장하는 곳은 「이사야서」6:2-6뿐이다. 옮긴이는 세라핌을 사랍 또는 치품천사로 번역했다.

20 「지혜서」7:26.

21 「지혜서」7:27.

22 「집회서」27:12에 대한 우리말 성경 번역은 이렇다. "경건한 이의 말은 항상 지혜로 우나 미련한 자는 달처럼 변한다."

in omnibus, quoniam antecedebat me ista sapientia, et ignorabam, quoniam omnium horum mater est. —Sed dicit, quod habuit illam optando et invocando. Si enim summum bonum est, summe amanda est; si autem omne bonum est, universaliter appetenda est et super omnia. —Similiter patet exemplo Salomonis, quia non petivit aurum et argentum, sed cor docile; ideo venit in eum. Unde Iacobus: Si quis vestrum indiget sapientia, postulet a Deo, qui dat omnibus affluenter et non improperat, et dabitur ei. Postulet autem in fide nihil haesitans. Qui enim haesitat non est disciplinatus. Haec est ergo porta. Huiusmodi autem concupiscentia exstinguit omnes concupiscentias et hominem sublevatum facit a mundo. Unde dicit: Hanc amavi et exquisivi a iuventute mea, et quaesivi sponsam mihi eam assumere, et amator factus sum formae illius.

럼 여겨지기 때문이다. 나는 지혜를 건강이나 미모보다 더 사랑하고 빛보다 지혜를 갖기를 선호하였다. 지혜에서 끊임없이 광채가 나오기 때문이다. 지혜와 함께 좋은 것이 다 나에게 왔다. 지혜의 손에 헤아릴 수 없이 많은 재산이 들려 있었다. 지혜가 이끌고 왔으므로 나는 그 모든 것을 즐겼다. 그러나 그것들이 지혜의 소산임을 몰랐다."[23] ── 그런데 인간은 열망하고 기원할 때 지혜를 가졌다고 말합니다. 만약 지혜가 최고선이라면 그것은 가장 사랑받아야 합니다. 그런데 만약 모든 선이라면 그것은 보편적으로 모든 것의 너머에서 욕구되어야 합니다. ── 비슷하게, 이는 솔로몬의 예에서 분명합니다. 왜냐하면 그는 금이나 은을 청하지 않고 옳은 것을 가려내는 분별력을 갖기를 청했기 때문입니다.[24] 따라서 그에게 지혜가 왔습니다. 야고보는 이렇게 말합니다. "여러분 가운데에 누구든지 지혜가 모자라면 하느님께 청하십시오. 하느님은 모든 사람에게 너그럽게 베푸시고 나무라지 않으시는 분이십니다. 그러면 받을 것입니다."[25] 그러나 "의심하는 일 없이 믿음을 가지고 청해야 합니다. 의심하는 사람은 바람에 밀려 출렁이는 바다 물결과 같습니다."[26] 따라서 믿음이 문입니다. 그런데 지혜에 대한 욕망은 모든 욕망을 없애버리고, 사람이 세상에서 들어올려지도록 합니다. 따라서 [「지혜서」에서] "나는 지혜를 사랑하여 젊을 때부터 찾았으며 그를 아내로 맞아들이려고 애를 썼다. 나는 그 아름다움 때문에 사랑에 빠졌다"[27]라고 합니다.

23 「지혜서」 7:7-12.
24 「열왕기 상권」 3:9; 홍익희, 『유대인 이야기』, 행성비, 2013, 88쪽: "솔로몬은 부왕 다윗이 부하의 아내 밧세바를 취해 얻은 아들이다. 이스라엘 세 번째 왕이 된 그의 나이는 21세였다."
25 「야고보 서간」 1:5.
26 「야고보 서간」 1:6. 본문을 직역하면 "의심하는 사람은 단련되지 않은 사람입니다"이다.
27 「지혜서」 8:2.

7. Forma autem sapientiae est mirabilis, et nullus eam aspicit sine admiratione et ecstasi, ut dicitur de Esther et de Salomone, cuius vultum desiderabat videre universa terra; et Regina Saba venit a finibus terrae audire sapientiam Salomonis; et cum videret ordines ministrantium vestesque eorum et pincernas et holocausta, quae offerebat in domo Domini, non habebat ultra spiritum. — Sed timendum quod dicit Dominus in Evangelio: Regina austri resurget in iudicio cum generatione ista et condemnabit eam, quia venit a finibus terrae audire sapientiam Salomonis, et plus quam Salomon hic. Iudaei nolebant audire sapientiam de ore Sapientiae; et nos habemus Christum intra nos, et nolumus audire sapientiam eius. Abominatio maxima est, quod filia regis pulcherrima offertur nobis in sponsam, et potius volumus copulari ancillae turpissimae et meretricari; et volumus reverti in Aegyptum ad cibum vilissimum, et nolumus refici cibo caelesti.

8. Ista forma est mirabilis, quia modo est uniformis, modo est multiformis, modo omniformis, modo nulliformis. Quadriformi igitur se vestit lumine. Apparet autem uniformis in regulis divinarum legum, multiformis in mysteriis divinarum Scripturarum, omniformis

7. 지혜의 모습은 경이롭습니다. 에스테르에 대해서[28] 그리고 솔로몬에 대해서 언급되듯이 지혜의 모습에 경탄하고 그 모습을 황홀하게 바라보지 않는 사람은 없습니다. 세상 사람들이 모두 솔로몬의 모습을 보고 싶어 했습니다.[29] 그리고 스바의 여왕이 땅 끝에서부터 솔로몬의 지혜를 들으려고 찾아왔습니다. 스바의 여왕은 시종들이 시중드는 모습과 그들의 복장, 헌작(獻爵) 시종들, 그리고 주님의 집에서 드리는 번제물(燔祭物)을 보고 넋을 잃었습니다.[30] — 그런데 우리는 주님께서 복음에서 말씀하신 것을 두려워해야 합니다. "심판 때에 남방 여왕이 이 세대와 함께 되살아나 이 세대를 단죄할 것이다. 그 여왕이 솔로몬의 지혜를 들으려고 땅 끝에서 왔기 때문이다. 그러나 보라, 솔로몬보다 더 큰 이가 여기에 있다."[31] 유대인들은 지혜의 입에서 나오는 지혜를 들으려고 하지 않았습니다. 그리스도께서 우리 안에 계시지만 우리는 그의 지혜를 들으려고 하지 않았습니다. 가장 아름다운 왕의 딸이 우리에게 신부로 주어지는데 우리가 가장 더러운 하녀와 결혼하고 그녀와 잠자기를 원하는 것은 가장 혐오스러운 일입니다. 또 우리는 가장 가치 없는 음식을 먹기 위해 이집트로 돌아가려고 하지[32] 천상의 음식으로 [우리 몸을] 회복하려고 하지 않습니다.

8. 지혜의 모습은 경이롭습니다. 왜냐하면 이 모습은 때로는 단일한 형상이고 때로는 다양한 형상이고 때로는 모든 형상이고 때로는 어떤 형상도 아니기 때문입니다. 그러므로 이 모습은 네 형상의 빛으로 장식되어 있습니다. 그것은 신법의 규칙에서 단일한 형상으로, 성경의 신비

---

28 「에스테르기」2:14. 우리말 성경 제2장 제15절에 "에스테르는 그를 보는 모든 이들의 귀여움을 받았다"라는 구절이 있다.

29 「열왕기 상권」10:24: "그리하여 세상 사람들이 모두 하느님께서 솔로몬의 마음에 넣어주신 지혜를 들으려고 그를 찾아왔다."

30 「열왕기 상권」10:5 참조.

31 「마태오복음서」12:42.

32 「민수기」11:5; 21:5; 강연 1, 9 참조.

in vestigiis divinorum operum, nulliformis in suspendiis divinorum excessuum.

9. De primo, Sapientiae sexto: Clara est et quae nunquam marcescit sapientia —quia apud illam non est transmutatio nec vicissitudinis obumbratio —et facile videtur ab his qui diligunt eam, et invenitur ab his qui quaerunt illam. Praeoccupat qui se concupiscunt, ut illis se prior ostendat. Haec igitur apparet immutabilis in regulis divinarum legum, quae nos ligant. Regulae istae mentibus rationalibus insplendentes sunt omnes illi modi, per quos mens cognoscit et iudicat id quod aliter esse non potest, utpote quod summum principium summe venerandum; quod summo vero summe credendum et assentiendum; quod summum bonum summe desiderandum et diligendum. —Et haec sunt in prima tabula; et in his apparet sapientia, quod ita certa sunt, quod aliter esse non possunt.

10. Hae regulae sunt infallibiles, indubitabiles, iniudicabiles, quia per illas est iudicium, et non est de illis. Et ideo clara est haec sapientia. —Sunt etiam incommutabiles, incoarctabiles, interminabiles; et ideo nunquam marcescit. Sic enim certae sunt, ut

에서 다양한 형상으로, 하느님 작품의 자취에서 모든 형상으로 드러나고, 신으로부터 일탈해서 부양(浮揚) 상태로 떠돌 때는 어떤 형상으로도 드러나지 않습니다.

9. 첫 번째 것에 대해서 「지혜서」 제6장에서 "지혜는 바래지 않고 늘 빛이 난다"[33]라고 합니다. ― 지혜 곁에는 (=그분께는) 변화도 없고 변동에 따른 그림자도 없기 때문입니다.[34] ― 그(=지혜)를 사랑하는 이들은 쉽게 알아보고 그를 찾는 이들은 쉽게 발견할 수 있습니다. "지혜는 자기를 갈망하는 이들에게 미리 다가가 자기를 알아보게 해"[35]주기 때문입니다. 그러므로 우리를 묶는 신법의 규칙에서 지혜는 변하지 않는 것으로 드러납니다. 이성적인 정신에서 빛나는 이 규칙은 모든 방식인데, 이 방식에 의해 정신이 다르게 있을 수 없다는 것을 인식하고 판단합니다. 예를 들면 정신은 최고의 원리(시작)를 가장 공경해야 한다는 것, 가장 참된 것을 최고로 믿어야 하고 그것에 동의해야 한다는 것, 가장 선한 것을 가장 욕구해야 하고 사랑해야 한다는 것을 인식하고 판단합니다. ― 그리고 이것들이 첫 번째 판에 있는 것들입니다.[36] 그리고 이것들이 이렇게 확실하고 또 다르게 있을 수 없기 때문에 이것들에서 지혜가 드러납니다.

10. 이들 규정은 틀릴 수 없고 의심될 수 없고 판단될 수도 없습니다. 왜냐하면 이들 규정에 대한 판단이 아니라 이들 규정에 의한 판단이기 때문입니다. 따라서 이 지혜는 분명합니다. ― 이들 규정은 더욱이 변하지 않으며 제한되지 않고 무한합니다. 그러므로 지혜는 결코 바래지 않

---

33 「지혜서」6:13.
34 「야고보 서간」1:17.
35 「지혜서」6:13.
36 Bonaventura, *III Sent.*, d.37, a.2, q.1; Bonaventura, *Itin.*, c.II, 9 참조.

nullo modo sit eis contradicere nisi ad exterius-rationem, secundum Philosophum, in libro primo Posteriorum. Hae enim radicantur in luce aeterna et ducunt in eam, sed non propter hoc ipsa videtur. Nec est dicendum, quod fundantur in aliqua luce creata, utpote in aliqua Intelligentia, quae illuminet mentes; quia cum illae regulae sint incoarctabiles, quia mentibus omnium se offerunt, tunc sequeretur, quod lux creata esset incoarctabilis et esset actus purus, quod absit; et qui hoc dicit enervat fontem sapientiae et facit idolum, ut Angelum, Deum, et plus quam qui lapidem Deum facit. Haec enim sapientia radiat super animam, quia assistit prae foribus, ut se, inquit, prior illis ostendat.

11. Item, apparet sapientia ut multiformis in mysteriis divinarum Scripturarum. Hanc multiformitatem mysteriorum ostendit Apostolus, ad Ephesios: Mihi omnium Sanctorum minimo

습니다. 이들 규정은 이렇게 확실해서, 철학자가 『분석론 후서』에서[37] 말하듯 이성의 밖에 이들 규정이 놓이지 않는다면 [우리는] 어떤 방식으로도 이들 규정에 반대할 수 없습니다. 이것들은 영원한 빛 안에 뿌리 박혀 있고, 그 빛으로 이끕니다. 그런데 인간은 이것 때문에 이 빛을 보는 것은 아닙니다. [우리는] 이들 규정이 예를 들면 정신을 비추는 어떤 지성체 안에 기반하고 있듯이 창조된 어떤 빛 안에 기반하고 있다고 말하면 안 됩니다. 이들 규정이 모든 사람의 정신에 제시되어 제한이 없기에 창조된 빛은 무제한적이고 존재하지 않을 순수 현실태일 것이라는 결론에 이릅니다. 순수 현실태는 있지 않을 것이라고 말하는 사람은 지혜의 원천을 무기력하게 하고, 천사[38]나 하느님을 우상으로 만듭니다. 그리고 돌을 하느님으로 만드는 사람보다 더 많은 우상을 만듭니다. 이 지혜는 영혼 위에서 비춥니다. 지혜는 지혜를 갈망하는 이들에게 먼저 자신을 드러내기 위해서 문간에 앉아 있다고 합니다.[39]

11. 또한, 지혜는 성경의 신비에서 다양하게 드러납니다. 사도는 다양한 신비를 에페소인들에게 드러냈습니다. "모든 성도 가운데에서 가장 보잘것없는 나에게 그러한 은총을 주시어, 그리스도의 은총의 헤아릴

---

37 Aristoteles, Eugen Rolfes (trans.), *Lehre vom Beweis oder Zweite Analytik*, Felix Meiner Verlag, 1990.

38 천사들은 각각 세 개의 계급으로 이루어진 세 개의 등급에 속한다. 가장 높은 세 계급인 세라핌(熾品天使), 케루빔(智品天使), 트론즈(座品天使)는 우주를 비추어주는 신적 원리, 아르키아(archia)와 가까이 접하고 있다. 가운데 세 계급인 도미네이션스(主品天使, Dominations), 버처스(Virtues), 파워스(能品天使, Powers)는 위의 세 계급을 통해서 전달된 신성한 빛을 받아들이고, 아래 세 계급인 프린시펄리티스(權品天使, Principalities), 아켄젤스(대천사들, Archangels), 엔젤스(천사, Angels)에 그 빛을 전달한다. 그리고 나면, 아래 세 계급이 인간에게 세상을 통치하기 위한 신의 섭리를 전달한다(제프리 버튼 러셀, 앞의 책, 2006, 32쪽 참조). Dionysius, *De caelesti hierarchia*, 참조. 세라핌은 '불을 만드는 자들', 케루빔은 '지식의 충만' 또는 '지혜의 유출'을 의미한다(제7장). 중간 계급의 천사들은 주품천사, 권세와 능력(능품천사)이고(제8장) 마지막 위계에는 권품천사, 대천사, 그리고 천사(제9장)가 속한다.

39 「지혜서」 6:14.

data est haec gratia, in gentibus evangelizare investigabiles divitias gratiae Christi et illuminare omnes, quae sit dispensatio sacramenti absconditi a saeculis in Deo, qui omnia creavit, ut innotescat Principatibus et Potestatibus in caelestibus per Ecclesiam multiformis sapientia Dei. Non est intelligendum, quod Paulus doceat Angelos, sed dicitur innotescere, quia ministerio ipsorum innotescunt, sicut dicitur, quod Lex per Angelos data est, hoc est per ministerium Angelorum.

12. Haec igitur sapientia dicitur multiformis, quia multi sunt modi exprimendi; et ideo necesse fuit, ut ostendatur sapientia in multis figuris, multis Sacramentis, multis signis, ut etiam veletur superbis, aperiatur humilibus. Haec velamina claudunt Christum, occultant sapientiam sapientibus et immundis. Unde in Matthaeo: Confiteor tibi, Pater, domine caeli et terrae, quia abscondisti haec a sapientibus et prudentibus et revelasti ea parvulis. Et ideo bene ait Apostolus: Mihi omnium Sanctorum minimo etc..

13. Sed quomodo Paulus evangelizat investigabiles divitias gratiae Christi? Sic: Nunc, inquit, manent fides, spes, caritas, tria haec. — Triplex refulget intelligentia in Scriptura, quae docet, quid credendum, quid exspectandum, quid operandum: quid credendum

수 없는 풍요를 민족들에게 전하고, 과거의 모든 시대에 만물을 창조하신 하느님 안에 감추어져 있던 그 신비의 계획이 어떠한 것인지 모든 사람에게 밝혀주게 하셨습니다. 그리하여 이제는 하늘에 있는 권세와 권력에게도 교회를 통하여 하느님의 매우 다양한 지혜가 알려지게 되었습니다."[40] 바오로가 천사를 가르치길 원했다고 이해할 필요는 없습니다. 오히려 천사들은 그들의 직무로 인해 드러나기 때문입니다. 율법이 천사들을 통하여 주어졌다고, 다시 말해 천사들의 직무를 통해서 주어졌다고 언급되듯이 말입니다.[41]

12. 이 지혜를 표현하는 방식이 많기 때문에 지혜는 다양하다고 언급합니다. 그러므로 지혜는 많은 형상으로 많은 성사에서 많은 표징으로 드러나서 교만한 자들에게 감추어지고 겸손한 자들에게 드러나야 합니다. [무엇을] 감추는 옷은 그리스도를 감싸고, 지혜로운 자와 부정한 자에게 지혜를 숨깁니다. 그러므로 「마태오복음서」에서는 이렇게 말합니다. "아버지, 하늘과 땅의 주님, 지혜롭다는 자들과 슬기롭다는 자들에게는 이것을 감추시고 철부지들에게는 드러내 보이시니, 아버지께 감사드립니다."[42] 따라서 사도가 '성스러운 모든 것 중에서 가장 보잘것없는 나에게 ……'라고 말하는 것은 맞는 말입니다.

13. 바오로 성인은 그리스도의 은총의 헤아릴 수 없는 풍요를 어떻게 알렸습니까? 그는 "이제 믿음과 희망과 사랑 이 세 가지는 계속"[43]된다고 합니다. 이성은 성경에서 세 가지로 빛납니다. 성경은 우리가 무엇을 믿어야 하는지, 우리가 무엇을 기대해야 하는지, 그리고 우리가 무엇을 행해야 하는지를 가르칩니다. 믿어야 하는 것은 믿음에, 기대해야 하는

---

40 「에페소 신자들에게 보낸 서간」 3:8-10.
41 「갈라티아 신자들에게 보낸 서간」 3:19.
42 「마태오복음서」 11:25.
43 「코린토 신자들에게 보낸 첫째 서간」 13:13.

quantum ad fidem; quid exspectandum quantum ad spem; quid operandum quantum ad caritatem, quae consistit in operatione, non solum in affectione, Ioannis decimo quarto: Si quis diligit me, sermonem meum servabit. Et quaelibet istarum est bifurcata.

14. Fides enim est in iunctura capitis et corporis. Refulgentia quantum ad fidem est allegoria, et haec duplex: una ad caput, alia ad corpus. Est enim una, quae fertur ad caput crucifixum, natum etc.; alia, quae fertur ad corpus, ad Ecclesiam primam, mediam et ultimam; et hoc modo laudat Ecclesiam Salomon in Cantico secundum triplicem illum statum. Quae est ista, inquit, quae ascendit, quasi aurora consurgens, pulchra ut luna, electa ut sol etc.—Quae est ista, quae ascendit per desertum sicut virgula fumi ex aromatibus myrrhae et thuris etc.—Quae est ista, quae ascendit de deserto deliciis affluens et innixa super dilectum suum?

15. De allegoria capitis dicit Paulus: Nolo, vos ignorare, fratres, quoniam patres nostri omnes sub nube fuerunt, et omnes mare transierunt, et omnes in Moyse baptizati sunt in nube et in mari, et omnes eandem escam spiritualem manducaverunt, et omnes eundem potum spiritualem biberunt. Bibebant autem de spirituali consequente eos petra; petra autem erat Christus.—De allegoria

것은 희망에, 행해야 하는 것은 사랑에 향하고 있습니다. 사랑은 감정에만 있는 것이 아니라 행위에 있습니다. 「요한복음서」 제14장에서는 "누구든지 나를 사랑하면 내 말을 지킬 것"[44]이라고 합니다. 이 세 가지는 각각 두 갈래로 되어 있습니다.

14. 예컨대 믿음은 머리와 몸의 결합에 있습니다. 믿음의 관점에서 비춤은 비유인데, 비유의 의미는 두 가지입니다. 한 비유는 머리와, 또 한 비유는 몸과 관계를 맺고 있습니다. 하나는 십자고상의 머리, 태어난 것의 머리와 관련 있고, 다른 하나는 몸과, 첫 번째 교회, 중간의 교회 그리고 마지막 교회와 관계를 맺고 있습니다. 그러므로 솔로몬은 「아가」에서 교회를 세 단계로, "새벽빛처럼 솟아오르고 달처럼 아름다우며 해처럼 빛나고 기를 든 군대처럼 두려움을 자아내는 저 여인은 누구인가?"[45] ─ 연기 기둥처럼 광야에서 올라오는 저 여인은 누구인가? 몰약과 유향, 이국의 온갖 향료로 향기를 풍기며 오는 저 여인은 누구인가?[46] ─ 기쁨에 넘쳐 자기 연인에게 몸을 기댄 채 광야에서 올라오는 저 여인은 누구인가?[47]라고 찬미합니다.

15. 바오로는 머리의 비유에 대해서 이렇게 말합니다. "형제 여러분, 나는 여러분이 이 사실도 알기를 바랍니다. 우리 조상들은 모두 구름 아래 있었으며 모두 바다를 건넜습니다. 모두 구름과 바다 속에서 세례를 받아 모세와 하나가 되었습니다. 모두 똑같은 영적 양식을 먹고, 모두 똑같은 영적 음료를 마셨습니다. 그들은 자기들을 따라오는 영적 바위에서 솟는 물을 마셨는데, 그 바위가 곧 그리스도이셨습니다."[48] ─ 육체의 비

---

44 「요한복음서」14:23.
45 「아가」6:10.
46 「아가」3:6.
47 「아가」8:5.
48 「코린토 신자들에게 보낸 첫째 서간」10:1-4.

corporis: Scriptum est, quoniam Abraham duos filios habuit, unum de ancilla et unum de libera; sed qui de ancilla, secundum carnem natus est; qui autem de libera, per repromissionem, quae sunt per allegoriam dicta. Haec autem sunt duo testamenta. Non oportuit, ut amplius explanaret, quia per illa intelliguntur duo populi.

16. Iuxta aliam intelligentiam, quae est per spem, quid scilicet est exspectandum, sumitur anagogia, et haec duplex, scilicet caelestis, ut ibi: Abraham, suspice caelum et numera stellas, si potes, scilicet caelestes Intelligentias; et in Iob: Nunquid nosti ordinem caeli, aut rationem eius pones in terra? —Alia supercaelestis, ut in Abraham, qui tres vidit et unum adoravit, quia in illis Trinitas apparuit; et in duobus Angelis, qui missi sunt Sodomam, Filius et Spiritus sanctus, qui mittuntur a Patre; et ideo, quia Pater nunquam missus est, ibi non apparuit, sed nunquam missus est. —Hugo dicit ista vocabula: hierarchia caelestis, supercaelestis, subcaelestis. Quidam

유에 대해서 바오로는 다음과 같이 말합니다. "아브라함에게 두 아들이 있었는데 하나는 여종에게서 났고 하나는 자유의 몸인 부인에게서 났다고 기록되어 있습니다. 그런데 여종에게서 난 아들은 육에 따라 태어났고, 자유의 몸인 부인에게서 난 아들은 약속의 결과로 태어났습니다. 여기에는 우의적인 뜻이 있습니다. 이 여자들은 두 계약을 가리킵니다."[49] 그는 이것을 더는 설명할 필요가 없었는데, 왜냐하면 이것에 의해 두 민족이 인식되기 때문입니다.

16. 희망에 대한 통찰의 곁에서, 즉 무엇을 기대할 수 있는가라고 할 때 신비에 대한 상징적 해석이 두 가지로 가정됩니다. 즉 "아브라함아, 하늘을 쳐다보아라. 네가 셀 수 있거든 저 별들을 세어보아라",[50] 다시 말해서 하늘의 천사를 세어보라고 하고, 또 「욥기」에 있는 "너는 하늘의 법칙들을 아느냐? 또 네가 땅에 대한 그의 지배를 확정할 수 있느냐?"[51]라고 하는 곳에서 천상적으로 용인됩니다. — 또 다른 신비에 대한 상징적 해석은 세 사람에게서 삼위일체가 드러났기 때문에 세 사람을 보고 그 중 한 사람에게 간구했던 아브라함에게서 그렇듯이[52] 천상적인 것의 너머에 있는 것으로 가정됩니다. 그리고 소돔으로 파견된 두 천사에게서 성부로부터 파견된 성자와 성령이 드러났습니다.[53] 성부는 결코 파견되지 않기 때문에 성부는 그곳에 나타나지 않았고 결코 파견되지 않았습니다. — 성 빅토르 후고는 천상의, 하늘의 위에 있는, 그리고 하늘의 아래에 있는 위계라는 용어를 말합니다.[54] 몇몇 사람은 그가 당치 않게 언

---

49 「갈라티아 신자들에게 보낸 서간」 4:22-24; 아우구스티누스, 앞의 책, 2004, 제15권, 2 참조.
50 「창세기」 15:5.
51 「욥기」 38:33.
52 「창세기」 18:6; Augustinus, *Contra iulianum haeresis pelagianae defensorem libri sex*, II, 25, 7.
53 「창세기」 19:1.
54 Victor Hugues, *S. Dionysii*, c.2, I.

dicunt, quod improprie dicantur; sed falsum est, quia utrobique est sacer principatus.

17. Tertia est tropologia iuxta tertiam intelligentiam, quae docet, quid agendum. Haec duplex: quaedam pertinet ad activam, ubi docetur, quid agendum; quaedam ad contemplativam, ubi docetur, quomodo contemplandum, quomodo anima feratur in Deum; nec tamen est anagogia, cum sit praeparatio animae, et sic ab infimo tendit ad supremum. — Haec ergo sapientia est abscondita et velata superbis, qui non sunt potentes Scripturas intelligere. Scripturae intelligi non possunt nec mysteria, nisi sciatur decursus mundi et dispositio hierarchica.

18. In his ergo mysteriis pulcherrime apparet Dei sapientia, plus etiam quam primo modo. Sicut, verbi gratia, volo laudare sponsam, quod sit pulchra, quod sit verax; si dicam simpliciter: pulchra est, verax est; non afficitur multum cor meum; sed cum dico: Pulchrae sunt genae tuae sicut turturis, collum tuum sicut monilia; mirabiliter eam commendo, dum intelligo. Commendo enim eam non solum ut castam et honestam, sed quod propter amorem sponsi casta est et amorosa. Turtur enim avis casta est et amorosa, quia

급했다고 하지만 그들의 말은 그릇된 말입니다. 왜냐하면 세 가지 측면 모두에 거룩한 왕권이 있기 때문입니다.

17. 세 번째 해석은 세 번째 통찰 곁에 있는 비유로, 이것은 행해져야 함을 가르칩니다. 이 해석은 두 가지입니다. 하나는 활동적인 것에 관계하는데, 여기에서는 행해져야 하는 것을 가르치고, 다른 하나는 명상적인 것에 관계하는데 여기에서는 어떤 방식으로 명상되는지, 또 어떤 방식으로 영혼이 하느님에게 옮아가는지를 가르칩니다. 그럼에도 불구하고 신비에 대한 상징적 해석은 영혼의 준비를 드러내고 이렇게 가장 아래에 있는 것으로부터 가장 위에 있는 것에 향하기 때문에 이런 가르침은 신비에 대한 상징적 해석은 아닙니다. — 그러므로 이 지혜는 성경을 이해할 능력이 없는 교만한 자에게는 은폐되어 있고 가려져 있습니다. 세상의 진행과 위계에 따른 배치가 알려지지 않으면 성경도 신비도 이해될 수 없습니다.

18. 따라서 이 신비에서는 하느님의 지혜가 가장 아름답게 드러납니다. 더욱이 첫 번째 방식보다 더 아름답게 드러납니다. 예를 들면 신부가 아름답고 진실하다고 내가 칭찬하고 싶어 하듯이 말입니다. 만약 내가 단순히 그녀가 아름답다, 그녀가 참되다고 말한다면, 내 심장이 완전히 사로잡히지 않을 것입니다. 그런데 내가 너의 뺨은 비둘기처럼 아름답고, 너의 목은 신부의 목걸이처럼 아름답다고[55] 말한다면 내가 인식하는 동안 그녀를 경이롭게 칭송하는 것입니다. 나는 그녀가 순결하고 존경받을 만하다고 칭송할 뿐만 아니라, 그녀가 신랑에 대한 사랑에서 순결하고 사랑으로 충만하다는 것을 칭송합니다. 비둘기는 순결하고 서로 사랑

---

55 「아가」 1:10. 우리말 성경 번역에 따르면, "귀걸이 드리워진 그대의 뺨과 목걸이로 꾸며진 그대의 목이 어여쁘다고"이다. 그런데 본문에서 아래에 비둘기에 대한 설명과 '너의 목은 신부의 목걸이 같다'라는 구절이 나오므로 여기에서는 성경의 번역을 따르지 않기로 한다.

propter amorem comparis, ipso vivente, nulli coniungitur nec post eius mortem. Sponsa igitur honesta non est, quia casta, sed quia casta propter amorem sponsi. Pulchrae igitur sunt genae, quae sunt prominentes, in quibus apparet pulchritudo. Collum tuum sicut monilia: collum, per quod vox emittitur, veritas; monilia, quae ornant pectus et stringunt, discretio, quia, si quis dicat veritatem et non, quando debet, vel ut non debet, vel ubi non debet, vel quibus non debet; non est pulchra veritas.

19. Haec sapientia resultat ex multis mysteriis Scripturae, sicut ex multis speculis fiunt multiplicationes radiorum et ignium; haec sunt specula mulierum, de quibus fit labrum aeneum; haec est Scriptura, ut revelata facie gloriam Domini speculantes, in eandem imaginem transformemur a claritate in claritatem: a claritate allegoriae in claritatem anagogiae, et rursus tropologiae. Haec sapientia datur secundum mensuram fidei et unicuique, sicut Deus divisit mensuram fidei; quia, secundum quod homo magis intellectum captivat, secundum hoc sapientior efficitur, et fides habetur per humilitatem. Huiusmodi sapientiae Paulus dicit se

하는 새입니다. 왜냐하면 이 새는 자기 짝을 사랑해서 짝이 살아 있는 동안에, 더욱이 짝이 죽었을 때도 다른 비둘기하고 짝짓지 않기 때문입니다. 신부는 그녀가 순결하기 때문에 존경받을 만한 것이 아니라, 그녀가 신랑을 사랑해서 순결하기 때문에 존경받을 만한 것입니다. 치솟아 있는 그녀의 뺨은 아름답고 이 뺨에서 아름다움이 빛납니다. "너의 목은 신부의 목걸이 같다." 목소리를 내는 목은 진리를 의미하며 신부가 치장하고 목에 건 목걸이는 사려분별을 의미합니다. 왜냐하면 누군가가 진리를 말한다고 해도 언제 말해야 하는지, 또는 언제 말하면 안 되는지, 또는 어디에서 말하면 안 되는지, 또는 누구에게 말하면 안 되는지를 말하지 않는다면 진리는 빛나지 않을 것이기 때문입니다.

19. 많은 거울들에서 광채와 불이 다양하게 반사되듯이, 이 지혜는 성경의 많은 신비에서 나오는 결과입니다. 이 거울은 여인들의 거울인데, 이 거울을 녹여 청동 대야를 만듭니다.[56] 이 거울이 성경입니다. 우리는 모두 너울을 벗은 얼굴로 주님의 영광을 거울로 보듯 어렴풋이 바라보면서 그분과 같은 모습으로 명확함에서 명확함으로 바뀌어갑니다.[57] 비유의 명확함에서 신비에 대한 상징적 해석의 명확함으로, 그리고 반대로 비유의 명확함으로 변형됩니다. 마치 하느님께서 믿음의 정도를 구분했듯이 하느님께서 각각의 믿음의 정도에 따라 이 지혜를 나누어주십니다.[58] 왜냐하면 이런 지혜에 따라 사람은 오히려 더 현명하게 통찰하도록 통찰에 사로잡히기 때문입니다. 이런 지혜에 따라 사람은 더 현명해지고, 겸손함을 통해 믿음을 얻습니다.[59] 바오로는 자신이 이런 지혜의 선생님이라고 말합니다. 그런데 모세는 계명과 율법을 설정했고, 따라서

---

56 「탈출기」 38 : 8 참조.
57 「코린토 신자들에게 보낸 둘째 서간」 3 : 18.
58 「로마 신자들에게 보낸 서간」 12 : 3.
59 「코린토 신자들에게 보낸 둘째 서간」 10 : 5 ; 3 : 14 ; 3 : 18.

professorem. Moyses autem posuit regulas et leges, ideo habuit faciem cornutam, sed Apostolus revelatam.

20. Item, tertia facies sapientiae est omniformis in vestigiis divinorum operum. Unde in Ecclesiastico: Radix sapientiae cui revelata est, et astutias illius quis agnovit? Disciplina sapientiae cui revelata est et manifestata, et multiplicationem ingressus illius quis intellexit? Unus est altissimus Creator omnium omnipotens. Sequitur: Ipse creavit illam in Spiritu sancto et vidit et dinumeravit et dimensus est et effudit illam super omnia opera sua. Haec sapientia manifestata est; unde: Sapientia foris clamitat, in plateis dat vocem suam. Et tamen nos non invenimus eam, sicut laicus nesciens litteras et tenens librum non curat de eo; sic nos; unde haec scriptura facta est nobis Graeca, barbara et Hebraea et penitus ignota in suo fonte.

21. Ista sapientia diffusa est in omni re, quia quaelibet res secundum quamlibet proprietatem habet regulam sapientiae et ostendit sapientiam divinam; et qui sciret omnes proprietates manifeste videret sapientiam istam. Et ad hoc considerandum dederunt se philosophi et etiam ipse Salomon; unde ipsemet se redarguit dicens: Dixi: sapiens efficiar; et ipsa longius recessit a me.

뿔이 있는 얼굴을 하고 있지만[60] 사도는 너울을 벗은 얼굴을 하고 있습니다.

20. 또한, 지혜의 세 번째 모습은 하느님의 작품의 흔적에 있는 모든 형상입니다. 따라서 「집회서」에서는 이렇게 말합니다. "지혜의 뿌리가 누구에게 계시되었으며 지혜의 놀라운 업적을 누가 알았느냐? 지혜의 슬기가 누구에게 나타났으며 지혜의 풍부한 경험을 누가 이해하였느냐? 지극히 경외해야 할 지혜로운 이 한 분 계시니 당신의 옥좌에 앉으신 분이시다. 주님께서는 지혜를 만드시고 알아보며 헤아리실 뿐 아니라 그것을 당신의 모든 일에, 모든 피조물에게 후한 마음으로 쏟아부으셨으며 당신을 사랑하는 이들에게 선물로 주셨다. 주님의 사랑은 영광스러운 지혜이며 그분께서는 당신을 보여 주실 이들에게 지혜를 베푸시어 당신을 알아보게 하신다."[61] 그래서 지혜는 바깥에서 외치고 광장에서 목소리를 높입니다.[62] 그럼에도 마치 글을 모르면서도 책을 지니고 있는 평신도가 책으로써 어떤 것도 하지 못하듯이 우리도 또한 그렇습니다. 따라서 성경은 우리에게 그리스어, 야만인들의 언어, 그리고 헤브라이어가 되었고 그것의 근원은 완전히 알려지지 않았습니다.

21. 어떤 사물이든 그 특성에 따라 지혜의 척도가 있고 하느님의 지혜를 드러내기 때문에 이 지혜는 모든 사물에 퍼져 있습니다. 모든 특성을 명확하게 아는 사람은 이 지혜를 분명하게 볼 것입니다. 철학자들은 이것을 숙고하는 데 몰두했고, 솔로몬도 특히 그랬습니다. 따라서 솔로몬 자신은 "'나는 지혜롭게 되리라'고 말하여 보았지만 그것은 내게서 멀리

---

60 「탈출기」 34 : 30 · 35. 라틴어 직역은 '뿔이 있는'이다. 성경 번역을 참조해 번역하면 '너울을 쓴'이 적합해 보인다. 유명한 뿔난 모세의 상은 미켈란젤로의 작품으로 로마에 있는 대성당인 산피에트로 인 빈콜리에 있다.

61 「집회서」 1 : 6-10.

62 「잠언」 1 : 20.

Quando enim per curiosam perscrutationem creaturarum dat se quis ad investigandam istam sapientiam; tunc longius recedit.

22. Opus autem Dei tripliciter dicitur: primo modo essentia, quodcumque illud sit et in quocumque genere sive substantiae, sive accidentis; alio modo essentia completa, scilicet sola substantia; tertio modo essentia ad imaginem Dei facta, ut spiritualis creatura. — Super has effusa est sapientia Dei, sicut super opera sua.

23. Est autem ordo in his. Deus enim creat quamcumque essentiam in mensura et numero et pondere; et dando haec dat modum, speciem et ordinem; modus est, quo constat; species, qua discernitur; ordo, quo congruit. Non est enim aliqua creatura, quae non habeat mensuram, numerum et inclinationem; et in his attenditur vestigium, et manifestatur sapientia, sicut pes in vestigio; et hoc vestigium in illam sapientiam ducit, in qua est modus sine modo, numerus sine numero; ordo sine ordine. — In substantia autem est altius vestigium, quod repraesentat divinam essentiam. Habet enim omnis creata substantia materiam, formam, compositionem: originale principium seu fundamentum, formale complementum et glutinum; habet substantiam, virtutem et operationem. — Et in his repraesentatur mysterium Trinitatis: Pater, origo; Filius, imago; Spiritus sanctus, compago.

있었다"[63]라고 반박했습니다. 사실 호기심 때문에 이 지혜를 찾아내려고 피조물에 몰두할 때 지혜는 더 멀리 달아나기 때문입니다.

22. 하느님의 작품은 세 가지로 언급됩니다. 첫째, 본질이 언급됩니다. 즉 본질이 무엇이고 실체의 어떤 류(類) 또는 우유성의 어떤 류에 있는지가 언급됩니다. 둘째, 완성된 본질인 실체만 언급됩니다. 셋째, 정신적인 피조물처럼 하느님의 모상에 따라 만들어진 존재가 언급됩니다. 하느님의 지혜는 그의 작품 위에 부어지듯이 이 피조물 위에 부어집니다.

23. 피조물 안에는 질서가 있습니다. 하느님은 모든 본질을 척도, 수, 그리고 무게에 따라 창조하기 때문에[64] 척도, 수, 무게를 부여할 때 하느님께서는 방식과 종과 질서를 주셨습니다. 모든 본질은 [존재] 방식에 의해 지속하고, 종을 통해 구분되고, 질서를 통해 일치합니다.[65] 척도와 수 그리고 성향이 없는 피조물은 없습니다. 그리고 마치 발이 발자국을 남기듯 이들 안에서 자취가 주목되고 지혜가 분명해집니다. 그리고 이 자취는 방식 없이 방식이 있는, 수 없이 수가 있는, 질서 없이 질서가 있는 곳으로 지혜를 이끕니다. — 그런데 실체에는 더 고귀한 자취가 있는데 이 자취는 신적인 본질을 드러냅니다. 창조된 모든 실체는 질료와 형상을 지닌 합성체입니다. 본래적인 시원 또는 근거에서 형상이 보완되고 결합하는 방식이 있습니다. 창조된 모든 실체는 본질, 능력, 활동을 갖습니다. 그리고 이들 안에서 삼위일체의 신비가, 즉 근원인 성부, 모상[66]인 성자, 결합체인 성령이 드러납니다.

---

63 「코헬렛」7:23.
64 「지혜서」11:21. 우리말 성경은 제11장 제20절이다. "당신께서는 모든 것을 재고 헤아리고 달아서 처리하셨습니다."
65 방식, 종 그리고 질서에 대해서는 Augustinus, *De natura boni*, c.3 참조.
66 바티칸 판본에는 'imago' 대신 'virtus et forma'로 되어 있다.

24. Ratio autem originalis principii a formali complemento habet distinctionem in creatura, non quidem hypostaticam, ut est in divinis, nec accidentalem, sed sicut principiorum, quorum unum activum, alterum passivum. Et hoc tollere a creatura est tollere ab ea repraesentationem Trinitatis; ut dicere, quod creatura sit purus actus et non habeat compositionem.

25. Nec valet id quod dicitur, quod composita est, pro eo quod est ab alio, quia esse ab alio compositionem non facit; quia tunc Filius esset compositus, cum sit a Patre, et Spiritus sanctus ab utroque. Solum enim esse divinum simplex est; nec differt in eo esse et sic esse et bene esse. Et ideo esse dicitur nomen Dei, quia esse in Deo est id quod est Deus. In creatura autem differt esse et bene esse et sic esse.

26. Vestigium aliud huius sapientiae est substantia, virtus et operatio; virtus est a substantia, operatio a substantia et virtute; res a substantia habet esse, a virtute vigere, ab operatione efficere. Virtus etiam non est substantiae accidentalis, licet Philosophus dicat, quod naturalis potentia est qualitas. Ipse enim loquitur, prout dicit modum

24. 피조물에서 본래적인 시원의 근거는 형상을 보완하는 것과 구분되는데 신적인 것에 있듯이 위격에 따라 구분되지 않고 우연히 구분되지도 않습니다. 오히려 이 구분은 원리의 구분으로서 그것 중 하나는 능동적인 원리이고 다른 하나는 수동적인 원리입니다. 피조물로부터 근거를 제거하는 것은 그것으로부터 삼위일체의 표상을 제거하는 것입니다. 피조물이 순수 현실태이고 합성체가 아니라고 말하는 것입니다.

25. 다른 것에서 유래하는 존재는 합성체를 만들 수 없습니다. 따라서 다른 것에서 유래했기 때문에 합성되었다고 말하는 것은 참이 아닙니다. 만약 참이라면 아들(예수)은 아버지(성부)와 합성되었고 성령은 이 두 가지로부터 구성되었을 것이기 때문입니다. 오직 신적인 존재만이 단순합니다. '있음' 그리고 '그렇게 있음'과 또한 '잘 있음'은 신적인 존재에서 구분되지 않습니다. 이 때문에 존재는 하느님의 이름이라고 일컬어집니다.[67] 왜냐하면 하느님 안에 있는 존재는 하느님인 존재이기 때문입니다. 그런데 피조물에서는 '있음'과 '잘 있음' 그리고 '그렇게 있음'이 구분됩니다.[68]

26. 이 지혜의 다른 자취는 실체, 능력(힘), 작용입니다. 능력은 실체에서 나오고 작용은 실체와 능력에서 나옵니다. 사물은 실체에 의해 존재할 수 있고 능력에서 힘을 얻을 수 있고 작용에서 결과를 얻을 수 있습니다. 비록 철학자가 자연적인 능력이 질이라고 말한다고 해도[69] 능력은 우

---

67 「탈출기」3:14: "나는 있는 나다." 「탈출기」제3장 제14절에는 하느님은 "나는 있는 나다"라고 되어 있다. 여기에서 야웨는 "나는 스스로 있는 자니라"라고 말씀하시는데, 이 히브리어 음역 "예흐예 아쉐르 예흐예"는 영어로 "I am who I am" 정도로 번역된다. 우리말로 번역하면 "나는 나다"라는 말이 될 뿐이다"(김남일, 『야웨와 바알』, 살림, 2003, 26쪽).

68 Dionysius, *De caelesti hierarchia*, c.11, 2.

69 Aristoteles, κατηγορίαι/*Die kategorien*, Griechisch/Deutsch, Reclam, 1998, c.8, 9a 24 이하: "τὸ μὲν γὰρ σκληρὸν λέγεται τῷ δύναμιν ἔχειν τοῦ μὴ ῥᾳδίως διαιρεῖσθαι, τὸ δὲ

consequentem substantiam; sicut patet, quia durum et molle dicunt modum substantiam consequentem.

27. Item, est creatura ad imaginem Dei facta; et hoc vel secundum imaginem naturalem, vel gratuitam; illa est memoria, intelligentia et voluntas, in quibus relucet Trinitas; et hac sigillatur anima, et in hac sigillatione recipit immortalitatem, intelligentiam, iucunditatem; immortalitatem, secundum quod in memoria tenetur aeternitas; sapientiam, secundum quod in intelligentia refulget veritas; iucunditatem, secundum quod in voluntate delectat bonitas. Haec quidem sunt in intelligentiis, vel substantiis reformatis. — Et sic patet, quod totus mundus est sicut unum speculum plenum luminibus praesentantibus divinam sapientiam, et sicut carbo effundens lucem.

28. Quarta facies sapientiae est difficillima, quia est nulliformis, quod videtur destructivum praecedentium, non tamen est. De hac enim dicit Apostolus primae ad Corinthios secundo: Sapientiam loquimur inter perfectos, sapientiam non huius saeculi; sed loquimur sapientiam in mysterio absconditam, quam nec oculus vidit, nec auris audivit, nec in cor hominis ascendit; nobis autem revelavit Deus per Spiritum suum. Spiritus autem omnia scrutatur,

연한 실체에 속하지 않습니다. 아리스토텔레스 자신은 실체를 뒤따르는 방식을 말합니다. 예컨대 '딱딱한'과 '부드러운'이 실체에 이르는 방식을 제시하기에 이것이 분명하듯이 말입니다.

27. 또한, 피조물은 자연적인 모상에 따라서든 무상의 은총의 모상에 따라서든 하느님의 모상으로 만들어졌습니다. 피조물에게는 기억·지성·의지가 있는데, 여기에서 삼위일체가 빛납니다. 그리고 모상에 의해 영혼이 봉인되고 영혼은 불멸성과 지성과 즐거움을 이 봉인 안에서 받아들입니다. 불멸하기에 영원함은 기억에 보존되고 지혜가 있다는 점에서 진리가 통찰에서 빛나고 선은 즐거움이 있는 한 의지에서 즐거워합니다. 사실 이것들은 지성에 있거나 또는 변형된 실체에 있습니다.[70] 그리고 이렇게 세상 전체가 커다란 하나의 거울처럼 그리고 빛을 넘치게 하는 석탄(=연료)처럼 하느님의 지혜를 드러내는 빛에 의해 있다는 것이 분명합니다.

28. 지혜의 네 번째 모습이 가장 파악하기 어려운 모습입니다. 왜냐하면 이것은 아무 형상이 없기 때문인데, 앞의 형상을 파괴하는 것처럼 보이지만 실상 그렇지 않습니다. 이 모습에 대해 사도는 「코린토 신자들에게 보낸 첫째 서간」 제2장에서 이렇게 말합니다. "성숙한 이들 가운데에서는 우리도 지혜를 말합니다. 그러나 그 지혜는 이 세상의 것도 아니고 파멸하게 되어 있는 이 세상 우두머리들의 것도 아닙니다. 우리는 하느님의 신비롭고 또 감추어져 있던 지혜를 말합니다."[71] "'어떠한 눈도 본 적이 없고 어떠한 귀도 들은 적이 없으며 사람의 마음에도 떠오른 적이 없는 것들을 하느님께서는 당신을 사랑하는 이들을 위하여 마련해 두셨

μαλακὸν τῷ ἀδυναμίαν ἔχειν τοῦ αὐτοῦ τούτου"(단단한 것은 쉽게 쪼개지지 않는 힘을 가져서, 무른 것은 바로 이런 힘을 가지지 못해서 그렇게 불린다).

70 Bonaventura, *Itin.*, c.III; c.IV 참조.

71 「코린토 신자들에게 보낸 첫째 서간」 2:6-7.

etiam profunda Dei. Hanc sapientiam docuit Paulus Dionysium et Timotheum et ceteros perfectos, et ab aliis abscondit. Oportet ergo, nos esse perfectos, ut ad hanc sapientiam veniamus. Quae retro sunt, inquit, obliviscens, ad anteriora me extendo, si quo modo comprehendam.

29. Haec sapientia abscondita est in mysterio. Sed quomodo? Si in cor hominis non ascendit, quomodo comprehendetur, cum sit nulliformis? — Nota, quod hic est status sapientiae christianae; unde cum Dionysius multos libros fecisset, hic consummavit, scilicet in Mystica Theologia. Unde oportet, quod homo sit instructus multis et omnibus praecedentibus. De mystica theologia Dionysius: Tu autem, inquit, o Timothee amice, circa mysticas visiones forti actione et contritione, sensus derelinque etc., vult enim dicere, quod oportet, quod sit solutus ab omnibus, quae ibi numerat, et quod omnia dimittat; quasi diceret: super omnem substantiam et cognitionem est ille quem volo intelligere. Et ibi est operatio transcendens omnem intellectum, secretissima; quod nemo scit, nisi qui experitur. In anima enim sunt virtutes multae apprehensivae: sensitiva, imaginativa, aestimativa, intellectiva; et omnes oportet relinquere, et in vertice est

다.' 하느님께서는 성령을 통하여 그것들을 바로 우리에게 계시해 주셨습니다. 성령께서는 모든 것을, 그리고 하느님의 깊은 비밀까지도 통찰하십니다."[72] 사도 바오로는 이 지혜를 디오니시우스와 티모테우스와 그 밖의 완전한 사람들에게 가르치는데 이 지혜는 다른 사람들에게 은폐되어 있습니다. 그러므로 우리는 이 지혜에 도달하기 위해서 완전해져야 합니다. 사도는 "이 한 가지는 분명합니다. 나는 내 뒤에 있는 것을 잊어버리고 앞에 있는 것을 향하여 내달리고 있습니다"[73]라고 말합니다.

29. 이 지혜는 신비 안에 은폐되어 있습니다. 그런데 어떤 방식으로 은폐되어 있습니까? 만약 지혜가 인간의 마음속에서 일어나지 않는다면 아무 형상이 없는데 그것이 어떻게 이해됩니까? ― 그리스도 지혜의 자리가 여기 있음을 주목하시오. 디오니시우스는 많은 책을 저술했지만, 그는 「신비신학」에서 [저술을] 완성했습니다. 사람은 필수적으로 앞서 있는 많은 것에 대해 또한 모든 것에 대해 알고 있어야 합니다. 디오니시우스는 신비신학에 대해서 이렇게 말합니다. 오, 나의 친구인 디모테우스여, 신비적인 환상[74]과 관련해서 강력한 행위와 통회 가운데 감각적인 것을 잊으시오.[75] 이로써 그는 신비신학에서 그가 꼽은 모든 것에서 해방되고, 마치 내가 인식하고자 하는 분이 모든 존재의 너머에, 그리고 모든 인식 너머에 계신다고 말하려고 할 때 모든 것을 포기한다고 말하고 싶어 했습니다. 그리고 신비신학에는 가장 내밀한 작용이 있는데, 이 작용은 인식된 모든 것을 넘어갑니다. 이 작용은 만약 누군가가 경험하지 않는다면 모르는 것입니다. 사실 영혼 안에는 많은 파악 능력이 있습니다. 이들은 감각적인, 환상적인, 평가하는, 인식하는 능력입니다. 그리고 [사람은] 모든 것을 포기해야 하고, 사랑은 가장 높은 곳에서 결합하고 사랑

---

72 「코린토 신자들에게 보낸 첫째 서간」 2:9-10.
73 「필리피 신자들에게 보낸 서간」 3:13.
74 낱말 'visio'는 문맥에 따라 '봄', '상', '환상', '환영', '환시' 등으로 번역했다.
75 Dionysius, *De mystica theologia*, c.1, 1 [PL 122, 1173].

unitio amoris, et haec omnes transcendit. —Unde patet, quod non est tota beatitudo in intellectiva.

30. Haec autem contemplatio fit per gratiam, et tamen iuvat industria, scilicet ut separet se ab omni eo, quod Deus non est, et a se ipso, si possibile esset. Et haec est suprema unitio per amorem. Et quod solum per amorem fiat, dicit Apostolus: In caritate radicati et fundati, ut possitis comprehendere cum omnibus Sanctis, quae sit longitudo, latitudo, sublimitas et profundum. Iste amor transcendit omnem intellectum et scientiam. —Sed si scientiam transcendit, quomodo videri potest sapientia ista? Propter hoc addit Apostolus: Ei autem, qui potens est omnia facere superabundanter, quam petimus, aut intelligimus etc.; quia non est cuiuslibet, nisi cui Deus revelat. Propter quod dicit Apostolus: Nobis autem revelavit Deus per Spiritum suum. Unde cum mens in illa unione coniuncta est Deo, dormit quodam modo, et quodam modo vigilat: Ego dormio, et cor meum vigilat. Sola affectiva vigilat et silentium omnibus aliis potentiis imponit; et tunc homo alienatus est a sensibus et in ecstasi

의 합일은 모든 것을 넘어갑니다. — 그러므로 통찰하는 능력에는 온전한 지복이 없다는 것이 분명합니다.[76]

30. 관조는 은총에 의해 생기지만 노력이 이를 돕습니다. 다시 말해서 만약 가능하다면 하느님 이외의 모든 것으로부터 또한 자기 자신으로부터 자신을 분리할 정도로 노력합니다. 이것은 사랑에 의한 최고의 결합입니다. 그리고 사도는 그것이 오직 사랑에 의해서만 이루어진다고 말합니다. "여러분이 사랑에 뿌리를 내리고 그것을 기초 삼아 여러분이 모든 성도와 함께 너비와 길이와 높이와 깊이가 어떠한지 깨닫는 능력을 지니기를 빕니다."[77] 이 사랑은 모든 인식과 앎을 초월합니다. — 만약 이 사랑이 앎을 초월한다면, 이 지혜는 어떻게 드러날 수 있습니까? 이 때문에 사도는 이렇게 덧붙입니다. "우리가 청하거나 생각하는 모든 것보다 훨씬 더 풍성히 이루어주실 수 있는 분, 그분께 교회 안에서, 그리고 그리스도 예수님 안에서 세세 대대로 영원무궁토록 영광이 있기를 빕니다. 아멘."[78] 왜냐하면 [이것은] 하느님께서 자신을 드러내지 않는 사람에게 속하지 않기 때문입니다. 이 때문에 사도는 이렇게 말합니다. "하느님께서는 성령을 통하여 그것들을 바로 우리에게 계시해 주셨습니다."[79] 그러므로 정신이 하느님과 결합하고 있을 때 정신은 어떤 방식으로는 잠자고 있고 어떤 방식으로는 깨어 있습니다. "나는 잠들었지만 내 마음은 깨어 있었지요."[80] 오직 열정적인 것만이 깨어 있고, 다른 모든 능력에 침묵을 명합니다. 그리고 이때 인간은 모든 감각에서 벗어나 무아지경에 빠지고, 어떠한 인간도 누설해서는 안 되는 비밀의 말씀을 듣습니다.[81]

---

76 Bonaventura, *I Sent.*, d.1, a.2, q.1, ad 2s. [I, 37] 참조.
77 「에페소 신자들에게 보낸 서간」 3:17-18.
78 「에페소 신자들에게 보낸 서간」 3:20-21.
79 「코린토 신자들에게 보낸 첫째 서간」 2:10.
80 「아가」 5:2.
81 「코린토 신자들에게 보낸 둘째 서간」 12:4.

positus et audit arcana verba, quae non licet homini loqui, quia tantum sunt in affectu. Unde cum exprimi non possit nisi quod concipitur, nec concipitur nisi quod intelligitur, et intellectus silet; sequitur, quod quasi nihil possit loqui et explicare. — Et ita est: quia ad istam sapientiam non pervenitur nisi per gratiam, ideo auctor sapiens quaecumque sunt absconsa et improvisa sancto Spiritu et ipsi Verbo attribuit revelanda; et ideo dicit: Quaecumque sunt absconsa et improvisa didici; omnium enim artifex docuit me sapientia. Et idem dicit, quod Paulus. Est enim in illa spiritus intelligentiae sanctus, unicus, multiplex, subtilis etc. Iste spiritus levat animam et docet improvisa. Et hic est digitus Dei, ad quem magus Pharaonis non potest attingere, scilicet intellectus noster. — De primis sapientes multi habent, de hac autem pauci.

31. Iste autem amor est sequestrativus, soporativus, sursumactivus. Sequestrat enim ab omni affectu alio propter sponsi affectum unicum; soporat et quietat omnes potentias et silentium imponit; sursum agit, quia ducit in Deum. Et sic est homo quasi mortuus; et ideo dicitur: Fortis ut mors dilectio, quia separat ab omnibus. Oportet enim, hominem mori per illum amorem, ut sursum agatur. Unde non videbit me homo et vivet. Et tunc in tali

왜냐하면 이 말씀은 오직 열정에만 있기 때문입니다. 그러므로 파악되지 않는 것은 표현될 수 없고, 인식되지 않는 것은 파악되지 않습니다. 이성은 침묵을 지킵니다. 그래서 결과적으로 이성은 어떤 것도 말할 수 없고 설명할 수 없습니다. — 은총에 의해서가 아니라면 이 지혜에 도달하지 않기 때문에 이렇습니다. 그러므로 지혜로운 저자는 숨어 있는 어떤 것과 그가 예상하지 않았던 것을 밝히기 위해 성령과 말씀에 이것들을 덧붙입니다. 따라서 「지혜서」의 저자(=솔로몬)는 "나는 감추어진 것도 드러난 것도 알게 되었으니 모든 것을 만든 장인인 지혜가 나를 가르친 덕분"[82]이라고 말합니다. 또 그는 바오로와 똑같은 것을 말합니다. "지혜 안에 있는 정신은 명석하고 거룩하며 유일하고 다양하고 섬세"[83]하다. 이 정신은 영혼을 끌어올리고 예상하지 않던 것을 가르칩니다. 그리고 파라오의 마술사도 건드릴 수 없는 "이것은 하느님의 손가락이 하신 일"입니다.[84] 다시 말해서 우리의 인식입니다. — 지혜의 처음 세 가지 모습과 관련해서 많은 사람이 지혜롭지만 네 번째 모습에 관해서는 소수의 사람만이 지혜롭습니다.

31. 이 사랑은 분리되어 있고, 마비되어 있고, 상승합니다. 이 사랑은 신랑의 유일한 열정 때문에 다른 모든 사랑에서 분리됩니다. 이 사랑은 모든 능력을 마비시키며 쉬게 하고 침묵을 명합니다. 그것이 하느님에게로 이끌기 때문에 위로 올라갑니다. 그리고 이렇게 사람은 마치 죽은 것 같습니다. 모든 것에서 분리하기 때문에 사랑은 죽음처럼 강합니다.[85] 사실 천상으로 올려지기 위해서 사람은 이 사랑을 통해 죽어야 합니다. "나를 본 사람은 아무도 살 수 없다."[86] 그리고 그때 이런 결합에서 영혼의

---

82 「지혜서」 7:21-22.
83 「지혜서」 7:22.
84 「탈출기」 8:19. 우리말 성경은 제8장 제15절이다.
85 「아가」 8:6.
86 「탈출기」 33:20.

unione virtus animae in unum colligitur et magis unita fit et intrat in suum intimum et per consequens in summum suum ascendit; quia idem intimum et summum, secundum Augustinum. De illo summo dicitur in Cantico: Adiuro vos, filiae Ierusalem, ne suscitetis neque evigilare faciatis dilectam, donec ipsa velit.

32. Iuvat autem nos ad veniendum ad illum somnum superferri omnibus sensibus, omnibus operationibus intellectualibus, quae sunt cum phantasmatibus annexis, dimittere etiam angelicas Intelligentias, ut dicatur: Invenerunt me vigiles, qui custodiunt civitatem; paululum cum pertransissem eos, inveni quem diligit anima mea. Et hoc docet Dionysius, dimittere sensibilia, intellectualia, entia, non entia; et vocat temporalia non entia, quia sunt in continua variatione; et sic intrare in tenebrarum radium. Dicitur tenebra, quia intellectus non capit; et tamen anima summe illustratur. Et quia hoc non habetur nisi per orationem, ideo Dionysius incipit ab oratione dicens: Trinitas supersubstantialis, superdea, superbona; et intellige, quod hoc dicitur non respectu Dei, sed respectu intellectus nostri; quia magis est substantia, quam intellectus noster capiat, et magis Deus; et sic de aliis. Et post: amoventes oculos mentis, quia mens oculis intellectualibus aspicere non potest, et ideo amovendi sunt. Et ideo dicitur in Cantico:

능력은 하나에서 집결되고 더 많은 것이 합일되고 가장 내밀한 합일이 이루어지고 결과적으로 최고의 영혼에 이릅니다. 왜냐하면 아우구스티누스에 따르면 가장 내밀한 것과 최고의 것은 동일하기 때문입니다.[87] 최고의 것에 대해서 「아가」에서 다음과 같이 노래합니다. "예루살렘 아가씨들이여, 그대들에게 애원하니 우리 사랑을 방해하지도 깨우지도 말아주오, 그 사랑이 원할 때까지."[88]

32. 그런데 성읍을 돌아다니는 야경꾼들이 나를 보았네.[89] 그들을 지나치자마자 나는 내가 사랑하는 이를 찾았네[90]라고 언급되듯이 우리는 저 잠에 이르기 위해서 모든 감각을 넘어가도록, 표상 상과 결합되어 있는 이성적인 모든 작용의 너머로 상승되도록, 지성체인 천사를 무시하도록 명령받았습니다. 그리고 디오니시우스는 감각적인 것, 이성적인 것, 존재자와 비존재자를 무시하라고 가르쳤습니다. 일시적인 것은 지속적으로 변하기 때문에 그는 이것을 비존재자라고 부릅니다. 이렇게 그는 어둠의 반경 안으로 들어가라고 가르칩니다. 이성이 파악하지 않기에 이성은 어둠이라고 불립니다. 그럼에도 불구하고 영혼은 최고로 비추어집니다. 그리고 이것은 기도를 통해서만 있습니다. 디오니시우스는 "삼위일체! 어떤 존재, 어떤 신, 어떤 선보다 높으신 분!"[91]이라고 기도하기 시작합니다. 이것이 하느님의 관점에서가 아니라 우리의 이성의 관점에서 언급된다는 것을 통찰하십시오. 실체는 우리의 이성이 파악하는 것보다 더 크고, 하느님은 더 크시기 때문입니다. 다른 것에 대해서도 이렇습니

---

87 아우구스티누스에 따르면, 인간 영혼에는 그것이 인간 영혼인 한 정신보다 더 본질적이고 더 상위에 있는 것은 없다. 이 정신에 따라 영혼은 신의 모상이고 그것에 의해 다른 모든 영혼과 구분되고 직접적으로 하느님 자체에 참여할 수 있다. *De trinitate*, XII [1, 1]; XIV [8, 11] 참조.
88 「아가」3:4. 우리말 성경은 제6장 제5절이다.
89 「아가」3:3.
90 「아가」3:4.
91 Dionysius, *De mystica theologia*, c.1, 1 [PL 122, 1173].

Averte oculos tuos a me, ipsi me avolare fecerunt. Tunc Christus recedit, quando mens oculis intellectualibus nititur illam sapientiam videre; quia ibi non intrat intellectus, sed affectus. Unde in Cantico: Vulnerasti cor meum, soror mea, sponsa; vulnerasti cor meum in uno oculorum tuorum, quia affectus vadit usque ad profundum Christi; et in uno crine colli tui; crinis significat elevationem mentalium considerationum [unde Habacuc: Tulit me in cincinno capitis mei]. — Et post Dionysius: Tu autem, amice Timothee, circa mysticas visiones, forti contritione et actione sensus derelinque et intellectuales operationes etc. Et innuit, quod iste ascensus fit per vigorem et commotionem fortissimam Spiritus sancti; sicut dicitur de Elia: Ecce, spiritus subvertens montes et conterens petras etc. Hunc ignem non est in potestate nostra habere; sed si Deus dat desuper, sacerdotis est nutrire et ligna subiicere per orationem.

33. Iste autem ascensus fit per affirmationem et ablationem: per affirmationem, a summo usque ad infimum; per ablationem, ab infimo usque ad summum; et iste modus est conveniens magis, ut: non est hoc, non est illud; nec privo ego a Deo quod suum

다. 그다음 그는 정신의 눈을 돌리는 사람들은 정신이 이성의 눈으로써 바라볼 수 없기 때문에 정신의 눈을 돌려야 한다고 합니다. 「아가」에서는 "내게서 당신의 눈을 돌려주오. 나를 어지럽게 만드는구려"라고 합니다.[92] 정신이 이성적인 눈으로써 이 지혜를 보려고 시도할 때 그리스도는 물러납니다. 왜냐하면 그곳에는 이성이 들어서지 않고 열정이 들어서기 때문입니다. 「아가」에서는 "나의 누이 나의 신부여, 그대는 내 마음을 사로잡았소. 한 번의 눈짓으로",[93] 내 마음을 사로잡았노라고 노래합니다. 열정이 그리스도의 내면에까지 이르기 때문입니다. '그대 머리카락 한 올로 내 마음을 사로잡았소.' 머리카락은 정신적인 숙고가 상승하는 것을 의미합니다. [그러므로 하바쿡은 그는 "정수리를 붙들더니 머리채를 잡고"[94] 나를 데려다 놓는다고 합니다.] ── 그리고 그다음 디오니시우스는 "나의 친구인 디모데우스여, 신비적인 환상과 관련해서 강한 행위와 통회 가운데 감각적인 것과 이성적인 작용을 잊으시오"[95]라고 합니다. 그는 엘리야가 "보라, 산을 할퀴고 바위를 부수는 영을"[96]이라고 언급했듯이, 성령의 불과 가장 강력한 바람에 의해서 상승한다는 것을 인정합니다. 우리는 이 불을 가질 능력이 없지만 만약 주님께서 위에서 이 불을 내려준다면, 사제들은 기도하면서 이 불을 지피고 꺼지지 않게 합니다.[97]

33. 이 상승은 긍정과 부정을 통해서 이루어집니다.[98] 긍정적인 방식에 의해서는 최고의 것에서부터 가장 낮은 것에, 부정적인 방식에 의해서는 가장 낮은 것에서부터 최고의 것에 이릅니다. 그리고 이 방식이 더 적합한 방식입니다. 예를 들면 "그는 이것이 아니다. 그는 저것이 아니다"

92 「아가」6:5.
93 「아가」4:9.
94 「다니엘서」14:36.
95 Dionysius, *De mystica theologia*, c.1, 1.
96 「열왕기 상권」19:11.
97 「레위기」6:12. 우리말 성경은 제6장 제2절이다.
98 Dionysius, *De mystica theologia*, c.1, 2f. [PL 122, 1174].

est, vel in ipso est, sed attribuo meliori modo et altiori, quam ego intelligo. —Ablationem sequitur amor semper. Unde Moyses primo a senioribus sequestratur, secundo ascendit in montem, tertio intrat caliginem. Aliud exemplum: qui sculpit figuram nihil ponit, immo removet et in ipso lapide relinquit formam nobilem et pulchram. Sic notitia Divinitatis per ablationem relinquit in nobis nobilissimam dispositionem.

34. Istud somnium significat mors Christi, sepultura Christi, transitus maris rubri, transitus in terram promissionis. —Quod iterum Spiritus sanctus commoveat ad hoc, nota de Moyse, quem duxit ignis ad interiora deserti, ubi accepit illustrationes. Ista ergo est sapientiae forma; isti sunt excessus mentales.

라고 말하고, "나는 하느님으로부터 그의 것 또는 그 자체 안에 있는 것을 빼앗는 것이 아니라 오히려 내가 인식하는 것보다 더 좋은, 더 고상한 방식으로 [그것을 그에게] 부여하는 것"이라고 하는 것이 더 적합한 방식입니다. ─ 사랑은 항상 제거를 따릅니다. 예컨대 모세는 먼저 장로들로부터 떠났고, 그다음 산에 올랐으며, 그리고 어둠으로 들어갔습니다.[99] 또 다른 예를 들어봅시다. 한 형상을 조각하는 사람은 어떤 것도 설정하지 않으며, 오히려 돌을 깎아서 돌 자체에 고상하고 아름다운 형상을 남겨 놓습니다. 이렇게 신성에 대한 인식은 제거에 의해서 우리 안에 가장 고상한 상태로 남아 있습니다.

34. 그리스도의 죽음이 이 환상을, 즉 그리스도의 장례, 홍해 통과,[100] 약속의 땅으로 들어감[101]을 의미합니다. ─ 성령이 또다시 이것에로 움직이게 한다는 것을 모세에서 보십시오. 불길이 그를 사막으로 인도했고[102] 이곳에서 그는 불꽃을 보았습니다. 이 불꽃은 지혜의 형상이고 이는 정신적인 무아지경입니다.

99   「탈출기」 24 : 2 이하 참조.
100 「탈출기」 14 : 22 참조.
101 「여호수아기」 1 : 2 이하.
102 「탈출기」 3 : 1 참조.

Collatio III

De plenitudine intellectus, quatenus est clavis contemplationis per intellectum Verbi increati, incarnati et inspirati

1. In medio Ecclesiae aperiet os eius, et adimplebit eum Dominus spiritu sapientiae et intellectus. Dicto de sapientia, dicendum est de intellectu, de quo dicebatur in Collatione donorum, quod intellectus est regula circumspectionum moralium, ianua considerationum scientialium, clavis contemplationum caelestium. Et iste intellectus proprie est donum. —Ab intellectu inchoandum est, et perveniendum ad sapientiam. Cibavit illum Dominus pane vitae et intellectus, et aqua sapientiae salutaris potavit illum. A cibo incipiendum est, non a potu. Nisi enim homo exerceatur in dono intellectus, non proficit in potu sapientiae, quae effundit flumina in animam, potata ab ipsa, et fit ei fons aquae salientis in vitam aeternam. Donum intellectus est solidus cibus, ut panis, qui, ut

창조되지 않고 강생했으며 영을 받은 말씀의 인식에 의한 직관의 열쇠인 통찰의 충만함에 대한 강연

1. "지혜는 그를 이웃들보다 높이 들어올리고 회중 가운데에서 그의 입을 열어주리라."[1] 우리는 지혜에 대해 논했습니다. [이제] 통찰에 대해 강연해야 할 차례입니다. 『성령의 일곱 가지 선물에 대한 강연』에서 통찰[2]은 도덕적인 사려의 규칙이라고, 학문적인 숙고의 통로라고, 천상적인 직관의 열쇠라고 언급되는데 이 통찰은 원래 하나의 선물입니다. ─ 인간은 통찰에서 시작해서 지혜에 도달해야 합니다. "지혜는 지각의 빵으로 그를 먹이고, 이해의 물을 그에게 주리라"[3]고 했습니다. 사람은 물을 마시는 것에서 시작하면 안 되고 음식을 먹는 것에서 시작해야 합니다. 왜냐하면 인간이 통찰의 선물에 의해 단련되지 않는다면, 지혜의 음료로 나아가지 않기 때문입니다. 지혜는 영혼에 물을 주고, 이 물을 마시며, 이 물은 "그 사람 안에서 물이 솟는 샘이 되어 영원한 생명을 누리게

---

1 「집회서」 15:5.

2 Bonaventura, *Collationes de septem donis spiritus sancti*, 강연 8 '통찰에 관하여' 참조.

3 「집회서」 15:3.

dicebat beatus Franciscus, multis laboribus habetur. Primo semen seminatur, deinde crescit, deinde colligitur, deinde ad molendinum portatur, deinde coquitur, et multa talia. Et sic de dono intellectus; intellectum comparare difficile est per se. Sapientia similiter non habetur nisi a sitiente; unde in Psalmo: Sitivit anima mea ad Deum fortem vivum; et: Quemadmodum desiderat cervus ad fontes aquarum, ita desiderat anima mea ad te Deus.

2. Clavis ergo contemplationis est intellectus triplex, scilicet intellectus Verbi increati, per quod omnia producuntur; intellectus Verbi incarnati, per quod omnia reparantur; intellectus Verbi inspirati, per quod omnia revelantur. Nisi enim quis possit considerare de rebus, qualiter originantur, qualiter in finem reducuntur, et qualiter in eis refulget Deus; intelligentiam habere non potest.

3. De primo ad Romanos: Invisibilia Dei a creatura mundi per ea quae facta sunt intellecta conspiciuntur, sempiterna quoque Virtus eius et Divinitas. Sempiterna virtus et Divinitas per effectum intelliguntur, quia Deus est causa omnium, et per virtutem eius omnia sunt facta; quod est contra philosophos, qui negant, quod

할 것"⁴입니다. 통찰의 선물은 빵같이 단단한 음식인데, 이것은 성 프란체스코가 말씀하셨듯이, 많은 노고에 의해서 얻어집니다. [농부가] 먼저 씨를 뿌리고, 그다음 싹이 나고, 농부가 수확한 다음 탈곡합니다. 그다음 조리하며, 그 외에도 이와 같은 수많은 과정을 거칩니다. 통찰의 선물도 이와 같습니다. 통찰을 얻는 것은 그 자체 어려운 일이고, 이와 유사하게 목마른 사람은 지혜에 도달합니다. 「시편」에서는 이렇게 노래합니다. "제 영혼이 하느님을, 제 생명의 하느님을 목말라합니다."⁵ "암사슴이 시냇물을 그리워하듯 하느님, 제 영혼이 당신을 이토록 그리워합니다."⁶

2. 직관의 열쇠에는 세 가지 통찰이 있습니다. 먼저 창조되지 않은 말씀에 대한 통찰이 있습니다. 이 말씀에 의해서 모든 것이 생겨납니다. 두 번째는 사람이 되신 말씀에 대한 통찰입니다. 이 말씀에 의해서 모든 것이 구속(救贖)됩니다. 세 번째 통찰은 영을 받은 말씀에 대한 통찰인데, 이 말씀을 통해서 모든 것이 계시됩니다. 만약 어떤 사람이 사물에 관해서 그 사물이 어떻게 생겨났으며, 어떻게 근원으로 돌아가며 하느님께서 이것들 안에서 어떻게 빛나는지를 볼 수 없다면, 그는 [말씀을] 통찰할 수 없습니다.

3. 「로마 신자들에게 보낸 서간」 제1장에는 "세상이 창조된 때부터, 하느님의 보이지 않는 본성 곧 그분의 영원한 힘과 신성을 피조물을 통하여 알아보고 깨달을 수 있게 되었습니다"⁷라고 쓰여 있습니다. "모든 것이 그분을 통하여 생겨났고 그분 없이 생겨난 것은 하나도 없기"⁸ 때문에 결과를 통해 영원한 힘과 신성이 인식됩니다. 이 인식은 항상 동일하

---

4 「요한복음서」 4:14.
5 「시편」 42:3.
6 「시편」 42:2.
7 「로마 신자들에게 보낸 서간」 1:20.
8 「요한복음서」 1:3.

ab uno et eodem, semper manente eodem, sint multiformia, ab aeterno temporalia, ab actualissimo manent possibilia, a stabilissimo mutabilia, a simplicissimo composita, a sublimissimo infima; cum effectus sit similis causae, et causa haec sit contraria in his conditionibus.

4. Horum ostium est intellectus Verbi increati, qui est radix intelligentiae omnium; unde qui non habet hoc ostium, intrare non potest. Philosophi autem habent pro impossibili quae sunt summe vera quia ostium est eis clausum. —Quomodo autem haec intelligantur, dicitur ad Hebraeos: Fide intelligimus, aptata esse saecula Verbo Dei, ut ex invisibilibus visibilia fierent. Summum autem spiritum impossibile est se non intelligere; et cum intellectum aequetur intelligenti, intelligit quidquid est et quidquid potest: ergo et ratio intelligendi aequatur intellectui, quae similitudo eius est. Haec autem similitudo Verbum est, quia, secundum Augustinum et Anselmum, similitudo mentis convertentis se super se, quae in acie mentis est, verbum est. Si ergo haec similitudo aequalis est, ergo Deus est, et a Deo originata repraesentat originantem et quidquid Pater potest: ergo repraesentat multa. —Item, cum virtutem Patris repraesentet, repraesentat virtutem unitissimam; sed

게 머물러 있는 하나이며 동일한 것에서부터 다양한 것이 유래하고, 영원한 것에서 유한한 것이, 가장 현실적인 것에서 가장 가능한 것이, 가장 고정적인 것에서 변화될 수 있는 것이, 가장 단순한 것에서 복합적인 것이, 가장 숭고한 것에서 가장 낮은 것이 유래한다는 것을 부정하는 철학자들에 반대되는 것입니다. 왜냐하면 결과는 원인과 비슷하고, 이 원인은 이런 조건에 반대될 것이기 때문입니다.

4. 창조되지 않은 말씀에 대한 인식이 이 결과들로 들어가는 문입니다. 이 인식은 모든 통찰의 뿌리인데 이 문이 없는 사람은 안으로 들어갈 수 없습니다. 그런데 철학자들에게는 이 문이 닫혀 있기 때문에 철학자들은 가장 참된 것은 불가능하다고 간주합니다. 이것들이 어떻게 인식되는지는 「히브리인들에게 보낸 서간」에도 나옵니다. "믿음으로써, 우리는 세상이 하느님의 말씀으로 마련되었음을, 따라서 보이는 것이 보이지 않는 것에서 나왔음을 깨닫습니다."[9] 그런데 최고의 정신이 자기 자신을 인식하지 못한다는 것은 불가능합니다. 그리고 인식된 것은 인식하는 사람과 일치하기 때문에 인식하는 사람은 자기가 누구인지를, 또한 자기가 할 수 있는 것을 압니다. 따라서 인식의 근거는 인식과 동등해지는데, 이 근거는 인식의 모상입니다. 이 모상은 말씀입니다. 왜냐하면 아우구스티누스와 안셀무스에 따르면[10] 자신의 너머로 향하는 정신의 모상은 말씀인데, 이 모상은 정신의 정점에 있기 때문입니다. 만약 이 모상이 동등하다면 그것은 하느님이고 하느님으로부터 유래해서 모상은 창조자뿐 아니라 하느님께서 할 수 있는 모든 것을 묘사합니다. 따라서 그것은 많은 것을 제시합니다. — 이 모상은 또한, 아버지의 능력을 제시하기 때문에, 그것은 가장 일치하는 능력을 제시합니다. 그러나 능력이 일치하면 할 수

---

9   「히브리인들에게 보낸 서간」 11:3.
10 Augustinus, *De trinitate*, XIV [6, 8]; 캔터베리의 안셀무스, 박승찬 옮김, 『모놀로기온 & 프로슬로기온』, 아카넷, 2002, 제32장 참조.

virtus, quanto magis unita, tanto magis infinita: ergo illa similitudo infinita repraesentare habet; et ita necesse est, ut ab uno sint multa. Si igitur intelligis Verbum, intelligis omnia scibilia. Iudaeus autem hoc intelligere non potest; et tamen Scriptura dicit: Dixit Deus: fiat lux; et iterum: Dixit Deus, hoc est Verbum genuit, in quo omnia disposuit et disponendo omnia facit. Unde Augustinus in libro Confessionum: Verbo tuo tibi coaeterno facis quaecumque facis, nec alio modo quam dicendo facis; non tamen sempiterne facis quae sempiterne dicis.

5. Si enim unitas posset cognoscere totum posse suum, videret et cognosceret omnes numeros; et si punctus cognosceret totum posse suum, cognosceret omnes lineas in centro; unitas tamen magis est principium quam punctus, quia unitas est pars essentialis numeri, punctus autem principium et non pars; nec aliquod istorum

록, 그것은 더욱더 무한해집니다. 따라서 저 모상은 무한한 것을 제시할 수 있습니다. 그리고 분명히 하나에서 많은 것이 나옵니다. 만약 그대들이 말씀을 인식한다면, 그대들이 알 수 있는 모든 것을 인식할 것입니다. 유대인들은 이 말씀을 인식할 수 없었습니다. 그럼에도 성경은 하느님께서 '빛이 생겨라'라고 말씀하셨다[11]고 하고, 또다시 "하느님께서 말씀하셨다"고, 즉 그 말씀으로 하느님이 모든 것을 근거짓고 이 근거에 의해 모든 것을 창조하는 그 말씀을 생산하신다고 말합니다. 그러므로 성 아우구스티누스는 『고백록』에서 이렇게 말합니다. "주님이 지어지라고 말씀하시는 모든 것은 지어지며, 주님은 오직 말씀하심으로써 지으시나이다. 그래도 주님이 말씀하심으로써 지으시는 모든 것이 동시와 영원 속에서 지어지지는 않나이다."[12]

5. 만약 하나가 자신의 능력을 모두 인식할 수 있다면, 하나는 모든 수를 보고 인식합니다. 만약 점(點)이 점이 할 수 있는 모든 것을 인식한다면, 점은 중앙에 있는 모든 선(線)을 인식할 것입니다. 그럼에도 불구하고 하나는 점이라기보다 오히려 시원입니다. 왜냐하면 하나는 수의 본질적인 부분이고, 반면 점은 시작이지 부분이 아니기 때문입니다.[13] 이들

---

11 「창세기」 1 : 3.
12 아우구스티누스, 앞의 책, 2005, 제11권 [7, 9]; 「탈출기」 15 : 18 참조.
13 Bonaventura, *De scientia christi*, q.3, s.c., 4 : "Hoc ipsum ostendit Dionysius, *de Divinis Nominibus*, quinto capitulo, tali ratione : omnes lineae originaliter sunt in puncto, et omnes numeri in unitate; et tamen ex hoc non ponitur in puncto et in unitate realis diversitas in creatura"; 아리스토텔레스, 김재홍 옮김, 『변증론』, 까치, 1998, 제1권, 제14장. (제16장)에 따르면, 하나(unitas)와 점은 그것들이 시작이라는 사실에서 일치한다. 그런데 점은 설정된 실체 또는 확실한 자리를 갖는 실체지만, 하나는 그렇지 않다는 점에서 하나와 점은 다르다. Aristoteles, *Lehre vom Schluß oder Erste Analytik*, c.23, c.27과 아리스토텔레스, 조대호 옮김, 『형이상학』, 도서출판 길, 2017의 제5권 제12장 참조. 하나에 대해서는 Dionysius, *De divinis nominibus*, c.13, 2 이하 참조. "모든 수가 일이라는 수와 관련이 있듯이, 모든 사물, 그리고 모든 사물의 모든 부분은 한 하느님에 참여합니다. 하나의 근원에서 많은 것들이 발현합니다"(2).

est principium activum. Igitur cum primus intellectus sit principium activum, necesse est, ut in similitudine sua omnia disponat, omnia exprimat.

6. Item, ab aeterno sunt omnia temporalia. Quae enim a Patre procedunt ordinate procedunt, et unum est causa alterius, ordine naturae et ordine temporis: ergo Verbum sic repraesentat res, ut in esse producuntur. Sicut enim in providentia mea vel memoria possunt esse multa futura, et unum futurum magis distans quam aliud; nec propter hoc sequitur, quod cum eveniunt, sit mutatio in memoria mea; sic in Verbo non est mutatio. Cum enim creat animam hanc, non mutatur, quia ab aeterno dixit, animam hanc nunc creandam. Unde eodem dicto, quo ab aeterno dixit, nunc creat; sicut, si velle meum esset posse meum; si vellem modo, cras fieri rem, non esset mutatio in me, si fieret; sed esset, si de non volente fierem volens.

7. Item, ab actualissimo fiunt possibilia sive materialia. Pater enim intelligitur principium principians de se, principium principians de nihilo, principium principians de aliquo materiali. Et Verbum exprimit Patrem ut principium principians de se, et sic est

중의 어떤 것도 능동적인 원리가 아닙니다. 따라서 첫 번째 통찰은 능동적인 원리이기에 이 원리는 필연적으로 자신의 유사성 안에 모든 것을 배치하고 모든 것을 표현합니다.

6. 또한, 영원한 것에서 유한한 모든 것이 나옵니다. 왜냐하면 아버지로부터 나오는 것은 질서 정연하기 때문이며, 일자(一者)는 자연의 질서와 시간의 질서에 따라 다른 것의 원인이기 때문입니다. 그러므로 말씀은 사물이 존재에서 생성되듯이 사물을 제시합니다. 나의 예견과 나의 기억 안에 미래의 많은 일이 있을 수 있듯이, 그리고 미래의 한 가지 일이 다른 미래의 일보다 더 멀리 있기 때문에 미래의 많은 일이 도래할 때 나의 기억 안에 변화(mutatio)[14]가 있을 것이라는 결론이 나오지는 않습니다. 이렇게 말씀 안에는 변화가 없습니다. 말씀이 이 영혼을 창조하셨을 때, 말씀은 변하지 않습니다. 왜냐하면 말씀은 이 영혼이 지금 창조되어야 한다고 태초부터 말씀하셨기 때문입니다. 그러므로 태초로부터 말씀하신 바와 똑같이 말씀은 지금 창조하십니다. 나의 원함이 나의 능력(posse)이라면 이렇습니다. 내가 만약 내일 한 사물이 생기기를 원한다면 그 사물이 생겼을 때 나는 내적으로 아무 변화를 겪지 않을 것이고 내가 원하지 않는 사람으로부터 내가 원하는 사람이 된다면 나의 내면에 변화가 생길 것입니다.[15]

7. 또한, 가장 현실적인 것에서부터 가능한 것 또는 질료적인 것이 생깁니다. 사실 아버지(성부)께서는 자기 자신으로부터 생산하는 원리로, 무에서 창조하는 원리로, 질료적인 어떤 것으로부터 생산하는 원리로 인식됩니다. 말씀은 성부를 자기 자신으로부터 생산하는 원리로 묘사하고,

---

14 'mutatio'는 질적인 변화를 말한다. 'mutatio aquae in vinum'(물이 포도주가 되다)를 예로 들 수 있다.

15 Bonaventura, *I Sent.*, d.8, p.1, a.2, q.1; *II Sent.*, d.1, p.1, a.1, q.2, ad 5 et 6 참조.

explicans et repraesentans productionem Spiritus sancti et suam sive aeternorum. — Exprimit etiam Patrem ut principiantem aliquid de nihilo, et sic repraesentat productionem aeviternorum, ut Angelorum et animarum. — Repraesentat etiam ut principiantem aliquid de aliquo ut materiali; sed quod fit de aliquo prius est in potentia, quam fiat; necesse ergo est, ut repraesentet possibilia. Necessario ergo ab actualissimo fiunt possibilia.

8. Et haec similitudo sive Verbum est veritas. Quid est veritas secundum definitionem? Adaequatio intellectus et rei intellectae, illius intellectus, dico, qui est causa rei, non intellectus mei, qui non est causa rei. — Haec adaequatio vera est, quando res est tanta, talis, ordinem habens, agens, patiens, tunc, ubi, cum situm habet, secundum differentias praedicamentorum. Tunc enim res sunt verae, quando sunt in re vel in universo, sicut sunt in arte aeterna, vel sicut ibi exprimuntur. Res autem vera est, secundum quod adaequatur intellectui causanti. Quia vero perfecte non adaequatur rationi, quae exprimit eam vel repraesentat; ideo omnis creatura mendacium est, secundum Augustinum. Res autem adaequata non est sua

이렇게 성령의, 그 자신의 또는 영원한 것의 생산을 설명하고 제시하는 것입니다. ― 더욱이 말씀은 무로부터 어떤 것을 창조하는 성부를 서술하고, 이렇게 천사와 영혼 같은 영원한 것의 생산을 제시합니다. ― 또한 어떤 것에서 나오는 어떤 것을 질료적인 것처럼 제시합니다. 그런데 어떤 것에서 되는 것은 될 것보다 먼저 가능태로 있습니다.[16] 그러므로 말씀은 가능한 것을 제시해야 하고, 따라서 필연적으로 가장 현실적인 것에서 가능한 것이 됩니다.

8. 이런 모상 또는 말씀이 진리입니다.[17] 진리는 어떻게 정의됩니까? 진리는 '지성과 인식된 사물의 일치입니다.'[18] 이때 지성은 사물의 원인인 지성이지 사물의 원인이 아닌 나의 지성은 아닙니다. ― 이 일치는 사물이 진술 방식의 차이에 따라 이만큼의 양일 때, 이런 성질의 질일 때, 질서를 갖는 것일 때, 작용자일 때(능동일 때), 수동일 때, 그때, 그곳에서, 자리를 가질 때 참입니다.[19] 사실 영원한 기술 안에 있듯이 또는 그 기술로 표현되듯이, 사물은 사물 안에 또는 보편적인 것 안에 있을 때 참입니다. 그런데 사물은 원인이 되는 지성과 일치할 때 참입니다. 사물은 사실 사물을 표현하거나 또는 묘사하는 근거에 완전히 동화되지 않기 때문입니다. 그러므로 아우구스티누스에 따르면, 모든 피조물은 거짓(환상)입니다.[20] 그러나 일치된 사물은 사물의 부합이 아닙니다. 따라서 필연적으

---

16 아리스토텔레스, 앞의 책, 2017, 제9권, 제2장 이하 참조.

17 신학자들의 정의에 따른 진리이다.

18 철학자들의 정의에 따른 진리이다. 진리는 '지성과 사물의 일치'라고 정의한다. 아리스토텔레스, 앞의 책, 2017, 제2권, 제1장, 993b 20 : "철학을 '진리의 학문'이라 부르는 것은 옳다. '이론에 관련된 학문(이론학)'의 목표는 진리이고, (윤리학·정치학 등의) '실천에 관련된 학문(실천학)'의 목표는 행위이기 때문이다." 진리에 대해서는 아리스토텔레스, 앞의 책, 2017, 제4권, 제7장, 1011b 25 이하 참조; Platon, *Kratylos*, 385b;『소피스테스』, 한길사, 2007, 240a-241a, 263b 참조.

19 Aristoteles, *Die Kategorien*, c.6 참조.

20 Augustinus, *De vera religione* [36, 66] 185 : "Sed cui saltem illud manifestum est, falsitatem esse, qua id putatur esse quod non est intelligit, eam esse veritatem,

adaequatio: ergo necessario est, ut Verbum vel similitudo vel ratio sit veritas; et ibi est veritas creaturae, et repraesentantur per Verbum ita infima, sicut suprema. Unde licet Angelus magis participet cum Verbo in conditionibus nobilibus, puta quoad imaginem Dei, quam vermiculus; in ratione tamen exemplaritatis non est nobilior ratio Angeli quam vermiculi; ita ratio vermiculi exprimit vel repraesentat vermiculum, ut ratio Angeli Angelum, nec secundum hoc nobilior Angelus vermiculo. Quaelibet autem creatura umbra est respectu Creatoris.

9. Et sic patet, quod ab actualissimo sunt possibilia, a stabilissimo mutabilia, et a sublimissimo infima. Et sicut sol lucens facit varietatem et multiformitatem colorum; sic ab illo Verbo est varietas rerum. Unde non contingit intelligere nisi per Verbum. — Et haec est clavis nobilissima animae purgatae per fidem, quae est necessaria, quia mentis nostrae acies invalida in tam excellenti luce non figitur, nisi per iustitiam fidei emundetur. Unde omnes, qui non habent hanc fidem, manum habent amputatam. Unde in Psalmo: Quia ipse dixit, et facta sunt; ipse mandavit, et creata sunt etc.

로 진리는 말씀 또는 모상 또는 이성입니다. 여기에 피조물의 진리가 있고, 최상의 진리처럼, 가장 낮은 곳에 있는 진리도 이렇게 말씀을 통해 제시됩니다. 그러므로 천사가 자신의 고상한 상황에서, 예를 들면 하느님의 모상인 한, 작은 벌레보다 더 많은 것을 말씀과 공유한다고 해도 모상의 근거에서 천사의 근거가 작은 벌레의 근거보다 더 고상하지 않습니다. 이렇게 천사의 근거가 천사를 표현하거나 제시하듯이, 작은 벌레의 근거는 작은 벌레를 표현하거나 제시합니다. 이 근거에 따라서 천사가 작은 벌레보다 더 고상하지는 않습니다. 임의의 모든 피조물은 창조자의 관점에서 볼 때 그림자(환영)입니다.

9. 이렇게 분명 가장 현실적인 것에서 가능한 것이 나오고, 가장 견고한 것에서 변할 수 있는 것이, 그리고 가장 숭고한 것에서 가장 낮은 것이 유래합니다. 그리고 빛나는 태양이 색채의 변화와 다양함을 만들듯이, 이렇게 저 말씀으로부터 사물의 다양함이 나옵니다. 따라서 말씀에 의해서가 아니라면 인식은 생기지 않습니다. ─ 그리고 믿음은 믿음에 의해 순수해진 영혼의 가장 뛰어난 열쇠로서 필수적입니다. 우리 정신의 허약한 통찰력이 신앙의 정의(正義)에 의해 정화되지 않는다면, 이렇게 고귀한 빛 안에서 고정되지 않기 때문입니다.[21] 그러므로 이런 믿음을 갖고 있지 않은 모든 사람은 팔이 잘렸습니다. 「시편」에서는 "그분께서 말씀하셨기에 이루어졌다. 그분께서 명령하시자 저들이 창조되었다"[22]라고 합니다.

---

quae ostendit id quod est. [⋯] Si enim falsitas es iis est, quae imitantur unum, non in quantum id imitantur, sed in quantum implere non possunt; illa est veritas, quae id implere potuit et id esse, quod est illud; ipsa est, quae illud ostendit, sicut est"; *De diversis Quaestionibus octoginta tribus*, q.23 참조. *In Evangelium Ioannis tractatus*, 1, n.13에서도 같은 말을 한다. "Quid praeclarius Angelo in creaturis? quid extremius vermiculo in creaturis? Per quem factus est Angelus, per ipsum factus est et vermiculus, sed Angelus dignus caelo, vermiculus terra. Qui creavit, ipse disposuit."

21 Augustinus, *De trinitate*, I [2, 4].

10. Secunda clavis est intellectus Verbi incarnati, per quod omnia reparantur. Unde Lucae ultimo: Haec sunt verba, quae locutus sum vobis, cum adhuc essem vobiscum; quoniam oportet impleri quae scripta sunt in Lege et Prophetis et Psalmis de me. Tunc aperuit illis sensum, ut intelligerent Scripturas. Quis loquitur: Verbum Dei, de quo Ioannis primo: Verbum caro factum est et habitavit in nobis, ubi ostendit duas naturas in una persona. Sequitur: Oportet Scripturas impleri de me; unde ad Romanos: Finis Legis est Christus ad iustitiam omni credenti.

11. In designationem huius duo Cherubim, versis vultibus in propitiatorium, mutuo se respiciebant. Duo Cherubim duo testamenta sunt, quorum aspectus in Christum. Tunc aperuit illis sensum, quando intellexerunt Scripturas, id est, per hanc clavem Verbi incarnati liber Scripturae habet intelligi, eo quod est principaliter de operibus reparationis. Nisi enim intelligas ordinem et originem reparationis, Scripturam intelligere non potes. Nomen autem reparatoris est Verbum Dei; in Apocalypsi: Vestitus erat veste aspersa sanguine, et vocabatur nomen eius Verbum Dei. —

10. 직관의 두 번째 열쇠는[23] 사람이 되신 말씀에 대한 통찰인데, 이 말씀을 통해서 모든 것이 복원됩니다. 그러므로 「루카복음서」의 마지막 장에서 "'내가 전에 너희와 함께 있을 때에 말한 것처럼, 나에 관하여 모세의 율법과 예언서와 「시편」에 기록된 모든 것이 다 이루어져야 한다.' 그때에 예수님께서는 그들의 마음을 여시어 성경을 깨닫게 해주셨다"[24]라고 합니다. 누가 이렇게 말합니까? 이것은 「요한복음서」 제1장에서 언급되는 하느님의 말씀입니다. 말씀이 사람이 되시어 우리 가운데 사셨다.[25] 여기에서 한 위격 안에 있는 두 가지 본성이 드러납니다. 계속해서 "성경이 나에 대해서 말한 것이 완성되어야 한다"라고 합니다. 그러므로 「로마 신자들에게 보낸 서간」에서는 "사실 그리스도는 율법의 끝이십니다. 믿는 이는 누구나 의로움을 얻게 하려는 것"[26]이라고 합니다.

11. 이것을 제시하기 위해 두 "커룹들은 날개를 위로 펴서 그 날개로 속죄판을 덮고, 서로 얼굴을 마주 보게"[27] 하라고 합니다. 두 커룹은 두 계약인데, 이 둘의 얼굴은 그리스도에게 향해 있습니다. 그들이 성경을 인식했을 때 그는 그들의 감각을 열어놓았습니다. 다시 말해서 사람이 된 말씀의 이 열쇠를 통해서 성경은 인식될 수 있습니다. 왜냐하면 성경은 주로 구원에 대한 것이기 때문입니다. 만약 여러분이 구원의 질서와 근원을 인식하지 못한다면 여러분은 성경을 이해할 수 없습니다. 그런데 구원자의 이름은 하느님의 말씀입니다. 「요한묵시록」에는 [이에 대해서 다음과 같이 쓰여 있습니다]. "그분께서는 피에 젖은 옷을 입고 계셨고, 그분의 이름은 '하느님의 말씀'이라고 하였습니다."[28] ─ 그런데 나는

---

22 「시편」148:5.
23 강연 3, 2 참조.
24 「루카복음서」24:44.
25 「요한복음서」1:14.
26 「로마 신자들에게 보낸 서간」10:4.
27 「탈출기」25:20; Bonaventura, *Itin.*, c.VI, 4 참조.
28 「요한묵시록」19:13.

Sed vellem scire, quomodo Verbum Dei ut Reparator sit. De hoc Isaias: Parvulus natus est nobis, et filius datus est nobis, cuius imperium super humerum eius, et vocabitur nomen eius: admirabilis, consiliarius, Deus, fortis, pater futuri saeculi, princeps pacis.

12. Iste reparavit hierarchiam caelestem et subcaelestem, quae tota corruerat. Ergo necesse fuit, ut tangeret caelum et terram. Iste hierarcha debuit esse praecelsus, sensatus, Deo acceptus, victoriosus, largifluus, iustus.

13. Debuit primo esse praecelsus potentia, qui solus posset salvare. Unde ad Hebraeos: Multifariam multisque modis olim Deus loquens patribus in Prophetis, novissime diebus istis locutus est nobis in Filio, quem constituit heredem universorum, per quem fecit et saecula; usque: Tanto melior Angelis effectus, quanto differentius prae illis nomen hereditavit. —Ab ipso enim procedunt miracula; et ideo necesse fuit, in ipso ostendi miraculum

하느님의 말씀이 어떻게 구원자인지 알고 싶습니다. 이사야는 하느님의 말씀에 대해서 이렇게 말합니다. "우리에게 한 아기가 태어났고 우리에게 한 아들이 주어졌습니다. 왕권이 그의 어깨에 놓이고 그의 이름은 놀라운 사람, 충고하는 사람, 하느님, 용맹한 사람, 영원한 아버지, 평화의 군왕이라 불리리이다."[29]

12. 이 아들이 완전히 망가진 하늘의 위계와 땅의 위계(질서)를 복원했습니다. 그러므로 그는 하늘과 땅을 취해야만 했습니다. 그는 선택되어야 했고, 지혜로워야 했고, 하느님의 마음에 들어야 했고, 승리해야 했고, 철철 넘쳐흘러야 했고, 정의로워야 했습니다.[30]

13. 첫째, 유일하게 구원할 수 있는 선택된 자는 권세가 있어야 했습니다. 그러므로 「히브리인들에게 보낸 서간」에는 이렇게 쓰여 있습니다. "하느님께서 예전에는 예언자들을 통하여 여러 번에 걸쳐 여러 가지 방식으로 조상에게 말씀하셨지만, 이 마지막 때에는 아드님을 통하여 우리에게 말씀하셨습니다. 하느님께서는 아드님을 만물의 상속자로 삼으셨을 뿐만 아니라, 그분을 통하여 온 세상을 만들기까지 하셨습니다. 아드님은 하느님 영광의 광채이시며 하느님 본질의 모상으로서, 만물을 당신의 강력한 말씀으로 지탱하십니다."[31] "그분께서는 천사들보다 뛰어난 이름을 상속받으시어, 그만큼 그들보다 위대하게 되셨습니다."[32] — 그로부터 기적이 생깁니다. 따라서 그의 안에서 기적의 기적이, 즉 자연의 다양성이 드러나야 했습니다. 그는 육체적인, 영적인, 신적인 본성을 갖

---

29 「이사야서」 9:6. 이것은 구속자의 여섯 명칭이다. 우리말 성경은 제9장 제5절이다. 우리말 번역에 따르면, 구속자의 명칭은 네 개, 즉 그는 놀라운 경륜가, 용맹한 하느님, 영원한 아버지, 평화의 군왕이다.
30 이것이 하느님의 아들의 여섯 가지 특징이다.
31 「히브리인들에게 보낸 서간」 1:1-3.
32 「히브리인들에게 보낸 서간」 1:4.

miraculorum, scilicet multiformitatem naturarum. Habet enim naturam corpoream, naturam spiritualem, naturam divinam; naturam temporalem, aeviternam, aeternam. Unde habet ligare infima supremis. In Ecclesiastico: Vide arcum et benedic qui fecit illum. Arcus multiformitatem naturarum et colorum habet. Sicut enim sol descendit per decem gradus in horologio Achaz, sic Verbum incarnatum per novem ordines Angelorum usque ad hominem, qui decimus computatur. Hoc est maximum miraculum, ut quod Deus sit homo, primus sit novissimus; et ideo omnia miracula ad hoc miraculum respiciunt; unde omnia clamant: Hosanna filio David. — In hoc miraculo fides accipit vires suas. Unde Moyses, postquam minavit gregem ad interiora deserti, vidit rubum, qui ardebat et non comburebatur; vadam, inquit, et videbo visionem hanc magnam etc.; ubi fuit illustratus. Rubus spinosa est passibilitas carnis; flamma, anima Christi plena luminibus et igne caritatis; lux, Divinitas; lux coniuncta rubo mediante flamma, Divinitas coniuncta carni mediante spiritu seu anima. Ut ergo possit de mortuis facere vivos, de hominibus filios Dei; necesse est, ut sit praecelsus; et hoc est quod dicit admirabilis.

14. Item necesse est, ut hierarcha noster sit sensatus iuxta triplicem sapientiam in eo, innatam scilicet, sicut fuit Angelis et

고 있고 일시적인 본성과 영속적이고 영원한 본성을 갖고 있습니다. 그러므로 그는 가장 낮은 자를 가장 높은 자에 결합할 수 있습니다. 「집회서」에서는 "무지개를 보아라, 그리고 그것을 믿는 이를 찬미하라"[33]라고 합니다. 무지개는 자연의 다양성(수많은 형상)과 색의 다양성을 갖고 있습니다. 마치 지는 해를 따라 내려갔던 아하즈의 해시계의 그림자가 열 칸 뒤로 돌려지듯이,[34] 육신이 된 말씀은 천사들의 아홉 단계를 거쳐 열 번째로 꼽히는 인간에게까지 내려옵니다. 하느님께 인간이라는 것은 가장 큰 기적입니다. 첫 번째 것이 가장 마지막 것이고 따라서 모든 기적은 이 기적을 바라봅니다. 그러므로 모든 것이 이렇게 소리지릅니다. "다윗의 자손께 호산나!"[35] ─ 신앙은 이 기적에서 자신의 힘을 받아들입니다. 따라서 모세는 백성의 무리를 광야로 몰아넣은 후에 불이 붙었는데도 타지 않는 가시덤불을 보았습니다. 그는 "내가 가서 이 놀라운 광경을 보아야겠다"[36]라고 생각했습니다. 이곳에서 그는 비추어졌습니다. 가시덤불은 육체의 고통이고 불길은 빛과 사랑의 불길로 가득 찬 그리스도의 영혼이며 빛이고 신성입니다. 그리스도는 불길을 매개로 가시덤불에 결합되어 있는 빛이며 얼(spiritus) 또는 영혼을 매개로 육체에 결합되어 있는 신성입니다. 그러므로 그는 죽은 자를 살릴 수 있고 하느님의 자녀가 되게 했습니다.[37] 그가 뽑힌 것은 필연적이고 그래서 선택된 자라고 지칭되는 것입니다.

14. 또한 필연적으로 우리의 구속자는 그의 안에 있는 세 가지 지혜처럼 현명합니다.[38] 다시 말해서 천사들과 첫 번째 인간에게 그렇듯이 태어

---

33 「집회서」43:12.

34 「이사야서」38:8; 「열왕기 하권」20:11 참조.

35 「마태오복음서」21:9.

36 「탈출기」3:1-3.

37 「요한복음서」1:12. 신성이 영혼을 매개로 육체와 결합하는 방식은 Bonaventura, *III Sent.*, d.2, a.3, q.1에서 제시된다.

38 강연 3, 12에서 언급한 하느님의 아들의 여섯 가지 특징 중 지혜에 대한 언급이다.

primo homini, infusam, aeternam. Per primam scit omnia, quae nos possumus per habitum scire; per secundam comprehendit gloriose et infinite, quia sapientiae eius non est numerus; per tertiam omnia. Qui enim reparare debuit totum mundum, necesse erat, ut sciret conditiones totius mundi; unde ad Hebraeos quarto: Vivus est sermo Dei et efficax; sequitur: Omnia nuda et aperta sunt oculis eius, ad quem nobis sermo. Unde oportebat, non solum quod esset potens, sed etiam quod esset sensatus.

15. Sed si dicas: quae necessitas fuit, ut haberet sapientiam aliam praeter divinam? respondeo: ut experiri posset; ad Hebraeos: Non habemus pontificem, qui non possit compati infirmitatibus nostris; tentatum autem per omnia pro similitudine, absque peccato. Iste autem advocatus est pro nobis; et iudicat contra nos. Iste fuit optimus consiliarius et sapientissimus; unde omnes alii sapientes non fuerunt nisi quaedam figurae et simulacra istius sapientis. —Ab isto procedunt documenta certissima et praeclara, quibus indigemus erudiri; ideo dicitur consiliarius.

난, 불어넣어진, 영원한 지혜처럼 현명합니다. 그는 첫 번째 지혜에 의해 우리가 습득해서 알 수 있을 모든 것을 압니다. 그는 두 번째 지혜를 통해 그것들을 훌륭하게 또 무한하게 파악합니다. 그의 지혜는 헤아릴 길 없기 때문입니다.[39] 그는 세 번째 지혜를 통해 모든 것을 이해합니다. 왜냐하면 온 세상을 구속해야 하는 사람은 필연적으로 온 세상의 상황을 알아야 하기 때문입니다. 따라서 「히브리인들에게 보낸 서간」 제4장에는 이렇게 쓰여 있습니다. "하느님의 말씀은 살아 있고 힘이 있습니다."[40] 그리고 이렇게 계속됩니다. "하느님 앞에서는 어떠한 피조물도 감추어져 있을 수 없습니다. 그분 눈에는 모든 것이 벌거숭이로 드러나 있습니다."[41] 그러므로 그는 권세가 있어야 했고 또한 지혜로워야 했습니다.

15. 그런데 만약 여러분이 그가 하느님의 지혜 이외에 다른 지혜를 가질 필요가 있었는지 묻는다면, 나는 '그가 경험할 수 있도록'이라고 답할 것입니다. 「히브리인들에게 보낸 서간」에서는 "우리에게는 우리의 연약함을 동정하지 못하는 대사제가 아니라, 모든 면에서 우리와 똑같이 유혹을 받으신, 그러나 죄는 짓지 않으신 대사제가 계십니다"[42]라고 합니다. 그런데 이분은 우리를 변호해 주시는 분이시고 우리의 면전에서 판결을 내리십니다.[43] 이분은 가장 좋고 가장 지혜로운 충고자였습니다. 따라서 지혜로운 모든 사람은 이 현자의 모습과 형상이 아니라면 없었습니다. ― 이 현자로부터 가장 확실하고 비범한 증거가 나옵니다. 우리는 이 증거에 의해서 교육받아야 하고, 따라서 그는 충고하는 사람이라고 지칭되었습니다.

---

39 「시편」147:5.
40 「히브리인들에게 보낸 서간」4:12.
41 「히브리인들에게 보낸 서간」4:13.
42 「히브리인들에게 보낸 서간」4:15.
43 「요한의 첫째 서간」2:1 참조.

16. Ad hunc referuntur omnia eloquia sapientiae Scripturae, ut Salomonis et aliorum. Tamen Iudaei accipiunt de Salomone quod de Christo dicitur in Psalmo: Speciosus forma prae filiis hominum, diffusa est gratia in labiis tuis; non fuit Salomon talis; et: Sit nomen eius benedictum in saecula.

17. Item, hierarcha iste est Deo acceptus; quia indigemus sacratissimo reconciliatore. Ad Hebraeos: Talis decebat, ut esset nobis pontifex, sanctus, innocens, impollutus, segregatus a peccatoribus et excelsior caelis factus, ut esset totus deiformis; unde in Ioanne: Vidimus gloriam eius, gloriam quasi unigeniti a Patre, plenum gratiae et veritatis, propter multitudinem gratiarum. Habuit enim gratiam singularis personae, gratiam capitis, per quam influit in membra, gratiam unionis, et haec est infinita ex una parte. Unde Deo fuit acceptus non solum, quia deiformis, sed quia Deus. Quia Deus est, non potest esse non acceptus. Et ideo dicitur Deus; et sic ab ipso sunt exempla sanctissima. —Unde ubicumque in Scripturis fit mentio

16. 성경의 지혜의 모든 말씀은, 예를 들면 솔로몬과 그 외 다른 사람들의 모든 말은 그에게 되돌아갑니다. 그럼에도 유대인들은 「시편」에서 그리스도에 대해 언급된 것을 솔로몬으로부터 받아들였습니다. 사람의 아들 앞에서 당신의 입술은 우아함을 머금어 [하느님께서] 당신에게 [영원히] 강복하셨습니다.[44] 그런데 솔로몬은 그런 사람이 아니었습니다.[45] "그의 이름이 영원하며 칭송받게 하소서."[46]

17. 또한, 이 구속자는 하느님의 마음에 드는 자입니다.[47] 왜냐하면 우리는 가장 성스러운 구속자를 필요로 하기 때문입니다. 「히브리인들에게 보낸 서간」에서는 "사실 우리는 이와 같은 대사제가 필요하였습니다. 거룩하시고 순수하시고 순결하시고 죄인들과 떨어져 계시며 하늘보다 더 높으신 분이 되신 대사제이십니다"[48]라고 합니다. 이곳에서 그는 완전히 하느님의 형상을 하고 있습니다. 그러므로 「요한복음서」에서는 은총이 다양하기에 "우리는 그분의 영광을 보았다. 은총과 진리가 충만하신 아버지의 외아드님으로서 지니신 영광을 보았다"[49]라고 합니다. 그는 개별적인 위격의 은총을, 머리를 통해서 몸 전체로 흘러들어 가는 머리의 은총을, 일치의 은총을 갖고 있습니다. 이 은총은 한 부분에서 무한하게 나옵니다. 따라서 그는 하느님과 비슷하기 때문만이 아니라 하느님이시기 때문에 하느님께서 받아들이십니다. 그가 하느님이기 때문에 받아들여지지 않을 수 없습니다. 그래서 그는 하느님이라고 불리며, 이렇게 그 자신으로부터 가장 성스러운 범례가 나옵니다. ─ 그러므로 성경의

---

44 「시편」45:3.
45 즉 "그리스도에 대해 언급된 것이 그에게 적용될 만한 사람이 아니었습니다"라고 할 수 있다.
46 「시편」72:17 참조.
47 강연 3, 12에서 언급한 여섯 가지 특징 중 하느님의 마음에 드는 아들에 대한 언급이다.
48 「히브리인들에게 보낸 서간」7:26.
49 「요한복음서」1:14.

emanationibus, de fluminibus paradisi, de scaturiginibus fontium, ad hunc referuntur.

18. Item oportet, quod hierarcha sit victoriosissimus propter multitudinem triumphi et victoriae. Unde ad Colossenses: *Et vos cum mortui essetis in delictis et praeputio carnis vestrae*; et sequitur: *Exspolians principatus et potestates, traduxit confidenter, palam triumphans illos in semetipso*. Vicit enim mundum, spoliavit infernum, restauravit paradisum. Unde in Psalmo: *Attollite portas principes vestras, et elevamini portae aeternales, et introibit Rex gloriae. Quis est iste Rex gloriae? Dominus fortis et potens*. Adhuc volumus audire: *Attollite portas principes vestras. Quis est iste Rex gloriae? Dominus virtutum*. Iste est ergo fortis. Unde necesse est, ut in nomine Iesu omne genu flectatur caelestium, terrestrium et infernorum. Isaias: *Quis est iste, qui venit de Edom tinctis vestibus de Bosra? Ego, qui loquor iustitiam et propugnator sum*

도처에 있는, 유출에 대한, 낙원의 강에 대한,[50] 샘의 용솟음치는 물에 대한 언급은[51] 그에게 되돌아가게 됩니다.

18. 또한, 이 구속자는 개선하고 많은 승리를 거두기 때문에 최고의 승리자입니다.[52] 그러므로 「콜로새 신자들에게 보낸 서간」에는 이렇게 쓰여 있습니다. "여러분은 잘못을 저지르고 육의 할례를 받지 않아 죽었지만, 하느님께서는 여러분을 그분과 함께 다시 살리셨습니다."[53] 그분은 세상을 이겼고 지옥을 정복했고 낙원을 다시 만들었기 때문입니다. 따라서 「시편」에서는 "성문들아, 머리를 들어라. 오랜 문들아, 일어서라. 영광의 임금님께서 들어가신다. 누가 영광의 임금이신가? 힘세고 용맹하신 주님, 싸움에 용맹하신 주님이시다"[54]라고 하였습니다. 계속해서 "오랜 문들아, 일어서라. 누가 영광의 임금이신가? 만군의 주님 그분께서 영광의 임금이시다"[55]라고 합니다. 그러므로 이분은 힘이 있는 분이십니다. 따라서 예수님의 이름 앞에 하늘과 땅 위와 땅 아래에 있는 자들이 다 무릎을 꿇는 것은 당연합니다.[56] 이사야는 말합니다. "에돔에서 오시는 이분은 누구이신가? 진홍색으로 물든 옷을 입고 보츠라에서 오시는 이분은 누구이신가? 나다. 의로움으로 말하는 이 구원의 큰 능력을 지닌

---

50 「창세기」 2:10 이하.

51 「지혜서」 7:25; 「창세기」 2:10 이하: "강 하나가 에덴에서 흘러나와 동산을 적시고 그곳에서 갈라져 네 줄기를 이루었다."; 불가타 성경, 「집회서」 24:35-40. 이에 상응하는 우리말 성경인 「집회서」 24:25-30 참조; 「집회서」 1:5: "fons sapientiae verbum Dei in excelsis"(지혜의 근원은 하늘에 계시는 하느님의 말씀이며) 참조.

52 강연 3, 12에서 언급한 여섯 가지 특징 중 네 번째 특징인 승리해야 하는 자에 대한 언급이다.

53 「콜로새 신자들에게 보낸 서간」 2:13 이하; 「요한복음서」 16:13; 「콜로새 신자들에게 보낸 서간」 1:20.

54 「시편」 24:7 이하.

55 「시편」 24:9 이하.

56 「필리피 신자들에게 보낸 서간」 2:10.

ad salvandum. —Et ideo dicitur fortis. Ab hoc manant fortia praesidia. Unde montes in circuitu eius. Unde omnia bella Scripturae referuntur ad victoriam Christi.

19. Item oportet, quod hierarcha noster sit largifluus propter magnitudinem influentiae. Ad Ephesios: Unicuique nostrum data est gratia secundum mensuram donationis Christi. Propter quod dicit: Ascendens in altum captivam duxit captivitatem, dedit dona hominibus. Sicut enim nubes ascendit in altum, ut postmodum pluat; sic ascendit Christus, ut dona sua daret; cum elevatus est sol, et luna stetit in ordine suo. Primo enim Spiritum sanctum in terra occulte dederat, sed postquam ascendit, tunc manifeste, quia ipse Spiritus sanctus fuit hierarcha purgans, illuminans, perficiens, et descendit Spiritus sanctus in hierarchiam caelestem et subcaelestem. Unde factus est repente de caelo sonus tanquam advenientis Spiritus. Descendit Spiritus sanctus ut purgans; unde dicitur advenientis Spiritus; ut instruens: apparuerunt illis linguae dispertitae tanquam ignis; in virtute perficiente: seditque super singulos eorum. Ab hoc manant dona gratuita. —Quidquid ergo in Scriptura invenitur

이다."[57] — 따라서 그는 힘이 있는 분이라고 칭해집니다. 그로부터 강력한 도움이 흘러나옵니다. 그러므로 산들이 감싸고 있습니다.[58] 따라서 성경에 기록된 모든 전쟁의 승리자는 그리스도이십니다.

19. 또한, 우리의 구속자는 풍부하게 부어주시기에 철철 넘치는 분임이 분명합니다.[59] 「에페소 신자들에게 보낸 서간」에서는 "그리스도께서 나누어주시는 은혜의 양에 따라, 우리는 저마다 은총을 받았습니다. 그래서 성경도 '그분께서는 높은 데로 오르시어 포로들을 사로잡으시고 사람들에게 선물을 주셨다'"[60]라고 합니다. 말하자면 구름이 하늘로 올라가고 그다음 비가 오듯이, 태양이 떠오르고 달이 태양의 궤도에 머물러 있듯이[61] 그리스도께서는 자신의 선물을 주기 위해 올라가십니다. 처음에 그는 세상에 성령을 몰래 주시지만 하늘로 올라가신 뒤에는 성령을 분명히 보내는데, 성령 자체가 정화하고 조명하며 완성하는 구속자였기 때문입니다. 또한 성령은 천상의 위계와 지상의 위계로 내려갑니다. 그래서 하늘에서 갑자기 거센 바람이 부는 듯한 소리[62]가 들렸습니다.[63] 성령은 정화하는 것으로서 내려왔습니다. 여기에서 정화하며 내려오는 성령이 언급됩니다. 불꽃 모양의 혀들이 갈라지면서 완성하는 힘으로서 내려왔고[64] 각 사람 위에 내려앉았습니다. 그로부터 거저 주어지는 선물이 흘러나옵니다. — 따라서 태양에, 또한 다른 이들에게 또한 몰려든 사

---

57 「이사야서」 63 : 1.
58 「시편」 125 : 2 : "산들이 예루살렘을 감싸고 있듯 주님께서는 당신 백성을 감싸고 계시다."
59 강연 3, 12에서 언급한 여섯 가지 특징 중 다섯 번째인 철철 넘쳐야 하는 자에 대한 언급이다.
60 「에페소 신자들에게 보낸 서간」 4 : 7-8; 「요한복음서」 7 : 39.
61 「하바쿡서」 3 : 11 : "해와 달은 그 높은 거처에 멈추어 섭니다."
62 원전대로의 번역은 '내려오는 성령의 소리'이다.
63 「사도행전」 2 : 2 이하.
64 성령의 세 가지 위계질서는 정화 → 조명 → 완성이다.

diffusionis in sole et aliis et conviviis referuntur ad largitionem eius. Unde in Psalmo: Speciei domus dividere spolia; et in Isaia: Laetabuntur coram te, sicut exsultant victores, capta praeda, quando dividunt spolia. Haec sunt dona largitatis Christi. Unde dicitur pater futuri saeculi; quia ipse est principium influentiarum, per quas vivemus in futuro saeculo; Iacobus: Omne datum optimum et omne donum perfectum desursum est, descendens a Patre luminum. Sequitur: Voluntarie genuit nos verbo veritatis, ut simus initium aliquod creaturae eius. Modo sumus initium creaturae, sed tunc erimus simpliciter creatura.

20. Iste est largissimus, quia dat nobis quidquid petimus: Amen, amen dico vobis: si quid petieritis Patrem in nomine meo etc. Iurat et in veritate asserit. Unde in Psalmis: Aperis tu manum tuam et imples omne animal benedictione; et: Homines et iumenta salvabis, Domine. Inebriabuntur ab ubertate domus tuae.

람들에게 주어진 어떤 유출이 성경에서 발견되든 이들은 그리스도의 관대함으로 되돌아갑니다. 따라서 「시편」에서는 전리품을 나누는 것이 당신의 집에 있다[65]라고 하고, 「이사야서」에서는 "사람들이 당신 앞에서 기뻐합니다. 수확할 때 기뻐하듯 전리품을 나눌 때 즐거워하듯"[66]이라고 합니다. 이것들이 그리스도의 관대함의 선물입니다. 그는 미래 세대의 아버지라고 불립니다. 그 자신이 유입의 시작이기 때문이고 이 유입에 의해서 우리는 미래에 살 것입니다. 야고보는 "온갖 좋은 선물과 모든 완전한 은사는 위에서 옵니다. 빛의 아버지에게서 내려오는 것입니다"라고 하고,[67] 계속해서 "하느님께서는 뜻을 정하시고 진리의 말씀으로 우리를 낳으시어, 우리가 당신의 피조물 가운데 이를테면 첫 열매가 되게 하셨습니다"[68]라고 합니다. 우리는 피조물 가운데 첫째이며 그때 오로지 피조물이 될 것입니다.

20. 그분은 가장 관대한 분이십니다. 왜냐하면 그분은 우리가 청하는 것은 무엇이든 우리에게 주시기 때문입니다. "내가 진실로 진실로 너희에게 말한다. 너희가 내 이름으로 아버지께 청하는 것은 무엇이든지 그분께서 너희에게 주실 것이다."[69] 그분은 약속했고 정말로 지키셨습니다. 그러므로 「시편」에서는 "당신께서는 당신의 손을 벌리시어 모든 생물을 호의로 배불리"[70]신다고, "당신께서는 사람과 짐승을 도와주십니다. 그들은 당신 집의 기름끼로 흠뻑 취할 것"[71]이라고 노래합니다.

---

65 「시편」67:13.
66 「이사야서」9:2.
67 「야고보 서간」1:17.
68 「야고보 서간」1:18.
69 「요한복음서」16:23.
70 「시편」145:16.
71 「시편」36:7; 36:9.

21. Item, debet esse summe iustus propter multitudinem iustitiae infallibiliter inquirentis, irreprehensibiliter discutientis, irrevocabiliter sententiantis, ut retribuat unicuique secundum opera sua. Isaias: Egredietur de radice Iesse, et erit iustitia cingulum lumborum eius, non secundum visionem oculorum iudicabit neque secundum auditum aurium arguet. Ergo talis est Deus, quia, si esset purus homo, non posset iudicare nisi per testes. —Ad istud iudicium referuntur omnia iudicia Scripturae; et ideo dicitur princeps pacis. Unde ab eo manant praemia iusta. —Iste ergo David habet clavem, qui aperit, et nemo claudit; claudit, et nemo aperit. Et clavis ista est mysterium unionis.

22. Tertia clavis est intellectus Verbi inspirati, per quod omnia revelantur; non enim fit revelatio nisi per Verbum inspiratum. Daniel intellexit sermonem. Intelligentia enim opus est in visione. Nisi enim verbum sonet in aure cordis, splendor luceat in oculo, vapor et emanatio omnipotentis sit in olfacto, suavitas in gustu, sempiternitas impleat animam; non est homo aptus ad intelligendas visiones. Sed Danieli dedit Deus intelligentiam omnium visionum et

21. 또한, 그분은 오류를 범할 수 없이 탐구하는 사람의, 나무랄 데 없이 논의하는 사람의, 돌이킬 수 없이 결정하는 사람의 정의의 다양함 때문에 가장 정의로워야 합니다.[72] 그분은 이로써 각자에게 그들의 언행에 따라 상과 벌을 주십니다. 이사야는 "이사이의 그루터기에서 햇순이 돋아나고",[73] "정의가 그의 허리를 두르는 띠가 되리라"[74]고, "그는 자기 눈에 보이는 대로 판결하지 않고 자기 귀에 들리는 대로 심판하지 않으리라"[75]라고 말합니다. 하느님은 이런 분이십니다. 왜냐하면 만약 그가 순수한 인간이라면, 증인의 증언이 없을 때 판단할 수 없을 것이기 때문입니다. — 성경의 모든 판단은 이 판단으로 소급됩니다. 그러므로 그는 평화의 왕이라고 불립니다. 그로부터 정당한 보상이 흘러나옵니다. — 따라서 다윗의 열쇠를 가진 이이자, 열면 닫을 자가 없습니다. 그가 닫으면 열 자가 없습니다.[76] 그리고 이 열쇠는 일치의 신비입니다.

22. 직관의 세 번째 열쇠는 모든 것을 계시하는 영을 받은 말씀의 인식입니다. 계시는 영을 받은 말씀에 의해서만 생깁니다. 다니엘은 말씀을 인식했습니다. 통찰은 봄에 있는 작용입니다. 왜냐하면 마음의 귀가 말씀을 듣지 않는다면, 광채가 눈을 밝히지 않는다면 후각이 전능한 자의 숨결과 숨을 내쉬는 것을 느끼지 않고[77] 미각이 달콤함을 느끼지 않는다면, 영혼이 영원하지 않다면 인간은 상을 인식하기에 적합하지 않다고 합니다. 그러나 하느님께서는 다니엘에게 모든 상과 꿈에 대한 해석 능력을 주셨습니다.[78] 무엇을 통해서 [주셨습니까]? 영을 받은 말씀을 통

---

72 강연 3, 12에서 언급한 여섯 가지 특징 중 정의로운 자에 대한 언급이다.

73 「이사야서」 11:1.

74 「이사야서」 11:5.

75 「이사야서」 11:3.

76 「요한묵시록」 3:7.

77 「지혜서」 7:25 참조: "지혜는 하느님 권능의 숨결이고 전능하신 분의 영광의 순전한 발산이다."

78 「다니엘서」 1:17: "이 네 젊은이에게 하느님께서는 이해력을 주시고 모든 문학과 지

somniorum. Per quid? Per Verbum inspiratum.

23. Visio autem est triplex, ut communiter dicitur: corporalis, imaginaria, intellectualis. Duae primae nihil valent sine tertia. Unde parum valuit Balthasari visio corporalis in visione manus, et Nabuchodonosor visio imaginaria statuae aureae, et Pharaoni visio in spicis et bobus, sed Danieli et Ioseph. Ioseph respondet Ioanni,

해서 주셨습니다.[79]

23. 그런데 환상은 일반적으로 언급되듯이 세 가지입니다. 이 세 가지
는 육체적인 현시(환상), 상상적인 현시, 그리고 정신적인 현시입니다.[80]
첫 번째와 두 번째 상은 세 번째 상 없이는 아무런 의미가 없습니다. 그
래서 벨사차르(Balthasar)[81]가 손을 보았을 때[82] 육체적인 현시로는 거의
아무것도 할 수 없었고,[83] 네부카드네자르(Nebuchadnezzar)는 금으로 된
조상(彫像)의 상상적인 현시에 의해서,[84] 그리고 파라오는 이삭과 암소의
현시에 의해서 아무것도 할 수 없었지만,[85] 다니엘과 요셉은 달랐습니다.

혜에 능통하게 해주셨다. 다니엘은 모든 환시와 꿈도 꿰뚫어볼 수 있게 되었다."

79 이 단락에서는 환상의 인식이 하느님으로부터 있다는 것이 언급되었다.

80 Augustinus, *De genesi ad litteram*, XII, c.6, n.15 [PL 34, 458 이하]. 이곳에서 세 가
지 상이 구분된다. 즉 육체의 감각에 의한 육체적인 상, 정신적인 상, 이성적인 상
이다. 이성적인 상은 사도 바오로가 그곳으로 들어올려진 세 번째 하늘(「코린토 신
자들에게 보낸 둘째 서간」 12:2)에 상응한다. Bonaventura, *De scientia christi*, 물
음 2, 반론 12 참조: "Item, nobilior est modus cognoscendi per essentiam quam per
similitudinem; quod patet, quia iste modus cognoscendi spectat ad tertium caelum,
sicut dicit Augustinus duodecimo super Genesim ad litteram : ergo si nobiliora sunt
Deo tribuenda, videtur, quod magis conveniens sit ponere, quod Deus cognoscat res
per essentias quam per similitudines"; 영혼의 능력의 구분에 대해서는 Bonaventura,
Itin., c.I, 4 and 6 참조.

81 라틴어 'Balthasar'를 임금 이름으로는 '벨사차르'로, 다니엘을 칭할 때는 '벨트사차
르'라고 한 것이 특이하다. 「다니엘서」 2:26: 임금이 바빌론 이름으로 'Beltschazzar'
라고 불리는 다니엘에게 물었다. 5:5: 왕은 'Belschazzar'인데 'Belschazzar'는 'Bel
(=Baal)이 임금을 보호한다'라는 뜻이다.

82 「다니엘서」 5:5: "그런데 갑자기 사람 손가락이 나타나더니 [……]."

83 「다니엘서」 5:6.

84 「다니엘서」 2:31: "임금님께서는 무엇인가를 보고 계셨습니다. 그것은 큰 상이었습
니다. 그 거대하고 더 없이 번쩍이는 상이 임금님 앞에 서 있었는데, 그 모습이 무시
무시하였습니다."

85 「창세기」 41:1 이하: "파라오가 꿈을 꾸었다. 그가 나일 강가에 서 있는데, 잘생기고
살진 암소 일곱 마리가 나일 강에서 올라와 [……] 그 뒤를 이어, 또 다른 못생기고 야
윈 암소 일곱 마리가 나일 강에서 올라와 잘생기고 살진 그 일곱 암소를 잡아먹는 것
이었다. 그는 다시 잠이 들어 두 번째 꿈을 꾸었다. 밀대 하나에서 살지고 좋은 이삭

Daniel Paulo.

24. Praeter has est visio sextuplex, quae respondet operibus sex dierum; quibus minor mundus fit perfectus, sicut maior mundus sex diebus. Est visio intelligentiae per naturam inditae, et visio intelligentiae per fidem sublevatae, per Scripturam eruditae, per contemplationem suspensae, per prophetiam illustratae, per raptum in Deum absorptae. Ad has sequitur visio septima animae glorificatae, quas omnes habuit Paulus. — Primae duae sunt multorum, duae aliae paucorum, hae ultimae duae paucissimorum.

25. Per primam intelligitur, ad quid potest extendi nostra intelligentia de se. Haec intelligitur per primam diem, in qua facta est lux; unde in Psalmo: Signatum est super nos lumen vultus tui, Domine. Sine isto lumine indito nihil habet homo, nec fidem nec

요셉은 요한에 상응하고, 다니엘은 바오로에 상응합니다.

24. 이 환상들 이외에 엿새 동안의 창조에 부합하는 여섯 개의 환상이 있습니다.[86] 이 창조에 의해서 작은 우주[87]가 완성되었습니다. 더 큰 우주가 엿새 동안 완성되었듯이 말입니다.[88] 자연이 부여한, 신앙에 의해 고양된, 성경에 의해 단련된, 명상에 의해 정지된, 예언에 의해 명백해진, 몸을 떠나 들어올려짐으로써 하느님 안으로 흡수된 인식의 상이 있습니다. 찬미된 영혼에 대한 일곱 번째 상이 이것들을 뒤따릅니다. 바오로는 이 모든 상을 갖고 있었습니다. ─ 첫 번째와 두 번째 인식상[89]은 많은 사람이 갖고 있는 것이고, 그다음 두 인식상[90]은 소수의 사람이, 마지막 두 인식상[91]은 극소수의 사람이 갖고 있는 것입니다.[92]

25. 첫 번째 상에 의해서 우리의 인식(통찰)이 그 자체로부터 어디까지 확장될 수 있는지 이해됩니다. 이 상은 첫날에 의해 인식되는데, 첫날에 빛이 만들어졌습니다.[93] 「시편」에서는 "주님, 저희 위에 당신 얼굴의 빛을 비추소서"[94]라고 합니다. 주입된 이 빛 없이 인간은 아무것도 갖고 있지 않습니다. 믿음도, 은총도, 지혜의 빛도 [갖고 있지 않습니다]. 더욱이

일곱이 올라왔다."

86 영원한 상(봄)의 여섯 가지 방식은 창조의 엿새에 상응한다.
87 인간을 의미한다.
88 Bonaventura, *Brevil.*, p.2, c.2 [V, 219B]; Bonaventura, *Itin.*, c.I, 5; c.VII, 1.
89 자연이 부여한 인식상과 신앙에 의해 고양된 인식상이다.
90 성경에 의해 단련된 인식상과 명상에 의해 정지된 인식상이다.
91 예언에 의해 명백해진 인식상과 하느님 안으로 흡수된 인식상이다.
92 이들 여섯 상은 이후의 강연에서 논의되는 주장이다. 첫 번째 상에 대해서는 강연 4-7에서, 두 번째 상에 대해서는 강연 8-12에서, 세 번째 상에 대해서는 강연 13-19에서, 네 번째 상에 대해서는 강연 20-23에서 논의되고 다섯 번째와 여섯 번째 상에 대한 강연은 보나벤투라의 서거로 행해질 수 없었다.
93 「창세기」 1:3.
94 「시편」 4:7.

gratiam nec lumen sapientiae; et ideo divisa est etiam lux a tenebris.

26. Secunda intelligitur per secundam diem, ubi factum est firmamentum in medio. Hoc firmamentum est fides et dividit aquas ab aquis. Fides est origo sapientiae et origo scientiae, sive sit de aeternis, sive de temporalibus, sive scientia, sive sapientia non discordant a fide.

27. Tertia intelligitur per tertiam diem, ubi congregatae sunt aquae, et apparuit arida. Terra est Scriptura habens intelligentias spirituales, hierarchias angelicas et divinas, quae mirabiliter expositae a Sanctis pullulant; et in his producitur herba virens et ligna paradisi. Caveat tamen quisque a ligno curiositatis scientiae.

28. Quarta intelligitur in opere quartae diei, ubi dicitur: Fiant luminaria, scilicet sol et luna et stellae. Qui non habet contemplationem adhuc non habet ornamentum solis et lunae et stellarum. Apparere autem debet mulier amicta sole, et luna sub pedibus eius, et in capite eius corona duodecim stellarum, ut sit contemplatio supercaelestis hierarchiae in sole, subcaelestis in luna, caelestis in stellis. Tunc videbis et afflues, et mirabitur et dilatabitur

빛은 어둠에서 갈라졌습니다.[95]

26. 두 번째 상은 둘째 날에 의해 인식되는데, 이날 물 한가운데에 궁창이 생겼습니다.[96] 이 궁창은 믿음이며 물과 물 사이를 갈라놓습니다. 믿음은 지혜의 근원이며, 학문의 근원이고, 태초로부터 또는 일시적인 것으로부터 있고 학문 또는 지혜는 믿음과 대립하지 않습니다.

27. 세 번째 상은 셋째 날에 의해 인식되는데, 이때 물은 한곳으로 모이고, 뭍이 드러납니다.[97] 뭍은 영적인 통찰이, 천사의 위계와 신적인 위계가 머무는 성경입니다. 기묘하게 드러난 이 통찰과 위계는 성스러운 것에서 돋아납니다. 그리고 땅에서 푸른 싹과 낙원의 나무가 돋아납니다.[98] 그럼에도 누구든 학문의 호기심의 나무를 경계합니다.[99]

28. 네 번째 상은 나흗날의 창조 작업에서 인식되는데, 이날에 "빛 물체가, 즉 해와 달과 별들이 만들어졌다"[100]라고 합니다. 명상하지 않는 사람에게는 해와 달, 그리고 별들의 장식이 없습니다. 태양의 옷을 입은 여인이 나타나야 합니다. 발밑에 달을 두고 머리에 열두 개 별로 된 관을 쓴 여인이 나타난 것입니다.[101] 이로써 태양에 있는 천상의 위계에 대한, 달에 있는 지상의 위계에 대한, 별들에 있는 하늘의 위계에 대한 명상이 있습니다. "그때 이것을 보는 너는 기쁜 빛으로 가득하고 너의 마음은 두근거리며 벅차오르리라."[102] 왜냐하면 [사람은] 명상할 때 경탄하고 [자

---

95 「창세기」 1:4.
96 「창세기」 1:6; Augustinus, *De trinitate*, XII [14, 22] 참조.
97 「창세기」 1:9.
98 「창세기」 1:11.
99 「창세기」 2:9.
100 「창세기」 1:14 참조.
101 「요한묵시록」 12:1.
102 「이사야서」 60:5.

cor tuum, quia in contemplatione admiratio, dilatatio, alienatio, refectio; unde: Comederunt et viderunt Deum Israël.

29. Quinta est per prophetiam illustratae intelligentiae, adhuc altior praemissis, ut videat contingentia infallibiliter, quod fit quodam visionis modo speciali in speculo aeterno. Certum est enim, quod cum contingens sit mutabile et variabile, quodsi Propheta videt infallibiliter et certitudinaliter, quod non videt nisi in veritate infallibili. —Unde difficile est determinare de istis; et per idem solvitur, sicut de praescientia Dei: hoc videt Propheta futurum: ergo eveniet; hoc videt Deus: ergo eveniet; quia visio Dei non cadit in praeteritum, sed praesentiam divinae visionis cum connotato temporali dicit, quod quidem connotatum contingens est vel connotatur. —Haec intelligitur in opere quintae diei, in qua facti sunt pisces de aquis et aves. Per pennas enim et multitudinem plumarum et spiritus fertur anima in Deum.

30. Sexta est visio intelligentiae per raptum in Deum absorptae. Ad Corinthios: Scio hominem ante annos quatuordecim, sive in corpore, sive extra corpus, nescio, Deus scit, raptum huiusmodi. Haec enim sublevatio facit animam Deo simillimam,

기 정신을] 넓히고, 위로 향하고, 휴식하기 때문입니다. 따라서 "그들은 이스라엘의 하느님을 뵙고서 먹고 마셨다"[103]라고 합니다.

29. 다섯 번째 상, 즉 예언에 의해 명백해진 통찰의 상은 지금까지 언급된 상보다 더 심오해서 우리는 영원한 거울에서 상의 어떤 특별한 방식에 의해 생기는 우연한 것을 확실히 봅니다. 우연한 것은 움직여질 수 있고 변화될 수 있는데, 예언자가 오류 없이, 그리고 확실하게 이것(우연한 것)을 본다면 그는 무오류의 진리에서만 본다는 것이 확실합니다. ― 이 상들에 대해 결정하는 일은 쉽지 않습니다. 그리고 하느님의 예지(叡智)[104]에 대해 그렇듯이 이것은 동일한 것에 의해 해결될 것입니다. 예언자가 미래의 상을 볼 것이고 그러므로 [미래의 상이] 생길 것입니다. 하느님께서도 이것을 보게 될 것이고 생길 것입니다. 하느님의 봄은 과거를 향하지 않으시고 그도 역시 인식한 시간적인 것과 더불어 하느님은 현재를 말하기 때문입니다. 하느님도 역시 인식하신 것은 우연적인 것이거나 또는 함께 인식한 것입니다. ― 이것은 다섯째 날의 작업에서 통찰되는데, 이날 바다의 물고기와 새들이 창조되었습니다.[105] 말하자면 날개에 의해, 그리고 많은 새털에 의해 얼은 하느님 안에서 영혼이 되었다고 합니다.

30. 몸을 떠남으로써 하느님 안으로 빨려 들어간 인식의 상이 여섯 번째 상입니다. 「코린토 신자들에게 보낸 둘째 서간」에는 이렇게 쓰여 있습니다. "나는 그리스도를 믿는 어떤 사람을 알고 있는데, 그 사람은 열네 해 전에 셋째 하늘까지 들어올려진 일이 있습니다. 나로서는 몸째 그리되었는지 알 길이 없고 몸을 떠나 그리되었는지 알 길이 없지만, 하

---

103 「탈출기」 24 : 11.
104 하느님의 예지에 대해서는 Bonaventura, *I Sent.*, d.38, a.2, q.1 : d.39, a.2, q.3 : d.40, a.2, q.4 이하 참조.
105 「창세기」 1 : 20-23.

quantum potest in statu viae—nec est idem ecstasis et raptus—unde, ut dicunt, non habent habitum gloriae, sed actum; et sicut illa visio est in confinio viae et patriae, sic illa est in confinio unionis et separationis a corpore. Ideo dicit Apostolus: Sive in corpore, sive extra corpus, nescio. Unde ergo homo praesumit determinare quod Paulus nescivit?—Huic respondet opus sextae diei: Faciamus, inquit, hominem ad imaginem et similitudinem nostram; quia talis dignus est, ut praesit volatilibus et piscibus maris et reptilibus.—Quanto enim quis elevatior, tanto humilior, ut Paulus, qui etiam ad coniugium determinandum descendebat per humilitatem. Unde dicitur in Iob: Nunquid ad praeceptum tuum elevabitur aquila et in arduis ponet nidum suum? Et sequitur: Ubicumque fuerit cadaver, statim adest. Mirabilia primo dixerat de aquila, et postea humilia; sic est de raptu. Ille enim, qui in raptu fuit maior, magis est humilis. Et sic necesse est, quia, si superbiret, posset amittere gratiam et cadere in reprobum sensum; et vix unquam surgeret, quia quanto magis novit, tanto magis sciret solvere omnia, quae dicerentur sibi; et ideo non sine causa datus fuit Apostolo stimulus carnis, ne magnitudo, inquit,

느님께서는 아십니다."[106] 삶의 상태에서 그것이 할 수 있는 한, 이런 고양은 하느님에게 가장 비슷한 영혼을 만듭니다. ─ 무아지경과 몸을 떠남은 동일한 것이 아닙니다. ─ 그러므로 사람들은 이들에게 영광이 없고 작용이 있다고 합니다. 그리고 이 상이 길(=지상의 삶; 나그네)과 조국(=천상)의 접경에 있듯이, 이 상은 합일과 육체로부터의 분리의 경계에 있습니다. 따라서 사도는 다음과 같이 말합니다. "몸째 그리되었는지 몸을 떠나 그리되었는지 나는 모릅니다." 그렇다면 우리는 바오로 사도가 몰랐다는 것을 감히 어떻게 결정합니까? ─ 여섯째 날의 작업이 이에 상응합니다. 하느님께서 우리와 비슷하게 우리 모습으로 사람을 만들자고 말씀하셨습니다.[107] 사람이 새들과 바다의 물고기들과 길짐승(파충류)들을 지배하기에 합당합니다. ─ 누군가가 올라가면 올라갈수록 그는 더 겸손해집니다. 결혼을 결정하기 위해서 겸손하게 아래로 내려간 바오로처럼 말입니다. 「욥기」에서는 "또 네 명령에 따라 독수리가 치솟고, 높은 곳에 둥지를 트느냐?"[108]라고 하고, "주검이 있는 곳에는 독수리도 있다"[109]라고 합니다. 놀랍게도 그는 독수리에 대해서 먼저 말했고, 그다음 보잘것없는 것에 대해서 말합니다. 몸을 떠나는 것에 대해서도 똑같습니다. 몸을 떠남으로써 더 위대해진 사람은 또한 더욱 겸손하기 때문입니다. 이렇게 만약 그가 오만하다면 그는 은총을 잃을 수 있고, 분별없는 정신에 빠질 수 있다는 것이 필연적입니다.[110] 그리고 그가 더 많이 인식하면 인식할수록 사람들이 그에게 말하는 것을 모두 해결할 것 같다고 알기에 언제고 간신히 일어설 겁니다. 그러므로 사도의 몸에 아무 이유 없이 가시가 주어진 것은 아니며, 사도는 "그 계시들이 엄청난 것이기에 더욱 그렇습니다. 그래서 내가 자만하지 않도록 하느님께서 내 몸

---

106 「코린토 신자들에게 보낸 둘째 서간」 12 : 2.
107 「창세기」 1 : 26.
108 「욥기」 39 : 27.
109 「욥기」 39 : 30.
110 「로마 신자들에게 보낸 서간」 1 : 28.

revelationum extollat me. —Ille, inquam, qui ad illum statum pervenit, potest alios ordinare et regere, ut Paulus fecit, et Dionysius, qui ordinavit Ecclesiam secundum exemplar, quod sibi monstrabatur.

31. Septimus dies est absolutio a corpore; hodie mecum eris in paradiso; qui dies non habet vesperam. —Et post sequitur octava dies, qui non est alius a praecedentibus, sed est reiteratio primae diei, quando anima resumet corpus suum.

32. Haec est ergo clavis David, quae docet Verbum inspiratum; illud Verbum, quod est in sinu Patris increatum, incarnatum in utero Virginis, inspiratum in corde tuo per fidem; illabitur mentes angelicas et humanas, intrans in eis facit intelligere has visiones, quia est intellectus et spiritus purus; sed alio et alio modo, quia sunt maiores profundationes, secundum quod anima intime inducitur in se. Et hoc fit per divinum radium, ut dicit Dionysius de Angelica Hierarchia: Ergo Iesum, inquit, invocantes, qui est paternum lumen etc.; et sicut dicit Dionysius de Ecclesiastica Hierarchia, lex Divinitatis est infima per media ad suprema reducere.

에 가시를 주셨습니다"[111]라고 말합니다. — 저 상태에 도달한 사람은 바오로가 했듯이, 그리고 그에게 제시된 범례에 따라 교회를 이끈 디오니시우스가 했듯이 다른 민족들을 다스리고 지배할 수 있다고 나는 말합니다.[112]

31. 일곱째 날은 육체로부터 분리된 날입니다. "너는 오늘 나와 함께 낙원에 있을 것이다."[113] 이날 저녁은 없습니다. — 그리고 여덟째 날이 이 뒤를 따르는데, 이날은 앞의 날과 다른 날이 아니라 첫날의 반복입니다. 이때 영혼은 자신의 몸을 되찾습니다.

32. 이 열쇠가 영을 받은 말씀을 가르친 다윗의 열쇠입니다.[114] 이 말씀은 아버지의 품에 있는[115] 창조되지 않은, 처녀의 자궁에서 육신이 된, 믿음을 통해 그대의 마음 안에 불어넣어진 말씀입니다. 이 말씀은 천사의 정신과 인간의 정신을 파고듭니다. 이 정신 안에 들어서면서 이 말씀은 이 상들을 인식하게 합니다. 왜냐하면 이 말씀은 통찰이고 순수한 정신이기 때문입니다. 그러나 심연이 더 깊기 때문에 다르게, 그리고 다른 방식으로 [인식하게 합니다]. 이에 따라 영혼은 자신의 내부로 내밀하게 이끌립니다. 이것은 디오니시우스가 천사의 위계에 대해서 말하듯이 신적인 광선을 통해 이루어집니다. 따라서 그는 "아버지의 빛인 예수님을 부르면서"라고 말합니다.[116] 그리고 디오니시우스가 『교회의 위계』에서 말하듯이,[117] 하느님의 법은 하위의 존재를 중재해서 최고의 것으로 환

---

111 「코린토 신자들에게 보낸 둘째 서간」 12:7.
112 「갈라티아 신자들에게 보낸 서간」 1:2; 위 디오니시우스, 「천상의 위계」, 제1~7장, 앞의 책 [PL 122, 1069-1112].
113 「루카복음서」 23:43; 강연 16 참조.
114 「요한묵시록」 3:7; 강연 3, 21 참조.
115 「요한복음서」 1:18.
116 위 디오니시우스, 「천상의 위계」, 제1장 제2절, 앞의 책, 2007.
117 위 디오니시우스, 「교회의 위계」, 제5장 제4절, 앞의 책, 2007; Bonaventura, *Brevil.*,

Ille thearchicus radius, descendens in caelestem hierarchiam, illam illuminat et per illam ecclesiasticam sive subcaelestem. —Totum tamen facit ille radius, quia Angeli ibi nihil faciunt nisi occasionaliter; sicut, si quis vellet, quod radius illuminaret multas domus, aperiret fenestras, et tunc radius omnes domus illuminaret [illuminatio domus per aperientem esset occasionaliter facta]; et sicut, si quis praepararet multa specula ad recipiendum lumen. [Similiter angelus animae contemplanti cooperatur occasionaliter, radius autem per se facit et proprie.] Deinde ordine resolutorio ille radius nos reducit in contemplationem caelestium et deinde supercaelestium.

원해야 합니다. 천상의 위계에서 내려오는 거룩한 빛은 교회의 위계를 통해서든 또는 지상의 위계를 통해서든 빛납니다. ── 그럼에도 불구하고 이 빛(광선)은 전체적인 것을 만듭니다. 왜냐하면 천사들은 거기에서 우연히 그런 것이 아니라면 어떤 것도 만들지 않기 때문입니다. 어떤 사람이 빛이 집의 많은 곳을 비추길 원해서 창문을 열면 빛이 집의 모든 부분을 비추듯이 말입니다.[118] [창문을 열었기에 집은 우연히 비추어집니다.] 그리고 누군가가 빛을 받아들이기 위해서 많은 거울을 준비하듯이 말입니다. [비슷하게 천사도 명상하는 영혼 옆에서 우연히 작용합니다. 그러나 빛은 스스로 고유하게 됩니다.] 그러므로 이 빛은 자유롭게 하는 위계에 의해 우리를 하늘의 직관을 향해, 그리고 그다음 천상의 직관을 향해 이끕니다.

---

p.2, c.9 : "lex divinitatis haec est, ut infima per media reducantur ad summa" (Dionysius, *De caelesti hierarchia*, 5, §4).

[118] Augustinus, *Enarrationes in psalmos*, 118, 18, 4 [PL 37, 1553].

Collatio IV

De visione prima, quae est intelligentiae per naturam inditae,
tractatio prima

1. Vidit Deus lucem, quod esset bona, et divisit lucem a
tenebris etc. In omnibus operibus sex dierum praeterquam secundae
dictum est: Vidit Deus, quod esset bonum; et in fine dicit: Vidit
Deus cuncta, quae fecerat, et erant valde bona. Videre dicitur
Deus, quia videre nos facit. Prima visio animae est intelligentiae per
naturam inditae. Unde dicit Psalmus: Signatum est super nos lumen
vultus tui, Domine. Et hic possent explicari omnes difficultates
philosophiae. Philosophi dederunt novem scientias et polliciti sunt

첫째 날의 봄에 대한 첫 번째 강연.
자연적으로 주어진 통찰에 대한 강연

1. "하느님께서 보시니 그 빛이 좋았다. 하느님께서는 빛과 어둠을 가르셨다."[1] 6일 동안의 모든 작업에서 둘째 날을 제외하고는 이렇게 언급합니다. "하느님께서 보시니 좋았다." 그리고 마지막에는 "하느님께서 보시니 손수 만드신 모든 것이 참 좋았다"[2]라고 합니다. '하느님께서 보신다'라고 언급됩니다. 왜냐하면 하느님께서 우리가 보도록 만드셨기 때문입니다. 영혼의 첫 번째 상(봄)은 자연이 부여한 통찰의 상입니다. 그러므로 「시편」에서는 "주님, 저희 위에 당신 얼굴의 빛을 비추소서"[3]라고 합니다. 여기에서 철학의 모든 어려움을 설명할 수 있습니다. 철학자들은 아홉 개의 학문을 인정했고[4] 열 번째 학문, 즉 직관을 인정하겠다

---

1 「창세기」1:4; 아우구스티누스, 앞의 책, 2004, 제16권, 제5장: "그럼에도 일정한 시간에 보고 배운다는 말을 쓰는 것은 사람들에게 무언가를 보이게 만들고 인식하게 만드는 원인이 당신이기 때문이다."
2 「창세기」1:31; 아우구스티누스, 앞의 책, 2004, 제22권, 2 참조.
3 「시편」4:7.
4 박주영, 앞의 글, 2013, 183~234쪽 참조.

dare decimam, scilicet contemplationem. Sed multi philosophi, dum se voluerunt dividere a tenebris erroris, magnis erroribus se immiscuerunt; dicentes enim, se esse sapientes, stulti facti sunt; superbientes de sua scientia, luciferiani facti. Apud Aegyptios densissimae tenebrae erant, sed Sanctis tuis maxima erat lux. Omnes, qui fuerunt in lege naturae, ut Patriarchae, Prophetae, philosophi, filii lucis fuerunt. —Lux animae veritas est; haec lux nescit occasum. Ita enim fortiter irradiat super animam, ut etiam non possit cogitari non esse nec exprimi, quin homo sibi contradicat: quia, si veritas non est, verum est, veritatem non esse: ergo aliquid est verum; et si aliquid est verum, verum est, veritatem esse: ergo si veritas non est, veritas est. Super omnia enim praevalet veritas, ut dicitur in Esdra.

2. Emittit autem haec lux tres radios primos; unde in Ecclesiastico: Tripliciter sol exurens montes. Est enim veritas rerum, veritas signorum seu vocum et veritas morum. Veritas rerum est

고 제안했습니다. 그러나 철학자들 다수가 오류의 어두움에서 떠나기를 원하는 동안 크나큰 오류에 엮였습니다. 사실 그들은 지혜롭다고 자처하였지만 바보가 되었습니다.[5] 그들은 자신들의 학문을 자랑하면서 루시퍼가 되었습니다. "짙은 어둠이 이집트 온 땅을 덮었다."[6] "그러나 이스라엘 자손들이 사는 곳은 어디에나 빛이 있었다."[7] 교부들, 예언자들, 그리고 철학자들처럼 자연법에 따라 살던 모든 사람은 빛의 자녀들이었습니다. ─ 영혼의 빛은 진리이고 이 빛은 사라지지 않습니다. 그래서 이 빛은 인간이 자가당착에 빠지지 않고는 그 빛이 존재하지 않는다고, 표현되지 않는다고 생각될 수 없도록 강하게 영혼의 위에서 비춥니다. 왜냐하면 만약 진리가 없다면, 어떤 진리도 없다는 것이 참이기 때문입니다. 따라서 어떤 것은 참입니다. 그리고 만약 어떤 것이 참이라면 진리가 있다는 것이 참입니다. 그러므로 만약 진리가 없다고 하더라도, 진리는 있습니다.[8] 「에즈라기」에서 언급되었듯이, 진리는 모든 것보다 우월합니다.[9]

2. 그런데 이 빛은 먼저 세 광선을 내보냅니다. 따라서 「집회서」에서는 "태양은 그 세 배나 되는 열기로 산을 달군다"라고 합니다.[10] 이 세 광선은 사물의 진리, 표징 또는 말씀의 진리, 도덕의 진리입니다. 사물의 진

---

5 「로마 신자들에게 보낸 서간」1:22.
6 「탈출기」10:22.
7 「탈출기」10:23.
8 캔터베리의 안셀무스, 앞의 책, 2002, 58쪽: "진리가 있기 이전에 진리가 있었고, 진리가 끝나고 난 후에도 진리가 있는 것처럼 보이는데 이것은 가장 불합리하다. 진리가 시작과 끝을 가지고 있다고 주장되거나, 또는 그것들을 가지고 있지 않다고 이해되더라도, 진리는 결코 시작과 끝으로 한정될 수 없다."; Bonaventura, *De mysterio trini.*, q.1, a.1, arg. 25~26.
9 「에즈라기」3, 4:41; "Magna veritas et praevalet." 우리말 성경에는 「에즈라기」제3~4장의 번역이 없다. 그러나 불가타 성경에는 「요한묵시록」다음에 부록으로 「에즈라기」제3~4장이 있다.
10 「집회서」43:4.

indivisio entis et esse, veritas sermonum est adaequatio vocis et intellectus, veritas morum est rectitudo vivendi. Et istae sunt tres partes philosophiae, quas philosophi non invenerunt, ut essent; sed quia iam secundum veritatem essent, in anima adverterunt, secundum Augustinum.

3. Haec triplex veritas consideratur ex parte principii originantis, ex parte subiecti suscipientis et ex parte obiecti terminantis. Respicit autem originans principium in ratione triplicis causae: originantis, exemplantis et terminantis, nam ex ipso, per ipsum et in ipso sunt omnia. Ergo veritas indicat, quod mens nostra fertur naturali inclinatione ad Veritatem, secundum quod est causa essendi, ratio intelligendi et ordo vivendi: secundum causam essendi, veritas rerum; secundum rationem intelligendi, veritas vocum; secundum ordinem vivendi, veritas morum.

4. Ex parte autem animae omnis irradiatio veritatis super intelligentiam nostram fit tripliciter: aut fit super ipsam absolute, et sic pertinet ad notitiam rerum speculandarum; aut in comparatione ad interpretativam, et sic est veritas vocum; aut in comparatione ad affectivam et motivam, et sic est veritas operabilium.

리는 존재자와 존재의 비분리이고, 말씀의 진리는 소리와 통찰의 일치이고, 도덕의 진리는 삶의 올바름입니다. 이것은 철학의 세 부분인데, 아우구스티누스가 말하듯이 철학자들은 이 부분들이 있는 것을 발견하지 않았고 이 부분들은 이미 진리에 따라 있기 때문에 그것들은 영혼에서 인지됩니다.[11]

3. 이 세 가지 진리는 생산하는 원리의 측면으로부터, 받아들이는 주체의 측면으로부터, 그리고 종결짓는 대상의 측면으로부터 고찰됩니다. 그러나 생산의 원리는 세 가지 원인의 근거에서, 즉 시원이라는, 모범이 된다는, 완결하는 것의 근거에서 고찰됩니다. "과연 만물이 그분에게서 나와, 그분을 통하여 그분을 향하여 나아갑니다."[12] 그러므로 진리는 우리 정신이 자연적인 성향에 의해 진리이신 하느님으로 옮겨진다는 것을 제시합니다. 이 진리에 따라 존재자의 원인, 인식의 근거, 그리고 삶(=살아 있는 것)의 질서가 있습니다. 이 진리는 존재의 원인에 따라서는 사물의 진리이고, 인식의 근거에 따라서는 말함의 진리이고, 삶의 질서에 따라서는 도덕의 진리입니다.

4. 영혼의 측면에서 진리는 세 가지 광선으로 우리 통찰의 위를 비춥니다. 첫째, 절대적인 관점에서 비춰서 진리는 [우리가] 사유하는 사물의 인식과 관련이 있습니다. 또는, 해석에 대한 비교의 관점에서 말씀의 진리가 있습니다. 또는 자극과 움직임에 대한 비교에서 작용의 진리가 있습니다.

---

11 아우구스티누스, 앞의 책, 2004, 제11권, 25 [PL 41, 338]: "Quantum intelligi datur, hinc philosophi sapientiae disciplinam tripartitam esse voluerunt, immo esse animadvertere potuerunt: neque enim ipsi instituerunt, ut ita esset, sed ita esse potius invenerunt; cuius una pars appellaretur physica, altera logica, tertia ethica."
12 「로마 신자들에게 보낸 서간」11:36.

5. Ex parte obiecti sic. Omne, quod est, aut est a natura, aut a ratione, aut a voluntate. Secundum primam est notitia, quae est de rebus, secundo modo de sermonibus, tertio modo de moribus. — Ergo secundum Principium, subiectum et obiectum est triplex radius veritatis in anima, per quem anima possit elevari ad perpetua et etiam ad causam omnium; sed si addatur condimentum fidei, tunc facilius; ut causa essendi attribuatur Patri, ratio intelligendi Filio, ordo vivendi Spiritui sancto.

6. Visio ergo intelligentiae per naturam inditae, ut convertitur ad res, est veritas. Vult autem anima totum mundum describi in se. [Veritas enim mundum fecit et illuminando animam in ea totum mundum describit.] Mundus consideratur tripliciter: quantum ad essentiam, figuram et naturam. Iste autem radius dirigit ad quidditatum differentias occultas considerandas, ad figurarum proportiones manifestas, ad naturarum proprietates ex utroque permixtas. Naturalis permixta est consideratio, quia modo de causis, quae sunt occultae, ut quare ignis calidus, quare haec herba calida, quia hoc habent a specie sua, quae occulta est; modo de qualitate, item de quantitate et influentia corporum, quae aliquando patent, aliquando latent.

7. Secundum quidditatum differentias occultas fit divisio sex modis ad praesens: in substantiam et accidens, in universale et

5. 대상의 측면에서는 이렇습니다. 존재하는 모든 것은 자연적으로 있거나 이성에 있거나 또는 의지에 있습니다. 첫 번째 것에 따라서는 사물에 대한 앎이, 두 번째 방식에 따라서는 말씀에 대한 앎이, 세 번째 방식에 따라서는 도덕에 대한 앎이 있습니다. ─ 그러므로 원리, 주체, 대상에 상응해 영혼 안에 진리의 광선이 셋 있습니다. 영혼은 이 광선에 의해서 영원한 것으로, 더욱이 모든 것의 원인에로 들어올려질 수 있습니다. 그런데 만약 믿음이라는 향신료(청량제)가 첨가된다면 더 수월하게 고양합니다. 이때 존재의 원인은 성부에게, 인식의 근거는 성자에게 그리고 삶의 질서는 성령에게 돌려집니다.

6. 따라서 자연 본성이 부여한 지성의 상이 사물로 기울 때 진리가 있습니다. 그러나 영혼은 모든 존재가 그 자신 안에서 서술되기를 원합니다.[13] [사실 진리는 세상을 만들었고 영혼을 비출 때 영혼 안에 온 세상을 서술합니다.] 세상은 세 가지로, 즉 본질에 관한 한, 형상에 관한 한, 그리고 자연에 관한 한 숙고됩니다. 그런데 저 광선은 숙고되어야 하는 본질에 은폐되어 있는 차이로, 분명한 형상의 비례로, 이 두 가지, 즉 본질과 형상으로 혼합된 자연의 속성으로 이끕니다. 숙고는 자연적인 합성체에 관해 있습니다. 왜냐하면 때로는 왜 불이 뜨거운지, 이 풀(=약초)은 왜 따뜻한지와 같이 은폐된 원인에 대해 숙고되기 때문입니다. 원인은 은폐되어 있는 자신의 종으로부터 이 원인을 갖기 때문입니다. 또 때로는 어떤 때는 분명히 드러나고 어떤 때는 숨어 있는 질과 양에 대한, 또한 물체의 영향에 대한 숙고가 있습니다.

7. 이제 본질에 은폐되어 있는 차이에 따라 여섯 가지 방식이 구분됩니다. 실체와 우유(偶有), 보편자와 개별자, 가능태와 현실태, 하나와 여

---

13 이 관점에 대해서는 아리스토텔레스, 유원기 역주, 『영혼에 관하여』, 궁리, 2005, 제3권 [제8장] "영혼이 어떤 의미에서의 모든 존재자이다." 참조.

particulare, in potentiam et actum, in unum et multa, in simplex et compositum, in causam et in causatum. Haec sunt sex lumina, quae disponunt animam ad sciendum et bene sentiendum.

8. Divisio substantiae et accidentis patet; sed quaedam sunt, quae reducuntur ad ista, et in his est maximus error. Dicit ille: creatio non est. Quare? Quia impossibile est, accidens praecedere substantiam; creatio autem accidens est: ergo etc. Dico, quod creatio, quae est passio, accidens non est, quia relatio creaturae ad Creatorem non est accidentalis, sed essentialis. Similiter, potentia materiae non est accidens materiae, sed essentialis, quia hoc ipso, quod est, ad alterum est. Similiter differentiae ad genus reducuntur, ut merae privationes ad suos habitus.

9. Secunda divisio est in universale et particulare; et circa hoc est magnus error. Aliqui dicunt, quod universale nihil est nisi in anima; Plato posuit, quod esset solum in Deo; alii, quod solum in anima. Isti nimis abstrahunt. —Dico ergo, quod est universale unum ad multa, unum in multis, unum praeter multa. Unum ad multa est in potentia materiae, quod non est completum; unum in

렷, 단순한 것과 복합적인 것, 원인과 야기된 것이 구분됩니다. 이들은 여섯 가지 빛인데, 이 빛은 [영혼이] 알도록 또 잘 판단하도록 영혼을 배치합니다.

8. 실체와 우유는 확연히 구분됩니다.[14] 그런데 실체로 환원되는 어떤 것들이 있고, 이것들 안에 가장 큰 오류가 있습니다. 아리스토텔레스는 말합니다. "창조는 존재하지 않는다." 왜냐고요? 우유가 실체보다 앞서 존재하는 것은 불가능하기 때문입니다. 그런데 창조는 우유라는군요. 이에 따라 "창조는 없다"라고 말합니다. 이에 대해 나는 이렇게 말합니다.[15] 창조는 피조물이 받아들인 것이며 우유가 아닙니다. 왜냐하면 피조물이 창조자와 맺는 관계는 우유적인 관계가 아니라 본질적인 관계이기 때문입니다. 이와 비슷하게 질료가 갖는 가능태는 질료에 우유적인 것이 아니라 본질적인 것입니다. 왜냐하면 존재 자체가 그것과 상반되는 다른 것을 위해 있기 때문입니다.[16] 이와 비슷하게 완전한 결여가 완전함으로 환원되듯이 종차는 종으로 환원됩니다.

9. 두 번째 구분은 보편자와 개별자의 구분입니다. 그리고 이와 관련해 크나큰 오류가 있습니다. 어떤 사람들은 보편자는 영혼 안에 있지 않다면 아무것도 아니라고 말합니다. 플라톤은 오직 신 안에 있는 것을 가정했습니다. 또 다른 사람들은 오직 영혼 안에 있는 것을 가정했습니다. 이 사람들은 지나치게 추상적으로 생각했습니다. ── 그러므로 나는 보편자는 여럿에 대해 있는, 여럿 안에 있는, 여럿 밖에 있는 하나라고 말합니다. 여럿에 대해 있는 하나는 질료가 갖는 가능태에 있습니다. 이것

---

14 아리스토텔레스, 앞의 책, 2017, 제4권, 제2장과 제7권 (제3권, 제2장과 제6권, 제4장 이하 참조).

15 여기에서부터 인용 저서 끝까지 아리스토텔레스의 창조론에 대한 보나벤투라의 비판이 서술된다.

16 Aristoteles, *Physica*, II, c.2.

multis, ut natura communis in suis particularibus; et unum praeter multa in anima. Unum autem ad multa et unum in multis et unum praeter multa in arte aeterna sunt; per illam enim artem et rationem consistit in re. Planum est enim, quod duo homines assimilantur, et non homo et asinus: ergo necesse est, ut illa similitudo fundetur et stabiliatur in aliqua forma stabili, non quae est in altero, quia illa est particularis: ergo in aliqua universali. Ratio autem universalis non est tota in anima, sed in re secundum processum generis ad speciem, ut, communicamus primo in substantia ut in generalissimo, deinde in aliis usque ad formam hominis ultimatam.

10. Tertia divisio est potentiae et actus; et hic sunt multi errores. Dicunt quidam, quod actus nihil addit super potentiam nisi modum essendi secundum completum et incompletum. Non loquimur hic de potentia pure passiva, sed de illa quae procedit ad actum. Necesse est enim, cum in omni creatura potentia activa sit coniuncta potentiae passivae, quod illae duae potentiae fundentur super diversa principia rei. De potentia, quae est ratio seminalis,

은 완성된 것이 아닙니다. 여럿 안에 있는 하나는 여럿의 개별자에 있는 공통적인 자연 본성 같은 것입니다. 그리고 여럿의 밖에 있는 하나는 영혼에 있습니다. 그런데 여럿에 대해 있는, 여럿 안에 있는, 그리고 여럿의 밖에 있는 하나는 영원한 생산(기술)[17] 안에 있습니다. 사실 이 기술과 이 근거에 의해서 하나는 사물 안에 있습니다. 두 사람은 비슷하지만, 사람과 당나귀는 비슷하지 않다는 것은 분명합니다. 따라서 이 유사성은 필연적으로 어떤 항구적인 형상에 기반하며 확고하게 있는 것이지 타자 안에 있는 형상에 기반하고 있지 않습니다. 왜냐하면 타자 안에 있는 형상은 개별적인 것이기 때문입니다. 따라서 이 유사성은 어떤 보편적인 것에 기반을 두고 있습니다. 그런데 보편적인 것의 근거는 전적으로 영혼 안에 있는 것이 아니라, 유가 종으로 분화됨에 따라 사물 안에 있습니다. 그래서 우리는 무엇보다도 가장 일반적인 것으로서 실체를 나누며, 그리고 인간의 최종 형상에 이르기까지 다른 것들도 나눕니다.

10. 세 번째 구분은 가능태와 현실태의 구분입니다. 그런데 여기에 많은 오류가 있습니다. 몇몇 사람은 현실태가 오직 완결과 미완결이라는 견지에서 존재 양태만 가능태에 덧붙는다고 말합니다. 여기에서 우리는 순수 수동적인 가능태에 대해서가 아니라, 현실태로 이행하는 가능태에 대해 논하는 것입니다. 모든 피조물에게 능동적인 가능태는 수동적인 가능태와 결부되어 있기 때문에 필연적으로 이 두 개의 가능태는 사물의 다양한 원리에 근거를 둡니다. 씨앗의 근거인 가능태는 힘인데 이에 대해서 보면 다음과 같습니다. 이런 가능태는 어떤 때는 현실태와 관련하여 존재 또는 본질의 부분을 덧붙입니다. 그래서 감각적인 것들의 질서 아래 생명을 가진 것이 포함된다고 해도, 현실 세계에서 생명 활동이라

---

17 'ars'의 개념은 현재 그 외연이 상당히 축소되었다고 볼 수 있다. 예전에 이 말은 현재의 뜻인 '예술'만이 아니라 '기술'을 의미했고, 이 '기술' 안에 '예술'이 포함되어 있었다. 『니코마코스 윤리학』 번역본에서 'ars'는 '기예'로 번역되어 있다. 박주영, 앞의 글, 2013, 183~234쪽 참조.

haec est vis: quia potentia talis super actum aliquando addit partem essendi, vel essentiae, ut, super rationem corporis addit animatum secundum rem, pro eo quod animatio aliquid est, ordinatum tamen ad sensibile; et super animatum addit sensibile, et sic usque ad hominem. Sic similiter de potentiis animae, quod sicut tetragonus addit unum angulum ad trigonum, et pentagonus ad tetragonum; sic sensitivum ad vegetativum, et rationale ad sensitivum. — Aliquando autem addit solum modum essendi, ut, si de uno in potentia fiat unum in actu, addit solum modum essendi, quia unum non coniungitur materiae simpliciter, sed materiae habenti vitam in potentia radicali. — Unde insanum est dicere, quod ultima forma addatur materiae primae sine aliquo, quod sit dispositio vel in potentia ad illam, vel nulla forma interiecta.

11. Quarta divisio est in unum et multa, et de illa multi sunt errores. Quidam dixerunt, quod omnia sint unum; ut, sicut una est materia, ita una forma radicalis, et postmodum multiplicatur secundum modum essendi et variatur. Et hoc nihil aliud est dicere, quam quod illa propositio: homo est asinus, sit vera per se, falsa per accidens. Unde intellige, quod rationale et irrationale non solum differunt per accidens, sed etiam essentialiter.

12. Quinta divisio est in simplex et compositum; et hic etiam sunt multi errores, ut dicere, quod aliqua creatura sit simplex; quia tunc esset purus actus, quod est solius Dei; et attribuere quod

는 것이 물체 혹은 물체적 본성에 덧붙는 어떤 것이라는 점에서 '물체'라는 개념에 '생명을 가짐'이 덧붙으며, '생명을 가짐'에 '감각적임'이 덧붙습니다. 그리고 이런 방식으로 인간에 이르기까지 '개념'이 덧붙습니다. 영혼의 능력의 경우도 마찬가지입니다. 그래서 사각형이 삼각형에 각을 하나 덧붙인 것이며, 오각형이 사각형에 각을 하나 덧붙인 것과 같은 방식으로 식물적 능력에 능력 하나가 덧붙은 것이 감각적 능력이고, 감각적 능력에 능력 하나가 덧붙은 것이 이성적 능력입니다. ─ 그런데 어떤 경우에 현실태는 오직 존재 양태만을 덧붙입니다. 예컨대 가능적으로 하나인 것과 관련하여 현실태가 가능적으로 하나인 것을 현실적으로 하나인 것으로 만든다면, 현실태는 오직 존재 양태만 덧붙입니다. 왜냐하면 하나인 것은 질료와 직접적으로 결합하는 것이 아니라, 철저히 가능태로서 생명을 가진 질료와 결합하기 때문입니다. ─ 그러므로 최종적인 형상을 향한 배치이거나 최종적인 형상에 대한 가능태로 있는 성향 없이 또는 그 사이에 끼어 있는 어떤 형상 없이 최종적인 형상이 제일 질료에 부가된다고 말하는 것은 터무니없는 소리입니다.

11. 네 번째 구분은 하나와 여럿의 구분입니다. 그리고 이 구분과 관련해 많은 오류가 있습니다. 어떤 사람들은 모든 것이 하나라고 말했습니다. 이에 따라, 마치 질료가 하나이듯이 근본적인 형상도 하나이고 이 하나의 형상이 존재 양태에 따라 다수의 형상이 되고 다양하게 된다고 했습니다. 그런데 이것은 '사람은 당나귀다'라는 명제 그 자체가 참이고, 우연히 그릇된 명제라고 말하는 바와 다르지 않습니다. 따라서 이성적인 것과 비이성적인 것은 우연히 다를 뿐만 아니라 본질적으로 다르다는 것을 이해하십시오.

12. 다섯 번째 구분은 단순한 것과 복합적인 것의 구분입니다. 어떤 피조물이 단순하다고 말할 경우에 많은 오류가 있습니다. 왜냐하면 피조물이 단순하다면 피조물은 순수 현실태일 것인데 오직 하느님만이 순수

est Dei creaturae periculosum est. Minus ergo est periculosum dicere, quod Angelus sit compositus, etiam si verum non sit, quam quod sit simplex; quia hoc ego attribuo Angelo, nolens ei attribuere, quod est Dei, propter pietatem, quam habeo ad reverentiam Dei. Sed secundum veritatem sic videtur, quia dicit Boethius: Forma subiectum esse non potest: ergo Angelo nihil accideret tunc, nec laetitia nec tristitia.

13. Sexta divisio est in causam et causatum; et hic sunt multi errores. Quidam enim dicunt, mundum ab aeterno fuisse, In hoc conveniunt sapientes, quod non possit aliquid fieri de nihilo et sic ab aeterno; quia necesse est, quod sicut, quando res cedit in nihilum, esse desinit; sic, quando fit de nihilo, incipit esse. Sed aliqui videntur posuisse materiam ingenitam; et sic sequitur, quod Deus nihil facit: quia materiam non facit, quia ingenita; nec formam, quia aut fit de aliquo, aut de nihilo; non de materia, quia essentia formae non potest fieri de essentia materiae; nec de nihilo, ut supponunt, eo quod Deus nihil potest facere de nihilo. Sed absit, quod potentia Dei fulciatur fundamento materiae. —Haec igitur sunt fundamenta fidei, quae omnia examinat.

현실태이기 때문입니다. 하느님에게 속하는 것을 피조물에게 부가하는 것은 위험합니다. 그러므로 참이 아니라고 해도 천사는 단순하다고 말하는 것보다 합성체라고 말하는 것이 덜 위험합니다. 왜냐하면 하느님을 공경하는 신심으로 인해 나는 하느님께 속하는 것을 천사에게 투사하고 싶지 않기에 이렇게 '합성체'라는 말을 천사에게 투사합니다. 그러나 진리에 입각해서도 이렇게 [=천사가 합성체라고] 볼 수 있습니다. 왜냐하면 보에티우스가 "형상은 [거기에] 우유들이 덧붙는 기체가 아니다"라고 말하기 때문입니다.[18] 따라서 만약 천사가 단순하다면 천사에게 기쁨도 슬픔도 투사할 수 없을 것입니다.

13. 여섯 번째 구분은 원인과 원인으로 인해 야기된 것입니다. 그리고 여기에도 많은 오류가 있습니다. 몇몇 사람은 세상이 태초로부터 있었다고 말하기 때문입니다. 현자들은 무에서 아무것도 나올 수 없으며, 그래서 세상이 영원으로부터 존재했다고 할 수 없다는 점에서 일치합니다. 왜냐하면 사물이 무로 치달으면 그것이 존재하길 멈추는 것이 필연적이듯, 사물이 무로부터 창조되면 그것이 존재하기 시작함은 필연적이기 때문입니다. 그런데 어떤 사람들은 창조되지 않은 질료를 가정한 것 같습니다. 하느님께서 아무것도 만들지 않았다는 결론은 이런 식으로 도출됩니다. 왜냐하면 질료는 창조되지 않은 것이기에 하느님이 질료를 만들지 않았고, 또한 형상도 어떤 것으로부터 되거나 또는 무로부터 되기 때문에 하느님은 형상을 생산하지 않았습니다. 형상의 본질은 질료의 본질로부터 만들어질 수 없기 때문에 형상은 질료로부터 만들어지지 않습니다. 또한 그들은 하느님께서 무로부터 어떤 것도 만들 수 없기 때문에 어떤 것도 무로부터 생산되지 않는다고 가정합니다. 그러나 하느님의 권능이 질료라는 토대에 기반하고 있다는 생각은 적절치 않습니다. — 지금까지 살펴본 구분이 모든 것을 검증하는 신앙의 기반이 됩니다.

---

18 Boethius, *Libri de trinitate*, c.2 [PL 64, 1250].

14. Secunda irradiatio intelligentiae per naturam inditae est ad considerandas quantitatum proportiones manifestas; et istae sunt valde manifestae, quia offerunt se sensui; et libenter homo negotiatur circa ista, quia cadunt in imaginatione; et imaginatio est fortis in nobis, et ratio obscuratur: et ideo homo multum in his detinetur. Ista scientia certissima est, quia ad oculum patet. Unde omnes aliae scientiae praeter istam quasi sunt occultae.

15. Haec consideratio mathematica est circa sex: aut circa numeros in sua puritate, et sic est arithmetica; aut circa numeros, ut considerantur in sonis, et sic musica; aut in quantitate continua et circa proportiones dimensivas generaliter, et sic geometria; aut per additionem de linea visuali, et sic perspectiva; aut secundum quantitatem utramque et secundum discretiones numerales et substantiales, vel continuas et discretas, et sic astrologia, et illa est duplex: una de corporibus regulatis per motum, et sic astronomia; alia de influentia, et haec partim est secura et partim periculosa, et haec est astrologia. Periculosa est propter iudicia, quae sequuntur; et ab hac fluit geomantia, vel nigromantia et ceterae species divinationis.

16. Hae scientiae disponunt ad intelligentiam Scripturae,

14. 자연이 부여한 통찰의 두 번째 조명은 양의 분명한 비례에 관한 숙고에 향합니다. 그리고 이 비례는 자신을 감각에 맡기기 때문에 매우 분명합니다. 감각이 상상에 빠져들기 때문에 인간은 감각에 기꺼이 몰두합니다. 상상은 우리 안에서 강력해서 이성의 판단을 흐리게 합니다. 그러므로 인간은 많은 것을 이 안에 붙잡아 두고 있습니다. 이 학문은 눈앞에 드러나 있기 때문에 가장 확실합니다. 이런 이유로 이 학문 이외의 다른 학문은, 말하자면 은폐되어 있습니다.

15. 수학과 관련해 숙고할 수 있는 학문에는 여섯 가지가 있습니다. 첫째, [우리의 생각이] 순수함과 관련할 때 수에 관한 한 [학문은] 산수입니다. 또는 소리와 관련 있는 수에 관한 한 [학문은] 음악입니다. 그리고 일반적으로 부피의 비례에 대한 지속적인 양과 관계있는 [학문은] 기하학입니다. 또는 [인간이] 볼 수 있는 선에 관한 한 [학문은] 시각학입니다. 또는 각각의 양에 따라서 또한 수적인 구분과 본질적인 구분에 따라서, 그리고 지속적인 또한 구별된 구분에 관한 한 [학문은] 천체학입니다. 천체학에는 두 가지가 있는데 하나는 운동에 의해 규정된 천체에 대한 학문으로 천문학이 있습니다. 다른 하나는 영향과 관계있는 것으로 부분적으로는 안전하고, 부분적으로는 위험한 점성술입니다. 점성술은 결과로 나오는 판단으로 인해 위험합니다. 그리고 점성술로부터 흙점(占) 또는 마술[19]이 유래하고, 그 밖에 다른 종류의 점술이 유래합니다.

16. 완전한 수로부터, 감소와 증가로부터 분명하듯이 이들 학문은 성

---

19 'nigromantia'는 마술 형태와 관계있다. 이 낱말은 후기 라틴어인 'necromantia'에서 채택되었는데, 이 낱말은 고대 그리스어 'νεκρομαντεία'에서 차용되었다. 'νεκρομαντεία'는 고대 그리스어인 'νεκρός'(시체)와 'μαντεία'(예언)의 합성어이다. 이 합성된 형태는 3세기 알렉산드리아의 오리게네스(Origenes)가 처음으로 사용하였다. 고대 그리스어로는 'ἡ νέκυια'였다. 이 낱말은 오디세우스가 저승을 방문한 일화에서 유래한다. 그리스어 'νεκυομαντεία'는 라틴어 'necyomantia'로 변했고, 17세기 영어에서 'necyomancy'로 변했다.

ut patet de numeris perfectis, diminuto, excrescente; ut patet de perfectione senarii, qui de se perfectus est. Non enim, ut dicit Augustinus, senarius ideo perfectus est, quia in eo numero Deus fecit mundum; sed ideo fecit mundum in illo numero, quia perfectus est. Similiter de duobus numeris cubicis primis, scilicet 8 et 27, quia bis duo bis sunt 8; ter tria ter sunt 27, qui ligari non possunt minus quam per duos numeros, scilicet 12 et 18. Sic enim se habent 12 ad 18, ut 18 ad 27, quia in sexquialtera proportione, quae tenet totum et eius medietatem. —Similiter patet de triangulo, quomodo ducit in cognitionem Trinitatis. Certum est enim, quod quantus est Filius, tantus est Pater; et quantus est Pater, tantus est Spiritus sanctus et Filius. Et inde triangulum considera, quod quilibet angulus totam superficiem includit. —Similiter in perspectiva de radio directo, qui fortior est, sicut, si tu proiicias lapidem directe deorsum, magnum sonum facit; si autem ex obliquo, non tantum. Reflexus radius est a corpore terso et polito virtute tersionis, et ibi accipit speciem; radius fractus est in introitu alterius perspicui. [Et omnes hae sex considerationes de quantitate non sunt nimis appretiandae, quia sunt merces Aegypti, nec penitus abiciendae, quia licet spoliare Aegyptios et ditare Hebraeos. Sed heu! multa hodie succrescunt

서를 이해하기 위해 배치됩니다. 그 자체로 완전한 여섯 개의 완성으로 부터 분명하듯이 말입니다. 아우구스티누스가 말하듯이 여섯이란 수는 하느님께서 6일 동안 세상을 만드셨기 때문에 완전한 것이 아니라, 그 수가 완전하기 때문에 하느님께서 6일 동안 세상을 만드셨습니다.[20] 첫 번째 정육면체의 두 수인 8과 27의 경우도 이와 유사합니다. 왜냐하면 2의 3승은 8이고 3의 3승은 27이기 때문입니다. 이 수들은 두 수에 의해서, 즉 12와 18에 의해서 결합될 수 있는 것보다 덜 결합될 수 없습니다. 왜냐하면 27에 대해서 18이 관계하고 있듯이 18에 대해서 12가 관계하고 있기 때문입니다. 이들은 1.5배[21]의 비율로 있으며, 이 비율은 전체와 전체의 중간을 유지하고 있습니다. ― 삼위일체의 인식으로 이끄는 방식인 삼각형에 대해서도 이와 비슷하게 분명합니다. 사실 아들이 있는 만큼 아버지가 있고, 아버지가 있는 만큼 성령과 아들이 있다는 것이 확실하기 때문입니다. 그러므로 각각의 각이 표면 전체를 포함하고 있는 삼각형을 생각해 보십시오. ― 비슷하게 그대가 돌을 수직직하시킨다면 큰 소리가 나고, 만약 돌이 비스듬한 곳에서 떨어진다면 그렇지 않듯이, 더 강한 직접적인 광선에 관한 조망에서도 그렇습니다. 반사된 광선은 연마되어 깨끗해지고 잘 닦인 물체에서 나오며 그곳에서 외형을 취합니다. 굴절된 광선은 명료한 어떤 것이 들어설 때 있습니다.[22] [양에 대한 이 여섯 가지 생각은 모두 지나치게 평가되어서는 안 됩니다. 왜냐하면 이것들은 이집트인들이 받을 보수이기 때문입니다. 그렇다고 이것들

---

20 Augustinus, *De genesi ad litteram*, IV, c.7, n.14 [PL 34, 301]; Bonaventura, *I Sent.*, d.2, q.4 이하 참조.

21 그리스어 'ἡμιόλιος'에서 유래했는데, 3:2의 비율을 가리킨다. 동의어로 세스퀴알테라(sesquialtera) 또는 섹스퀴알테라(sexquialtera)가 있다. 중세 서유럽의 음악 이론에서 다음의 뜻으로 사용되었다. 1) 완전 5도. 현 길이의 비율 3:2에 의해 이 음정을 얻을 수 있다는 데서 나온 이름. 2) 15~16세기의 쉼표 정량 기본법에 있어 비율의 일종으로서 음가(音價) ― 또는 시가(時價) ― 의 비율에 적용되었다.

22 세 광선에는 세 개의 사랑이 상응한다. 이들은 하느님의 사랑, 유용한 사랑, 그리고 친구의 사랑이다.

studia adulterina, dum plurimi, qui deberent utiles esse Ecclesiae, relicto principali studio sacrae Scripturae, quae est domina omnium scientiarum, succensi flamma pernitiosae curiositatis, scientiis iis aegyptiis philosophicis ancillulis Scripturae canonicae, insistunt et, quod magis est despicabile, ad meretricales scientias, videlicet inhonestas, divertunt; et quod maxime reprobum videtur, quandoque hoc faciunt qui ex professione sui status et Ordinis principaliter sacrae Scripturae sunt et debent esse mariti: ex quorum coniugio nascitur Esau pilosus, stirps nefanda ventrem matris Ecclesiae concutiens, venaticus, in habitatione divisus.

In tantum aliqui nostri temporis in iis profecerunt ut, erecta cervice contra veritatem Scripturae, in iacturam matris Ecclesiae dicerent et scriberent mundum aeternum, animam omnium unam, non esse tutum votum paupertatis et castitatis, non esse peccatum fornicari, et plurima deteriora, quae non sunt digna dici. Et forsan, nisi Dominus Spiritu oris sui per Sedem Romanam aliquos percussisset imponendo silentium huiusmodi latratibus, in clamore crucifixionis Christi praevaluissent, adiunctis sibi vocibus plebium quas concitarunt. Sed nondum venit hora matris Ecclesiae, cum qua se Christus permansurum promisit usque ad consummationem saeculi, Matth. ultimo, 20. Religio autem est Ecclesiae filia specialis.]

17. Tertia irradiatio intelligentiae per naturam inditae est ad investigandum naturarum permixtas proprietates, scilicet partim occultas et partim manifestas. Philosophus enim considerat

이 온전히 내동댕이쳐지면 안 됩니다. 왜냐하면 이집트인들을 약탈하고 헤브라이인들을 부유하게 하는 것이 허락되었기 때문입니다. 아이고, 불쌍한지고! 오늘날 많은 불순한 열정이 생겼습니다. 반면 교회에 유익이 될 대다수 사람들은 모든 앎의 주인인 성경에 대한 최초의 열정을 버려둔 채, 빛나는 불꽃으로 파멸을 가져오는 호기심에 불이 붙여져 규범적인 성경의 하녀인 저 이집트 철학의 앎에 몰두하는데, 창녀의 학문, 즉 품위 없는 학문으로 떠나는 것은 더 경멸적입니다. 자신의 신분과 교단의 소명으로부터 본래적으로 성경에 속하는, 그리고 결혼을 해야만 했던 사람들이 이렇게 행동할 때 가장 배척당합니다. 이들의 결혼에서 어머니인 교회의 자궁을 뒤흔든 사악한 후손인, 사냥꾼이고, 주거가 일정치 않았던 털이 많은 에사오가 태어났습니다.

우리의 이런 시대에 몇몇 사람은 여기에서 더 진전하여 성경의 진리에 반대해 목을 세운 채 어머니인 교회의 희생을 말하고, 영원한 세상, 모든 사람의 하나의 영혼이 가난과 순결의 든든한 맹세가 아니며 간음은 죄가 아니라고 합니다. 그리고 언급될 가치가 없는 더 나쁜 많은 것들을 말합니다. 아마 만약 그렇게 악다구니를 쓰는 사람들에게 주님께서 당신의 입의 숨결로 침묵을 명하고, 또 교황이 몇몇 사람을 죽이지 않았다면 그들을 선동하는 군중의 목소리와 합쳐져서 그리스도의 십자가 처형 때 지른 그들의 고함은 더 컸을 것입니다. 그러나 그리스도께서 「마태오복음서」의 마지막 장의 제20절에서 세상의 종말까지 머물러 있겠다고 약속한 어머니인 그 교회의 시간은 아직 오지 않았습니다. 종교는 교회의 특별한 자손입니다.]

17. 자연의 혼재된 특성을 탐구하기 위한 것이 자연이 주입한 통찰의 셋째 조명입니다. 다시 말해서 한편으로는 은폐되어 있고 또 한편으로는 명백한 특징을 탐구하기 위한 것입니다. 사실 철학자[23]는 모든 것을 운동

---

23 아리스토텔레스를 말한다.

omnia per motum; considerat enim de motu, de principiis motus et causis, ut locus et tempus; considerat autem naturas corporum caelestium, sive corpora aetheralia, meteoricalia; elementaria, vegetabilia, sensibilia, rationabilia. Caelestia, in libro de Caelo et mundo, ubi reducit omnem motum ad motum perfectum, scilicet localem; iste autem localis est triplex: aut circa medium, ubi non est contrarietas, et sic circularis; aut a medio, et sic est levium motus; aut ad medium, et sic motus gravium, sive motus rectus. Meteorica, ut in libro Meteororum, ubi dicit de impressionibus et mineralibus. —Si de elementaribus, sic in libro de Generatione et corruptione. Si de vegetabilibus, sic in libro de Plantis, ubi sunt mirabiles considerationes. —Si autem de sensibilibus, sic in libro de Animalibus, quem totum non habemus; aut de rationalibus, ut in libro de Anima cum suis appendicibus, scilicet de Sensu et sensato, et de Memoria et reminiscentia, de Spiritu et anima, de Somno et vigilia, de Morte et vita.

18. Secundus radius veritatis informat ad considerationem locutionum, argumentationum, persuasionum rationalium, ut homo habeat artem per eum ad locutiones congrue indicantes mentis conceptus, ad argumentationes trahentes omnis mentis assensus, ad persuasiones inclinantes mentis affectus. Ratio enim cogitat facere quidquid in se est in alio, et quidquid est in alio facere in se; hoc

을 통해 고찰합니다. 예를 들면 장소와 시간의 운동에 대해서, 운동의 원리와 원인에 대해서 숙고합니다.[24] 그는 또한 천체의 자연 본성을 숙고합니다. 또는 공기와 같은 물체를, 유성(流星)을 숙고합니다. 원소를, 식물적인 것, 감각적인 것, 이성적인 것을 숙고합니다. ― 그는 『천체론』에서 천체를 고찰하는데, 이곳에서 그는 모든 운동을 완전한 운동으로, 즉 장소의 운동으로 환원합니다.[25] 장소의 운동은 [다음과 같이] 세 가지입니다. 첫 번째 운동은 중심에 대한 것인데, 이곳에는 반대성이 없고, 원형의 운동이 있습니다. 또는 중심에서 멀어지는 운동이 있는데 이는 가벼운 것의 운동입니다. 세 번째 운동은 중심을 향한 운동인데, 이것은 무거운 것의 운동, 또는 직선 운동입니다. 패인 자국과 광물질을 논하는 『기상학』에서 그는 기상을 다룹니다. ― 원소에 대해서는 『생성 · 소멸론』에서, 식물에 대해서는 『식물론』에서 다루는데, 책의 내용은 경이롭습니다. ― 감각을 지닌 생명체는 『동물론』에서 언급되는데, 이 책은 온전하게 전해지지 않습니다. 이성적인 것에 대해서는 『영혼론』에서 언급되는데, 이 책의 부록은 『감각과 감각 대상에 관하여』, 『기억과 상기에 관하여』, 『정신과 영혼에 관하여』, 『잠과 깸에 관하여』, 『삶과 죽음에 관하여』입니다.

18. 진리의 두 번째 조명은 말함에 대한, 논증에 대한, 이성적인 설득에 대한 숙고를 준비합니다. 그래서 인간은 이 조명을 통해 말하는 기술, 정신의 개념을 적합하게 지시하는 기술을 갖게 될 것이고, 또한 모든 정신의 동의를 이끌어내는 논증의 기술과 정신의 감정에 향하는 설득의 기술을 갖게 될 것입니다. 사실 이성은 자신 안에 있는 것이 무엇이든 다른 사람에게 하려고 하고, 다른 사람에게 있는 것은 무엇이든 자기 것으로 만들려고 합니다. 그런데 이런 일은 강연을 통해서만 생깁니다. 그러

---

24 Aristoteles, *Physica*, III, c.1-3.
25 Aristoteles, *De caelo*, I, c.2-3.

autem non fit nisi per sermonem. Quidquid ergo est in anima aut est per modum conceptus, aut per modum assensus, aut per modum affectus. Ad indicandum conceptum est grammatica; ad inducendum assensum est logica; ad inclinandum affectum rhetorica.

19. Secundum grammaticum omnis pars orationis significat mentis conceptum. Habet enim partem significantem substantiam et qualitatem, et sic est nomen; habet partem significantem modum, et sic est verbum, quod dicit inclinationes, scilicet indicativus, ut in rationali; imperativus, ut in irascibili; optativus, ut in concupiscibili; subiunctivus, partem utramque; infinitivus, quasi materialis. Et ad has differentias omnes reducuntur secundum Priscianum. —Similiter determinat de littera, syllaba, dictione, oratione. Quia enim varii sunt modi significandi et terminandi secundum diversas linguas — ut terminatum in a, feminini generis ut in pluribus, in us, masculini generis, et sic de aliis — de littera determinat; sed ad hanc non potest descendere nisi per syllabam. — Ultimo considerat de connexione dictionum. Determinat similiter de prosodia et dyasynthetica. Exprimit autem omnia per octo partes orationis. Ad litteram

므로 영혼 안에 있는 것은 그것이 무엇이든 개념의 방식으로 있거나, 또는 동의의 방식으로 또는 감정의 방식으로 있습니다. 문법은 개념을 지시하기 위해 있고, 논리학은 동의를 유도하기 위한 것이고, 수사학은 감정을 움직이기 위한 것입니다.

19. 문법에 따르면 화법의 각 부분은 정신의 개념을 표시합니다. 화법은 실체와 질을 지시하는 부분을 갖고 있고, 명사가 이렇습니다. 화법에는 또한 방식을 지시하는 부분이 있는데, 이것이 동사입니다. 동사는 어미변화를 합니다. 즉 이성적일 때는 직설법이, 분노할 때는 명령법이, 욕구와 관계해서는 희구법이, 이 두 가지 법(=명령법과 희구법) 각각에서는 접속법이, 그리고 말하자면 기본 형태와 같은 것에는 동사의 원형이 적절합니다. 프리스키아누스[26]에 따르면, 모든 어미변화는 이런 화법의 차이로 환원됩니다.[27] — 그는 이와 비슷하게 글자, 철자, 진술 방식, 화법에 대해 규정했습니다. 왜냐하면 지시 방식과 규정 방식은 언어에 따라 서로 다르기 때문입니다. — 예를 들면 복수형에서와 같이 여성명사의 어미는 'a'로 끝나고,[28] 남성명사의 어미는 'us'이고 다른 데에서도 이와 비슷합니다. — 그는 글자에 대해 규정했습니다. 그러나 철자에 의해서가 아니라면 그는 글자에 이를 수 없습니다. — 마지막으로 그는 진술의 관계에 대해 숙고합니다. 이와 비슷하게 운율학과 문장론에 대해서 규정합니다. 그러나 그는 모든 것을 화법의 여덟 부분에 의해 표현합니다. 그는 철자로 글자를 만들고, 그다음 운율학과 문장론에 대해 말하고, 이런

---

26 카에사리엔시스 프리스키아누스(Caesariensis Priscianus, 491~518): 북아프리카에서 출생한 로마의 문법학자. 아나스타시우스 황제 치하(491~518) 때 콘스탄티노플(이스탄불)에서 문법을 가르쳤다. 대표적인 저서 『문법교육』(Institutiones grammaticae, 전 18권)은 라틴 문법서로, 인용이 풍부하여 중세에 높은 평가를 받은 보편화된 교과서였다.

27 Caesariensis Priscianus, Institutiones grammaticae, 2, 5.

28 그리스어와 라틴어에서 중성명사의 복수형 1, 4격은 'a'로 끝나고, 라틴어에서 여성명사 단수 1격은 거의 'a'로 끝난다.

ergo descendit per syllabam, sed postea de prosodia et metrica, et huiusmodi referuntur ad primum. Considerat similiter modos et accidentia, ut quod nominativus construatur cum verbo singularis numeri, ut non dicatur: homo currunt, quia ab una substantia non egreditur nisi actus unus; similiter, ut post verbum transitivum non ponatur nominativus, sed accusativus, qui dicit terminum, non principium actus, ut nominativus. —Unde grammatica a rebus naturam trahit, nec potest esse bonus grammaticus, nisi sciat res.

20. Alia directio est, quae illustrat ad argumentationes inducentes mentis assensum, quod fit per solidam argumentationem, ut, quaecumque uni et eidem sunt eadem, necessario inter se sunt eadem. Haec argumentatio habet formam generalem et specialem in materia necessaria, solida; et ideo est prima analysis et secunda analysis de syllogismo simpliciter. De syllogismo necessario, id est resolutorio in causam inferendi, ut in prima analysi, id est resolutione, et in secunda analysi, id est resolutione in causam inferendi et essendi. —Et quia semper non potest esse inductio per necessariam argumentationem, ideo inveniuntur loci et habitudo localis, quae procedit per probabilia, ut loci topici; et quia in his cadit deceptio, adduntur loci sophistici, ut sciat homo dissolvere. Unde dissolvens non est sophisticus, sed verus respondens. Et quia isti modi trahunt originem a natura rerum—ut patet: fumus est: ergo ignis fuit; locus ab effectu—ideo adduntur decem praedicamenta,

방식으로 이것은 최초의 것에로 환원됩니다. 그는 이와 비슷하게 동사의 법[29]과 우유성에 대해 숙고합니다. 예를 들면 1격(주격)이 단수일 때 동사도 단수입니다. 그래서 한 사람이 달린다(homo currunt)고 말할 수 없을 것입니다.[30] 왜냐하면 하나의 주어에는 하나의 행위만 상응하기 때문입니다. 이와 비슷하게 그는 타동사 다음에는 1격이 아닌 4격(목적격)이 놓인다고 합니다. 4격은 1격처럼 행위의 시작(주어)을 의미하지 않고 행위의 끝(목적)을 의미합니다. — 그러므로 문법은 사물에서 그 본성을 끄집어내고, 사물을 모른다면 그 사람은 훌륭한 문법가가 될 수 없습니다.

20. [조명은] 또한 정신의 동의를 유도하는 논증을 비춥니다. 이는 확고한 논증에 대해 생기는데, 예를 들면 하나이며 동일한 것은 그것이 무엇이든 그들 사이에서도 동일한 것이어야 합니다.[31] 이 논증은 필연적이고 확고한 주제에서 일반적인 형상과 특별한 형상을 갖고 있습니다. 이는 단순한 삼단논법의 첫 번째와 두 번째 분석입니다. 용해인 첫 번째 분석에서처럼, 다시 말해 결론의 원인으로 분석해 가는 필수적인 삼단논법이고 결론과 존재의 원인으로 분석해 가는 두 번째 분석인 필수적인 삼단논법입니다. — 그리고 필수적인 논증에 의해서 항상 [어떤 것이] 도입될 수 없으므로 개연적으로 앞서가는 장소와 장소의 상태가 개연적 장소가 됩니다. 이것에 기만이 있을 수 있으므로 궤변적인 장소가 더해지고, 이로써 인간은 분석하는 방법을 알게 됩니다. 분해하는 사람은 궤변론자가 아니라 참된 답변가입니다. — 이 방식은 '연기가 있다. 그러므로 불이 있었다'에서 분명하듯이 사물의 본성으로부터 근원을 끄집어내기 때문이고[32] 결과에서 [논리적인] 장소가 나옵니다. — 그러므로

---

29 화법은 직설법, 접속법, 희구법, 명령법, 부정법, 가정법이다.
30 이 문장에서 '사람'(homo)은 단수인데, '달린다'라는 동사(currunt)는 복수로 쓰였기 때문이다.
31 아리스토텔레스, 앞의 책, 1998, 제1권, 제7장 참조.
32 Augustinus, *De doctrina christiana*, II, c.1, n.4: "Fumo viso, ignem subesse

adduntur etiam enuntiationes.

21. Tertia irradiatio est, qua mens illustratur ad persuadendum vel inclinandum animum; hoc fit per rhetoricam. Unde rhetor oportet quod provideat civili utilitati, ubi potest esse periculum propter dissensionem animorum. Procedit autem secundum tria attributa et triplex genus causae, scilicet demonstrativum et deliberativum et iudiciale.

22. Demonstrativum personae, ut ad laudem, vel vituperium: ergo vel est laus quantum ad bona animae, quae sunt tria, scilicet virtus, scientia, veritas; vel est laus quantum ad corpus, scilicet pulchritudo, fortitudo etc.; vel de bonis fortunae, ut divitiae, parentela, patria.

23. Deliberativum est respectu rei faciendae, et tunc persuadetur, si adest securitas, utilitas, honestas; vel persuadetur non fieri, si sequitur damnum, periculum, inhonestas.

24. Genus iudiciale respondet rei factae, quae habet constitutionem, coniecturam, dubitationem legitimam. Iuridicialis constitutio est: Fecisti? Non feci; quae apud alios litis contestatio vocatur. Coniecturalis, cum aliquid adducitur ad probandum. Legitima dubitatio iuridicialis est descriptio iuridicialis, quando factum conceditur; sed defendit se, quod non sit reus, vel quia potuit

10개의 범주[33]가, 더욱이 술어가 부가됩니다.

21. 그 광선에 의해 영혼을 설득하기 위한, 또는 영혼에 호소하기 위한 정신을 비추는 것이 세 번째 광선입니다. 이것은 수사학에 의해서 생깁니다. 그러므로 연사는 의견 차이의 위험이 있을 수 있는 곳에서 공공의 이익을 배려해야 합니다. 그는 세 개의 속성과 원인의 세 가지 유, 즉 지시하는, 숙고하는, 그리고 판단하는 유에 따라 나아갑니다.

22. 칭찬하기 위해 또는 비난하기 위해 지시하는 유가 개인에게 주어집니다. 그러므로 영혼의 세 가지 선에 관한 한, 즉 덕·앎·진리에 관한 한 칭찬이 있습니다. 또는 몸에 관한 한, 즉 아름다움·용기 등에 관한 한 칭찬이 있습니다. 또는 재화·친족·조국처럼 운명의 선에 대한 칭찬이 있습니다.

23. 숙고하는 유는 만들어져야 하는 사물의 관점에 있고, 만약 안전, 유용성, 영예가 있다면 숙고가 납득됩니다. 또는 손해·위험·불명예가 뒤따른다면 이런 것이 생기지 않도록 설득되어야 합니다.

24. 판단의 유는 사태에 상응합니다. 사태에는 규정, 추측, 당연한 의심이 속합니다. '네가 그것을 했는가?', '나는 하지 않았다'가 사법적인 규정입니다.[34] 다른 사람들에게 이는 소송의 증인 채택이라고 지칭됩니다. 어떤 사람 또는 사물이 확인을 위해 소환될 때 추측이라고 지칭됩니다. 시비를 가리는 합법적인 의심은 행위가 인정될 때 법적인 판결입니다. 그러나 범인은 주인의 명령에 의해 [행위]할 수 있었거나 또는 해야

cognoscimus."
33 실체(οὐσια), 양(ποσον), 질(ποιόν), 관계(πρόσ τι), 장소(πού), 시간(ποτέ), 놓여 있음(κεῖσθαι), 소유(ἔχειν), 능동(ποιεῖν), 수동(πάσχειν)이 10개 범주이다.
34 Cicero, *Libri rhetorici*, I, c.11; c.8.

facere de mandato domini, vel quia debuit.

25. Ad hoc autem, quod sit potens orator, necesse est, ut
habeat exordium ad captandam benevolentiam non nimis prolixum,
non obscurum, non exquisitum; quod habeat narrationem, ut factum
narret; postea, ut negotium distinguat; et caveat multitudinem
partium. Postea partem suam confirmet per rationes; postea
adversarium confutet et rationes eius ostendat frivolas; postea
concludat. Item, necesse est, ut habeat inventionem, dispositionem,
elocutionem, memoriam et pronuntiationem.

만 했기 때문에 자기는 범인이 아니라고 스스로 변호합니다.

25. 능력 있는 연사가 되기 위해서 연사는 호감을 얻도록 연설의 서론을 너무 오래, 불분명하게, 구구절절이 늘어놓지 말아야 합니다. 그는 일어난 일을 말하기 위해서 말하고, 그 후에 경우를 구분하기 위해 말해야 합니다. 그는 다양한 개별적인 경우에 주의합니다. 그다음 논거를 통해 자기 입장을 증명하고, 그 후 반대자를 논박하고 반대자의 근거가 보잘것없다는 것을 증명합니다. 그런 다음 그는 결론을 내립니다. 또한 그가 창의적이고 소질 있고 말솜씨와 기억력이 좋고 목소리가 연설에 적합하며 몸짓과 손짓을 해가며 연설하는 것도 필요합니다.

Collatio V

De prima visione tractatio secunda,
 quae est de tertio radio sive de veritate morum,
et de sapientia contemplationis

1. Vidit Deus lucem, quod esset bona, et divisit lucem a tenebris etc. Dictum est, quod intellectualis lux est veritas, quae est radians super intelligentiam sive humanam, sive angelicam; quae inexstinguibiliter irradiat, quia non potest cogitari non esse. Irradiat autem aliquid tripliciter: ut veritas rerum, ut veritas vocum, ut veritas morum: ut veritas rerum est indivisio entis et esse, ut veritas vocum est adaequatio vocis et intellectus, ut veritas morum est rectitudo vivendi. Quod patet ex parte principii, quod irradiat; ex parte subiecti, quod irradiationem suscipit; ex parte obiecti, ad quod irradiat. In quantum haec lux est causa essendi, est lux magna; in quantum est ratio intelligendi, est lux clara; in quantum est ordo vivendi, est lux bona; vidit, inquit, Deus lucem, quod esset bona. —

첫째 날의 봄에 대한 두 번째 강연.
세 번째 광선 또는 도덕의 진리와 직관의 지혜에 대한 강연

1. "하느님께서 보시니 그 빛이 좋았다. 하느님께서는 빛과 어둠을 가르시어 빛을 낮이라 부르시고 어둠을 밤이라 부르셨다."[1] 이성적인 빛을 진리라고 했습니다.[2] 이 빛은 인간의 이성 위에서, 또는 천사의 이성 위에서 빛납니다. 존재하지 않는 것은 생각될 수 없기에 이 빛은 꺼지지 않고 빛납니다. 그런데 어떤 것은 세 가지로, 즉 사물의 진리처럼, 말함의 진리처럼, 도덕의 진리처럼 빛납니다. 어떤 것은 사물의 진리로서 존재자와 존재의 구분되지 않음입니다. 말함의 진리로서는 말과 이성의 일치이고, 도덕의 진리로서는 삶(=살아 있는 것)의 올바름입니다. 이는 비추는 근원의 편에서 또한 빛의 발산을 받아들이는 주체의 편에서, 또한 빛이 비추는 대상의 편에서 분명합니다. 이 빛이 존재의 원인이라는 점에서 이 빛은 위대하고, 이해의 근거라는 점에서 이 빛은 분명하며, 삶의 질서라는 점에서[3] 이 빛은 선합니다. 하느님께서 빛을 보시니 "좋았다"

---

1 「창세기」 1 : 4.
2 강연 4, 3 참조.

Ut lux magna irradiat ad comprehensionem substantiarum sive essentiarum, figurarum et naturarum mundialium, ut lux clara irradiat ad comprehensionem locutionum, argumentationum, persuasionum rationalium; ut lux bona irradiat super intelligentiam vel illustrat ad comprehensionem modestiarum, industriarum, iustitiarum: ad comprehensionem modestiarum quantum ad exercitationes consuetudinales; ad comprehensionem industriarum quantum ad speculationes intellectuales; ad comprehensionem iustitiarum quantum ad leges politicas. Primo habenda est modestia, secundo industria inquirenda, tertio exercenda iustitia. — Et hic ostenditur, praelatus qualis esse debet, scilicet perfectus in actione et contemplatione accipere debet leges. Ubi? In monte contemplationis cum Moyse, ut sit modestus et industrius, non bestialis, quia talis in montem ascendere non potest; bestia enim, quae tetigerit montem, lapidabitur.

2. Primo igitur irradiat sive illustrat ad comprehensionem quantum ad exercitationem consuetudinalium virtutum. Unde Philosophus ponit duodecim medietates; fortitudinem circa timores et audacias; temperantiam circa delectationes et tristitias; liberalitatem circa dona mediocria; magnificentiam circa dona magna; magnanimitatem circa honorum magnorum appetitum;

고 성서는 말합니다. ― 위대한 빛으로서 [빛은] 실체 또는 본질의, 형상의, 그리고 우주의 자연을 파악할 수 있도록 비춥니다. 그것은 분명한 빛으로서 말함을, 논증을, 그리고 이성적으로 설득함을 이해하도록 비춥니다. 선한 빛으로서 이 빛은 이성 위에서 빛나고 중용을, 연구를, 그리고 정의를 파악하도록 비춥니다.[4] 습관적인 덕의 이행에 관한 한 중용을 파악하기 위해서, 이성적인 사변에 관한 한 연구 대상을 파악하기 위해서, 공공의 법에 관한 한 정의를 파악하기 위해서 비춥니다. 첫째, 중용이 있어야 합니다. 그다음 연구 대상을 파악하기 위해 노력해야 합니다. 셋째, 이행되어야 함을 위한 정의가 있어야 합니다. ― 고위 성직자가 어떠해야 하는지가 여기에서 제시됩니다. 고위 성직자는 행위하고 직관할 때 율법을 완전하게 받아들여야 합니다. 그런데 어디에서 [받아들여야 합니까?] 모세와 함께 명상의 산에서 [받아들여야 합니다].[5] 그는 짐승과 달리 절도 있고 근면해야 합니다. 왜냐하면 짐승은 산 위에 오를 수 없기 때문입니다. 사실 산에 오르는 짐승은 돌로 죽임을 당합니다.[6]

2. 첫째, 빛은 습관적인 덕의 이행에 관한 한 이해를 위해 빛나거나 비춥니다. 철학자는 열두 개의 중용을 설정했습니다.[7] 두려움과 대담함과 관련이 있는 용기, 즐거움과 고통과 관련 있는 절제, 소박한 선물과 관련 있는 관대함, 큰 선물과 관련 있는 아량, 커다란 영예욕과 관련 있는 포

---

3 Bonaventura, *De scientia christi*, q.4, arg.24 : "Item, sicut Deus est causa essendi, ita est ratio intelligendi et ordo vivendi"; 아우구스티누스, 앞의 책, 2004, 제8권, 4 : "플라톤을 가까이서 추종하는 것을 기뻐했던 사람들, [……] 그 사람들은 신 안에서 존재의 원인, 인식의 명분과 삶의 질서를 발견할 수 있다고 이해하고 있었다."

4 이 마지막 전제에 의해 앞 강연의 주제들이 지시된다.

5 「탈출기」 19 : 3 이하; 24 : 12 이하.

6 「히브리인들에게 보낸 서간」 12 : 20 : "짐승이라도 산을 건드리면 돌에 맞아 죽을 것이다."; 「탈출기」 19 : 13 : "그런 자는 아무도 손을 대지 말고, 돌이나 활에 맞아 죽게 해야 한다. 짐승이든 사람이든 아무도 살아남지 못한다."

7 아리스토텔레스, 『니코마코스 윤리학』 제2권, 제7장.

philotimiam circa mediocrium; mansuetudinem circa iras; veritatem circa locutiones; eutrapeliam circa ludi delectationem; amicitiam et duo media passionum, scilicet verecundiam et nemesin, quae est nulli obesse et alicui prodesse. De his autem eligamus sex praecipuas, scilicet primo temperantiam, secundo munificentiam, tertio fortitudinem, quarto mansuetudinem, quinto benignitatem, sexto magnanimitatem.

3. Primo incipiendum a temperantia. Haec necessaria est in primis; non enim statim homo tentatur a timore mortis, sed statim, quando natus est, delectatione secundum gustum; unde puer appetit dulce secundum gustum et postea delectabile secundum tactum, quando magnus est. Hanc passionem contemporaneam nobis, quae incipit in pueris et terminatur in senibus, oportet primo domare; ista est concupiscentia, alia est cupiditas. Puer enim primo appetit manducare, postea pecuniam; unde mirabiliter delectatur in illa, et si puero offeras panem et denarium, accipit denarium et relinquit panem. Hoc inficit homines; concupiscunt enim habere et retinere. Appretiari haec ut felicissima malum est, aspernari ut exsecrabilia malum est.

4. Dicunt quidam: totaliter pauperes non tenent medium. Respondeo: immo vere tenent medium. Haec enim medietas non

부가 큼, 중간의 것과 관련 있는 명예욕, 분노와 관련 있는 온화함, 말함과 관련 있는 진리, 놀이의 즐거움과 관련 있는 재치와 민활함, 우정과 격정의 두 가지 중간인 부끄러움과 수치심을 설정했습니다. 이 중용은 어느 누구에게도 해가 되지 않고 누구에게나 유용할 것입니다. 이 중용에서부터 우리는 여섯 가지 중요한 것, 즉 첫째 절제, 둘째 관대함, 셋째 용기, 넷째 온유함, 다섯째 호의, 여섯째 아량을 선택했습니다.

3. 첫째, 절제에서 시작해 봅시다. 인간은 무엇보다도 절제할 줄 알아야 합니다. 사실 인간은 끊임없이 죽음의 공포[8]에 사로잡혀 있지는 않습니다. 그는 천성적으로, 미각에 따른 즐거움에 끊임없이 사로잡혀 있습니다. 그러므로 아이들은 달콤한 맛이 나는 것을 욕구하고, 그다음 어른이 되면 감각적으로 좋은 것을 원합니다. 어렸을 때 시작되고 노인이 되었을 때 끝나는 우리 삶의 동반자인 이 열정[9]을 먼저 억눌러야 합니다. 저 열정은 욕정이고, 다른 하나는 물욕입니다. 물론 어린아이는 먼저 먹으려고 하고, 그다음 돈을 원합니다. 그다음 놀랍게도 그 돈에 대해 기뻐합니다. 만약 그대가 어린아이에게 빵과 돈을 준다면, 아이는 돈을 갖고 빵을 남겨 놓을 것입니다. 소유하고, 점유하기를 원하는 것이 인간을 타락시킵니다. 돈을 갖는 것을 가장 행복한 것으로 추구하는 것이 악인데, 돈을 갖는 것이 저주스러운 일이라고 무시하는 것도 악입니다.

4. 몇몇 사람은 찢어지게 가난한 사람은 중용을 유지하기 힘들다고 말합니다. 나는 가난한 사람들이 중용을 더 신실하게 견지한다고 답합니

---

8 이것의 반대는 용기이다. 강연 5, 7 참조.
9 이는 'voluptas'를 의미한다. 'voluptas'에 여러 뜻이 있지만 『니코마코스 윤리학』에는 '즐거움'으로 번역되어 있다. "게다가 즐거움은 어린 시절부터 우리들 모두와 더불어 자라 왔다. 이런 까닭에 우리 삶 속에 스며든 이 감정을 떨어내는 것은 어려운 일이다." 『니코마코스 윤리학』 제2권, 제3장, 1105a 1 이하; 같은 책, 제4권, 제1장 참조. 이로부터 강연 5, 6이 예시된다. 절제에 관해서는 같은 책, 제3권, 제10~12장 참조.

est circa res, sed circa appetitum animae. Si enim appetis haec, ut sustenteris tuis vel alienis, medietatem tenes; sed si appretias, ut felicitas sit in eis, unum extremum est; si aspernaris ut profanum, alterum extremum est, sicut Manichaei profanum putant cum muliere iacere, sive cum uxore, sive cum alia. Similiter dicebant, quod nihil potest homo habere. Et dicit Augustinus, quod hoc non fuit praeceptum, licet Apostolis dixerit Dominus: Nihil tuleritis in via. Medium ergo est sustentari sive suis, sive alienis.

5. Et dicebat beatus Franciscus, quod pauper magis potest esse largus quam dives: quia dives, si dat quidquid habet, deficiet et confusus est; si vero non dat, cum habeat, licet vellet dare, si sibi non deficeret; voluntas bona est, sed non reputatur sibi pro facto, quia adhuc habet substantiam. Sed pauperi, qui nihil habet, si vellet dare pauperi, et nihil habet, quod det; et vellet aedificare hospitalia, non tamen habet unde; voluntas pro facto reputatur. —Quod autem dicunt, quod nimis pauperes non tenent medium; simile est illi quod dicebat quidam medicus Frederici, qui dicebat, quod ille qui

다.[10] 이 중용은 사물에 관한 것이 아니라 영혼의 욕구에 관한 것입니다. 만약 그대가 그대의 것 또는 다른 사람의 것을 보존하기 위해서 이 중용을 추구한다면, 그대는 중용을 지키는 겁니다. 그러나 그대가 그것들(=자신의 것과 다른 사람의 것)로 인해 행복해지기 위해서 자기 것으로 만드는 것은 한 측면이고, 그것을 옳지 않은 일이라고 무시하는 것은 또 다른 측면입니다. 마치 마니교도들이 자기 부인과 동침하는 것이든 다른 사람의 부인과 동침하는 것이든 불경스럽다고 생각하듯이 말입니다.[11] 이와 비슷하게 마니교도들은 인간은 아무것도 소유할 수 없다고 말합니다. 아우구스티누스는 주님께서 사도들에게 "길을 떠날 때에 아무것도 가져가지 마라"[12]고 말씀하셨다고 해도 이것이 계명은 아니었다고 말합니다.[13] 따라서 중용은 자기 것을 위해서든 또는 다른 사람의 것을 위해서든 유지되어야 합니다.

5. 프란체스코 성인은 가난한 사람들이 부자들보다 훨씬 더 관대할 수 있다고 말합니다.[14] 부자들은 자신들이 무엇을 갖고 있든 그것을 내놓게 된다면 약해지고 혼란스러워합니다. 그러나 그들이 자신에게 부족함이 없을 때 내놓길 원했다고 해도 실제로 내놓지 않는다면 의지는 선하지만 여전히 재산을 갖고 있기에 이런 의도는 사실 행위로 간주되지 않습니다. 그런데 아무것도 없는 가난한 사람은, 그가 가난한 사람에게 주고 싶어 해도, 줄 것이 없을 것입니다. 그가 병원을 세우길 원하지만, 그럼에도 아무것도 갖고 있지 않기에 이런 이유로 그의 의지는 행위로 간주될 것입니다. ── 그러나 너무 가난한 사람은 중용을 견지하기 어렵다고 말한 사람은 프리드리히 황제의 의사에 대해 말한 사람과 비슷합니

---

10 Bonaventura, *De perfectione evangelica*, q.2, art., 1, ad 6 [V, 132B] 참조.

11 이는 가슴의 봉인, 즉 남녀관계에서 금욕을 말한다.

12 「루카복음서」9:3.

13 Augustinus, *De moribus ecclesiae*, c.35, n.77ff.

14 Francisco, *Opuscula* III Oracul., 29.

abstinebat ab omni muliere, non erat virtuosus nec tenebat medium. Et ad hoc sequitur, quod si omnem mulierem cognoscere et nullam mulierem cognoscere extrema sunt: ergo medietatem omnium mulierum cognoscere medium est.

6. Haec cupiditas domari debet per munificentiam, quae comprehendit in se largitatem et magnificentiam. Iste est fons, qui aquas refundit; fons non retinet in se aquas. Secundum Philosophum difficile est ab hac perfecte curari, quia hoc valde delectabile est, quia reputat se homo magnum, et alii reputant. Si homo luxuriatur, dolet cerebrum; sed in divitiis homo delectatur, quia est ibi praesumtio et reputatio. — Unde haec cupiditas infecit Giezi, et leprosus factus est, quia cucurrit post Naaman; istud simoniaci hodie reputant magnam curialitatem. Venit Simon magus et dixit Petro: Accipias de pecunia; satis habeo; et da mihi, ut per impositionem manus possim dare Spiritum sanctum; sed Petrus non reputavit curialitatem nec habuit patientiam: Pecunia tua, inquit, tecum sit in perditionem.

다. 이 의사는 모든 여자를 멀리하는 사람은 덕스럽지도 않으며 중용을 지키지도 않는다고 말했습니다. 그런데 모든 여자와 동침한다는 것과 어떤 여자하고도 동침하지 않는다는 것이, 양극단이라는 결론이 이를 뒤따라 나옵니다. 그러므로 중용은 모든 여자의 반과 동침하는 것입니다.[15]

6. 물욕은 관대함에 의해 억제되어야 합니다. 관대함은 너그러움과 통이 큼을 포함합니다. 물욕은 물을 흘러넘치게 하는 수원(水源)인데, 이 수원은 메말랐습니다. 철학자는 이 물욕을 완전히 치유하는 것이 어렵다고 합니다.[16] 왜냐하면 이 물욕은 [인간을] 매우 즐겁게 해주기 때문이며, 인간은 자신을 위대하다고 간주하고 다른 사람들도 그를 그렇게 간주하기 때문입니다. 만약 누군가 방탕하게 산다면, 그는 정신에 고통을 느낍니다. 그런데 인간은 재물이 있으면 기뻐합니다. 재물은 과망(過望)을 만들고 계산하게 합니다. ─ 이런 물욕이 게하지를 병들게 했습니다.[17] 그가 나아만에게 달려갔기 때문에 그는 나병환자가 되었습니다.[18] 성직매매자는 지금 이것을 위대한 삶의 형태처럼 간주합니다. 마술사 시몬이 베드로에게 "돈을 가지시오. 제게는 돈이 충분합니다. 저에게도 그런 권능을 주시어 제가 안수하는 사람마다 성령을 받을 수 있게 해주십시오"[19]라고 했지만, 베드로는 이런 삶의 형태를 중요하게 간주하지 않았고 [이런 삶의 형태를 참아낼] 인내심도 없었습니다. 그는 시몬에게 "그대는 그 돈과 함께 망할 것이오"[20]라고 저주를 퍼부었습니다.

---

15 아리스토텔레스, 『니코마코스 윤리학』 제2권, 제6장, 1107a 25: "일반적으로 지나침과 모자람의 중용도 없고, 중용의 지나침이나 모자람도 없기 때문이다."
16 아리스토텔레스, 『니코마코스 윤리학』 제4권, 제1장, 1121b 15: "인색은 고칠 수도 없으며, 낭비보다 더 본성적으로 인간에게 깊이 뿌리박혀 있다."
17 「열왕기 하권」 5:20.
18 「열왕기 하권」 5:27 참조.
19 「사도행전」 8:19.
20 「사도행전」 8:20.

7. Tertia medietas est fortitudo, quae est circa timores et audacias. Haec est necessaria homini, ut non sit pusillanimis, vel temerarius, sed sustineat terribilia et etiam mori sit paratus. Aliqui enim cadunt in ignaviam et pusillanimitatem. Unde Iob: Nunquid fortitudo lapidum fortitudo mea, aut caro mea aenea est? Fortitudo enim in anima est, non in carne. Melior est patiens arrogante; et in Proverbiis: Melior est patiens viro forti, et qui dominatur animo suo, expugnatore urbium. Unde spiritualis homo multum debet cavere a moestitia.

8. Haec virtus facit animam nobilem; sed quia fortis aliquando dedignatur contra alios, ideo necessaria est mansuetudo, quae est contra irascibilitates et iracundias, non ut homo penitus non irascatur, sed ubi debet et quando debet. Unde debet habere et faciem hominis et faciem leonis. —Tamen aliquando putas hominem mansuetum, qui tacet, alio peccante; hoc non est mansuetudo. Audi

7. 세 번째 중용은 용기인데, 이것은 두려움과 대담함과 관계가 있습니다.[21] 용기는 인간에게 필수적입니다. 용기로 인해 인간은 소심해지지 않고 맹목적이 되지도 않으며 끔찍한 것을 견디고 또한 죽음에 대비합니다. 몇몇 사람은 비겁해지고 소심해집니다. 그러므로 욥은 "도대체 나의 용기가 바위의 힘이란 말인가? 아니면 내 살이 놋쇠란 말인가?"라고 합니다.[22] 사실 용기는 육체에 있지 않고 영혼에 있습니다. 참는 사람이 교만한 사람보다 더 낫습니다.[23] 「잠언」에서는 "분노에 더딘 이는 용사보다 낫고 자신을 다스리는 이는 성을 정복한 자보다 낫다"[24]라고 합니다. 따라서 정신적인 인간은 슬픔을 철저히 경계해야 합니다.

8. 이 힘(덕)은 영혼을 고상하게 만듭니다. 그런데 용기 있는 사람은 이따금 다른 사람들을 배척하기 때문에 그에게는 까칠함과 분노에 반대되는 온화함이 필수적입니다. 인간은 절대 화를 내지 않는 것이 아니라 [화를 내야] 하는 곳에서, 그리고 [화를 내야] 할 때만 화를 냅니다.[25] 따라서 인간은 인간의 얼굴과 사자의 얼굴을 갖고 있어야 합니다.[26] ― 그럼에도 그대는 이따금 다른 사람이 죄를 짓는 것을 알고도 침묵하는 사람을 온화한 사람이라고 간주하는데 이런 행동은 온화함이 아닙니다. 이제 예수님을 언급하는 것을 들어보시오. "예수님께서는 마음이 북받치고

---

21 아리스토텔레스, 『니코마코스 윤리학』 제3권, 제6장.
22 「욥기」 6:12.
23 「코헬렛」 7:9: "마음속으로 성급하게 화내지 마라. 화는 어리석은 자들의 품에 자리 잡는다."
24 「잠언」 16:32.
25 아리스토텔레스, 『니코마코스 윤리학』 제4권, 제5장, 특히 1125b 31; 1126b 5 이하: "그 중간의 품성 상태가 그에 따라 마땅히 화를 내야 할 사람들에게 마땅히 화를 내야 할 일에 대해 마땅히 그래야 할 방식으로, 그리고 이와 같은 모든 마땅함을 규정하는 관점에 따라 우리가 화를 내는 그 품성 상태는 칭찬할 만한 것이며, 이 방면의 지나침과 모자람은 비난받을 만한 것이다."
26 「에제키엘서」 1:10: "그들의 얼굴 형상은 사람의 얼굴인데, 넷이 저마다 오른쪽은 사자의 얼굴이고 왼쪽은 황소의 얼굴이었으며 독수리의 얼굴도 있었다."

igitur: dicitur de Iesu, quod turbavit semetipsum et fecit flagellum de funiculis. Unde in primo Machabaeorum: Vae mihi, ut quid natus sum videre mala gentis meae et sanctorum? Unde Christus est agnus et leo.

9. Quinta medietas est benignitas, sive nemesis, sive amicitia, quae nihil habet malignitatis, sed homo vult bonum alii homini; et oportet, quod hic ratio dirigatur. Etsi dicat Philosophus, quod oportet amicis benefacere, inimicis malefacere; Christus tamen dicit, ut omnis homo diligatur, et ut omni homini conferantur utilia, non nociva. Si ego te diligo et do tibi vel dignitatem vel libertatem, et tu male uteris ea, si dem tibi; benignus non sum, sed potius malignus; et ideo non dabo tibi, ut sim benignus. Habeo amicum,

산란해지셨다."²⁷ 그리고 예수님은 끈으로 채찍을 만들었습니다.²⁸ 「마카베오기 상권」에는 이렇게 쓰여 있습니다. "아! 슬프다. 나는 왜 태어나서 내 백성이 망하고 거룩한 도성이 망하는 것을 보아야 하는가?"²⁹ 따라서 그리스도는 어린양이시며 사자이십니다.³⁰

9. 다섯 번째 중용은 호의(친절), 또는 수치심,³¹ 또는 친애³²인데, 이것은 어떤 악한 것(악의)도 갖고 있지 않습니다. 인간은 다른 사람들에게 선을 원합니다. 그리고 이성이 여기에서 방향을 정해 나가야 합니다. 철학자는 친구들에게 호의를 베풀고, 적에게 해를 끼쳐야 한다고 말하지만³³ 그리스도는 모든 사람이 사랑받아야 하고³⁴ 우리는 모든 사람에게 손해를 입히는 일을 하면 안 되고 유용한 일을 해야 한다고 말씀하십니다. 내가 그대를 좋아하고, 그대에게 품위 또는 자유를 부여한다면, 그리고 내가 그대에게 그것들을 주었을 때 그대가 그것들을 남용한다면 이때 나는 친절한 사람이 아니라 오히려 나쁜 사람입니다. 따라서 내가 친절한 사람이기 위해서 그대에게 품위나 자유를 주지는 않을 것입니다. 나에게는 한 사람의 친구와 한 사람의 적이 있습니다. 친구가 어떤 것을 선택하거나 또는 품위를 남용해 자신과 국가에 손해를 끼치게 할 것

---

27 「요한복음서」 11 : 33.

28 「요한복음서」 2 : 15.

29 「마카베오기 상권」 2 : 7; 3 : 59: "우리 민족과 성소가 잘못되는 것을 보느니 차라리 싸우다가 죽는 것이 낫다."

30 「요한복음서」 1 : 29: "보라, 세상의 죄를 없애시는 하느님의 어린양이시다."; 「요한묵시록」 5 : 5-6: "보라, 유다 지파에서 난 사자, 곧 다윗의 뿌리가 승리하여 일곱 봉인을 뜯고 두루마리를 펼 수 있게 되었다." "나는 또 어좌와 네 생물과 원로들 사이에, 살해된 것처럼 보이는 어린양이 서 계신 것을 보았습니다."

31 본문의 라틴어 'nemesis'는 그리스어 'νέμεσις'(비난을 두려워함, 명예감, 수치심 등)의 라틴어 표기이다.

32 아리스토텔레스, 『니코마코스 윤리학』 제8~9권 참조.

33 아리스토텔레스, 앞의 책, 1998, 제2권, 제3장 [제7장]; 『니코마코스 윤리학』 제4권, 제5장 이하; 친애에 대해서는 제8권, 제9권 참조.

34 「마태오복음서」 5 : 43.

habeo inimicum; amicus male utetur aliqua praelatione vel dignitate ad damnum suum et reipublicae; si dem sibi, benignus non sum. Inimicus meus e contrario bene utetur; sibi dabo et faciam bonum meum de malo suo. Pater non blanditur filio nec dicit verbum dulce, ne superbiat. Mundus hodie ignorat istam benignitatem; unde totus mundus in maligno positus est, quia homo non diligit nisi bonum privatum.

10. Sexta medietas est magnanimitas, ut appretientur magna, et despiciantur vilia. Haec est humilitas, quae despicit apparentia magna et appretiat ea quae videntur esse parva, sunt tamen magna vere. Philosophus dicit, quod magnanimus est in appetitu honoris; quidquid dicat ipse, hoc non docet veritas, nisi cum honor est aeternorum. Sed econtra quidam appretiant unam vilissimam laudem alicuius, cum tamen veritas dicat in mente sibi, quod ipse est pessimus et nequam; et inde effert se!

11. Hae sex medietates sufficiunt; aliae enim quaedam innominatae sunt. Has autem Philosophus manifeste ponit, et in his veritati fidei ratio substernitur. Hae medietates removent vitia sive carnalia, sive spiritualia, ut temperantia gulam et luxuriam, munificentia avaritiam, cupiditatem, rapacitatem; fortitudo accidiam, ignaviam, pigritiam; mansuetudo iracundiam, odium, impatientiam;

을 알면서 내가 그에게 선택권이나 품위를 준다면, 나는 어진 사람이 아닙니다. 반대로 나의 적이 선택권이나 품위를 잘 사용할 것이라면 나는 적에게 그것을 줄 것이고 "그의 악으로부터 나의 선을 만들 것입니다."[35] 아버지는 그의 아들이 교만해지지 않도록 아들에게 아첨하지도 않고 부드럽게 말하지도 않습니다. 오늘날 세상은 이런 선을 알지 못하고 따라서 "온 세상은 악마의 지배 아래 놓여"[36] 있습니다. 왜냐하면 인간은 고유한 선 이외에는 [어떤 것도] 좋아하지 않기 때문입니다.

10. 여섯 번째 중용은 위대한 것을 획득하고 가치 없는 것을 경멸하는 대범함입니다. 겸손한 사람은 [허영에 찬] 뛰어난 외모를 무시하고, 하잘것없어 보이지만, 그럼에도 실제로 위대한 것을 자기 것으로 만듭니다. 철학자는 누군가 명예를 추구할 때 그가 대범하다고 말합니다.[37] 철학자가 말하는 것이 무엇이든, 명예가 영원한 것에 속할 때가 아니라면 진리는 아무것도 가르치지 않습니다. 그런데 이와 반대로 몇몇 사람은 아무 가치 없는 누군가의 칭찬을 원합니다. 진리가 그 칭찬이 가장 나쁘며, 쓸모없다고 마음속에서 속삭인다고 해도 말입니다. 칭찬 때문에 그는 우쭐해집니다.

11. 이 여섯 개의 중용으로 충분합니다. 사실 다른 것은 지칭되지 않았습니다.[38] 그러나 철학자는 이것을 분명하게 설정하며, 이 중용에서 이성은 신앙의 진리에 복종합니다. 이런 중용은 육체적인 악덕 또는 정신적인 악덕을 제거합니다. 그래서 절제는 탐식과 사치를, 관대함은 인색함과 탐욕과 착취를, 용기는 태만과 비겁함과 게으름을 없애고 온화함은

---

35 「로마 신자들에게 보낸 서간」 12 : 21 : "Noli vinci a malo, sed vince in bono malum" (악에 굴복당하지 말고 선으로 악을 굴복시킬 것입니다).
36 「요한의 첫째 서간」 5 : 19.
37 아리스토텔레스, 『니코마코스 윤리학』 제4권, 제3장; 제3권, 제6장; 제4권 참조.
38 강연 5, 2 참조.

benignitas invidiam; magnanimitas superbiam, arrogantiam, vanitatem, iactantiam.

12. Secundus radius veritatis illustrat ad comprehensionem industriarum secundum speculationes intellectuales. Hae sunt quinque: scientia, ars, prudentia, sapientia, intelligentia. — Speculatio autem aut est consistens in se, aut transit in affectum et effectum. Primus modus non pertinet ad moralem, sed magis logici est; secundus autem spectat, quia virtuosus; et ideo, quia faciliter speculativus fit practicus, facile ex speculativo fit virtuosus.

13. Notitia igitur transiens in affectum est sapientia, quae est cognitio causarum altissimarum et per causas altissimas. —Notitia autem transiens in effectum extrinsecum est ars; quae est habitus cum ratione factivus, et hic iungitur notitia cum faciente, praevia tamen affectione. Medium inter haec est electio, quae iungitur affectui et ordinatur ad opus. Quod enim quis eligit amat et eligit ad opus; et haec est prudentia, quae est media inter sapientiam et artem. Intelligentia autem est in ascendendo a prudentia ad sapientiam, quae est cognitio principiorum et regularum certarum. —Necesse est similiter descendere ad artem per scientiam. Chirurgus, nisi habeat regulam medici, interficit hominem, ut si incidat eum qui est dispositus ad febrem. —Dicebat etiam de quodam mathematico, qui

분노와 미움과 성급함을 없애고 호의는 질투를, 포부가 큼은 교만함과 건방짐, 또한 허영과 자만심을 없앴습니다.

12. 진리의 두 번째 광채는 이성적인 사변에 따라 연구(근면)를 이해하기 위해 비춥니다. 이 사변은 다섯 가지, 즉 앎, 기술, 실천적 지혜(사려), 지혜 그리고 통찰입니다.[39] — 사변은 그 자체로 있거나 또는 감정과 결과로 변합니다. 첫 번째 방식(=사변이 그 자체로 있는 것)은 도덕적인 것과 관계없고 오히려 논리적인 것에 속합니다. 그런데 두 번째 방식(=사변이 감정과 결과로 변하는 것)은 유덕한 것이기에 숙고됩니다. 따라서 사변적인 것은 쉽사리 실천적이기 때문에 사변적인 사람으로부터 덕스러운 사람이 되는 일은 용이합니다.

13. 감정으로 변하는 앎은 지혜인데, 지혜는 최고의 원인에 대한 인식이며 최고의 원인을 통한 인식입니다.[40] — 그런데 외적인 결과로 변하는 앎은 기술입니다. 이 기술은 이성과 함께 작용하는 성향을 가지며, 여기에서 앎은 선행하는 감정과 결합되어 있음에도 제작자와 결합되어 있습니다. 이들의 중간은 선택인데, 선택은 감정과 결합되어 있고, 행위를 향해 배열되어 있습니다. 사실 누군가는 그가 선택하는 것을 사랑하며 행위하기 위해 선택하고, 이는 지혜와 기술의 중간에 있는 실천적 지혜입니다. 실천적 지혜로부터 지혜로 상승할 때 통찰이 있는데 통찰은 근원에 대한, 그리고 확실한 규정에 대한 인식입니다. — 이와 비슷하게 앎(지식)을 거쳐 기술로 내려가는 것이 필수적입니다. 만약 외과 의사가 예컨대 열이 있는 사람의 신체의 한 부분을 자를 정도로 의학에 대해 무지하다면 그는 사람을 죽일 것입니다. — 그(=보나벤투라)는 또한 가장 훌

---

39 이에 대해서는 아리스토텔레스가 『니코마코스 윤리학』 제6권에서 상술한다.

40 아리스토텔레스, 앞의 책, 2017, 제1권, 제1장 이하; 『니코마코스 윤리학』 제6권, 제7장; Bonaventura, *De perfectione evangelica*, q.1, conclusio : "sapientia est cognitio causarum altissimarum et primarum."

faciebat campanas optimas, et illas faciebat secundum proportiones musicales; tamen istas habuerat a quodam musico, qui dederat sibi formam et longitudinis et spissitudinis et martellum proportionatum ad pulsandum. —Nec est intelligendum, propter hoc quod dicitur, quod virtutes quaedam sunt intellectuales, quaedam consuetudinariae, quod propter hoc virtutes sint in parte aliqua alia nisi in rationali, quia essentia omnis virtutis est in rationali; sed quaedam sunt in rationali secundum se et secundum quod est speculatrix; quaedam autem, secundum quod est exterioris hominis gubernatrix.

14. Tertius radius veritatis illustrat ad morales iustitias secundum dictamen legum politicarum. Hic non debeo loqui sicut theologus nec sicut iurista, sed sicut philosophus loquitur. Haec comprehensio est circa quatuor. Nullus autem philosophorum dedit hanc, sed si fuerit collecta ex multis, aliquid proveniet. —Attenditur autem quantum ad ritum colendi, quantum ad formam convivendi, quantum ad normam praesidendi, quantum ad censuram iudicandi. Ad censuram iudicandi non pervenitur nisi per normam praesidendi; nec ad normam praesidendi nisi per formam convivendi; nec ad istam nisi per primam.

15. Omnes veri philosophi unum Deum coluerunt. Unde etiam Socrates, quia prohibebat, sacrificium fieri Apollini, interfectus fuit, cum coleret unum Deum. Verum est, quod Plato suasit sibi

룽한 종(鐘)을 만드는 그리고 음악적인 비율에 따라 종을 만드는 한 수학
자에 대해서 말했습니다. 그럼에도 수학자는 이 비율을 어떤 음악가로부
터 받습니다. 이 음악가는 수학자에게 [종의] 형상을 그리고 길이 및 밀
도와 또한 당목(撞木)[41]에 상응하는 비례를 [알려] 주었습니다. — 몇몇
덕은 지성적인 덕이고 몇몇 덕은 습관의 덕이라고[42] 언급하였는데, 이런
이유로 [우리는] 덕이 이성적인 영역에 있지 않고 어떤 다른 부분에 있
다고 이해하면 안 됩니다. 왜냐하면 모든 덕의 본질이 이성적인 영역에
있기 때문입니다. 그러나 몇몇 덕은 그 자체로 이성적인 것에 있고, 이것
에 따라 사변가가 있습니다. 그러나 몇몇 덕은 인간 외부에 있는 지배자
입니다.

14. 진리의 세 번째 광채는 공공의 법의 명령에 따른 도덕적인 정의를
비춥니다. 여기에서 나는 신학자나 법학자처럼 말하면 안 되고 [그래서]
철학자처럼 말합니다. 이런 이해는 네 가지에 관해 있습니다. 그런데 철
학자 중 어느 누구도 이런 이해를 제시하지 않았고 많은 것들로부터 간
추려져서 어떤 것이 생깁니다. — 우리는 경배의 전례에, 공존의 형태에,
통치의 규범에, 판단하는 사람의 판정에 관한 한 주목합니다. — 통치의
규범에 의해서만 판정에 이르고, 공존의 형태에 의해서만 통치의 규범에
이르는데, 첫 번째 규범에 의해서만 공존의 형태에 이릅니다.[43]

15. 모든 참된 철학자는 한 분 하느님을 공경했습니다. 소크라테스는
한 분 하느님을 공경해서 아폴론 신에 대한 제물을 금지했기 때문에 죽
임을 당했습니다. 플라톤은 사실 그에게 도피하라고 설득했습니다. 이에

---

41 범종(梵鐘)을 치는 나무 막대. '종망치'라고 할 수도 있다.
42 아리스토텔레스, 『니코마코스 윤리학』 제1권, 제13장; 제2권, 제1장; 제6권, 제1장
    참조.
43 즉 "경배의 전례에 의해서가 아니라면 공존의 형태에 도달하지 않습니다."

fugam. Absit, inquit Socrates, ut negem veritatem, quam asserui; et ideo Plato non interfuit morti eius, erubescens, quod suasisset sibi fugam. Cultus Dei pietas est fidei. Unde dicit Tullius, quod pietas consistit in cultu deorum. Non placet, quod dicit deorum. Scriptura nunquam vocat Angelos deos, ne venerentur sicut dii, sed homines dicuntur dii: Deus stetit in synagoga deorum, id est hominum, non Angelorum. Cultus autem Dei consistit in laude et sacrificio.

16. Quomodo autem sacrificium introductum sit, videtur, quod per fidem Abel obtulit sacrificium et Noe, de quo dicitur: Odoratus est Dominus odorem suavitatis. Et significabant haec sacrificia sacrificium Christi, quod in cruce fecit; et ideo dicitur

소크라테스는 "내가 고백한 진리를 부인하는 것은 적합하지 않다"라고 했습니다. 그래서 그에게 도피하라고 설득한 것을 부끄럽게 여긴 플라톤은 그가 사약을 마실 때 곁에 있지 않았습니다. 하느님을 경배함은 신앙의 신성함입니다. 그러므로 툴리우스[44]는 신성함은 신에 대한 경배라고 말합니다.[45] 그가 신에게 속한다고 말한 것은 마음에 들지 않습니다. 성경은 천사를 결코 신이라고 칭하지 않으며, 하느님처럼 존경하지도 않고, 오히려 사람들이 신이라고 칭해집니다. "하느님께서 신의 회당에서 일어서셨다."[46] 즉 천사들의 회당이 아니라, 사람들의 회당에서 일어섰다고 합니다. 하느님에 대한 숭배는 찬미와 희생(제사)에 있습니다.

16. 그런데 희생이 어떻게 이루어지는지는 아벨이 믿음으로 가득 차서 제물을 바친 일에서[47] 또한 하느님께서 그의 향내를 맡으셨다고 언급되는 노아가 제물을 바쳤을 때 드러납니다.[48] 그리고 이런 희생제물은 십자가에서 이루어진 그리스도의 희생제물을 시사(示唆)합니다. 따라서 하느님은 독생 성자의 죽음에 의해 화해하셨기 때문에 향기를 맡으신다고

---

44 키케로를 만한다. 마르쿠스 툴리우스 키케로(Marcus Tullius Cicero, 기원전 106~43): 로마의 정치가·저술가·웅변가·철학자이다. 로마에서 법률을 공부했고 아카데미아 학파의 수장인 필론과 스토아 철학자 디오도토스(Diodotos)에게서 철학을 배웠다. 공화정주의자로서 카이사르가 암살된 후 정계에 복귀했으나 기원전 43년 안토니우스의 부하에 의해 암살당했다. 작품에는 『투스쿨룸 대화』(*Tusculanae disputationes*), 『최고 선악론』(*De finibus bonorum et malorum*), 『신들의 본성에 관하여』(*De natura deorum*), 『의무론』(*De officiis*), 『수사학』(*Libri rhetorici*), 『웅변가』(*Orator*), 『우정에 관하여』(*Laelius de amicitia*), 『공화정』(*De republica*) 등이 있다.

45 Cicero, *De natura deorum*, I, c.41 : "Est enim pietas iustitia adversus deos"; 다음 장에서는 "religio 'deorum cultu pio continetur'"라고 한다. 또한 제2장도 참조. 키케로, 허승일 옮김, 『의무론』, II, c.3, 11 : "이성을 소유한 존재는 두 종류로 구분되는데, 하나는 신이고, 다른 하나는 인간이다. 인간이 신의 은총을 받으려면 신을 숭배하고 경건한 생활을 해야 할 것이요, 신과 가깝고 신 다음의 위치에 있는 인간은 인간에게 가장 유익한 존재가 될 수 있을 것이다."

46 「시편」82:1. 우리말 성경에 따르면, "하느님께서 신들의 모임에서 일어서시어"이다.

47 「히브리인들에게 보낸 서간」11:4; 「창세기」4:3 이하.

48 「창세기」8:21 참조.

Dominus odorare, ut Deus placaretur per mortem Unigeniti. —
Daemones autem propter superbiam suam volunt coli ut Deus, ut
habeant in terra quod habere non potuerunt in caelo; et quia maxime
alienantur homines a Deo. — Sanguinem Christi offert qui facit talia
sacrificia, eo quod effusus fuit ad placandum Patrem.

17. Sacrificium autem laudis in corde naturale iudicatorium
dictat, et est de dictamine naturae; et in hoc consenserunt omnes
veri philosophi. Unde dicit ille, quod qui dubitat, utrum parentes
honorandi sint, et Deus venerandus, poena dignus est.

18. Secundus modus est forma convivendi, ut: Quod
tibi non vis fieri, ne facias alteri. Hoc in corde scriptum est per
legem aeternam. Ex hac naturali lege emanant leges et canones,
pullulationes pulchrae. Sed quid? Tu non vis suspendi, et latronem
suspendis? Dicendum, quod latro prius debet suspendi, quam ut
respublica laedatur; Ionas contra se dedit sententiam, ut proiiceretur
in mare.

언급됩니다. ─ 그러나 악령들(악마들)은 그들의 교만 때문에 하느님처럼 경배받기를 원하고 천상에서 가질 수 없던 것을 지상에서 갖게 됩니다.[49] 왜냐하면 인간은 하느님으로부터 가장 멀리 떨어져 있기 때문입니다. ─ 이런 제물을 바치는 사람은 아버지와 화해하기 위해서 흩뿌려진 그리스도의 성혈을 봉헌합니다.

17. 찬양 제물[50]은 [사람의] 마음에서 우러나는 본성적인 법정을 가르치고 자연이 명령합니다. 그리고 모든 참된 철학자는 이에 동의합니다. 플라톤은 부모를 존경해야 하는지, 그리고 하느님을 공경해야 하는지 의구심을 갖는 사람은 벌을 받아 마땅하다고 합니다.

18. 두 번째 방식은 "네가 싫어하는 일은 아무에게도"[51] 하지 말라고 하듯이 공존의 형태입니다. 이것은 영원한 법에 의해서 가슴에 쓰였습니다. 이 자연법으로부터 법과 규범, 아름다운 움(萌芽)이 나옵니다. 그런데 이것은 무엇입니까? 그대는 매달려지지 않으려고 하면서 강도를 매답니까? 강도가 국가에 해를 끼치기 전에 매달려져야 한다고 말해야 합니다. 요나는 자기 뜻에 반해 바다에 던져져야 한다는 [동승자들의] 판단에 순응했습니다.[52]

---

49 아우구스티누스, 앞의 책, 2004, 제10권, 3~7 [PL 41, 280 이하]; 제19장 이하 참조.
50 「시편」 50:14: "하느님에게 찬양 제물을 바치고"; 50:23: "찬양 제물을 바치는 이가 나를 공경하는 사람이니"; 아리스토텔레스, 앞의 책, 1998, 제2권, 115b 33: "오히려 신들을 경외하는 것은 그 어떤 것을 부가하지 않더라도 영예로운 일이라고 말할 수 있을 것이다."
51 「토빗기」 4:15; 「마태오복음서」 7:12와 「루카복음서」 6:31: "남이 너희에게 해주기를 바라는 그대로 너희도 남에게 해주어라"; Augustinus, *De libero arbitrio*, I, c.3, n.6 [PL 32, 1224 이하].
52 「요나서」 1:12.

19. Tertia est norma praesidendi, id est qualiter princeps ad populum debet se habere, et e converso. Et haec emanat a veritate prima: quia populus debet assistere punienti et vindicanti; princeps non debet suam utilitatem quaerere, sed reipublicae. Philosophus dicit, quod differt tyrannus et princeps: tyrannus quaerit propriam utilitatem, sicut Herodes, qui, timens privari regno suo, saevit in pueros; princeps autem communem utilitatem intendit. Tamen hodie magna abominatio est in his qui praesunt, quia in navi non ponitur rector, nisi habeat artem gubernandi; quomodo ergo in republica ponitur ille qui nescit regere? Unde quando per successionem praesunt, male regitur respublica. David fuit sanctissimus; Salomon, etsi lubricissimus, tamen sapiens; Roboam stultus, quia divisit regnum. Romani per artem diaboli elegerunt Diocletianum. Debebant eligere comedentem super mensam ferream et invenerunt comedentem illum super vomerem; qui postmodum multa mala fecit. Unde quamdiu Romani illos qui praeessent, elegerunt, sapientissimos

19. 세 번째 방식은 통치의 규범인데, 이것은 군주가 자기 백성과 관계해야 하는 방식을 따르지 않을 때 해당하는 방식에 대한 것입니다. 이 규범은 첫 번째 진리에서 유출합니다. 왜냐하면 백성은 처벌하는 사람과 복수하는 사람을 도와주어야 하기 때문입니다. 군주는 자기 이익을 추구하면 안 되고 국가의 이익을 추구해야 합니다. 철학자[53]는 독재자와 군주는 다르다고 말합니다. 독재자는 헤로데처럼 자신의 이익을 찾습니다. 헤로데는 자기의 자리에서 쫓겨날까 봐 두려워 사내아이들을 광포하게 죽였습니다.[54] 그러나 군주는 공동의 이익을 지향합니다. 그럼에도 오늘날에는 통치하는 사람들 사이에 큰 혐오감이 있습니다. 배에는 조종 기술이 없는 키잡이가 있을 수 없습니다. 마찬가지로 국가를 지배할 줄 모르는 사람이 어떻게 지배자로 임명됩니까? 그러므로 이런 사람들이 [통치권을] 상속받고 통치한다면, 국가는 엉망이 됩니다. 다윗은 가장 성스러운 사람이었습니다. 비록 솔로몬은 가장 큰 죄를 짓기는 했으나 현명한 왕이었습니다. 르하브암은 어리석었습니다. 왜냐하면 그는 제국을 나누었기 때문입니다.[55] 로마인들은 악마에 씌어 디오클레티아누스[56]를 선출했습니다. 그들은 쇠 식탁 위에서 먹는 사람을 뽑았어야 했는데, 쟁기 위에서 먹는 사람[57]을 발견했습니다. 그는 후에 많은 악을 행했습니다. 따라서 로마인들이 자신들의 지배자를 뽑았던 때에는, 그들은 가장 현명

---

53 『니코마코스 윤리학』 제8권 제10장, 1160b 1-5. 우리말 번역본에는 '독재자'로 번역되지 않고 '참주'로 번역되었다.

54 「마태오복음서」 2:3 참조.

55 「열왕기 상권」 제12장; 「역대기 하권」 제10장.

56 가이우스 아우렐리우스 발레리우스 디오클레티아누스(Gaius Aurelius Valerius Diocletianus, 재위 284~305): 로마의 황제로, 달마티아(Dalmatia)의 디오클레아에서 출생하였다. 비천한 출신이었으나 황제에 오른 인물로, 황제 누메리아누스의 경호대장을 지냈고, 네 차례에 걸쳐 그리스도교 박해 칙령을 내렸다. 치세에 걸쳐 도미나투스라고 일컫는 전제군주정을 수립한 인물로 유명하다. 또한 테트라키아, 즉 사두정치를 약 20여 년간 창안·실시했다.

57 농부 또는 노예 등을 말한다. 디오클레티아누스가 비천한 출신임을 비유적으로 언급한 것이다.

elegerunt; et tunc bene gubernata est respublica; sed postquam ad successionem venerunt, totum fuit destructum.

20. Ultimum est censura iudicandi, ut homo sciat, quid de quacumque re sit iudicandum, quod spectat ad personas, ad res, ad modum agendi. Haec omnia manant a veritate prima.

21. Sed in his omnibus luxuriata est ratio; luxuriata est metaphysica: quia quidam posuerunt mundum aeternum, quia, si causa aeterna, et effectus aeternus; et isti male senserunt de causa prima. Similiter mathematici primo sciverunt numeros et postea ad influentias et secreta cordium venerunt. Naturales sciverunt et de corporibus et mineralibus et dixerunt: Ars imitatur naturam; et nos scimus secreta naturae: ergo nos faciemus vobis aurum et argentum. Similiter grammatici poesibus et fabulis suis tenuerunt totum mundum, quousque venerunt Sancti contra eos. Similiter logici cum suis sophismatibus et suis falsis positionibus fecerunt mundum insanire. Similiter rhetores ita delectabantur in colore sermonis, ut non aliud esse regnum Dei dicerent; tamen sublata est modo de medio. Ars moralis non ita luxuriata est, quia non in sola speculatione stat; sed scientia iuris multum luxuriatur propter lucrum; et causae, quae deberent terminari per ius, modo per allegationem et

한 사람을 뽑았고 그때 공화정은 잘 통치되었습니다. 그러나 그들의 지배자가 상속된 후부터 국가는 완전히 파괴되었습니다.[58]

20. 마지막 것(최종적인 것)은 판단하는 사람의 판결입니다. 그래서 인간은 어떤 한 사물에 대해서 무엇을 판단해야 하는가를, 사람들에 대해, 사물에 대해, 그리고 행위의 방식에 대해 숙고할 줄 압니다. 이 모든 것은 첫 번째 진리에서 유래합니다.

21. 그런데 이성은 이 모든 것에서 자유롭습니다. 형이상학자도 또한 자유롭습니다. 왜냐하면 몇몇 사람[59]은 영원한 세상을 설정했기 때문입니다. 만약 원인이 영원하다면, 그 결과도 영원할 것이기 때문입니다. 이 사람들은 첫 번째 원인에 대해서 잘못 생각했습니다. 비슷하게 수학자들은 가장 먼저 수를 알았고,[60] 그다음에 유입과 마음의 비밀에 이르렀습니다. 자연철학자들은 물체와 광물에 대해 알았고, "기술은 자연을 모방한다"[61]라고 말했습니다. 우리는 자연의 비밀을 알고 있고, 그대들을 위해 금과 은을 만든다고 말했습니다. 비슷하게 문법학자들은 성인들이 그들에 반대할 때까지 자신들의 시와 이야기로 온 세상을 묘사했습니다. 비슷하게 논리학자들은 자신들의 궤변과 그릇된 명제로써 세상을 미친 것으로 만들었습니다. 비슷하게 수사학자들은 연설의 기술에 도취되어 하느님의 왕국을 어떤 것으로 달리 부르지 않았습니다. 그럼에도 불구하고 연설의 기술은 그들에게서 중용을 앗아갔습니다. 도덕적인 기술은 사변에만 있는 것이 아니기 때문에 도덕적인 기술은 무분별하지 않습니다. 오히려 법학은 이익으로 인해 매우 방만해집니다. 법이 비록 소송사건의

---

58 로마의 정체는 왕정 → 공화정 → 삼두정치 체제 → 황제 시대로 변천했다.
59 강연 4, 13과 강연 6, 4 참조.
60 수학자들에 대해서는 강연 1, 21 참조.
61 Hermann Diels, *Die Fragmente der Vorsokratiker*, *II*, Weidmann, 1996; Demokritos, 단편 154 참조; Aristoteles, *Physica*, II, c.2, 194a 20 이하 참조.

subtilitatem iuris fiunt immortales, cum tamen intentio iuris sit causas rescindere.

22. Haec sunt novem lumina illustrantia animam, scilicet veritas rerum, vocum, morum: rerum, scilicet essentiarum, figurarum, naturarum quantum ad quidditatum differentias occultas, quantum ad quantitatum proportiones manifestas, quantum ad naturarum proprietates mixtas. Primo metaphysica, secundo mathematica, tertio naturalis seu physica. —Veritas vocum tripliciter: quantum ad locutiones, argumentationes, persuasiones; primo, quantum ad locutiones indicantes mentis conceptus; secundo, quantum ad argumentationes trahentes mentis assensus; tertio, quantum ad persuasiones inclinantes mentis affectus; prima grammatica, secunda logica, tertia rhetorica. —Veritas morum tripliciter: quantum ad modestias, industrias, iustitias: modestias, quantum ad exercitationes consuetudinales; industrias, quantum ad speculationes intellectuales; iustitias, quantum ad leges politicas. Prima virtus consuetudinalis, secunda virtus intellectualis, tertia virtus iustitialis. —Has novem scientias dederunt philosophi et illustrati sunt. Deus enim illis revelavit. Postmodum voluerunt ad sapientiam pervenire, et veritas trahebat eos; et promiserunt dare sapientiam, hoc est beatitudinem, hoc est intellectum adeptum; promiserunt, inquam, discipulis suis.

철회를 의도한다고 해도 종결되어야 하는 소송사건을 법이 질질 끌고 궤변을 늘어놓음으로써 끝이 없게 됩니다.

22. 영혼을 비추는 빛은 아홉 개입니다. 아홉 개는 사물의 진리, 말씀의 진리, 도덕의 진리 아래 있습니다. 다시 말해 본질의 감추어진 차이에 관한 한, 양의 분명한 비례에 관한 한, 본성의 특성이 혼합되어 있는 한 사물의 진리이고, 이 진리는 즉 본질의 진리, 형상의 진리, 자연의 진리입니다. 첫 번째 진리는 형이상학적 진리이고, 두 번째 진리는 수학적 진리이고, 세 번째 진리는 자연철학 또는 자연학의 진리입니다. — 말씀의 진리도 세 가지인데 이 진리는 말함, 논증, 그리고 설득에 관한 한 있습니다. 첫째, 정신의 개념을 지시하는 말함에 관한 한, 둘째, 정신의 동의를 이끌어내는 논증에 관한 한, 셋째, 정신의 감정을 고취하는 설득에 관한 한 있습니다. 첫 번째 것은 문법이고, 두 번째 것은 논리학이고, 세 번째 것은 수사학입니다. — 도덕의 진리도 세 가지인데, 절도, 근면 그리고 정의에 관한 한 있습니다. 습관적인 실행에 관계되는 것이 절도이고 정신적인 숙고에 관계되는 것이 연구이고, 공공의 법에 관계되는 것이 정의입니다. 첫 번째 진리는 습관적인 덕이고, 두 번째 진리는 이성의 덕이며, 세 번째 진리는 정의의 덕입니다. — 철학자들은 이 아홉 개의 학문을 제시했고 설명했습니다. 사실 하느님께서 그들에게 계시해 주셨습니다.[62] 그 후에 그들은 지혜에 도달하기를 원했으며 진리가 그들을 이끌었습니다. 그리고 그들은 지혜, 즉 행복을, 다시 말해 획득된 통찰을 주겠다고 약속했습니다. 나는 그들이 자기 제자들에게 그것을 약속했다고 말했습니다.

---

62 「로마 신자들에게 보낸 서간」 1:19: "사실 하느님께서 그것을 그들에게 명백히 드러내 주셨습니다."

23. Quarta ergo consideratio est, quomodo venerunt ad hoc, in quo lux separata est a tenebris; separando enim se a tenebris, converterunt se ad lucem. Sed hoc ita fit, ut anima convertat se primo super se: secundo, super Intelligentias spirituales; tertio, super rationes aeternas.

24. Primo ergo oportet se considerare, non sicut oculus carnis, qui non videt se nisi per quandam reflexionem a speculo, sed sicut oculus mentis, qui primo videt se et postmodum alia. Sed ad hoc oportet, ut convertat se super potentias et super actus. Habet enim anima tres potentias: animalem, intellectualem, divinam, secundum triplicem oculum: carnis, rationis, contemplationis. Primus viget, secundus caligat, tertius excaecatus est. —Potentia animalis duplex est; vel in obiecta sensuum particularium et sensus communis, vel in phantasmata sensibilium, et sic est sensus et imaginatio. —Intellectualis etiam est duplex: aut ut considerat universales rationes abstractas, ut abstrahit a loco, tempore et dimensione; aut ut elevatur ad substantias spirituales separatas; et sic sunt duae potentiae, scilicet ratio et intellectus: per rationem confert, per intellectum cognoscit se et substantias spirituales; et tunc ingerit

23. 네 번째 숙고는 빛과 어둠이 갈라지는[63] 곳에 철학자들이 어떻게 도달하는가에 관한 것입니다. 그들이 어둠에서 분리될 때 그들은 빛으로 향합니다. 그들은 영혼이 먼저 자신에 관하여, 둘째, 정신적인 지성(=개념)에 관하여, 셋째, 영원한 씨앗에 관하여 주의를 기울일 때 빛을 향합니다.

24. 철학자들은 첫째, 거울에서 비추는 어떤 반사에 의해서가 아니라면 자신을 보지 못하는 육체의 눈이 숙고하듯 하면 안 되고 먼저 자신을 보고 그다음 다른 것들을 보는 정신의 눈이 숙고하듯 자신에 대해 숙고해야 합니다. 그런데 이를 위해서 영혼은 가능태와 현실태 너머로 향해야 합니다. 사실 영혼은 세 가지 눈, 즉 육체·정신·명상의 눈에 따라 세 가지 능력을, 다시 말해서 동물적인, 정신적인, 신적인 능력을 갖고 있습니다. 첫 번째 눈은 초롱초롱하고, 두 번째 눈은 어둡고, 세 번째 눈은 멀어버린 것입니다.[64] — 동물의 능력은 두 가지인데 한 능력은 개별적인 감각 대상에 있는 공통감각이고 다른 한 능력은 감각적인 사물에 대한 표상 상에 있는데, 감각과 공상이 이렇게 있습니다. — 정신적인 능력도 두 가지입니다. 하나는 정신적인 능력이 장소와 시간과 외연에서 추상하듯이 추상된 보편 이성을 숙고하는 것이고, 다른 하나는 분리된 정신적인 실체로 올라가는 것입니다. 그리고 이렇게 두 가지 능력, 즉 이성과 지성이 있습니다. 정신적인 능력은 이성을 통해 비교하고, 지성을 통해 자신과 정신적인 실체를 인식합니다. 그다음 지성은 정신적인 실체에 끼

---

63 「창세기」 1:4.

64 Bonaventura, *Brevil.*, p.2, c.12: "Propter quam triplicem visionem triplicem homo accepit oculum, sicut dicit Hugo de sancto Victore, scilicet carnis, rationis et contemplationis: oculum carnis, quo videret mundum et ea quae sunt in mundo; oculum rationis, quo videret animum et ea quae sunt in animo; oculum contemplationis, quo videret Deum et ea quae sunt in Deo; et sic oculo carnis videret homo ea quae sunt extra se, oculo rationis ea quae sunt intra se, et oculo contemplationis ea quae sunt supra se."

se Intelligentiis, et tunc intrat aeviternum ipsarum. —Similiter operatio vel potentia divina duplex est: una, quae se convertit ad contuenda divina spectacula; alia, quae se convertit ad degustanda divina solatia. Primum fit per intelligentiam, secundum per vim unitivam sive amativam, quae secreta est, et de qua parum vel nihil noverunt.

25. Ergo triplex est potentia, et sex sunt operationes; et quando haec omnia obiecta videt anima, sic rediens super se, fit speculum quoddam pulcherrimum et tersum, in quo videt quidquid est fulgoris et pulchritudinis, sicut in speculo polito videtur imago. Sed ad hoc requiritur opacitas naturalis, vel artificialis; naturalis, ut in speculo de chalybe; artificialis, ut in plumbo supposito vitro; secundo requiritur politio, per quam formam vel imaginem recipit; tertio requiritur splendor, quia in nocte speculum nihil reddit. Similiter in anima sunt virtutes inferiores tanquam tenentes lumen, ne defluat; mediae sunt sicut politiones; supremae sunt sicut splendores supervenientes: et sic est anima speculum.

26. Sed oportet, ut habeamus secundum gradum, quod apponatur pulchris formis, scilicet luminibus caelicis sibi proportionatis, ut Angelis, quia, si statim se elevaret ad divinos fulgores, reverberaretur. Angeli autem sunt et lumina et specula; ad quos contemplandos tripliciter elevatur anima. —Habent enim Angeli virtutes infimas, per quas regulant motus nobilium

어들고, 그다음 그것 자체는 영원해집니다.[65] — 이와 유사하게 하느님의 작용 또는 능력도 두 가지입니다. 하나는 하느님의 모습을 음미하는 것과 관계하고 다른 하나는 하느님의 위로를 음미하는 것과 관계합니다. 첫 번째 것은 지성에 의해, 두 번째 것은 일치시키는 또는 사랑하는 힘에 의해 생깁니다. 이 힘은 은폐되어 있고 영혼의 세 능력은 이 힘에 대해서 거의 또는 전혀 모릅니다.

25. 영혼의 능력은 세 가지이고, 작용은 여섯 가지입니다. 그리고 영혼이 이 모든 대상을 볼 때, 영혼은 자기 위에 있는 것을 비추면서 매우 아름답고 순수한 어떤 상이 됩니다. 영혼은 이 상에서 광채와 아름다움에 속하는 모든 것을 보게 됩니다. 마치 잘 닦인 거울에서 모상이 보이듯이 말입니다. 그런데 이를 위해서 자연적인 또는 인위적인 어둠이 요구됩니다. 자연적인 어둠은 강철로 만들어진 거울에 있는 것 같은 어둠이고, 인위적인 어둠은 납으로 만들어진 잔에 있는 것 같은 어둠입니다. 둘째, 연마가 요구됩니다. 이것에 의해 거울은 형상 또는 모상을 받아들입니다. 셋째, 광채가 요구됩니다. 거울은 밤에 아무것도 반사하지 않기 때문입니다. 이와 유사하게 빛이 흩어지지 않도록 빛을 붙잡고 있는 것 같은 하위의 능력이 영혼에 있습니다. 중간에 있는 능력은 연마와 같은 것이고, 상위에 있는 능력은 위에 있는 광채 같은 것입니다. 이렇게 영혼은 거울입니다.

26. 필연적으로 아름다운 형상에 놓인, 다시 말해서 마치 천사처럼 조화로운 하늘의 빛에 놓인 두 번째 단계가 있습니다. 만약 하느님의 광채로 직접 올라간다면 굴절될 것이기 때문입니다. 천사들은 빛이고 상입니다. 영혼은 이 상들을 명상하기 위해 세 가지 방식으로 높여집니다. — 사실 천사들의 힘은 낮은 단계의 힘입니다. 이 힘들에 의거해 천사들은

---

65 Bonaventura, *Itin*., c.I, 6; c.II, 4; c.II, 6 참조.

corporum et influunt in mundialia; et hoc est positio philosophorum. Constat enim, quod causa nobilior est suo effectu; et constat, quod ad influentiam corporum caelestium fit vel generatur vivum et animatum: ergo et anima. Si ergo animatum nobilius est non animato: ergo necesse est, ut habeat aliam causam quam illa corpora. Et illa est influentia angelica cum influentia corporum caelestium. Unde per regimen substantiae intellectualis; influentis super motum orbis, quem regit, fit hoc. — Alii posuerunt, quod Angeli essent numerati secundum numerum motuum propter inclinationem naturalem ad motum. — Alii posuerunt decem Intelligentias solum, considerantes earum influentias; et fecerunt insanias et contentiones. Angelus bene potest esse sine motu.

27. Item, sunt virtutes in Angelis ad animas rationales, per quas regunt homines. Sunt enim delatores luminum et elevatores intellectuum ad suscipiendas illuminationes. Est ergo in eis virtus delativa, quia sunt quaedam lumina et quoddam pervium, et contemperant in se nobis divinum radium, ut proportionetur nobis. — Secundo modo est in eis virtus elevativa, qua nos aptant per condescensionem et sublevationem ad illum radium suscipiendum, non tanquam perficientes. — Item, est in eis virtus suprema, qua se ad Deum convertunt in susceptione splendorum et aeternae lucis,

고상한 천체의 운동을 통제하고 세속적인 것 안으로 흘러들어 갑니다. 이것이 철학자의 견해입니다.[66] 사실 원인은 그것의 결과보다 고상함[67]이 확실하기 때문입니다. 또한 분명 천체의 영향에 의거해 생명과 혼이 되거나 생산되는 것도 확실하기 때문입니다. 영혼도 이와 같습니다. 따라서 만약 혼을 부여받은 것이 혼을 부여받지 않은 것보다 더 고상하다면 이것의 원인은 분명 혼을 부여받지 않은 것의 원인과 다릅니다. 그리고 혼을 부여받은 것은 천체의 영향과 더불어 천사의 영향입니다. 그리고 천체는 그것이 이끄는 궤도의 움직임에 영향을 미치는 정신적인 실체에 의해 이끌립니다. — 어떤 사람들은 운동으로 기우는 자연적인 성향 때문에 천사들의 수가 운동의 수만큼 있다고 가정했습니다.[68] — 어떤 사람들은 그것들의 영향을 숙고하면서 오직 열 개의 정신적인 실체를 가정했습니다. 그러나 이들은 어리석을 뿐이고 논쟁을 만들어낼 뿐입니다. 천사는 움직이지 않고도 잘 있을 수 있습니다.

27. 또한, 천사에게는 이성적인 영혼을 향하는 힘이 있는데 이 힘으로 인간을 지배합니다. 사실 그들은 빛의 전달자이고 조명을 받아들이도록 이성을 고양합니다. 그러므로 천사들에게는 이동하는 힘이 있습니다. 왜냐하면 천사들은 일종의 빛이고 일종의 통로이고 우리를 위해서 우리에게 적합하도록 신적인 빛과 섞이기 때문입니다. — 둘째, 천사들에게는 들어올리는 힘이 있어서 천사들은 겸양과 고양에 의해서 들어올리는 힘으로써 저 빛을 받아들이기 위해 준비합니다. 하지만 스스로 완성하듯이 하지는 않습니다.[69] — 또한, 천사들에게는 최고의 힘이 있습니다. 이 힘을 통해 천사들은 그들이 좋아하는 광채와 영원한 빛을 받아들일 때 하

66 아리스토텔레스, 앞의 책, 2017, 제12권, 제42장 [제11권, 제8장]; 천체의 유입에 대해서는 Bonaventura, *Brevil.*, p.2, c.3 이하 참조.
67 Bonaventura, *Brevil.*, p.5, c.2.
68 아리스토텔레스, 앞의 책, 2017, 제11권, 1064b 15-1065b 4; 제12권, 1069a 30 참조.
69 강연 3, 32의 마지막 부분 참조.

quam amant; et omnia reducunt ad ipsam, ut tendant in Deum per amorem et laudem. Unde in Iob: Ubi eras, cum me laudarent astra matutina, et iubilarent omnes filii Dei? Et hoc totum senserunt philosophi. Item, Angeli sunt ex hoc gratias acturi. —Quando hoc videt anima, ingerit se Angelis et intrat saeculum ipsorum.

28. Tertius gradus est, quod ipse intellectus, considerans conditiones entis secundum relationem causae ad causatum, transfert se ab effectu ad causas et transit ad rationes aeternas. Differt causa a causatis: quia prima causa est ens primum, causatum ens productum; causa prima est ens simplex, causatum compositum; causa prima est enspurum, et causatum permixtum; causa prima est ens fixum, et causatum variatum; causa prima est ens absolutum, et causatum alligatum; causa prima est ens perfectum; causatum diminutum. Haec ergo sunt certissima.

29. Intelligentia autem fertur in hanc lucem tripliciter: ratiocinando, experiendo, intelligendo; ratiocinabiliter, experimentaliter, intelligentialiter. —Per viam rationis sic. Si est ens productum: ergo est ens primum, quia effectus ponit causam. Si enim est ens ab alio, secundum aliud et propter aliud: ergo est

느님에게 향합니다. 그리고 모든 것을 광채 자체로 환원해서 사랑받고 칭찬받으며 하느님에게 향합니다. 그러므로 「욥기」에서는 "아침 별들이 함께 환성을 지르고 하느님의 아들들이 모두 환호할 때에 너는 어디 있었느냐?"[70]라고 합니다. 그리고 철학자들은 모든 것을 지각했고 천사들은 이 모든 것에 대해 감사의 말을 전합니다. ― 영혼이 모든 것을 볼 때 영혼은 천사들과 결합하고 천사들의 세상에 들어섭니다.

28. 세 번째 단계는 통찰 자체가 결과에 대한 원인의 관계에 맞게 존재자의 조건을 생각하면서, 결과에서 원인으로 옮아가고 영원한 이성으로 변하는 것입니다. 원인은 야기된 것과 다릅니다. 왜냐하면 첫 번째 원인은 첫 번째 존재자이고, 야기된 존재자는 산출된 존재자이기 때문입니다. 첫 번째 원인은 단순한 존재자이고, 야기된 존재자는 합성된 존재자이기 때문입니다. 첫 번째 원인은 순수한 존재자이고, 야기된 존재자는 혼합된 존재자이고, 첫 번째 원인은 변하지 않는 존재자이고 야기된 존재자는 변할 수 있는 존재자이고, 첫 번째 원인은 절대적 존재자이고 야기된 존재자는 결합된 존재자이고, 첫 번째 원인은 완전한 존재자이고 야기된 존재자는 완전하지 않은 존재자이기 때문입니다. 따라서 이런 존재자가 가장 확실한 존재자입니다.[71]

29. 그런데 통찰은 추론·경험·인식이라는 세 가지 방식으로, 다시 말해 추론적으로, 경험적으로 또 인식적으로 이 빛으로 옮겨집니다. ― 이성의 길을 통해서는 이렇습니다.[72] 만약 생산된 존재자가 있다면 최초의 존재자가 있습니다. 왜냐하면 결과는 원인을 설정하기 때문입니다. 다른 것에서 나온, 다른 것에 상응하는, 다른 것 때문에 있는 존재자가 있다

---

70 「욥기」38:7; 강연 5, 24 참조.
71 첫 번째, 단순한, 순수한, 변함 없는, 절대적인, 완전한 존재자를 의미한다.
72 Bonaventura, *De mysterio trini*., q.1, art.,1, fundamenta, 11-20.

ens a se, secundum se et propter se. —Item, si est ens compositum, necesse est, esse simplex, a quo habet esse, quia esse, quod recedit a simplicitate, cadit in compositionem. —Item, si est ens permixtum, necesse est, esse ens purum, creatum autem nullum purum. — Item, si est ens secundum se variatum, necesse est, esse fixum, quia mobile reducitur ad immobile. Mota enim manu, stat cubitus; et moto cubito, stat humerus; et sic semper quod movetur movebitur per aliquod fixum. — Item, si est dare alligatum: ergo et absolutum; omnis enim creatura alligata est alicui generi praedicamentorum; sed quod alligatum est, unum non dat alteri esse: ergo necesse est, absolutum esse, a quo recipiant esse. —Item, si est ens diminutum, necesse est, esse ens perfectum. —Et hac via procedit Philosophus ad ostendendum mundum aeternum, quia omnem motum et mutationem praecedit motus localis circularis, quia perfectus est. Sed respondeo: dicendum, quod verum est, quod perfectum est ante diminutum, loquendo de perfecto simpliciter, sed non de perfecto in genere, qualis est motus localis. —Et sic fertur intelligentia ratiocinando.

30. Fertur similiter experiendo sic: productum respectu primi defectivum est; similiter compositum respectu simplicis; similiter permixtum respectu puri, et sic de aliis; ergo dicunt privationes.

면 자기 자신에서 나온, 자신에 맞는, 자신 때문에 있는 존재자가 있습니다. ― 또한, 합성된 존재자가 있다면 합성된 각각의 존재를 갖는 단순한 존재자가 필연적으로 있습니다. 왜냐하면 단순성에서 멀어지는 존재는 혼합되기 때문입니다. ― 또한, 혼합된 존재자가 있다면 순수한 존재자가 필연적으로 있습니다. 그런데 창조된 존재자 중 어떤 존재자도 순수하지 않습니다. ― 또한, 변할 수 있는 존재자가 있다면 변하지 않는 존재자가 있어야 합니다. 변할 수 있는 존재자는 변하지 않는 존재자로 소급되기 때문입니다. 왜냐하면 손이 움직여질 때 팔꿈치는 움직이지 않고 팔꿈치가 움직여질 때 어깨는 움직이지 않기 때문입니다. 이렇게 어떤 고정된 것에 의해 움직여질 것은 항상 먼저 움직여집니다.[73] ― 또한, 예속된 존재자가 있다면 절대적인 존재자가 있습니다. 왜냐하면 창조된 모든 피조물은 어떤 범주의 종에 예속되어 있기 때문입니다. 그런데 어떤 것에 예속되어 있는 하나는 다른 것에 존재를 부여하지 않습니다. 따라서 예속된 존재자가 그로부터 존재를 받아들이는 절대적 존재자가 필수적으로 있습니다. ― 또한, 만약 완전하지 않은 존재자가 있다면 완전한 존재자가 있는 것이 필수적입니다. ― 그리고 철학자는 영원한 세상을 증명하기 위해서 이 길을 따랐습니다. 왜냐하면 장소적인 원운동은 완전하기 때문에 모든 운동과 변화를 앞서가기 때문입니다. 나는 이렇게 대답합니다. [우리는] 어떤 장소적인 운동이든 종에 있어 완전한 것에 대해서가 아니라 단적으로 완전한 것에 대해 말하면서 완전한 것이 완전하지 않은 것보다 앞서 존재하는 것이 참이라고 말해야 합니다. ― 그리고 이렇게 추론에 의해 통찰이 드러납니다.

30. 비슷하게 경험에 의한 통찰도 이렇게 있습니다. 첫 번째 것의 관점에서 볼 때 생산된 것은 완전하지 않습니다. 비슷하게, 단순한 것의 관점에서 볼 때 복잡한 것은 완전하지 않은 것입니다. 비슷하게, 순수한 것의

---

73 Aristoteles, *Physica*, VII, c.5; 범주의 종에 대해서는 *Die Kategorien* 참조; 강연 3, 8 참조.

Sed privationes non cognoscuntur nisi per habitus suos. Iudex enim est rectum sui et obliqui. Et si omnis cognitio fit ex praeexistenti cognitione: ergo necessario intelligentia experitur in se, quod habeat aliquod lumen, per quod cognoscat primum esse.

31. Sic igitur, his praesuppositis, intellectus intelligit et dicit, primum esse est, et nulli vere esse convenit nisi primo esse, et ab ipso omnia habent esse, quia nulli inest hoc praedicatum nisi primo esse. Similiter simplex esse est simpliciter perfectum esse: ergo est quo nihil intelligitur melius. Unde Deus non potest cogitari non esse, ut probat Anselmus.

32. Quando anima videt hoc familiarius, primo ratiocinando, secundo experiendo, tertio intelligendo; ibi potest quiescere. Unde ratiocinando infert per oppositum: si est posterius, est prius; si est compositum, est simplex etc.; experimentaliter, quia privationes non cognoscuntur nisi in positione causae, et illa sex dicuntur per modum defectus et privationis; intelligentialiter, quia non possunt latere

관점에서 볼 때 혼합된 것은 완전하지 않은 것입니다. 그리고 다른 것들에 대해서도 이것이 해당합니다. 그러므로 이들은 결여라고 지칭됩니다. 그런데 결여는 소유와 비교되어서만 인식됩니다.[74] 사실 직선은 직선 자체와 굽은 것의 결정자(=척도)이기 때문입니다. 그리고 만약 모든 인식이 앞서 있는 인식에 의해 생긴다면 인식은 어떤 빛을 갖고 있다는 것이 그 자체 필수적으로 나옵니다. 이 빛을 통해 통찰은 첫 번째 존재를 인식합니다.

31. 이렇게, 즉 이런 전제 조건에 따라 이성은 인식하고 첫 번째 존재가 있다고, 첫 번째 존재와 일치하지 않는다면 존재는 어떤 것과 참으로 일치하지 않는다고, 첫 번째 존재 이외의 어떤 존재에도 첫 번째 존재라는 술어가 내재하고 있지 않으므로 모든 것은 첫 번째 존재로부터 존재를 갖는다고 말합니다. 비슷하게 단순한 존재는 단적으로 완전한 존재입니다. 어떤 것도 이 존재보다 더 잘 인식되지 않습니다. 따라서 안셀무스가 증명했듯이 하느님은 비존재라고 생각될 수 없습니다.[75]

32. 영혼이 첫째, 추론에 의해서 둘째, 경험에 의해서 셋째, 인식에 의해서 하느님을 더 친밀한 것으로 볼 때 영혼은 고요해질 수 있습니다. 추론은 대립에 의해 이루어집니다. 만약 나중 것이 있다면 앞선 것이 있습니다. 만약 합성체가 있다면 단순한 것이 있습니다. 그리고 이렇게 계속됩니다. 결여는 원인을 설정할 때만 인식되기 때문에 경험적으로 추론되고 저 여섯 존재자[76]는 결함의 방식과 결여의 방식에 의해서 언급됩니다. '첫 번째 존재가 있다' 또는 '단순한 존재가 있다' 등이 영혼에게 숨겨져

---

74 Bonaventura, *Itin.*, c.3, 3: "privationes et defectus nullatenus possint cognosci nisi per positiones"; 소유와 결여에 대해서는 아리스토텔레스, 앞의 책, 2017, 제5권 1022b 3-1023a 7 참조.

75 캔터베리의 안셀무스, 앞의 책, 2002, 제2장 [PL 158, 227]. 의역하면 "우리는 하느님이 존재하지 않는다고 생각할 수 없습니다."

animam, ut primum esse est; simplex esse est etc. —Item, considerat illud esse, ut habet substantiam, virtutem et operationem, ut primam, purissimam, simplicissimam, et sic de aliis sex; ut est in eo unitas, veritas, bonitas, ut prima, ut purissima, ut absolutissima, et sic de aliis sex; ut habet firmitatem, speciositatem, bonitatem, ut primam, purissimam et absolutissimam; ut habet memoriam, intelligentiam et voluntatem, secundum illa sex; ut habet vitam, sapientiam, iucunditatem, secundum illa sex: et tunc intelligit, quod est bonum per essentiam, et omnia per illud beatificantur, et ideo summe appetibile et summe debet appeti; et hoc faciendo conquiescit.

33. Primo ergo anima videt se sicut speculum, deinde Angelos sive Intelligentias sicut lumina et sicut medium delativum; sive videt in se sicut in speculo, in Intelligentia sicut in medio delativo lucis aeternae et contemperativo; deinde in luce aeterna tanquam in obiecto fontano, quantum ad illas sex conditiones dictas, et rationabiliter et experimentaliter et intelligentialiter. —Dum haec igitur percipit et consurgit ad divinum contuitum, dicit, se habere intellectum adeptum, quem promiserunt philosophi; et ad hoc veritas trahit. —Sed tamen per virtutes oportet devenire, sicut fecerunt

있을 수 없기 때문에 이성적으로 추론됩니다.[77] — 또한, 영혼은 저 존재가 최초의, 가장 순수한, 가장 단순한 것으로서 실체, 힘, 그리고 작용을 갖고 있다고 생각합니다.[78] 그리고 다른 여섯 개에 대해서도 이렇습니다. 이 존재 안에 최초의, 가장 순수한, 가장 절대적인 것으로서 단일성, 진리, 선이 있습니다. 그리고 다른 여섯 존재자에 대해서도 이렇습니다. 최초의, 가장 순수한, 가장 절대적인 것으로서 확고함, 아름다움, 선이 영혼에 있습니다. 영혼이 저 여섯 개에 따라서 기억과 지성과 의지를 갖고 있듯이 영혼은 저 여섯 개에 따라서 생명을, 지혜를 그리고 즐거움을 갖고 있습니다. 그리고 이때 영혼은 본질에 의해 선이 있다는 것을, 모든 것이 선에 의해 행복하게 된다는 것을 인식합니다. 따라서 이 선은 가장 욕구될 만한 것이고 가장 추구되어야 하는 것입니다. 이런 방식으로 영혼은 잠잠해집니다.

33. 영혼은 먼저 거울을 보듯이 자신을 봅니다. 그다음 빛을 보듯이, 또 하강하는 중재자를 보듯이 천사 또는 지성적 존재를 봅니다. 또는 거울에서 보듯이 자기 안에서 봅니다. 영원한, 명상하는 빛의 하강하는 중재자에서 보듯이 지성적 존재에서 봅니다. 그다음 언급된 저 여섯 존재자에 관한 한, 수원(水源)에서 보듯이 영원한 빛에서 추론적으로, 경험적으로, 또 이성적으로 봅니다. — 그러므로 영혼이 언급된 여섯 존재자를 지각하고 신을 직관하기 위해 상승하는 동안 영혼은 철학자들이 약속한 획득된 통찰을 갖게 된다고 말합니다. 그리고 진리가 이 통찰로 이끕니다. — 그럼에도 철학자들이 했듯이 [영혼은] 덕에 의해 [이 통찰에] 도

---

76 강연 5, 29 참조.

77 Bonaventura, *De mysterio trini.*, q.1, art.,1, arg.5: Philosophus dicit, quod "inconveniens esset, nos habere nobilissimos habitus, et illos latere nos": ergo cum Deum esse sit verum nobilissimum, nobis praesentissimum, inconveniens est, illud verum latere intellectum humanum.

78 강연 2, 22~27 참조; Bonaventura, *Brevil.*, p.1, c.6 참조.

philosophi; quando viderunt, quod tam alte non posset perveniri nisi per virtutes, converterunt se ad docendum illas, ut fecit Socrates; unde reputatur minus bene dixisse, eo quod tantum de illis dixit; sed hoc fecit, quia videbat, quod ad illum intellectum non potest perveniri, nisi anima sit purgata.

달해야 합니다. 덕에 의해서가 아니라면 이렇게 높이 도달할 수 없다는 것을 철학자들이 알았을 때, 그들은 소크라테스가 했듯이 덕을 가르치려고 했습니다. 소크라테스는 덕에 대해서만 말했기 때문에 그의 말은 덜 훌륭하다고 간주됩니다. 그런데 정화된 영혼만이 저 통찰에 도달할 수 있다는 것을 알았기에 그는 덕에 대해 말했습니다.[79]

---

79 아우구스티누스, 앞의 책, 2004, 제8권, 3 [PL 41, 226].

Collatio VI

De prima visione tractatio tertia,
quae est de prima virtutum causa exemplari,
de virtutibus exemplaribus et de cardinalibus inde fluentibus

1. *Vidit Deus lucem, quod esset bona, et divisit lucem a tenebris* etc. Propter primam visionem intelligentiae per naturam inditae sumtum est verbum illud: *Vidit Deus lucem*, id est videre fecit. De hoc supra in duabus collationibus dictum est, et per considerationem scientialem, pro eo quod radiat lux ut veritas rerum, ut veritas vocum, ut veritas morum. Et fuerunt distinctae novem partes doctrinae, quarum tres principales sunt radii, et sunt ex dictamine lucis aeternae, secundum Augustinum. —Item, quod vidit, id est, videre fecit per contemplationem sapientialem, illuminando animam in se tanquam in speculo, in Intelligentia tanquam in medio delativo, in luce increata tanquam in obiecto fontano, secundum illas

첫째 날의 봄에 대한 세 번째 강연.
덕의 범형적인 첫 번째 원인에 대한, 범형적인 덕과 이 덕에서 흘러나오는 추덕에 대한 강연

1. "하느님께서 보시니 그 빛이 좋았다. 하느님께서는 빛과 어둠을 가르셨다."[1] 자연을 통해 주어진 통찰의 첫 번째 봄 때문에 저 말씀이 채택되었습니다. "하느님께서 빛을 보셨다." 다시 말해서 하느님께서 보게 했습니다. 이에 대해서는 앞의 두 강연에서 더욱이 빛이 사물의 진리, 말함의 진리, 도덕의 진리로서 비추기 때문에 학문적인 숙고를 통해서 언급되었습니다. 학문은 아홉 부분으로 나뉘고, 아우구스티누스에 따르면[2] 이들 중 처음 세 부분은 중요한 빛이고, 영원한 빛의 명령에서 유래합니다. — 또한 하느님께서는 몸소 정신에 새겨놓은 여섯 가지 조건에 맞게 마치 거울 안에서 비추듯이 당신 자신 안에서 영혼을 비추면서, 하강하는 중심에서 비추듯이 지성체(=천사)에서 비추면서, 샘과 같은 사물에서 비추듯이 창조되지 않은 빛에서 비추면서 지혜로운 명상을 통해 보

---

1 「창세기」1:4.
2 아우구스티누스, 앞의 책, 2004, 제11권, 25 [PL 41, 338]: "철학의 첫째 부분은 자연학이라 일컫고, 둘째는 논리학이라 일컬으며, 셋째는 윤리학이라고 일컬어진다."

sex conditiones, quas imprimit menti; et secundum has consurgit anima in illam lucem ratiocinando, experiendo, intelligendo, ut dictum est. Et ad hoc venerunt philosophi et nobiles eorum et antiqui, quod esset principium et finis et ratio exemplaris.

2. Divisit tamen Deus lucem a tenebris, ut, sicut dictum est de Angelis, sic dicatur de philosophis. Sed unde aliqui tenebras secuti sunt? Ex hoc, quod licet omnes viderint primam causam omnium principium, omnium finem, in medio tamen diversificati sunt. Nam aliqui negaverunt, in ipsa esse exemplaria rerum; quorum princeps videtur fuisse Aristoteles, qui et in principio Metaphysicae et in fine et in multis aliis locis exsecratur ideas Platonis. Unde dicit, quod Deus solum novit se et non indiget notitia alicuius alterius rei et movet ut desideratum et amatum. Ex hoc ponunt, quod nihil, vel nullum particulare cognoscat. Unde illas ideas praecipuus impugnat Aristoteles et in Ethicis, ubi dicit, quod summum bonum non potest esse idea. Et nihil valent rationes suae, et commentator solvit eas.

3. Ex isto errore sequitur alius error, scilicet quod Deus non habet praescientiam nec providentiam, ex quo non habet rationes rerum in se, per quas cognoscat. —Dicunt etiam, quod nulla veritas

신 것을 창조하셨습니다. 다시 말해서 보게 만드셨습니다. 이에 상응하여 추론하면서, 경험하면서, 인식하면서 영혼은 저 빛으로 상승합니다. 그리고 철학자들과 철학자들 중 고귀한 철학자와 예전의 철학자들은 시작과 끝, 또한 표상의 근거(원인)가 있다는 것에까지 이르렀습니다.

2. "하느님께서 빛과 어둠을 가르셨다"고 해도 천사에 대해 언급되었듯이 철학자들에 대해서도 그렇게 언급되었습니다.[3] 그런데 몇몇 사람은 무슨 이유로 어둠을 쫓을까요? 모든 사람이 제일 원인을 모든 것의 시작과 모든 것의 끝(시원과 목적)이라고 여기게 될 것이라고 해도 이들은 [논의] 중간에 나뉘게 됩니다. 몇몇 사람은 제일 원인 안에 사물의 범형이 있다는 것을 부정합니다. 아리스토텔레스가 가장 먼저 이를 부정한 것 같습니다. 그는 『형이상학』의 처음과 끝에서[4] 그리고 다른 많은 부분에서 플라톤의 이데아를 인정하지 않았습니다. 따라서 그는 하느님은 당신 자신만을 알고 있으며, 다른 어떤 사물에 대한 앎을 필요로 하지 않고 욕구되고 사랑받는 대상으로서 사물을 움직인다고 말합니다. 이로부터 그들은 하느님께서 아무것도 또는 개별적인 어떤 것도 인식하지 않는다고 가정했습니다. 아리스토텔레스는 특히 플라톤이 말한 이데아를 『니코마코스 윤리학』에서 논박했고[5] 이곳에서 그는 최고선이 이데아일 수 없다고 말합니다. 그런데 그의 논거는 전혀 설득력이 없고, 주석가는 이 논거들을 배제했습니다.

3. 이런 오류에서 또 다른 오류가 나옵니다. 즉 하느님은 예지(豫知)와 섭리에 의해 인식하는 사물의 근거를 자기 자신으로부터 자기 안에 갖고 있지 않기에 예지도 섭리도 갖고 있지 않다는 오류가 나옵니다. ― 더

---

3 아우구스티누스, 같은 책, 2004, 제11권, 19와 33 [PL 41, 332, 346] 참조.
4 아리스토텔레스, 앞의 책, 2017, 제1권, 제9장 990b 2-991a 8-991b 9; 제13권, 제4장 1078b 34-1079b 3; 제5장 1079b 12-1080a 8 참조.
5 아리스토텔레스, 『니코마코스 윤리학』 제1권, 제6장 참조.

de futuro est nisi veritas necessariorum; et veritas contingentium non est veritas. —Et ex hoc sequitur, quod omnia fiant a casu, vel necessitate fatali. Et quia impossibile est fieri a casu; ideo inducunt necessitatem fatalem Arabes, scilicet quod ille substantiae moventes orbem sunt causae omnium necessariae. —Ex hoc sequitur, veritas occultata, scilicet dispositionis mundialium secundum poenas et gloriam. Si enim illae substantiae movent non errantes, nihil ponitur de inferno, nec quod sit daemon; nec Aristoteles unquam posuit daemonem nec beatitudinem post hanc vitam, ut videtur. Iste est ergo triplex error, scilicet: occultatio exemplaritatis, divinae providentiae, dispositionis mundanae.

4. Ex quibus sequitur triplex caecitas vel caligo, scilicet de aeternitate mundi, ut videtur dicere Aristoteles secundum omnes doctores Graecos, ut Gregorium Nyssenum, Gregorium Nazianzenum, Damascenum, Basilium, et commentatores omnium Arabum, qui dicunt, quod Aristoteles hoc sensit, et verba sua sonare videntur. Nunquam invenies, quod ipse dicat, quod mundus habuit principium vel initium; immo redarguit Platonem, qui solus videtur posuisse, tempus incepisse. Et istud repugnat lumini veritatis.

Ex isto sequitur alia caecitas de unitate intellectus, quia, si ponitur mundus aeternus, necessario aliquod istorum sequitur: vel

욱이 그들은 필연적인 것에 대한 진리가 아니라면 미래에 있는 것에 대해 어떤 진리도 없다고 또한 우연적인 것에 대한 진리는 진리가 아니라고 말합니다. ─ 그리고 모든 일은 우연히 생기거나 또는 운명적인 필연성에서 생긴다는 결론이 여기에서 나옵니다. 어떤 일이 우연히 생기는 것은 불가능하므로 아랍 사상가들은 운명적인 필연성을, 다시 말해서 천체를 움직이는 저 실체는 모든 일의 필연적인 근거라는 생각을 이끌어 들였습니다. ─ 은폐되어 있는 진리, 즉 처벌과 은총에 합당한 세속적인 것의 배열에 대한 진리가 은폐되어 있다는 사실이 이로부터 나옵니다. 만약 저 실체가 오류를 범하지 않고 움직인다면 지옥에 대해서 어떤 것도 가정되지 않을 것이고 사탄이 있다는 것도 가정되지 않을 것입니다. 또한 드러나듯이, 아리스토텔레스는 악마를 가정하지 않았고 또한 이 삶의 후에 있을 행복도 가정하지 않았습니다. 따라서 이것이 세 가지 오류인데, 이들 오류는 범형의 은폐, 하느님의 섭리의 은폐, 또 세속적인 것의 배치의 은폐입니다.

4. 아리스토텔레스가 니사의 그레고리우스(Gregorius von Nyssa), 나치안츠의 그레고리우스(Gregorius von Nazianz, 329/330~390/391), 요하네스 다마스케누스(Johannes Damascenus, 650~754), 바실리우스(Basilius, 329?~378) 같은 그리스의 모든 박사와 아랍의 모든 주석가에 따라 말하는 바와 같이 이 오류로부터 세상의 영원성에 대한 학설인 세 가지 맹목적 견해 또는 모호한 견해가 결과로 나옵니다. 아랍의 주석가들은 아리스토텔레스가 이것을 생각했고, 그의 말도 이렇게 들린다고 했습니다. 그대는 아리스토텔레스 자신이 세상의 처음과 시작이 있다고 말하는 것을 결코 발견하지 못할 것입니다. 그는 더욱이 플라톤을 논박하는데, 오직 플라톤만이 시간의 시작이 있다는 것을 가정한 것 같습니다. 아리스토텔레스의 학설은 진리의 빛에 상충합니다.

이로부터 지성단일성이라는 또 다른 맹목성이 나옵니다. 왜냐하면 만약 세상이 영원하다고 가정한다면, 다음에서 하나가 필연적으로 나오기

quod animae sunt infinitae, cum homines fuerint infiniti; vel quod anima est corruptibilis; vel quod est transitio de corpore in corpus; vel quod intellectus sit unus in omnibus, qui error attribuitur Aristoteli secundum Commentatorem.

Ex his duobus sequitur, quod post hanc vitam non est felicitas nec poena.

5. Hi ergo ceciderunt in errores nec fuerunt divisi a tenebris; et isti sunt pessimi errores. Nec adhuc clausi sunt clave putei abyssalis. Hae sunt tenebrae Aegypti; licet enim magna lux videretur in eis ex praecedentibus scientiis, tamen omnis exstinguitur per errores praedictos. Et alii videntes, quod tantus fuit Aristoteles in aliis et ita dixit veritatem, credere non possunt, quin in istis dixerit verum.

6. Dico ergo, quod illa lux aeterna est exemplar omnium, et quod mens elevata, ut mens aliorum nobilium philosophorum antiquorum, ad hoc pervenit. In illa ergo primo occurrunt animae exemplaria virtutum. Absurdum enim est, ut dicit Plotinus, quod exemplaria aliarum rerum sint in Deo, et non exemplaria virtutum.

때문입니다. 사람이 무한하게 많을 것이므로 영혼도 무한하게 많거나 또는 영혼은 부패될 수 있거나 [한 사람의] 몸에서 [다른 사람의] 몸으로 옮아가거나 또는 모든 사람에게 지성은 하나일 것입니다. 주석가들에 따르면 이 마지막 오류는 아리스토텔레스 때문입니다.[6]

이 두 가지 맹목성[7]에서 이 삶의 후에는 행복도 처벌도 없다는 결론이 나옵니다.

5. 그래서 이 철학자들은 오류에 빠지고 어둠에서 벗어나지 못했습니다. 그리고 이것이 최악의 오류입니다. 그들에게는 지옥으로 내려가는 구렁의 열쇠가 아직 닫혀 있지 않습니다.[8] 이는 이집트를 덮은 어둠입니다.[9] 앞서가는 앎에 의해 크나큰 빛이 그 어둠에서 보인다고 해도 모든 빛은 앞에서 언급된 오류에 의해 완전히 꺼집니다. 아리스토텔레스가 다른 일에서 얼마나 위대한지를 알고, 또 진리를 말하는 방식을 아는 다른 사람들은 그가 이런 일들에서 진리를 말하지 않았다고 믿을 수 없었습니다.

6. 나는 영원한 저 빛이 모든 것의 범형이고 고대의 고상한 다른 철학자들의 정신처럼 고양된 정신이 범형에 도달한다고 말합니다. 따라서 영혼은 저 빛에서 먼저 덕의 범형을 만나게 됩니다. 사실 플로티노스(Plotinos, 205?~270)가 말했듯이, 하느님 안에 덕의 범형이 아닌 다른 사물의 범형이 있다는 것은 불합리합니다.[10]

---

6   Bonaventura, *II Sent.*, d.1, p.1, a.1, q.2 [*II*, 22 이하]; 맹목적 견해에 대해서는 강연 7, 1 참조.
7   '시간의 시작이 없다'와 '지성단일성'의 이론.
8   「요한묵시록」9:1.
9   「탈출기」10:22.
10   Plotinos, *Enneaden*, I, 2.

7. Apparent ergo primo in luce aeterna virtutes exemplares sive exemplaria virtutum, scilicet celsitudo puritatis, pulchritudo claritatis, fortitudo virtutis, rectitudo diffusionis; de quibus Philo, disertissimus Iudaeorum, loquens ut philosophus. —Sapientiae septimo: Vapor est enim virtutis Dei et emanatio quaedam est claritatis omnipotentis Dei sincera; et ideo nihil inquinatum in eam incurrit; ecce celsitudo puritatis. —Candor est enim lucis aeternae et speculum sine macula Dei maiestatis et imago bonitatis illius. Et infra: Est enim haec speciosior sole, et super omnem dispositionem stellarum luci comparata invenitur prior; ecce pulchritudo claritatis. Ubi enim est speculum et imago et candor, necessario est repraesentatio et pulchritudo. Pulchritudo nihil aliud est quam aequalitas numerosa; ibi autem sunt rationes numerosae ad unum reductae. Et quia est speciosissima, ideo attingit ubique propter suam munditiam.

8. Ex quo sequitur, quod sit fortissima; ideo dicitur: Sapientiam non vincit malitia. Attingit a fine usque in finem fortiter; ecce fortitudo virtutis: attingit a summo vel supremo usque ad

7. 범형적인 덕 또는 덕의 범형이 영원한 빛에서 가장 먼저 드러납니다. 다시 말해서 순결의 고상함, 밝음의 아름다움, 덕의 강건함, 분배의 올바름 등이 드러납니다. 가장 뛰어난 능변가였던 유대인 필론[11]은 이에 대해 철학자처럼 말합니다. ―「지혜서」제7장에서는 "지혜는 하느님 권능의 숨결이고 전능하신 분의 영광의 순전한 발산이어서 어떠한 오점도 그 안으로 기어들지 못한다"[12]라고 합니다. 이런 순결의 고상함을 보시오. ― "지혜는 영원한 빛의 광채이고 하느님께서 하시는 활동의 티 없는 거울이며 하느님 선하심의 모상이다."[13] 그리고 그 아래에서는 "지혜는 해보다 아름답고 어떠한 별자리보다 빼어나며 빛과 견주어보아도 그보다 더 밝음을 알 수 있다"[14]라고 합니다. 이런 밝음의 아름다움을 보시오. 거울과 모상과 광채가 있는 곳에 필연적으로 표상과 아름다움이 있습니다. 아름다움은 수적인 균형일 뿐입니다.[15] 그런데 하나로 환원하는 수적인 비례가 거기 있습니다. 그리고 지혜는 가장 수려하기 때문에 그 우아함으로 인해 도처에서 언급됩니다.

8. 지혜가 가장 강력한 것이라는 결론이 이로부터 나옵니다. 그러므로 "악은 지혜를 이겨내지 못한다. 지혜는 세상 끝에서 끝까지 힘차게 퍼져 간다"[16]라고 언급하고 있습니다. 덕의 강함을 보시오. 이 강함은 최고의

---

11 필론(Philon, 기원전 15?~기원후 45): 고대 알렉산드리아의 유대인 철학자. 당시 알렉산드리아의 유대인 사회의 지도자로 『구약성서』를 그리스 철학, 특히 플라톤 사상을 원용하여 비유적으로 해석했다. 그리스 철학과 유대신앙을 결합하려고 시도했는데, 예를 들면 그의 「창세기」해석은 플라톤의 『티마이오스』에 전개되어 있는 데미우르고스와 이데아의 관계를 교묘히 엮어넣은 것으로 파악된다. 또한 유대인 종교의 정당성을 그리스 철학자의 주장을 인용하면서 증명하려 했으며, 당시의 사상을 알기 위해서 그의 저서는 자료로서도 가치가 높다. 그의 사상은 신플라톤주의나 교부 등에 커다란 영향을 끼쳤다.
12 「지혜서」 7:25.
13 「지혜서」 7:26.
14 「지혜서」 7:29.
15 Augustinus, *De musica*, VI, c.13, n.38 [PL 32, 1183].

infimum, ab intrinseco usque ad extrinsecum, a primo usque ad ultimum, quia ubique est centrum suae potentiae; ideo virtus est infinita.

9. Et ex hoc habet rectitudinem diffusionis; ecce iustitia; et ideo dicit: Disponit omnia suaviter. —Et quia loquitur ut philosophus et ut amator sapientiae; ideo dicit: Hanc amavi et exquisivi a iuventute mea et quaesivi sponsam mihi eam assumere et amator factus sum formae illius; non solum propter se, sed quia ab illa in me consequenter fiunt consimiles proprietates. Unde statim post sequitur: Sobrietatem enim et prudentiam et iustitiam et virtutem docet, quibus utilius nihil est in vita hominibus.

10. Haec imprimuntur in anima per illam lucem exemplarem et descendunt in cognitivam, in affectivam, in operativam. Ex celsitudine puritatis imprimitur sinceritas temperantiae; ex pulchritudine claritatis serenitas prudentiae; ex fortitudine virtutis stabilitas constantiae; ex rectitudine diffusionis suavitas iustitiae. — Hae sunt quatuor virtutes exemplares, de quibus tota sacra Scriptura agit; et Aristoteles nihil de his sensit, sed antiqui et nobiles philosophi.

것 또는 정상에 있는 것으로부터 가장 낮은 것에 이르고, 내적인 것에서 외적인 것에, 처음부터 끝까지 이릅니다. 왜냐하면 강한 힘의 중심이 도처에 있기 때문입니다. 따라서 덕은 무한합니다.

9. 이로부터 분배의 올바름이 덕에 속합니다. 정의를 보시오. 그(=솔로몬)는 이렇게 말합니다. "지혜는 모든 것을 부드럽게 배치한다."[17] — 그리고 그는 철학자처럼 또 지혜의 숭배자처럼 말하고 이런 이유로 "나는 지혜를 사랑하여 젊을 때부터 찾았으며 그를 아내로 맞아들이려고 애를 썼다. 나는 그 아름다움 때문에 사랑에 빠졌다"[18]라고 합니다. 그것 자체 때문만이 아니라 그것으로부터 내 안에 유사한 특성이 잇따라 생깁니다. 따라서 "지혜는 절제와 예지를, 정의와 용기를 가르쳐준다. 사람이 사는데에 지혜보다 유익한 것은 없다"[19]라는 말이 즉시 뒤따라 나옵니다.

10. 이것들은 저 범형적인 빛에 의해 영혼에 각인되고, 인식하는, 감정적인 그리고 작용하는 영혼으로 내려갑니다. 순결의 고상함으로부터 절제의 고결함이 각인됩니다. 밝음의 아름다움으로부터 실천적 지혜의 침착함이 각인됩니다. 강력한 용기로부터 확고하게 나아감이 각인됩니다. 분배의 정당함(올바름)으로부터 정의의 달콤함이 각인됩니다. — 이들은 네 개의 범형적인 덕[20]인데 성서 전체가 이들에 대해 언급하고 있습니다. 아리스토텔레스는 이것들에 대해 아무것도 몰랐지만[21] 고대 철학자와 고상한 철학자들은 이것들에 대해 알고 있었습니다.

---

16 「지혜서」 7:30 이하.
17 「지혜서」 8:1.
18 「지혜서」 8:2.
19 「지혜서」 8:7.
20 사추덕, 즉 실천적 지혜, 정의, 절제, 용기를 말한다.
21 이것은 사실과 다르다. 바로 아래 강연 6, 12에서 이 진술의 오류가 반증된다.

11. Cardinales dicuntur tripliciter: vel quia per ipsas est ingressus ad acquirendum omnes virtutes; vel quia sunt principales, in quibus integratur omnis virtus; vel quia omnis ratio vitae humanae habet dirigi et regulari per eas in quatuor cardinibus mundi minoris, ad similitudinem mundi maioris, quantum ad activam et contemplativam.

12. Philosophus dicit, quod virtus est medium duarum extremitatum, secundum quod sapiens determinabit; est enim in medietate consistens. Virtus enim secundum Augustinum, in libro de Moribus, non est aliud quam modus. Hunc modum prudentia invenit, ut in omnibus non excedas, sed circa centrum consistas. Unde prudentia auriga est virtutum. Unde dicit prudentia: ego inveni modum; et temperantia custodit et dicit: et hoc volebam ego; iustitia distribuit, ut non tantum velit sibi, sed et alteri; et quia postmodum multiplices adversitates eveniunt, fortitudo defendit, ne perdatur modus.

13. Item, secundo dicuntur cardinales, quia secundum actus accipiuntur integrantes virtutes, qui sunt quatuor: modificare per appositionem circumstantiarum, rectificare — est enim recta ratio ducens in finem, coaequans legibus — ordinare, stabilire. Ab hoc dicitur virtus, quia est robur mentis ad bonum faciendum et malum

11. 추덕은 세 가지 방식으로 언급됩니다. 첫째, 이 덕들을 통해서 모든 덕에 도달한다고 합니다. 둘째, 그것들은 그 안에서 모든 덕이 온전해지는 최초의 것이라고 언급됩니다. 셋째, 활동적인 삶과 명상적인 삶에 관한 한 인간 삶의 모든 근거는 대우주와 비슷해지기 위해서 소우주(=인간)의 네 개의 추덕에 의해 이끌려지고 규정되어야 한다고 언급됩니다.

12. 철학자는 덕은 두 가지 극단, 즉 지나침과 모자람의 중용이라고 말합니다.[22] 지혜로운 자는 중용에 따라 결정할 것입니다. 말하자면 덕은 중용에서 성립됩니다. 아우구스티누스는 저서 『풍속에 대하여』에서 덕은 절도 이외의 다른 것이 아니라고 합니다. 신중함(=실천적 지혜)은 이 절도를 알았습니다. 이로써 그대는 모든 일에 있어 초과하지 않고 중심 곁에 머뭅니다. 그러므로 실천적 지혜는 덕의 조종자입니다. 따라서 실천적 지혜는 "나는 절도를 발견했다"라고 합니다. 또 절제는 절도를 준수하고 "나는 이것을 원했다"라고 합니다. 정의는 분배를 통해 사람들이 자기 자신만을 위해서 원할 뿐만 아니라 다른 사람들을 위해서도 원하도록 합니다. 그 후에 많은 역경이 생겼기 때문에 용기는 절도가 무너지지 않도록 방어합니다.

13. 또한, 두 번째 방식으로 이 덕들은 작용에 따라 통합하는 덕으로 파악되기 때문에 추덕이라고 불립니다. 이 덕들의 작용은 [다음과 같이] 네 가지입니다. 주변 상황의 부가에 의해 조절하고, 올바르게 하는 것 ─ 사실 올바르게 하는 것은 목적으로 이끌고 법과 동등하게 만드는 올바른 이성입니다 ─ 그리고 질서를 정하고 견고하게 만드는 것입니다. [인간은] 이런 작용에 따라 덕을 언급하는데, 왜냐하면 덕은 선을 만들고 악을 피하는 정신 능력이기 때문입니다. 절제는 조절하고, 실천

---

22 아리스토텔레스, 『니코마코스 윤리학』 제2권, 제6장.

evitandum. Temperantia modificat, prudentia rectificat, iustitia ordinat, fortitudo stabilit. Et omnes se circumincedunt. Oportet enim, quod temperantia sit prudens, iustitia fortis; item, quod prudentia sit sobria, iusta et fortis etc. Gregorius: Quomodo potest esse fortis, nisi sit prudens? Temerarius est enim qui aggreditur quod super vires est; et ideo virtutes sunt connexae.

14. Item, tertio modo dicuntur cardinales, quia omnis vita hominis his quatuor cardinibus gubernatur; sicut sol habet quatuor aspectus ad quatuor partes mundi, scilicet orientem, meridiem, aquilonem, occidentem, in quibus habet quatuor proprietates. A sole autem omnis vita: in oriente purificat, in meridie illuminat, in aquilone stabilit, in occidente conciliat. Sic Sol iustitiae in oriente mentis ponit sinceritatem temperantiae, in meridie claritatem prudentiae, in aquilone stabilitatem constantiae, in occidente suavitatem iustitiae. — Et hoc modo in Apocalypsi Ioannes describit

적 지혜는 올바르게 하고, 정의는 질서를 만들고, 용기는 견고하게 합니다. 그리고 이것들은 상호 내재적입니다. 절제는 신중하고, 정의는 용감하고, 또한 실천적 지혜는 절도 있고, 정의롭고 용감해야 합니다. 그리고 이렇게 계속 진행됩니다.[23] 그레고리우스는 "사려 깊지 않다면 어떻게 용감할 수 있는가? 자기의 힘을 넘어가는 일을 시작하는 사람은 무모하다. 따라서 덕들은 서로 결합되어 있다"[24]라고 합니다.

14. 또한, 세 번째 방식으로 추덕이라고 불리는 이유는 이렇습니다. 마치 태양이 세상의 네 부분을 향해 네 개의 측면을 갖듯이, 즉 태양의 네 가지 특징인 일출, 정오, 자정(북쪽)과 일몰이 있듯이 인간의 전체적인 삶도 이 네 개의 추덕에 의해 조종되기 때문입니다. 그런데 전체적인 삶은 태양으로부터 옵니다. 태양은 일출 때 삶을 정화하고 정오에는 비추며 밤에는 군건하게 하고 일몰 때는 결합합니다. 이렇게 정의의 태양은 정신의 일출 때 절제의 순결을, 정오에는 신중함의 맑음을, 자정에는 항구성의 견고함을, 일몰 때는 정의의 달콤함을 설정합니다. — 그리고 이

---

23 Thomas Aquinas, *Quaestio disputate de virtutibus cardinalibus*, art.,1, arg.1 참조. "정의롭고, 절제된 그리고 용기 있는 실천적 지혜가 아니라면 참된 실천적 지혜가 아니다. 용기 있고 정의로우며 사려 깊은 절제가 아닌 것은 완벽한 절제가 아니다. 사려 깊고, 절제된, 그리고 정의로운 것이 아니라면 온전한 용기가 아니다. 사려 깊고 용감하며 절제된 것이 아닌 것은 참된 정의가 아니다."

24 Gregorius, *Moralia in Iob*, I, c.8, n.45 [PL 75, 547]; 교황 그레고리우스 1세 (Gregorius I, 540?~604): 대 그레고리우스 혹은 성 그레고리오로 불린다. 이탈리아에서 로마 시장을 지낸 후 교황 펠라지오 2세(재위, 579~590)의 부름을 받고 교황 사절로 동로마 콘스탄티노플에서 체재하였다. 그 후 590년 교황 펠라지오 2세가 사망하자 교황이 되었다. 최초로 수도사 출신의 교황이 되었으며 유례없이 만장일치로 선출되었다. '그레고리우스 성가'는 그의 이름에서 유래한다. 암브로시우스, 히에로니무스, 아우구스티누스와 함께 중세의 네 성인으로 꼽는다. 작품에 『사목규칙서』(*Liber regulae pastoralis*), 『욥기의 윤리 문제』(*Moralia in Iob*), 『복음과 에제키엘서에 대한 강화』(*Homiliae in Evang. et in Ezech*.), 『이탈리아 교부들의 생애와 기적 영혼 불멸에 대한 대화』(*Dialogi de vita et miraculis patrum italicorum et aeternitate animarum*) 등이 있다.

quatuor latera civitatis secundum quatuor virtutes cardinales; et ordinabantur etiam tribus iuxta tabernaculum.

15. Temperantia, quae est ab oriente, sic describitur a Tullio: Temperantia est rationis in libidinem aliosque animi motus non rectos firma et moderata dominatio. Partes eius sunt sobrietas in gustu, castitas in tactu, modestia in ceteris sensibus; quam modestiam vocant theologi disciplinam.

16. Serenitas prudentiae est a meridie, quae sic describitur: Prudentia est bonorum et malorum scientia et utrorumque discretio, cuius partes sunt memoria, intelligentia, providentia. Prudentia enim est de praesentibus, praeteritis et futuris.

17. Fortitudo ab aquilone, quae sic describitur: Fortitudo est aggressio periculorum vel susceptio et eorundem constans et laboriosa perpessio. Cuius partes sunt fiducia, patientia, perseverantia: fiducia in aggrediendo, patientia in sustinendo, perseverantia in perseverando.

18. Item, in occidente suavitas iustitiae, quae est in exhibitione pietatis—volunt enim leges, poenas mitigari; unde finis iustitiae non est severitas, sed benignitas—quae sic describitur: Iustitia est habitus, communi utilitate servata, suam unicuique

런 방식으로 「요한묵시록」에서 요한은 네 개의 추덕에 따라 도시의 네 성벽의 초석을 묘사합니다.[25] 또한 천막 주변에 세 부족이 자리를 잡고 있습니다.

15. 키케로는 일출에서 나오는 절제를 서술했습니다. 절제는 욕망을, 그리고 영혼의 올바르지 않은 어떤 움직임을 이성적으로 확고하고 절도 있게 지배합니다.[26] 맛봄에 있는 절제, 접촉에 있는 순결, 그 외의 감각에 있는 중용이 절제의 부분입니다. 신학자들은 이 중용을 규율이라고 부릅니다.

16. 실천적 지혜의 밝음(안온함)은 정오에 생기는데, 이는 다음과 같이 서술됩니다. 실천적 지혜는 좋은 것과 나쁜 것을 아는 것이고 이 둘을 구분하는 것입니다. 이것의 부분은 기억·지성·통찰입니다. 사실 실천적 지혜는 현재의 것과 과거의 것, 그리고 미래의 것에 관한 것입니다.

17. 용기는 밤에 나오는데, 용기는 위험한 것에 대한 공격 또는 용납이고 위험한 것을 굳건히 참는 것입니다. 용기에는 신뢰, 인내, 백절불굴(百折不屈)이 속합니다. 공격할 때 있는 신뢰, 꾸준함에 있는 인내, 그리고 끝까지 버티는 백절불굴이 속합니다.

18. 또한, 일몰에는 경건함을 드러내는 정의의 달콤함이 있습니다. ─ 사실 법은 처벌이 완화되기를 원하고 이런 이유로 정의의 목적은 엄정함이 아니고 너그러움입니다. ─ 이는 다음과 같이 서술됩니다. 정의는 각자에게 각자의 존엄성을 부여하는 공동의 이익을 위해 봉사하는 태도입니다. 키케로에 따르면, 정의의 부분은 법과 자연, 그리고 관습으로 인

---

25 「요한묵시록」 21:16.
26 Cicero, *Libri rhetorici*, II, c.54.

tribuens dignitatem. Partes eius secundum Tullium sunt ex lege, a natura, ex consuetudine; secundum nos una ordinat ad superiores, alia ad inferiores, tertia ad pares.

19. Hoc totum est per regulam rationis; et sicut sol transiens per duodecim signa dat vitam, sic sol sapientialis, in nostrae mentis hemisphaerio radians et transiens, per has duodecim partes virtutum ordinat vitam nostram; et quantumcumque homo habeat alias scientias, nisi habeat virtutes, non habet vitam; sicut quantumcumque habeas stellas, nisi habeas solem in duodecim signis, non habebis diem.

20. Hae sunt tantae nobilitatis, quod dispositio mundi his correspondet. Virtutes enim configurantur lucis influentiis, quatuor elementorum proprietatibus, quatuor causarum efficaciis, quatuor vitae salubritatibus. — Primo, quatuor lucis principalibus influentiis: lux purgat, illuminat, perficit et stabilit; temperantia purgat, prudentia illuminat, iustitia conciliat, fortitudo roborat.

21. Item, quatuor elementorum proprietatibus: in terra est ariditas adornata, in aqua perspicuitas cum intensione lucis, in aëre subtilitas cum mulcebritate, in igne virtuositas in actione. Prima est temperantia, quae aridum reddit, et tamen ornat et vestit floribus. Prudentia respondet aquae perspicuitati, quae quasi incorporata est luci. Iustitia respondet aëris mulcebritati; aer enim ascendit et descendit, ad dexteram et sinistram movetur. Fortitudo respondet vigori ignis; unde ille loquens de fortitudine dicit: Fortis est ut mors dilectio; dura sicut infernus aemulatio; lampades eius lampades ignis

해 존재합니다. 우리는 정의의 한 부분은 더 위에 있는 것에, 또 다른 부분은 더 아래에 있는 것에, 그리고 세 번째 부분은 동등한 것에 정향되어 있다고 생각합니다.

19. 이것은 전적으로 이성의 규정에 의해서 있습니다. 열두 개의 표징 사이로 통과하는 태양이 생명을 주듯이, 우리 정신의 반구(半球)에서 빛을 발하고 통과하는 지혜의 태양도 덕의 이 열두 개의 부분에 의해 우리 생명을 배열합니다. 그리고 그대에게 수많은 별이 있다고 해도 열두 개의 표징으로 있는 태양이 없다면 나날이 있을 수 없듯이 인간이 엄청난 양의 지식을 소유한다고 해도 그에게 덕이 없다면 그에게는 생명도 없습니다.

20. 세상의 질서가 이 덕에 상응해서 이 덕들은 너무나 고상합니다. 사실 덕은 주입된 빛에 의해서, 원소의 네 가지 특징에 의해서, 원인의 네 가지 작용에 의해서, 삶의 네 가지 강건함에 의해서 형성됩니다. — 첫째, [덕은] 주입된 가장 중요한 네 가지 빛에 의해서 형성됩니다. 빛은 정화하고, 조명하고, 완성하고 견고하게 합니다. 절제는 정화하고, 실천적 지혜는 조명하고, 정의는 통합하고, 용기는 강하게 합니다.

21. 또한, 원소의 네 가지 특징에 의해서 형성됩니다. 땅에는 아름답게 치장된 건조함이 있고, 물에는 빛의 강렬함을 지닌 투명함이 있고, 공기에는 부드럽게 움직이는 것의 섬세함이 있고, 불은 강하게 작용합니다. 첫 번째 것은 건조한 것을 생기게 하는 절제입니다. 그럼에도 절제는 꽃으로 장식하고 옷을 입힙니다. 실천적 지혜는 흡사 빛과 결합된 물의 투명함에 부합합니다. 정의는 공기의 부드러운 움직임에 상응합니다. 실제로 공기는 위아래로, 또 좌우로 움직입니다. 용기는 불의 열기 같습니다. 그래서 용기에 대해 언급한 저 사람(=솔로몬)은 이렇게 말했습니다. "사랑은 죽음처럼 강하고 정열[27]은 저승처럼 억센 것. 그 열기는 불의 열기,

atque flammarum.

22. Item, quatuor causarum efficaciis: efficiens, forma, finis et materia integrant rem. Fortitudo debetur efficienti, prudentia formae; iustitia fini; temperantia materiae, ne defluat.

23. Item, quatuor vitae salubritatibus: subtilitati spirituum, temperantia; vivacitati sensuum, prudentia; robori virium, fortitudo; coaequationi qualitatum, iustitia.

24. Hae virtutes fluunt a luce aeterna in hemisphaerium nostrae mentis et reducunt animam in suam originem, sicut radius perpendicularis sive directus eadem via revertitur, qua incessit. Et haec est beatitudo. Unde primo sunt politicae, secundo purgatoriae, tertio animi iam purgati. Politicae sunt in actione, purgatoriae in contemplatione, animi iam purgati in lucis visione.

25. Et de his agit Salomon, ut dicit Origenes, de politicis in Proverbiis, de purgatoriis in Ecclesiaste, de animi iam purgati in Cantico canticorum. Et in notitiam istarum venerunt nobiles philosophi. Unde Macrobius, narrans sententiam Plotini, dicit sic:

더할 나위 없이 격렬한 불길이랍니다."[28]

22. 또한, [덕은] 원인의 네 가지 작용에 의해서 형성됩니다. 작용인, 형상인, 목적인, 그리고 질료인은 사물을 온전하게 만듭니다. 덕이 사라지지 않도록 용기는 작용에, 실천적 지혜는 형상에, 정의는 목적에, 절제는 질료에 들어섭니다.

23. 또한, 덕은 삶의 네 가지 강건함에 의해서 형성됩니다. 기(氣)의 섬세함에는 절제가, 감각의 생명력에는 실천적 지혜가, 힘의 강함에는 용기가, 능력의 동등함에는 정의가 상응합니다.

24. 수직 광선 또는 직선의 광선이 그것이 지나갔던 동일한 길을 통해 되돌아오듯이, 이 덕은 영원한 빛에서 흘러나와서 우리 정신의 반구로 들어오고 영혼을 근원으로 이끌어갑니다. 그리고 이것이 행복입니다. 따라서 첫째 공공의 덕이 있고, 둘째 정화의 덕이 있고, 셋째 이미 정화된 영혼의 덕이 있는데, 공공의 덕은 행위에, 정화의 덕은 명상에, 이미 정화된 영혼의 덕은 빛의 상에 있습니다.

25. 오리게네스[29]가 말하듯이,[30] 솔로몬은 「잠언」에서 공공의 덕에 대해, 「코헬렛」에서 정화의 덕에 대해, 「아가」에서는 이미 정화된 영혼의 덕에 대해 다룹니다. 그리고 고상한 철학자들은 이 덕을 알게 되었습니다. 따라서 마크로비우스(Ambrosius Theodosius Macrobius)는 플로티노스

---

27 해당 라틴어 원어의 뜻은 질투 또는 시기이다.

28 「아가」8:6.

29 오리게네스(Origenes, 185?~254?) 또는 오리겐(Origen): 그리스의 신학자, 그리스도교 성서 주석학자. 기독교 신비주의에 큰 영향을 끼친 것으로 유명하다. 작품에 『켈수스 논박』(Contra celsum), 『원리론』(De principiis) 등이 있다.

30 Origenes, In prologo in canticum canticorum [PG 13, 61ss.].

Qui aestimant nullis nisi philosophantibus inesse virtutes, nullos praeter philosophos beatos esse pronuntiant. Agnitionem enim rerum divinarum sapientiam proprie vocantes, eos tantummodo dicunt esse sapientes, qui superna acie mentis requirunt et quaerendi sagaci diligentia comprehendunt, et quantum vivendi perspicuitas praestat, imitantur, et in hoc solo dicunt esse exercitia virtutum.

26. Quarum sic officia dispensant: prudentiae esse mundum istum et omnia, quae in mundo sunt, divinorum contemplatione despicere omnemque animi cognitionem in sola divina dirigere; temperantiae, omnia relinquere, in quantum natura patitur, quae corporis usus requirit; fortitudinis, non terreri animam a corpore quodammodo ductu philosophiae recedentem nec altitudinem perfectae ad superna ascensionis horrere; iustitiae, ad unam sibi huius propositi consentire viam uniuscuiusque virtutis obsequium. Atque ita fit, ut secundum hoc tam rigidae definitionis abruptum rerum publicarum rectores beati esse, vel omnino esse non possint.

27. Sed Plotinus, inter philosophiae professores cum Platone princeps, in libro de Virtutibus gradus earum vera et naturali divisionis ratione compositos per ordinem digerit. Quatuor sunt, inquit, quaternarum genera virtutum. Ex his primae politicae vocantur, secundae purgatoriae, tertiae animi iam purgati, quartae exemplares.

의 문장을 말하면서 이렇게 언급합니다.[31] "덕이 철학자 안에만 내재한다고 여기는 사람은 철학자 이외에는 어느 누구도 행복하지 않다고 선포합니다. 사실 이들은 신적인 일에 대한 인식을 본래 지혜라고 부르면서 높은 정신의 통찰력으로써 탐구하고 명민한 집중력으로 부지런히 찾으면서 이해하는 사람들만을 현명한 사람이라고 부릅니다. 그리고 지혜가 삶의 투명함을 능가하는 한 그들은 지혜를 모방하고 오직 이 안에만 덕의 실행이 있다고 말합니다."

26. "덕의 임무는 [다음과 같이] 서로 구분됩니다. 실천적 지혜에는 이 세상과 이 세상에 있는 모든 것이 속하고, 신적인 것에 대한 명상에 의해 모든 인식을 무가치하게 여기는 것이, 영혼의 모든 인식을 오직 신적인 것에 향하도록 하는 것이 속합니다. 자연이 방임하는 한, 육체가 필요해 요구하는 모든 것을 포기하는 것이 절제입니다. 철학이 지도함에 따라 영혼이 육체에서 어떤 방법으로 분리되든 영혼이 놀라지 않는 것, 또한 최고의 것에까지 완전히 상승해 그 정상에서 두려워하지 않는 것이 용기입니다. 이런 덕의 하나에 동의하고 어떤 덕에 순종하겠다고 하는 것이 정의에 속합니다. 이렇게 엄밀한 정의는 국가의 통치자가 복되게 되지 않는 또는 전적으로 통치자가 될 수 없는 위험을 수반합니다."

27. "그러나 시조인 플라톤을 포함해 철학자 가운데 플로티노스는 『덕론』에서 참되고 자연적으로 구분한 근거를 통해 덕의 단계를 질서 있게 설명합니다.[32] 그는 덕의 종류에는 네 가지가 있다고 하는데 첫 번째 종류는 공공의 덕, 두 번째 종류는 정화의 덕, 세 번째 종류는 이미 정화된 영혼의 덕, 네 번째는 범형적인 덕이라고 지칭됩니다."

---

31 Macrobius, I, in: *Somnium Scipionis*, c.8.
32 Plotinos, *Enneaden*, I, 2: περὶ ἀρετῶν.

28. Et sunt politicae hominis, quia sociale animal est. His boni viri reipublicae consulunt, urbes tuentur; his parentes venerantur, liberos amant, proximos diligunt; his civium salutem gubernant; his socios circumspecta providentia protegunt, iusta liberalitate devincunt, hisque sui memores alios fecere merendo.

29. Et est politicae prudentiae ad rationis normam quae cogitat, quaecumque agit, universa dirigere, ac nihil praeter rectum velle vel facere, humanisque actibus tanquam divinis arbitris providere. Prudentiae insunt ratio, intellectus, circumspectio, providentia, docilitas, cautio. — Fortitudinis est animum supra periculi metum agere, nihilque nisi turpia timere, tolerare fortiter vel adversa, vel prospera. Fortitudo praestat magnanimitatem, fiduciam, securitatem, magnificentiam, constantiam, tolerantiam, firmitatem. — Temperantiae est nihil appetere poenitendum, in nullo legem moderationis excedere, sub iugum rationis cupiditatem domare. Temperantiam sequuntur modestia, verecundia, abstinentia, castitas, honestas, moderamen vel moderatio, parcitas, sobrietas, pudicitia. — Iustitiae est servare unicuique quod suum est; et de iustitia veniunt innocentia, amicitia, concordia, pietas, religio, affectus, humanitas. His virtutibus vir bonus primum sui atque inde reipublicae rector efficitur, iuste ac provide gubernans humana, divina non deserens.

30. Secundae, quas purgatorias vocant, hominis sunt, qui divini capax est, solumque animum eius expediunt, qui decrevit se

28. "공공의 덕은 인간의 덕인데, 인간은 사회적인 동물이기 때문입니다. 국가의 착한 사람들은 이 덕을 돌보고 이 덕은 도시를 보호합니다. 덕이 있는 부모들은 존경받고 아이들을 사랑하며 이웃을 좋아합니다. 착한 사람들은 이 덕으로써 도시를 안전하게 이끕니다. 이 덕은 신중하게 공동체에 속하는 사람들을 보호합니다. 덕은 관대하게 정의를 승리로 이끌고, 사람들에게 봉사함으로써 자신을 기억하게 만듭니다."[33]

29. "이성의 규범을 숙고하는 공공의 실천적 지혜는 보편적인 것을 조종하고 올바른 일 이외에는 어떤 것도 원하거나 행하지 않으며 인간의 행위에서, 또한 하느님의 판단에서 예견하는 일은 무엇이든 이행합니다. 실천적 지혜에는 이성, 통찰, 주변을 돌아봄, 섭리, 온순, 조심성이 내재해 있습니다. ― 위험에 대한 공포를 넘어서 정신을 이끌어감, 그리고 모욕을 두려워하는 것이 아니라면 어떤 것도 두려워하지 않는 것, 행복처럼 불행을 용감하게 참는 것이 용기에 속합니다. 용기는 관대함, 신뢰, 안전, 아량, 항구성, 관용, 확고함을 능가합니다. ― 뉘우치게 될 어떤 것도 추구하지 않는 것, 어떤 일에서도 중용의 법을 초과하지 않는 것, 욕정을 이성의 명에 아래 제어하는 것이 절제에 속합니다. 절도, 경외심, 금욕, 순결, 명망, 절제 또는 조절, 관대, 냉정함, 정결이 절제를 따릅니다. ― 각자의 것을 각자에게 확보해 주는 것이 정의에 속합니다. 결백함, 친애, 화목, 경건함, 종교, 정서, 인간성이 정의에서 나옵니다. 이 덕에 의해 착한 사람은 정당하게, 그리고 예견하면서 인간사를 조종하고 또한 신적인 것을 방치하지 않으면서 먼저 자신의 지배자가 되고 그다음 국가의 지배자가 됩니다."

30. "그들이 정화하는 덕이라고 부르는 두 번째 덕은 인간에게 속하는데, 인간에게는 신적인 능력이 있습니다. 이 덕은 육체의 더럽힘에서 자

---

33 베르길리우스, 천병희 옮김, 『아이네이스』, 도서출판 숲, 2007, 제6권, 664쪽.

a corporis contagione purgare et quadam humanorum fuga solis se inserere divinis. Hae sunt otiosorum, qui a rerum publicarum actibus se sequestrant. Harum quid singulae velint, superius expressimus, cum de virtutibus philosophantium diceremus, quas solas quidam aestimaverunt esse virtutes.

31. Tertiae sunt purgati iam defaecatique animi et ab omni mundi huius aspergine presse pureque detersi. Illic prudentiae est divina non quasi in electione praeferre, sed sola nosse et haec tanquam nihil sit aliud, intueri; temperantiae, terrenas cupiditates non reprimere, sed penitus oblivisci; fortitudinis, passiones ignorare, non vincere, ut nesciat irasci, cupiat nihil; iustitiae, ita cum superna et divina mente sociari, ut servet perpetuum cum ea foedus imitando.

32. Quartae sunt exemplares, quae in ipsa divina mente consistunt, quam diximus noun vocari, a quarum exemplo reliquae omnes per ordinem defluunt. Nam si rerum aliarum, multo magis virtutum ideas esse in mente divina credendum est. Illic prudentia est ipsa mens divina; temperantia, quod in se perpetua intentione conversa est; fortitudo, quod semper idem est nec aliquando mutatur; iustitia, quod perenni lege a sempiterna operis sui continuatione non flectitur. — Haec sunt quaternarum quatuor genera virtutum, quae praeter cetera maximam in passionibus habent differentiam sui. Hucusque Plotinus.

신을 정화하고 인간적인 것을 피하며 다만 신적인 것에만 일치하려는 인간 정신을 자유롭게 해줍니다. 이 덕은 공무에서 물러난 한가한 사람의 덕인데 우리는 위에서 철학자의 덕들에 대해 말했을 때 개별적인 덕이 원하는 것을 명시했습니다. 몇몇 사람은 이 덕만을 덕이라고 간주합니다."

31. "세 번째 덕은 이미 정화된 그리고 밝아진 또 이 세상의 모든 더러움으로부터 명확하게, 그리고 깨끗하게 정화된 영혼의 덕입니다. 마치 선택에서 신적인 것을 택하지 않고 신적인 것을 완전히 혼자 인식하고, 다른 어떤 것은 존재하지 않듯이 신적인 것을 통찰하는 것이 실천적 지혜에 속합니다. 현세적인 욕망을 억제하는 것이 아니라 그것을 완전히 망각하는 것이 절제에 속합니다. 화내지 않고 어떤 것도 욕구하지 않도록 격정을 억제하는 것이 아니라 무시하는 것이 용기입니다. 이렇게 높은 곳에 있는 신적인 정신과 결합해서 본받으면서 그 정신과 결합해 모방하면서 영원한 것을 보존하는 것이 정의에 속합니다."

32. "네 번째 덕은 하느님의 정신 자체에 존재하는 범형적인 덕인데 하느님의 정신은 '누스'라고 명명합니다. 그 밖의 다른 것들은 위계에 따라 이 덕의 범형에서 흘러나옵니다. 만약 다른 사물의 이데아가 하느님의 정신에 있다고 믿어져야 한다면 덕의 이데아가 훨씬 더 하느님의 정신에 있다고 믿어져야 하기 때문입니다. 저곳에서 실천적 지혜는 하느님 정신 자체입니다. 스스로 영원한 의도로 돌아서는 것이 절제입니다. 항상 동일하게 있고 결국 변하지 않는 것이 용기입니다. 영원한 법에 의해 하느님의 작품의 영원한 지속성에서 벗어나지 않는 것이 정의입니다. ─ 이 네 가지가 덕의 네 가지 종류인데, 이 덕들은 나머지 것을 제외하고 격정에서 가장 차이가 많이 납니다." 여기까지가 플로티노스의 말입니다.

Collatio VII

De prima visione tractatio quarta,
quae est de triplici defectu virtutum in philosophis,
secundo, de fide sanante, rectificante, ordinante

1. *Vidit Deus lucem, quod esset bona, et divisit lucem a tenebris* etc. Ad explicandam visionem intelligentiae per naturam inditae sumtum est verbum hoc. Et quantum ad hoc, quod esset bona, videre nos fecit et per considerationem scientialem et per contemplationem sapientialem. Per considerationem scientialem, in quantum illustrat ut lux, scilicet ut veritas rerum, ut veritas vocum et ut veritas morum. Per contemplationem sapientialem, in quantum illustrat per influxum radii a luce aeterna in animam, ut videat illam lucem in se ut in speculo; in Intelligentia separata, ut in medio quodam delativo; in luce aeterna, ut in subiecto fontano. — Dictum etiam fuit, quod *divisit lucem a tenebris*, quod quidam

첫째 날의 봄에 대한 네 번째 강연.
철학자들의 덕의 세 가지 결함과 그것을 치유하고, 교정하고, 질서짓는 믿음에 대한 강연

1. "하느님께서 보시니 그 빛이 좋았다. 하느님께서는 빛과 어둠을 가르셨다."[1] 자연에 의한 통찰의 상을 설명하기 위해서 이 (성경) 말씀이 선택되었습니다. '그것이 좋았다'에 관한 한, 하느님께서는 학문적으로 고찰하고 현명하게 직관함으로써 볼 수 있도록 우리를 만드셨습니다. 학문적인 고찰에 의해서는 그분이 [몸소] 빛으로서 비추시는 한, 다시 말해서 그분이 사물의 진리로서, 말씀의 진리로서, 또한 도덕의 진리로서 비추시는 한 [우리가] 볼 수 있도록 하셨습니다. 현명한 직관을 통해서는 영원한 빛에서 광선이 영혼으로 흘러들어 감으로써 빛이 비춘다는 점에서 이 직관은 거울에서 보듯이 그 자체에서 저 빛을 봅니다. 아래로 내려가는 중에 있는 어떤 중재자에서 보듯이 분리된 지성체인 천사에서, 그리고 샘의 근원에서 보듯이 [영원한 빛에서 저 빛을] 봅니다. ─ 더욱이 하느님께서 "빛과 어둠을 가르셨다"라고 언급하였습니다. 왜냐하면 몇몇 사람은 세 가지 진리에 대한 통찰을 은폐하는 이데아를 비난하기 때

---

1 「창세기」1:4. 아래에서 강연 6, 4-6을 요약·설명한다.

ideas impugnaverunt, ex quo triplex intelligentia veritatis occultatur, scilicet veritas artis aeternae, veritas divinae providentiae, veritas ruinae angelicae; quod sequitur, si Angelus perfectionem suam non haberet nisi per motum. Ex quo sequitur triplex caecitas, scilicet de aeternitate mundi, de unitate intellectus, de poena et gloria.

2. Primam videtur ponere Aristoteles, ultimam etiam, quia non invenitur, quod ponat felicitatem post hanc vitam; de media autem dicit Commentator, quod ipse hoc sensit. — De aeternitate mundi excusari posset, quod intellexit hoc ut philosophus, loquens ut naturalis, scilicet quod per naturam non potuit incipere. Quod Intelligentiae habeant perfectionem per motum, pro tanto hoc potuit dicere, quia non sunt otiosae, quia nihil otiosum in fundamento naturae. — Item, quod posuit felicitatem in hac vita, quia, licet sentiret aeternam, de illa se non intromisit, quia forte non erat de consideratione sua. — De unitate intellectus posset dici, quod intellexit, quod est unus intellectus ratione lucis influentis, non ratione sui, quia numeratur secundum subiectum.

문입니다. 이는 영원한 학문의 진리, 신의 섭리의 진리, 그리고 천사의 타락에 대한 진리인데, 이 마지막 진리는 천사가 활동(움직임)을 통해서가 아니라면 완전해지지 않는다는 사실에서 나오는 결론입니다. 이것들에서 세 가지 맹목적 견해가, 즉 세계의 영원성에 대한, 지성의 단일성에 대한, 또 처벌과 영광에 대한 맹목적 견해가 나옵니다.

　2. 아리스토텔레스는 첫 번째 것과 또한 마지막 것을 설정한 것 같습니다. 왜냐하면 우리는 그가 이 지상의 삶 이후에 있을 지복을 가정한 것을 볼 수 없기 때문입니다. 두 번째 것과 관련해 주해자[2]는 자신도 똑같이 생각한다고 말합니다. — 세계의 영원성에 대한 이론과 관련해 그는 책임을 면할 수 있을 것 같습니다. 왜냐하면 그는 자연철학자처럼 말하면서, 이것을 철학자로서 인식했기 때문입니다. 즉 자연으로써 어떤 것도 할 수 없다고 말했습니다. 대신 순수한 정신이 운동을 통해서 완전해졌다는 것을, 자연의 근저에는 어떤 것도 목적이 없는 것이 없기에 자연은 무위(無爲)하지 않다는 것을 말할 수 있었습니다.[3] — 또한 그가 지복을 현재의 삶에 설정한 것도 용서받을 수 있을 것 같습니다.[4] 그가 영원한 것을 감지(感知)했더라도 영원한 삶은 아마도 그의 숙고 대상이 아니었기에 그는 그 삶에 관해 논하지 않았기 때문입니다. — 지성의 단일성에 관해서는 [지성이] 주체에 따라서 셈해지므로[=그 수(數)가 결정되므로], 그것의 근거에 의거해서가 아니라 유입된 빛의 근거를 통해서 하나의 지성이 있다는 것을 인식했다고 언급할 수 있습니다.

2　여기서 '주해자'(Commentator)는 아베로에스를 가리킨다.
3　강연 5, 26 참조. "자연에 있는 모든 것은 목적을 갖는다"라는 아리스토텔레스의 목적론적 세계관을 보여 준다.
4　이런 이유로 토마스 성인은 아리스토텔레스가 말하는 행복을 불완전한 행복으로 간주한다. 완전한 행복은 인간이 죽은 후 천상에서 누리는 행복이다.

3. Sed quidquid senserit, alii philosophi illuminati posuerunt ideas; qui fuerunt cultores unius Dei, qui omnia bona posuerunt in optimo Deo, qui posuerunt virtutes exemplares, a quibus fluunt virtutes cardinales, primo in vim cognitivam et per illam in affectivam, deinde in operativam, secundum illud scire, velle et impermutabiliter operari, sicut posuit nobilissimus Plotinus de secta Platonis et Tullius sectae academicae. Et ita isti videbantur illuminati et per se posse habere felicitatem. – Sed adhuc isti in tenebris fuerunt, quia non habuerunt lumen fidei, nos autem habemus lumen fidei. Unde in prima Petri: Vos estis genus electum, regale sacerdotium, gens sancta, populus acquisitionis, ut virtutes annuntietis eius qui vos de tenebris vocavit in admirabile lumen suum.

4. Illi autem praecipui philosophi posuerunt, sic etiam illuminati, tamen sine fide, per defluxum in nostram cognitionem virtutes cardinales. Quae primo dicuntur politicae, in quantum docent conversationem in mundo; secundo, purgatoriae quantum ad solitariam contemplationem; tertio, purgati animi, ut animam quietari faciant in exemplari. Dixerunt ergo, per has virtutes animam modificari, purgari et reformari.

3. 그러나 아리스토텔레스가 무엇을 생각했든 조명을 받은 철학자들은 이데아를 설정했습니다. 이 철학자들은 유일한 하느님의 숭배자들이 되었고, 모든 선을 최고의 하느님 안에 설정했고, 범형적인 덕을 설정했습니다. 이 덕으로부터 중요한 덕[5]이 흘러나옵니다. 이 덕들은 플라톤학파에서 가장 고상한 플로티노스[6]와 아카데미아 학파의 키케로가 가정했듯이 앎, 원함, 그리고 변할 수 없이 행위함에 따라서[7] 가장 먼저 인식 능력 안으로, 그리고 이 능력을 통해 감정적인 힘 안으로 흘러들어 가고 그다음 행동하는 힘으로 흘러들어 갑니다. 그렇게 이 철학자들은 조명된(깨달은) 사람처럼 보이고 스스로 지복을 소유할 수 있던 것 같습니다. — 그런데 이들은 신앙의 빛을 갖고 있지 않았기 때문에 여전히 어둠 속에 있었습니다. 그러나 우리에게는 신앙의 빛이 있습니다. 따라서 「베드로의 첫째 서간」에서는 "여러분은 '선택된 겨레이고 임금의 사제단이며 거룩한 민족이고 그분의 소유가 된 백성입니다. 그러므로 여러분은' 여러분을 어둠에서 불러내 당신의 놀라운 빛 속으로 이끌어주신 분의 '위업을 선포하게 되었습니다'"[8]라고 합니다.

4. 한편 이렇게 조명을 받은 뛰어난 저 철학자들도 비록 신자는 아니었지만, 우리의 인식 안에 흘러들어 가는 사추덕을 설정했습니다. 이 덕들은 첫째, 세상에서 [사람들 사이의] 교제를 가르친다는 점에서 공공의 덕이라고 불립니다. 둘째, 혼자만의 명상을 가르친다는 점에서 정화의 덕이라고 불리며, 셋째, 이 덕이 범형에서 영혼이 쉬도록 하기 때문에 이미 정화된 영혼의 덕이라고 불립니다. 그러므로 이들은 이 덕에 의해서 영혼이 절제되고, 정화되고, 새로워진다고 말했습니다.

---

5 사추덕을 말한다.
6 Plotinos, *Enneaden*, I, 2.
7 아리스토텔레스의 『니코마코스윤리학』 제2권, 제4장에 따르면, 덕을 위해서는 앎, 원함 그리고 행위함이 요구된다.
8 「베드로의 첫째 서간」 2 : 9.

5. Sed adhuc in tenebris sunt, quia necesse est, ut hae virtutes prius habeant tres operationes, scilicet animam ordinare in finem; secundo, rectificare affectus animae; tertio, quod sanentur morbidi. Has autem operationes non habuerunt in ipsis. – Probatio. Dicit Augustinus in libro de Civitate Dei, quod vera virtus non est, quae non dirigit intentionem ad Deum fontem, ut ibi quiescat aeternitate certa et pace perfecta. Certa aeternitas esse non potest, quae amitti potest; perfecta pax non est nisi in reunione corporis et animae; et hoc certum est. Si enim anima essentialiter inclinationem habet ad corpus, nunquam anima plene quietatur, nisi sibi corpus reddatur. – Philosophi autem ignoraverunt certam aeternitatem. Posuerunt enim et ipsi, quod anima ascendebat per capricornum et descendebat per cancrum, deinde transiens per lacteum circulum, quem nos galaxiam vocamus, obliviscebatur quae superius fiebant, et uniebatur corpori misero sibi aptato, quousque iterum superius rediret. Haec autem est falsa beatitudo, scilicet quod anima esset in beatitudine et postea reverteretur.

5. 그러나 그들은 아직도 어둠 속에 있습니다. 왜냐하면 이 덕들이 세 가지 작용, 즉 첫째, 목적을 향해 영혼을 배열하고, 둘째, 감정을 바로잡고, 셋째, 병든 이들을 치유케 하는 작용을 갖는 것이 필수적이기 때문입니다. 하지만 덕 자체에는 이 작용이 없습니다. ― 증거 [한 가지를 말해 보겠습니다]. 아우구스티누스는 『신국론』에서[9] 인간이 원천인 하느님 안에서 의심의 여지없이 영원히 그리고 완전히 평화롭게 쉴 수 있게 하느님께 향하도록 이끌지 않는 덕은 참된 덕이 아니라고 말합니다. 없어질 수 있는 것은 확실히 영원한 것일 수 없습니다. 완전한 평화는 몸과 영혼의 재결합에만 있고, 이것은 확실합니다. 만약 영혼이 본질적으로 몸으로 기우는 성향을 갖는다면 영혼은 몸이 되돌아오지 않는다면 결코 충분히 휴식을 취하지 않습니다.[10] ― 그런데 철학자들은 확실히 영원한 것을 몰랐습니다. 사실 그들은 영혼이 별자리인 양자리를 통해 올라가고, 게자리를 통해 내려오고,[11] 그다음 우리가 '갤럭시'라고 부르는 은하(銀河)를 통해 건너고, 위에서 일어났던 일을 망각하고, 다시 위로 되돌아갈 때까지 자신에게 적합한 가련한 육체와 결합하게 된다고 가정했습니다. 그런데 영혼이 행복한 상태에 있다가 나중에 [예전의 상태로] 되돌아가는 것은 올바른 행복이 아닙니다.[12]

9 　아우구스티누스, 앞의 책, 2004, 제19권, 25 [PL 41, 656]: "그러므로 스스로 덕성을 갖추었노라고 자부하고 그 덕성으로 육체와 악덕에 명령을 내린다 하더라도, 그것이 하느님이 아닌 다른 것을 획득하고 보존하는 목적에 연관된다면 그것은 덕이라기보다도 차라리 악덕이다. 덕목이 다른 이유로 추구되지 않고 오직 덕목 자체로만 연관된다면 진실하고 고상한 덕목이라고 여길 사람이 있을지 몰라도, 그런 경우는 스스로 으스대는 오만한 덕목일 터이고, 따라서 덕이 아니며 오히려 악덕이라고 단정지어야 한다." 제19권, 제10장: "인간의 덕이 모든 선을 선용하면서도 그 모든 선을 최후의 목적과 관련시킬 때, 다시 말해 선이든 악이든 선용하면서 그 모든 것을 저 최후의 목적과 연관시킬 때, 나아가서는 덕성 그 자체를 저 최후의 목적과 연관시킬 때 그때야말로 덕은 참다운 덕이 된다. 그보다 더 좋고 그보다 더 큰 평화가 없을 만큼 훌륭하고 위대한 평화가 우리에게 주어질 저 최후의 목적 말이다." *De trinitate*, XIII [20, 26]; XIV [1, 3]; [8, 41] 참조.

10 Bonaventura, *Brevil.*, p.7, c.5.

11 인간의 영혼이 천상을 왕래하기 위한 통로이다.

6. Pacem etiam perfectam non cognoverunt, quia non cognoverunt, quod mundus haberet finem, et quod corpora pulverizata resurgant. Nec mirum: quia, cum essent investigatores secundum potentiam rationis, ratio nostra non potest ad hoc pervenire, ut corpora resurgant, ut elementa contraria possint sic conciliata in caelo sine reflexione permanere. Non referebant ergo ad illam vitam, sed in abeunte quadam circulatione ponebant animam. Ignoraverunt ergo fidem, sine qua virtutes non valent ut dicit Augustinus de Trinitate libro decimo tertio, capitulo vigesimo.

7. Secundo oportet affectus ordinatos rectificare per virtutes istas. Affectus autem quatuor sunt: timor, dolor, laetitia, fiducia. Isti autem non rectificantur, nisi sit timor sanctus, dolor iustus, laetitia vera, fiducia certa. Si autem timor superbus, dolor iniustus, laetitia inepta, fiducia praesumtuosa; tunc affectiones sunt obliquae. Virtutes autem istae per se rectificari non possunt. Fiducia enim sive spes est de hoc quod non videtur, ut de beata vita; beata autem vita non datur nisi dignis; dignus autem nullus est, nisi habeat merita sufficientia. Haec per vires liberi arbitrii haberi non possunt nisi per condescensionem Dei, scilicet per gratiam. Non sunt condignae passiones huius temporis ad futuram gloriam.

6. 그들은 더욱이 완전한 평화를 인식하지 않았습니다. 왜냐하면 그들은 세상에 끝이 있다는 것과 재가 된 육체가 부활한다는 것을 인식하지 않았기 때문입니다. 이것은 놀라운 일이 아닙니다. 그들은 이성의 능력에 따라 탐구하는 사람들이었는데, [실상] 우리의 이성은 육체가 부활한다는 것을 또한 반대 요소가 결합되어서 기울지 않고, 서로 변하지 않고 천상에 머물러 있을 수 있다는 것을 인식할 수 없기 때문입니다. 그러므로 철학자들은 저 천상의 삶을 언급하지 않았고, 영혼이 순환하는 가운데 사라져간다고 생각했습니다. 따라서 그들은 아우구스티누스가『삼위일체론』제13권 제20장에서 말하듯이,[13] 그것이 없으면 덕도 아무 가치가 없는 믿음을 몰랐습니다.

7. 둘째, 조화로운 감정은 이 덕에 의해 올바르게 되어야 합니다. 그런데 감정은 두려움, 슬픔, 기쁨 그리고 신뢰, 이렇게 네 가지입니다. 그런데 덕은 두려움이 거룩하지 않거나 고통이 정의롭지 않거나 기쁨이 참되지 않거나 신뢰가 확고하지 않다면 올바른 것이 아닙니다. 한편 만약 두려움이 교만하다면 고통이 정의롭지 않고 기쁨이 적절하지 않고 신뢰가 주제넘은 것이라면 이때 감정은 비뚤어진 감정입니다. 그런데 이 덕은 그 자체 올바르게 될 수 없습니다. 사실 복된 삶처럼 있지 않은 것을 [우리는] 신뢰하거나 희망합니다. 그런데 복된 삶은 [그것을 누릴] 자격이 있는 사람에게만 주어집니다. 그리고 충분한 공로가 있는 사람만이 자격이 있습니다. 이 공로는 하느님의 관대하심, 곧 은총에 의해서만 주어지며 자유의지의 힘에 의해서는 주어질 수 없습니다. "장차 우리에게 계시될 영광에 견주면, 이 시대에 우리가 겪는 고난은 아무것도 아니라고 생각합니다."[14]

---

12 Macrobius, in: *Somnium Scipionis*, c.12.

13 Augustinus, *De trinitate*, XIII [20, 26]; 아우구스티누스, 앞의 책, 2004, 제12권 [21, 1]: "항상 가고 항상 되돌아오는 일정한 순환 속에 우리는 거짓 행복과 진짜 불행을 번갈아 거치게 되는데, 부단한 유전으로 무궁한 지복과 불행을 겪는다."

8. Tertio necesse est, affectus sanari, ut rectificentur. Non sanatur autem aliquis, nisi cognoscat morbum et causam, medicum et medicinam. — Morbus autem est depravatio affectus. Haec autem est quadruplex, quia contrahit ex unione ad corpus anima infirmitatem, ignorantiam, malitiam, concupiscentiam; ex quibus inficitur intellectiva, amativa, potestativa; et tunc infecta est tota anima. Has omnino non ignoraverunt, nec omnino sciverunt. Videbant enim hos defectus, sed credebant, eos esse in phantasia, non in potentiis interioribus. Credebant enim, quod sicut sphaera movetur contra sphaeram, sic phantasia moveret et inclinaret ad exteriora, sed intellectus naturaliter ad superiora; et tamen decepti fuerunt, quia hae infirmitates in parte intellectuali sunt, non solum in parte sensitiva: intellectiva, amativa, potestativa infectae sunt usque ad medullam.

9. Morbum nesciverunt, quia causam ignoraverunt. Si enim, ut dicunt philosophi, anima naturaliter unitur corpori, non contrahit morbum — aliter Deus res dissiparet, non conservaret — hoc tamen fit per culpam a principio originali, scilicet Adam. Hoc autem, quod Adam comedit lignum vetitum, per rationem sciri non potest nisi per auditum; et ideo fides necessaria est. Ad causam ergo morbi non venerunt, quia Prophetis non crediderunt; ut dicit Augustinus de Trinitate libro decimo tertio, capitulo decimo nono:

8. 셋째, 감정이 올바르도록 감정을 치유하는 것이 필수적입니다. 그런데 병과 [그] 원인, 의사와 치료를 인식하지 않는 사람은 치유되지 않습니다. ─ 병은 감정의 왜곡(비틀림)입니다. 이 비틀림은 네 가지이고, 이들은 육체와 결합할 때 영혼이 초래하는 나약함, 무지, 악의, 욕정입니다.[15] 이것에 의해 통찰하는, 사랑하는, 능력이 있는 영혼이 감염됩니다. 그다음 영혼 전체가 감염됩니다. 그들[=철학자들]은 이것들을 완전히 모르지 않았지만, 완전히 알지도 못했습니다. 사실 그들은 이 결함을 보았지만, 이 결함이 내적인 능력에 있는 것이 아니라, 표상 상에 있다고 믿었습니다. 다시 말해서 그들은 [감각 세계의] 영역이 [정신 세계의] 영역에 거슬러 움직이듯이, 판타지아가 움직이고 외적인 것으로 기울고 통찰은 자연적으로 더 위에 있는 것에 기운다고 믿었습니다. 그들은 기만당했습니다. 이런 나약함이 감각적인 부분에뿐만 아니라 이성적인 부분에도 있기 때문입니다. [그로 인해] 통찰하는, 사랑하는, 능력을 지닌 부분은 뼛속까지[=철저히] 기만당했습니다.

9. 그들은 원인을 몰랐기에 악습도 몰랐습니다. 철학자들이 말하듯 영혼이 자연적으로 육체와 결합된다면 병을 초래하지 않습니다. ─ 그렇지 않다면 하느님은 사물을 흩어지게 하고, 보존하지 않으실 것입니다. ─ 그럼에도 이것은 처음에 원죄에 의해, 즉 아담에 의해 생긴 것입니다. 아담이 금지된 나무[의 열매]를 먹었다는 것은[16] 들음에 의해서 알 수 있는 것이지 이성에 의해서 알 수 있는 것은 아닙니다. 그러므로 믿음이 필수적입니다.[17] ─ 아우구스티누스가 『삼위일체론』 제13권 제19장

---

14 「로마 신자들에게 보낸 서간」 8:18; 8:24: "사실 우리는 희망으로 구원을 받았습니다. 보이는 것을 희망하는 것은 희망이 아닙니다. 보이는 것을 누가 희망합니까?" Beda, *In Luc.*, 10, 30 [PL 92, 469] 참조.

15 Bonaventura, *Brevil.*, p.3, c.5 참조.

16 「창세기」 3:6.

17 '말씀을 들음'과 '믿음'의 관계에 대해 언급하고 있는 문장이다. 「로마 신자들에게 보낸 서간」 10:17: "믿음은 들음에서 오고 들음은 그리스도의 말씀으로 이루어집니다."

Illi gentium philosophi praecipui, qui invisibilia Dei per ea quae facta sunt, intellecta conspicere potuerunt; tamen, quia sine Mediatore, id est sine homine Christo, philosophati sunt, quem nec venturum Prophetis nec venisse Apostolis crediderunt, veritatem detinuerunt in iniquitate.

10. Item, medicum non cognoverunt; cum enim morbus fuerit ex crimine laesae maiestatis, punitio debuit esse gravissima. Nullus ergo potuit sanare, nisi esset Deus et homo, qui posset satisfacere; in quo nec fuit concupiscentia, nec natus per legem naturae, sed de Virgine. Quod autem ille esset medicus, ostendit per exempla virtutis, per documenta veritatis, per incitamenta amoris, per remedia salutis. Iste medicus sanat omnia; etenim neque herba neque malagma sanavit eos, sed tuus, Domine, sermo, Verbum incarnatum, crucifixum, passum; et post misit Spiritum sanctum, qui illabitur cordibus nostris.

11. Haec ergo est medicina, scilicet gratia Spiritus sancti. Hunc medicum et hanc gratiam philosophia non potest attingere. Quid ergo gloriaris, qui nescis per scientiam tuam nec infirmitatem tuam nec eius causam nec medicum nec medicinam?

에서 언급하듯이, 그들이 예언자를 믿지 않았기 때문에 그들은 병의 원인에 이르지 못했습니다. "피조물을 통해 하느님의 비가시성을 알아보고 깨달을 수 있던 저 유명한 이방인의 철학자들은 그럼에도 중재자 없이, 다시 말해 사람이신[=사람이 되신] 그리스도 없이 철학을 했습니다. 그래서 그들은 예언자들에겐 [장차] 오실 분이자 사도들에겐 이미 오신 그분을 믿지 않았고, 진리를 불의하게 붙잡아 두었습니다."[18]

10. 또한, 그들은 의사를 알지 못했습니다. 병이 [하느님의] 위엄에 상처를 입히는 범죄에서 생겨났기 때문에, 징벌은 가장 무거워야 했습니다. 그러므로 속죄할 수 있는 사람인 하느님[=그리스도]이 아니고서는 어느 누구도 치료할 수 없었습니다. 그분 안에는 욕정도 없었고, 그분은 자연의 법에 따라서 태어난 것이 아니라 처녀의 몸에서 태어났습니다.[19] 그런데 그가 의사라는 사실은 덕을 본받음으로써, 진리를 증거함으로써, 사랑에 대한 충동에서, 구령(求靈)이라는 치료제에 의해서 드러납니다. 이 의사는 모든 사람을 치료합니다. 그분은 그들을 약초나 연고로 치료하지 않고, "주님, 모든 사람을 고쳐주는 당신의 말씀"[20]으로 치료했습니다. 그분은 육화된, 십자가에 못 박힌, 수난을 받은 말씀입니다. 그리고 그 후에 그분은 우리 마음에 흘러드는 성령을 보내셨습니다.

11. 그러므로 이 치료제는 성령의 은총입니다. 철학은 이 의사와 이 은총을 다룰 수 없습니다. 그런데 지식에 의해서는 그대의 나약함도, 그 나약함의 원인도, 의사도, 치료제도 모르는 그대가 무엇을 자랑합니까?

참조.

18 Augustinus, *De trinitate*, XIII [19];「로마 신자들에게 보낸 서간」1:20 : "세상이 창조된 때부터, 하느님의 보이지 않는 본성, 곧 그분의 영원한 힘과 신성을 피조물을 통하여 알아보고 깨달을 수 있게 되었습니다."

19 Bonaventura, *Brevil.*, p.4, c.1; c.3.

20 「지혜서」16:12.

12. Isti philosophi habuerunt pennas struthionum, quia affectus non erant sanati nec ordinati nec rectificati; quod non fit nisi per fidem. Unde primo posuerunt falsam beatitudinis circulationem; secundo, falsam praesentium meritorum sufficientiam; tertio, internarum virium perpetuam incolumitatem. In has tres tenebras inciderunt.

13. Fides igitur, purgans has tenebras, docet morbum, causam, medicum, medicinam; sanat animam, ponendo meritorum radices in Deo, cui placeat; et sic proficit per fidem in spem certam per meritum Christi, non praesumtuose. Sanat ergo, rectificat et ordinat; hoc modo anima potest modificari, rectificari et ordinari. Has radices ignoraverunt philosophi. Fides ergo sola divisit lucem a tenebris. Unde Apostolus: Eratis enim aliquando tenebrae, nunc autem lux in Domino. Fides enim, habens spem et caritatem cum operibus, sanat animam et ipsam sanatam purificat, elevat et deiformat. Modo sumus in vera luce; non sic illi qui somniant, qui accipiunt falsa pro veris, ut idolum pro Deo.

12. 이 철학자들은 타조의 깃털을 갖고 있습니다.[21] 왜냐하면 감정은 치유되지도 않고, 정돈되지도 않고, 올바로 되지도 않았기 때문입니다. 이는 믿음에 의해서가 아니라면 이루어지지 않습니다. 따라서 그들은 첫째, 행복이 순환한다고 설정했는데, 이는 옳지 않습니다. 둘째, 현재의 보상(공로)이 충분하다고 했는데, 이것도 옳지 않습니다. 셋째, 내적인 능력이 영원히 안전하다고 했습니다. 그들은 이 세 가지 어둠 안으로 떨어졌습니다.

13. 이 어둠을 없애는 신앙은 병을, [병의] 원인을, 의사를, 치료약을 알려 줍니다. 신앙은 공덕의 뿌리가 하느님 안에 있다고 가정하면서 그분의 마음에 드는 영혼을 치유합니다. 그리고 이렇게 영혼은 주제넘게 굴지 않으면서 신앙을 통해서 그리스도께서 보상하리라는 확실한 희망으로 나아갑니다. 따라서 신앙은 치유하고, 올바르게 하며 질서를 정합니다. 영혼은 이 방식에 의해 조절할 수 있고, 올바로 할 수 있으며 배열할 수 있습니다. 철학자들은 이 뿌리를 몰랐습니다. 그러므로 신앙만이 빛과 어둠을 구분합니다. 사도는 "여러분은 한때 어둠이었지만 지금은 주님 안에 있는 빛"[22]이라고 합니다. 사실 희망과 실천하는 사랑을 갖는 믿음은 영혼을 치유하고, 치유된 영혼 자체를 정화하며 고양하고 하느님을 닮게 합니다. 우리는 하느님 대신 우상을 받아들이듯 진리 대신 거짓을 받아들이는 잠자는 사람들처럼 있지 않고, 오직 참된 빛 안에 있을 것입니다.

---

21 원유동, 앞의 책, 2008, 54쪽 참조. 보나벤투라는 "순수 이성을 바탕으로 하는 철학자를 '타조'(駝鳥)에 비유한다. 타조는 날개가 있어도 날 수 없고, 단지 빨리 달릴 수 있을 뿐이다." 타조는 날개가 퇴화하여 날지 못하지만 달리는 속도는 시속 70킬로미터 이상이다. 특히 넓적다리와 겨드랑이, 머리와 목의 2/3가량은 깃털이 퇴화되어 벌거숭이처럼 보이는데 포유류의 짧은 털 같은 깃털이 성기게 나 있다.
22 「에페소 신자들에게 보낸 서간」 5 : 8.

14. Notandum autem, quod sola caritas sanat affectum. Amor enim, secundum Augustinum, de Civitate Dei, radix est omnium affectionum. Ergo necesse est, ut amor sit sanatus, alioquin omnes affectus sunt obliqui; non sanatur autem nisi per divinum amorem, qui amor divinus est purus, providus, pius et perpetuus: purus respectu temperantiae, providus respectu prudentiae, pius respectu iustitiae et perpetuus respectu fortitudinis. Caritas ergo est finis et forma omnium virtutum et fundatur super spem de corde puro et fide non ficta.

15. Hae ergo virtutes informes et nudae sunt philosophorum, vestitae autem sunt nostrae. Vestiri autem debent auro amoris, quia omnes parietes templi vestiti erant auro; similiter oleo unctionis, quia omnia vasa oleo unctionis sanctificata erant. Et sic non dividuntur. —Nox praecessit, dies autem appropinquavit etc. Induamur ergo arma lucis, scilicet quatuor virtutes fide originatas, spe sublevatas et caritate completas. —Hae quatuor virtutes sic vestitae designantur per quatuor flumina paradisi, per quatuor latera civitatis, per quatuor

14. 사랑만이 감정을 치유한다는 점에 주목해야 합니다. 아우구스티누스가 『신국론』에서 가르치듯이,[23] 사실 사랑은 모든 감정의 뿌리입니다. 그러므로 사랑이 치유되어야 합니다. 그렇지 않다면 모든 감정은 비뚤어집니다. 그런데 감정은 하느님의 사랑에 의해서가 아니라면 치유되지 않습니다. 하느님의 사랑은 순수하고 신중하고 경건하고 영원합니다. 이 사랑은 절제의 관점에서 순수하고 실천적 지혜의 관점에서 신중하고 정의의 관점에서 경건하고 용기의 관점에서 영원합니다. 그러므로 사랑은 모든 덕의 목적이며 형상이고 깨끗한 마음과 진실한 믿음에서 나오는 희망에 근거합니다.[24]

15. 그러므로 모양도 없고 벌거벗은 이 덕은 철학자에게 속하는 덕입니다. 그런데 우리들[=그리스도 신자들]의 덕[25]은 옷을 입고 있습니다. 이 덕은 사랑의 금으로 덮여 있는데, 성전의 모든 벽도 순금으로 입혀졌기 때문입니다.[26] 이와 비슷하게 모든 그릇이 성별 기름으로 축성되었기 때문에 이 덕은 성별 기름으로 축성됩니다.[27] 이렇게 덕들은 나누어지지 않습니다. ─ "밤이 물러가고 낮이 가까이 왔습니다. 그러니 어둠의 행실을 벗어버리고 빛의 갑옷을 입읍시다."[28] 그러니 우리는 빛의 무기를 갖추도록 합시다. 즉 믿음에서 유래한, 희망에 의해 고양된, 사랑에 의해 완성된 네 개의 덕을 갖추도록 합시다. ─ 이렇게 옷을 입은 이 네 가지 덕은 낙원의 네 개의 강에 의해 특징지어지고 도시의 네 벽에 의해, 천막

---

23 아우구스티누스, 앞의 책, 2004, 제14권 [7, 2]; 아우구스티누스, 박주영 옮김, 『행복론』, 누멘, 2010: "그렇다면 어떤 사람이 그가 좋아하는 것을 잃을 수 있다고 해도 두려워하지 않을 수 있는가?"; Bonaventura, *Brevil.*, p.3, c.9.
24 「티모테오에게 보낸 첫째 서간」 1:5: "그러한 지시의 목적은 깨끗한 마음과 바른 양심과 진실한 믿음에서 나오는 사랑입니다."
25 믿음·희망·사랑을 말한다.
26 「열왕기 상권」 6:20; 6:22.
27 「탈출기」 30:25.
28 「로마 신자들에게 보낸 서간」 13:12.

ornamenta tabernaculi, et hoc ut sunt originatae, informatae et stabilitae.

16. Per quatuor flumina paradisi, in quantum originantur a fide. Flumen est gratia Spiritus sancti diffusi in has quatuor virtutes: Phison respondet temperantiae, Gehon prudentiae, Tigris fortitudini; Euphrates iustitiae. Phison respondet rationali, Gehon concupiscibili, Tigris irascibili, Euphrates toti animae.

17. Item, in quantum informantur caritate, designantur per quatuor ornamenta tabernaculi, quae erant quatuor cortinae, pelles hyacinthinae, saga cilicina et pelles arietum rubricatae. Cortina respondet temperantiae, pelles hyacinthinae caelestis coloris prudentiae, saga cilicina iustitiae, pelles arietum rubricatae fortitudini. — Vel sic: in ornamento templi fuerunt quatuor colores: byssinus, in quo temperantia; hyacinthinus, in quo prudentia; purpureus, indumentum regale, iustitia; coccineus, hoc est flammeus, fortitudo. Ornant ergo domum per quatuor latera. — Item, stabiliunt et introducunt per portam, per quatuor latera civitatis, stabilitae per spem ad normam aequalem.

의 네 가지 장식에 의해 표시됩니다. 그래서 그것은 생산되고 형성되고 확고하게 되었습니다.

16. 믿음에서 기원한다는 점에서 낙원에 있는 네 개의 강에 의해서 특징지어집니다. 강은 이 네 개의 덕으로 퍼지는 성령의 은총입니다. 피손 강은 절제에, 기혼 강[29]은 실천적 지혜에, 티그리스 강은 용기에, 유프라테스 강[30]은 정의에 상응합니다. 피손 강은 이성적인 것에, 기혼 강은 탐욕적인 것에, 티그리스 강은 분노하는 것에, 유프라테스 강은 영혼 전체에 상응합니다.

17. 또한 사랑에 의해 형성된다는 점에서 [이 덕들은] 천막의 네 가지 장식을 통해 드러납니다. 이 장식은 네 개의 휘장과 히아신스의 외피, 고행의 망토와 붉게 물들인 숫양 가죽입니다.[31] 휘장은 절제에, 히아신스의 외피는 천상의 다채로움을 지닌 실천적 지혜에, 고행의 망토는 정의에, 붉게 물들인 숫양 가죽은 용기에 상응합니다. ── 또 신전을 장식하는 네 개의 색이 있습니다. 아마포 색에는 절제가, 히아신스에는 실천적 지혜가, 왕의 옷인 자줏빛에는 정의가, 진홍색, 즉 불빛의 색에는 용기가 상응합니다. 그러므로 이들은 네 개의 벽으로 성전을 장식합니다. ── 또한, 덕은 견고하게 하고, 희망에 의해 확고해져서 대문을 통해, 도시의 네 개의 성벽을 통해[32] 동등한 규정으로 이끕니다.

---

29 강물이 끊임없이 요동을 치기 때문에 파란(波瀾, 기혼)이란 이름을 얻었다.
30 첫 번째 강의 이름은 피손 강, 두 번째 강의 이름은 기혼 강, 세 번째 강의 이름은 티그리스 강, 네 번째 강의 이름은 유프라테스 강이다. Augustinus, *De Genesi contra Manichaeos*, II, c.10, n.13: "quatuor flumina paradisi quatuor virtutibus ita adaptat, ut Phison respondeat prudentiae, Gehon fortitudini, Tigris temperantiae, Euphrates iustitiae."; 「창세기」 2:10 이하 참조.
31 「탈출기」 26:1.
32 「요한묵시록」 21:16; 강연 6, 14.

18. Adiunctis ergo tribus virtutibus, scilicet fide, spe et caritate, consurgunt in septenarium designatum per septem stellas, per septem mulieres et per septem panes evangelicos; et hoc in quantum sunt fulgidae, fecundae, vigorosae. In quantum sunt fulgidae, per septem stellas. Unde in Iob: Nunquid coniungere valebis micantes stellas pleiadas, aut gyrum arcturi dissipare? Pleiades sunt illae septem stellae coniunctae, quasvulgus gallinam cum pullis vocat. Hae virtutes faciunt gyrum imperturbabilem.

19. Secundo, ut fecundae, per septem mulieres. Isaias: Apprehendent septem mulieres virum unum in die illa, dicentes etc.

18. 따라서 세 개의 덕인 믿음·희망·사랑에 결합되어서 추덕은 일곱 개 별에 의해,[33] 일곱 명의 여자에 의해[34] 그리고 일곱 개의 복음의 빵에 의해[35] 일곱 개의 지정된 것으로 상승합니다. 그리고 그것들이 빛나고 풍부하고 원기 왕성하다는 점에서 이렇습니다. 그것들이 빛난다는 점에서 일곱 개의 별이 빛나게 합니다. 따라서 [주님께서는] 욥에게 "너는 빛나는 칠요성(七曜星)을 끈으로 묶을 수 있느냐? 또 목동자리의 원을 풀 수 있느냐?"[36]라고 합니다. 플레이아데스[37]는 저 일곱 개의 별과 결합되어 있는데, 사람들은 이들을 병아리와 함께 있는 암탉이라고 부릅니다. 이 덕은 변하지 않는 주기를 만듭니다.

19. 둘째, 그 덕은 일곱 명의 여자들을 통해 다산의 덕이 되기 때문에 일곱 여자에 의해 상승합니다. 이사야는 "그날에 여자 일곱이 남자 하나

---

33 「요한묵시록」 3 : 1.

34 「이사야서」 4 : 1.

35 「마태오복음서」 15 : 34.

36 「욥기」 38 : 31 : 우리말 성경에는 "너는 묘성을 끈으로 묶을 수 있느냐? 또 오리온자리를 매단 밧줄을 풀 수 있느냐?"로 되어 있다. 그러나 'Arcturus'는 목동성좌, 목동자리이므로 우리말 성경을 따르지 않았다. Gregorius, *Moralia in Iob*, XXIX, n.31 [PL 76, 515 이하] 참조. 불가타 성경에는 'dissipare' 앞에 'poteris'가 있다.

37 아틀라스(Atlas)와 플레이오네(Pleione)에게는 일곱 딸이 있었는데, 플레이아데스들이라고 불린다. 이들은 알퀴오네(Alcyone), 메로페(Merope), 켈라이노(Celaeno), 엘렉트라(Electra), 스테로페(Sterope), 타위게타(Taygeta), 마이아(Maia)로서 별이 되어 황소좌 무릎 앞에 옮겨졌다. 다른 자매들이 신들의 아내가 된 반면 메로페만이 인간 시시포스(Sisyphos)의 아내가 된 것을 부끄럽게 여겨 흔히 숨어버리는 까닭에 플레이아데스 성단에서 육안으로는 별이 보통 여섯 개로만 보인다고 한다. 플레이아데스들이 그들의 어머니와 함께 사냥꾼 오리온한테 계속 쫓기게 되자 제우스가 그들을 불쌍히 여겨 하늘의 별자리로 만들었다고 한다. 그들의 어머니 이름 플레이오네에서 플레이아데스들이란 이름이 나왔다고도 하고, 그리스어(πλεῖν)에서 유래했다고도 한다(아폴로도로스, 천병희 옮김, 『원전으로 읽는 그리스 신화』, 도서출판 숲, 2004, 237쪽, 각주 139 참조). 또 다른 뜻으로 플레이아데스 성단, 칠요성으로 번역하기도 한다.

Virum, quia faciunt hominem virilem; et unum, quia non dividunt eum, sed stabilem faciunt et fecundum.

20. Tertio, in quantum vigorosae designantur per septem panes evangelicos, ex quibus pascitur universitas electorum. In philosophis hae quatuor virtutes fuerunt lapides, sed modo sunt septem panes vitae. Panes Moysi quinque fuerunt hordeacei, sed septem panes frumenti in doctrina evangelica ex adipe frumenti.

21. Item, quatuor cardinales ducas in tres theologicas, et sic sunt duodecim, quia prudentia debet esse fidelis, fidens et amans; et sic de aliis. Et designantur per duodecim fontes, per duodecim lapides pretiosos in vestimento Pontificis, per duodecim portas civitatis: et hoc, in quantum inchoant, promovent et perducunt. — Primo, per duodecim fontes, quia, ut se circumincedunt, faciunt

를 붙잡고 애원하리라"[38]라고 합니다. 이 여자들이 남자를 남자답게 만들기 때문에 한 남자를, 그리고 남자를 나누지 않고 강한, 다산의 남자로 만들기에 한 남자를 붙잡을 것입니다.

20. 셋째, 원기 왕성한 것이 복음의 일곱 개 빵에 의해 묘사된다는 점에서 덕이 상승합니다. 이 빵으로 선택된 자들의 공동체가 부양됩니다. 철학자들에게 이 네 개의 덕은 돌이었습니다. 그런데 그것들은 삶의 빵 일곱 개일 뿐입니다. 모세의 빵 다섯 개는 보리빵이었습니다.[39] 그러나 이것은 밀의 정수(精髓)로 만든 밀로 만든 빵 일곱 개입니다.

21. 또한, 세 가지 신덕으로 이끌린 사추덕은 열두 개가 됩니다. 왜냐하면 실천적 지혜는 진실한 것, 믿는 것, 그리고 사랑하는 것이어야 하기 때문입니다. 다른 것들에 대해서도 이렇습니다. 그리고 열두 개의 샘을 통해서[40] 교황의 옷에 붙어 있는 열두 개의 보석을 통해서[41] 또한 열두 개의 성문을 통해서 정해집니다.[42] 또 이것은 이들이 시작하는 한 앞으로 움직이고 끝까지 밀고 갑니다. — 첫째, 열두 개의 근원에 의해서 정해집니다. 왜냐하면 이들은 서로에게 다가가 깨끗한 영혼을 만들기 때문입니

---

38 「이사야서」4:1.
39 「요한복음서」6:9: "여기 보리빵 다섯 개와 물고기 두 마리를 가진 아이가 있습니다만." 이 부분에 대해 아우구스티누스는 *In Evangelium Ioannis tractatus*, 24, n.5 에서 다음과 같이 말한다. Augustinus ait: Breviter ut curramus, quinque panes intelliguntur quinque libri Moysi; merito non triticei, sed hordeacei; quia ad vetus testamentum pertinent. Nostis autem hordeum ita creatum, ut ad medullam eius vix perveniatur; vestitur enim eadem medulla tegmine paleae, et ipsa palea tenax et inhaerens, ut cum labore exuatur. Talis est littera veteris testamenti, vestita tegminibus carnalium sacramentorum etc.; 「시편」81:17: "나 그들에게 기름진 참밀을 먹게 하고 [⋯⋯]"; 147:3 참조; 우리말 성경에서는 147:14: "기름진 밀로 너를 배불리신다."
40 「탈출기」15:27;「민수기」33:9.
41 「탈출기」28:17-21.
42 「요한묵시록」21:12·21. 덕의 성삼위 상호 내재성에 대해서는 강연 6, 13 참조; 같은 곳 14.

animam mundam. —Secundo, per duodecim lapides, quia ornant animam in omnibus virtutibus in pectore, sicut illi lapides in pectore Pontificis. —Tertio, per duodecim portas, in quantum introducunt: nam ad orientem sinceritas temperantiae, ad meridiem serenitas prudentiae, ad aquilonem stabilitas constantiae, ad occidentem suavitas iustitiae.

22. Ulterius, istae virtutes duodecim, geminatae in prosperis et in adversis, designantur per viginti quatuor horas, duodecim in nocte adversitatis, et duodecim in die prosperitatis. —Item, geminatae per activam et contemplativam; et sic per viginti quatuor seniores, qui modo volvuntur ad actionem, modo ad contemplationem, quia faciunt sensatum et maturum. —Item, per contemplativam practicam et speculativam; et sic per viginti quatuor alas quatuor animalium, quorum quodlibet senas alas habet. [Animam in excessum mentis evolare faciunt et a se in Dei thronum deficere, et sic efficitur sedes Dei.] Et in hoc terminatur prima visio et opus primae diei.

다. ─ 둘째, 열두 개의 돌을 통해서 정해집니다. 왜냐하면 이들 돌은 교황의 마음에 있는 저 돌처럼 마음에 있는 모든 덕으로 영혼을 장식하기 때문입니다. ─ 셋째, 그것들이 안으로 이끄는 한 열두 개의 문을 통해서 정해집니다. 확실히 절제의 순수성은 동쪽(일출)으로, 사려 깊음(실천적 지혜)의 안온함은 정오를 향해, 굳건함의 항구성은 북쪽(일몰)으로, 정의의 달콤함은 서쪽으로 이끕니다.

22. 저 열두 덕은 마침내 행복과 불행에 의해 두 배로 되어서 열두 시간 동안 불행인 밤에 의해, 열두 시간 동안 행복인 낮에 의해 스물네 시간이 됩니다. ─ 또한 활동적인 덕과 명상적인 덕에 의해 두 배로 됩니다. 때로는 행위를 위해, 때로는 명상을 위해 움직이는 스물네 명의 원로에 의해서 그렇듯이 말입니다.[43] 왜냐하면 이들은 지혜롭게 또한 원숙하게 만들기 때문입니다. ─ 또한 실천적인 직관(명상)과 사변적인 명상에 의해서 정해집니다. 그리고 그 네 생물의 스물네 개의 날개를 통해서 그렇습니다. "그 네 생물은 저마다 날개를 여섯 개씩 가졌다."[44] [이들은 정신의 무아지경에 있는 영혼이 상승하도록 하고 자기로부터 하느님의 왕관 안으로 사라지고 이렇게 하느님의 자리를 만들게 합니다.] 첫 번째 봄(환상)과 첫날의 작업이 여기에서 끝납니다.

---

43 「요한묵시록」 4:4; 5:8 이하; 11:16; 19:4.
44 「요한묵시록」 4:8: "Et quatuor animalia, singula eorum habebant alas senas."

De secunda visione, scilicet intelligentiae per fidem sublevatae,
tractatio prima, quae agit de altitudine fidei.

1. *Vocavit Deus firmamentum caelum; factum est vespere et
mane, dies secundus.* Sequitur opus secundae diei, quae est secunda
visio intelligentiae per fidem sublevatae, et de ea non dicitur: vidit,
sed vocavit. Ad litteram hoc caelum est sublime, stabile et spectabile:
sublime quantum ad situm, stabile quantum ad formam, spectabile
quantum ad claritatem. Sublime est; unde in Proverbiis: *Caelum
sursum, et terra deorsum;* hoc ipso, quod caelum est nobile, in ordine
universi superiorem locum obtinet, et terra infimum. —Est etiam
stabile quantum ad formam, quia movetur non mutando locum, sed
in loco et circa medium; Iob: *Tu forsitan cum eo fabricatus es caelos,*

둘째 날의 봄에 관한 믿음에 의해 들어올려진 통찰에 대한 첫 번째 강연.
믿음의 숭고함에 대한 강연

1. "하느님께서는 궁창을 하늘이라 부르셨다. 저녁이 되고 아침이 되니 이튿날이 되었다."[1] 믿음에 의해 들어올려진 통찰에 대한 두 번째 날의 봄인 두 번째 날의 작업이 나옵니다. 이 봄에 대해서 하느님께서 보았다고 언급되지 않고, 불렀다고 언급됩니다. 문자 그대로 이 하늘은 숭고하고 항구하고 화려합니다.[2] 하늘은 거처에 관한 한 숭고하고 형상에 관한 한 변함없고 밝음에 관한 한 화려합니다. 하늘은 숭고합니다. 그래서 「잠언」에서는 "하늘이 높고 땅이 깊다"[3]라고 합니다. 하늘이 높다는 사실에 의해서 하늘은 우주의 질서에서 높은 자리를 차지하고 땅은 아래 자리를 차지합니다. ─ 또한 하늘은 자리를 옮기면서 움직이는 것이 아니라 한 장소에, 말하자면 중심에 있기 때문에 형상과 관련해서 변함이 없습니다. 욥은 "그분과 함께 하늘을 펴실 수 있단 말입니까? 부어 만든

---

1 「창세기」1:8.
2 이것이 하늘의 세 가지 특징이다.
3 「잠언」25:3.

qui solidissimi quasi aere fusi sunt? —Est etiam spectabile quantum ad multitudinem ornatuum; Iob: *Spiritus eius ornavit caelos*; et Ecclesiasticus: *Species caeli, gloria stellarum, mundum illuminans in excelsis Dominus*. Ab ista conditione ultima denominatur caelum a caelando, non ab abscondendo, sed a sculpendo, quia scribitur per ae diphthongum, quia ornatum et quasi sculptum est luminaribus.

2. Per firmamentum autem intelligitur visio fidei. Fides enim reddit sublimem animam vel intelligentiam, quia transcendit omnem rationem et investigationem rationis; reddit stabilem, quia excludit dubitationem et vacillationem; reddit etiam spectabilem, quia multiformem ostendit claritatem. Vocatur ergo fidei firmitas caelum, quia facit intelligentiam sublimem per investigationem; stabilem, dum stabilit in veritate; spectabilem, dum replet eam multiformi lumine. Unde Daniel: *Qui docti fuerint fulgebunt quasi splendor firmamenti*. Sed nemo doctus est, nisi doceatur a Deo, quia *nemo venit ad Patrem nisi per me*, ait Salvator; et in Ioanne: *Erunt omnes docibiles Dei*. Ad fidem nullus docetur nisi per Deum; et quia venit

거울처럼 단단한 저 하늘을?"⁴이라고 합니다. ― 하늘에는 또한 많은 장식이 있어 화려합니다. 또다시 욥에 따르면 "그분의 영이 하늘을 장식"⁵했습니다. 그리고 「집회서」에서는 "하늘의 아름다움은 별들의 영광이고 별들은 주님의 드높은 처소에서 빛나는 장식"⁶이라고 합니다. 장식이라는 말에서 하늘은 은폐에 의해서가 아니라 조각으로 '장식된'이라고 명명됩니다. 하늘을 뜻하는 'caelum'에 이중모음인 'ae'가 사용되기 때문입니다. 하늘은 장식되어 있고 마치 빛으로 조각되었기 때문입니다.

2. 궁창에 의해 믿음의 상이 인식됩니다. 믿음은 영혼 또는 지성을 숭고하게 만듭니다. 왜냐하면 믿음은 모든 이성과 이성의 탐구를 넘어서기 때문입니다. 믿음은 의혹과 동요를 배제하기 때문에 영혼 또는 지성을 확고하게 만듭니다. 또한 믿음은 다양한 밝음을 드러내기 때문에 영혼 또는 지성을 화려하게 만듭니다. 그러므로 믿음의 강함은 하늘이라 불리는데, 이 강함은 탐구를 통해 통찰을 숭고하게 하기 때문입니다. 믿음이 진리 안에서 견고한 반면 믿음은 항구하게 만듭니다. 믿음이 다양한 빛으로써 통찰을 완성하는 동안 믿음은 통찰을 화려하게 만듭니다. 그래서 「다니엘서」에서는 "현명한 이들은 창공의 광채처럼 영원무궁히 빛나리라"⁷라고 합니다. 어느 누구도 하느님이 알려 주시지 않는다면 알 수 없습니다. 구세주께서 "나를 통하지 않고서는 아무도 아버지께 갈 수 없다"⁸라고 말씀하십니다. 그러므로 「요한복음서」에서는 "그들은 모두 하느님께 가르침을 받을 것"⁹이라고 합니다. 하느님을 통해서가 아니라면 어느 누구도 믿음에 관해 알지 못합니다. 하느님이 말씀하셨기 때문

---

4 「욥기」37:18.

5 「욥기」26:13.

6 「집회서」43:10.

7 「다니엘서」12:3.

8 「요한복음서」14:6.

9 「요한복음서」6:45.

a voce Dei, ideo dicitur: Vocavit Deus firmamentum caelum. Unde non dicit: vidit Deus firmamentum, sed vocavit, quia firmitas fidei magis est in credulitate quam in contemplatione; credulitas autem est per auditum, quia fides ex auditu, ut ait Apostolus ad Romanos, et antea: Corde creditur ad iustitiam.

3. Fides autem magis est in confessione veritatis quam in communicatione lucis; unde ore confessio fit ad salutem. Unde fides quodam modo videt, quodam modo non videt; unde non videre est fidei meritum, credere autem fidei lumen. Est ergo firmamentum-caelum, quia substantia sperandarum rerum; et est lumen, quia argumentum non apparentium, unde habet lumen et habet nubem. —Vocavit Deus firmamentum caelum; in Ecclesiastico: Altitudinis firmamentum species caeli in visione gloriae. Et haec tria tangit hic, scilicet sublimitatem, stabilitatem et speciositatem. Est enim haec visio fidei alta, firma et speciosa. Haec fides nobilissima est, firmissima et speciosissima. Multi tamen habent hanc fidem, et eam non cognoscunt, quia fides habet faciem velatam; unde habet quoddam velamen nigrum ante faciem. Facit etiam de turpibus animabus altissimas; unde in Actibus: Fide purificans corda eorum.

에 "하느님께서는 궁창을 하늘이라 부르셨다"[10]라고 합니다. 하느님께서 궁창을 보셨다고 언급되지 않고 부르셨다고 하는데 신앙은 명상에서보다 믿음에서 더 확고하기 때문입니다. 그런데 믿음은 들음에 의해서 생깁니다. 사도가 로마인들에게 말하듯이 "믿음은 들음에서"[11] 오기 때문입니다. 그리고 이 구절에 앞서 "마음으로 믿어 의로움을 얻는다"[12]라고 합니다.

3. 믿음은 빛의 교류보다 진리의 고백에서 더 많이 보여집니다. 그러므로 입으로 고백하여 구원을 얻습니다.[13] 믿음은 한편으로는 보고 또 한편으로는 보지 않습니다. 따라서 보지 않음이 신앙의 공덕이고 '믿는다'가 신앙의 빛입니다. 믿음은 사람이 희망하는 사물의 실체이기 때문에 궁창-하늘입니다. 믿음은 드러나지 않는 실체에 대한 확증[14]이기 때문에 빛이고 그래서 빛과 어둠을 갖고 있습니다. ― 하느님은 궁창을 하늘이라고 불렀습니다. 「집회서」에서는 "드높은 곳에 있는 창공은 영광 속에 드러나는 하늘의 모습"[15]이라고 합니다. 여기에서 믿음은 세 가지, 즉 숭고함, 항구성, 그리고 아름다움과 만납니다. 신앙에 대한 이런 환상은 드높고 확고하고 아름답기 때문입니다. 이런 신앙은 가장 고상하고 가장 확고하며 가장 아름답습니다. 믿음은 은폐되어 있기 때문에 많은 사람에게 이 믿음이 있다고 해도 이 믿음이 인식되지는 못합니다. 그래서 믿음은 검은색 너울로 얼굴을 가렸습니다. 믿음은 추한 영혼을 가장 고상한 것으로 만듭니다. 따라서 「사도행전」에서는 "그들의 믿음으로 그들의 마음을 정화하시어"[16]라고 합니다.

---

10 「창세기」 1:8.
11 「로마 신자들에게 보낸 서간」 10:17.
12 「로마 신자들에게 보낸 서간」 10:10.
13 「로마 신자들에게 보낸 서간」 10:10.
14 「히브리인들에게 보낸 서간」 11:1.
15 「집회서」 43:1.
16 「사도행전」 15:9.

4. Altitudo autem fidei in duobus est: in altitudine sublimitatis et in altitudine profunditatis. De prima altitudine Ecclesiasticus dicit: Altitudinem caeli et latitudinem terrae et profundum abyssi quis dimensus est? Quasi diceret, super omnem humanam rationem est nosse sublimitatem fidei, dilatationem caritatis, venerationem divini timoris. — De secunda, in Ecclesiaste: Alta profunditas; quis inveniet eam? scilicet per rationem; transcendit enim investigationem nostram. Et licet altitudo et profunditas in corporibus idem sint, distinguuntur tamen secundum rationem; et Apostolus distinguit, cum dicit: Ut possitis comprehendere, quae sit longitudo, latitudo, sublimitas et profundum.

5. De his duobus Ecclesiasticus: Ego in altissimis habito, et thronus meus in columna nubis. Altitudo fidei consistit in cognitione Dei aeterni, profunditas autem in cognitione Dei humanati. De primo scriptum est: Excelsior caelo est, et quid facies? De secundo subiungitur: Profundior inferno, et unde cognosces? Profunditas

4. 믿음의 높이는 두 가지인데, 하나는 숭고함의 높이이고 다른 하나는 심연의 깊이입니다.[17] 첫 번째 높이에 대해서 「집회서」에서는 누가 하늘의 높이와 땅의 넓이를, 심연을 헤아릴 수 있으랴?[18]라고 합니다. 그[19]는 인간의 모든 이성은 믿음의 숭고함을, 사랑의 확산을 인식하는 것과 하느님에 대한 경외심을 공경할 줄 아는 것을 넘어선다는 것을 말하려는 듯합니다. ― 두 번째 것인 심연에 대해서 「코헬렛」에서는 "심오하고 심오하니 누가 그것을 찾을 수 있으리오?"[20]라고 합니다. 인간은 이성에 의해서 [그것을] 찾습니다. 심연은 우리의 탐구를 넘어섭니다. 사물에서 높이와 심연이 같다고 할지라도 이들은 이성에 따라 구분됩니다. 그러므로 사도가 "여러분이 너비와 길이와 높이와 깊이가 어떠한지 깨닫는 능력을 지니고 있다면"[21]이라고 할 때 사도는 높이와 심연을 구분했습니다.

5. 이 두 가지[22]에 대해서 「집회서」에서 "나는 높은 하늘에 거처를 정하고 구름 기둥 위에 나의 왕좌를 정했다"[23]라고 합니다. 믿음의 높이는 영원한 하느님에 대한 인식에 있습니다. 그리고 믿음의 심연은 사람이 되신 하느님에 대한 인식에 있습니다. 첫 번째 것(=믿음의 높이)에 대해서는 "그것이 하늘보다 높은데 자네가 어찌하겠는가?"[24]라고 기록되어 있고 이 구절 다음에 두 번째 것(=믿음의 깊이)에 관해 "저승보다 깊은데 자네가 어찌 알겠는가?"[25]라고 덧붙여집니다. 인간이 되신 하느님의

---

17 믿음의 수직적 차원은 두 가지 방식으로 기술할 수 있는데, 하나는 숭고함을 높이로 표현하는 방식이며 다른 하나는 그 심오함의 깊이로 논하는 방식이다.
18 「집회서」1:3.
19 「집회서」의 저자인 시라(Sirach)를 말한다.
20 「코헬렛」7:24.
21 「에페소 신자들에게 보낸 서간」3:18.
22 믿음의 높이와 믿음의 심원을 말한다.
23 「집회서」24:4. 우리말 성경에는 '내 자리를'이라고 되어 있다.
24 「욥기」11:8.

Dei humanati, scilicet humilitas, tanta est, quod ratio deficit. — Altitudo Dei investigabilis est; unde mirabilis facta est scientia tua ex me; confortata est, et non potero ad eam. — Item, in altissimis dicit, in quantum fides docet Deum aeternum; thronus meus in columna nubis dicit, in quantum docet Deum humanatum. De his duobus Apostolus ad Romanos: O altitudo divitiarum sapientiae et scientiae Dei, quam incomprehensibilia sunt iudicia eius et investigabiles viae eius! Sapientia quantum ad notitiam Dei aeterni, scientia quantum ad notitiam Dei humanati. Unde firmamentum factum est in medio aquarum, hoc est fides, ut cognoscat anima ea quae sunt super firmamentum, et quae sub firmamento sunt. Et haec sapientia est divinarum rerum, et scientia humanarum.

6. Incomprehensibilis est sapientia, per quam iudicat omnia; sed maxime incomprehensibilis, quae vadit per vias investigabiles. De quo in Proverbiis: Tria sunt difficilia mihi, et quartum penitus ignoro: viam aquilae in caelo, viam colubri super petram, viam navis in medio mari, et viam viri in adolescentula. Via aquilae in caelo fuit in Christi ascensione; via colubri, in resurrectione, quia coluber

심연은, 즉 겸손함은 이성이 [측정하기에] 부족할 정도입니다. — 하느님의 높이는 헤아릴 수 없습니다. 그래서 "저에게는 너무나 신비한 당신의 예지, 너무 높아 저로서는 어찌할 수 없습니다"[26]라고 노래합니다. — 마찬가지로 신앙이 하느님이 영원하다고 가르치는 한 「집회서」저자는 "가장 높은 곳에서"라고 합니다. 신앙이 하느님께서 사람이 되셨다고 가르치는 한 '구름 기둥 위에 나의 옥좌를 정했다'라고 합니다. 이 두 가지에 대해서 사도는 로마인들에게 "오! 하느님의 풍요와 지혜와 지식은 정녕 깊습니다. 그분의 판단은 얼마나 헤아리기 어렵고 그분의 길은 얼마나 알아내기 어렵습니까?"[27]라고 묻습니다. 이 두 가지는 영원한 하느님에 대한 인식에 관한 지혜이고, 사람이 되신 하느님의 인식에 관한 지식입니다. 그러므로 물 한가운데에 궁창이 생겼습니다.[28] 이 궁창은 영혼이 궁창의 위에 있는 것과 궁창의 아래에 있는 것을 인식하게 하는 신앙입니다. 그리고 지혜는 신적인 일에 관여하고 지식은 인간적인 일에 관여합니다.[29]

6. 지혜는 파악할 수 없는 것이고, 신앙은 지혜에 의해 모든 것을 판단합니다. 그런데 우리는 탐구될 수 없는 길을 가는 지혜를 가장 이해할 수 없습니다. 이에 대해서 「잠언」에서는 "나에게 너무 이상한 것이 셋, 내가 이해하지 못하는 것이 넷 있으니 하늘을 날아다니는 독수리의 길, 바위 위를 기어다니는 뱀의 길, 바다 가운데를 떠다니는 배의 길, 젊은 여자를 거쳐가는 사내의 길"[30]이라고 합니다. 하늘을 날아다니는 독수리의 길은

---

25 같은 곳.
26 「시편」139:6.
27 「로마 신자들에게 보낸 서간」11:33.
28 「창세기」1:6. 이어서 "궁창 아래에 있는 물과 궁창 위에 있는 물을 가르시자, 그대로 되었다"(「창세기」1:7)라고 한다.
29 Augustinus, *De trinitate*, XII [4, 22]: 이곳에서 지혜는 영원한 것으로, 지식은 일시적인 것으로 간주된다. 또한 강연 3, 26 참조.
30 「잠언」30:18-19; Beda, *In Prov. Salom.* [PL 91, 1054 이하] 참조.

in petra innovatur, ubi dimittit vetustam pellem; via navis in mari, in passione; via viri in adolescentula, in incarnatione, quam penitus se dicit ignorare; et verum est secundum humanam rationem, sed secundum fidem secus est.

7. Est ergo duplex altitudo firmamenti: una, per quam suprema respicit; altera per quam infima; una, per quam docet cognoscere Deum aeternum; altera, Deum incarnatum. De his duobus dicitur Isaiae sexto in visione, quae omnium suarum visionum fuit radix: Vidi Dominum sedentem etc., usque ibi: Plena est omnis terra gloria eius. Et statim sequitur excaecatio Iudaeorum et illuminatio gentium. Unde dicit Ioannes: Haec dixit Isaias, quando

그리스도가 승천하는 길입니다. 뱀의 길은 그리스도의 부활에 상응하는데, 뱀이 자신의 오래된 껍질을 버리는 바위에서 뱀은 새롭게 되기 때문입니다. 바다에 있는 배의 길은 그리스도가 수난당하실 때 가는 길입니다. 젊은 여자를 거쳐가는 사내의 길은 육화에 있는데 솔로몬은 이 길을 완전히 모른다고 합니다. 그리고 인간 이성에 따라서 참된 것이 믿음에 따라서도 참된 것은 아닙니다.

7. 따라서 궁창의 높이는 두 가지입니다.[31] 하나는 그 높이를 통해 가장 높이 있는 것이 주목되는 높이이고, 다른 하나는 그 높이를 통해 아래에 있는 것이 주목되는 높이입니다. 하나는 그것을 통해 영원한 하느님을 인식하도록 가르치는 높이이고, 다른 하나는 육화된 하느님을 인식하도록 가르치는 높이입니다. 이사야의 여섯 번째 환시에서 이 두 가지에 대해 언급되는데, 이 환시는 그의 모든 환시의 뿌리였습니다. 그는 "나는 높이 솟아오른 어좌에 앉아 계시는 주님을 뵈었는데, 그분의 옷자락이 성전을 가득 채우고 있었다. 그분 위로는 사람들이 있는데, 저마다 날개를 여섯씩 가지고서, 둘로는 얼굴을 가리고 둘로는 발을 가리고 둘로는 날아다녔다. 그리고 그들은 서로 주고받으며 외쳤다. '거룩하시다, 거룩하시다, 거룩하시다, 만군의 주님! 온 땅에 그분의 영광이 가득하다'"[32]라고 합니다. 그리고 유대인들의 눈을 멀게 하고 이민족을 비추는 일이 곧바로 뒤따라 나옵니다.[33] 그러므로 요한은 "이사야가 이렇게 말한 것은, 그가 하느님을 보았기 때문"[34]이라고 합니다. 또한 계속해서 "이사야는 [또] 이렇게 말하였다. '주님이 그들의 눈을 멀게 하고[35] 그들의 마음

---

31 이 단락에서는 두 가지 신비에 대해서 논의된다.

32 「이사야서」 6:1-3.

33 「이사야서」 6:10.

34 「요한복음서」 12:41: "이사야가 이렇게 말한 것은, 그가 예수님의 영광을 보았기 때문이다."

35 「이사야서」 6:10.

vidit Dominum; et sequitur: Excaeca cor populi huius et aures eius aggrava. Unde illuminatio gentium fuit excaecatio Iudaeorum. Et de hoc exclamat Apostolus: O altitudo divitiarum etc.

8. Dicit ergo Isaias: Vidi, scilicet visione intelligentiae per fidem sublevatae et stabilitae in sublimitate sapientiae aeternae, per quam est duplex lumen inflammativum et seraphicum; quod quidem seraphicum facit clamare tripliciter; et facit fides duplici seraphicatione animam seraphicam et facit mentes alatas senis alis.

9. Intellectus enim noster per fidem illuminatus clamat tripliciter: Sanctus, sanctus, sanctus. Sunt enim duo Seraphim stabiliti in nobis per fidem, et quilibet clamat triplici exclamatione, tamen non nisi semel Dominus Deus. Notitia enim Dei est notitia trium personarum cum unitate essentiae; unde tres sunt, qui testimonium dant in caelo, Pater, Verbum et Spiritus sanctus, et hi tres unum sunt. Intellectus ergo seraphicatus, id est illuminatus et

을 무디게 하였다'"[36]라고 합니다. 따라서 이방인을 비춘다는 것은 유대인의 눈이 멀었다는 것이었습니다. 사도는 이 일에 대해 "오! 풍요의 깊음이여"[37]라고 외칩니다.

8. 이사야는 "내 눈으로 뵙다니!"[38]라고 합니다. 다시 말해서 들어올려지고, 영원한 지혜의 숭고함으로 견고해진 신앙에 의해 이사야는 "나는 통찰의 환시를 통해 뵈었다"라고 합니다. 두 개의 빛인 타오르는 빛과 청정한(치품천사의) 빛이 이 신앙에 의해 있습니다.[39] 사실 청정한 빛은 세 번 외치게 합니다.[40] 믿음은 불꽃에 의해 영혼을 사람처럼 만들고 여섯 날개가 달린 정신을 만듭니다.

9. 믿음에 의해 조명된 우리 지성은 실제로 세 번 외칩니다. "거룩하시다, 거룩하시다, 거룩하시다." 사실 두 치품천사가 믿음에 의해 우리 안에 근거하고 있고, 그 천사들은 서로 주고받으며 세 번 환호하며, 일제히 '만군의 주님'이라고 외칩니다.[41] 하느님에 대한 인식은 하나의 본질을 지닌 세 위격에 대한 인식입니다. 따라서 세 위격이 있는데, 이들은 하늘에서 증언하는 성부와 성자와 성령이고 이 세 위격은 하나로 모아집니다.[42] 따라서 치품천사의 통찰은, 다시 말해서 신앙에 의해 조명되고 불

---

36 「요한복음서」 12:39-40 : "propterea non poterant credere, quia iterum dixit Isaias : Excaecavit oculos eorum [⋯]. Haec dixit Isaias, quando vidit gloriam eius et locutus est de eo."
37 「로마 신자들에게 보낸 서간」 11:33 참조 : "오! 하느님의 풍요와 지혜와 지식은 정녕 깊습니다."
38 「이사야서」 6:2.
39 두 개의 신비에서 나온 두 개의 조명(빛)을 말한다. 한 빛은 빛 또는 한 본질을 지닌 세 위격에 대한 빛 또는 인식이고, 다른 한 빛은 하느님 아들의 육화에 대한 빛으로 타오르는 빛과 계시자의 빛이다.
40 「이사야서」 6:3.
41 「이사야서」 6:2.
42 「요한의 첫째 서간」 5:7-8 참조 : "그래서 증언하는 것이 셋입니다. 성령과 물과 피

inflammatus per fidem, clamat ter sanctus. Alter Seraph respondet: Sanctus, sanctus, sanctus: quia sicut in Deo aeterno est trinitas personarum cum unitateessentiae, ita etiam in Deo humanato sunt tres naturae cum unitate personae. — Et isti sunt duae radices fidei, quas qui ignorat nihil credit: ut corpus, anima, Divinitas. Sanctus Christus sanctum habet corpus; sanctus Christus sanctam habet animam; sanctus Christus sanctam habet Divinitatem. Sanctus exterius, sanctus interius, sanctus superius.

10. Hae sunt duae cognitiones fidei illuminantes et ardentes triformiter ad unitatem reductae. Clamare autem dicuntur propter admirationem, quia utrumque est admirabile; unde in Psalmo: Domine Dominus noster, quam admirabile est nomen tuum in universa terra! Minuisti eum paulo minus ab Angelis; gloria et honore coronasti eum. Et vere admirabile nomen quantum ad Deum aeternum, quia ibi est vera distinctio personarum cum unitate essentiae, per quam sunt summe conformes, summe concordes, summe coaequales, coaeterni, consubstantiales, coessentiales. — Item, est admirabile, quoniam tres naturae coniunctae sunt: supremum cum infimo sine depressione, primum cum ultimo sine innovatione, simplex cum composito sine compositione.

붙여진 통찰은 '거룩하시다'라고 세 번 외칩니다. 다른 치품천사가 응답합니다. "거룩하시다, 거룩하시다, 거룩하시다." 왜냐하면 영원하신 하느님 안에 하나의 본질을 지닌 세 위격이 있듯이 인간이 되신 하느님 안에 한 위격을 갖는 세 본질이 있기 때문입니다. ― 그리고 이들은 신앙의 두 뿌리인데 이 뿌리를 무시하는 사람은 육신, 영혼 그리고 신성 중 아무것도 믿지 않습니다. 거룩한 그리스도의 육신은 거룩합니다. 거룩한 그리스도의 영혼은 거룩합니다. 거룩한 그리스도의 신성은 거룩합니다. 이들은 외적인 거룩함, 내적인 거룩함, 더 높은 곳에 있는 거룩함[43]입니다.

10. 신앙의 두 뿌리는 하나로 환원된 세 가지 모양으로 조명하는, 불타는 신앙에 대한 두 가지 인식입니다. 이 두 가지 인식이 각각 감탄할 만한 것이기에 놀라서 소리 지른다고 합니다. 그러므로 「시편」에서 이렇게 노래합니다. "주 저희의 주님 온 땅에 당신 이름, 이 얼마나 존엄하십니까! 천사들보다[44] 조금만 못하게 만드시고 영광과 존귀의 관을 씌어주셨습니다."[45] 이는 영원한 하느님에 대한 참으로 아름다운 명칭입니다. 왜냐하면 그 명칭은 한 본질을 지닌 위격이 실제로 구분되는 것을 지칭하기 때문입니다. 이 본질에 의해 위격은 가장 유사한 형상이고, 가장 조화롭고, 성정이 가장 같고, 가장 영원하고, 실체가 같고, 그리고 본질적으로 서로 같습니다. ― 또한 세 가지 자연은 서로 결합되어 있기 때문에 놀라운 것입니다. 위에 있는 것은 낮추지 않고도 아래에 있는 것과 결합되어 있고 앞에 있는 것은 쇄신되지 않고 마지막 것과 결합되어 있고 단순한 것은 합성 없이 합성된 것과 결합되어 있습니다.

인데, 이 셋은 하나로 모아집니다."

43 외적인 거룩함은 거룩한 육체를, 내적인 거룩함은 거룩한 영혼을, 더 높은 곳에 있는 거룩함은 거룩한 신성을 의미한다.

44 우리말 성경에는 '신들보다'로 번역되어 있고 '또는 천사들보다'라는 각주가 달려 있다.

45 「시편」8:2·6.

11. In his tribus omnia mirabilia radicantur; et sunt iuncta cognitio Divinitatis et humanitatis, quia incarnatio non cognoscitur, nisi cognoscatur distinctio personarum. Si enim non cognoscas Trinitatem, ita bene Pater incarnatus est vel passus, ut Filius; et es Sabellianus et Patripassianus. —Item, si ponas Trinitatem et non incarnationem, testimonium habes in caelo, et non accipis in terra; cum tamen tres sint, qui testimonium dant in terra, spiritus, aqua et sanguis. In spiritu Divinitas, in aqua corpus, in sanguine, ubi est vita animae, anima. Per sanguinem enim Christi spiritus aquae iungitur, quia mediante anima Divinitas coniungitur corpori.

12. Habemus ergo duos Seraphim clamantes et admirantes; restat dicere, quare sex alas habent, et tunc videbuntur ea quae fidei sunt. Fides enim est in Deum aeternum et humanatum. — Fides in Deum aeternum est una illustratio senarum alarum; et hoc dupliciter: aut quantum ad distinctionem personarum, aut quantum ad diffusionem Trinitatis in creaturam secundum essentiam, virtutem et operationem. —Primo modo sunt tres articuli, scilicet Patris

11. 모든 놀라운 일은 이 셋에 뿌리박혀 있고 신성과 인간성에 대한 인식은 결합되어 있습니다. 왜냐하면 육화는 위격이 구분되지 않는다면 인식되지 않기 때문입니다. 만약 그대가 삼위일체를 인정하지 않는다면 성자처럼 성부도 육화되었고 또는 수난을 당했습니다. 그렇다면 그대는 사벨리우스(Sabellius, ?~260?)이거나 파트리파시아누스(Patripassianus)입니다.[46] — 마찬가지로 그대가 삼위를 가정하고 육화를 가정하지 않는다면, 그대는 하늘에서 증거를 갖게 되고 땅에서 받아들이지 않습니다. 그럼에도 땅에서 증언하는 세 가지, 즉 성령과 물과 성혈이 있습니다.[47] 성령에서는 신성이, 물에서는 육신이, 그리고 영혼의 생명이 있는 성혈에서는 영혼이 증언됩니다. 신성이 영혼을 매개로 육신과 결합하기 때문에 사실 그리스도의 영은 성혈에 의해 물과 결합합니다.

12. 그러므로 우리에게는 외치고 경탄하는 두 치품천사가 있습니다. 이 천사들이 왜 여섯 날개를 갖고 있는지 말해야 하고 그때 신앙에 속하는 것이 드러납니다. 믿음은 사실 영원한 하느님과 사람이 되신 하느님에 대한 신앙입니다. — 영원한 하느님에 대한 믿음은 여섯 날개의 조명입니다. 이는 두 가지입니다. 하나는 위격의 구분에 관한 한 있고, 다른 하나는 본질과 능력과 작용에 따라 삼위일체가 피조물에 확산하는 것에 관한 한 있습니다.[48] — 첫 번째 방식으로 세 가지 신조(信條)가, 즉 창

---

46 사벨리우스는 양태론적 단일신론을 주장하였다. 양태론적 단일신론은 하느님이 세 가지 방법 또는 양식으로 자신을 계시한다고 말한다. 따라서 삼위의 하느님이 존재하는 것이 아니라 한 분이신 하느님이 성부·성자·성령의 모습으로 나타난다는 것이다. 따라서 성부·성자·성령은 하느님인 동시에 동일본질에 속하고 이름에 따라서만 구별된다고 한다. 황명길, 『기독교 7대 공의회의 역사와 신학』, 고려신학교출판부, 2014, 70쪽 참조.
47 「요한의 첫째 서간」 5 : 8. 신성이 영혼을 매개로 육체와 어떻게 결합되는지는 Bonaventura, III Sent., d.2, a.3, q.1에서 제시된다.「레위기」 17 : 11 : "생물의 생명이 그 피에 있기 때문이다."
48 Dionysius, De caelesti hierarchia, XI, 2 : "In tria dividuntur supermundana ratione omnes divini intellectus : in essentiam, virtutem et operationem."

ingeniti, Filii unigeniti a solo Patre, Spiritus sancti ab utroque spirati. Isti sunt tres alae in latere dextero, scilicet in aeternitate; nec potest addi nec minui ad emanationem, ut scilicet sit producens tantum et non productum, quia sic esset infinitas; si esset tantum productum, et non producens tantum, sic esset infinitas ex parte ante; ergo necesse est ponere producens et productum simul, ut ad invicem cohaereant. Aliter in divinis esset distinctio sine ordine; distinctio autem sine ordine confusio est: unde necesse est, quod Spiritus sanctus procedat ab utroque; et hoc dicunt omnes sapientes Graeci, nec est controversia nisi de nomine; et per consequens iste fuit error in fatuis Graecis.

13. Similiter in sinistro sunt tres alae, in quantum ab una essentia, virtute et operatione est diffusio in creaturam. Et secundum hoc est triplex operatio, in quantum unus Deus est creator, sanctificator et praemiator; quia omne, quod ab ipso emanat, aut est natura, aut gratia, aut gloria. Et sic Pater et Filius et Spiritus sanctus unus creator per naturam, unus sanctificator per gratiam, unus praemiator per gloriam. Primum autem est ante tempus, secundum in tempore, tertium post omne tempus. Primum est in initio temporis, secundum in decursu, tertium in consummatione. — Est tamen creatio animae in decursu temporis, quia Pater meus

조되지 않은 성부에 관한, 오직 성부로부터 태어난 성자에 관한, 이 둘로부터 영을 받은 성령에 관한 신조가 있습니다. 이들은 오른편에 있는, 즉 영원히 있는 세 날개입니다. 이들은 생산만 하고 생산되지 않듯이 유출될 때 덧붙여질 수도, 감소될 수도 없습니다. 이렇게 무한할 것입니다. 만약 생산되는 만큼 있고 그만큼 생산하지 않는다면, 생산되는 부분은 무한할 것입니다. 그러므로 생산하고 동시에 생산된 것을 설정하는 것이 필수적입니다. 왜냐하면 이들은 서로 관련이 있기 때문입니다. 그렇지 않다면 신적인 것에는 무질서한 구분이 있을 것입니다. 그런데 무질서한 구분은 혼돈입니다. 따라서 성령이 성부와 성자로부터 나가는 것이 필수적입니다. 그리스의 모든 현인이 성령이 성부와 성자에서 나온다고 했는데 명칭에 관해서가 아니라면 논란은 없습니다. 결과적으로 이 오류는 그리스의 바보들에게만 있었습니다.[49]

13. 비슷하게 하나의 본질, 능력, 그리고 작용에서 피조물로 나가는 확산이 있다는 점에서 왼쪽에도 날개가 셋 있습니다. 이에 따라 하느님께서 창조자, 거룩하게 하는 분, 그리고 보상자라는 점에서 세 가지 작용이 있습니다. 왜냐하면 하느님에게서 나온 모든 것은 자연에 의해서 있든, 은총에 의해서 있든, 영광에 의해서 있든 존재하기 때문입니다. 이렇게 성부와 성자와 성령은 자연에 의해서 한 창조자이시고, 은총에 의해서 거룩하게 만드시는 분이고 영광에 의해서 보상하시는 분입니다. 그런데 첫 번째 것은 시간 이전에, 두 번째 것은 시간 안에, 세 번째 것은 모든 시간 다음에 있습니다. 첫 번째 것은 시간의 처음에, 두 번째 것은 시간의 경과에, 세 번째 것은 시간의 끝에 있습니다. — 그럼에도 "내 아버지께서 여태 일하고 계시니 나도 일하는 것"[50]이기에 시간이 경과하는 가운데 영혼이 창조됩니다. 보상은 시간의 중간에서 생깁니다. 이는 영혼의

---

49 Bonaventura, *I Sent.*, d.11, q.1 참조.
50 「요한복음서」 5:17; Bonaventura, *Brevil.*, p.1, c.6.

usque modo operatur, et ego operor. Praemiatio etiam fit in medio temporis, ut animarum, sed post fiet perfecta. —Item, creatio attribuitur Patri, quia potens; sanctificatio Spiritui sancto, quia bonus; praemiatio Filio, quia iudicabit et rex apparebit.

14. Sed quomodo respondebit ala alae? Dicendum, quod sanctificatio aut consideratur quantum ad veniam, quae quidem fit per redemptionem, et sic attribuitur Filio; aut quantum ad gratiam, et sic attribuitur Spiritui sancto. —Similiter praemiatio consideratur secundum iudicium sententiantis, et sic attribuitur Filio; aut quantum ad amorem praemiantis, et sic Spiritui sancto. Media autem operatio pervenit ad ultimam; sic tres alae disponuntur.

15. Alter Seraph propinquior est nobis et habet similiter sex alas: tres secundum descensum, et tres secundum ascensum: secundum descensum, veniendo ab ala super caput per medium ad alam super pedes. Hi sunt tres articuli secundum incarnationem, crucifixionem, descensum ad inferos secundum animam. Incepit enim a summo, quia necesse fuit, ut uniret sibi naturam, in qua appareret et per quam descenderet, quia ipse de se immutabilis est; deinde venit ad crucem, demum ad infernum. Hae alae in sinistro.

16. Tres similiter ascendendo: resurrectio de inferis in mundum, ascensio de mundo in caelum, de caelo adventus ad

보상입니다. 그러나 완전한 보상은 후에 있습니다. ― 또한 성부는 능력자이기 때문에 창조는 성부의 일입니다. 성화(聖化)는 성령께서 하시는 일인데, 성령은 선하기 때문입니다. 성자께서는 보상하시는데, 왜냐하면 성자는 심판하고 왕으로 드러나기 때문입니다.[51]

14. 한 날개는 어떻게 다른 날개에 상응할까요? 성화는 구속을 통한 용서에 관한 한 숙고되고, 이렇게 성자의 일로 되거나 아니면 은총에 관한 한 숙고되어서 성령의 일이 된다고 말해야 합니다. ― 비슷하게 보상은 심판하는 사람에 따라 고찰되고 성자의 일로 되든가 보상하는 사람의 사랑에 따라 성령의 일로 됩니다. 중간의 작용은 최종적인 작용에 도달합니다. 세 날개가 이렇게 정해졌습니다.

15. 다른 치품천사는 우리에게 더 가까이 있고 비슷하게 날개가 여섯 개입니다. 세 날개는 하강을 위한 것이고 세 날개는 상승을 위한 것입니다. 날개는 머리 위에 있는 날개에서부터 중간을 지나 발 위에 있는 날개까지 내려갑니다. 이 날개들은 육화와 십자가 처형에, 그리고 영혼이 지옥으로 하강함에 상응하는 세 가지 신조(信條)입니다. 치품천사는 가장 위에서 내려오기 시작하는데, 그것은 스스로 변할 수 없기에 자연에서 드러나고 자연을 통해 하강하고 자연과 자신을 결합하는 것이 필수적이었기 때문입니다. 그다음 치품천사는 십자가에 이르고 마지막으로 지옥에 이릅니다. 이 날개들은 왼편에 있습니다.

16. 비슷하게 상승을 위한 세 가지, 즉 지옥으로부터 지상으로 부활함, 지상으로부터 하늘로 승천함, 심판하기 위해 하늘에서 내려옴이 있습니

---

51 「요한복음서」 5:22: "아버지께서는 아무도 심판하지 않으시고, 심판하는 일을 모두 아들에게 넘기셨다."

iudicium, ut sit ascensio ab Ecclesia militante in triumphantem. Sed primo fiet exspoliatio inferni in resurrectione, apertio ianuae in ascensione, consummatio regni in iudicio; his nihil certius.

17. Hae sex alae primae sunt sex considerationes perfectae Dei in tribus personis et tribus operibus; aliae sex secundae, sex considerationes Dei incarnati: in his ergo duodecim Apostoli. Ala enim sublevat ad transcendendum omnem humanam rationem. Sine hac duplici consideratione nullus est cultor Dei.

18. In cuius designatione Pontifex in superhumerali habebat lapides duos: unum in dextero latere, et alterum in sinistro; et in illis duodecim nomina filiorum Israel: sex nomina in lapide uno, et sex in altero, et erant in lapide onychino lucido et ardenti, in quo fides humanitatis et Divinitatis exprimitur; quae similiter exprimuntur in Symbolo a duodecim Apostolis composito. In hac fide sacrificium placet Deo.

19. In lapidibus ordinabantur nomina secundum nativitatem ipsorum, sed in Symbolo secundum dicta Apostolorum. Unde: Credo in Deum Patrem omnipotentem, creatorem caeli et terrae; ecce, unus articulus Patris ingeniti. — Et in Iesum Christum, Filium

다. 이렇게 호전적인 교회로부터 승리하는 교회로 상승하게 됩니다. 그런데 먼저 부활할 때 지옥이 탈취되고, 승천할 때 [저승의] 문이 열리고, 심판할 때 왕국이 완성됩니다. 어떤 것도 이것들보다 더 확실하지 않습니다.

17. 첫 번째 여섯 날개는 세 위격과 세 가지 작용에서 하느님에 대한 완전한 여섯 직관입니다. 두 번째의 여섯 날개는 성육신이 되신 하느님에 대한 여섯 직관입니다. 따라서 열두 신조가 이들 안에 있는데, 열두 사도가 이들 신조를 선포했습니다.[52] 사실 날개들은 인간의 모든 이성을 넘어가기 위해 상승합니다. 이 직관이 이중적으로 숙고되지 않는다면 어느 누구도 하느님의 숭배자가 아닙니다.

18. 주교는 임명될 때 주교복[53]에 두 개의 돌을 지니고 있습니다. 한 돌은 오른편에, 다른 한 돌은 왼편에 있습니다. 여기에 이스라엘 열두 지파의 이름이 있습니다. 한 돌에 여섯 이름이, 다른 한 돌에도 여섯 이름이 있고 이 이름들은 화려하고 빛나는 마노 보석에 새겨져 있습니다.[54] 여기에 인간성과 신성에 대한 신앙이 표현되어 있습니다. 비슷하게 이 이름들은 열두 사도로 구성된 신경에도 적혀 있습니다. 이런 믿음에서 바쳐지는 희생제물은 하느님의 마음을 기쁘게 합니다.

19. 돌에 새겨진 이름은 그들의 탄생에 따라 배열되는데 사도들의 말에 따라 사도신경에서 배열됩니다. 그러므로 보라, '전능하신 천주 성부, 천지의 창조주를 저는 믿나이다', 이것이 창조되지 않은 성부에 대한 첫 번째 조항입니다. — 성부에게서 태어난 성자에 대한 [신조인] '그 외아

52 Bonaventura, *Brevil.*, p.5, c.7 [V, 260] 참조.
53 유대교의 대제관복을 말하는데, 성경에는 '에폿'이라고 실려 있다.
54 「탈출기」 28:6 이하.

eius unicum, Dominum nostrum; secundus, Filii geniti a Patre. —
Deinde sequuntur sex ad humanitatem pertinentes. Qui conceptus
est de Spiritu sancto, natus ex Maria virgine, tertius articulus. —
Passus sub Pontio Pilato, crucifixus, mortuus et sepultus, quartus
articulus. —Descendit ad inferos, quintus. —Tertia die resurrexit
a mortuis, sextus. —Ascendit ad caelos, sedet ad dexteram Dei
Patris omnipotentis, septimus. —Inde venturus est iudicare vivos et
mortuos, octavus. —Credo in Spiritum sanctum, nonus. —Sanctam
Ecclesiam catholicam, decimus. —Sanctorum communionem,
remissionem peccatorum, undecimus. —Carnis resurrectionem,
vitam aeternam, duodecimus. —Et haec, secundum quod Spiritus
sanctus instituit, unit, purificat quantum ad tres ultimas operationes
praeter ultimum. [Hi duodecim articuli ab Apostolis prolati et
distincti significantur per duodecim lapides, quos in rationali
summus sacerdos portat ante Deum. Quando ergo sic est in anima
et credit de Deo quae habet communia in caelis et in terris, tunc
est anima quoddam caelum Dei spirituale: Caelum mihi sedes est,
articuli scilicet de deitate, et terra scabellum pedum meorum, articuli
scilicet de humanitate. Et sequitur: Quae est domus quam aedificastis
mihi? et quis est locus quietis meae? Hic locus est anima exaltata per
has considerationes fidei altissimas.]

들 우리 주 예수 그리스도'가 두 번째 신조입니다. ─ 그다음 인간성과 관련 있는 여섯 개가 뒤따릅니다. '성령으로 인하여 동정 마리아께 잉태되어 나시고'가 세 번째 신조입니다. ─ '본시오 빌라도 통치 아래서 고난을 받으시고 십자가에 못 박혀 돌아가시고 묻히셨으며'가 네 번째 신조이고 ─ '저승에 가시어'가 다섯 번째 신조입니다. ─ '사흗날에 죽은 이들 가운데서 부활하시고'가 여섯 번째 신조이고 '하늘에 올라 전능하신 천주 성부 오른편에 앉으시며'가 일곱 번째 신조입니다. ─ '그리로부터 산 이와 죽은 이를 심판하러 오시리라 믿나이다'가 여덟 번째 신조입니다. ─ '성령을 믿으며'가 아홉 번째, '거룩하고 보편된 교회와'가 열 번째, '모든 성인의 통공(通功)을 믿으며, 죄의 용서와'가 열한 번째, '육신의 부활을 믿으며 영원한 삶을 믿나이다'가 열두 번째 신조입니다. ─ 그리고 가장 마지막 신조를 제외하고 성령이 지시하므로 이 마지막 네 신조가 마지막 세 가지 작용을 위해 통합하고 거룩하게 하는 것입니다. [사도들이 제시하고 구분한 이 열두 개의 신조는 열두 개의 돌에 의해 특징지어지는데 사제가 가장 이성적인 이 돌들을 하느님 앞에 옮겨놓습니다. 따라서 영혼이 그렇게 있고 하늘과 땅에서 공통적인 것인 영혼이 하느님을 믿을 때 영혼은 하느님의 정신적인 하늘입니다. "하늘이 나의 어좌요"란 신성에 대한 신조입니다. "땅이 나의 발판이다"는 인간성에 대한 신조입니다. 그리고 이렇게 계속됩니다. "너희가 나에게 지어 바칠 수 있는 집이 어디 있느냐? 나의 안식처가 어디 있느냐?" 이 장소는 믿음의 가장 깊은 명상에 의해 현양된 영혼입니다.]

Collatio IX

De secunda visione tractatio secunda, quae est de triplici firmitate fidei

1. Vocavit Deus firmamentum caelum etc. Dictum est, quod altitudo fidei in duobus consistit: in altitudine sublimitatis et in altitudine profunditatis. De altitudine fidei dictum est, sed nunc dicendum est de eius firmitate. Sed si alta, quomodo certa? Quia res, quanto altior, tanto minus nota; et quanto minus nota, tanto magis dubitabilis. —Et ideo intelligendum, quod huius fidei firmitas est triplex. Prima est ex testimonio veritatis expressae per Verbum increatum; secunda, ex testimonio veritatis expressae per Verbum incarnatum; tertia, ex testimonio veritatis expressae per Verbum inspiratum.

2. De prima in primae Ioannis quinto: Tres sunt, qui

둘째 날의 봄에 대한 두 번째 강연.
믿음의 세 가지 확고함에 대한 강연

1. "하느님께서는 궁창을 하늘이라 부르셨다. 저녁이 되고 아침이 되니 이튿날이 지났다."[1] 믿음의 높이는 두 가지라는 것이 언급되었습니다. 그것은 숭고함의 높이와 심연의 깊이입니다. 믿음의 숭고함과 심연에 대해서 이야기했으므로 이제 믿음의 확고함에 대해서 언급해야 합니다. 더 높은 곳에 있는 사물일수록 덜 알려지기 때문이고 덜 알려질수록 더 의심스러운 것인데 높은 곳에 있다면 어떻게 확실합니까? ― [우리는] 믿음의 확고함이 세 가지라는 것을 인식해야 합니다. 첫 번째 확고함은 창조되지 않은 말씀을 통해 표현된 진리에 대한 증언에서 나옵니다. 두 번째 확고함은 육화된 말씀을 통해 표현된 진리에 대한 증언에서 나옵니다. 세 번째 확고함은 영을 받은 말씀을 통해 표현된 진리에 대한 증언에서 나옵니다.

2. 첫 번째 확고함에 대해서 「요한의 첫째 서간」 제5장에서 이렇게 말

---

1 「창세기」 1:8.

testimonium dant in caelo, Pater, Verbum et Spiritus sanctus; et hi tres unum sunt. A tribus datur testimonium, sed exprimitur per Verbum, quia Verbum et Patrem et se ipsum et Spiritum sanctum exprimit et omnia alia. Unde in Psalmo: Verbo Domini caeli firmati sunt; et spiritu oris eius omnis virtus eorum. Caeli, id est caelestes, per fidem Verbo Dei firmati sunt; et isto Verbo firmantur et caelestes et subcaelestes, unde dicit: Et spiritu oris eius omnis virtus eorum. Unde Scriptura, explicans mysterium hierarchiae caelestis et subcaelestis, in alio loco dicit: In aeternum, Domine, Verbum tuum permanet in caelo, scilicet Trinitatis; in generationem et generationem veritas tua; fundasti terram et permanet.

3. Super hoc Verbum fundata est Ecclesia, quae terrae nomine figuratur. Unde Isaias: Quis mensus est pugillo aquas et caelos palmo ponderavit? Quis appendit tribus digitis molem terrae? Hoc facit Verbum, per quod facta sunt omnia. Manus eius, per quam cuncta creantur, formantur seu distinguuntur et ornantur, tribus digitis levat et suspendit terram, scilicet ecclesiasticam hierarchiam,

합니다. 하늘에서 증언하는 것이 셋입니다. [그것은] 성부와 성자와 성령이십니다. 이 셋은 하나로 모아집니다.[2] 증언은 이 세 가지에서 주어지고 말씀에 의해서 표현되는데 왜냐하면 말씀과 성부는 자기 자신을, 그리고 성령과 또한 다른 모든 것을 표현하기 때문입니다. 그러므로 「시편」에서는 "주님의 말씀으로 하늘이, 그분의 입김으로 그분의 모든 힘이 만들어졌네"[3]라고 노래합니다. 하늘, 다시 말해서 천상적인 것은 믿음에 의해 하느님의 말씀으로 만들어졌습니다. 그리고 이 말씀을 통해 하늘에 있는 것과 하늘 아래 있는 것이 만들어졌습니다. 따라서 "그분의 입김으로 그분의 모든 힘이 만들어졌다"라고 합니다. 하늘의 위계, 그리고 하늘 아래 있는 것의 위계의 신비를 설명하는 성경은 다른 부분에서 이렇게 말합니다. "주님께서는 영원하시고 당신 말씀은 하늘에 든든히 세워졌습니다. 당신의 진리[4]는 대대로 이어지고 당신께서 땅을 굳게 세우시니 그 땅이 서 있습니다."[5]

3. 땅이라 명명되어 제시된 교회가 이 말씀 위에 세워졌습니다. 따라서 이사야는 "누가 손바닥으로 바닷물을 되었고 장뼘으로 하늘을 재었으며 되로 땅의 먼지를 되었느냐?"[6]라고 합니다. 모든 것이 그 말씀(그분)을 통하여 생겨났습니다.[7] 모든 것을 창조하고 형성하는 또는 구분하고 장식하는 그의 손은 세 손가락으로 땅을 들어올리고 받치고 있습니

---

2 「요한의 첫째 서간」5:7: "그래서 증언하는 것이 셋입니다. 성령과 물과 피인데, 이 셋은 하나로 모아집니다."

3 「시편」33:6. 우리말 성경은 "주님의 말씀으로 하늘이, 그분의 입김으로 그 모든 군대가 만들어졌네"인데, 불가타 성경에는 '그 모든 군대'라는 구절이 없다.

4 우리말 성경에는 '성실'이라고 번역되어 있다. 불가타 성경에는 'fides tua'(너의 믿음)으로 되어 있다.

5 「시편」119:89.

6 「이사야서」40:12.

7 「요한복음서」1:3; Bonaventura, *Brevil.*, p.2, c.2: "Natura vero corporea nobis consideranda est quantum ad fieri, quantum ad esse et quantum ad operari." 참조.

quam creat, distinguit et ornat. Haec manus metitur aquas et omnia tenet in manu, sicut in pugillo res tenetur. Haec est manus Verbi aeterni. —Hoc testimonium transcendit omne iudicium cuiuslibet creaturae. Unde animalia volatilia demittebant alas suas, cum fieret vox super firmamentum. Quomodo ergo nos audiemus tonitruum, si sermonis eius scintillam vix apprehendimus?

4. Condescendit autem nobis, quia se exprimit per Verbum incarnatum; et hoc est secundum testimonium; de quo in Ioanne: Qui de terra est de terra loquitur; qui de caelo venit super omnes est. Testimonium Christi maius fuit testimonio Ioannis Baptistae, quia non alio supponente loquitur, quia anima eius omnia vidit; unde qui de caelo est revera caelestia revelare potest. Unde dixit Nicodemo: Si terrena dixi vobis, et non creditis; quomodo, si dixero vobis caelestia, credetis? Hinc Filio Pater testatur in voce, Spiritus sanctus in columbae specie, ut testimonium eius sit solidissimum; quia Pater, inquit, quod dedit mihi maius omnibus est.

다. 이 땅은, 즉 교회의 위계인데, 그의 손은 이 위계를 창조하고 나누고 장식했습니다. 이 손은 물을 측량하고, 사물들이 한 줌 안에 있듯이 모든 것을 손 안에 쥐고 있습니다. 이것은 영원한 말씀의 손입니다. — 이 증언은 각각의 피조물의 모든 판단을 능가합니다. 따라서 궁창 위에서 소리가 들렸을 때 새들은 그들의 날개를 접었습니다.[8] "그분에 대해 우리는 얼마나 작은 속삭임만 듣고 있나? 그러니 그분 권능의 천둥소리를 누가 알아들을 수 있겠나?"[9]

4. 그런데 그는 자신을 낮추어 우리에게 내려왔습니다. 왜냐하면 육화된 말씀을 통해 자신을 표현하기 때문입니다. 이것은 증언에 적합합니다. 「요한복음서」에서는 이 말씀에 대해 "땅에서 난 사람은 땅에 속하고 땅에 속한 것을 말하는데, 하늘에서 오시는 분은 모든 것 위에 계신다"[10] 라고 합니다. 그리스도의 증언은 세례자 요한의 증언보다 더 위대한 증언입니다.[11] 왜냐하면 그의 영혼이 모든 것을 보기에 증언을 위해 다른 어떤 것의 도움이 필요하지 않기 때문입니다. 그래서 하늘에서 내려온 사람은 참으로 하늘 일을 드러낼 수 있습니다. 따라서 예수는 니코데모에게 "내가 세상일을 말하여도 너희가 믿지 않는데, 하물며 하늘 일을 말하면 어찌 믿겠느냐?"[12]라고 말합니다. 하느님의 영이 비둘기처럼 내려오고 성부께서 성자를 위해 이것을 말씀으로 증언하셨습니다.[13] 그래서 그의 증언은 가장 강력한 증언입니다. 왜냐하면 "그들을 나에게 주신 내 아버지께서는 누구보다도 위대"[14]하시다고 그가 말하기 때문입니다.

---

8 「에제키엘서」1:24-25.

9 「욥기」26:14.

10 「요한복음서」3:31.

11 「요한복음서」5:36: "나에게는 요한의 증언보다 더 큰 증언이 있다."

12 「요한복음서」3:12.

13 「마태오복음서」3:16.

14 「요한복음서」10:29.

5. Huius autem fidei Christus est fundamentum; et nemo potest aliud fundamentum ponere praeter id quod positum est, quod est Christus Iesus. Iste est lapis angularis, de quo facit Isaias et Petrus mentionem: Ecce ponam in fundamentis Sion lapidem angularem, probatum, speciosum; et Apostolus: Superaedificati supra fundamentum Apostolorum et Prophetarum, ipso summo angulari lapide, Christo Iesu.

6. Tertia firmitas est ex testimonio veritatis ut expressae per Verbum inspiratum; et hoc fuit in omnibus Prophetis; et nos audivimus hoc verbum, quia Spiritus sanctus testificatur, quoniam Christus est veritas. Aliqui viderunt eum in carne. Unde in Luca: Beati oculi, qui vident quae vos videtis. Dico vobis, quod multi reges et Prophetae voluerunt videre quae vos videtis, et non viderunt.

7. Radiavit autem Spiritus sanctus in cordibus praedicatorum ad omnem veritatem praedicandam et scribendam; ad Hebraeos primo: Multifariam multisque modis olim Deus loquens Patribus in Prophetis, novissime diebus istis locutus est nobis in Filio. Et postea

5. 그런데 이런 믿음의 기반은 그리스도이십니다. "아무도 이미 놓인 기초 외에 다른 기초를 놓을 수 없기 때문입니다. 그 기초는 예수 그리스도이십니다."[15] 이것이 이사야와 베드로가 언급한 모퉁잇돌입니다. "보라, 내가 시온에 돌을 놓는다. 품질이 입증된 돌, 튼튼한 기초로 쓰일 값진 모퉁잇돌이다."[16] 그리고 사도는 "여러분은 사도들과 예언자들의 기초 위에 세워진 건물이고, 그리스도 예수님께서는 바로 모퉁잇돌이십니다"[17]라고 합니다.

6. 세 번째 확고함은 영을 받은 말씀에 의해서 명확해졌듯이 진리에 대한 증언에서 나옵니다. 그리고 이 증언은 모든 예언자 안에 있습니다. 성령이 증언하시고 그리스도가 진리이기 때문에 우리는 이 말씀을 들었습니다.[18] 또 다른 사람들은 사람의 몸으로 오신 예수님을 보았습니다. 그러므로 루카는 이렇게 말합니다. "너희가 보는 것을 보는 눈은 행복하다. 내가 너희에게 말한다. 많은 예언자와 임금이 너희가 보는 것을 보려고 하였지만 보지 못하였다."[19]

7. 성령은 모든 진리를 예언하고 기록하도록 예언자들의 마음을 비추었습니다. 「히브리인들에게 보낸 서간」제1장에서는 "하느님께서 예전에는 예언자들을 통하여 여러 번에 걸쳐 여러 가지 방식으로 조상들에게 말씀하셨지만, 이 마지막 때에는 아드님을 통하여 우리에게 말씀하셨습니다"[20]라고 하고, 곧 뒤따라 "천사들을 통하여 선포된 말씀이 유효하

---

15 「코린토 신자들에게 보낸 첫째 서간」3:11.

16 「이사야서」28:16;「베드로의 첫째 서간」2:6: "보라, 내가 시온에 돌을 놓는다. 선택된 값진 모퉁잇돌이다. 이 돌을 믿는 이는 부끄러운 일을 당하지 않을 것이다."

17 「에페소 신자들에게 보낸 서간」2:20.

18 「요한의 첫째 서간」5:6; 1:1: "처음부터 있어온 것, 우리가 들은 것, 우리 눈으로 본 것, 우리가 살펴보고 우리 손으로 만져본 것, 이 생명의 말씀에 관하여 말하고자 합니다."

19 「루카복음서」10:23.

dicitur: *Si enim qui per Angelos dictus est sermo factus est firmus;* et sequitur: *Quae cum initium accepisset enarrari per Dominum, ab eis qui audierunt, in nos confirmata est, contestante Deo signis et portentis et variis virtutibus et Spiritus sancti distributionibus.* — Et explicatur hic triplex firmitas fidei: primo, ut expressa per Verbum increatum, cum dicit: *Multifariam* etc.; et: *Qui cum sit splendor gloriae;* secundo, ut per Verbum incarnatum, ibi: *Purgationem peccatorum faciens;* tertio, ut per Verbum inspiratum; ibi: *Quae cum initium accepisset enarrari per Deum.*

8. Hic Spiritus sanctus in mentibus electorum facit scripturas et dat firmitatem fidei christianae; et quia specialiter in Apostolis, ideo dicuntur duodecim fundamenta civitatis. In Apocalypsi: *Vidi sanctam civitatem Ierusalem novam, descendentem de caelo a Deo paratam sicut sponsam ornatam viro suo;* et dicitur, quod in fundamento duodecim nomina Apostolorum erant scripta; non tantum autem testimonium Apostolorum, sed varia testimonia Spiritus sancti in multis; in quibus sunt duodecim rationes firmitatis fidei, quae sunt duodecim fundamenta. Per concursum enim diversorum testimoniorum Spiritus sanctus fidem firmavit

고"라고 합니다. 또 [이 구원은] "처음에 주님께서 선포하신 것으로, 그 것을 들은 이들이 우리에게 확증해 주었습니다. 하느님께서도 당신의 뜻에 따라, 표징과 이적과 갖가지 기적을 통하여, 또 성령의 선물을 나누어 주시어 당신의 증언을 보태어 주셨습니다"[21]라고 이어집니다. — 여기에서 믿음의 세 가지 확고함이 설명됩니다. 첫째, 확고함은 그가 영광의 광채이기 때문에 '여러 번에 걸쳐 여러 가지 방식으로'라고 말할 때처럼 창조되지 않은 말씀을 통해 명백하듯이 있습니다. 둘째, 확고함은 '죄를 깨끗이 없애신 다음'이라고 언급되는 곳[22]에서처럼 성육신이 되신 말씀에 의해서 있듯이 있습니다. 셋째, 확고함은 "처음에 주님께서 선포하신 것으로, 그것을 들은 이들이"[23]라고 언급되는 곳에서 영을 받은 말씀에 의해서 있듯이 있습니다.

8. 이 성령은 선택된 사람들의 정신에서 작용하고 그리스도 신앙의 확고함을 부여합니다. 이는 특히 사도들 가운데에서 생기므로 사도들은 도성의 열두 초석이라고 명명됩니다. 「요한묵시록」에서는 "거룩한 도성 새 예루살렘이 신랑을 위하여 단장한 신부처럼 차리고 하늘로부터 하느님께서 내려오는 것을"[24] 보았다고, "열두 초석 위에 열두 사도 이름이 적혀 있었다"고 합니다.[25] 그런데 사도들의 증언뿐만 아니라 많은 사람 안에 있는 성령의 다양한 증언이 기록되어 있습니다. 이 증언들에 믿음의 확고함의 열두 근거가 있는데, 이 근거들은 열두 초석입니다. 서로 다른 증언들이 합쳐지면서 성령은 확고부동한 믿음을 견고하게 만듭니다. 우상숭배자들이 십자가형으로 순교자들을 처형했던 교회의 초기에 신

---

20 「히브리인들에게 보낸 서간」 1:1 이하.
21 「히브리인들에게 보낸 서간」 2:2-4.
22 「히브리인들에게 보낸 서간」 1:3 참조.
23 「히브리인들에게 보낸 서간」 2:3.
24 「요한묵시록」 21:2.
25 「요한묵시록」 21:14: "그 도성의 성벽에는 열두 초석이 있는데, 그 위에는 어린양의 열두 사도 이름이 하나씩 적혀 있었습니다."

inconcussam; licet vexata fuerit haec firmitas in principio Ecclesiae, ubi cruciabantur Martyres ab idololatris; vexata similiter fuit in medio tempore diversis haeresibus; vexabitur maxime in fine Ecclesiae per tormenta, per argumenta, per miracula. Unde vae praegnantibus et nutrientibus in his diebus, hoc est, vae teneris in fide. Oportet ergo, quod fides firmetur per Verbum inspiratum.

9. Consurgit autem haec firmitas ex quatuor quasi ex quatuor lateribus civitatis; ex testificantium notitia certa, ex testificantium fama praeclara, ex testificantium concordia plena et ex testificantium sententia firma; quia, si sit notitia certa, non sit autem fama bona; non creditur sibi, sed quando bonus est homo, scitur, quod veritatem dicit. Et si habeat certam notitiam et famam claram, sed tamen multi sibi contradicunt; adhuc potest esse dubitatio. Si autem haec tria habeat, et notitiam et famam et concordiam, et tamen non habet sententiam firmam; dubitatio esse potest.

10. De notitia certa dicitur secundae ad Corinthios duodecimo: Scio hominem raptum usque ad tertium caelum et audivit arcana, hoc est, certa notitia per ascensum usque ad tertium caelum, et iterum per descensum usque ad primum per illustrationes omnium caelorum; unde Ecclesiastici vigesimo quarto: Ego feci, ut oriretur in caelis lumen indeficiens, id est in caelestibus viris lumen

앙의 박해가 있었다고 해도, 또한 이와 유사하게 다양한 이단의 시기였던 중간의 시기에 박해받았다고 해도, 교회의 마지막 시기에 고문에 의해, 반대 논증에 의해, 그리고 기적에 의해 특히 박해를 받을 것입니다. "불행하여라, 그 무렵에 임신한 여자들과 젖먹이가 딸린 여자들!"[26]이란 말씀은 '불행하여라, 믿음의 어둠의 무렵에'라는 뜻입니다. 따라서 믿음은 영을 받은 말씀에 의해 견고해질 필요가 있습니다.

9. 이 확고함은 도성의 네 벽에서 생기듯이[27] 네 가지에서, 즉 증언하는 사람들의 확실한 앎에서, 그들의 고귀한 명성에서, 그들이 완전한 조화를 이루는 가운데 또한 그들의 확고한 말에서 생깁니다. 만약 [어떤 사람의] 앎이 확고하다면, 그러나 그에 대한 명성이 좋지 않다면 사람들은 그의 말을 믿지 않을 것이고 [어떤] 사람이 선할 때만 [우리는 그가] 진리를 말한다고 합니다. 앎이 확실하고 명성이 자자하다고 해도 그럼에도 많은 것이 모순될 것입니다. 그때까지 여전히 의심이 있을 수 있습니다. 그런데 만약 그가 이 세 가지, 즉 지식과 명성과 조화로운 성격을 갖추었지만 그럼에도 견해가 확고하지 않다면 의심이 있을 수 있습니다.

10. 확실한 앎에 대해 「코린토 신자들에게 보낸 둘째 서간」 제12장에서 나는 셋째 하늘까지 들어올려진 그리고 발설할 수 없는 말씀을 들은 어떤 사람을 알고 있다[28]라고 언급됩니다. 다시 말해서 확실한 지식은 셋째 하늘까지 상승함으로써 그리고 또다시 모든 하늘의 조명에 의해 첫째 하늘까지 하강함으로써 있습니다. 그러므로 「집회서」 제24장에서는 나는 끊임없는 빛이 비추도록 하늘에서 만들었다[29]라고 합니다. 다

---

26 「루카복음서」 21:23.
27 「요한묵시록」 21:16.
28 「코린토 신자들에게 보낸 둘째 서간」 12:2 이하.
29 「집회서」 24:6. 우리말 성경에 따르면, "바다의 파도와 온 땅을, 온 백성과 모든 민족을 다스렸다."

fidei firmum. Per triplex caelum triplex visio intelligitur: intellectualis pura, intellectualis adiuncta cum visione imaginaria et intellectualis cum visione corporali manifesta. Prima invenitur in mentibus angelicis; secunda, in mentibus propheticis; tertia, in mentibus apostolicis. Harum visionum concursu est certitudo Scripturae.

11. Visio intellectualis pura fuit in mentibus angelicis et in Legislatore. Lex enim per Angelos ordinata est; Angeli eam dederunt, eam scripserunt, qui puram veritatem videbant in luce aeterna. Ad hanc visionem fuit Moyses sublimatus ultra omnes Prophetas, quia scriptum est: Si fuerit inter vos Propheta Domini, in visione apparebo ei, vel per somnium loquar ad illum; at non talis servus meus Moyses. Ore enim ad os loquor ei, et palam et non per aenigmata et figuras Dominum videt. Et in signum huius ieiunavit quadraginta diebus et quadraginta noctibus; qui etiam vidit Angelum, qui in rubo apparuit ei. Et exponit beatus Stephanus, quod non fuit ibi Dominus nisi per subiectam creaturam, sed Angelus fuit.

시 말해서 이 빛은 천상에 있는 사람들에게 확고한 신앙의 빛입니다. 세 개의 하늘에 의해 세 개의 환시(=상)가 인식됩니다.[30] 이 세 가지는 이성적인 순수한 환시, 상상적인 환시와 결합된 이성적인 환시, 그리고 명백히 육체적인 것과 결합된 환시를 지닌 이성적인 환시입니다. 첫 번째 환시는 천사들의 정신에서 발견되고 두 번째 환시는 예언자들의 정신에서 발견되며 세 번째 환시는 사도들의 정신에서 발견됩니다. 이들 환시가 모여서 성경이 확실해집니다.

11. 이성적인 순수한 환시는 천사의 정신과 입법자의 정신에 있습니다. 사실 율법은 천사들을 통하여 공포되었습니다.[31] 영원한 빛에서 순수한 진리를 보았던 천사들은 율법을 부여했고 기록했습니다. 모세는 모든 예언자를 넘어 이 환시로 들어올려졌습니다. 왜냐하면 다음과 같이 기록되어 있기 때문입니다. "너희 가운데에 예언자가 있으면 나 주님이 환시 속에서 나 자신을 그에게 알리고 꿈속에서 그에게 말할 것이다. 나의 종 모세는 다르다. 그는 나의 온 집안을 충실히 맡고 있는 사람이다. 나는 입과 입을 마주하여 그와 말하고 환시나 수수께끼로 말하지 않는다. 그는 주님의 모습까지 볼 수 있다."[32] 그는 이것의 표징으로 밤낮으로 40일을 지내면서[33] 빵도 먹지 않고 물도 마시지 않았습니다.[34] 그는 또 천사를 보았는데 천사는 떨기나무에서 그에게 나타났습니다.[35] 그리고 복된 스테파노는 하느님은 하나의 피조물에 의해서가 아니라면 떨기나무에 계시지 않았고 천사가 그곳에 있었다고 합니다.[36]

---

30 세 개의 상에 대해서는 강연 3, 22;「다니엘서」1:17 참조.
31 「갈라티아 신자들에게 보낸 서간」3:19.
32 「민수기」12:6 이하.
33 「탈출기」24:18.
34 「탈출기」34:28;「신명기」9:18.
35 「탈출기」3:2;「사도행전」7:38.
36 「사도행전」7:35 이하 참조.

12. Secunda certitudo fuit in mentibus propheticis. In secunda Petri: Habemus firmiorem propheticum sermonem, cui bene facitis attendentes quasi lucernae lucenti in caliginoso loco, donec dies illucescat, et lucifer oriatur in cordibus vestris. Hoc primum intelligentes, quod omnis prophetia Scripturae propria interpretatione non fit. Non enim voluntate humana allata est aliquando prophetia, sed Spiritu sancto inspirati, locuti sunt sancti Dei homines. Visiones tamen Prophetarum fuerunt imaginariae, ut Isaiae, Danielis.

13. Tertia est certitudo ex visione intellectuali iuncta cum corporali. Haec fuit in mentibus apostolicis. Unde Ioannes: Quod fuit ab initio, quod vidimus oculis nostris, quod perspeximus, et manus nostrae contrectaverunt de Verbo vitae; et non aliud, quam quod vidimus, annuntiamus vobis. Unde Thomas tangere voluit et audivit: Quia vidisti me, Thoma, credidisti; et alibi: Qui vidit testimonium perhibuit; et in Actibus: Praecepit nobis testificari. Et beata virgo Maria, doctrix Apostolorum et Evangelistarum, contrectavit hoc Verbum in utero et in sinu.

14. Hae tres visiones sive certitudines concurrentes, angelicae,

12. 두 번째 확실성은 예언자들의 정신에 있었습니다. 「베드로의 둘째 서간」에서는 이렇게 말합니다. "이로써 우리에게는 예언자들의 말씀이 더욱 확실해졌습니다. 여러분의 마음속에서 날이 밝아오고 샛별이 떠오를 때까지, 어둠 속에서 비치는 불빛을 바라보듯이 그 말씀에 주의를 기울이는 것이 좋습니다. 무엇보다 먼저 이것을 알아야 합니다. 성경의 어떠한 예언도 임의로 해석해서는 안 됩니다. 예언은 결코 인간의 뜻에서 나온 것이 아니라, 사람들이 성령에 이끌려 하느님에게서 받아 전한 것입니다."[37] 그럼에도 이사야와 다니엘의 환시처럼 예언자들의 환시는 상상에 의해 생겼습니다.

13. 세 번째 확실성[38]은 육체적인 것과 결합된 이성적인 환시에서 나옵니다. 이 확실성은 사도들의 정신에 있었습니다. 그래서 요한은 "처음부터 있어온 것, 우리 눈으로 본 것, 우리가 살펴보고 우리 손으로 만져 본 것, 이 생명의 말씀에 관하여 말하고자 합니다"[39]라고, 또 다른 것이 아닌 "우리가 본 그 영원한 생명을 여러분에게 선포"[40]한다고 합니다. 토마스는 만져보고 싶어 했고 "토마스야, 너는 나를 보고서야 믿느냐?"[41]라는 말씀을 들었습니다. 다른 부분에서는 "이는 직접 본 사람이 증언하는 것"[42]이라고 하고, 「사도행전」에서는 "증언하라고 우리에게 분부하셨습니다"[43]라고 합니다. 그리고 사도들과 복음사가들의 교사인 복되신 동정 마리아는 이 말씀을 잉태하셨고 가슴에 품으셨습니다.

14. 세 가지 환시 또는 확실성, 즉 천사의, 예언자의, 복음사가의 환시

---

37 「베드로의 둘째 서간」 1:19 이하.
38 강연 9, 1과 7 참조.
39 「요한의 첫째 서간」 1:1.
40 「요한의 첫째 서간」 1:2.
41 「요한복음서」 20:29 참조.
42 「요한복음서」 19:35.
43 「사도행전」 10:42.

propheticae, apostolicae, dant certitudinem fidei et Scripturae. Has tres Paulus habuit, qui Christum corporaliter vidit: Novissime, inquit, tanquam abortivo visus est et mihi; qui etiam ad mediam et tandem ad supremam visionem fuit sublimatus, scilicet ad intellectualem. Bene ergo dictum est: Ego feci in caelis, ut oriretur lumen indeficiens.

15. Secunda firmitas est ex testificantium fama praeclara. Haec in tribus consistit: in praeclaritate meritorum, miraculorum et martyriorum. —Praeclaritas meritorum fuit in Patriarchis. Unde in Ecclesiastico: Laudemus viros gloriosos. Patriarchae miracula non fecerunt, sed famosi fuerunt in meritis. Hi fuerunt initium Scripturae, quae agit de apparitionibus illis factis.

16. Praeclaritas meritorum et miraculorum fuit in Legislatore. Vide magna miracula facta in flagellatione Aegypti, in transitu maris rubri, in deserto, ubi per quadraginta annos non sunt attrita calceamenta nec vestimenta, ubi etiam manna de caelo pluit illis. Vide Josue, qui solem fecit stare, qui aquas divisit in ingressu terrae promissionis, et aquae reversae sunt in suam originem. Adiunge his Eliam et Elisaeum; qui Elias caelum claudebat, pluviam dabat et

가 믿음과 성경에 확신을 줍니다. 그리스도를 직접 보았던 바오로에게는 이 세 가지 환시가 있었습니다. 그는 "맨 마지막으로는 칠삭둥이 같은 나에게도 나타나셨습니다"[44]라고 합니다. 바오로는 또한 중간의 환시(=상상적인 환시와 결합된 이성적인 환시), 그리고 결국 가장 높은 환시에까지, 다시 말해서 이성적인 환시에까지 들어 높여졌습니다. 그러므로 "나는 끊임없는 빛이 나오도록 하늘에서 만들었다"[45]라는 말은 참으로 적절한 말입니다.

15. 두 번째 확고함은 증언하는 사람의 고귀한 명성에서 나옵니다. 이는 세 가지 것에, 즉 공로의 고귀함에, 기적과 순교의 고귀함에 있습니다. ─ 공로의 고귀함은 조상들에게 있었습니다. 그러므로 「집회서」에서는 "훌륭한 사람들을 칭송하자"[46]라고 합니다. 조상들은 기적을 행하지 않았고 그들의 위업은 영예롭습니다. 조상들은 이 위업들의 출현에 대해 보고하는 성경의 시원이었습니다.

16. 공로와 기적의 고귀함은 입법자에게 있습니다. 홍해를 건널 때, 그리고 40년 동안 닳아빠진 신발도 없고 낡아빠진 옷도 없는 사막에서 더욱이 저 하늘로부터 만나가 비 오듯 쏟아지는 사막에서, 이집트의 징벌에서 이루어진 커다란 기적들을 보십시오.[47] 해를 그대로 서 있게 하고, 약속의 땅으로 들어갈 때 물을 나눈 여호수아를 보십시오.[48] 이 물은 멈추어 섰습니다. 엘리야와 엘리사를 이것들과 결합해 보십시오. 엘리야는

---

44 「코린토 신자들에게 보낸 첫째 서간」 15:8.
45 「집회서」 24:6.
46 「집회서」 44:1.
47 「탈출기」 7-12(10가지 재앙에 대해서); 14:21(홍해의 통과에 대해서); 16:13 이하 (만나에 대해서); 「신명기」 29:5.
48 「여호수아기」 10:13(태양에 대해서); 3:14 이하(요르단을 통과함에 대해서); 「열왕기 상권」 17:1 이하; 「열왕기 하권」 2:11(엘리아에 대해서); 4:32 이하; 13:21; 6:22(엘리사에 대해서).

cibum augmentabat, qui in curro igneo ascendit in caelum. Vide Elisaeum, qui vivens mortuum suscitavit, mortuus etiam mortuum suscitavit, qui homines capiebat. Ante Legem ergo et post Legem et in datione Legis facta sunt miracula, et non nisi in hoc populo. Ex quo sequitur, quod isti viri amantissimi et cari Deo fuerunt in veritate fundati. Haec est ergo certitudo fidei.

17. Tertia praeclaritas est meritorum, miraculorum et martyriorum. Et haec certitudo veritatis apparet, quando homo vult mori pro veritate, quam praedicat, ut Isaias serratus est, Ezechiel interfectus, Ieremias et alii etiam Prophetae. Unde dicitur Iudaeis: Quem Prophetarum non sunt persecuti patres vestri? — Si dicant haeretici, quod ipsi moriuntur pro veritate et habent merita; tertium tamen non habent, scilicet miracula; nunquam auditum est, quod haereticus vel ante vel post mortem vel in morte fecerit miracula.

18. De istis caelis legitur: Quoniam videbo caelos tuos, opera digitorum tuorum, scilicet viros caelestes, in quibus videmus hanc triplicem claritatem, quae sunt opera digitorum Dei. — In isto digito tertio, scilicet miraculi, deficiunt magi Pharaonis.

하늘을 닫았고, 비를 내려주었고, 음식을 늘였고, 불병거를 타고 하늘로 올라갔습니다. 살아 있는 사람으로서 죽은 사람을 일으켰고, 죽은 사람으로서 사람들을 사로잡은 죽음에서 일어선 엘리사를 보시오. 그러므로 율법에 앞서, 율법이 반포된 후에, 그리고 율법이 공포되는 중에 기적이 일어났고, 이 민족에게만 기적이 일어났습니다. 하느님의 사랑을 가장 많이 받고 그분께 소중한 사람들은 진리를 기반으로 삼는 사람들이었다는 결론이 여기에서 나옵니다. 따라서 이는 믿음의 확실성입니다.

17. 세 번째 고귀함은 공로의, 기적의, 그리고 순교의 고귀함입니다. 이사야가 톱으로 잘리고, 에제키엘이 살해되고 예레미야와 또한 다른 예언자들처럼 사람이 앞서 언급했던 진리 때문에 죽기 원할 때 진리의 확실성이 드러납니다. 그러므로 유대인들에게 이렇게 언급됩니다. "예언자들 가운데 여러분의 조상들이 박해하지 않은 사람이 어디 있습니까?"[49] — 만약 이교도들이 자신들은 진리 때문에 죽고 공로가 있다고 말한다고 해도 그들에게는 세 번째 것, 즉 기적이 없습니다. 이교도가 죽기 전에 또는 죽은 후에 또는 죽으면서 기적을 행했다는 말은 결코 듣지 못했습니다.

18. 저 하늘에 대해서 이렇게 언급됩니다. 왜냐하면 제가 당신의 하늘을 볼 것이기 때문입니다. 당신 손가락의 작품들을 볼 것이기 때문입니다.[50] 다시 말해 하늘의 사람들을 볼 것이기 때문입니다. 우리는 이 사람들 안에서 하느님의 손가락의 작품들인 이 세 가지 명확함을 봅니다. — 파라오의 마술사들에게는 세 번째 손가락, 즉 기적의 손가락의 능력이 없었습니다.

---

49 「사도행전」 7:52.
50 「시편」 8:4; 「탈출기」 8:19; 강연 2, 30 참조.

19. Tertia firmitas fidei est ex testificantium concordia plena, quae est in tribus: in eloquiis Scripturarum, in decretis Conciliorum, in documentis Sanctorum. — De primo Psalmus: De medio petrarum dabunt voces, hoc est de medio duorum Cherubim, de quibus loquebatur Dominus, sive de quorum medio, scilicet de medio duorum testamentorum. Isaias dicit: Ecce, Virgo concipiet, et Lucas dicit: Ecce, concipies. Alius dixit: Occidetur Christus; et Evangelista: Christus occiditur. Quidquid ergo dictum est per Prophetas, impletum est per Christum. Isaias dixerat: Ascendet Dominus super nubem levem et ingredietur Aegyptum, et movebuntur simulacra; hoc factum est per Christum; nec unquam inventus est aliquis Propheta, vel philosophus, qui idololatriam potuerit removere; quod tamen Christus fecit per Apostolos ubique terrarum.

20. Hi veri testes sunt Scripturae, Prophetae et Apostoli. Nec potest dici, quod Apostoli subornaverunt Prophetas, ut sic dicerent, sicut evenit in Christo. Si enim eodem tempore fuissent, posset haberi suspicio; sed illi praecesserunt. Veritas ergo ista est infallibilis. Si enim contingens dicatur firmiter esse futurum et cognoscatur

19. 믿음의 세 번째 확고함은 세 가지에서, 즉 성경의 말씀, 공의회의 칙령, 성인들의 증거에서 증언하는 사람들이 완전히 일치하는 데 있습니다. —「시편」에서는 첫째 것에 대해서 "바위들 틈에서 그들은 지저귄다"[51]라고 합니다. 다시 말해 주님께서 그들에 대해 언급하는 두 케루빔 (커룹) 사이에서 또는 그것 사이에서, 다시 말해 두 계약 사이에서 일러 주시겠다[52]라고 합니다. 이사야는 "보십시오, 젊은 여인이 잉태할 것입니다"[53]라고 하고, 루카는 "보라, 네가 잉태할 것이다"[54]라고, 다른 사람은 "그리스도가 죽임을 당할 것"[55]이라고, 복음사가는 "그리스도가 죽을 것"[56]이라고 합니다. 그러므로 예언자들이 언급한 것은 그것이 무엇이든 그리스도에 의해 완성됩니다. 이사야는 "주님께서 빠른 구름을 타시고 이집트로 가신다. 이집트의 우상들은 그분 앞에서 벌벌 떤다"[57]라고 말 했습니다. 이는 그리스도에 의해 이루어졌습니다. 예언자도 없었고 또는 어떤 철학자도 우상숭배를 없앨 수 없었습니다. 그럼에도 그리스도는 온 세상에서 사도들을 통해 그 일을 이루십니다.

20. 참된 증인들은 성경의, 예언자의, 그리고 사도들의 증인입니다. 사도들이 예언자들을 사주해서 그리스도에게 그런 일이 일어나듯이 말하라고 할 수 없습니다. 만약 사도들과 예언자들이 같은 시기에 살았다면 사주했다는 의심을 살 수도 있었을 것입니다. 그런데 예언자들이 먼저 있었습니다. 그러므로 이 진리는 오류를 범할 수 없습니다. 만약 우연한 것이 확고하게 미래의 것이라고 언급되고 확실하게 인식되었음에도 확

51 「시편」104:12: "그 곁에 하늘의 새들이 살아 나뭇가지 사이에서 지저귑니다."; 「에 제키엘서」28:14·16 참조.
52 「탈출기」25:22.
53 「이사야서」7:14.
54 「루카복음서」1:31.
55 「다니엘서」9:26: "기름 부음받은 이가 잘려나가 그에게 아무것도 남지 않으리라."
56 「마태오복음서」26:4: "속임수를 써서 예수님을 붙잡아 죽이려고 공모하였다."
57 「이사야서」19:1.

certitudinaliter; impossibile est, quod videatur alicubi nisi in veritate certa. — Vetus ergo testamentum et novum in magna consonantia et harmonia conveniunt et sunt sicut viginti quatuor seniores circa thronum Christi, ut nulla sit dubitatio.

21. Secunda firmitas est in decretis Conciliorum, quia illa quae in dubium veniebant, ibi confirmata sunt. Arius dicebat, quod Pater esset Filio maior secundum essentiam; et per hoc nitebatur ostendere, non esse Filium aequalem Patri. Et in primo Concilio, ubi fuerunt viri sanctissimi — beatus Nicolaus fuit ibi — ubi, dico, fuerunt trecenti decem et octo episcopi, ibi fides confirmata est catholica, scilicet universalis; et hoc factum est auctoritate Petri et aliorum Patrum. Unde quatuor Concilia principalia fuerunt — quia septem fuerunt — quae dant testimonia huic fidei.

22. Tertia firmitas est in documentis Doctorum et sapientum in mundana sapientia et divina, ut Dionysii, Gregorii Nazianzeni, Gregorii Nysseni, Damasceni, Basilii, Athanasii, Chrysostomi.

실한 진리 안에서 드러나지 않는다면 어딘가에서 드러난다는 것은 불가능합니다.[58] — 따라서 『구약성경』과 『신약성경』은 거의 일치하고 조화를 이루는 가운데 합치고 그리스도의 왕관 주변에 있는 스물네 명의 조상처럼 있어 아무런 의심도 없을 것입니다.[59]

21. 두 번째 확고함은 공의회의 칙령에 있습니다. 왜냐하면 문제가 되었던 저 확고함이 공의회에서 확증되었기 때문입니다. 아리우스[60]는 성부가 본질에 따라 아들보다 더 뛰어나다고 말했습니다. 그리고 이것에 의해 성자가 성부와 동등하지 않다는 것을 증명하려고 했습니다. 가장 성스러운 사람들이 참석했던, 복자 니콜라우스도 그곳에 참석했던, 그리고 318명의 주교가 참석했던 첫 번째 공의회[61]에서 가톨릭 신앙이, 다시 말해 보편적인 신앙이 확증되었다고 나는 말합니다. 그리고 이것은 베드로의 권위와 다른 교부들의 권위에 의해 이루어졌습니다. 일곱 개의 공의회[62]가 있었고 이 신앙(=가톨릭 신앙)에 증거를 제시하는 네 개의 중요한 공의회가 있습니다.

22. 세 번째 확고함은 교부들의 저서와 세속적인 지혜 및 하느님의 지혜 가운데 있는 현자의 저서에 있습니다. 예를 들면 그리스 교부들은 디오니시우스, 나치안츠의 그레고리우스, 니사의 그레고리우스, 다마스케

---

58 강연 3, 29 참조.

59 「요한묵시록」 4 : 4 · 10; 강연 7, 22 참조.

60 아리우스(Arius, 250?~336): 알렉산드리아의 신학자. 리비아에서 태어나 안티오키아에서 신학을 배우고 메리티오스의 교회분열운동에 가담하였다가 파문당했다. '그리스도는 신이 아니라 창조된 인간'이라는 이단 교리를 내세워 니케아 공의회에서 이단자로 규정되어 추방당했다.

61 니케아 공의회를 말한다.

62 니케아 공의회(325년), 콘스탄티노플 공의회(381년), 에페소 공의회(431년), 칼케돈 공의회(451년), 제2차 콘스탄티노플 공의회(553년), 제3차 콘스탄티노플 공의회(680~681년), 제2차 니케아 공의회(787년)를 말한다.

Latinorum similiter: Hilarii, Gregorii, Augustini, Ambrosii, Hieronymi. Documenta istorum concordant et idem dicunt, idem sapiunt. —De his dicit Iob: Quis enarrabit caelorum rationem, et concentum caeli quis dormire faciet? Haec est concordia Scripturarum, Conciliorum et Doctorum.

23. Quarta ratio firmitatis fidei est ex testificantium sententia firma; quae firmitas habetur ex hoc, quod consentit rationi, quia ratio non potest contradicere. Iudicium enim rationis illustratae est, quod de Deo summe est sentiendum et altissime. Hoc autem est tripliciter: de Deo sentiendum est altissime et piissime, altissime et verissime, altissime et optime.

24. Ratio ergo dictat, quod de Deo altissimo est sentiendum altissime et piissime, quod illa essentia est nobilissimo modo. Forma universalis nobilior est particulari, quia est in multis; particularis

누스, 바실리우스, 아타나시우스, 크리소스토무스이고, 라틴 교부들은 힐라리우스, 그레고리우스, 아우구스티누스, 암브로시우스, 히에로니무스[63]입니다. 이들의 저서 내용은 일치하며 이들은 동일한 것을 말하고 생각도 동일합니다. — 이들에 대해 욥은 "누가 하늘의 근거를 헤아릴 것이며 누가 하늘의 조화를 잠재우십니까?"[64]라고 묻습니다. 이 확고함은 성경의, 공의회의, 그리고 교사들의 일치입니다.

23. 믿음의 확고함의 네 번째 근거는 증명하는 것의 확고한 명제에서 나옵니다. 이 확고함은 이성에 일치하는 것으로부터 얻어지는데, 이성은 반박할 수 없기 때문입니다. 하느님에 대해 최고로, 그리고 가장 심오하게 지각해야 한다는 이성의 판단이 명백해집니다. 그런데 [우리는] 세 가지로 인식합니다. [우리는] 하느님에 대해 가장 숭고하고 가장 경건하게, 가장 숭고하고 가장 참되게, 또한 가장 숭고하고 가장 선하게 지각해야 합니다.

24. 이성은 인간이 가장 숭고한 하느님에 대해 가장 숭고하고 가장 경건하게 인식해야 한다는 것[65]과 저 본질(=하느님)은 가장 고상한 방식으로 계신다는 것을 가르칩니다. 보편적인 형상은 개별적인 형상보다 더 고상한데 보편적인 형상은 많은 것에 있기 때문입니다. 그런데 한 방식

---

63 에우세비우스 히에로니무스(Eusebius Hieronymus, 347?~419?): 예로니모 (Jeronimo), 제롬(Jerome)이라고도 한다. 이름은 라틴어로 '신성한 사람'이란 뜻이다. 축일은 9월 30일이며, 상징물은 십자가·해골·모래시계·책·두루마리이고 학자와 학생, 고고학자, 순례자, 번역가, 수덕생활을 하는 사람의 수호성인이다. 391년부터 『신약성경』을 그리스어에서 라틴어로 번역하고, 『구약성경』을 그리스어 70인역으로 번역하였다. 70인역 성서를 라틴어로 번역한 불가타 성경을 편찬한 것으로 유명하다.

64 「욥기」 38:37. 우리말 성경에는 "누가 구름을 지혜로 헤아릴 수 있느냐? 또 누가 하늘의 물통을 기울일 수 있느냐?"라고 되어 있다.

65 Bonaventura, *De mysterio trini.*, q.1, a.2, corp.; Bonaventura, *Brevil.*, p.1, c.2.

autem uno modo nobilior universali, quia particularis est in uno non numerata, sed universalis in multis est numerata: ergo essentia divina habere debet, quod nobilitatis est in creatura, ut sit una in multis non numerata.—Sentiendum est etiam piissime, quod illa essentia est origo omnium, creans omnes res, et quod immediate ab ipsa omnes res procedunt. Nisi tu sentias, quod totalitas rerum ab ipsa procedit; non sentis de Deo piissime. Plato commendavit animam suam factori; sed Petrus commendavit animam suam Creatori.

25. Secundo sentiendum est etiam de Deo altissime et verissime, quia ipse est veritas omnia gubernans, omnia illustrans, omnia rectificans, omnia disponens; unde in Psalmo: Dominus illuminatio mea et salus mea, quem timebo? Non ergo gubernatio est attribuenda astris.

26. Tertio sentiendum est de Deo altissime et optime, quod sit optimus, ex quo se summe diffundit et diligit. Unde proprio Filio suo non pepercit, et donando illum nobis dedit quidquid

으로 있는 개별적인 형상은 보편적인 형상보다 더 고상합니다. 왜냐하면 하나에 있는 개별적인 형상은 계산될 수 없고 많은 것에 있는 보편적인 형상은 셈해지기 때문입니다. 그러므로 많은 것에 있는 하나는 셈해지지 않지만 하느님의 본질에는 피조물의 고상함에 속하는 것이 있어야 합니다.[66] — 더욱이 하느님의 본질이 모든 사물을 창조하는 모든 것의 근원이라는 것과 모든 사물이 이 본질 자체에서 직접 나온다는 것이 가장 신실하게 인식되어야 합니다. 사물은 하느님의 본질 자체에서 총체적으로 나온다는 것을 그대가 지각하지 않는다면 그대는 하느님에 대해 가장 경건하게 인식하지 않는 것입니다. 플라톤은 자기의 영혼을 제작자에게 위탁했습니다. 그런데 베드로는 자기 영혼을 창조자에게 맡겼습니다.

25. 둘째, 하느님에 대해 가장 심오하고 가장 참되게 인식해야 합니다. 왜냐하면 하느님 자신이 모든 것을 지배하는, 모든 것을 밝히는, 모든 것을 바로잡는, 모든 것을 배치하는 진리이기 때문입니다. 그러므로 「시편」에서 "주님은 나의 빛, 나의 구원. 나 누구를 두려워하랴?"[67]라고 합니다. 따라서 지배는 하늘에 부여될 수 있는 것이 아닙니다.

26. 셋째, 하느님께서 가장 선한 분이라는 것을 가장 심오하고 가장 뛰어나게 인식해야 합니다. 하느님께서는 자신을 확산하고 [우리를] 지극히 사랑합니다. 그러므로 당신께서 알고 계신 것은 무엇이든, 할 수 있는 것은 무엇이든 우리에게 선물하면서 당신의 친아드님마저 아끼지 않으

---

66 Bonaventura, *De mysterio trini.*, q.2, a.2, ad 1 : "duplex est forma : una, quae multiplicatur in pluribus suppositis, et in tali forma non potest simul stare perfecta unitas et suppositorum pluralitas. Alia est forma, quae non habet in pluribus suppositis numerari, cuiusmodi est forma deitatis; et quia talis forma nullo modo numeratur per pluralitatem suppositorum : ideo simul stat cum illa vera pluralitas et summa unitas, quod insinuat nomen *trinitatis*, in quo clauditur unitas naturae cum pluralitate."

67 「시편」 27 : 1.

scivit, quidquid potuit. Omnia, inquit Filius, quaecumque habet Pater, mea sunt. Dedit autem Pater nobis Filium natum de nobis, dedit nobis passum pro nobis, resuscitatum propter nos, quia propter nimiam caritatem, qua dilexit nos etc. Unde bene dicitur: Per viscera misericordiae Dei nostri; intima Dei bonitas facit, quod summe diligat, summe misereatur. —Haec omnia apparebunt in resurrectione, quia per summam pietatem, qua omnia creavit, omnia restaurabit; per summam veritatem omnia iudicabit; per summam benignitatem omnia glorificabit.

27. Ex hoc sensu nascitur in anima triplex influxus ab illa luce, per quam stabilitur anima in Deo. Primus est robur virtutis; secundus, zelus veritatis; tertius, excessus amoris. —Robur virtutis est primus, quia nihil difficile est animae habenti fidem inconcussam, quia, si potest credere, omnia possibilia sunt credenti; quia paratus est sustinere omnia propter Deum, quia per fidem stabilitur virtus.

28. Secundus influxus est zelus veritatis, ut homo indignetur contra omne malum et falsum et afficiatur statim ad omne bonum. Dedignetur omne malum, sicut Elias, qui prophetaverat de Achab et

셨습니다.[68] 예수님은 "아버지께서 가지고 계신 것은 모두 나의 것"[69]이라고 말씀하십니다. 그런데 "자비가 풍성하신 하느님께서는 우리를 사랑하신 그 큰 사랑으로"[70] 우리를 위해 태어난 성자를 우리에게 주셨고, 성자는 우리를 위해 고난을 당하시고, 우리 때문에 부활하셨습니다. 따라서 "우리 하느님의 크신 자비로"[71]라는 언급은 훌륭합니다. 하느님의 가장 내적인 선은 그가 가장 사랑하고, 가장 연민을 느끼는 것을 만듭니다. ― 이 모든 것은 부활 때 드러났습니다. 왜냐하면 그는 가장 신실하게 모든 것을 복원하게 될 것이기 때문입니다. 이 신실함에 의해 그는 모든 것을 창조했습니다. 그는 최고의 진리를 통해 모든 것을 판단하게 될 것입니다. 그는 최고의 자비에 의해 모든 것을 찬미할 것입니다.

27. 이 의미에서 저 빛에서 세 가지가 영혼에 유입되는데, 영혼은 이 빛에 의해 하느님 안에서 확고해집니다. 첫째 유입에 의해 덕이 견고해지고 둘째 유입에 의해 진리가 열망되고 셋째 유입에 의해 사랑이 넘칩니다. ― 견고한 믿음을 지닌 영혼에게 어려운 것은 없고, 만약 그대가 믿을 수 있다면 믿는 이에게는 모든 것이 가능하기에[72] 첫째, 덕의 견고함이 유입됩니다. 신자는 하느님을 위해서 모든 것을 견딜 준비가 되어 있고, 덕은 믿음에 의해 확고해지기 때문입니다.

28. 둘째, 진리에 대한 열망이 유입됩니다. 그래서 사람은 모든 악과 잘못된 것에 대해 분개하고 곧바로 모든 선에 이르게 됩니다. 개들이 그들을 뜯어먹을 것이라고 아합과 이제벨에 대해 예언했던 엘리야처럼[73]

---

68 「로마 신자들에게 보낸 서간」 8:32. 이 뒤에 "어찌 그 아드님과 함께 모든 것을 우리에게 베풀어 주지 않으시겠습니까?"라고 기록되어 있다.
69 「요한복음서」 16:15.
70 「에페소 신자들에게 보낸 서간」 2:4.
71 「루카복음서」 1:78.
72 「마르코복음서」 9:23. 불가타 성경에는 "Si potes credere omnia possibilia credenti"라고 되어 있다.

Iezabel, quod comederent eos canes. Dixit Achab: Num invenisti me inimicum tuum? Respondit Elias: Inveni, eo quod venundatus sis, ut faceres malum in conspectu Domini; quasi diceret: quicumque est contrarius Deo, est contrarius mihi.

29. Tertius influxus est excessus amoris, quando anima in vituperiis, in tribulationibus semper sentit iucunditatem interius; hoc maxime est, quando ardens sentit, quod Dominus facit gustare panem filiorum. Et hunc reputant omnes stultum, et ipse reputat omnes stultos, et secundum veritatem sunt. Hoc autem est summum fidei et apex, ut per experientiam inebrietur et iam nil curet de mundo. Hoc enim defendet tempore antichristi, de quo secundae ad Thessalonicenses secundo: Mittet illis Deus operationem erroris, ut credant mendacio. —De apice fidei, qui amor est, Apostolus dicit: Quis nos separabit a caritate Christi? Tribulatio? an angustia? usque ibi: quae est in Christo Iesu, Domino nostro. Et alibi: In caritate

모든 악은 배척됩니다. 아합이 말했습니다. "'이 내 원수! 또 나를 찾아왔소?' 엘리야가 대답하였다. '또 찾아왔습니다. 임금님이 자신을 팔면서까지 주님의 눈에 거슬리는 악한 짓을 하시기 때문입니다.'"[74] 엘리야는 하느님에게 반대하는 사람은 누구나 나에게 반대하는 것이라고 말하려는 것 같습니다.

29. 영혼이 번민하고 고난을 겪으면서도 항상 내적으로는 즐거워할 때 사랑이 넘치게 유입됩니다. 하느님께서 자녀들의 빵을 맛보도록 하는 것이[75] 열화와 같이 뜨겁다고 영혼이 느낄 때 특히 사랑이 넘칩니다. 모든 사람은 하느님을 어리석다고 간주하고 하느님 자신은 모든 사람을 어리석다고 간주하는데, 이들은 진리에 따라 있습니다. 그런데 이는 예컨대 경험에 만취해서 이미 세상에 대해 어떤 것도 염려하지 않는 신앙의 절정이며 정점입니다. 더욱이 이것은 적그리스도의 시대를 변호하는데, 이에 대해 「테살로니카 신자들에게 보낸 둘째 서간」 제2장에서 "하느님께서는 그들에게 사람을 속이는 힘을 보내시어 거짓을 믿게 하십니다"[76]라고 합니다. ─ 사랑은 신앙의 정점이고 이 정점에 대해서 다음과 같이 언급됩니다. "무엇이 우리를 그리스도의 사랑에서 갈라놓을 수 있겠습니까? 환난입니까? 역경입니까? 박해입니까? 굶주림입니까? 헐벗음입니까? 위험입니까? 칼입니까?" 이는 성경에 기록된 그대로입니다. "저희는 온종일 당신 때문에 살해되며 도살될 양처럼 여겨집니다." 그러나 우리는 우리를 사랑해 주신 분의 도움에 힘입어 이 모든 것을 이겨내고도 남습니다. 나는 확신합니다. 죽음도, 삶도, 천사도, 권세도, 현재의 것도, 미래의 것도, 권능도, 저 높은 곳도, 저 깊은 곳도, 그 밖의 어떠

---

73 「열왕기 상권」 21:19: "개들이 나봇의 피를 핥던 바로 그 자리에서 개들이 네 피도 핥을 것이다."
74 「열왕기 상권」 21:20.
75 「마태오복음서」 15:26.
76 「테살로니카 신자들에게 보낸 둘째 서간」 2:11; 13:15도 참조.

radicati et fundati. Hoc est firmamentum caeli. Unde in Psalmo: Confitebuntur caeli mirabilia tua, scilicet animae mirabilia, quae in se sentiunt. Hae enim experientiae faciunt fidem stabilissimam. — Quando ergo anima sentit de Altissimo piissime, verissime et optime; tunc zelo et excessu amoris rapitur anima usque ad tertium caelum, etsi non ita excellenter, ut Paulus. Et tunc domus fundatur supra firmam petram.

한 피조물도 우리 주 그리스도 예수님에게서 드러난 하느님의 사랑에서 우리를 떼어놓을 수 없습니다."[77] 또 "여러분이 사랑에 뿌리를 내리고 그것을 기초로 삼게 하시기를 빕니다"[78]라고 합니다. 이는 하늘의 기초입니다. 그래서 「시편」에서는 "하늘은 당신의 기적을 찬송"[79]한다고, 다시 말해서 스스로 지각하는 영혼의 기적을 찬송한다고 합니다. 이런 경험은 믿음을 가장 확고하게 합니다. ─ 따라서 비록 바오로처럼 그렇게 탁월하게는 아니라고 해도, 영혼이 가장 높은 것을 가장 경건하게, 가장 참되게, 가장 좋은 것이라고 느낄 때 영혼은 사랑에 대한 열망에 의해 또 사랑이 넘쳐나서 셋째 하늘까지 들어올려집니다.[80] 집은 이때 반석 위에 지어집니다.[81]

---

77 「로마 신자들에게 보낸 서간」 8 : 35-39.

78 「에페소 신자들에게 보낸 서간」 3 : 17.

79 「시편」 89 : 6.

80 「코린토 신자들에게 보낸 둘째 서간」 12 : 2.

81 「마태오복음서」 7 : 24.

Collatio X

De secunda visione tractatio tertia,
quae incipit agere de fidei speciositate

1. Vocavit Deus firmamentum caelum etc. De altitudine fidei et eius firmitate dictum est; nunc de speciositate dicendum est. Dicitur enim caelum quasi caelatum, id est sculptum luminibus. Quomodo speciosa sit haec fides, habetur in Genesi: Suspice caelum et numera stellas, si potes; sic erit semen tuum. Pollicitatio seminis carnalis facta est ad Abraham, quia sic, inquit, erit semen tuum; Pollicitatio etiam seminis spiritualis ei facta est, eo quod pater multarum gentium per fidem futurus. Caro Abraham generavit semen, et multiplicatum

둘째 날의 봄에 대한 세 번째 강연.
믿음의 고귀함에 대한 서술의 시작에 대한 강연

1. "하느님께서는 궁창을 하늘이라 부르셨다. 저녁이 되고 아침이 되니 이튿날이 지났다."[1] 지금까지 믿음의 숭고함과 확고함에 대해서 언급하였습니다. 이제 우리는 고귀함에 대해서 말해야 합니다. 사실 하늘은 말하자면 조각품이라고, 다시 말해서 빛의 조각품이라고 불립니다. 이 믿음이 얼마나 고귀한지는 「창세기」에서 이야기됩니다. "하늘을 쳐다보아라, 네가 셀 수 있거든 저 별들을 세어보아라. 너의 후손이 저렇게 많아질 것이다."[2] 육신에 따른 후손에 대한 약속이 아브라함에게 이루어졌습니다. 왜냐하면 하느님께서 너의 후손이 저렇게 많아질 것이라고 하셨기 때문입니다. 그가 믿음에 의해 많은 민족의 미래의 아버지가 되어야 하기 때문에 더욱이 정신적인 후손에 대한 약속도 이루어졌습니다. 아브라함의 육신은 후손을 만들어냈고 늘어났습니다. 그의 정신적인 자손은 훨씬 더 많은 결실을 맺었고 영적으로 풍부한 정신 안에서 생산되었습

---

1 「창세기」1:8.
2 「창세기」15:5.

est; multo fortius eius generatio spiritualis fuit fecunda et generavit spiritualiter mente fecundata. Pullulationes speculationum orientium ex fide sunt transcendentes claritatem siderum. In Apocalypsi: Sustulit me in spiritu in montem magnum et altum, et vidi Ierusalem descendentem de caelo. Et vidit, quod habebat duodecim portas, et super quamlibet portam margarita una, et portae ex singulis margaritis.

2. Hae speculationes fidei comparantur sideribus et comparantur duodecim margaritis. Licet enim sint stellae illae innumerabiles, tamen sunt duodecim signa, per quae sol currit. Ista duodecim signa nihil aliud sunt nisi quaedam stellae, quae secundum varias figuras et varietatem luminum habent diversas influentias; et sol illis coniunctus variis temporibus secundum diversas influentias habet vitam ministrare in mundo. —Hae autem, ut dictum est, orientes ex fide speculationes comparantur, claritati margaritarum, quia sunt fulgidae, vivificae, iucundae ad modum margaritae, quae habet fulgorem sive fulget, confortat per efficaciam, cor iucundat.

3. Secundum hoc igitur ingrediuntur ad contemplationem, nec potest ad visiones Apocalypsis homo mundanus accedere, nisi intelligat ista. Cum igitur secundum Apostolum sit alia claritas solis,

니다. 믿음에서 기원하는 사유는 천체의 명확성을 넘어 싹틉니다. 「요한묵시록」에서는 "그 천사는 성령께 사로잡힌 나를 크고 높은 산 위로 데리고 가서는, 하늘로부터 하느님에게서 내려오는 거룩한 도성 예루살렘을 보여 주었습니다"[3]라고 합니다. 그리고 그는 그 도성에 열두 성문이 있는 것[4]과 열두 성문이 열두 진주로 되어 있고 각 성문이 진주 하나로 이루어져 있는 것[5]을 보았습니다.

2. 믿음에 대한 이 숙고는 천체와 비교되고 열두 개의 진주와 비교됩니다. 왜냐하면 [인간이] 저 별들을 셀 수 없다고 해도 열두 개의 표식이 있고, 태양이 이 표식에 의해 순환하기 때문입니다.[6] 열두 개의 이 표식은 다양한 형상과 빛의 다양함에 따라 서로 다른 영향을 끼치는 어떤 별들일 뿐입니다. 그리고 서로 다른 영향에 따라 서로 다른 시간에 저 별들과 결합되어 있는 태양은 지상의 삶을 보살펴야 합니다. ― 그런데 언급하였듯이, 믿음에서 유래하는 이 숙고는 진주의 투명함과 비교됩니다. 왜냐하면 숙고는 진주의 형태에 어울리게 빛나고 활기차고 즐겁게 하는 것이기 때문입니다. 진주는 광채를 갖고 있거나 또는 빛나며 작용에 의해 단단해지고 마음을 즐겁게 합니다.

3. 이에 따라 [사변은] 명상에 빠져듭니다. 명상을 인식하지 않는다면 이 세상 사람은 「요한묵시록」의 환영에 접근할 수 없습니다. 그러므로 사도에 의하면 "해의 광채가 다르고 달의 광채가 다르고 별들의 광채가"[7] 다르기 때문에 우리는 신앙에 의해 드높여져서 분명함에서 분명함

---

3 「요한묵시록」 21 : 10.

4 「요한묵시록」 21 : 12.

5 「요한묵시록」 21 : 21.

6 Bonaventura, *Brevil.*, p.2, c.4 : "cum, inquam, ita sit, caelestia corpora per lumen et motum sunt in distinctiones temporum, scilicet diei, secundum lucem solis et motum firmamenti; mensis, secundum motum lunae in circulo obliquo."

7 「코린토 신자들에게 보낸 첫째 서간」 15 : 41.

alia lunae, alia stellarum, nos sublimati per fidem transformamur a claritate in claritatem, et hoc, revelata facie, ut similes simus duodecim stellis et duodecim margaritis. — Duodecim speculationes sunt, quas habemus ex fide: credere Deum primum, Deum trinum et unum, et exemplar rerum, ut creantem mundum, ut formantem animam, dantem spiritum — Deum carni unitum, Deum crucifixum, medelam mentium, vitale pabulum, ultorem scelerum, praemium aeternum.

4. Nota etiam, quod quaedam sunt credibilia, non tamen intelligibilia per rationem, ut Abraham genuit Isaac, sive facta particularia; quaedam autem credibilia sunt intelligibilia; et quando intelliguntur, rationes solidas habent.

5. Ad sufficientiam horum duodecim nota, quod claritas fidei speculanda est ut veritatis praeexistentis, ut veritatis efficientis, ut veritatis reficientis, ut veritatis perficientis.

6. Ut veritatis praeexistentis tripliciter: vel quantum ad essentiam, vel quantum ad excellentiam, vel quantum ad refulgentiam. Esse enim divinum primum est, quod venit in mente. Unde Moysi quaerenti, quod esset nomen Dei; respondit Deus: Ego sum qui sum;

으로, 즉 너울을 벗은 얼굴로 바뀌어서[8] 열두 개의 별과 열두 개의 진주와 비슷해질 것입니다. — 믿음의 숙고는 열두 가지입니다. 믿음은 모든 것의 시원인 하느님, 삼위일체인 하느님 (셋이며 하나인 하느님), 사물의 원형인 하느님, 세계를 창조한 하느님, 영혼을 형성한 하느님, 성령을 선물한 하느님을 믿습니다.[9] — 육체와 결합된 하느님, 십자가에 못 박히신 하느님, 마음의 치유자인 하느님, 생명의 양식인 하느님, 죄악의 복수자인 하느님, 그리고 영원한 보상을 주시는 하느님을 믿습니다.[10]

4. 몇 가지는 믿을 만하지만 그럼에도 아브라함이 이사악을 낳은[11] 것처럼, 또는 개별적인 사건처럼 이성에 의해 인식되지 않는 것이 있다는 것을 생각하십시오. 그런데 [우리가] 믿을 수 있는 몇 가지는 인식될 수 있는 것입니다. 그리고 그것들이 인식될 때는 그것들에게 확고한 근거가 있습니다.

5. 이 열두 개를 충족하기 위해 신앙의 분명함은 선행하는 진리의, 작용하는 진리의, 구원의 진리의, 완성하는 진리의 분명함처럼 숙고되어야 한다는 점을 유의하십시오.

6. 선행하는 진리의 분명함으로서 세 가지, 즉 본질, 탁월성, 광채와 관련해 고찰되어야 합니다. 신적인 존재(있음)는 정신에 도달하는 첫 번째 것입니다. 그래서 당신의 이름을 묻는 모세에게 하느님께서는 '나는 있는 나다'라고 대답하셨습니다.[12] 그리고 그는 이 답변에서 하느님께서

---

8   「코린토 신자들에게 보낸 둘째 서간」3:18.
9   요약하면 창조자 하느님을 믿음이다.
10 요약하면 사람이 되시고 수난하고 죽으신 미래의 심판자인 말씀의 하느님을 믿음이다.
11 「마태오복음서」1:2.
12 「탈출기」3:14; Bonaventura, *Itin.*, c.V, 2 이하 참조; 김남일, 앞의 책, 2004, 26~27쪽 참조.

et in hoc comprehendit quidquid est sive bonum, sive potens. —
Secundo, quantum ad excellentiam, ut Deus unus, trinus et verus.
—Tertio, quantum ad refulgentiam, ut exemplar rerum.

7. Si autem claritas consideratur ut veritas efficiens, hoc est
tripliciter: aut in quantum inchoat naturam; aut in quantum illustrat
intelligentiam; aut in quantum inspirat gratiam. Inchoat naturam
sive mundum, quod non solum est credibile, sed etiam intelligibile.
Ut illustrat intelligentiam; et sic format animam, scilicet intellectum
humanum et angelicum, ut sit Deus obiectum intellectus: et hinc
est, quod habet rationem perpetui quantum ad imaginem creationis,
reparationis, similitudinis; quia imago est essentialis dependentia et
relatio. Ut inspirat gratiam; hic est consummatio, et hoc est credibile
et intelligibile. Voluntas enim non perficitur nisi per donum Spiritus
sancti infusum.

8. Si autem claritas veritatis consideratur ut reficiens,
similiter tripliciter claritas refulget in anima: aut quantum ad
humanae et angelicae reparationis principium, vel quantum ad
pretium, vel quantum ad effectum. Primo est speculari Deum
carni unitum, quod est credibile et intelligibile; si ut pretium, sic
cruci affixum; si ut effectus, sic Deus medicina est animae. Est ergo
principium nostrae creationis, reparationis, praemiationis.

9. Si autem consideratur ut consummans sive perficiens, sic

얼마나 선한지, 얼마나 능력이 있는지를 이해했습니다. — 둘째, 탁월성과 관련해 하느님은 일자이며 삼위이고 참됨이 고찰되어야 합니다. — 셋째, 광채에 관한 한 하느님은 사물의 원형이십니다.

7. 만약 분명한 진리가 작용하는 진리로 숙고된다면, 세 가지로, 즉 자연을 시작한다는 점에서, 지성을 비춘다는 점에서, 은총을 불어넣는다는 점에서 숙고됩니다. [사람들은] 자연 또는 세상을 시작한다는 것을 믿을 만할 뿐만 아니라 인식할 수 있습니다. 밝음은 지성을 비추는 것처럼 영혼을 형성합니다. 다시 말해서 인간의 정신과 천사의 지성을 형성해서 하느님께서 인식의 대상이 됩니다. 이런 까닭에 진리는 창조, 구원, 그리고 유비의 모상과 관련해 영원한 근거를 갖습니다. 왜냐하면 모상은 [어떤 것에] 본질적으로 의존하고 있고, 그것과 관계하기 때문입니다.[13] 진리가 은총을 불어넣을 때 완성이 있고 이 분명함은 믿을 만하고 통찰될 수 있습니다. 사실 의지는 성령이 부어준 선물에 의해서가 아니라면 완성되지 않기 때문입니다.

8. 만약 분명한 진리가 분명한 구원의 진리로 숙고된다면, 비슷하게 진리는 영혼에서 세 가지에 관한 한, 즉 인간과 천사의 구원의 시작 또는 보상 또는 결과에 관한 한 빛납니다. 첫째, 육체와 결합되어 하나가 된 하느님이 고찰되어야 합니다. 이것은 [인간이] 믿을 수 있고 명료한 것입니다. 보상의 관점에서 십자가에 매달리신 하느님이, 결과의 관점에서 영혼의 치료제인 하느님이 고찰되어야 합니다. 그러므로 하느님은 우리의 창조와 구원과 보상의 근원이십니다.

9. 만약 분명한 진리가 성취하는 또는 완성하는 것으로서 숙고된다면

---

13 「창세기」1:26: "우리와 비슷하게 우리 모습으로 사람을 만들자."; Bonaventura, *Itin.*, c.VI, 5 참조.

tripliciter: ut vitale pabulum Ecclesiae militantis et triumphantis, ut ultor scelerum, ut finale praemium. Oportet, Deum esse primum; ergo est credibile et intelligibile, et hoc secundum influentiam secundum legem clementiae, iustitiae et concordiae: secundum primum, ut virtus; secundum secundum, ut veritas; secundum tertium, ut aequitas. —Hae sunt duodecim portae, de quibus Psalmus: Aperite mihi portas iustitiae. Iusti intrabunt in eam; quia iustus ex fide vivit.

10. Primum speculabile est, Deum esse. Primum nomen Dei est esse, quod est manifestissimum et perfectissimum, ideo primum; unde nihil manifestius, quia quidquid de Deo dicitur reducitur ad esse; hoc est proprie proprium nomen Dei. Deus non dixisset Moysi sive latori Legis: Ego sum qui sum, nisi esset primus. Postea dixit: Deus Abraham, Deus Isaac, Deus Jacob; in quo mysterium Trinitatis expressit. Tertio dixit: Qui fecit os hominis et linguam; in quo explicavit, se esse exemplar.

.

이 진리도 세 가지로, 즉 투쟁하고 승리하는 교회의 생명의 양식으로, 악행에 대한 보복자로, 그리고 최후의 보상으로 숙고됩니다. 하느님은 최초의 존재이어야 하고, 그래서 [인간은] 그를 믿을 수 있고 인식할 수 있습니다. 이런 믿음과 인식은 관대함의, 정의의, 그리고 화합의 법칙에 따른 유입에 상응해 생깁니다. [인간은] 첫 번째 것에 따라서는 하느님을 덕으로, 두 번째 것에 따라서는 진리로, 세 번째 것에 따라서는 동등성으로 믿고 인식할 수 있습니다. ― 이것은 「시편」에서 언급되는 열두 개의 문입니다. "내게 열어라, 정의의 문을. 그리로 들어가서 나 주님을 찬송하리라."[14] 그 이유는 의로운 이는 믿음으로 살기 때문입니다.[15]

10. 하느님의 존재가 가장 먼저 숙고되어야 합니다. 하느님의 첫 번째 이름은 존재인데 이 이름은 가장 분명하며 가장 완전한 것이고 따라서 첫 번째 것입니다. 이것보다 더 분명한 것은 없는데, 하느님에 대해 언급되는 모든 것은 존재로 환원되기 때문입니다. 존재는 본래 하느님에게 고유한 이름입니다. 만약 그가 첫 번째가 아니라면 하느님께서는 모세 또는 율법의 입법자에게 '나는 있는 나다'라고 말씀하시지 않았을 것입니다.[16] 그다음 하느님께서는 나는 "아브라함의 하느님, 이사악의 하느님, 야곱의 하느님"[17]이라고 말씀하셨습니다. 하느님은 여기에서 삼위일체의 신비를 표현하셨습니다. 세 번째로 하느님께서 "누가 사람에게 입과 말을 주었느냐?"라고 말씀하실 때[18] 자신이 범형이라는 것을 드러내십니다.[19]

---

14 「시편」118:19.
15 「로마 신자들에게 보낸 서간」1:17; 「갈라티아 신자들에게 보낸 서간」3:11; 「하바쿡서」2:4: "의인은 성실함으로 산다." 참조.
16 「탈출기」3:14.
17 「탈출기」3:15.
18 「탈출기」4:11: "누가 사람에게 입을 주었느냐? 누가 사람을 말 못하게 하고 귀먹게 하며, 보게도 하고 눈멀게도 하느냐? 나 주님이 아니냐?" 참조.
19 강연 10, 10에서는 신 존재 증명이 시작되고, 강연 10, 11에서는 긍정·부정 신학이

11. Deum esse primum, manifestissimum est, quia ex omni propositione, tam affirmativa quam negativa, sequitur Deum esse, etiam si dicas: Deus non est, sequitur: si Deus non est, Deus est, quia omnis propositio infert se affirmativam et negativam, ut si Socrates non currit, verum est, Socratem non currere.

12. Consideratur etiam haec veritas quasi in quodam speculo, quod confortat et dat visum. Omnis enim creatura concurrit ad hoc speculum faciendum et iungitur in hoc speculo secundum viam ordinis, originis, completionis. —Primo tripliciter: secundum rationem posterioris ad prius, inferioris ad superius, temporis ad aevum et aevi ad aeternitatem. Manifestum enim est, si est posterius, est prius: ergo et primum: ergo in isto ordine per posteriora ad priora et ad primum pervenitur. Omnia enim vel sunt posteriora, vel media, vel prima.

13. Secundo est ordo inferioris ad superius, et superioris ad summum, quae habent essentialem ordinem et dependentiam secundum ordinem naturae. Et non dicitur hic superius et inferius secundum lineam praedicamentalem, sed secundum magis nobile et minus nobile.

11. 하느님은 첫 번째 존재이며 가장 분명한 존재입니다. 부정적으로 뿐만 아니라 긍정적으로도 모든 명제에서 '하느님이 계신다'는 결론이 나오기 때문입니다. 더욱이 만약 그대가 하느님은 계시지 않는다고 말한다면, 또한 만약 하느님께서 계시지 않는다면, 하느님은 계신다는 결론이 나옵니다.[20] 만약 소크라테스가 달리지 않는다면 '소크라테스는 달리지 않는다'가 참이듯이, 모든 명제는 긍정 명제와 부정 명제로 추론되기 때문입니다.

12. 또한 이 진리는 강하게 하고 비춰진 상을 보여 주는 어떤 거울에서 고찰되듯이 고찰될 것입니다. 사실 모든 피조물은 이 거울을 만들기 위해 함께 달려가고, 질서의 길, 근원의 길, 그리고 완성의 길에 따라 이 거울에서 결합됩니다. ― 첫째, [이런 일은] 세 가지로 있습니다. 뒤의 것의 근거인 앞의 것, 더 낮은 것의 근거인 더 높은 것, 일시적인 시간의 근거인 영원함에 따라 있습니다. 만약 더 뒤의 것이 있다면 그것보다 앞에 있는 것이 있다는 것이 분명하고 따라서 첫 번째 것이 있고 이런 질서에서 뒤에 있는 것에 의해 더 앞에 있는 것에, 그리고 이런 식으로 최초의 것에 도달하게 됩니다. 모든 것은 가장 뒤에 있거나 중간에 있거나 또는 처음에 있습니다.[21]

13. 둘째, 더 높은 것에 대한 더 낮은 것의 그리고 가장 높은 것에 대한 높은 것의 질서가 있습니다. 이것들에는 자연의 질서에 상응하는 본질적인 질서가 있고 이것들은 서로 의존하고 있습니다. 그리고 술어의 순서에 따라서가 아니라, 더 고상한 것과 덜 고상한 것에 따라서 더 높은 것과 더 낮은 것이 언급됩니다.

언급된다. 이어 강연 10, 12에서부터 질서의 길에 따른, 즉 자연의 질서, 근원의 길, 완성의 길에 따른 신 존재 증명이 서술된다.

20 '하느님은 계시지 않는다고 말하는 것'이 이미 '하느님'의 존재를 전제로 한 명제이다.

21 Bonaventura, *Itin.*, c.I, 14 참조; 강연 5, 28 참조.

14. Tertio est ordo temporis ad aevum et aevi ad aeternitatem: quia, si est aliquid propter aliud creatum, ergo et illud aliud est aliquid propter aliud, scilicet increatum, et illud erit propter se; ut si est res temporalis propter animam, et anima propter Deum; necessario ergo Deus per se et propter se est. — Secundum ordinem ergo causalitatis, dignitatis et finis omnia declarant, esse primum, summum et ultimum, scilicet in ratione finiendi. Hoc ergo secundum rationem ordinis.

15. Alio modo omnis creatura dicit, Deum esse secundum rationem originis: ut si est ens creatum, est ens increatum; et si est ens per participationem, est ens per essentiam; si est ens per compositionem, est ens per simplicitatem; si est ens per multiformitatem, est ens per uniformitatem vel identitatem.

16. Primo dicendum, quod omne creatum ponit causam, et universitas causatorum ponit causam primam universalem. Tunc quaero de causa illa: aut est creata, aut non: si sic, erit abire in infinitum; si non, habeo propositum. — Item, ens per participationem ab eo habet esse, quod est ens per essentiam, quia fluit ab eo. — Similiter, omne compositum est a componentibus; similiter et partes, cum sint dependentes ad invicem, sunt ab aliquo simplicissimo absoluto. — Similiter de multiformitate; si enim est ens

14. 셋째, 무한한 시간을 향한 시간의 질서와 영원성을 향한 무한한 시간의 질서가 있습니다. 만약 어떤 것이 다른 것을 위해 창조되었다면, 이 어떤 것은 다른 것을 위해, 즉 창조되지 않은 것을 위해 있고 이 다른 것은 자기 자신을 위해 있을 것이기 때문입니다. 예를 들어 일시적인 사물이 영혼을 위해 있다면, 그리고 영혼은 하느님을 위해 있다면, 하느님은 필연적으로 즉자적으로, 그리고 자신을 위해 계십니다. — 따라서 인과의, 공로의, 그리고 목적의 질서에 상응해서 모든 것은, 말하자면 마침의 근거에서 최초의, 최상의, 그리고 최종적인 존재를 선언합니다. 따라서 이는 질서의 근거에 따라 있습니다.

15. 다른 방식으로 모든 피조물은 하느님께서 기원이라는 근거에 따라 계신다고 말합니다. 예를 들면 창조된 존재자가 있다면, 창조되지 않은 존재자도 있습니다. 만약 참여에 의한 존재자가 있다면 본질에 의한 존재자도 있습니다. 만약 합성된 존재자가 있다면, 단순한 존재자가 있고, 만약 다양한 존재자가 있다면, 단일한 또는 동일한 존재자가 있습니다.

16. 첫째, 모든 피조물은 원인을 설정하고, 야기된 것의 보편성은 보편적인 최초의 원인을 설정한다고 말해야 합니다. 그런 다음 나는 저 원인이 창조된 것인지 또는 창조되지 않은 것인지를 묻습니다. 만약 창조된 것이라면 이 원인은 무한하게 소급될 것이고[22] 창조되지 않은 것이라면 나는 목적을 갖고 있습니다. — 또한 참여에 의한 존재자는 본질에 의한 존재자가 있다는 사실로부터 존재를 갖는데 그것이 본질에 의한 존재자로부터 유래하기 때문입니다. — 비슷하게 모든 합성체는 구성하는 요소들로부터 있습니다. 비슷하게 부분들은 그것들이 상호 의존적이기에 절대적인 가장 단순한 어떤 것에서 유래합니다. — 다양성에 있어서도

---

22 만약 무한하게 소급된다면 '무한소급은 불가능하다'라는 명제에 상충한다.

per multiformitatem, est ens per uniformitatem, ut in numeris, quia necesse est devenire ad unitatem. Hoc ergo ratione originis.

17. Tertio modo ratione completionis. Si est esse potentiale, est esse actuale; si est esse mutabile, est esse immutabile; si est esse secundum quid, est esse simpliciter; si est esse dependens, est esse absolutum; si est esse in genere, est esse extra genus. —Ens autem potentiale venit ab esse actuali necessario in diversis; sed in eodem esse potentiale praecedit esse actuale. —Similiter, mutabile est fluens ab immutabili fixo. —Similiter, creatura essentialiter dependet a primo, et materia et forma, et etiam accidens magis dependet a Deo quam a suo subiecto; quia Deus potest facere, ut sit sine subiecto, ut in Sacramento altaris, sed non, quod non dependeat ab eo. Similiter, si est ens secundum quid, est et ens simpliciter in his quae nata sunt esse simpliciter; ut si est sapiens secundum quid, est sapiens simpliciter, ut removeatur instantia: est albus dente: ergo est albus simpliciter. —Si est ens in genere, est ens extra genus. Ens enim in genere habet differentias coarctantes; et tale non habet posse, esse et agere universaliter. Unde Deus est ens extra genus et supra genus.

18. Hae igitur speculationes ordinis, originis et completionis ducunt ad illud esse primum, quod repraesentant omnes creaturae.

상황은 비슷합니다. 만약 다양한 존재자가 있다면 단일한 존재자가 있습니다. 수에 있어서 그렇듯이 하나에 도달하는 것이 필수적이기 때문입니다. 그러므로 하느님은 기원의 근거에 의해 있습니다.

17. 셋째, 하느님께서는 완성의 근거에 따라 계십니다. 만약 가능적인 존재자가 있다면 현실적인 존재자가 있고, 변할 수 있는 존재자가 있다면 변할 수 없는 존재자가 있으며, 어떤 것에 따라 있는 존재자가 있다면 단적인 존재자가 있습니다. 만약 의존적인 존재자가 있다면 절대적인 존재자가 있고, 종에 속하는 존재자가 있다면 종에 속하지 않는 존재자가 있습니다. — 그러나 가능적인 존재자는 다양한 것에서 필연적으로 현실적인 존재자로부터 옵니다. 그런데 동일한 것에서는 가능적인 존재자가 현실적인 존재자보다 먼저 있습니다. — 이와 비슷하게, 변할 수 있는 것은 변할 수 없는 고정적인 것에서 유래합니다. — 비슷하게 피조물은 본질적으로 질료에 있어서뿐만 아니라 형상에 따라서도 첫 번째 존재자에 의존하고 더욱이 우연적인 것은 그것의 주체에 의존하기보다 오히려 하느님에 의존합니다. 예를 들면 하느님은 성스러운 제단에서처럼 주체 없이 있을 수 있지만 그에게 의존하지 않는 것을 만들지는 않기 때문입니다. 비슷하게 어떤 것에 의한 존재자가 있다면 단적으로 존재하도록 생산된 것들 안에 절대적인 존재자가 있습니다. 예를 들면 만약 어떤 면에서 지혜로운 사람이 있다면, 절대적으로 지혜로운 사람도 있습니다. 문제는 이렇게 해소될 것입니다. 백색 치아가 있다면 단순히 백색이 있습니다. — 종에 속하는 존재자가 있다면 종에 속하지 않는 존재자도 있습니다. 종에 속하는 존재자들은 종차로 구분되는데 이 존재자들은 보편적으로 능력도 존재도 갖지 않으며, 행동하지도 않습니다. 따라서 하느님은 종에 속하지 않으며 종을 넘어 계신 존재이십니다.

18. 그러므로 질서, 기원, 그리고 완성에 따른 이 숙고는 최초의 저 존재로 이끕니다. 모든 피조물이 이 존재를 드러냅니다. 모든 사물 안에 이

Hoc enim nomen scriptum est in omnibus rebus; et sunt hae conditiones entis, super quas fundantur certissimae illationes. Unde dixit ille: Prima rerum creatarum omnium est esse; sed ego dico: prima rerum intellectualium est esse primum.

이름이 기록되어 있고 가장 확실한 추론이 근거하고 있는 존재자의 조건이 있습니다. 이런 이유로 디오니시우스는 이렇게 말했습니다. 모든 피조물 가운데 첫 번째 것은 존재이다.[23] 그러나 나는 '정신적인 사물 가운데 첫 번째 것은 최초의 존재'라고 말합니다.

---

23 Dionysius, *De causis*, 명제 4. 『원인론』의 저자가 누구인지에 대한 논의는 분분하다.

De secunda visione tractatio quarta,
quae est secunda de speciositate fidei et agit de
speculatione Dei trini

1. Nos vero omnes, revelata facie gloriam Domini speculantes, in eandem imaginem transformamur a claritate in claritatem, tanquam a Domini spiritu. Dictum est de secunda visione, scilicet intelligentiae per fidem elevatae, quae intelligitur per caelum vel firmamentum, quod est altum, firmum, speciosum. Dictum est de duobus primis, et inceptum de tertio, scilicet speciositate, quae est multiformis speculatio fidei. —De qua dictum est Abrahae, hoc est credenti: Suspice caelum et numera stellas, si potes; dictum est a Ioanne: Sustulit me in montem etc. Et per duodecim signa, per quae currit sol intellectualis in hemisphaerio nostrae intelligentiae et facit

둘째 날의 봄에 대한 네 번째 강연.

믿음의 고귀함에 대한, 삼위일체 하느님 상의 방식의 서술에 대한 두 번째 강연

1. "우리는 모두 너울을 벗은 얼굴로 주님의 영광을 거울로 보듯 어렴풋이 바라보면서, 더욱더 영광스럽게 그분과 같은 모습으로 바뀌어 갑니다. 이는 영이신 주님께서 이루시는 일입니다."[1] 숭고하고 견고하고 아름다운 하늘 또는 땅을 통해 인식된 믿음에 의해 고양된 이성의 두 번째 봄에 대해서 언급되었습니다. 처음의 두 가지 것에 대해서 언급되었으므로 세 번째 것, 즉 믿음과 관련해 다양하게 언급된 아름다움에 대해서 논의해야 합니다. ─ 아브라함, 즉 믿는 자가 이 아름다움에 대해서 들었습니다. "하늘을 쳐다보아라. 네가 셀 수 있거든 저 별들을 세어보아라."[2] 그리고 요한은 말합니다. 그 천사는 나를 크고 높은 산 위로 데려가서는, 하늘로부터 하느님에게서 내려오는 거룩한 도성 예루살렘을 보여주었습니다.[3] 통찰하는 태양이 그 표징을 통해 우리 지성의 반원으로 달

---

1 「코린토 신자들에게 보낸 둘째 서간」 3:18.
2 「창세기」 15:5.
3 「요한묵시록」 21:10.

diem et annum fidei, et per duodecim portas ex singulis margaritis intelliguntur duodecim speculationes principales, ad quas aliae reducuntur, et secundum quas aliae regulantur et diriguntur; et istae sunt fulgidae, vivificae, iucundae. — Prima erat speculari, Deum esse primum; secunda, Deum esse trinum et unum. Circa has procedunt Sancti et doctores; sed Sancti per viam speculationis, doctores per viam investigationis. Dictum est ergo de primo speculo, scilicet quod est esse; hoc enim est nomen Dei manifestissimum et perfectissimum, quia omnia, quae sunt Dei, comprehenduntur in hoc nomine: Ego sum qui sum. Hoc nomen Dei est proprie proprium, de quo dictum, quomodo omnes res repraesentant ipsum per viam ordinis, originis et completionis vel connexionis. Hoc speculum componitur ex omnibus creaturis, ut patuit. Hoc nomen in anima scriptum illustrat eam ad speculandum.

2. Praedictam igitur auctoritatem Augustinus sic explanat: Nos autem, revelata facie gloriam Domini speculantes, non a specula, scilicet de longe, sed a speculo; sed hoc speculum est cum aenigmate adhuc, quia, si videretur sine aenigmate, esset homo beatus. Hoc speculum format Augustinus decimo quinto de trinitate, capitulo

려오고 믿음의 날과 해(年)를 만드는 그 열두 표징에 의해, 또한 열두 진주로 되어 있는[4] 열두 성문을 통해 열두 개의 중요한 사변이 인식되는데 모든 숙고가 이 숙고로 환원되고 이 숙고에 따라 다른 것들이 규정되고 인도됩니다. 그리고 이 숙고들은 비추고 생기 넘치게 하고 즐겁게 합니다. ─ 첫 번째 것은 하느님을 최초의 것으로 직관하는 것입니다. 두 번째 숙고는 삼위일체이신 하느님을 직관하는 것입니다. 성인들과 학자들이 이것들을 탐구합니다. 성인들은 숙고하면서, 학자들은 탐구하면서 하느님에 대해 언급합니다. 그러므로 첫 번째 숙고에 대해서, 즉 존재에 대해서 언급하는데, 존재는 하느님의 가장 분명하고 가장 완전한 이름입니다. 왜냐하면 하느님에게 속하는 모든 것이 이 이름에 포함되기 때문입니다. '나는 있는 나다.'[5] 하느님의 이 명칭은 본래 고유한 이름이고 모든 사물이 질서의, 기원의 그리고 완성 또는 결합의 방식에 의해서 이 이름을 제시하는 방법이 언급되었습니다.[6] 이미 분명해졌듯이, 이 상은 모든 피조물로부터 합성됩니다. 영혼 안에 새겨져 있는 이 명칭은 사유하기 위해서 영혼을 비춥니다.

2. 그러므로 아우구스티누스는 앞에서 언급된 성서 구절을 다음과 같이 해석합니다.[7] "우리는 너울을 벗은 얼굴로 하느님의 영광을 봅니다. 멀리서 하느님의 영광을 본다고 하지 않고 거울로 보듯이 상을 봅니다. 그런데 이 상은 지금까지 수수께끼 안에 있듯이 있습니다. 만약 너울이 벗겨진다면 인간은 복되게 될 것이기 때문입니다." 아우구스티누스는 이 상을 『삼위일체론』 제15권 제4장에서 제시합니다. 그는 이 부분에서

---

4 「요한묵시록」 21:21; 강연 10 참조.
5 「탈출기」 3:14; 강연 10 참조.
6 강연 10 참조.
7 Augustinus, *De trinitate*, XV [8, 14]: "Nos autem revelata […] tanquam a Domini spiritu. Speculantes dixit per speculum videntes, non de specula prospicientes […]. Ibi quippe speculum, ubi apparent imagines rerum, a specula, de cuius altitudine longius aliquid intuemur, […]";「코린토 신자들에게 보낸 둘째 서간」 3:18 참조.

quarto, ubi vult ostendere unitatem et Trinitatem Dei; dicit sic: Neque enim divinorum librorum auctoritas tantummodo praedicat, esse Deum verum; sed omnis quae nos circumstat, ad quam nos etiam pertinemus universa rerum natura proclamat, se habere praestantissimum conditorem, qui nobis mentem rationemque naturalem dedit, qua viventia non viventibus, sensu praedita non sentientibus, intelligentia non intelligentibus, immortalia mortalibus, impotentibus potentia, iniustis iusta, speciosa deformibus, bona malis, incorruptibilia corruptibilibus, immutabilia mutabilibus, invisibilia visibilibus, incorporalia corporalibus, beata miseris praeferenda videamus. Et per hoc, quoniam rebus creatis Creatorem sine dubitatione praeponimus, oportet, ut eum et summe vivere et cuncta sentire atque intelligere, et mori et corrumpi mutarique non posse, nec corpus esse, sed spiritum omnium potentissimum, iustissimum, speciosissimum, optimum beatissimumque fateamur.

3. Duodecim ponit conditiones; aeternus, immortalis, incorruptibilis, immutabilis, ecce quatuor; item, vivus, sapiens, potens, speciosus, et ecce quatuor; item, iustus, bonus, beatus,

하느님의 일자성과 삼위성을 드러내고자 했습니다.[8] 그는 이렇게 말합니다. 하느님에 관한 책들은 하느님께서 참이시라는 것을 언급할 뿐만 아니라 우리도 거기에 속하는 우리를 둘러싸고 있는 모든 것이, 즉 사물의 보편적인 자연이 우리에게 자연적인 정신과 이성을 부여한, 모든 피조물을 능가하는 창조자를 갖고 있다고 소리 지릅니다. 자연적인 정신과 이성에 의해서 우리는 다음과 같은 것을 알게 됩니다. 살아 있는 것이 살아 있지 않은 것보다, 감각을 부여받은 것이 감각이 없는 것보다, 통찰이 통찰이 없는 것보다, 불멸하는 것이 사멸하는 것보다, 능력이 있는 것이 능력이 없는 것보다, 정의로운 것이 정의롭지 않은 것보다, 아름다운 것이 추한 것보다, 착한 것이 악한 것보다, 부패하지 않는 것이 부패한 것보다, 변하지 않는 것이 변하는 것보다, 보이지 않는 것이 보이는 것보다, 비물질적인 것이 물질적인 것보다, 복된 것이 비참한 것보다 더 낫게 여겨진다는 것을 알게 됩니다. 그리고 이에 따라 우리가 의심의 여지없이 창조자를 피조물보다 상위에 두기 때문에 그분은 최고로 살고 모든 것을 지각하고 사멸할 수도 없고 부패할 수도 없으며 변할 수도 없고 육체일 수도 없다는 것을, 가장 능력 있고, 가장 정의롭고, 가장 아름답고, 가장 좋고, 가장 복된 모든 것의 정신이라는 것을 [우리는] 인식해야 합니다.

3. 아우구스티누스는 열두 개의 요소를 설정합니다. 먼저 이 네 가지, 즉 '영원한, 불멸의, 부패할 수 없는, 변할 수 없는'을 보십시오. 또 '살아 있는, 지혜로운, 능력이 있는, 아름다운', 이 네 가지를 보십시오. 또 '정의로운, 선한, 복된, 성스러운 영', 이 네 가지를 보십시오. ─ 첫 번째 네

---

8 Augustinus, *De trinitate*, XV [4, 6]; XV [5, 8]; 아우구스티누스, 앞의 책, 2005, X [6, 9]; XI [4, 6]; 아우구스티누스, 앞의 책, 2004, 제11권 4; Bonaventura, *Brevil.*, p.1, c.2 : "De pluralitate igitur personarum in unitate naturae hoc dictat recta fides esse tenendum, scilicet quod in unitate naturae sunt tres personae, Pater et Filius et Spiritus sanctus, quarum prima a nulla est, secunda a sola prima per generationem, tertia a prima et secunda per spirationem sive processionem." 참조.

sanctus spiritus, ecce quatuor. —De primo quaternario accipiatur unum nomen, scilicet aeternus, quod alia tria comprehendit: quia, si est aeternus, eo ipso est immortalis; et si immortalis, eo ipso incorruptibilis; et si incorruptibilis, eo ipso immutabilis. —De secundo quaternario accipiatur sapiens, quod alia tria comprehendit: quia, si sapiens, ergo vivus; si vivus, ergo potens; si potens, ergo speciosus, quia sapientia est forma pulcherrima; unde Sapiens: Amator factus sum formae illius. —De tertio quaternario accipiatur aliud nomen, scilicet beatus, quod comprehendit in se alia tria; quia, si beatus, ergo bonus, ergo iustus, ergo sanctus spiritus. In his ergo tribus, scilicet aeternitate, sapientia, beatitudine, iam relucet Trinitas, quia aeternitas appropriatur; Patri, sapientia Filio, beatitudo Spiritui sancto.

4. Adhuc etiam redigit ad unum haec tria et accipit sapientiam et ostendit Trinitatem; quia necesse est, si est sapientia, ut sit mens, quae cognoscat se et diligat se et alia. Nec tamen intelligendum est, quod ita sit Pater mens, quod Filius non sit, immo est insania; quin immo Pater est mens, Filius mens, Spiritus sanctus mens. Item, Filius

개에 대해서 공통적인 명칭, 즉 '영원한'이 채택되는데, 다른 셋이 이 명칭에 포함되기 때문입니다. 만약 영원하다면 바로 그 때문에 불멸일 것이고, 바로 그 때문에 부패하지 않을 것이고 바로 그 때문에 변할 수 없습니다. — 두 번째 네 가지에 대해서 '지혜로운'이라는 명칭이 채택되는데, 다른 세 가지가 이 명칭에 함유됩니다. 만약 지혜롭다면 살아 있는 것이고 살아 있다면 능력이 있는 것이고 능력이 있다면 아름다운 것입니다. 왜냐하면 지혜는 가장 아름다운 형상이기 때문입니다. 그러므로 「지혜서」에서는 "나는 그것의 형상 때문에 사랑에 빠졌다"[9]라고 합니다. — 세 번째 네 가지에 대해서 또 하나의 명칭이, 즉 '복된'이 채택되는데, 이 명칭은 자신 안에 다른 세 가지를 함유하고 있습니다. 만약 복되다면 선하고, 그렇다면 정당하고 따라서 성스러운 영이기 때문입니다. 따라서 이 세 가지, 즉 영원성, 지혜, 지복에서는 삼위일체가 이미 빛나는데 영원성은 성부에게, 지혜는 성자에게, 지복은 성령에 귀속되기 때문입니다.[10]

4. 더욱이 이제까지 [아우구스티누스는] 이 세 가지를 하나로 환원하고[11] 지혜를 파악하고 삼위일체를 드러냅니다. 삼위일체가 지혜라면 그것은 필수적으로 정신입니다. 정신은 자신을 인식하고 자신과 다른 것들을 사랑합니다. 그럼에도 성부는 정신이라고, 또 아들은 정신이 아니라고 이해하면 안 됩니다. 더욱이 그렇게 이해하는 것은 어리석은 일입니다. 더욱이 성부가 정신이라면 성자도 정신이고 성령도 정신입니다. 또

---

9 「지혜서」 8:2. 우리말 성경에는 "나는 그 아름다움 때문에 사랑에 빠졌다"로 되어 있다.

10 Bonaventura, *Brevil.*, p.1, c.6: "Patri dicitur appropriari unitas, Filio veritas, Spiritui sancto bonitas."

11 Augustinus, *De trinitate*, XV [5, 7-10]: "ubi praenotata duodecim attributa redigit ad tria, scil. aeternitatem, sapientiam et beatitudinem; deinde haec tria reducit ad unum, scil. sapientiam."; Bonaventura, *Brevil.*, p.1, c.2: "haec duodecim reducuntur ad tria, scilicet aeternitatem, sapientiam et beatitudinem; et haec tria ad unum, scilicet ad sapientiam." 참조.

notitia, Pater notitia, Spiritus sanctus notitia, et sic de aliis. Hoc autem in anima est aliter, quia mens non est notitia. Sapientia igitur in cognitione est; ubi autem est cognitio, necesse est, ut sit emanatio sive generatio verbi, ex qua generatione sequitur productio amoris nectentis; et sic producens est Pater, verbum est Filius, nexus Spiritus sanctus, in quibus est trinitas vere distincta, non in sapientia et in mente, sicut est in anima. Hoc est ex veritate sapientiae. Et hoc dicit Anselmus in Monologio. Ex hoc enim, quod summus Spiritus se intelligit, Filius generatur, Spiritus sanctus spiratur. Hoc est speculum Augustini. Sed nos cum Ruth colligamus spicas post messores secundum doctores nostros.

5. Est autem duplex speculum Trinitatis: unum intellectuale, quod facit intelligere nomina dicta de Deo intellectualia; secundum est magis materiale, quod fit per nomina transsumtiva. —Prima speculatio est, quod intelligentia per fidem elevata dicit, Deum esse trinum et unum, propter quatuor, quae sunt in divino esse, scilicet propter conditionem perfectionis, propter conditionem perfectae productionis, productivae diffusionis, diffusivae dilectionis; et unum sequitur ex altero.

6. Est enim ibi summa perfectio, ex qua fit, quod primum principium habet perfectionem originis, ordinis, indivisionis. —Est

한 성자가 앎이라면, 성부도 성령도 앎이고 다른 것들에 대해서도 이와 비슷합니다. 그런데 이것은 영혼에서는 다릅니다. 왜냐하면 정신은 지식이 아니기 때문입니다.[12] 지혜는 앎에 있습니다. 앎이 있는 곳에는 필수적으로 말씀의 유출 또는 생산이 있는데, 결합하는 사랑은 이 말씀이 생산된 뒤에 나옵니다. 이렇듯 성부는 생산하는 것이고 성자는 말씀이고 성령은 결합하며, 삼위는 이들 안에서 실제로 구분되어 있고, 영혼에 있듯이 지혜나 정신에 있지 않습니다. 이것은 지혜에 대한 진리에서 나옵니다. 안셀무스가 『모놀로기온』에서 이것을 말합니다.[13] 최고의 정신이 자신을 인식한다는 점에서 성자가 생산되며 성령이 영을 받습니다. 이것은 아우구스티누스의 견해를 반영한 것입니다. 그러나 우리는 우리의 교사처럼 룻과 함께 수확꾼들 뒤를 따라가며 이삭을 주워 모읍니다.[14]

5. 그런데 삼위일체에 대한 상은 두 가지입니다.[15] 하나는 하느님을 언급하는, 인식될 수 있는 명명을 이해하도록 하는 정신적인 상입니다. 다른 하나는 오히려 다른 것으로부터 전해진 명명에 의해 이해되도록 하는 물질적인 상입니다. — 첫 번째 상은 신앙에 의해 고양된 통찰이 하느님의 존재에 있는 네 가지 특징, 즉 완전함, 완전한 생산 능력, 생산하는 확산 능력, 그리고 확산하는 사랑 때문에 하느님께서 삼위일체라고 말하는 것입니다. 그리고 하나의 상은 다른 상에서 나옵니다.

6. 그것에서부터 최초의 시작이 기원, 질서, 비분리성에서 완성되는 최고의 완전함이 거기 있습니다.[16] — 생산하는 근원은 생산하지 않는 근

---

12 Augustinus, *De trinitate*, XV [7, 11].

13 캔터베리의 안셀무스, 앞의 책, 2002, 제29장 [PL 158,182].

14 「룻기」 2 : 7 참조: "Et rogavit, ut spicas colligeret remanentes, sequens messorum vestigia."

15 이 단락에서는 두 가지 상에 대해서, 첫 번째 것과 관련해 삼위에 대해 숙고해야 하는 하느님 안에 있는 네 가지 근거가 언급된다.

16 이 단락에서는 세 가지 완전성에서 나오는 것이 언급된다.

autem origo originans perfectior quam non originans, et perfectior est origo originans originantem quam originans non originantem: ergo si ibi est perfecta origo, necesse est, esse Patrem producentem Filium originantem et Spiritum sanctum originatum.

7. Item, a parte ordinis sic: ubi est perfectus ordo, ibi est ratio principii, medii et ultimi; alioquin inordinatio accideret in divinis, sicut supra dictum est: oportet ergo per rationem ordinis, ut sint ibi tres personae.

8. Item, a parte indivisionis sic: necesse est, ibi esse indivisionem, alioquin recederetur a perfectione et ab unitate. Est enim indivisio unitas, unitas autem est in principiis et principiatis, in universalibus et particularibus, in voluntate et natura. Unitas in principiis est simplicitatis; in compositis sive principiatis totalitatis seu plenitudinis; in universalibus conformitatis, in particularibus innumerabilitatis, in voluntate unanimitatis, in natura inseparabilitatis. —Unitas simplicitatis in principiis est defectiva; quia, licet quodlibet principium sit simplex, non tamen de se sufficiens est ad producendum aliud sine alio principio. — Item, unitas totalitatis sive plenitudinis in principiatis deficit, quia non est ex se nec simplex. —Item, unitas in universalibus deficit, scilicet conformitatis, quia numeratur cum alia; licet enim sit in pluribus, numeratur tamen in illis. —Item, unitas in individuis

원보다 더 완전하고 생산된 것을 생산하는 근원은 생산되지 않은 것을 생산하는 근원보다 더 완전합니다. 따라서 생산되는 아들과 생산된 성령을 낳는 성부가 완전한 근원이 있는 곳에 필수적으로 있습니다.

7. 질서의 측면에서도 이렇습니다. 완전한 질서가 있는 곳에 시작의, 중간의, 마지막의 근거가 있습니다. 그렇지 않다면 앞에서 언급했듯이 신적인 것이 무질서하게 될 것입니다.[17] 따라서 세 위격이 지닌 질서의 근거에 의거해 완전한 질서가 있습니다.

8. 또한, 비분리성의 측면에서 완전합니다. 삼위일체가 분리되지 않는 것이 필수적이고 만약 분리된다면 삼위일체는 완전하지 않고 하나도 아닙니다. 비분리성은 사실 하나이고 하나는 원리와 원리에 의해 야기된 것에, 보편적인 것과 개별적인 것에, 의지에, 그리고 자연에 있습니다. 원리에 있는 하나는 단순성의 하나입니다. 복합적인 것 또는 원리에 의해 야기된 것에 있는 하나는 전체성 또는 충만함입니다. 보편적인 것에 있는 하나는 일치의, 개별적인 것에 있는 하나는 무한한 수의 하나입니다. 의지에 있는 하나는 화합의 하나이고, 자연에 있는 하나는 비분리성의 하나입니다. ― 원리에 있는 단순성의 하나는 완전하지 않은데, 왜냐하면 어떤 원리가 단순하다 하더라도 다른 어떤 원리 없이 어떤 것을 생산하기에는 그 자체로 충분하지 않기 때문입니다. ― 또한 원리에 의해 야기된 것에 있는 전체성의 또는 충만함의 하나도 완전하지 않은데, 왜냐하면 이 하나는 그것 자체로부터 있지도 않고 단순하지도 않기 때문입니다. ― 또한, 보편성에 있는, 즉 일치의 하나도 완전하지 않은데, 왜냐하면 그것은 다른 것과 함께 헤아려지기 때문입니다. 하나가 여럿 안에 있다고 해도 다른 것에서 셈해지기 때문입니다. ― 또한, 개별적인 것에

---

17 강연 1, 12, 14; 강연 8, 12 참조.

deficit, quia cum materia numeratur forma. —Item, unitas voluntatis deficit, quia non ita coniunguntur animi, quin separari possint per discordiam. —Item, unitas inseparabilitatis deficit in naturis, quia non est tam fortis unio formae, quin possit per artificium separari. —Haec autem in Deo ponenda.

9. Item, in primo esse est ratio perfectae productionis. Est autem productio similis et dissimilis, aequalis et inaequalis, consubstantialis et essentialiter differentis. —De necessitate, si est productio dissimilis, praeintelligitur productio similis; quod sic patet: simile habet se ad dissimile, sicut idem ad diversum, sicut unum ad multa; sed de necessitate idem praecedit diversum, et unum multa: ergo productio similis productionem dissimilis. Sed creatura producitur a primo esse et est dissimilis: ergo de necessitate producitur simile, quod est Deus. —Item, secundum Boethium inaequalitates oriuntur ab aequalitate: si ergo producitur a Deo quod est inaequale, scilicet creatura, necessario praecedit productio aequalis, quod est Deus. —Item, si producitur a Deo essentialiter differens, necessario ante producitur substantialiter idem, quia ante extrinsecum est intrinsecum, ut patet: quia verbum dicentis

있는 하나도 완전하지 않은데, 왜냐하면 형상은 질료와 함께 생각되기 때문입니다. — 또한, 의지의 하나도 완전하지 않은데, 왜냐하면 정신은 불화에 의해 분리될 수 없을 만큼 결합되어 있지 않기 때문입니다. — 또한, 자연에서 비분리성의 하나도 완전하지 않은데 하나는 형상과 인위적으로 분리될 수 없을 만큼 강력하게 결합되어 있지 않습니다. — 이 비분리성은 하느님에게 귀속되어야 합니다.

9. 또한, 완전한 생산의 근거가 첫 번째 존재자 안에 있습니다.[18] 그런데 생산은 비슷하고 비슷하지 않으며 동등하고 동등하지 않으며 동일한 실체이면서 본질적으로 다른 것입니다. — 만약 생산이 비슷하지 않다면 비슷한 생산이 먼저 인식되는 것이 필연적입니다. 이것은 이렇게 분명합니다. 동일한 것이 서로 다른 것에 관계하듯이, 또 하나가 다수에 관계하듯이 비슷한 것은 비슷하지 않은 것에 관계합니다. 그런데 동일한 것은 동일하지 않은 것보다, 하나는 다수보다 앞서 있는 것이 필연적입니다.[19] 따라서 비슷한 생산은 비슷하지 않은 생산보다 앞서 있습니다. 그런데 피조물은 첫 번째 존재자로부터 생산되며 이 존재자와 비슷하지 않았습니다. 그러므로 하느님이 계시기에 필연적으로 비슷한 것이 생산되어야 합니다. — 또한, 보에티우스에 따르면[20] 비동등성은 동등성에서 나옵니다. 그러므로 만약 동등하지 않은 것, 즉 피조물이 하느님으로부터 생산된다면 동등한 것인 하느님의 생산이 필연적으로 앞서 있습니다. — 또한, 본질적으로 다른 것이 하느님으로부터 생산된다면 이보다 앞서 실체적으로 동일한 것이 필연적으로 생산됩니다. 내적인 어떤 것인 정신의 개념이 말하는 사람의 발화(發話)를 앞서가기 때문이라는 것이 분명하듯이 외적인 것(=비본질적인 것)에 앞서 내적인 것이 있기 때문입

---

18 이 단락에서는 완전한 생산에 대해서, 또한 여섯 가지 생산에 대해서 언급된다.

19 Aristoteles, *De caelo et mundo*, II, c. 4: Prius natura in unoquoque genere est unum multis, et simplex composito.

20 Boethius, *De Institutione Arithmetica*, 1, 32 [PL 63, 1110].

extrinsecum praecedit mentis conceptus ut aliquid intrinsecum: ergo similiter a substantia aeterna non manat differens, nisi producatur substantialiter idem: ergo in Deo prius est productio similis, aequalis, consubstantialis quam dissimilis, inaequalis, essentialiter differentis.

10. Sed quid? dices, nunquid intelligendo, primum esse unum esse suppositum, ut gentiles, adhuc intelligunt substantiam, virtutem et operationem? Ergo, non intellecta trinitate vel emanatione, est intelligere productionem. Respondeo: intellectus duplex est: perfectus et plenus et plene resolvens; et tali intellectu non est intelligere sic; intelligere autem semiplene potest intellectus defectivus sic, quod resolvat in plura, quae in Deo sunt unum, aliter non.

11. Item, tertia ratio speculi est, quia in Deo est ratio productivae diffusionis sic. Illud esse est summe bonum, ergo summe diffundit se triplici diffusione: actualissima, integerrima, ultimata sive ultimatissima. Quia actualissima, semper est, semper fuit, semper erit; semper generat, semper generavit, semper generabit. Hoc non potest habere creatura, quod semper sit, semper fuerit et semper

니다. 비슷하게 실체적으로 동일한 것이 생산되지 않는다면 영원한 실체로부터 상이한 것이 흘러나오지 않습니다. 따라서 비슷하고 동등한, 동일 실체의 생산이 비슷하지 않고 동등하지 않고 본질적으로 다른 것의 생산보다 하느님 안에 먼저 있습니다.

10. 그대는 더욱이 이교도조차 그 안에서 본질을, 능력을, 그리고 작용 방식을 이해하는 근거에 놓여 있는 것으로서의 첫 번째 존재를 인식하면서 도대체 '무엇이냐?'라고 말합니다. 그러므로 통찰된 삼위 또는 발산에 의해서는 생산이 이해되지 않습니다. 나는 이렇게 대답합니다. 인식은 두 가지입니다. 하나는 완성된, 완전한, 그리고 온전히 용해된 것입니다. 그리고 이런 통찰에 의해서 이렇게 이해될 수 없습니다.[21] 오히려 결함이 있는 통찰은 하느님 안에서 하나인 다수로 용해되고 그렇지 않으면 용해되지 않기에 반만 용해되는 통찰입니다.

11. 또한, 생산하는 발산의 근거가 하느님 안에 있기 때문에 상의 세 번째 근거가 있습니다. 저 존재는 최고선이고 따라서 세 가지 발산에 의해, 즉 가장 현실적인, 가장 온전한, 최종적인 또는 가장 최종적인 발산에 의해 가장 많이 흘러넘칩니다.[22] 가장 현실적이기에 항상 있고 항상 있었고 항상 있을 것입니다. 항상 생산하고 항상 생산했고 항상 생산할 것입니다. 피조물은 항상 있을, 항상 있었을, 그리고 앞으로 항상 있을 것을 가질 수 없습니다. 그러므로 영원한 것이 발산하는 것이 필연적입

---

21 Bonaventura, *I Sent.*, d.28, dub.1 참조.
22 위 디오니시우스, 「천상위계론」 제4장, 제1절, 앞의 책, 2007 : "초월적이신 하느님은 선하시기 때문에 만물의 실존을 확립하시고 존재하게 하셨습니다."; 위 디오니시우스, 「신명론」 4, 1 이하, 2007 : 선이라는 이름은 "성경 기자들이 거룩하신 하느님을 위해서 다른 모든 이름과 구분하여 사용해 온 것입니다. [……] 이 본질적인 선은 그 실존에 의해서 만물에게 선함을 펼치십니다."; 아리스토텔레스, 앞의 책, 1998, 제3권, 제2장.

futura sit: ergo necesse est, ut emanet aeternus. — Item, integerrima non est haec diffusio in creatura, quia Deus non dat totum decorem exemplaritatis creaturae, immo non dat nisi generando Filium, qui dicere potest: Omnia, quae habet Pater, mea sunt; hoc non dicit aliqua creatura. — Item, haec diffusio est ultimata, ut det producens, quidquid potest; creatura autem recipere non potest, quidquid Deus dare potest. Unde sicut punctus ad lineam nihil addit, nec etiam mille millia punctorum; sic bonitas creaturae bonitati Creatoris nihil addit, quia finitum infinito nihil addit. Ergo necesse est, ut haec diffusio secundum totum posse sit in aliquo, quo maius cogitari non potest; omni autem creatura aliquid maius cogitari potest, et etiam ipsa creatura maior se cogitari potest. Sed in Filio est productio, sicut in Patre. Si ergo Patre nihil maius cogitari potest: ergo nec Filio. Si Pater etiam ultimata diffusione non se diffunderet, perfectus non esset.

]

12. Quarta diffusio est per rationem dilectionis. Necessario enim oportet, quod ubi beatitudo est, ibi summa sit dilectio, et per consequens dilectio in summo. Est autem dilectio reflexa, connexiva,

니다.[23] — 또한, 가장 온전한 것은 피조물까지 이르는 이 발산이 아닙니다. 하느님은 피조물에게 범형의 전체적인 아름다움을 부여하지 않습니다. 더욱이 "아버지께서 가지고 계신 것은 모두 나의 것"[24]이라고 말할 수 있는 아들을 생산하지 않는다면 이 아름다움을 부여하지 않기 때문입니다. 다른 피조물은 이 말[25]을 하지 않습니다. — 또한, 이 발산은 최종적인 것이어서 생산자는 그것이 무엇이든 자신이 할 수 있는 것을 발산에 부여합니다. 그런데 피조물은 하느님께서 줄 수 있는 것이 무엇이든 막론하고 받을 수는 없습니다. 그러므로 점이 선에 아무것도 더할 수 없듯이, 더욱이 천 개의 점이 수천 개의 점에 어떤 것도 더할 수 없듯이[26] 피조물의 선함은 창조자의 선함에 어떤 것도 덧붙이지 않습니다. 왜냐하면 유한한 것은 무한한 것에 어떤 것도 더하지 않기 때문입니다. 따라서 이 발산은 그것의 완전한 능력에 따라 그것보다 더 큰 것이 생각될 수 없는 존재 안에 있는 것이 분명합니다. 각각의 피조물보다 더 큰 어떤 것이 생각될 수 있고 더욱이 피조물 자체는 그 자체보다 더 큰 것으로 생각될 수 있습니다. 그런데 생산은 성부 안에 있듯이 성자 안에도 있습니다. 그러므로 만약 어떤 것도 성부보다 더 큰 것으로 인식될 수 없다면 어떤 것도 아들보다 더 큰 것으로 인식될 수 없습니다. 더욱이 만약 성부가 완전하게 발산하면서 자신을 발산하지 않는다면 그는 완전하지 않을 것입니다.

12. 네 번째 발산은 사랑의 근거에 의해서 있습니다. 사실 행복이 있는 곳에 최고의 사랑이 있고 결과적으로 최고의 것에 사랑이 반드시 있어야 합니다. 그런데 사랑은 반성적이고 결합하며 헌신적입니다. 내가

---

23 Bonaventura, *I Sent.*, d.9, q.4 et q.5 참조.

24 「요한복음서」16:15.

25 "아버지께서 가지고 계신 것은 모두 나의 것"이라는 뜻이다.

26 아리스토텔레스, 『형이상학』 제13권, 1085a 32-35; Bonaventura, *III Sent.*, d.9, dub.3 참조.

caritativa. Connexiva dilectio perfectior est, qua alterum diligo, quam reflexa, qua me diligo; caritativa autem perfectior ceteris est, quae habet dilectum et condilectum: ergo haec est in divinis. Hac ergo dilectione Pater diligit Filium, et est infinitus ardor. —Item, est ibi dilectio gratuita, debita, permixta. —Item, est ibi dilectio pura, plena, perfecta, ut effluens et effluxa in Filio, ut refluxa in Spiritu sancto. Ex istis rationibus omnibus fit illud speculum nobile.

13. Est autem aliud speculum, congregatum ex parvis. Unde nota, quod licet tota Trinitas sit lumen intelligendi, Verbum tamen naturaliter habet rationem exprimendi. Omnis autem creatura clamat generationem aeternam, et hanc exprimunt et repraesentant duodecim generationes, quas reperimus in creaturis. Est enim primus modus generationis per diffusionem, secundus per expressionem, tertius per propagationem.

14. Per diffusionem, ut splendoris a luce, ut caloris ab igne, ut fluminis a fonte, ut imbris a nube plena sive rorida. —In prima diffusione deficit aequalitas, quia splendor non aequatur luci. —In secunda deficit intimitas, quia calor non est intimus igni sive ut informanti, sive ut originanti; est enim accidens. —In tertia deficit simultas, quia fons diffundit se per partes, non totus insimul. —

다른 사람을 사랑하게 하는 결합하는 사랑은 내가 나를 사랑하게 하는 사랑인 반성적인 사랑보다 더 완전합니다. 그런데 사랑받는 사람, 그리고 서로 사랑받는 사람을 갖는 헌신적인 사랑은 나머지 다른 것들보다 더 완전합니다. 그러므로 이 사랑은 하느님에게 있습니다. 따라서 성부는 이런 사랑으로 성자를 사랑하고 성부는 끝없는 사랑이십니다.[27] — 또한, 행복이 있는 곳에는 무상의, 당연한, 그리고 혼합된 사랑이 있습니다. — 또한, 행복이 있는 곳에는 흘러넘치는, 성자 안으로 흘러들어 간, 성령으로 되돌아가는 사랑처럼 순수하고 충만하며 완전한 사랑이 있습니다. 이런 모든 근거에서 고상한 저 상이 생겼습니다.

13. 그런데 작은 상으로 응축된 다른 상이 있습니다. 그러므로 삼위 전체가 인식되는 것의 빛이라고 해도 말씀은 표현되는 것의 근거를 자연적으로 갖고 있다는 점에 주목하십시오. 모든 피조물은 영원한 생산을 드러내고 우리가 피조물에서 발견한 열두 가지 생산은 영원한 생산을 표현하고 제시합니다. 사실 생산의 첫 번째 방식인 발산에 의한 생산이, 생산의 두 번째 방식인 표현에 의한 생산이, 생산의 세 번째 방식인 변식에 의한 생산이 있습니다.

14. 발산에 의한 생산은 빛에서 광채가, 불에서 열이, 샘에서 강이, 이슬에 젖은 많은 구름에서 비가 생산되는 것과 같습니다. — 첫 번째 생산에는 동등성이 없습니다. 왜냐하면 광채는 빛과 동일하지 않기 때문입니다. — 두 번째 생산에는 긴밀함이 없습니다. 왜냐하면 무엇을 형성하거나 또는 발생하는 것인 열은 불에 가까이 있지 않기 때문입니다. 열은 불의 우연적인 속성입니다.[28] — 세 번째 생산에는 동시성이 없습니다. 왜

---

27 Bonaventura, *I Sent.*, d.2, q.4 참조; Bonaventura, *Itin.*, c.VI, 2: "Si igitur potes mentis oculo contueri puritatem bonitatis, quae est actus purus principii caritative diligentis amore gratuito et debito et ex utroque permixto."

28 아리스토텔레스는 『범주론』에서 열(따뜻함)이 질의 종류라고 한다. 9a 29 이하 참조.

In quarta deficit integritas, quia non tota pluvia excutitur a nube, immo per guttas. —Iungas has quatuor conditiones ad unam diffusionem, quae sit splendoris habentis aequalitatem, caloris habentis intimitatem et substantialitatem, rivuli sive fontis habentis simultatem, imbris habentis integritatem: et sic habes vestigium generationis aeternae.

15. Unde Filius aliquando comparatur splendori, ad Hebraeos primo: Qui cum sit splendor gloriae etc.; aliquando flammae, ut in rubo Moysi, ubi fuit expressa persona Filii; aliquando fluvio vel fonti, ut in Genesi: Fons ascendebat de terra, et fluvius egrediebatur de loco voluptatis; aliquando imbri, ut in Isaia: Quomodo descendit imber et nix de caelo et illic ultra non revertitur, sed inebriat terram etc., et sequitur: Sic erit verbum meum, quod egreditur de ore meo, scilicet de corde Patris.

16. Secundus modus est per modum expressionis: ut speciei ab obiecto, ut imaginis a sigillo, ut sermonis a loquente, ut conceptus

냐하면 샘은 모든 물을 동시에 내보내지 않고 조금씩 내뿜기 때문입니다. ― 네 번째 생산에는 온전함이 없습니다. 왜냐하면 모든 비가 구름에서 내리지 않으며, 더욱이 물방울로 내리지 않기 때문입니다. ― 그대가 이 네 가지 경우를 동등성을 지닌 광채의, 긴밀함과 실체를 가진 열의, 동시성을 지닌 시내 또는 샘의, 온전함을 지닌 비의 강하(降下)에 연결한다면 그대는 영원한 생산의 흔적을 갖게 됩니다.[29]

15. 아들은 어떤 때는 광채에 비교될 것인데, 「히브리인들에게 보낸 서간」 제1장에서는 "아드님은 하느님 영광의 광채이시며 하느님 본질의 모상으로서, 만물을 당신의 강력한 말씀으로 지탱"[30]하신다고 합니다. 어떤 때는 성자의 위격이 표현되어 있는 곳인 모세의 떨기나무에 있듯이 불꽃에 비교됩니다.[31] 어떤 때는 「창세기」에서 "샘 하나가 땅에서 흘러나왔고 강이 쾌락의 장소에서 흘러나왔다"[32]라고 하듯이, 강 또는 샘에 비교됩니다. 어떤 때는 「이사야서」에서 "비와 눈은 하늘에서 내려와 그리로 돌아가지 않고 오히려 땅을 적시어 기름지게 하고 싹이 돋아나게 하여 씨 뿌리는 사람에게 씨앗을 주고 먹는 이에게 양식을 준다"라고 하듯이, 이어서 "이처럼 내 입에서 나가는", 즉 아버지의 마음에서 나가는 "나의 말도" 나에게 헛되이 돌아오지 않을 것이라고 하듯이 비에 비교됩니다.[33]

16. 두 번째 생산 방식은 표현에 의한 방식입니다. 예를 들면 대상에 대한 상의, 흔적에 대한 상의, 강연자의 강연의, 정신에서 나온 숙고된

---

29 강연 11, 13에서는 세 가지 방식에 의한 피조물에 있는 열두 가지 생산에 대해서, 강연 11, 14에서는 첫 번째 길에 대해서 언급하는데, 특히 첫째, 결함을 지닌 네 개의 확산에 의한 길을 말하고 있다. 그리고 강연 11, 15에서 성경 구절을 이용해 이를 확증한다.

30 「히브리인들에게 보낸 서간」 1 : 3.

31 「탈출기」 3 : 2; 강연 3, 13 참조.

32 「창세기」 2 : 6 · 10.

sive cogitatus a mente. —Et in his est defectus. In prima deficit rei veritas, quia species in oculo vel in anima non est veritas rei. —In secunda deficit simplicitas, quia imago sive figura non est in puncto vel in simplici, sed partes habet. —In tertia deficit stabilitas, quia sermo transit et non manet. —In quarta deficit substantialitas, quia conceptus mentis non est substantia, vel hypostasis. —Auferas hos defectus et pone expressionem, quae sit ut speciei ab obiecto habentis veritatem, ut imaginis a sigillo habentis simplicitatem, ut sermonis a loquente habentis stabilitatem, ut conceptus a mente habentis substantialitatem: et tunc habebis alteram partem speculi.

17. De primo, Psalmus: Eructavit cor meum verbum bonum, et sequitur: Speciosus forma prae filiis hominum. —De secundo, Sapientiae septimo: Candor est lucis aeternae et speculum sine macula et imago bonitatis illius; et Apostolus: Qui est imago invisibilis Dei. —De tertio, Iob: Semel loquitur Deus et idipsum non repetit. Unde pone in Filio, quod semper sit et non deficit nec

개념의 표현 방식에 의해 있습니다. — 이들 표현은 완전하지 않습니다. 눈 또는 영혼에 있는 상은 사물의 진리가 아니기 때문에 첫 번째 표현에는 사물의 진리가 결여되어 있습니다.[34] — 모상이나 모습은 점 또는 단순성에 있는 것이 아니라 부분을 갖고 있기 때문에 두 번째 것에는 단순성이 부족합니다. — 세 번째 것에는 영속성이 부족한데, 말은 지나가고 머물지 않기 때문입니다. — 네 번째 것에는 실체성이 없는데 정신의 개념은 실체나 기체(基體)가 아니기 때문입니다. — 그대는 이 결함을 제거하고 진리를 지니고 있는 대상에 대한 상을, 단순한 봉인에 대한 상을, 영속성을 지닌 강연자의 강연을, 그리고 실체성을 지닌 정신에서 나온 개념을 표현해 보십시오. 이때 그대는 상의 다른 측면을 갖게 될 것입니다.

17. 첫째 것에 관해서 「시편」에서는 "아름다운 말이 제 마음에 넘쳐흘러"[35]라고 하고, 이어서 "어떤 사람보다 수려하시며"라고 합니다. 둘째 것에 관해서 「지혜서」 제7장에서 "지혜는 영원한 빛의 광채이고 하느님께서 하시는 활동의 티 없는 거울이며 하느님 선하심의 모상"[36]이라고 합니다. 그리고 사도는 "그분은 보이지 않는 하느님의 모상"이라고 합니다.[37] 셋째 것에 관해서 욥은 "하느님께서는 한 번 말씀하시고 또 두 번 말씀하십니다. 다만 사람들이 알아채지 못할 뿐"[38]이라고 합니다. 그러므로 항상 존재하고 부족함이 없고 변하지 않는 것이 성자 안에 있다고

---

33 「이사야서」 55:10-11.

34 아리스토텔레스, 앞의 책, 2005, 제3권, 431b 30: "(그 능력들은) 반드시 (대상)들 자체이거나 또는 (그 대상들의) 형상들이다. 그것들은 그 (대상들) 자체는 아니다. 왜냐하면 영혼 안에 존재하는 것은 돌이 아니라 형상이기 때문이다."

35 「시편」 45:2 이하.

36 「지혜서」 7:26. 불가타 성경의 이 부분에는 '티없음' 뒤에 '위대하신 하느님의'(Dei maiestatis)가 있다.

37 「콜로새 신자들에게 보낸 서간」 1:15.

38 「욥기」 33:14: "semel loquitur Deus et secundo idipsum etc."

vertitur. —Quarto pone substantialitatem. Conceptus enim mentis aeternae est hypostasis, et iste conceptus mentalis est nobilissimus, perfectissimus. Unde in Proverbiis: Nondum erant abyssi, et ego iam concepta eram. Aliquando ergo vocatur filius, species, imago, verbum manens in aeternum, conceptus vero non inhaerens, sed substantialis et hypostasis. Sic ergo habemus aliam partem speculi.

18. Tertia generatio est per modum propagationis, et hoc quadrupliciter: ut germinis a semine, ut arboris a radice, ut prolis conceptae a ventre vel utero materno, ut filii a patre principiante. —In prima generatione deficit formositas, quia in semine est forma confusa et occulta; sed non sic filius. —In secunda deficit conformitas, licet enim sit una radix, tamen differt in forma a ramis, licet unam arborem faciant. —In tertia deficit actualitas, quia mater est principium, etsi aliquo modo activum prolis, potissime tamen passivum. —In quarta deficit coaevitas.

19. Aufer ergo hos defectus et pone primo formositatem. Unde Isaias: Erit germen Domini in magnificentia et gloria, et fructus terrae sublimis. —Secundo pone conformitatem; sic Filius est conformis Patri, ut sit lignum vitae in medio paradisi; unde in

가정하십시오. — 넷째, 실체성을 가정하십시오. 사실 영원한 정신의 개념은 기체이고 정신의 이 개념은 가장 고상하고 가장 완전한 개념입니다. 「잠언」에서는 "심연이 생기기 전에 나는 [이미] 태어났다"[39]라고 합니다. 이 개념은 어떤 때는 아들, 외관, 모상, 영원히 머무는 말씀, 실제로 내재하는 개념이라고 불리지 않고 본질적인 개념, 기체라고 불립니다. 이렇게 우리는 상의 다른 측면을 갖고 있습니다.

18. 세 번째 생산은 번식의 방식에 의한 생산이고, 이는 네 가지입니다. 이 생산은 씨앗으로부터 나온 싹의, 뿌리로부터 나온 나무의, 어머니의 자궁 또는 태중에 수태된 후손의, 시원인 아버지에서 나온 아들의 방식에 의해 있습니다. — 첫 번째 방식의 생산에는 아름다움이 부족합니다. 씨앗 안에 내재되어 있는 잠재적인 형상은 정돈되어 있지 않고 은폐되어 있기 때문입니다. 그런데 아들은 이렇지 않습니다. — 두 번째 방식의 생산에는 일치가 부족합니다. 뿌리가 하나라고 해도, 뿌리와 가지의 형상은 다릅니다. 가지들이 한 나무를 만든다고 해도 말입니다. 세 번째 방식의 생산에는 현실성이 없는데, 비록 어떤 방식으로 활동적인 후손을 만들어낸다 할지라도 어머니는 가장 수동적인 근원이기 때문입니다. — 네 번째 방식의 생산에는 공동의 시간이 부족합니다.

19. 그러니 이들 결함을 제거하고 가장 먼저 아름다움을 설정하십시오. 이사야는 "주님께서 돋게 하신 싹이 영화롭고 영광스럽게 되리라. 그리고 그 땅의 열매는"[40] 고귀하게 되리라고 말합니다. — 둘째, 일치를 설정하십시오. 동산 한가운데 있는 생명의 나무처럼[41] 아버지와 아들은 일치합니다. 그래서 「잠언」에서는 "지혜는 붙잡는 이에게 생명의 나

---

39 「잠언」 8 : 24; 「이사야서」 40 : 8: "우리 하느님의 말씀은 영원히 서 있으리라."
40 「이사야서」 4 : 2.
41 「창세기」 2 : 9.

Proverbiis. Lignum vitae est his qui apprehenderint eam. — Tertio pone actualitatem. Unde in Psalmo: Tecum principium in die virtutis tuae in splendoribus Sanctorum; ex utero ante luciferum genui te. Ex utero, dicit, ubi est ratio fovendi in sinu Patris, a quo non recessit. — Quarto pone coaevitatem. Unde in Psalmo: Ego hodie genui te; hoc est in aeternitate, sive in meo hodie aeterno.

20. Has duodecim conditiones aggrega, et habebis speculum ad contuendum exemplar divinum sive Verbum, quod omnia repraesentat: ut splendor procedens a luce cum perfectione aequalitatis, et sic de aliis. — Et per has conditiones solvuntur omnia argumenta Arii, per quae arguit a generationibus imperfectis.

21. De his duodecim generationibus dicitur in Genesi: Vidi per somnium quasi solem et lunam et stellas undecim adorare me. Iste est ille Ioseph pulcherrimus, quem adorant omnia; et clamant temporalia per lunam, spiritualia per solem, et undecim stellae. Generationes creaturarum sunt secundum undecim conditiones, deficiente duodecima, quae est in generatione Filii Dei, ideo ponuntur hic undecim stellae in numero deficiente a duodenario, qui est numerus excrescens, quia omnia respectu illius generationis habent defectum et inclinant se ad generationem Verbi; omnia enim

무"⁴²라고 합니다. — 셋째, 현실성을 설정하십시오. 「시편」에서는 "너와 함께 너의 능력의 날에 거룩한 치장 속에 시작이 있었고, 샛별이 뜨기 전에 너를 낳았노라"⁴³라고 합니다. 그는 영양을 공급하는 곳인 모태로부터 아버지 품 안에서 그를 낳았다고 합니다. 그는 이 모태에서 떠나지 않습니다. — 넷째, 동일한 영원성을 설정하십시오. 「시편」에서는 "내가 오늘 너를 낳았노라"⁴⁴라고 합니다. 이것은 영원히 있거나 나의 영원성 가운데 있는 오늘에 있습니다.

20. 열두 개의 이들 조건이 모인 다음 그대는 완전히 동등한 것과 함께 빛에서 나아가는 광선처럼 모든 것을 드러내는 신적인 범형 또는 말씀을 음미하기 위한 상을 가질 것입니다. 다른 것들에서도 이렇습니다. — 이런 조건들에 의해 아리우스의 모든 논증이 해결됩니다. 아리우스는 자신의 논증으로써 불완전한 생산에 대해 증명하려고 했습니다.

21. 이 열두 개의 생산에 대해서 「창세기」에서 "내가 또 꿈을 꾸었는데, 해와 달과 별 열한 개가 나에게 큰 절을"⁴⁵ 하더라고 합니다. 이 사람은 모든 사람의 절을 받는 가장 아름다운 저 요셉입니다. 그리고 시간적인 사물은 달을 통해, 정신적인 사물은 해를 통해 소리를 지르고 열한 개의 별이 소리를 지릅니다. 피조물은 열두 번째 조건이 없는 열한 개의 조건에 맞게 생산됩니다. 열두 번째 조건은 하느님의 아들의 생산입니다. 그러므로 열둘보다 적은 숫자인 열한 개의 별이 여기에 설정됩니다. 열둘은 [하나가] 더해진 숫자입니다. 모든 것은 이 생산을 고려할 때 결함

---

42 「잠언」 3 : 18.
43 「시편」 110 : 3: "당신 진군의 날에 당신 백성이 자원하리이다. 거룩한 치장 속에 새벽의 품에서부터 젊음의 이슬이 당신의 것"; 「요한복음서」 1 : 18: "아무도 하느님을 본 적이 없다. 아버지와 가장 가까우신 외아드님 하느님이신 그분께서 알려 주셨다."
44 「시편」 2 : 7.
45 「창세기」 37 : 9.

indicant generationem Verbi. — Unde quando videtur splendor a luce, transferenda est mens ad considerandam generationem aeternam; et sic de aliis. — Et ibi est magna delectatio, de qua in Psalmo: Delectasti me, Domine, in factura tua; et in operibus manuum tuarum exsultabo. Dicit ergo: Nos autem, revelata facie gloriam Domini speculantes.

22. Alio modo sic, et est magis proprie. Est generatio per diffusionem ut splendoris vel luminis a luce; et ibi est coaevitas, deficit tamen aequalitas, quia splendor non aequatur luci. — Item, est diffusio, ut ignis ab igne, et ibi est aequalitas, ut patet, quando una candela accenditur ab alia, quod tantum est lumen in una, sicut in alia, et quotquot accendantur; deficit tamen consubstantialitas. — Item, est diffusio rivuli a fonte, et hic est consubstantialitas vel intimitas, quia eadem aqua, quae est in fonte, est in rivulo; sed deficit nobilitas ortus, quia de imo, et per quosdam meatus et colationem de aqua salsa fit dulcis. — Item, est diffusio imbris a nube, et ibi est nobilitas ortus, quia habet virtutes caeli, per quas infundit imbrem nubes; deficit tamen formae decor, quia videtur nubes caelum

이 있고 말씀의 생산으로 향하기 때문입니다. 사실 모든 것은 말씀의 생산을 지시합니다. ─ 따라서 빛에서 광채가 드러날 때 정신은 영원한 생산을 숙고하기 위해 변해야 합니다. 다른 것들에 있어서도 이렇습니다. ─ 여기에는 큰 기쁨이 있는데, 이에 대해 「시편」에서는 "주님, 당신께서 하신 일로 저를 기쁘게 하셨으니 당신 손의 업적에 제가 환호합니다"[46]라고 합니다. 따라서 그는 '우리는 너울을 벗은 얼굴에 의해 하느님의 영광을 숙고'[47]한다고 합니다.

22. 이렇게 다른 방식에 의한 생산은 더 독특합니다. 이 생산은 빛으로부터 광채 또는 빛이 나오는 것 같은 발산에 의한 생산입니다. 여기에는 같은 시대성이 있지만 동등성은 없습니다. 왜냐하면 광채는 빛과 동등하지 않기 때문입니다. ─ 또한, 불에서 불이 나오듯이 유출이 있고 한 양초를 다른 양초로 불붙일 때 빛이 다른 양초에 있듯 그만큼 한 양초에 있고, 몇이든지 그만큼 많이 불붙여진다는 것이 분명하듯이 거기에 동등성이 있습니다. 그럼에도 실체를 공유하지는 않습니다. ─ 또한, 샘에서 시내가 될 때는 실체가 같거나 또는 내밀한 관계를 이룹니다. 왜냐하면 샘에 있는 물은 시내에 있는 물과 같은 물이기 때문입니다.[48] 그러나 기원이 고상하지는 않습니다. 왜냐하면 밑바닥으로부터 또 어떤 통로를 통해서 그리고 짠물이 합쳐져서 단물(=민물)이 되기 때문입니다. ─ 또한 구름에서 비가 쏟아집니다. 이때 발생은 고상한데, 비에는 하늘의 힘이 있기 때문입니다. 이 힘에 의해 구름은 비를 뿌립니다. 그럼에도 형상은 아름답지 않습니다. 왜냐하면 구름이 하늘을 어둡게 하고 칙칙하게 하는

---

46 「시편」 92 : 5.
47 「코린토 신자들에게 보낸 둘째 서간」 3 : 18; 강연 11 서두 참조.
48 아리스토텔레스, 앞의 책, 1998, 제1권, 제7장: "왜냐하면 어느 물이나 종에서 모두 같다고 말할 수 있는 것은, 물이 다른 종[물]과 어떤 유사성을 지니고 있기 때문이다. 반면 같은 샘에서의 물은 다른 어느 물과도 차이는 없지만, 단지 [같은 샘물은] 유사성이 보다 강하다는 점에서만 차이가 있다."

obscurare et deturpare.—Iunge quod nobilitatis est, ut coaevitatem et aequalitatem, consubstantialitatem et formae decorem; et habes unam partem speculi.

23. Item, est generatio per expressionem ut speciei ab obiecto; et hic est formae decor, qui deficiebat in generatione imbris. Et hoc est mirabile, quomodo talis species generatur; quia non de materia aëris, quia, cum non dicat essentiam, sed modum essendi, sufficit, ut habeat principium originativum, medium inter principium materiale et principium effectivum. Unde Deus dedit virtutem hanc cuilibet rei, ut gignat similitudinem suam et ex naturali fecunditate. Unde secundum quod obiectum gignit similitudinem suam, sic repraesentat generationem aeternam; secundum quod intentio animae eam oculo unit, sic repraesentat incarnationem Verbi.— Haec generatio speciei deficit, quia non est ibi formae fixio, sed vario modo habet generari, ut patet in speculis vario modo ordinatis; et diversimode habet repraesentare, prope, vel longe.

24. Item, est generatio per expressionem ut figurae a sigillo, et hic est formae fixio, quod deficit in praecedenti, deficit tamen vitae vigor.—Item, est generatio sermonis a dicente, ubi est vitae vigor, quia sermo quandam vim vitae secum habet; ut patet, quod duobus dicentibus eandem veritatem, unus melius alio exprimit et imprimit.

것처럼 보이기 때문입니다. — 같은 시대성과 동등성, 공동 실체성과 형상의 아름다움 같이 고상함에 속하는 것을 결합하십시오. 그때 그대는 상의 한 측면을 갖게 됩니다.

23. 또한, 대상의 외형의 표현에 의한 생산이 있습니다. 여기에는 형상의 아름다움이 있습니다. 이 아름다움은 비(雨)가 형성될 때는 없습니다. 이런 외형이 어떻게 생산되는가는 불가사의한 일입니다. 왜냐하면 외형은 공기라는 재료로 만들어지지 않기 때문에, 존재가 아니라 존재의 방식을 말할 때 외형이 생산하는 원리를, 질료인과 작용인 사이에 있는 중간을 취하는 것이 충분하기 때문입니다. 그러므로 하느님은 본성적으로 생산할 수 있는 능력이 있으므로 그와 비슷한 것을 생산할 수 있는 능력을 각 사물에게 주었습니다. 이에 따라 피조물은 한 대상에 비슷해지고 이렇게 영원한 생산을 제시합니다. 이에 적합하게 영혼의 의도는 영원한 생산을 눈과 결합하려는 것이고 이로써 영혼은 말씀의 육화를 제시하려고 합니다.[49] — 이 생산에는 외형이 부족한데, 왜냐하면 거기에는 규정된 형상이 없고, 다양한 방식으로 정돈된 상에서 분명하듯이, 다양한 방식으로 생산될 수 있기 때문입니다. 그리고 이 생산은 여러 가지 방법으로, 즉 가까이에서 또는 먼 곳에서부터 [형상을] 제시할 수 있습니다.

24. 또한, 봉인 형태의 표현에 의한 생산이 있습니다. 여기에는 앞서 있는 것에는 없는 확정된 형상이 있지만 생명의 활력은 없습니다. — 또한, 말하는 사람에서 나오는 말함의 생산이 있는데, 여기에는 생명의 활력이 있습니다. 왜냐하면 말함은 그 자체 생명의 어떤 힘을 지니고 있기 때문입니다. 동일한 진리를 말하는 두 사람 중에서 한 연사가 다른 연사보다 더 잘 표현하고 인상을 남기는 것이 분명하듯이 말입니다. 그러므로 히에로니무스는 말의 작용이 은밀한 생명의 에너지를 갖는지 자신은

---

49 Bonaventura, *Itin.*, c.II, 4; c.II, 7; 박주영, 앞의 글, 2013, 181쪽.

Unde Hieronymus: Habet nescio quid latentis energiae vivae vocis actus etc. Unde verba Christi, non est dubium, quin, prolata et audita de ore eius, maioris virtutis et potestatis erant quam scripta. Hic tamen deficit vitae mansio, quia sermo transit. —Item, est generatio conceptus a mente; et ibi est vitae mansio, quia omnis cogitatus in memoria manet; sed hic deficit fecunditatis substantialis virtus, quia ille cogitatus non est substantialis virtus. —Haec quatuor iungantur, scilicet formae decor, formae fixio, vitae vigor, vitae mansio, et habes secundam partem speculi.

25. Item, est generatio per propagationem ut germinis a semine; et hic est virtus substantialis, in qua ultimum deficit, scilicet deficit vitae robur. —Item, est generatio ut surculi a radice; et hic est vitae robur, sed deficit vivax sensus; non enim sentit vel producens productum, vel productum suam originem. —Item, est generatio ut fetus a ventre vel utero; et hic est vivax sensus, sed deficit virtus activa, quia venter est quasi receptaculum potius quam activum. —Item, est generatio ut filii a patre; et ibi sunt omnes dictae conditiones praeter unam, scilicet lucis, quae est coaevitas, quae ponenda est in generatione Filii Dei; et ab ista ultima generatione, scilicet filii a patre, denominatur generatio aeterna. Et hoc ratificavit Christus, cum dixit: Ite, docete omnes gentes, baptizantes eos in

모른다고 합니다.[50] 따라서 그리스도가 말하고 사람들이 들은[51] 그리스도의 말씀이 기록된 것보다 더 능력이 있고 힘이 있다는 것은 의심의 여지가 없습니다. 그럼에도 여기에는 생명이 머물지 않습니다. 왜냐하면 말은 지나가기 때문입니다. ― 또한, 정신으로부터 나온 개념의 생산이 있습니다. 그곳에는 삶이 있는데, 숙고된 모든 것은 기억 속에 남아 있기 때문입니다. 그런데 여기에는 본질적인 풍요로움의 힘은 없습니다. 숙고된 모든 것은 실체적인 능력이 아니기 때문입니다. ― 이 네 가지, 다시 말해서 형상의 아름다움, 형상의 불변, 생명의 활력, 생명의 머묾은 결합됩니다. 그리고 그대는 상의 두 번째 측면을 갖게 됩니다.

25. 또한, 씨앗으로부터 나온 싹처럼 번식에 의한 생산이 있습니다. 여기에는 실체적인 힘이 있는데, 이 힘에는 최종적인 것이 없습니다. 다시 말해서 생명의 힘이 없습니다. ― 또한 뿌리에서 싹이 나오는 바와 같은 생산이 있는데, 여기에는 생명의 힘이 있지만 활력 있는 감각 기능은 없습니다. 생산하는 것은 생산된 것을 지각하지 않거나 생산된 것은 자기의 기원을 지각하지 않습니다. ― 또한 배(腹) 또는 자궁에서 아이를 출산하는 것 같은 생산이 있습니다. 저장고 같은 자궁은 능동적인 힘보다 더 능력이 있기 때문에 해산은 활력이 있는 감각이지만 능동적인 힘은 아닙니다. ― 또한 아버지로부터 나오는 아들의 생산이 있습니다. 거기에는 하나를 제외하고 언급된 모든 조건이 있습니다. 즉 하느님의 아들의 생산에 설정되어야 하는 같은 시간에 생산된 빛의 모든 조건이 있습니다. 최종적인 이 생산에서, 즉 아버지가 아들을 생산하는 것에서 영원한 생산이 명명됩니다. 그리스도가 "너희는 가서 모든 민족을 제자로 삼아, 아버지와 아들과 성령의 이름으로 세례를"[52] 주라고 했을 때 그리스

---

50 Hieronymus, *Epist.*, 53 *ad paulinum*, a.2 [PL 22, 541].
51 직역하면 '그리스도의 입에서 나오고 들려진'이다.
52 「마태오복음서」 28 : 19.

nomine Patris et Filii et Spiritus sancti; non dixit: in nomine lucis et splendoris.

Hae sunt undecim stellae adorantes Ioseph, Filium pulcherrimum, scilicet undecim conditiones nobiles iam dictae, sed duodecima, scilicet coaevitas, est in Filio Dei.

도는 이것을 확증했습니다. 그리스도는 빛의 이름과 광채의 이름으로 세례를 주라고 말하지 않았습니다.

이것은 가장 아름다운 아들인 요셉을 숭배하는 열한 개의 별입니다. 다시 말해서 이미 언급된 열한 개의 고상한 조건입니다. 그런데 열두 번째는, 즉 시대를 공유하는 것은 하느님의 아들 안에 있습니다.

Collatio XII

De visione secunda tractatio quinta,
quae est tertia de speciositate fidei et agit de Deo,
ut est exemplar omnium rerum

1. Nos vero omnes, revelata facie gloriam Domini speculantes etc. Dictum est de altitudine fidei, quia excedit investigationem rationis, ut patet in duodecim articulis designatis per duodecim stellas et per duodecim alas Seraphim. —Dictum est de firmitate eius designata per duodecim fundamenta civitatis. —Item, de speciositate per duodecim portas civitatis et per duodecim margaritas, quae sunt speculationes fidei, et sunt fulgidae et vivificae et iucundae quantum ad duas portas orientales, scilicet speculari, Deum esse primum et purissimum; secundo, Deum trinum et unum.

둘째 날의 봄에 대한 다섯 번째 강연.
믿음의 아름다움에 대한 세 번째 논의와 모든 사물의 범형인 하느님에 관한 논의에 대한 강연

1. "우리는 모두 너울을 벗은 얼굴로 주님의 영광을 거울로 보듯 어렴풋이 바라보면서, 더욱더 영광스럽게 그분과 같은 모습으로 바뀌어 갑니다. 이는 영이신 주님께서 이루시는 일입니다."[1] 열두 개의 별과 치품천사의 열두 개의 날개에 의해서 표현된 열두 개의 신앙 조항에서 밝혀졌듯이 이성의 탐구를 넘어서는 신앙의 숭고함에 대해 언급되었습니다. ─ 도시의 열두 개 토대에 의해 제시된 믿음의 확고함에 대해서도 언급되었습니다. ─ 또한, 믿음의 상인, 또 두 개의 동쪽 문에 관한 한[2] 조명하고 생기 넘치게 하고, 즐겁게 하는 것인 도시의 열두 개의 문과 열두 개의 진주에 의해서 표현된 아름다움에 대해 언급했습니다. 즉 하느님이 첫 번째이자 가장 순수한 존재로, 그다음 삼위일체로서 고찰됩니다.

---

1 「코린토 신자들에게 보낸 둘째 서간」 3:18.
2 「요한묵시록」 21:13: "동쪽에 성문이 셋, 북쪽에 성문이 셋, 남쪽에 성문이 셋, 서쪽에 성문이 셋 있었습니다."

2. Sequitur de tertia porta, scilicet quod sit exemplar omnium rerum. Supponendum enim est per fidem, quod Deus est conditor rerum, gubernator actuum, doctor intellectuum, iudex meritorum. Et ex hoc intelligitur, quod est causa causarum et ars praestantissime originans, dux providissime gubernans, lux manifestissime declarans vel repraesentans, ius rectissime praemians et iudicans.

3. Primum ostenditur sic. Creatura egreditur a Creatore, sed non per naturam, quia alterius naturae est: ergo per artem, cum non sit alius modus emanandi nobilis quam per naturam, vel per artem sive ex voluntate; et ars illa non est extra ipsum: ergo est agens per artem et volens: ergo necesse est, ut habeat rationes expressas et expressivas. Si enim det huic rei formam, per quam distinguitur ab alia re, vel proprietatem, per quam ab alia distinguitur; necesse est, ut habeat formam idealem, immo formas ideales. Sic enim in plurali vocantur a Sanctis.

4. Item, quia est causa conservans, est dux gubernans. Praeest enim ad dirigendum omnes actus, secundum quod gubernabiles sunt; non sicut artifex, qui domum dimittit, sed res conservat et dirigit. Ideo habet apud se normas directissimas. Nec est idem modus, ut creatura manat a Creatore secundum formas vel rationes

2. 세 번째 문에 대해, 즉 모든 사물의 범형인 문에 대해 논의할 차례입니다. 하느님께서 사물의 창조자시며 행위의 조종자시고 통찰의 선생이시며 보상에 대한 판관이시라는 것이 사실 믿음에 의해 전제되어야 합니다. 이로부터 하느님께서는 원인들의 원인이며 가장 뛰어나게 생산하는 제작자이며 가장 신중하게 조종하는 지도자, 가장 분명하게 명시하는 또는 제시하는 빛이고, 가장 올바르게 보상하고 판단하는 법이라는 것이 인식됩니다.

3. 첫째, 이렇게 증명됩니다. 피조물은 창조자로부터 나오지만 본성으로부터 나오지는 않습니다. 왜냐하면 창조자와 피조물의 본성은 다르기 때문입니다. 따라서 피조물은 기술에 의해 생산되는데, 발산의 다른 방식은 자연에 의한 또는 기술이나 의지에 의한 발산보다 고상하지 않기 때문입니다. 그리고 저 기술은 그 자신의 밖에 있지 않습니다. 따라서 하느님은 기술에 의한 작용자이고 원의를 가진 분이십니다. 그러므로 하느님께서 명확하게 표현된 또 의미심장한 근거를 갖는 것이 필수적입니다. 만약 하느님께서 그것에 의해 다른 한 사물과 구분되는 형상을 또는 그것에 의해 다른 사물과 구분되는 고유성을 다른 사물에 부여한다면 창조자는 필수적으로 이상적인 형상을, 더욱이 이상적인 형상들을 갖고 있습니다. 사실 성인(聖人)들은 많은 것에서 이들 형상을 이상적인 형상이라고 부릅니다.[3]

4. 또한, 창조자는 보존하는 원인이기에 조종하는 지도자이십니다. 그는 모든 작용이 다스려질 수 있다는 점에서 모든 작용을 규정하기 위해 통치하는 데 집을 짓는 건축가처럼 통치하는 것이 아니라 사물을 보존하고 이끕니다.[4] 따라서 그는 자기 곁에 가장 올바른 규정을 갖고 있습

---

3 Bonaventura, *De scientia christi.*, q.2; q.3 참조.

4 Augustius, *De genesi ad litteram*, IV, c.12, n.22 : "Creatoris namque potentia et

expressivas, et secundum quod a mente divina emanant regulae ad conservationem ipsarum secundum directionem aeternarum regularum.

5. Item, quia ipse doctor est, docet infallibiliter et certificat sic, quod impossibile est, aliter se habere. Secundum sententiam omnium doctorum Christus est doctor interius, nec scitur aliqua veritas nisi per eum, non loquendo, sicut nos, sed interius illustrando; et ideo necesse est, ut habeat clarissimas species apud se, neque tamen ab alio acceperit. Ipse enim intimus est omni animae et suis speciebus clarissimis refulget super species intellectus nostri tenebrosas; et sic illustrantur species illae obtenebratae, admixtae obscuritati phantasmatum, ut intellectus intelligat. Si enim scire est cognoscere, rem aliter impossibile se habere; necessarium est, ut ille solus scire faciat, qui veritatem novit et habet in se veritatem.

6. Item, est ius rectissime remunerans per leges iustissimas. Si ergo iuste praemiat, necesse est, ut habeat leges iustissimas.

니다. 피조물을 표현할 수 있는 형상 또는 근거에 따라 피조물이 창조자로부터 생산되는 방식과 영원한 규정의 규범에 따라 피조물을 보존하기 위해 하느님의 정신에서 발산되는 방식은 동일하지 않습니다.

5. 또한, 하느님 자신이 교사이므로 그분은 오류를 범하지 않고 가르치며 달리 있는 것은 불가능하다는 것을 이렇게 증명합니다. 모든 교사의 견해에 따르면[5] 우리처럼 말하면서가 아니라 내적으로 조명하기에 그리스도는 내적인 스승이고, 그리스도를 통해서가 아니라면 어떤 진리도 알려지지 않았습니다. 그러므로 그는 자기 옆에 가장 분명한 상을 갖고 있고 결국 다른 것으로부터 상을 받아들이지 않습니다. 사실 그 자신이 모든 영혼의 가장 깊은 곳에 있고,[6] 가장 분명한 그의 상으로써 우리 인식의 어두운 상의 위에서 빛납니다. 이렇게 표상 상의 어둠과 뒤섞인 어두워진 이 상들이 비춰져서 이성이 인식합니다. 만약 '안다'가 사물이 다르게 있는 것이 불가능하다는 것을 인식하는 것이라면 진리를 알고 있고 자신 안에 진리를 갖고 있는 사람만이 인식하는 것이 필수적입니다.

6. 또한, 그는 가장 정당한 법에 의해 가장 올바르게 상벌을 주는 법입니다. 따라서 만약 그가 정당하게 상을 준다면 그가 가장 정당한 법을 갖고 있는 것이 필연적입니다.

---

omnipotentis atque omnitenentis virtus causa subsistendi est omni creaturae; quae virtus ab eis quae creata sunt regendis, si aliquando cessaret, simul et illorum cessaret species omnisque natura concideret. Neque enim, sicut structor aedium, cum fabricaverit, abscedit atque illo cessante atque abscedente, stat opus eius; ita mundus vel ictu oculi stare poterit, si ei Deus regimen sui subtraxerit."

5 Bonaventura, *De scientia christi*., q.4; 강연 1, 13, 각주 30 참조.

6 Augustinus, *De trinitate*, XII [1, 1] 이하; XIV [8, 11] 참조.

7. Loquitur autem Scriptura de ipso, ut est exemplar, quo omnis creatura vivit in formis aeternis; Ioannis primo: Quod factum est in ipso vita erat. Vivit autem per cognitionem et amorem; et qui hoc negat negat praedestinationem aeternam. Nam ab aeterno novit Deus creaturam et amat eam, quia praeparavit eam gloriae et gratiae. —Item, habet normas directissimas; unde Apostolus et Ieremias dicunt: Dabo leges meas in visceribus eorum, et in corde superscribam eas. Superscribit enim primo in natura; secundo, in industria seu in progressu; tertio, in gratia; quarto, in gloria. In quolibet statu dat normas suas: ergo necesse est, ut in se habeat eas.

8. Item, quia est lux illustrans; in Sapientia: Est enim haec speciosior sole et super omnem dispositionem stellarum luci comparata invenitur prior; quia, licet sol habeat rationem radiandi, non tamen species in se descriptas habet: et ideo illud exemplar est pulchrius, quia cum hoc, quod lucem habeat, etiam species claras habet. —Item, est ius per se iudicans; in Apocalypsi: Libri aperti sunt, et alius liber apertus est, scilicet liber vitae et liber conscientiae. Per librum vitae habet anima vivere et iudicari; et si liber conscientiae concordat cum libro vitae, approbatur; si autem discordat,

7. 그런데 성경은, 예를 들면 모든 피조물이 그것에 의해 영원한 형상을 지닌 범형 자체에 대해 말합니다. 「요한복음서」제1장에서는 "생겨난 것은 모두 그분 안에서 생명이었다"[7]라고 합니다. 모든 피조물은 인식과 사랑에 의해 삽니다. 이를 부정하는 사람은 영원한 예정(豫定)을 부정하는 사람입니다. 왜냐하면 하느님께서는 태초로부터 피조물을 알고 있고 피조물을 사랑하는데 그분은 영광과 은총을 위해 피조물을 준비하셨기 때문입니다. — 또한 하느님에게는 가장 직접적인 규정이 있습니다. 그러므로 사도와 예레미야는 "나는 그들의 가슴에 내 법을 넣어주고, 그들의 마음에 그 법을 새겨주겠다"[8]라고 말합니다. 그는 첫째, 자연에 새기고, 둘째, 연구에 또는 탐구 과정에 새기고, 셋째, 은총에, 넷째, 영광에 새깁니다. 하느님은 어떤 상황에서든 당신의 규정을 부여하십니다. 따라서 그분은 몸소 이 규정을 지니고 있어야만 합니다.

8. 또한, 하느님은 비추는 빛이기 때문입니다. 「지혜서」에서는 "지혜는 해보다 아름답고 어떠한 별자리보다 빼어나며 빛과 견주어보아도 그보다 더 밝음을 알 수 있다"[9]라고 합니다. 태양이 빛의 발상의 근거라고 해도 태양에는 그 안에 새겨진 상이 없기에 범형이 더 아름답습니다. 왜냐하면 범형은 빛을 갖고 있는 것과 더불어 분명한 상을 갖고 있기 때문입니다. — 또한, 하느님은 자신을 통해 판단하는 법입니다. 「요한묵시록」에 따르면 "책들이 펼쳐졌습니다. 또 다른 책 하나가 펼쳐졌는데"[10] 이 책은 생명의 책이고 양심의 책입니다. 영혼은 생명의 책에 의해서 살 수 있고 심판받을 수 있습니다. 만약 양심의 책이 생명의 책과 같다면 양

---

7 「요한복음서」 1 : 3-4. 우리말 성경에 따르면 "그분 없이 생겨난 것은 하나도 없다. 그분 안에 생명이 있었으니 그 생명은 사람들의 빛이었다."; Bonaventura, *Brevil.*, p.1, c.8 참조.

8 「예레미야서」 31 : 33; 「히브리인들에게 보낸 서간」 8 : 10: "나는 그들의 생각 속에 내 법을 넣어주고 그들의 마음에 그 법을 새겨주리라."

9 「지혜서」 7 : 29; 강연 6, 7 참조.

10 「요한묵시록」 20 : 12; Bonaventura, *Brevil.*, p.7, c.1 참조.

reprobatur; unde in Psalmo: Imperfectum meum viderunt oculi tui, et in libro tuo omnes scribentur, id est manifestabuntur scripti, non de novo scribentur. In hoc libro scribuntur omnes leges aeternae.—Deus ergo est exemplar aeternum, et hoc est fidei, quae credit, Deum esse conditorem rerum etc.

9. Et super hoc fertur speculatio, ut sit ars praestantissime repraesentans. Haec autem ars et est una et multiplex. Quomodo autem hoc esse possit, videri non potest, nisi veniat illuminatio a montibus aeternis, et tunc turbabuntur insipientes corde, id est stulti. Oportet enim alte sentire de Deo. —Est autem multiformis, quia multa repraesentat distincte et certitudinaliter. Unde melius videbo me in Deo quam in me ipso. Est tamen summe una.

10. Ad hoc notandum, quod causa prima et est prima et immediata; quia prima, ideo nihil habet ab alio, sed omnia ab ea; et est immediata, quia causa immediata nobilior est quam mediata. Quia ergo prima, ideo potentissima: ergo multa potest; item, quia immediata, ideo est actualissima, quia causa immediata in actu est; est

심의 책은 인정되지만 만약 같은 것이 아니라면 양심의 책은 배제됩니다. 「시편」에서는 "제가 아직 태아일 때 당신 두 눈이 보셨고 당신 책에 그 모든 것이 쓰여"[11]졌다고 합니다. 다시 말해서 기록된 것이 드러났고, 새로운 것에 대해서는 기록하지 않을 것입니다. 영원한 모든 법이 이 책에 기록됩니다. ─ 그러므로 하느님은 영원한 범형이고 이는 하느님께서 사물의 창조자라는 것을 믿는 신앙에 속하는 것입니다.

9. 하느님은 가장 뛰어나게 제시하는 기술자라는 숙고가 이를 넘어갑니다. 하느님의 기술은 하나이며 다양합니다. 만약 조명이 영원한 산으로부터 오지 않는다면 이것이 어떻게 있을 수 있는지 드러날 수 없습니다. 그리고 이때 마음이 어리석은 사람들,[12] 다시 말해서 바보들은 혼란에 빠집니다. 인간은 하느님에 대해 깊이 느껴야 하기 때문입니다. ─ 기술은 많은 것을 명확하고 확실하게 제시하기에 다양합니다. 따라서 나는 나 자신을 내 안에서보다 하느님 안에서 더 잘 보게 될 것입니다. 그럼에도 기술은 완전히 하나입니다.

10. 이를 위해 첫 번째 원인은 최초의 원인이며 직접적인 원인이라는 것에 주목해야 합니다. 원인이 최초의 원인이기에 그것은 다른 것으로부터 어떤 것도 갖지 않고 모든 것을 그 자체로부터 갖고 있습니다. 또 직접적인 원인이 간접적인 원인보다 더 고상하기에 그 원인은 직접적인 원인입니다. 첫 번째 원인이기에 가장 힘이 있는 원인이고 따라서 많은 것을 할 수 있습니다. 또한 직접적인 원인이기에 가장 활동적인데 직접적인 원인은 작용하기 때문입니다. 사실 이 원인은 직접적이기에 가장

---

11 「시편」 139:16.
12 「시편」 76:5-6; 불가타 성경: "lumen tu es Magnifice a montibus captivitatis. spoliati sunt superbi corde." 우리말 번역은 "당신은 영광스러우신 분 전리품이 산들보다도 뛰어나신 분! 심장이 강한 자들도 가진 것 빼앗긴 채"이다. Augustinus, *De trinitate*, VI [10,11].

etiam actualissima, eo quod immediata, quia actus immediatior est quam potentia. Non autem est actualissima secundum efficientiam sive secundum actum extrinsecum, quia non facit statim quidquid potest: ergo est actualissima secundum actum intrinsecum, qui est dicere. Unde ab aeterno dixit hoc fiendum, et hoc in tempore. — Haec etiam causa, quia est una, est summe simplex; et eo quod summe simplex, est infinita, quia virtus vel causa, quanto magis unita et simplex, tanto magis infinita, non quidem distensione molis, sed virtutis.

11. Haec lux est inaccessibilis, et tamen proxima animae, etiam plus quam ipsa sibi. Est etiam inalligabilis, et tamen summe intima. — Hoc autem videre non est nisi hominis suspensi ultra se in alta visione; et quando volumus videre simplici intuitu, quomodo illa ars est una, et tamen multiplex; quia immiscet se phantasia, cogitare non possumus, quomodo infinita sit nisi per distensionem: et ideo videre non possumus simplici intuitu nisi ratiocinando.

12. Quia ergo illa ars est causa, sequitur, quod in illa arte est repraesentatio causabilium incausabiliter; quia rationes illae causae sunt, ideo incausatae; et hinc est, quod causae sunt contingentium infallibiliter. Quod enim contingens est illic infallibiliter repraesentatur; exprimit enim modum, qui accidit in re, infallibiliter,

활동적입니다. 왜냐하면 현실태가 가능태보다 더 직접적이기 때문입니다. 그런데 결과에 따라 또는 외적인 작용에 따라 가장 활동적인 것은 아닙니다. 왜냐하면 원인은 자신이 할 수 있는 것이 무엇이든 즉시 행하지 않기 때문입니다. 그것은 '말함'인 내적인 작용에 따라 가장 현실적인 것입니다. 따라서 첫 번째 원인은 이것이 이루어져야 한다고 더욱이 시간 안에서 이루어져야 한다고 태초부터 말했습니다. — 사실 이 원인은 하나이기에 지극히 단순합니다. 그것은 지극히 단순하기에 무한한 원인입니다. 왜냐하면 힘 또는 원인은 크기의 확장에 의해서가 아니라 능력의 확대에 의해서 더 통일적이고, 단순할수록 더 무한하기 때문입니다.

11. 이 빛은 인간이 그것에 다가갈 수 없는 빛이지만[13] 그럼에도 이 빛은 영혼에 가장 가까이 있습니다. 더욱이 영혼이 영혼 자체에 있는 것보다 더 가까이 있습니다. 또한 이 빛은 속박될 수 없고 그럼에도 가장 내적인 것입니다. — 그러나 비스듬히 볼 때 인간 이외의 어느 누구도 이것을 볼 수 없습니다. 그리고 우리가 어떤 방식으로 저 기술이 하나이며 그럼에도 다양한지를 단순한 직관을 통해 보기 원할 때, 환상이 섞여 있기 때문에 우리는 연장에 의해서가 아니라면 어떤 방식으로 무한한지를 사유할 수 없습니다. 따라서 우리는 추론에 의해서가 아니라면 단순한 직관에 의해서 볼 수 없습니다.

12. 따라서 [하느님의] 기술이 원인이기에 그 기술에서는 야기되지 않은 채 야기될 수 있는 것이 서술된다는 결론이 나옵니다. 근거들이 저 원인에 속하기 때문에 근거는 야기되지 않았습니다. 이것에서부터 원인이 오류를 범할 수 없이 우연적인 것이라는 결론이 있습니다. 사실 오류를 범할 수 없이 우연적인 것은 원인에 제시됩니다. 원인은 사물에서 우연히 발생하는 방식을 확실하게 표현하는데 왜냐하면 그의 안에 있고 그

---

13 「티모테오에게 보낸 첫째 서간」 6:16.

quia, secundum quod in se et apud se est, exprimit. Vera enim est contingentia a parte rei, et infallibilitas ex parte Dei.

13. Item, mutabilium immutabiliter, materialium immaterialiter, quia illae rationes non sunt materiales; possibilium actualiter, partibilium impartite, quia non est maior ratio montis quam milii, nec etiam in anima nostra; accidentium substantialiter, quia illae rationes sunt substantia, quae est Deus; corporalium spiritualiter; temporalium sempiterne; distantium indistanter, ut etiam patet in anima, quia situationes specierum non sunt in anima; dissonantium indissonanter, ut ratio albi et nigri; deficientium indeficienter, quia quidquid est ibi, vita vivit.

14. Ad hos splendores exemplares ratio ducit et fides. Sed ulterius triplex est adiutorium ad surgendum ad exemplares rationes, creaturae scilicet sensibilis, creaturae spiritualis, Scripturae sacramentalis, quae continet mysteria. —Quantum ad primum totus mundus est umbra, via, vestigium et est liber scriptus forinsecus. In qualibet enim creatura est refulgentia divini exemplaris, sed cum tenebra permixta; unde est sicut quaedam opacitas admixta lumini. —Item, est via ducens in exemplar. Sicut tu vides, quod

의 곁에 있는 것에 따라 표현하기 때문입니다. 참된 우연성은 사물의 측면에서, 무오류성은 하느님의 측면에서 언급됩니다.

13. 또한, 원인들은 그 자체는 변하지 않으면서 변하는 것의 근거이며, 비물질적이면서 물질적인 것의 근거입니다. 이 근거들은 물질적인 것이 아니기 때문입니다. 원인들은 실제로 가능한 것의 근거이고, 구분되어 있지 않으면서, 나뉠 수 있는 것의 근거인데 산의 존재는 밤나무의 존재보다 크지 않고 더욱이 우리의 영혼 안에 있지 않기 때문입니다. 이들 존재는 본질적으로 우연적인 것의 근거인데 이 근거들은 실체이고 이 실체는 하느님입니다. 이 근거들은 정신적으로 육체적인 것의, 영원히 일시적인 것의, 분리되지 않은 채 분리된 것의 근거입니다. 이는 영혼에서 분명한 바와 같습니다. 왜냐하면 상의 자리는 영혼에 있지 않기 때문입니다. 백색 물체와 검은 물체의 근거처럼 상들은 부조화 없이 부조화의 근거이고 또 부족함 없이 부족함의 근거입니다. 왜냐하면 영혼에 있는 것은 무엇이든 살아 있기 때문입니다.

14. 이성과 신앙이 이 광채로 범형을 이끌어옵니다. 그러나 그 밖에 범형인으로 들어올려지기 위한 도움은 세 가지, 즉 감각적인 피조물의 도움, 정신적인 피조물의 도움, 그리고 신비를 내포하고 있는 성사적인 성경의 도움입니다. ― 첫 번째 것에 관한 한 세상 전체는 그림자이고 길이며 흔적이고 밖에서 기록된 책, 즉 감각적인 세상입니다.[14] 어떤 피조물에든 하느님의 범형의 광채가 있지만 이 광채는 어둠과 혼합되어 있습니다. 그러므로 마치 빛에 끼어든 어떤 어둠처럼 있습니다. ― 또한 범형

---

14 「에제키엘서」 2:9; 「요한묵시록」 5:1; Bonaventura, *Brevil.*, p.2 c.11 [V, 229]: "videlicet ad hoc, quod per illum tanquam per speculum et vestigium reduceretur homo in Deum artificem amandum et laudandum. Et secundum hoc duplex est liber; unus scilicet scriptus intus, qui est aeterna Dei ars et sapientia; et alius scriptus foris, mundus scilicet sensibilis."; Bonaventura, *Itin.*, c.2 [V, 299 이하] 참조.

radius intrans per fenestram diversimode coloratur secundum colores diversos diversarum partium; sic radius divinus in singulis creaturis diversimode et in diversis proprietatibus refulget; in Sapientia: In viis suis ostendit se. — Item, est vestigium sapientiae Dei. Unde creatura non est nisi sicut quoddam simulacrum sapientiae Dei et quoddam sculptile. — Et ex his omnibus est quidam liber scriptus foris.

15. Quando ergo anima videt haec, videtur sibi, quod deberet transire ab umbra ad lucem, a via ad terminum, a vestigio ad veritatem, a libro ad scientiam veram, quae est in Deo. Hunc librum legere est altissimorum contemplativorum, non naturalium philosophorum, quia solum sciunt naturam rerum, non ut vestigium.

16. Aliud adiutorium est spiritualis creaturae, quae est ut lumen, ut speculum, ut imago, ut liber scriptus intus. — Omnis substantia spiritualis lumen est; unde in Psalmo: Signatum est super nos lumen vultus tui, Domine. — Simul etiam cum hoc est speculum, quia omnia recipit et repraesentat; et habet naturam luminis, ut et iudicet de rebus. Totus enim mundus describitur in anima. — Et est etiam imago. Quia ergo est lumen et speculum

으로 이끄는 길이 있습니다. 창문을 통해 들어오는 광선이 서로 다른 부분들의 서로 다른 색에 따라 여러 가지 모양으로 채색되는 것을 그대가 보듯이 이렇게 하느님의 광선은 개별적인 피조물에서, 그리고 서로 다른 특성으로, 여러 가지 모양으로 반사되어 빛납니다. 「지혜서」에서는 "그들이 다니는 길에서 모습을 드러낸다"[15]라고 말합니다. ― 또한 하느님의 지혜의 흔적이 있습니다. 그러므로 피조물은 하느님의 지혜의 어떤 조상과 어떤 조각품처럼 있을 뿐입니다. ― 피조물은 이 모든 것으로부터 볼 때 감각적인 세계입니다.

15. 그러므로 영혼이 이 책(=감각적인 세상)을 볼 때 어둠에서 빛으로, 길에서 목적지로, 흔적에서 진리로, 책에서 하느님 안에 있는 참된 지식으로 건너가야 하는 것처럼 보입니다. 밖에서 기록된 책을 읽는 것은 자연철학자들에게는 속하지 않고 최고의 명상가에게 어울립니다. 왜냐하면 자연철학자들은 흔적 같은 것을 모르고 사물의 본성만을 알기 때문입니다.

16. 또 다른 도움은 정신적인 피조물의 도움인데, 이 피조물은 빛처럼, 상처럼, 모상처럼, 그리고 하느님의 영원한 기술과 지혜처럼 있습니다.[16] ― 모든 정신적인 실체는 빛입니다. 그러므로 「시편」에서는 "주님, 저희 위에 당신 얼굴의 빛을 비추소서"[17]라고 합니다. ― 더욱이 모든 것을 받아들이고 제시하기에 이 피조물은 빛을 지닌 상입니다. 또한 피조물은 빛의 본성을 갖고 있고 사물에 대해 판단합니다. 사실 세상 전체가 영혼에 기록되어 있습니다. ― 정신적인 피조물은 더욱이 모상입니다. 정신적인 피조물은 빛이고 사물의 모상을 갖는 상이기에 모상입니

---

15 「지혜서」 6:17. 우리말 성경에서는 제6장 제16절이다.: "그들이 다니는 길에서 상냥하게 모습을 드러내며."

16 Bonaventura, *Brevil.*, p.2. c.12 [V, 230]; Bonaventura, *Itin.*, c.3.

17 「시편」 4:7.

habens rerum imagines, ideo est imago. — Ex hoc est etiam liber scriptus intus. Unde ad intimum animae nullus potest intrare, nisi sit simplex; hoc autem est intrare ad potentias; quia, secundum Augustinum, intimum animae est eius summum; quanto potentia intimior, tanto sublimior. — Haec duo habent magi Pharaonis.

17. Sed tertium adiutorium est Scripturae sacramentalis. Est autem omnis Scriptura cor Dei, os Dei, lingua Dei, calamus Dei, liber scriptus foris et intus. — In Psalmo: Eructavit cor meum verbum bonum, dico ego opera mea regi. Lingua mea calamus scribae velociter scribentis: cor Dei, os Patris, lingua Filii, calamus Spiritus sancti. Pater enim loquitur per Verbum seu linguam; sed qui complet et memoriae commendat est calamus scribae. — Scriptura ergo est os Dei. Unde Isaias: Vae! qui descenditis in Aegyptum, scilicet ad saeculares scientias, et os Domini non interrogastis, scilicet sacram Scripturam. Non enim debet ad scientias alias descendere, ut sciat certitudinem, nisi habeat testimonium in monte, scilicet Christi, Eliae, Moysi, hoc est novi testamenti, Prophetarum et Legis. — Item, est lingua, unde mel et lac sub lingua eius. Quam dulcia faucibus meis eloquia tua, super mel ori meo! Haec lingua cibos saporat; unde haec Scriptura comparatur panibus, qui habent saporem et

다. — 이로부터 이 피조물은 하느님의 영원한 기술과 지혜입니다. 따라서 어느 누구도 만약 그가 단순하지 않다면 영혼의 내부에 들어갈 수 없습니다. 그런데 이것은 능력으로 들어감입니다. 왜냐하면 아우구스티누스에 따르면, 영혼의 내부는 영혼에서 가장 높은 곳이기 때문입니다. 힘이 더 내적일수록 힘은 더 고상합니다. — 파라오의 마술사들에게 이 두 가지가 있었습니다.

17. 세 번째 도움은 성사로 가득한 성경의 도움입니다. 모든 성경은 하느님의 마음이고 하느님의 입이고 하느님의 혀이고 하느님의 붓이고 감각적인 세계이며 하느님의 영원한 기술과 지혜입니다. —「시편」에서는 "아름다운 말이 제 마음에 넘쳐흘러 임금님께 제 노래를 읊어드립니다. 제 혀는 능숙한 서기의 붓입니다"[18]라고 합니다. 이는 하느님의 마음, 성부의 입, 성자의 혀, 성령의 붓입니다. 성부께서는 말씀 또는 혀를 통해 말합니다. 그런데 완성하고 기억에 위임하는 것은 기록자의 붓입니다. — 성서는 하느님의 입입니다. 그러므로 이사야는 말합니다. 불행하여라! 도움을 청하러 이집트로 내려가는 자들![19] 즉 세상의 지식으로 피신한 사람들, 또한 그들은 주님의 입을(=내 뜻을) 물어보지도 않았다. 즉 성서를 물어보지 않았다.[20] 산 위에서 증인, 다시 말해서 신약의 증거인 그리스도의, 예언자의 증거인 엘리야의, 율법의 증거인 모세의 증거 없이,[21] 확신을 얻기 위해서 어느 누구도 다른 지식으로 내려가면 안 됩니다. — 이 도움은 또한 혀입니다. 따라서 그의 혀 밑에는 꿀과 젖이 있습니다.[22] "당신 말씀이 제 혀에 얼마나 감미롭습니까! 그 말씀 제 입에 꿀보다도 답니다."[23] 이 혀들은 음식을 맛있게 만듭니다. 그러므로 성서는

---

18 「시편」44:2.
19 「이사야서」31:1.
20 「이사야서」30:1 이하.
21 「마태오복음서」17:1.
22 「아가」4:11. 불가타 성경에는 'eius' 대신 'tua'라고 되어 있다.

reficiunt. —Item, est calamus Dei, et hoc est Spiritus sanctus; quia, sicut scribens potest praesentialiter scribere praeterita, praesentia et futura; sic continentur in Scriptura praeterita, praesentia et futura. —Unde est liber scriptus foris, quia habet pulcras historias et docet rerum proprietates; scriptus est etiam intus, quia habet mysteria et intelligentias diversas.

맛있고 활력을 주는 빵과 비교됩니다.[24] ── 또한 이 도움은 하느님의 붓인데 이 붓은 성령입니다. 왜냐하면 기록자가 과거, 현재, 그리고 미래의 일을 지금 기록할 수 있듯이 이렇게 책에는 과거, 현재, 그리고 미래가 포함되어 있기 때문입니다. ── 따라서 성경은 아름다운 역사를 지니고 있고, 사물의 특징을 가르치기 때문에 감각적인 세계입니다. 또 성경은 신비와 다양한 통찰을 지니고 있기 때문에 하느님의 영원한 기술과 지혜입니다.

23 「시편」118:103.

24 Gregorius, *Moralia in Iob*, XV, c.13, n.16; XXIII, c.25, n.49 참조.

De tertia visione, quae est intelligentiae per Scripturam eruditae,
tractatio prima, in qua agitur de Scripturae
intelligentiis spiritualibus

1. Congregentur aquae, quae sub caelo sunt, in locum unum,
et appareat arida. Et factum est ita. Et vocavit Deus aridam terram
congregationesque aquarum appellavit maria. Et vidit Deus, quod
esset bonum. Et ait: germinet terra herbam virentem et facientem
semen, et lignum pomiferum, faciens fructum iuxta genus suum,
cuius semen in semetipso sit super terram etc. Haec est tertia visio,
intelligentiae per Scripturam eruditae, quae intelligitur in opere
tertiae diei. Et sicut in operibus dierum est additio secundae ad
primam et tertiae ad utramque; sic ex prima et secunda visione
oritur tertia; et ista visio est nobilior et maior praecedentibus. Et
licet videatur inconveniens adaptatio et correspondentia cum opere
tertiae diei, pro eo quod terra est infimum elementorum, Scriptura
autem est sublimissima; optime tamen assignatur: quia quidquid
caelum continet in quadam excellentia, terra tenet vel suscipit vel

성경에 의해 형성된 통찰인 세 번째 봄에 대한 첫 번째 강연.

영적인 통찰을 통해 성경을 다루는
논의에 대한 강연

1. "하느님께서 말씀하시기를 '하늘 아래에 있는 물은 한곳으로 모여, 뭍이 드러나라' 하시자, 그대로 되었다. 하느님께서는 뭍을 땅이라, 물이 모인 곳을 바다라 부르셨다. 하느님께서 보시니 좋았다. 하느님께서 말씀하시기를 '땅은 푸른 싹을 돋게 하여라. 씨를 맺는 풀과 씨 있는 과일나무를 제 종류대로 땅 위에 돋게 하여라' 하시자 그대로 되었다."[1] 이것이 사흗날의 창조 작업에서 인식되는 성경에 의해 형성된 통찰, 세 번째 상입니다. 그리고 창조 작업에서 첫 번째 날에 두 번째 날이, 그리고 첫 번째와 두 번째 날 뒤에 세 번째 날이 오듯이 세 번째 상이 첫 번째와 두 번째 상에서 유래합니다. 그리고 이 상이 앞서 있는 상보다 더 고상하고 더 위대합니다. 땅은 원소 중에서 가장 아래에 있는 원소이기에 세 번째 날의 작업에 순응하고 상응하는 것이 부적합하게 보인다 해도 성경은 가장 숭고한 것입니다. 하늘은 무엇이든 어떤 뛰어남 안에 포함하고 있기 때문에 땅은 하늘 안에 포함된 것을 잡고 있거나 취하거나 또는 각

---

1 「창세기」 1:9 이하.

habet in quadam vivacitate. Unde suscipit caeli influentias et facit pulcherrimas pullulationes.

2. Consistit autem haec visio circa tria, scilicet circa spirituales intelligentias sensuum sive sensus, circa sacramentales figuras, circa multiformes theorias inde elicitas. Ad haec tria omnis Scriptura reducitur. —Primae dantur intelligi per congregationes aquarum, scilicet spirituales intelligentiae; secundae, scilicet sacramentales figurae, per pullulationes terrae, ibi: Germinet terra herbam virentem; tertiae, scilicet multiformes theoriae, intelliguntur per semina, ibi: Cuius semen sit in semetipso etc. —Quis potest scire infinitatem seminum, cum tamen in uno sint silvae silvarum et postea infinita semina? Sic ex Scripturis elici possunt infinitae theoriae, quas nullus potest comprehendere nisi solus Deus. Sicut enim ex plantis nova semina; sic ex Scripturis novae theoriae et novi sensus, et ideo Scriptura sacra distinguitur. Unde sicut si una gutta de mari extrahatur; sic sunt omnes theoriae, quae eliciuntur, respectu illarum quae possunt elici.

3. Primo igitur dicendum est de intelligentiis spiritualibus et postea de signis et postea de theoriis; quia signa nil valent, nisi res intelligantur. Sic etiam primo congregavit aquas, deinde produxit arbores, deinde semina. —De congregatione maris Psalmus: Congregans sicut in utre aquas maris. In utre congregavit

각의 생명을 부여합니다. 그러므로 땅은 하늘의 유입을 받아들이고 가장 아름다운 푸른 싹을 돋게 합니다.[2]

2. 이 상은 대략 세 가지로 구성됩니다. 즉 감각의 상 또는 감각의 정신적인 통찰의 상, 성사적인 형상의 상, 다양한 형상과 그로부터 야기된 명상의 상으로 구성됩니다. 성경 전체는 이 세 가지 상으로 환원됩니다. — 첫 번째 상은 물들의 집합에 의해, 즉 정신적인 통찰에 의해 인식되도록 주어졌습니다. 두 번째 상인 성사적인 형상의 상은 "땅은 푸른 싹을 돋게 하여라"고 하는 곳에서 돋아난 땅의 싹들에 의해서 인식되도록 있습니다. 세 번째 상, 즉 다양함에 대한 명상은 "씨를 맺는 풀과 씨 있는 과일나무를 제 종류대로"라고 하는 곳에서 씨에 의해 인식됩니다. — 씨앗 하나에 의해 숲이 우거지고 그다음 거기에서 무한한 씨앗들이 생긴다고 해도 누가 씨앗들의 무한함을 알 수 있습니까?[3] 오직 하느님만이 이해할 수 있는 무한한 직관이 성경으로부터 채택될 수 있습니다. 식물들로부터 새로운 씨앗이 나오듯이, 성경으로부터 새로운 명상과 새로운 의미들이 나오고, 이런 이유로 성경이 분리됩니다. 그러므로 물 한 방울이 바다에서 끄집어내어 지듯이 채택될 수 있는 것들의 관점에서 모든 명상이 채택됩니다.

3. 첫째, 정신적인 통찰에 대해서, 둘째, 표징에 대해서, 그다음 명상에 대해서 말해야 합니다. 사물이 인식되지 않는다면 표징은 아무런 효력이 없기 때문입니다. 하느님은 첫째, 물을 모이게 했고, 그다음 나무들을 만드셨고, 그다음 씨앗들을 만드셨습니다. — 바닷물을 모은 것에 대해 「시편」에서는 "가죽부대 안에 모으듯 바닷물을 모으시고"[4]라고 합니

---

2 Bonaventura, *Brevil.*, p.2. c.3; c.4 [V, 220 이하].

3 Augustinus, *De vera religione*, c.42, n.79: "De uno quippe [semine] secundum suam naturam possunt vel segetes segetum, vel silvae silvarum [⋯] per saecula propagari."

aquas maris, quando in corio Scripturae congregavit universitatem intelligentiarum spiritualium. —Assimilantur autem intelligentiae aquis congregatis in utre propter tres rationes: scilicet propter ipsam spiritualium intelligentiarum primitivam originationem, propter intelligentiarum spiritualium profundissimam altitudinem, propter intelligentiarum spiritualium profluentissimam multiformitatem.

4. De primo in Ecclesiaste: Omnia flumina intrant in mare, et mare non redundat; ad locum, unde exeunt, flumina revertuntur, ut iterum fluant; sic omnes intelligentiae spirituales a Scriptura divina. Intelligentiae spirituales dicuntur flumina —et etiam viri intelligentes spiritualiter —quia originem habent a Scriptura et per Scripturam confirmantur, et per illas aliae intelligentiae habentur; unde in Psalmo: Elevaverunt flumina, Domine, elevaverunt flumina vocem suam. Elevaverunt flumina fluctus suos a vocibus aquarum multarum. Quare? Quia mirabiles elationes maris. Quare? Quia mirabilis in altis Dominus, vox Dei debuit esse magna. [Ex hoc fluvio omnes intelligentiae fluvii oriuntur.]

5. Secunda ratio, propter profundissimam altitudinem; in Psalmo: Qui descendunt mare in navibus, facientes operationem in aquis multis. Ille descendit cum navibus in mare, qui cum spiritu summae reverentiae accedit ad exponendum Scripturas. Cum navibus

다. 성경의 가죽부대 안에 보편적인 정신적인 통찰을 모을 때 그분은 가죽부대 안에 바닷물을 모으십니다. — 통찰은 세 가지 이유로 가죽부대에 모여진 물과 같습니다. 즉 정신적인 통찰의 본래적인 시작 때문에, 정신적인 통찰의 가장 심오한 심원 때문에, 정신적인 통찰의 가장 거침없는 다양성 때문에 물과 같아집니다.

4. 첫 번째 것에 대해서 「코헬렛」에서는 "강물이 모두 바다로 흘러드는데 바다는 가득 차지 않는다. 강물은 흘러드는 그곳으로 계속 흘러든다"[5]라고 합니다. 모든 정신적인 통찰은 이렇듯 성경에서 유래합니다. 정신적인 통찰은 강이라고 불립니다. — 더욱이 정신적으로 인식하는 사람들도 그렇게 불립니다. — 왜냐하면 정신적인 통찰은 성경에서 기원하고 성경을 통해 견고해지기 때문입니다. 그리고 정신적인 통찰에 의해 다른 통찰이 주어졌습니다. 이로부터 「시편」에서 "주님, 강물들이 높입니다, 강물들이 목소리를 높입니다, 강물들이 부딪치는 소리를 높입니다. 큰 물의 소리보다, 바다의 파도보다 엄위하십니다"[6]라고 합니다. 왜 그럴까요? 바다의 상승이 놀랍기 때문입니다. 왜 그럴까요? 높은 데에 계신 놀라운 주님의 목소리가 커야만 했기 때문입니다. [이 강에서 통찰의 모든 강이 흘러나옵니다.]

5. 두 번째 이유는 가장 심오한 심원 때문입니다. 「시편」에서는 "배를 타고 항해하던 이들, 큰 물에서 장사하던 이들"[7]이라고 합니다. 성경을 정신적으로 가장 경외하면서 설명하기 위해서 다가가는 사람은 배를 타고 항해하는 사람들입니다. 손에 십자가를 쥐고 가는 사람은 배와 함께

---

4 「시편」33:7. 우리말 성경에는 "제방으로 모으듯 바닷물을 모으시고"라고 되어 있다.
5 「코헬렛」1:7.
6 「시편」93:3-4.
7 「시편」107:23.

descendit qui habet manuductionem lignum crucis; quia qui sine isto ligno vult intrare mare Scripturae submergitur, in maximos errores cadens; nisi enim sit Petrus, demergitur. Unde, alta profunditas; quis inveniet eam? Sapientia gloriatur, quae profundum abyssi penetravit et vidit mirabilia Dei in profundo; Ecclesiastici vigesimo quarto: Ego in altissimis habitavi, et thronus meus in columna nubis. Gyrum caeli circuivi sola et profundum abyssi penetravi, in fluctibus maris ambulavi. Haec dicit Sapientia incarnata: Ego in altissimis habitavi, in creatione; thronus meus in columna nubis, in incarnatione; in fluctibus maris ambulavi, in passione; profundum abyssi penetravi, in penetratione Scripturarum, quia aperuit illis sensum post resurrectionem, ut intelligerent Scripturas. Propter fidem crucis Petrus super mare ambulavit.

6. Tertia ratio est propter profluentissimam multiformitatem. Multiplex enim profluentia est ab aquis nubium, a fluminibus, a fontibus, et omnia sunt a mari. —Si quaeris: quomodo? Per varios meatus et per varios motus; sic respondet nubes, sic fluvius, sic fons; Isaias: Repleta est terra scientia Domini, sicut aquae maris operientes. Et praecedit illud: Non nocebunt et non occident in universo monte sancto meo.

흘러 내려가는데, 왜냐하면 이 나무(=십자가) 없이 성경의 바다에 들어서려고 하는 사람은 물에 빠지고 가장 큰 오류에 빠지기 때문입니다. 사실 [그 사람이] 베드로가 아니라면 그는 물에 빠집니다.[8] 따라서 [코헬렛이 말하듯] "심오하고 심오하니 누가 그것을 찾을 수"[9] 있습니까? 지혜는 자랑합니다. 지혜는 심연의 바닥을 거닐고 바닥에서 하느님의 신비를 봅니다. 「집회서」 제24장에서는 "나는 높은 하늘에 거처를 정하고 구름 기둥 위에 내 자리를 정했다. 나 홀로 하늘의 궁창을 돌아다니고 심연의 바닥을 거닐었다. 바다의 파도 위에서 돌아다녔다"[10]라고 합니다. 강생하신 지혜가 심오함을 말합니다. '나는 높은 하늘에 거처를 정했다.' 즉 창조에 정했습니다. '나는 구름 기둥 위에 내 자리를 정했다.' 즉 육화에 정했습니다. '나는 바다의 파도 위에서 돌아다녔다.' 즉 고난을 받으며 돌아다녔습니다. 성서를 통찰하면서 심연의 바닥을 거닐었습니다. 부활한 후에 저 사람들의 감각을 열어 성경을 깨닫도록 하기 때문입니다. 십자가의 믿음으로 베드로는 물 위를 걸었습니다.[11]

6. 세 번째 이유는 아주 거침없이 흘러나오는 다양성입니다. 다양하게 비에서, 강물에서, 샘에서 흘러넘치고 모든 것은 바다에서 나옵니다. ― 만약 그대가 어떻게?라고 묻는다면 다양한 운행과 다양한 움직임을 통해서라고 답하겠습니다. 이렇게 구름이, 강이, 그리고 샘이 답변합니다. 이사야는 말합니다. "바다를 덮는 물처럼 땅은 주님에 대한 앎으로 가득하다."[12] 그리고 바로 앞에서는 "나의 거룩한 산 어디에서도 사람들은 죄를 짓지도 죽이지도 않을 것"[13]이라고 합니다.

---

8 「마태오복음서」 14:29.
9 「코헬렛」 7:24.
10 「집회서」 24:4-5. 불가타 성경에 따르면, 제24장 제7~8절이다.
11 「루카복음서」 24:45;「마태오복음서」 14:29.
12 「이사야서」 11:9.
13 「이사야서」 11:9. 우리말 성경에 따르면, "나의 거룩한 산 어디에서도 사람들은 악하게도 패덕하게도 행동하지 않으리니"이다.

7. Et hoc potissime refertur ad tempus novi testamenti, quando Scriptura manifestata est, et maxime in fine, quando Scripturae intelligentur, quae modo non intelliguntur. Tunc erit mons, scilicet Ecclesia contemplativa; et tunc non nocebunt, quando fugient monstra haeresum sapientiae usura. Sed hodie mons Sion propter vulpes disperiit, id est propter expositores versipelles et foetidos.

8. De isto tertio Esther: Fons parvus crevit in fluvium maximum et in lucem solemque conversus est et in aquas plurimas redundavit. Scriptura fuit fons parvus in Legis datione, quia parvus est liber praeceptorum Legis; sed post crevit in fluvium maximum in libro Iosue, Iudicum, Regum, Esdrae, Iudith, Tobiae, Esther, Machabaeorum. Et post conversus est in lucem, scilicet Prophetarum; nam prophetia lux est; et post in solem, scilicet in Evangelio; et multae intelligentiae elicitae sunt, et sic in aquas plurimas redundavit.

9. Istam multiformitatem clarius vidit Ezechiel, qui vidit in medio similitudinem quatuor animalium; et primum animal habebat faciem hominis; secundum, faciem leonis; tertium, faciem bovis; et quartum, faciem aquilae; et unumquodque quatuor facies habebat. Et post apparuit rota in medio rotae; et postea dicit, quod aspectus

7. 성경이 마지막 부분에서 명백해졌기에, 또 지금 인식되지 않는 성경이 인식될 것이기에, 이것은 특히 신약의 시대와 관계가 있습니다. 그때 산이, 다시 말해서 명상하는 교회가 있을 것입니다. 지혜를 왜곡한 이교의 괴물들이 물러날 때 성경은 해를 끼치지 않을 것입니다. 그런데 오늘날 시온산은 여우새끼들 때문에, 왜곡하고 악취를 풍기는 해석가 때문에 폐허가 되었습니다.[14]

8. 이 세 번째 것에 대해서 「에스테르기」에서는 "강이 된 그 조그만 샘, 거기에는 빛과 해와 많은 물이 있었다"[15]라고 합니다. 성경은 율법을 부여할 때 작은 샘이었습니다. 왜냐하면 율법서는 작은 책이기 때문입니다. 그다음 이 책은 「여호수아기」, 「판관기」, 「열왕기」, 「에즈라기」, 「유딧기」, 「토빗기」, 「에스테르기」, 「마카베오기 상권」과 「마카베오기 하권」이라는 큰 강을 이룹니다. 그다음 그것은 빛으로, 다시 말해서 예언자들의 빛으로 변합니다. 왜냐하면 예언은 빛이기 때문입니다. 그다음 그것은 태양으로, 즉 복음으로 변합니다.[16] 그리고 많은 통찰이 채택됩니다. 그것은 이렇게 물이 흘러넘치는 바다에 이릅니다.

9. 에제키엘은 다양한 이 형상을 더 분명하게 보았습니다.[17] 그는 그 한 가운데에서 네 생물체의 형상을 보았습니다. 첫 번째 생물체는 사람의 얼굴을 하고 있었습니다. 두 번째 생물체는 사자의 얼굴을, 세 번째 생물체는 황소의 얼굴을, 네 번째 생물체는 독수리의 얼굴을 하고 있었고, 저마다 얼굴이 네 개입니다. 그다음 바퀴들 중심에 바퀴가 드러났는데 그

---

14 「애가」 5 : 18 참조: "폐허가 되어 여우들이 나돌아다니는 시온 산 때문입니다."
15 「에스테르기」 10 : 6; Bonaventura, *Brevil.*, Prologus §1 참조: "Est igitur Scriptura sacra similis latissimo fluvio, qui ex concursu multarum aquarum aggregatur magis ac magis, secundum quod longius decurrit."
16 Bonaventura, *Brevil.*, Prologus §1 참조.
17 「에제키엘서」 1 : 5 이하.

rotarum et opus quasi visio maris, et quod rota erat in rota. Et postea dicit, se audivisse sonum alarum quasi sonum aquarum multarum et quasi sonum sublimis Dei. Per quatuor animalia secundum omnes intelliguntur scriptores Scripturae sacrae, maxime Prophetae et Evangelistae. Secundum Gregorium per rotas duas habentes quatuor facies intelligitur Scriptura habens vetus et novum testamentum; et quatuor facies sunt quatuor intelligentiae principales, scilicet litteralis, allegorica, moralis, anagogica. Aspectus autem quasi visio maris, propter profunditatem mysteriorum spiritualium; et volatus audiuntur, quando mentes excitantur; et fit sonus sublimis Dei, quia omnia sunt a Deo; unde in Apocalypsi: Et vox, quam audivi, sicut vox aquarum multarum, propter multitudinem intelligentiarum; vox citharoedorum, propter concordantiam illarum intelligentiarum, quia miro modo concordant, et mira est harmonia.

10. Habet autem Scriptura multos intellectus, quia talis debet esse vox Dei, ut sit sublimis. Ceterae scientiae sunt contentae sub uno sensu, sed in hac est multiformis, et in hac significant voces et res; in aliis autem solae voces, quia unaquaeque doctrina determinatur per signa sibi convenientia; unde litterae et voces, quarum principia litterae, sunt signa intellectuum; et quia intellectus proportionati et terminati sunt, ideo et voces, ut nomine semel posito non sit

는 마치 바다의 환영처럼 바퀴들의 모습과 작용을 말했고 바퀴 안에 바퀴가 있다고 했습니다. 그리고 또 그는 "(날갯소리가 들리는데, 마치) 큰물이 밀려오는 소리 같고 전능하신 분의 천둥소리"[18] 같았다고 했습니다. 네 개의 생물체에 의해 모든 것에 따라 성경 기자들이, 특히 예언자와 복음사가들이 이해됩니다. 그레고리우스에 따르면, 네 얼굴을 가진 두 개의 바퀴에 의해서 구약과 신약으로 이루어진 성경이 이해됩니다.[19] 네 개의 얼굴은 네 개의 중요한 통찰, 즉 축자적 통찰, 비유의 통찰, 도덕적 통찰, 그리고 신비의 상징적 통찰입니다. 영적인 신비의 심오함 때문에 마치 바다의 조망 같은 면모가 주시되고, 또 정신이 자극될 때 비상하는 소리가 들립니다. 그리고 숭고한 하느님의 소리가 되는데, 왜냐하면 모든 것은 하느님으로부터 있기 때문입니다. 그러므로 「요한묵시록」에서는 "나는 수많은 통찰 때문에 큰 물소리 같은 목소리를 들었다"라고 합니다.[20] 나는 저 통찰이 일치하기 때문에 수금을 타는 사람의 소리를 들었습니다. 왜냐하면 저 통찰은 기묘한 방식으로 일치하고, 기묘한 것은 조화롭기 때문입니다.

10. 성경에는 많은 통찰이 포함되어 있는데, 성경은 하느님의 목소리이어야 하기 때문이고 하느님의 소리는 숭고한 소리일 것입니다. 나머지 학문들은 하나의 의미 아래 포함되지만 이 학문에는 다양성이 있고, 이름과 사물이 이 학문에서 그것들의 의미를 갖습니다. 다른 것들에서는 이름만이 의미를 갖는데[21] 하나의 학문은 그에 상응하는 표식에 의해 규정되기 때문입니다. 따라서 자모와 자모로 구성된 이름도 이해의 표식입니다. 그리고 통찰은 배치되어 있고 규정되어 있기에 소리들도 그렇습니다. 이름에 의해 한번 정해진 다음에는 다의적으로 사용되어서는 안 됩

---

18 「에제키엘서」1 : 24 참조.

19 Gregorius, *Homiliae in Evang. et in Ezech.*, I, homil. 6, n.12 [PL 76, 634 이하].

20 「요한묵시록」14 : 2.

21 Victor Hugues, *Erudit. didascal.*, c.3 참조; Bonaventura, *Brevil.*, Prologus §4 참조.

utendum aequivoce. —Deus autem causa est et animarum et vocum formatarum ab anima et rerum, quarum sunt voces.

11. Ideo primus sensus litteralis; deinde, quia res significant, sunt tres sensus. Deus enim manifestat se in qualibet creatura tripliciter: secundum substantiam, virtutem et operationem. Et omnis creatura repraesentat Deum, qui est Trinitas, et qualiter pervenitur ad eum. Et quia per fidem, spem et caritatem pervenitur ad Deum; ideo omnis creatura insinuat, quid credendum, quid exspectandum, quid operandum. Et secundum hoc est triplex intelligentia spiritualis: allegoria, quid credendum; anagogia, quid exspectandum; tropologia, quid operandum, quia caritas facit operari. —Intelligentia litteralis est quasi facies naturalis, scilicet hominis; aliae sunt facies mysticae: per leonem, qui habet magnificentiam, allegoria, sive quid credendum; per faciem bovis, qui trahit aratrum et sulcat terram ad fructificandum, tropologia sive moralis; per aquilam, quae in altum volat, anagogia. —Prima facies, scilicet litteralis, aperta est; secunda, magnificentia alte elavata; tertia, tropologia est fructuosa; quarta quasi irreverberatis oculis solem intuetur. —Hae quatuor sunt quasi visio maris propter spiritualium intelligentiarum primitivam originationem, profundissimam altitudinem et profluentissimam multiformitatem. Unde sicut sunt tres personae in una essentia, sic tres intelligentiae in una superficie litterae.

니다. — 그런데 하느님은 영혼의 원인이고 영혼에 의해 형성된 소리의 원인이고 그것들에 소리가 속하는 사물의 원인입니다.

11. 따라서 첫 번째 의미는 축자적 의미(자의적[字義的])입니다. 사물은 [무엇을] 의미하며 세 개의 의미를 갖습니다. 사실 하느님은 어느 피조물에서든 자신을 세 가지 방식으로, 즉 본질에 따라서, 능력에 따라서, 그리고 작용에 따라서 드러내십니다. 모든 피조물은 삼위일체이신 하느님을 제시하고 하느님께 다다르는 방법을 제시합니다.[22] 그리고 믿음과 소망과 사랑에 의해 하느님에 도달하기 때문에 모든 피조물은 무엇을 믿어야 하고 무엇을 기대해야 하고 무엇을 해야 하는지를 암시합니다. 이에 따라 세 가지 영적인 통찰이 있습니다. 무엇을 믿어야 하는가라는 비유적인 통찰, 무엇을 기대해야 하는가라는 신비의 상징적 통찰, 또 사랑은 작용하도록 하기 때문에 무엇을 행해야 하는가라는 전의적(轉義的)인 통찰이 그것입니다. — 축자적 통찰은 흡사 자연적 측면, 즉 인간적 측면에 해당합니다. 다른 것들은 신비적인 측면입니다. 탁월성을 지닌 사자(獅子)를 통해 비유적인 통찰이 있거나 믿어야 하는 것이 있습니다. 쟁기를 끌고 열매를 맺기 위해 땅을 일구는 황소의 얼굴을 통해 전의적 또는 도덕적 통찰이 있습니다. 창공을 나는 독수리에 의해서는 신비의 상징적 통찰이 있습니다. — 첫 번째 통찰, 즉 축자적 통찰은 드러나 있습니다. 두 번째 통찰은 높은 곳으로 상승한 탁월성입니다. 세 번째 통찰은 많은 결실을 맺는 전의적 통찰입니다. 네 번째 통찰은 흡사 그대가 어그러짐 없는 눈으로 정관한 태양 같은 통찰입니다. — 이 네 가지는 정신적 통찰의 시원이자 가장 심오한 고귀함, 그리고 가장 거침없는 다양성이기 때문에 바닷물의 상 같습니다. 세 위격이 한 본질 안에 있듯이, 세 개의 통찰이 하나의 문자로 표현됩니다.[23]

---

22 강연 2, 22 이하; 강연 2, 13; Bonaventura, *Brevil.*, Prologus §4 참조.

23 박주영, 앞의 글, 2013, 183~234쪽, 5번, "이 빛은 글자 그대로의 이해에 따라 하나

12. Notandum autem, quod mundus, etsi servit homini quantum ad corpus, potissime tamen quantum ad animam; et si servit quantum ad vitam, potissime quantum ad sapientiam. Certum est, quod homo stans habebat cognitionem rerum creatarum et per illarum repraesentationem ferebatur in Deum ad ipsum laudandum, venerandum, amandum; et ad hoc sunt creaturae et sic reducuntur in Deum. Cadente autem homine, cum amisisset cognitionem, non erat qui reduceret eas in Deum. Unde iste liber, scilicet mundus, quasi emortuus et deletus erat; necessarius autem fuit alius liber, per quem iste illuminaretur, ut acciperet metaphoras rerum. Hic autem liber est Scripturae, qui ponit similitudines, proprietates et metaphoras rerum in libro mundi scriptarum. Liber ergo Scripturae reparativus est totius mundi ad Deum cognoscendum, laudandum, amandum. Unde si quaeras, quid tibi valet serpens, vel de quo tibi servit? Plus valet tibi quam totus mundus, quia docet te prudentiam, sicut formica sapientiam; Salomon: Vade ad formicam, o piger, et disce sapientiam; item, in Matthaeo: Estote prudentes sicut serpentes.

13. Hae quatuor intelligentiae sunt quatuor flumina maris Scripturae, a quo derivantur vel oriuntur et revertuntur. Unde sacra

12. 비록 육신에 관한 한 인간에게 예속된다고 할지라도 특히 영혼에 관한 한 예속된다는 점을 생각해야 합니다. 또한 삶에 관한 한 예속된다면 특히 지혜에 관한 한 예속된다는 점을 생각해야 합니다. 인간이 [똑바로] 있는 동안 창조된 사물을 인식한다는 점과 이 사물의 제시에 의해 하느님을 찬양하고 경외하고 사랑하기 위해 하느님에게 되돌아가게 되는 점은 확실합니다. 피조물은 이를 위해 있으며 하느님에게 환원됩니다. 그런데 인간이 넘어지고 피조물을 인식하지 못할 때 피조물을 하느님에게 환원하는 사람은 없습니다. 이런 이유로 저 책, 즉 세상은 마치 죽어 없어지고 소멸된 것 같습니다. 그런데 사물의 비유가 받아들여지도록 세상을 비추는 다른 책이 있었다는 것이 더욱 필수적입니다. 이 책이 성경인데 성경은 세상이라는 책에 기록되어 있는 사물의 유사성, 독자성, 그리고 은유를 설정합니다. 따라서 성경은 하느님을 인식하고 찬양하고 사랑하기 위해서 세상 전체를 복원합니다. 그대는 뱀이 그대에게 무슨 가치가 있는지를 또는 무엇에 의해 그대를 섬기는지를 묻습니다. 개미가 그대에게 지혜를 가르치듯이 세상 전부가 그대에게 실천적 지혜를 가르치기 때문에 뱀은 세상 전부보다 그대에게 더 가치가 있습니다. 솔로몬은 "너 게으름뱅이야, 개미에게 가서 지혜를"[24] 배우라고 합니다. 또한 「마태오복음서」에서도 '뱀처럼 슬기로워라'[25]라고 합니다.

13. 이 네 개의 통찰은 성경의 바다의 네 줄기입니다.[26] 이 바다에서 강

라 하더라도 신비적이고 영적인 의미에 따라서는 세 가지이다. 성경의 모든 책에서는 말씀이 밖으로 알리는 문자대로의 의미 이외에 영적인 세 가지 의미가 파악된다. 이들은 신성과 인성에 대해 믿어야 하는 것을 가르치는 비유적인 의미, 그리고 우리가 어떻게 살아야 하는지를 가르치는 도덕적인 의미, 그리고 우리가 어떻게 하느님 곁에 붙어 있을 수 있는지를 가르치는 신비 상징적 의미이다."

24 「잠언」 6:6 참조.
25 「마태오복음서」 10:16 참조.
26 강연 7 참조; 「창세기」 2:10 이하. 이곳에서 낙원에 있는 네 강이 언급된다. 「코헬렛」 1:7: 강물이 모두 바다로 흘러드는데 바다는 가득 차지 않는다. 강물은 흘러드는 그

Scriptura est illuminativa omnium et reductiva in Deum, sicut primo fuit creatura.

14. Sed quomodo habet quatuor facies quaelibet intelligentia dicta, quia dicitur, quod unumquodque animal quatuor facies habebat? Interrogemus amicum sponsi, scilicet Ioannem—et dixit hic: iste est istius ordinis specialiter—et dicit in Apocalypsi, quod quatuor animalia erant circa thronum Dei, et quod animal primum habebat faciem leonis; secundum, faciem bovis; tertium, faciem hominis, quartum, faciem aquilae; et non dicit, quod unumquodque haberet quatuor facies; Ezechiel autem dicit, quod animalia ibant, et iste, quod stabant; Ezechiel dicit, quod animal primum habebat faciem hominis; iste, quod faciem leonis; item, iste dicit, quod clamabant sanctus; ille nihil horum exprimit, nisi quod dabant voces. Unde Ioannes videtur comprehendere visionem Isaiae et Ezechielis.

15. Ad hoc notandum, quod Ezechiel intendit describere intelligentias istas per ordinem principalem; ideo incipit a naturali facie hominis, quae significat intellectum litteralem. Ioannes autem

들이 시작하며 흘러나오고 그곳으로 되돌아갑니다. 따라서 처음에 피조물이 있었던 것처럼 성경은 모든 것을 조명하고 하느님에게 이끕니다.

14. 그런데 각 생물체가 네 얼굴을 갖고 있다고 언급되는데, 언급된 모든 통찰은 어떻게 네 얼굴을 갖고 있을까요?[27] 우리는 신랑[28]의 친구인 요한에게 묻습니다. ― 요한은 여기에서 저 생물체가 특히 이 질서에 속한다고 합니다. ― 그는 「요한묵시록」에서 네 생물체가 하느님의 어좌 둘레에 있었다고 합니다.[29] 또 첫째 생물체는 사자의 얼굴을, 둘째 생물체는 황소의 얼굴을, 셋째 생물체는 사람의 얼굴을, 넷째 생물체는 독수리의 얼굴을 하고 있었다고 합니다. 그렇지만 그는 생물체들이 저마다 네 얼굴을 갖고 있다고 말하지는 않습니다. 에제키엘은 생물체들이 가 버렸다고 말하고, 반면 요한은 생물체들이 서 있었다고 말합니다. 에제키엘은 첫 번째 생물체가 사람의 얼굴을 하고 있었다고 하고, 요한은 사자의 얼굴을 하고 있었다고 합니다. 또한, 요한은 생물체들이 '거룩'하시다고 소리쳤다고 말합니다. 에제키엘은 그것들이 소리를 질렀을 뿐이라고 합니다. 요한은 이사야와 에제키엘의 환시를 파악하고 있는 것 같습니다.[30]

15. 에제키엘은 이 통찰들을 본래적인 질서에 맞게 서술하고자 했다는 사실을 생각해야 합니다. 그러므로 그는 축자적인 통찰을 표시하는 인간의 자연적인 측면에서 시작했습니다. 그런데 요한은 각각의 것에 네

곳으로 계속 흘러든다(omnia flumina intrant in mare [⋯] ad locum, unde exeunt flumina, revertuntur etc.).

27 「에제키엘서」1:6: "저마다 얼굴이 넷이고, 날개도 저마다 넷이었다."

28 예수님을 말한다.

29 「요한묵시록」4:6: "어좌 한가운데와 그 둘레에는 앞뒤로 눈이 가득 달린 네 생물이 있었습니다."

30 「이사야서」6:1 이하;「에제키엘서」1:5 이하: "또 그 한가운데에서 네 생물의 형상이 나타나는데, 그들의 모습은 이러하였다. 그들은 사람의 형상과 같았다."

intendit describere quatuor intelligentias non principales secundum quatuor facies, quae sunt quatuor intelligentiae, scilicet litteralis, vel allegorica, vel tropologica, vel anagogica, cuiuslibet quatuor.

16. Omnis doctrina veteris testamenti aut est legalis, ut in Moyse; aut historialis, ut in libris historialibus; aut sapientialis, ut in libris sapientialibus; aut prophetalis, ut in Psalmis et in duodecim Prophetis minoribus et quatuor maioribus. —Novi testamenti Scriptura similiter aut est legalis, ut in Evangelio, ubi ponuntur praecepta; aut historialis, ut in Actibus Apostolorum; aut sapientialis, ut in Epistolis Pauli, coadiunctis canonicis; aut prophetalis, ut in Apocalypsi; quamquam Epistolae ponantur post Evangelia, tamen Actus Apostolorum immediate sequuntur Evangelium: Primum quidem sermonem feci de omnibus, o Theophile, quae coepit Iesus facere et docere. —Legalis respondet leoni propter magnificentiam et auctoritatem; historialis bovi, qui trahit aratrum, propter simplicitatem, et quia terram sulcat; sapientialis respondet homini; prophetalis respondet faciei aquilae.

17. Intendit enim Scriptura reducere ad originale principium

개가 속하는 네 개의 통찰을, 즉 네 개의 측면에 따른 통찰인 축자적이거나 비유적이거나 전의적인 또는 신비의 상징적인 통찰을 본래적인 통찰이 아니라고 서술하려고 했습니다.

16. 구약의 모든 가르침은 모세에서 그렇듯 율법[31]의 가르침이거나 역사서들[32]에서 가르치듯 역사에 의한 가르침이거나, 지혜서들[33]에서 그렇듯 지혜의 가르침이거나 「시편」과 열두 개의 소예언서[34]와 네 개의 대예언서[35]에서 그렇듯 예언자의 가르침입니다. ― 이와 비슷하게 신약도 계명이 기록되어 있는 복음서에서 그렇듯 율법의 가르침입니다. 또는 「사도행전」처럼 역사에 관한 가르침이거나 규범과 결합되어 있는 바오로의 서간들에서처럼 지혜의 가르침이거나 「요한묵시록」처럼 예언자의 가르침입니다. 비록 [바오로의] 서간들이 순서상 복음서들 다음에 오기는 해도 복음서들의 바로 다음에 「사도행전」이 옵니다. 「사도행전」은 이렇게 시작합니다. "테오필로스 님, 첫 번째 책[36]에서 저는 예수님의 행적과 가르침을 처음부터 다 다루었습니다."[37] ― 율법의 가르침은 탁월성과 권위로 인해 사자에 상응하고, 역사의 가르침은 단순성으로 인해, 그리고 땅을 경작하므로 쟁기를 끄는 소에 상응하고 지혜의 가르침은 사람에, 예언자의 가르침은 독수리의 얼굴에 상응합니다.

17. 사실 성경은 개혁되어서 원래의 시작으로 되돌아가려고 합니다.

---

31 「율법서」, 즉 모세 5경은 「창세기」, 「탈출기」, 「레위기」, 「민수기」, 「신명기」이다.
32 이는 「여호수아기」, 「판관기」, 「룻기」, 「사무엘기 상권·하권」, 「열왕기 상권·하권」, 「역대기 상권·하권」, 「에즈라기」, 「느헤미야기」, 「에스테르기」이다.
33 「욥기」, 「시편」, 「잠언」, 「코헬렛」, 「아가」를 말한다.
34 「호세아서」, 「요엘서」, 「아모스서」, 「오바드야서」, 「요나서」, 「미카서」, 「나훔서」, 「하바쿡서」, 「스바니야서」, 「하까이서」, 「즈카르야서」, 「말라키서」이다.
35 「이사야서」, 「예레미야서」, 「애가」, 「에제키엘서」, 「다니엘서」이다.
36 「사도행진」은 루카가 썼다. 따라서 여기에서 언급한 첫 번째 책은 「루카복음서」이다.
37 「사도행전」 1:1.

per reformationem; aut ergo describit aeterna, quae sunt leges et Evangelia; in Psalmo: Praeceptum posuit Dominus, quod non praeteribit; et in Ecclesiastico: Fundamenta aeterna supra petram solidam, et mandata Dei in corde mulieris sanctae; haec mulier est Ecclesia. Non enim intelligendum est, quod lex transeat sive praecepta, immo melius servabuntur in patria. Non enim eodem modo servantur in lege veteri et nova, sed melius in nova, completius autem in patria. Deus enim vivit secundum leges, quas dedit. — Si autem Scriptura agat de temporalibus, aut ergo de praeteritis, et sic historialia; aut de praesentibus, et sic sapientialia; aut de futuris, et sic prophetalia. Sunt ergo mandata, exempla, documenta, revelationes. — Haec igitur prima intelligentia quatuor habet facies; si ordinemus secundum ordinem Ezechielis, tunc habetur ordo rectus in se; sed nos debemus secundum naturam ferre oculum ad aeterna, quae principalia sunt.

18. Anagogia autem est de supernis; allegoria est de his quae facta sunt; tropologia de his quae fienda sunt. Anagogia etiam est pars allegoriae secundum Hugonem, quae est de credendis.

그래서 성경은 율법과 복음 같은 영원한 것을 서술합니다. 「시편」에서 주님께서 "법칙을 주시니 아무도 벗어나지 않는다"[38]라고 하고, 「집회서」에서는 "영원한 기반은 굳건한 반석 위에 있고 하느님의 계명은 경건한 아내의 마음에 놓여 있다"[39]라고 합니다. 이 아내는 교회입니다. 사실 율법 또는 계명은 사라지고 더욱이 천상에서 더 잘 보존된다는 것을 이해할 필요는 없습니다. 그 이유는 율법이나 계명은 구약과 신약에서 같은 방법으로 보존되지 않고 신약에 더 잘 보존되어 있고 천상에 더 완전하게 있기 때문입니다. 사실 하느님은 자신이 부여한 법에 따라 살아 계십니다. ― 그런데 만약 성경이 시간적인 것들에 대해서 다룬다면, 그것은 과거의 것들을 다루어서 역사적인 것들을 다루거나 또는 현재의 것을 다루어서 지혜로운 것들을 다루거나 미래의 것을 다루어서 예언적인 것들을 다룹니다. 그러므로 계명, 예시, 문서, 그리고 계시가 있습니다. ― 따라서 이 첫 번째 통찰은 네 개의 측면을 갖고 있습니다. 만약 우리가 에제키엘의 배치 순서[40]를 따른다면 질서가 맞습니다. 그러나 우리는 본성에 따라 중요한 것인 영원한 것에 우리의 눈을 돌려야 합니다.

18. 신비의 상징적인 [통찰]은 [우리의] 위에 존재하는 것들을, 비유적 [통찰]은 일어난 일들을, 전의적인 [통찰]은 [사람이] 이행해야 하는 것들을 다룹니다. 후고에 따르면, 신비의 상징적인 통찰은 비유적 통찰의 부분인데 비유적 통찰은 [사람이] 믿어야 하는 것을 다룹니다.[41]

---

38 「시편」148:6.

39 「집회서」26:24. 우리말 성경 구절은 "수치스러운 아내는 불명예 속에서 세월을 보내지만 얌전한 딸은 제 남편 앞에서조차 수줍어하리라."

40 사람 → 사자 → 황소 → 독수리. 반면에 요한의 배치 순서는 사자 → 황소 → 사람 → 독수리이다.

41 Victor Hugues, *Liber de scripturis et scriptoribus sacris praenot.*, c.3 [PL 175, 11 이하]: "Dicitur allegoria quasi alieniloquium, quia aliud dicitur, et aliud significatur, quae subdividitur in simplicem allegoriam et anagogen. Et est simplex allegoria, cum per visibile factum aliud invisibile factum significatur; anagoge, id est sursum ductio, cum

19. In sensu ergo anagogico quatuor sunt facies, scilicet aeterna Dei trinitas, exemplaris sapientia, angelica sublimitas, Ecclesia triumphans. Quando ergo Scriptura loquitur de istis, hoc pertinet ad anagogiam.

20. In allegorico sensu similiter sunt quatuor facies, scilicet humanitas assumta quantum ad nativitatem et passionem, quae sunt principales allegoriae. — Secunda est mater Dei Maria, quia mira dicuntur de ipsa in Scripturis, quia in omnibus Scripturis refertur in relatione ad Filium. Et quod dicunt aliqui: quare ita pauca dicuntur de beata Virgine? nihil est; quia multa dicuntur, quia ubique de ipsa, et plus est dici de ipsa ubique, quam si unus tractatus fieret. — Tertia est Ecclesia militans vel mater Ecclesia, quae miras laudes habet in Scriptura. — Quarta est sacra Scriptura, quae de se multa dicit, ut patet de rotis, patet de mensa, patet de Cherubim, qui respiciebant se mutuo, patet de candelabro.

21. In sensu tropologico similiter quatuor facies habet. Prima est spiritualis gratia et virtus et omnis talis influentia. —

19. 따라서 신비의 상징적인 의미로 네 개의 통찰이 있는데, 이는 하느님의 영원한 삼위일체, 예시의 지혜, 천사의 숭고함, 교회의 승리입니다. 따라서 성경이 이것들에 대해 말할 때, 이는 신비적인 것들과 관계가 있습니다.

20. 비슷하게 네 가지 요소가 비유적인 의미로 있습니다.[42] 첫 번째 측면은 중요한 비유인 출생 및 수난의 관점에서 받아들여진 인간성입니다. 두 번째 측면은 하느님의 어머님이신 성모 마리아인데, 성경에서 성모님에 대한 신비한 일이 언급되기 때문이고, 또한 성모 마리아가 성경 전체에서 아들과 관계 맺는 한 언급되기 때문입니다. 그리고 몇몇 사람은 복된 처녀에 대해 이렇게 작은 일들이 언급되는 이유가 무엇인가라고 묻습니다. 아무 이유도 없습니다. 단지 도처에서 성모님에 관한 많은 일이 언급되고 성모님에 대해 논문 한편보다 더 많이 언급될 수 있었기 때문입니다. ― 세 번째 측면은 성경에서 놀라운 칭찬을 받고 있는 승리하는 교회[43] 또는 어머니인 교회입니다. ― 네 번째 측면은 바퀴에 대해서,[44] 식탁에 대해서,[45] 서로 마주보는 커룹에 대해서, 등잔대에 대해서 그렇듯이 그 자체에 대해서 많은 것을 언급하는 성경입니다.[46]

21. 비슷하게 네 개의 요소가 전의적인 의미로 있습니다. 첫 번째 요소는 영적인 은총과 덕과 이런 모든 것의 유입입니다. ― 두 번째 요소는

---

per visibile invisibile factum declaratur."

42 강연 13, 20 이하는 20에서 언급한 요소에 대한 서술이다.

43 신전(神戰)교회라고도 불리는데, 신전교회는 지상의 신자들을 말한다.

44 「에제키엘서」 1 : 16: "그 바퀴들의 모습과 생김새는 빛나는 녹주석 같은데, 넷의 형상이 모두 같았으며, 그 모습과 생김새는 바퀴 안에 또 바퀴가 들어 있는 것 같았다."; 강연 13, 9 참조.

45 「잠언」 9 : 1: "짐승을 잡고 술에 향료를 섞고 상을 차렸다."

46 「탈출기」 25 : 20: "커룹들은 날개를 위로 펴서 서로 얼굴을 마주 보게 하여라."; 강연 3, 11; 「탈출기」 25 : 31: "너는 또 순금 등잔대를 만들어라."

Secunda, spiritualis vita, ut activa et contemplativa et omnis modus vivendi. —Tertia, spiritualis cathedra, ut magistralis, praelationis, pontificalis. —Quarta, spiritualis pugna, quomodo pugnandum contra daemones, mundum et carnem.

22. Istae sunt quatuor facies quadruplicatae in quolibet sensu. —Ponamus exemplum in uno vestigio de omnibus his, in sole scilicet, per quem aliquando Trinitas, aliquando sapientia exemplaris, aliquando angelica dispositio, aliquando Ecclesia triumphans significatur. —De Trinitate, in Ecclesiastico: Sol illuminans per omnia respexit, et gloria Domini plenum est opus eius. Sol habet substantiam, splendorem, calorem; sic Deus habet principium originans, Patrem; splendorem, Filium; calorem, Spiritum sanctum; et tamen est idem sol in caelo quantum ad substantiam, idem in oculo quantum ad lumen, idem in corpore quantum ad calorem. —Sic persuadebatur cuidam caeco, qui aliquando viderat solem et stabat ad solem, et non poterat intelligere de Deo trinitatem.

23. De secunda anagogia, id est de exemplari sapientia, Sapientiae septimo: Est enim speciosior sole et super omnem dispositionem stellarum luci comparata invenitur prior. Est enim speciosa sapientia, quia lux, sed speciosior sole, quia sol intra se radium suum generare non potest; sol autem aeternus intra se radium generat pulcherrimum. [Differt autem sol materialis a spirituali, quia

활동적이고 명상적인 삶 같은 정신적인 삶이며 살아 있는 것의 모든 방식입니다. ― 세 번째 요소는 선생, 고위 성직자, 주교의 주교좌 같은 정신적인 주교좌입니다. ― 네 번째 요소는 악령과 세상과 육체에 대항해 싸우는 방식에 대한 영적인 싸움입니다.

22. 이 네 측면은 각각의 의미에서 네 개입니다. ― 우리는 이 모든 것에 대한 하나의 자취를, 즉 태양을 범형으로 간주합니다. 태양은 때로는 삼위일체를, 때로는 범형의 지혜를, 때로는 천사의 배치를, 때로는 승리하는 교회를 의미합니다. ―「집회서」에서는 삼위일체에 대해 "찬란한 태양은 만물을 내려다보고 주님의 업적은 그분의 영광으로 가득 차 있다"[47]라고 합니다. 태양은 실체이고 광채와 열을 갖고 있습니다. 이처럼 하느님은 시작하는 원리인 아버지와 광채인 아들과 성령인 열을 갖고 계십니다. 그럼에도 하느님은 실체에 관한 한 하늘에 있는 태양과 같고 빛에 관한 한 인간의 눈에 있는 태양과 같고 열에 관한 한 육신에 있는 태양과 같습니다. ― 이렇게 예전에 태양을 보았고 또한 태양을 향해 있던 소경은 확신했습니다. 그는 하느님의 삼위일체를 인식할 수 없었습니다.

23. 두 번째 신비의 상징, 즉 본과 같은 지혜에 대해서「지혜서」제7장에서는 "지혜는 해보다 아름답고 어떠한 별자리보다 빼어나며 빛과 견주어보아도 그보다 더 밝음을 알 수 있다"[48]라고 합니다. 지혜는 빛이기에 아름답고, 태양은 자기 안에서 광선을 만들어낼 수 없기 때문에, 지혜는 태양보다 더 아름답습니다. 그러나 영원한 태양은 스스로 가장 아름다운 광선을 만듭니다. [그런데 물리적인 태양은 정신적인 태양과 다릅니다. 왜냐하면 물리적인 태양은 광선을 안쪽으로 발산할 수 없고 오직

---

47 「집회서」42:16.
48 「지혜서」7:29.

materialis non potest generare radium intra, sed solum extra, Sol autem aeternus spiritualis non solum coaeternum sibi generat radium intra, scilicet dicendo se et alias duas personas, utendo large nomine generationis, sed etiam extra se generat radium, scilicet dicendo se in qualibet creatura.] Quidam autem fatuus dixit, quod sol erat radius solis. Dicunt autem quidam astrologi, quod omnes stellae, ut luna, recipiunt lumen suum a sole. Sed veritatem istius quaestionis nullus scit; verumtamen tam stellae quam luna aliquod lumen habent: et stellae quidem non sic obumbrantur, ut luna, quia hoc habet luna per vicinitatem ad nos et motum suum. Sic in omnia influit aeterna sapientia. Ecclesiastis undecimo: Dulce lumen et delectabile est oculis videre solem.

24. Tertia anagogia, quia per solem intelligitur angelica sublimitas. In Ecclesiastico: Tripliciter sol exurens montes, radios igneos exsufflans et refulgens radiis suis obcaecat oculos; quia radius divinus unus et idem, triformiter susceptus, tres hierarchias facit.

25. Quarta anagogia est de Ecclesia triumphante, quae etiam intelligitur per solem; Habacuc: Sol et luna steterunt in habitaculo suo, quando anima et corpus glorificantur; et tunc vadunt in luce sagittarum multarum, propter subitas operationes suas in virtute Dei fulgida et subita.

밖으로만 발산하기 때문입니다. 그런데 영적인 영원한 태양은 자신을, 또한 다른 두 위격을 말하면서, 자신과 똑같이 영원한 빛을 내부에서 생산할 뿐만 아니라 — 이때 생산이란 단어의 의미를 좀 더 광범위하게 사용하면서 — 임의의 어떤 피조물에서 자신을 드러내면서 자기의 외부로 광선을 발산합니다.] 그런데 어떤 바보가 태양은 태양의 광선이었다고 말했습니다. 어떤 천문학자들은 모든 별이 달처럼 태양으로부터 빛을 받는다고 말합니다. 그런데 어느 누구도 이 연구의 진리를 알지 못합니다. 그렇지만 별들도 달처럼 어떤 빛을 갖고 있습니다. 달은 공전(公轉)과 자전(自轉)에 의해 빛을 갖기 때문에 어두워지나 별들은 사실 달처럼 어두워지지 않습니다. 이렇게 영원한 지혜가 모든 것 안으로 흘러들어 갑니다. 「코헬렛」 제11장에서는 "정녕 빛은 달콤한 것, 태양을 봄은 눈에 즐겁다"[49]라고 합니다.

24. 태양에 의해서 천사의 숭고함이 인식된다는 점에 세 번째 신비의 상징이 있습니다. 「집회서」에서는 "태양은 그 세 배나 되는 열기로 산을 달군다. 태양은 그 불꽃과 같은 열기를 내뿜고 그 강렬한 빛으로 눈을 멀게 한다"[50]라고 합니다. 하느님의 광선은 하나이며 동일하므로 세 가지 형상으로 받아들여져서 세 개의 위계를 만듭니다.

25. 네 번째 신비의 상징은 승리하는 교회에 대한 것인데, 이 교회는 더욱이 태양에 의해 인식됩니다. 빛나는, 그리고 서두르며 재빠르게 작용하는 하느님의 능력 때문에, 「하바쿡서」에서는 "당신의 화살이 날아갈 때 번쩍이는 빛 때문에 당신의 번뜩이는 창의 광채 때문에 해와 달은 그 높은 거처에 멈추어"[51] 선다고 합니다.

---

49 「코헬렛」11:7.
50 「집회서」43:4.
51 「하바쿡서」3:11. 본문을 번역하면 이렇다. "영혼과 육체가 찬미될 때 해와 달은 그 높은 거처에 멈추어 섭니다. 그때 많은 화살이 빛 안으로 나아갑니다."

26. In allegoria similiter per solem intelligitur Christus: Oritur sol et occidit; oritur in nativitate, occidit in morte; gyrat per meridiem in ascensione; flectitur ad aquilonem, in iudicio. — De primo, Malachias: Orietur vobis timentibus nomen meum sol iustitiae, et sanitas in pennis eius. — De secundo dicitur: Occidet eis sol in meridie. In meridie sol occidit Iudaeis. Quando Christus fuit in maiori sua virtute, scilicet post resurrectionem et ascensionem: Iudaei fuerunt excaecati. — De iudicio dicit Iacobus: Exortus est sol cum ardore, et cecidit flos, et foenum aruit.

27. Secunda allegoria de beata Maria Virgine: dicitur in Psalmo: In sole posuit tabernaculum suum; unde est pulchra ut luna, electa ut sol, terribilis ut castrorum acies ordinata. Unde est vas luminis susceptivum, sicut sol vas admirabile, opus Excelsi, in firmamento caeli resplendens.

26. 비슷하게 그리스도는 비유적으로 태양으로 이해됩니다. 태양은 뜨고 집니다.[52] 태양은 인간이 탄생할 때 떠오르고 죽을 때 기웁니다. 태양은 정오를 지나면서 높이 떠오르고 심판 때 북풍으로 구부러집니다. — 첫 번째 것인 인간의 탄생에 대해서「말라키서」에서 "나의 이름을 경외하는 너희에게는 의로움의 태양이 날개에 치유를 싣고 떠오르리니"[53]라고 합니다. 두 번째 것인 죽음에 대해서는 "한낮에 해가 지게 하고 대낮에 유대인들에게 캄캄하게 하리라"[54]라고 합니다. 그리스도께서 가장 힘이 있었을 때, 즉 그의 부활과 승천 이후에 유대인들은 눈이 멀었습니다. — 야고보는 심판에 대해 "해가 떠서 뜨겁게 내리쬐면, 풀은 마르고 꽃은 진다"[55]라고 말합니다.

27. 두 번째 비유는 복되신 성모 마리아에 대한 것입니다.[56] 「시편」에서는 "그곳에 해를 위하여 천막을 쳐주시니"[57]라고 하고, 달처럼 아름다우며 해처럼 빛나고 기를 든 군대처럼 두려움을 자아낸다[58]고 합니다. 따라서 태양이 경탄할 만한 단지이듯이 빛을 받아들이는 단지는 하늘의 창공에서 반사되는 가장 고귀한 분의 작품입니다.[59]

---

52 「코헬렛」1:5 이하.
53 「말라키서」4:2. 우리말 성경은 제3장 제20절이다. 우리말 성경에는 「말라키서」제3장이 마지막 장이다.
54 「아모스서」8:9 참조. 우리말 성경에 따르면, "나는 한낮에 해가 지게 하고 대낮에 땅이 캄캄하게 하리라"이다.
55 「야고보 서간」1:11.
56 강연 13, 20 참조.
57 「시편」19:5.
58 「아가」6:10.
59 「집회서」43:2: "동이 틀 때 떠오르는 태양은 놀라운 도구가 되어 지극히 높으신 분의 위업을 선포한다."; 43:9: "하늘의 아름다움은 별들의 영광이고 별들은 주님의 드높은 처소에서 빛나는 장식이다."

28. Tertia allegoria de Ecclesia; in Ecclesiastico: Sicut sol oriens in mundo in altissimis Dei, sic mulieris bonae species in ornamentum domus eius. Haec mulier vel domus est Ecclesia: mulier, quia activa; domus Dei, quia contemplativa. Mulier enim ista est Martha, quae Christum recipit et circa multa occupatur.

29. Quarta allegoria est de sacra Scriptura, de qua in Genesi: Fecit Deus duo luminaria magna: luminare minus, ut praeesset nocti, scilicet vetus testamentum, et luminare maius, ut praeesset diei, scilicet novum testamentum. Sicut luna lumen habet a sole, sic vetus testamentum a novo. Quando ergo sol stat in oriente, et luna opposita sibi in occidente — Iosue: Sol, inquit, contra Gabaon ne movearis, et luna contra vallem Aialon — tunc vetus testamentum illuminatur; aliter lucere non potest nisi per novum.

30. In tropologico intellectu solis similiter quatuor facies. Primo, Spiritus sancti gratia; Esther: Lux et sol ortus est, et humiles exaltati sunt, scilicet quando Deus per gratiam habitat in nobis. Unde sicut sol continue illuminat, si anima continue debet recipere illuminationes a gratia Spiritus sancti.

28. 세 번째 비유는 교회에 대한 것입니다. 「집회서」에서는 "집 안을 깨끗하게 정돈하는 착한 아내의 아름다움은 주님의 창공에 떠오르는 태양과 같다"[60]라고 합니다. 이 아내 또는 집은 교회입니다. 활동적이기에 아내이고 명상적이기에 하느님의 집입니다. 사실 이 아내는 그리스도를 자기 집으로 모시고 많은 일을 염려하는 마르타입니다.[61]

29. 네 번째 비유는 성경에 대한 것인데 「창세기」에서는 "하느님께서는 큰 빛물체 두 개를 만드시어, [그 가운데에서 큰 빛물체는 낮을 다스리고] 작은 빛물체는 밤을 다스리게 하셨다"[62]라고 합니다. 이것은 구약에 해당합니다. 그리고 큰 빛물체는 낮을 다스리게 하셨는데, 이것은 신약입니다. 달이 해로부터 빛을 받듯이, 구약도 신약으로부터 빛을 받습니다. 그러므로 태양이 동쪽에 있을 때 달은 태양에 마주해 서쪽에 있습니다.[63] — 「여호수아기」에서는 "해야, 기브온 위에, 달아, 아얄론 골짜기 위에 그대로 서"[64] 있으라고 합니다. — 그때 구약은 조명됩니다. 이와 다른 방식으로 구약은 신약에 의해서만 빛날 수 있습니다.

30. 비슷하게 태양의 전의적인 인식에도 네 요소가 있습니다. 첫째, 성령의 은총이 있습니다. 「에스테르기」에서는 "빛과 해는 뜨고 보잘것없는 사람들이 들어올려진다"[65]라고 합니다. 다시 말해서 하느님께서 은총에 의해 우리 안에 거하고 계시기 때문입니다. 그러므로 태양이 지속적으로 비추듯이 영혼도 성령의 은총에 의해 지속적으로 조명을 받아들여

---

60 「집회서」 26 : 21. 우리말 성경은 제26장 제16절이다.
61 「루카복음서」 10 : 38 이하. 마르타의 동생인 마리아는 주님의 발치에 앉아 그분의 말씀을 듣고 있었고, 마르타는 갖가지 시중드는 일로 분주하였다.
62 「창세기」 1 : 16.
63 의역하면 "해가 뜰 때 달은 반대로 기운다."
64 「여호수아기」 10 : 12.
65 「에스테르기」 11 : 11. 우리말 성경에는 제11장이 없다. 본문의 성경 구절은 불가타 성경 구절의 번역이다. 「욥기」 5 : 11: "비천한 이들을 높은 곳에 올려놓으시니" 참조.

31. Secundo per solem intelligitur spiritualis vita. Unde in Ecclesiastico: Homo sanctus in sapientia manet sicut sol; nam stultus sicut luna mutatur; sicut sol vadit directe per eclipticam nec retrogradus nec stationarius est.

32. Tertio intelligitur spiritualis cathedra sive doctrinae, sive praelationis, sive iudicii. Unde in Psalmo: Thronus eius sicut sol in conspectu meo, et sicut luna perfecta in aeternum. Praelatus est sol quantum ad documenta veritatis, luna quantum ad exemplar virtutis; vel sol sapientiae, luna scientiae; vel sol, in quantum iudicat, luna, in quantum miseretur.

33. Quarto per solem intelligitur spiritualis pugna. De quo: Sol obscurabitur, et luna non dabit lumen suum. Quando pugna erit inter Christum et antichristum, inter doctrinam veritatis et falsitatis; tunc sol fiet sicut saccus cilicinus, et aliquis doctor veritatis vel praelatus secundum veritatem obscurabitur per errores; alii autem stabunt fortissimi, etsi videantur obscurari quantum ad reputationem. —Hae sunt quatuor facies animalium et duodecim lumina, ad quae reducuntur omnia, quae in Scriptura continentur.

야 합니다.

31. 둘째, 태양에 의해서 영적인 삶이 인식됩니다. 태양이 식(蝕)에 의해서 뒤로 돌아가지도, 한곳에 머물지도 않고 똑바로 나아가듯이, 「집회서」에서는 "경건한 이는 태양처럼 지혜에 머무르나 미련한 자는 달처럼 변한다"[66]라고 합니다.

32. 셋째, 가르침의 또는 선택의 또는 판결의 정신적인 주교좌가 인식됩니다. 「시편」에서는 "그의 왕좌는 태양같이 내 앞에 있으리라"[67]라고 하고, 또 "영원히 지속되는 달과 같으리라"[68]라고 합니다. 진리의 증거에 관한 한 태양이 선택되고 덕의 범형에 관한 한 달이 선택됩니다. 또는 지혜의 태양이, 학문의 달이 또는 판결하는 하나의 태양이, 측은히 여겨지는 하나의 달이 선택됩니다.

33. 넷째, 영적인 전투가 태양에 의해 이해됩니다. 이 싸움에 대해서 "해는 어두워지고 달은 빛을 내지"[69] 않는다고 합니다. 그리스도와 적그리스도가 싸우고, 진리의 가르침과 오류의 가르침이 싸울 때 해는 털로 짠 자루 옷처럼 됩니다.[70] 그리고 진리에 대한 어떤 선생 또는 고위 성직자는 진리의 증거에 의해 오류로 인해 어두워집니다. 그런데 외모와 관련해 어두워지는 것처럼 보인다고 해도 몇몇 사람은 가장 강력한 사람으로 남아 있습니다. ― 이들이 생물체의 네 얼굴이고 열두 개의 빛입니다. 성경에 포함되어 있는 모든 것은 이 얼굴과 빛으로 되돌아갑니다.

---

66 「집회서」 27:12. 우리말 성경은 제27장 제11절이다. "경건한 이의 말은 항상 지혜로우나 미련한 자는 달처럼 변한다."
67 「시편」 89:37.
68 「시편」 89:38.
69 「마태오복음서」 24:29.
70 「요한묵시록」 6:12.

[Haec sunt quatuor facies rotarum: Anima mea conturbata est propter quadrigas Aminadab et sicut visio maris. Congregentur ergo aquae, hoc est quod considerentur profunditates horum luminum, in unum locum, in uno exemplo, scilicet sole.]

[이것들은 바퀴의 네 얼굴입니다. 내 영혼은 바다의 환영 같은 네 바퀴의 암미나답(Aminadab)[71]의 병거 때문에 혼란스러워졌습니다.[72] 그러므로 물들이 모이는데, 물의 모임은 저 빛의 심원이 한 장소에서, 한 범형에서, 즉 태양에서 고찰된다는 것입니다.]

---

71 암미나답(Ἀμιναδαβ)은 람(Aram)의 아들이고 나흐손(Naasson)의 아버지이다. 「탈출기」 6 : 23; 「민수기」 1 : 7; 「역대기 상권」 2 : 10; 「룻기」 4 : 19 이하; 「마태오복음서」 1 : 4; 「루카복음서」 3 : 33 참조.
72 「아가」 6 : 11.

De tertia visione tractatio secunda,
quae incipit agere de Scripturae figuris sacramentalibus,
primo in genere, et deinde de duodecim mysteriis principalibus
Christum significantibus

1. Germinet terra herbam virentem et facientem semen etc. Dictum est, qualiter per congregationes aquarum intelligantur spirituales intelligentiae Scripturae; modo dicendum, qualiter per germinationem terrae intelligantur figurae sacramentales. Non enim sine ratione per germinationem terrae intelligitur Scriptura sacra secundum quod habet figuras multipliciter germinantes et producentes pullulationes in anima.

2. Germinatio terrae est vivida, uberrima, venusta. Vivida, id est vigorem habens; et ideo germinavit terra herbam virentem. Et in hoc ostenditur, quod sacramenta Scripturae, quae exterius videntur arida, intus sunt viva. Et hoc dixit Salvator Iudaeis in Ioanne:

성경의 성사적인 형상에 관해 종적으로 서술하고 그다음 그리스도를 의미하는 중요한 열두 신비에 대한 강연

1. "땅은 푸른 싹을 돋게 하여라. 씨를 맺는 풀과 씨 있는 과일나무를 제 종류대로 땅 위에 돋게 하여라."[1] 물이 한곳에 모임으로써 성경에 대한 정신적인 통찰이 어떻게 이해될 수 있는지 언급되었습니다. 이제 땅이 싹을 돋게 함(=발아)으로써 성사적인 형상이 어떻게 이해되는지 언급해야 합니다. 성경은 아무 이유 없이 땅의 발아에 의해 이해되지 않기 때문입니다. 이런 점에서 성경은 영혼에서 싹을 돋게 하는, 다양하게 싹트는 형상을 갖고 있습니다.

2. 땅이 싹을 돋게 하는 것은 활기차고 가장 충만하고 사랑스럽습니다. 활기차다는 것은 활력을 갖고 있다는 것입니다. 땅은 푸른 싹을 돋게 합니다. 여기에서 외적으로 황폐해 보이고 내적으로 활기차 보이는 성경의 성사가 드러납니다. 따라서 유대인의 구세주께서 「요한복음서」에서 이것을 말했습니다. "너희는 성경에서 영원한 생명을 찾아 얻겠다는 생

---

1 「창세기」1:11.

Scrutamini Scripturas, quia vos putatis in ipsis vitam aeternam habere. Nulla alia scriptura vitam dat nisi haec. Unde in Psalmo: Vivifica me secundum eloquium tuum; et Petrus: Domine, ad quem ibimus? Verba vitae aeternae habes; unde non sunt figurae aridae; quia in nobis sunt per eas germinationes vivae; in Ecclesiastico: Gratiam et speciem desiderabit oculus tuus, et super utraque virides sationes.

3. Item, germinatio est uberrima; unde in Genesi subditur: Lignum pomiferum; in Psalmo: Visitasti terram et inebriasti eam, multiplicasti locupletare eam. Flumen Dei repletum est aquis; parasti cibum illorum etc. Et valles abundabunt frumento. Haec terra vivit, viget, abundat. Uberrima est sacra Scriptura, per hoc quod Deus visitat eam sua influentia, producens pullulationes uberrimas; in Deuteronomio: Terra, quam intrabis possidendam, non est sicut terra Aegypti etc., quae irrigatur; sed de caelo exspectans pluvias. Non enim est sicut ceterae scientiae, sed eam Deus visitat; in Psalmo: Flumen Dei repletum est aquis; parasti cibum illorum; et in Deuteronomio: Audite caeli quae loquor, audiat terra verba oris mei; concrescat ut pluvia doctrina mea; fluat ut ros eloquium meum, quasi imber super herbam et quasi stillae super gramina. Iste ros est

각으로 성경을 연구한다."[2] 이 성경만이 생명을 줍니다. 따라서 「시편」에서는 "당신의 말씀대로 저를 살리소서"[3]라고 하고, 베드로도 "주님, 저희가 누구에게 가겠습니까? 주님께는 영원한 생명의 말씀이 있습니다"[4]라고 합니다. 형상에 의해 우리 안에서 활기차게 싹이 돋기 때문에 무미건조한 형상은 없습니다. 「집회서」에서는 "너의 눈은 호의와 아름다움을 보고 싶어 하지만 이 둘보다 곡식의 새싹이 낫다"[5]라고 합니다.

3. 또한, 밭아는 가장 충만합니다. 「창세기」에서 밭아는 '과일나무'로 대체되었습니다.[6] 「시편」에서는 "당신께서는 땅을 찾아오셔서 물로 넘치게 하시어 더없이 풍요롭게 하십니다. 하느님의 개울은 물로 가득하고 당신께서는 곡식을 장만"[7]하신다고 합니다. 골짜기들은 곡식으로 뒤덮입니다.[8] 이 땅은 살아 있고 활력적이고 충만합니다. 하느님께서 가장 충만하게 풀과 과일나무들이 돋게 하시고 주입하시면서 땅을 찾아오시기에 성서는 열매로 가득합니다. 「신명기」에서는 "너희가 차지하러 들어가는 땅은 너희가 나온 이집트 땅과 같지 않다. 이집트에서는 너희가 씨를 뿌린 다음에, 채소밭처럼 발로 물을 대야만 했다. 그러나 너희가 차지하러 건너가는 땅은 언덕과 골짜기가 많은 땅으로, 하늘에서 내리는 비가 촉촉이 적셔 주는 곳"[9]이라고 합니다. 이 땅은 나머지 앎처럼 있지 않고 하느님께서 땅을 찾아오십니다. 「시편」에서는 "하느님의 개울은 물로 가득하고 당신께서는 곡식을 장만하십니다"[10]라고 하고, 「신명기」에

---

2   「요한복음서」5:39.

3   「시편」119:154.

4   「요한복음서」6:68.

5   「집회서」40:22.

6   「창세기」1:11.

7   「시편」65:10.

8   「시편」65:14

9   「신명기」11:10-11.

10 「시편」65:10.

influentia gratiae Spiritus sancti, qui visitat Scripturam, et in qua invenitur suaviter; in Genesi: Ecce odor filii mei sicut odor agri pleni, cui benedixit Dominus. Det tibi Deus de rore caeli et de pinguedine terrae abundantiam frumenti et vini. Iacob, ille vir spiritualis, est doctus in Scriptura sacra; ex quo odor procedit, qui per Scripturam abundat tribus intelligentiis: frumenti quantum ad allegoriam, vini quantum ad tropologiam, olei quantum ad anagogiam.

4. Item, haec germinatio est venusta; et ideo subiungitur: Unumquodque secundum genus suum. Ipsa scabrositas exterior facit eam reputari deformem, et tamen ex hoc est pulcherrima; et ideo dicit sponsa: Nigra sum, sed formosa; quia nigra, ideo formosa. [Hoc dicit, quia exterior sensus aliquando non multae est pulchritudinis, immo aliquando satis turpis, ut patet in uxoratione Iacob, per quam intelligitur fecunditas Christi ad sponsam Ecclesiam et quantum ad filios genitos de legitima, ut qui infra Ecclesiam nascuntur, et quantum ad filios genitos de ancilla, ut qui convertuntur ad Ecclesiam.] Unde in Genesi: Plantaverat Deus paradisum voluptatis a principio, in quo posuit hominem, quem formaverat. Produxitque

서는 "하늘아, 귀를 기울여라. 내가 말하리라. 땅아, 내 입에서 나오는 말을 들어라. 나의 가르침은 비처럼 내리고 나의 말은 이슬처럼 맺히리라. 푸른 들에 내리는 가랑비 같고 풀밭에 내리는 소나기 같으리라"[11]라고 합니다. 이 이슬은 성령의 은총이 내린 것입니다. 성경을 찾아오는 이 이슬은 성경에 달콤합니다. 「창세기」에서는 "보아라, 내 아들의 냄새는 주님께서 복을 내리신 들의 냄새 같구나. 하느님께서는 너에게 하늘의 이슬을 내려주시리라. 땅을 기름지게 하시며 곡식과 술을 풍성하게 해주시리라"[12]라고 합니다. 저 영적인 남자인 야곱은 성경에서 제시되었습니다. 그 남자에게서는 향기가 납니다. 이 향기는 세 개의 통찰에 의해 성경에 넘쳐흐릅니다. 비유에 관한 한 곡식의 냄새에 의해, 전의에 관한 한 포도주의 냄새에 의해, 성경의 신비의 상징적 해석에 관한 한 올리브기름의 냄새에 의해 넘쳐흐릅니다.

4. 또한, 이 발아는 어여쁜 것입니다. 그러므로 '각각의 것을 제 종류대로'[13]라고 덧붙여집니다. 외적인 조잡함 자체는 발아가 기형이라고 간주하게 합니다. 그럼에도 이로부터 가장 아름다운 발아가 있습니다. 그래서 신부는 말합니다. "나 비록 가뭇하지만 어여쁘답니다."[14] 그녀는 가뭇하기에 어여쁩니다. [신부는 이것을 말합니다. 야곱의 결혼에서 분명하듯이 외적인 감각은 어떤 때 아름다운 많은 것에 속하지 않기 때문이고, 더욱이 어떤 때는 너무 추잡하기 때문입니다. 신부인 교회를 위한 그리스도의 다산성은 합법적인 부인에게서 태어난 아들들에 관한 한, 그리고 교회로 돌아온 여종이 낳은 아들들에 관한 한 야곱의 결혼에 의해 이해됩니다.] 그러므로 「창세기」에서 이렇게 말합니다. 하느님께서는 쾌락의 "동산 하나를 꾸미시어, 당신께서 빚으신 사람을 거기에 두셨다. 주 하느

---

11 「신명기」 32 : 1-2.
12 「창세기」 27 : 27-28; 「시편」 4 : 8.
13 「창세기」 1 : 11 이하.
14 「아가」 1 : 4. 우리말 성경에서는 제1장 제5절이다.

Dominus Deus de humo omne lignum pulcherrimum visu et ad vescendum suave. Lignum etiam vitae in medio paradisi lignumque scientiae boni et mali. Per ligna suavia et pulchra intelliguntur sacramenta Scripturarum; quae magnam habent pulchritudinem; tamen non apparent pulchra nisi ex conformitate repraesentantis ad repraesentatum. Nam ista ligna sunt pulchra, quia ordinata.

5. Putant aliqui, quod ista sacramenta et haec Scriptura ita sit posita, ut homo ponit sententiam post sententiam, qui litteras facit. Non est ita, quia ordinatissima est, et ordo eius est consimilis ordini naturae in germinatione terrae. Ibi enim est primo fixio radicum; secundo, productio viridantium foliorum; tertio, pullulatio vernantium florum; quarto, plenitudo reficientium fructuum. Sic in Scriptura primo est fixio radicalium virtutum, ut in Patriarchis, qui sunt quasi radices omnium, quae dicuntur in Scriptura; unde in electione eorum est plantatio prima. Sed postea in institutione praeceptorum et sacrificiorum est productio viridantium foliorum; Osee: Vitis frondosa Israel. Postea in manifestatione visionum prophetalium est pullulatio florum. Postmodum in diffusione charismatum spiritualium est plenitudo reficientium fructuum. — Unde primo fuit unus Patriarcha sicut radix, scilicet Abraham; postea alter, ut Isaac; postea Iacob; et ille duodecim Patriarchas generavit, et ab illis duodecim tribus. Post hanc plantationem secuta est Lex ut productio viridantium foliorum, quae umbram habebat. Et quia non semper debet durare folium, sed venire flos, ideo subsecuta est

님께서는 보기에 탐스럽고 먹기에 좋은 온갖 나무를 흙에서 자라게 하시고, 동산 한가운데에는 생명나무와, 선과 악을 알게 하는 나무를 자라게 하셨다."[15] 성경의 성사는 달콤하고 아름다운 나무들에 의해서 이해됩니다. 이 성사는 크나큰 아름다움을 지니고 있습니다. 그럼에도 성사는 제시하는 것과 제시된 것이 일치하지 않는다면 아름다운 것으로 드러나지 않습니다. 물론 이 나무들은 질서 정연하기에 아름답습니다.

5. 몇몇 사람은 편지를 쓰는 사람이 문장에 이어 문장을 쓰듯이 성스러운 성경이 놓여 있다고 생각합니다. 그런데 성경은 가장 질서 정연하기에 문장처럼 있지 않습니다. 성경은 땅이 싹들을 움트게 하는 자연의 질서에 매우 비슷하게 정렬되었습니다. 자연에서는 첫째, 뿌리가 고정됩니다. 둘째, 초록색 잎이 나옵니다. 셋째, 꽃이 피어나고, 넷째, 활력을 주는 풍부한 열매를 맺습니다. 이렇듯 성경에도 네 단계가 있습니다. 첫째, 마치 성경에서 언급되는 모든 사람의 뿌리와 같은 대원로(제사장)들에 있듯이 덕의 뿌리가 성경에 고정되어 있습니다. 뿌리의 선택에 첫 번째 나무가 심겨집니다. 그다음 계명과 제사가 규정될 때 초록색 잎이 나옵니다. 「호세아서」에서는 "이스라엘은 가지가 무성한 포도나무"[16]라고 합니다. 그다음 예언자의 환시가 명시될 때 꽃이 피고 하느님의 영적인 은사가 확산되도록 활력을 주는 풍부한 열매가 맺힙니다. ─ 첫째, 뿌리와 같은 시조가 한 사람 있었는데, 그가 아브라함입니다. 그다음 또 다른 시조인 이사악이 있었고, 그다음 야곱이 있었습니다. 야곱은 열두 선조를 낳았습니다. 그리고 이 열두 선조에서 열두 지파가 나옵니다.[17] 그들을 만들어주는 초록색 잎이 나오듯이 율법이 이 식목을 뒤따라 나옵니다. 그리고 잎이 항상 지속적으로 푸르게 있는 것이 아니고 꽃도 피기에

---

15 「창세기」 2 : 8-9.
16 「호세아서」 10 : 1.
17 「창세기」 35 : 23. 불가타 성경은 제35장 제22절이다.

prophetia cum odore et pulchritudine. Et quia oportuit, quod caeli rorarent, ideo quarto subsecutus est fructus in Christo, quia Christus fructus est Legis et consummatio.

6. De primo dicit Pater ad Sapientiam incarnatam in Ecclesiastico: In electis meis mitte radices. Et radicavi in populo honorificato. Haec est productio ligni, quod est ad vescendum suave. — De secundo, scilicet productione foliorum, dicitur in libro Numerorum: Quam pulchra tabernacula tua, Iacob, et tentoria tua, Israel, ut valles nemorosae! quae sunt mysteria Scripturae. Quis potest cogitare amoenitatem mysteriorum sacrae Scripturae, de quibus dicitur: Sedebat unusquisque sub ficu sua et vitae sua? Unde pulchra est arbor, palus serpentis, serpentis erectio et umbra; sed arbor crucis fructuosa. — Tertia est productio Prophetarum similis pullulationi florum; de quibus in Cantico: Flores apparuerunt in terra nostra, et vox turturis audita est. Flores apparuerunt, quando ille dixit: Egredietur virga de radice Iesse, et flos de radice eius ascendet.

향기와 아름다움을 지닌 예언이 뒤따라 나옵니다. 그리고 하늘이 반드시 이슬을 내리기에[18] 넷째, 그리스도에서 결실을 맺습니다. 왜냐하면 그리스도는 율법의 결실이고 완성(끝)이기 때문입니다.[19]

6. 첫 번째 것과 관련해 성부는 강생한 지혜에 대해 「집회서」에서 "나의 선택된 자들 안에서 뿌리를 내려라. 나는 영광스러운 백성 안에 뿌리를 내리고"라고 합니다.[20] 이것은 먹음직한 [과일] 나무의 생산입니다. ─ 두 번째 것, 즉 잎의 우거짐에 대해서 숲이 우거진 골짜기처럼 "야곱아, 너의 천막들이, 이스라엘아, 너의 거처가 어찌 그리 좋으냐!"[21]라고 「민수기」에서 말합니다. 천막과 거처는 성경의 신비입니다. 성경의 신비에 대해 "사람마다 자기 포도나무와 무화과나무 아래에서 마음 놓고 살았다"[22]라고 하는데 성경의 신비의 매력을 누가 생각할 수 있습니까? 그러므로 뱀의 기둥인, 뱀의 직립과 뱀의 그늘인 나무는 아름답습니다.[23] 그런데 십자가 나무는 결실이 풍부한 나무입니다. ─ 세 번째 것은 꽃망울의 움틈과 유사한 예언의 생산입니다. 이에 대해서 「아가」에서는 "땅에는 꽃이 모습을 드러내고 노래의 계절이 다가왔다오. 우리 땅에서는 멧비둘기 소리가 들려온다오"[24]라고 합니다. 이사야가 "이사이의 그

---

18 「이사야서」 45:8.
19 「로마 신자들에게 보낸 서간」 10:4; 강연 3, 10 참조.
20 「집회서」 24:12. 불가타 성경의 제24장 제12절과 제16절을 보면 제24장 제16절이 우리말 성경 번역인 제24장 제12절의 "나는 영광스러운 백성 안에 뿌리를 내리고 나의 상속을 주님의 몫 안에서 차지하게 되었다"에 상응하고, 제24장 제13절인 "et dixit mihi in Iacob inhabita et in Israhel hereditare et in electis meis ede radices"이 우리말 성경 번역 제24장 제8절인 "야곱 안에 거처를 정하고 이스라엘 안에서 상속을 받아라"에 상응한다.
21 「민수기」 24:5 이하.
22 「열왕기 상권」 5:5. 불가타 성경의 'Regum tertius'는 우리말 성경에서는 「열왕기 상권」이다. 「열왕기 상권」 제4장은 제20절까지 있고, 해당 구절의 번역은 「열왕기 상권」 제5장 제5절에 있다.
23 「민수기」 21:8: "너는 불 뱀을 만들어 기둥 위에 달아 놓아라."; 「창세기」 3:6.
24 「아가」 2:12.

Sed vox turturis audita est, quando dictum est: Quomodo sedet sola civitas plena populo? Facta est quasi vidua domina gentium. Turtur gemitum habet pro cantu.—Quarto, plenitudo reficientium fructuum; Isaias: Erit germen Domini in magnificentia et gloria et fructus terrae sublimis. Et quando fuit hoc? Quando illa dixit: Benedicta tu in mulieribus, et benedictus fructus ventris tui.—In Marco dicitur: Ultro terra fructificat primum herbam, deinde spicam, deinde plenum frumentum in spica. Hoc est tempus ante Legem, tempus sub Lege, tempus post Legem. Hunc ordinem sequitur Scriptura.

7. Adhuc sciendum est; quod propter quatuor traditur Scriptura: primo, ad gratiam commendandam; secundo, ad introducendam fidem; tertio, ad reserandam sapientiam, quae sola est in ista; unde: Quia in Dei sapientia non cognovit mundus per sapientiam Deum, placuit Deo per stultitiam praedicationis salvos facere credentes; quarto, ad restaurandam salutem, quae est in ista sola, et in nulla alia scientia est salus.—Et propter illud quartum est principaliter. Salus enim non est nisi per sapientiam. Etenim neque herba neque malagma sanavit eos, sed tuus, Domine, sermo, qui

루터기에서 햇순이 돋아나고 그 뿌리에서 새싹이 움트리라"[25]라고 할 때 꽃이 모습을 드러냅니다. "아, 사람들로 붐비던 도성이 외로이 앉아 있다. 뭇 나라 가운데에서 뛰어나던 도성이 과부처럼 되고 말았구나"[26]라고 할 때 멧비둘기 소리가 들려옵니다. 멧비둘기는 노래 대신 탄식을 합니다. — 넷째, 원기를 보충해 주는 과일이 넘쳐납니다. 이사야는 "주님께서 돋게 하신 싹이 영화롭고 영광스럽게 되리라"[27]라고 합니다. 언제 영화롭고 영광스럽게 되었습니까? 저 사람(=엘리사벳)이 "당신은 여인들 가운데에서 가장 복되시며 당신 태중의 아기도 복되십니다"[28]라고 외쳤을 때입니다. — 「마르코복음서」에서는 "땅이 저절로 열매를 맺게 하는데, 처음에는 줄기가, 다음에는 이삭이 나오고 그다음에는 이삭에 낟알이 영근다"[29]라고 합니다. 이것은 율법 이전에, 율법 아래에, 율법 뒤에 오는 시간입니다. 성경은 이 질서를 따릅니다.

7. 그 밖에 성경은 네 가지로 인해 전승됨을 알아야 합니다. 첫째, 찬양되어야 할 은총을 위해서, 둘째, 믿음을 이끌어 들이기 위해서, 셋째, 오직 성경에 있는 지혜를 드러내기 위해서입니다. 이런 이유로 "사실 세상은 하느님의 지혜를 보면서도 자기의 지혜로는 하느님을 알아보지 못하였습니다. 그래서 그분께서는 복음 선포의 어리석음을 통하여 믿는 이들을 구원하기로 작정하셨습니다."[30] 넷째, 성경에만 있는 구원을 회복하기 위해서입니다. 구원은 다른 어떤 학문에는 없습니다. — 이 때문에 네 번째 것이 가장 중요합니다. 사실 구원은 지혜에 의해서만 있기 때문입니다. "그들을 낫게 해준 것은 약초나 연고가 아닙니다. 주님, 그것은 모

---

25 「이사야서」11:1.
26 「애가」1:1.
27 「이사야서」4:2.
28 「루카복음서」1:42.
29 「마르코복음서」4:28.
30 「코린토 신자들에게 보낸 첫째 서간」1:21.

sanat omnia. —Sapientia autem non reseratur nec habetur nisi per fidem. Unde: Nisi credideritis, non intelligetis; quia [sapere enim sine fide errat] non plus sapere, quam oportet sapere; et unicuique sicut divisit Deus mensuram fidei. Fides autem non habetur nisi per gratiam Spiritus sancti.

8. Et ideo primo traditur Scriptura ad commendandam gratiam Spiritus sancti. Gratia autem Spiritus sancti non est nisi in homine grato; gratus autem esse non potest, nisi agnoscat suam indigentiam. Indigentia autem triplex est: virtutis cognoscitivae, potestativae, amativae, quia caeci sumus, infirmi, maligni. Oportuit ergo, ut homo prius agnosceret suam caecitatem, infirmitatem, malignitatem, antequam salvus fieret, vel gratia ei daretur. Ergo fuit tempus, in quo fuit caecitas, ut in tempore ante Legem; ubi vix aliquis cognoscebat Deum, immo lapides et opera manuum suarum pro Deo colebant: et ideo necesse fuit, ut homo convinceretur de ignorantia. —Postea data fuit Lex illuminans, et tamen sunt multiplicatae infirmitates eorum, et occasio fuit Lex maioris transgressionis, quia, occasione accepta, peccatum per mandatum operatum est in me omnem concupiscentiam; et ideo convinci debebant de infirmitate sive impotentia. —Postea fuit tempus

든 사람을 고쳐주는 당신의 말씀입니다."[31] — 그런데 지혜는 믿음에 의해서가 아니라면 드러나지도, 우리에게 있지도 않습니다. 그러므로 "너희가 믿지 않으면 정녕 서 있지 못하리라"[32]라고 합니다. 왜냐하면 [생각하는 것은 믿음 없이 오류에 빠지기 때문에] [사도는] "생각해야 하는 것 이상으로 분수에 넘치는 생각을 하지 마십시오. 저마다 하느님께서 나누어주신 믿음의 정도에 따라 건전하게 생각하십시오"[33]라고 합니다. 그런데 성령의 은총에 의해서가 아니라면 사람은 믿음을 갖지 않습니다.

8. 성경은 첫째 성령의 은총을 찬양하기 위해 전승됩니다. 그런데 성령의 은총은 감사하는 사람에게만 있습니다. 그런데 자신의 결함을 알지 못한다면 사람은 감사할 수 없습니다. 결함은 세 가지입니다. 즉 인식의 결함, 능력의 결함, 사랑의 덕의 결함이 있습니다. 왜냐하면 우리는 눈이 멀었고, 연약하며 악의적이기 때문입니다.[34] 그러므로 인간은 구원되기 전에 또는 그에게 은총이 부여되기 전에 먼저 자신의 눈멂, 자신의 연약함, 그리고 자신의 악의를 알아야 했습니다. 그러므로 [우리의] 눈이 멀었던 시간이 있었습니다. 율법이 있기 이전에 사람은 눈이 멀었습니다. 그때 누군가는 하느님을 가까스로 인식했고, 더욱이 돌과 자신의 작품을 하느님 대신 공경했습니다. 그래서 인간은 필연적으로 무지를 확신해야 했습니다. — 그 후 조명하는 율법이 주어졌습니다. 그럼에도 인간은 매우 연약해서 율법이 더 큰 범죄의 기회가 되었습니다. 왜냐하면 "이 계명을 빌미로 죄가 내 안에 온갖 탐욕을 일으켜 놓았기"[35] 때문입니다. 그러므로 인간은 연약함 또는 무능함에 대해 확신해야 합니다. — 그다음 예

---

31 「지혜서」16:12.
32 「이사야서」7:9.
33 「로마 신자들에게 보낸 서간」12:3. 'oportet sapere' 뒤에 불가타 성경에는 'sed sapere ad sobrietatem'이 덧붙여진다.
34 강연 7, 8 참조.
35 「로마 신자들에게 보낸 서간」7:8.

Prophetarum, qui eis manifeste ostendebant, non posse salvari per Legem. Unde Isaias: Solemnitates vestras odivit anima mea. Holocausta arietum et adipem pinguium et sanguinem vitulorum et agnorum et hircorum nolui. Et ipsi eos interficiebant, et non solum ipsos, sed ipsis adhaerentes et prophetas falsos recipiebant; et in hoc apparuit ipsorum malitia. —Et sic conclusit Scriptura omnia sub peccato, quia primi per ignorantiam, secundi per infirmitatem, tertii per malitiam, ut Christus veniens omnium misereretur. Et de hoc etiam admiratur Apostolus et allegat auctoritatem Psalmi: Omnes declinaverunt, simul inutiles facti sunt; non est qui faciat bonum, non est usque ad unum.

9. Secundo Scriptura traditur ad introducendam fidem, quae est credulitas rerum arduissimarum et difficillimarum: ideo oportuit, quod promissa, oracula et signa multiformia praemitteret. Et sicut materia primo adaptatur, deinde introducitur forma; sic primo aliqua facilia Patriarchis fecit, ut promissa, ut quod Abrahae filius

언자들의 시대가 있었습니다. 이들은 사람들에게 율법에 의해 구원될 수 없다는 것을 분명하게 밝혔습니다. 이런 이유로 이사야는 말합니다. "나의 영은 너희의 축제들을 싫어한다."[36] "나는 이제 숫양의 번제물과 살진 짐승의 굳기름에는 물렸다. 황소와 어린양과 숫염소의 피도 나는 싫다."[37] 저들(=유대인의 조상들)은 예언자들을 죽였고,[38] 저들 자신뿐만 아니라 저들에게 달라붙어 있는 사람들과 거짓 예언자들을 받아들였습니다. 여기에서 그들의 악함이 드러났습니다. — 이렇게 성경은 모든 사람을 죄 아래 가두어 놓았습니다.[39] 왜냐하면 첫 번째 사람들은 무지에 의해, 두 번째 사람들은 연약함에 의해, 세 번째 사람들은 악의에 의해 죄를 짓기 때문입니다.[40] 그래서 모든 사람을 불쌍히 여기는 그리스도가 올 것입니다. 더욱이 사도들은 그리스도의 재림에 경탄하며 「시편」의 권위를 내세웁니다. "모두 빗나가 온통 썩어버려 착한 일 하는 이가 없구나. 하나도 없구나."[41]

9. 둘째, 성경은 신앙을 도입하기 위해 전승됩니다. 신앙은 가장 힘든 일과 가장 어려운 일에 대한 믿음입니다. 성경은 약속과 신탁과 다양한 표징을 먼저 보내야만 했습니다. 그리고 질료가 먼저 맞추어지고 그다음 형상이 도입되듯이, 성경은 처음에 조상들에게 어떤 쉬운 일을 약속했습니다. 예컨대 아브라함에게 아들이 태어날 것이라는 것처럼,[42] 그리고 그

---

36 「이사야서」1:14.

37 「이사야서」1:11.

38 예언자들의 살해에 대해서는 「사도행전」7:52 참조.

39 「갈라티아 신자들에게 보낸 서간」3:22.

40 박주영, 앞의 책, 2012, 79쪽 이하 참조.

41 「시편」14:3;「로마 신자들에게 보낸 서간」3:12: "모두 빗나가 다 함께 쓸모없이 되어버렸다. 호의를 베푸는 이가 없다. 하나도 없다."; Bonaventura, *Brevil.*, p.4, c.4 참조.

42 「창세기」17:19; 22:1 이하 (아들을 제물로 바칠 때 드러나는 아브라함의 믿음과 순종);「히브리인들에게 보낸 서간」11:11; 17-19;「탈출기」14:21 (바다를 건넘); 7-12 (이집트에 내린 재앙).

nasceretur, et quod, si sibi obediret et crederet, filius, si interficeretur, posset resurgere, et quod Deus posset eum resuscitare. Unde ibi per promissa ductus est homo ad fidem; post per mysteria et miracula in deserto et per signa maxima, ut patet in transitu maris et flagellatione Aegypti; post per oracula Prophetarum, qui praedicebant eis futura, ut de Christi passione et resurrectione; et ipsi eis credebant: quia, ex quo videbant, quod eis eveniebant quae eis prophetabant, et de Christo venturo eis credebant. Sic homo dispositus est ad fidem recipiendam. Unde non primo Christus debuit venire et dicere: Venite et credite in me, ego sum Christus; quia respondissent: non possumus credere; ideo sic manuducendi erant.

10. Tertio Scriptura data est ad reserandam sapientiam, quae habet duas radices, scilicet timorem et amorem. Prima radix timor, quia prius est homo animalis, deinde spiritualis; et quando per timorem est affectus, tunc fit spiritualis. Et ideo secundum has duas radices sunt duo testamenta: unum, vetus in servitutem generans, alterum, novum in amorem generans. Testamentum vetus in servitutem generans promittit temporalia, timorem incutiens per poenam. —Necesse autem fuit, ut in veteri testamento esset promissio, quia, si semper homo plecteretur poena, et nihil sibi promitteretur, fugeret: ideo adiuncta est promissio terrae repromissionis. Testamentum autem

가 순종하고 믿는다면 아들은 죽임을 당한다고 해도 부활할 수 있을 것이라는 것과 하느님께서 그를 소생시킬 수 있다는 것 등을 약속했습니다. 그때 유대인들은 약속에 의해 믿게 되었고 그다음 사막에서 신비와 기적에 의해서, 그리고 홍해를 건넌 기적과 이집트에 내린 징벌에서 드러나듯이 가장 큰 표징에 의해서 믿게 되었습니다. 그다음 그리스도의 수난과 부활에 대한 것처럼 미래의 일을 그들에게 예언했던 예언자들의 신탁에 의해서 이끌려졌고 예언자들을 믿었습니다. 왜냐하면 그들은 그리스도께서 자신들에게 예언된 것을 스스로 겪게 되리라고 생각했기 때문입니다. 그들은 또한 미래에 그들에게 오실 그리스도에 대한 예언도 믿었습니다. 이렇게 사람들은 믿음을 받아들일 채비를 갖추었습니다. 그러므로 먼저 그리스도가 오셔야 했던 것도 아니고 "나에게 와라. 그리고 나를 믿어라. 내가 그리스도다"라고 말씀하셔야 했던 것도 아닙니다. 왜냐하면 그들은 "우리는 믿을 수 없다"라고 대답할 것이기 때문입니다. 이렇게 그들은 [믿음으로] 이끌려져야 합니다.

10. 셋째, 성경은 지혜를 밝히기 위해서 전승되었습니다. 지혜의 뿌리(근원)는 두 개, 즉 두려움과 사랑입니다. 첫 번째 뿌리는 두려움인데, 사람은 무엇보다도 동물이고 그다음 영적인 존재이기 때문입니다.[43] 또 두려움에 사로잡혀 있을 때 인간은 영적인 존재가 됩니다. 따라서 이 두 근원에 따라 두 개의 계약이 있습니다. 하나는 종살이에서 나온 옛 계약(=구약)이고,[44] 다른 하나는 사랑에서 나온 새 계약(=신약)입니다. 종살이에서 나온 옛 계약은 징벌로 공포를 일으키는 시대를 예고했습니다. — 그런데 옛 계약에는 필수적으로 약속이 있습니다. 사람이 항상 처벌만 받고 아무것도 약속받지 않는다면 그는 도망갈 것이기 때문입니다. 약

---

43 「코린토 신자들에게 보낸 첫째 서간」15:46: "먼저 있었던 것은 영적인 것이 아니라 물질적인 것이었습니다."
44 「갈라티아 신자들에게 보낸 서간」4:24.

novum promittit spiritualia, scilicet vitam aeternam. Unde timor non potuit incuti, nec aliquod temporale promitti nisi genti multiplicatae: ideo ante Legem oportuit esse tempus legis naturae. —Similiter, Lex infirmitatem generabat promittens temporalia. Et quia non est facilis transitus a temporali ad aeterna, ab animali ad spirituale; ideo medium fuit tempus Prophetarum ad aptandum homines ad spirituale testamentum. Ad hoc ergo, quod homo haberet veram sapientiam; necesse erat, ut testamentum vetus praecederet novum, et tempus Patriarcharum praecederet Legem. —Et sic est in quolibet homine: primo est sensualis, totus deditus sensibus, ut puerulus; deinde fit animalis, cum incipit loqui, et phantasmata incipiunt eum occupare; deinde rationalis, cum incipit intelligere et considerare; deinde intellectualis, cum fit sapiens.

11. Quarto est ad restaurandam salutem, quae non nisi per Christum restauratur. Non enim restauratur, nisi sit desiderata, amata, custodita. Ideo dilata est, ut desideraretur, amaretur et custodiretur, quia secundum Augustinum idcirco fit dilatio sponsae, ut carior habeatur. Similiter, salus promissa est Patriarchis, figurata in Lege, praenuntiata a Prophetis, persoluta a Christo. —Unde oportuit, ut prius fieret Patriarcharum fixio, deinde legalium

속은 약속의 땅과 결합되어 있습니다.[45] 그런데 새 계약은 영적인 것, 즉 영원한 생명을 약속합니다. 따라서 두려움은 일어날 수 없고, 늘어난 후손에 대한 것이 아니라면, 일시적인 어떤 것도 약속될 수 없습니다. 따라서 율법에 앞서서 자연법의 시대가 있어야 했습니다. ― 비슷하게 율법은 일시적인 것들을 약속하면서 인간을 허약하게 만들었습니다. 일시적인 것에서 영원한 것으로, 동물적인 것에서 영적인 것으로 넘어가는 일은 쉽지 않기에[46] 인간을 영적인 계약에 적응하도록 하기 위해서 예언자의 시대가 중간에 있었습니다. 따라서 사람이 참된 지혜를 갖기 위해서 구약이 신약에, 조상들의 시간이 율법에 앞서 있는 것이 필수적이었습니다. ― 각 사람에 있어서도 이렇습니다. 완전히 감각적인 일에 몰두하는 어린아이처럼 인간은 감각적입니다. 그다음 그가 말하기 시작하고 감각적인 상이 그를 사로잡기 시작할 때 동물적이고, 이해하고 숙고하기 시작하면서 이성적이고 그다음 지혜롭게 될 때 지성적입니다.

11. 넷째, 성경은 구원을 다시 만들어내기 위해 존재하는데, 그리스도만이 구원할 수 있습니다. 사실 열망되고 사랑받고 보존된 것이 아니라면 복구되지 않습니다. 그러므로 열망되고 사랑받고 보존되도록 확대되었습니다. 아우구스티누스에 따르면, [신부를] 더욱더 사랑스럽게 여기도록 신부를 갈망하는 일이 생겼기 때문입니다.[47] 비슷하게 조상들에게 구원이 약속되었습니다. 이 구원은 율법에 명시되어 있고 예언자들이 예고했고 그리스도가 행했습니다. ― 따라서 먼저 조상들의 확고함이 있었고, 그다음 합법적인 생산이 있었으며, 셋째, 예언자들이 나타나기 시

---

45 「창세기」 13:15: "네가 보는 땅을 모두 너와 네 후손에게 영원히 주겠다."; 「탈출기」 13:11.
46 「코린토 신자들에게 보낸 첫째 서간」 2:14.
47 아우구스티누스, 앞의 책, 2005, 제8권, [3, 7]: "약혼한 신부를 혼인 시 즉시로 주지 않음으로써 남편이 약혼녀로 갈망하던 사람을 가볍게 여기지 않게 하는 것이 관행이옵나이다."

productio, tertio Prophetarum pullulatio, ultimo fructus Evangelii vel salutis per Christum plenitudo.

12. Secundum hoc ergo nota, quod in ornatu summi Pontificis quatuor erant ordines lapidum. In Sapientia: In veste poderis totus erat orbis terrarum, et parentum magnalia in quatuor ordinibus lapidum erant sculpta. Et in illis sunt quadriformes ordines mysteriorum; quo ordine plantatae sunt Scripturae. — Et in primo ordine seu tempore tria sunt mysteria, scilicet conditionis rerum, purgationis scelerum, vocationis Patrum. Conditio rerum respondet potentiae Patris; purgatio scelerum, sapientiae Filii, qua iudicat; vocatio Patrum, bonitati Spiritus sancti.

13. Similiter, sub Lege tria sunt mysteria, scilicet mysterium lationis legum, in quatuor libris Moysi, scilicet secundo, tertio, quarto et in quinto, ubi est recapitulatio Legis. Genesis autem datur tempori naturae, ubi et in quo sunt magna mysteria, et liber uberrimus etiam in mysteriis. Mysterium secundum est prostrationis hostium in Iosue, tertium est promotio iudicum, ut in libro Iudicum et Ruth. Primum mysterium respondet Patri ratione auctoritatis; secundum Filio, quia est Verbum mundans et purgans; tertium

작했고, 마지막으로 복음의 결실 또는 그리스도에 의한 구원의 충만함이 생겨나야 했습니다.

12. 이에 맞게 교황의 옷은 배열된 네 가지 보석으로 장식되었다는 것에 주목하십시오. 「지혜서」에서는 "발까지 닿는 그의 옷에는 온 우주가 그려져 있고 넉 줄로 박은 보석에는 조상들의 위업이 새겨져"[48] 있다고 합니다. 그리고 보석의 배열에는 신비의 네 가지 모양이 배열되어 있습니다. 성경은 이 질서에 따라 배열되었습니다. ─ 첫 번째 질서 또는 시대에 세 개의 신비가 있습니다. 즉 만물의 창조, 죄의 정화,[49] 조상들의 성소가 있습니다. 만물의 창조는 성부의 능력에 상응합니다. 죄의 정화는 성자의 지혜에 상응하는데, 그는 지혜를 통해 판단합니다. 조상들의 성소는 성령의 선에 부합합니다.

13. 비슷하게, 율법 아래에도 세 가지 신비가 있습니다. 다시 말해 모세 4경에는 율법 선포의 신비가 있습니다. 즉 두 번째, 세 번째, 네 번째, 그리고 그곳에 율법이 요약되어 있는 다섯 번째 책[50]에 율법 선포의 신비가 있습니다. 그곳에 또한 그 시대에 커다란 신비가 있는 「창세기」는 자연의 시대에 해당합니다. 이 책에는 가장 신비로운 일이 가득합니다. 두 번째 신비는 「여호수아기」에 있는 적들의 패망이고, 세 번째 신비는 「판관기」와 「룻기」에서처럼 판관의 선출입니다. 첫 번째 신비는 권위의 근거에서 성부에 상응합니다. 두 번째 신비는 성자에 상응하는데, 왜냐하면 성자는 깨끗하게 만들며 정화하는 말씀이기 때문입니다.[51] 세 번째

---

48 「지혜서」 18:2. 우리말 성경은 "발까지 닿는 그의 옷에는 온 우주가 그려져 있고 넉 줄로 박은 보석에는 조상들의 영광스러운 이름이, 그의 머리쓰개에는 당신의 위대함이 새겨져 있습니다"로 되어 있다. 「탈출기」 28:6 이하 참조; 강연 8, 18 참조.
49 「창세기」 6:5 이하 참조. 노아의 대홍수에 의해 죄악이 정화된다.
50 「탈출기」, 「레위기」, 「민수기」, 「신명기」.
51 「말라키서」 3:3: "그는 은 제련사와 정련사처럼 앉아 레위의 자손들을 깨끗하게 하고 그들을 금과 은처럼 정련하여 주님에게 의로운 제물을 바치게 하리라." 참조.

Spiritui sancto ratione gratiae. Hoc tempus dicitur Legis, quia adhuc Prophetae non apparuerunt.

14. Tempus prophetiae a Samuele incepit, quod habet similiter tria mysteria: primum inunctionis regum, ut in libro Regum et Paralipomenon; secundum fuit revelationis Prophetarum, ut in Psalmis et duodecim Prophetis minoribus et quatuor maioribus; tertium restaurationis principum et sacerdotum; et illud est Esdrae, Nehemiae et Machabaeorum.

15. In quarto tempore sunt tria mysteria: primum redemptionis hominum, in Evangeliis; secundum diffusionis charismatum, in Actibus Apostolorum et Epistolis Pauli et canonicis, ubi ostenduntur septem dona Spiritus sancti; tertium reserationis Scripturarum, in Apocalypsi. Post quod non potest esse aliud.

16. In his duodecim mysteriis est tota Scriptura. Iob et Esther, Tobias, Iudith cohaerentes sunt aliis: quia Iob cohaeret Legi

신비는 은총의 근거에서 성령에 상응합니다. 이 시기는 율법 시대라고 불리는데, 그때까지 예언자들이 나타나지 않았기 때문입니다.[52]

14. 사무엘에서 시작하는 예언자의 시대에도 비슷하게 세 가지 신비가 있습니다. 첫 번째 신비는 「열왕기」[53]와 「역대기」에서처럼 왕들의 기름바름(塗油)의 신비입니다. 두 번째 신비는 「시편」과 열두 명의 소예언자[54]와 네 명의 대예언자[55]에서처럼 예언자들의 계시의 신비입니다. 세 번째 신비는 「에즈라기」, 「느헤미야기」, 그리고 「마카베오기」에 있는 임금과 성직자의 복원의 신비입니다.

15. 네 번째 시기에 세 가지 신비가 있습니다. 첫 번째 신비는 복음에서처럼 사람들의 구원의 신비이고 두 번째 신비는 「사도행전」과 바오로 서간과 정경에 있는 하느님의 은총의 확산의 신비입니다. 여기에서 성령의 일곱 가지 선물[56]이 드러납니다. 세 번째 신비는 「요한묵시록」에서처럼 성경의 개봉의 신비입니다. 이 신비들 뒤에 다른 어떤 신비도 있을 수 없습니다.

16. 성경 전체는 이 열두 개의 신비로 가득 차 있습니다. 「욥기」와 「에스테르기」, 「토빗기」, 「유딧기」는 성경의 다른 부분에 딸린 부록입니다. 왜냐하면 「욥기」는 율법과 예언서의 책들에, 나머지 셋은 재건의 책들

---

52 강연 13, 16 참조.

53 「열왕기」는 총 네 권인데, 우리말 성경에서 「열왕기」 제1권과 제2권은 「사무엘기」 상·하권으로, 「열왕기」 제3권과 제4권은 「열왕기」 상·하권으로 번역되어 있다.

54 호세아, 요엘, 아모스, 오바드야, 요나, 미카, 나훔, 하바쿡, 스바니야, 하까이, 즈카르야, 말라키를 말한다.

55 이사야, 예레미야, 에제키엘, 다니엘을 말한다.

56 성령 칠은이라 불리는 것들은 sapientia(지혜), intellectus(통찰), prudentia(분별), fortitudo(용기/굳셈), scientia(지식/앎), respectus(공경), timor(경외)이다. Bonaventura, *Collationes de septem donis spiritus sancti, Tomus V*, pp. 455~503 참조.

et Prophetis, alii tres cohaerent libris restaurationis. —Unde dixit, quod aliquando liber Iob tantae auctoritatis fuit apud Iudaeos, ut poneretur in arca, ubi erant virga et tabulae. —Haec sunt duodecim ligna pullulantia in paradiso. In quolibet istorum sunt duodecim lumina intelligentiarum Scripturarum, scilicet allegoria, anagogia et tropologia; et duodecim duodecies sunt 144, et resultat numerus scilicet signatorum et numerus civitatis. Unde in Psalmo: Revela oculos meos, et considerabo mirabilia de lege tua.

17. De his duodecim lignis volo aedificare et erigere tabernaculum in corde. —In paradiso fuit lignum vitae, et fuit lignum scientiae boni et mali, et sic in omnibus Scripturae mysteriis explicatur Christus cum corpore suo, et antichristus et diabolus cum corpore suo. Et hoc modo Augustinus fecit librum de Civitate Dei, ubi incipit a Cain et Abel. In primis decem libris agit de Deo et reprobat idololatriam; in quatuor aliis de initio Ecclesiae; in aliis quatuor de progressu; in ultimis quatuor de Ecclesiae consummatione. Omnes enim Sancti praefiguraverunt Christum tam facto quam verbo, ut Iob etiam magis facto quam verbo, ut dicit Gregorius tertio Moralium.

에 첨부되어 있기 때문입니다. — 그러므로 [보나벤투라는] 지팡이와 계약의 판이 있던 방주에 놓여 있던 것 같은 크나큰 권위를 지닌 욥이 일찍이 유대인들 곁에 있었다고 말합니다. — 이들은 낙원에서 돋아나는 열두 그루의 나무입니다. 이들 각각에 성경의 통찰의 조명이 열두 개 있습니다. 즉 비유적인, 신비의 상징적인, 그리고 전의적인 조명이 있습니다. 그리고 12 곱하기 12는 144이고, 이 수는 봉인의 수와 도성의 수가 됩니다.[57] 그러므로 「시편」에서 "제 눈을 열어주소서. 당신 가르침의[58] 기적을 제가"[59] 바라보리라고 합니다.

17. 나는 이 열두 그루의 나무로 마음속에 천막을 지으려고 합니다. — 낙원에는 생명나무가 있었고, 선악과가 있었습니다.[60] 그리고 이렇게 강생하신 그리스도가 성경의 모든 신비에서 드러나고 육체를 지닌 적그리스도와 사탄들이 드러납니다. 아우구스티누스는 이런 방식으로 『신국론』을 썼는데, 이 책에서 그는 카인과 아벨에서 시작합니다.[61] 그는 처음 열 권에서 하느님에 관해 다루고, 우상숭배를 비난합니다. 그는 그다음 네 권에서 교회의 시작을, 그다음 네 권에서 교회의 전개를, 마지막 네 권에서 교회의 완성을 다룹니다. 그레고리우스가 『욥기의 윤리 문제』 제3권에서 언급했듯이,[62] 욥이 말에 의해서보다 행위로써 그랬듯이 모든 성인은 그리스도를 말씀에 의해 표상하듯이 행위에 의해서 먼저 드러냅니다.

---

57 「요한묵시록」7:4; 14:1; 21:17: "또 성벽을 재어보니 백사십사 페키스였는데, 사람들의 이 측량 단위는 천사도 사용하는 것입니다."
58 직역하면 '당신의 계명의'이다.
59 「시편」119:18.
60 「창세기」2:9.
61 아우구스티누스, 앞의 책, 2004, 제15권 [1, 2]: "인류의 저 두 원조로부터 형인 카인이 태어났는데 그는 인간의 도성에 속하고, 아우인 아벨이 태어났는데 그는 하느님의 도성에 속한다."
62 Gregorius, *Moralia in Iob*, III, c.13, n.25 [PL 75, 612 이하].

18. Dicamus ergo de Christo, quod est lignum vitae in medio paradisi; qui signatur in quatuor, quae sunt in primo mysterio, ab illo loco: In principio creavit, usque ibi: corrupta est. Signatur igitur per luminare maius, per lignum vitae, per Adae connubium, maxime per Abel occisum: quia Christus interfectus est a fratribus suis; et signum positum est in Iudaeis, ut non interficiantur, sed sint vagi et profugi super terram.

19. In secundo mysterio, scilicet purgationis scelerum, signatur per Noe genituram, qui habuit tres filios, et signat Christum, qui habuit tres filios, scilicet Graecos, Iudaeos, Latinos; quia scriptus erat titulus litteris Graecis, Hebraicis et Latinis. Signatur per arcam fabricatam, quae respondet corpori Christi principaliter, secundario Ecclesiae. Signatur per arcum in nubibus, qui est signum foederis. Signatur per Noe nudatum, iacentem in tabernaculo ebrium. Inebriatus fuit Christus amore sponsae suae et nudatus fuit in cruce, quem derisit ille pessimus Cham.

18. 따라서 우리는 낙원 한가운데 있는 생명나무인 그리스도에 대해 말합니다.[63] 그는 첫 번째 신비에 있는, 즉 '한처음에 하느님께서 창조하셨다'라는 부분부터 세상은 타락해 있었다'[64]까지 있는 네 가지에서 표시됩니다. 즉 더 많은 빛을 통해서, 생명나무에 의해서, 아담의 결혼에 의해서, 특히 살해된 아벨에 의해서 표시됩니다. 왜냐하면 그리스도는 그의 형제에 의해 살해되었기 때문입니다. 그리고 그들이 살해되지 않고 세상에서 떠돌고 도망 다니게 될 것이라는 표징이 유대인들에게 놓여 있습니다.

19. 그는 두 번째 신비에서, 즉 죄의 정화의 신비에서[65] 노아의 후손들에 의해 표시됩니다. 노아는 세 아들을 두었는데[66] 그는, 즉 그리스인, 유대인, 라틴인을 두었던 그리스도를 표시합니다. 왜냐하면 그리스어, 헤브라이어, 라틴어로 쓰인 죄의 명패가 있기 때문입니다.[67] 죄의 명패는 첫째, 그리스도의 몸에 상응하며, 둘째, 교회의 몸에 상응하는 제작된 방주에 의해 표시됩니다. 그는 계약의 표징인 구름 사이로 드러나는 무지개에 의해 표시됩니다. 그는 취해서 벌거벗은 채 자기 천막 안에 누워 있던 노아에 의해 의미가 부여됩니다.[68] 그리스도는 그의 신부에 대한 사랑으로 인해 취했고, 십자가 위에서 벌거벗은 채였고, 또한 가장 극악한 함(Cham)이 그를 비웃었습니다.[69]

---

63 「창세기」 2:9.
64 「창세기」 1:1-6; 1:11.
65 「창세기」 6:11.
66 「창세기」 9:18.
67 「루카복음서」 23:38: "예수님의 머리 위에는 '이자는 유다인들의 임금이다'라는 죄명 패가 붙어 있었다."
68 「창세기」 9:21 참조.
69 노아의 아들은 셈과 함과 야펫이다. 셈은 '이름난 사람', 함은 '열기 있는 자', 야펫은 '광대함'이란 뜻이다. 아우구스티누스, 앞의 책, 2004, 제16권, 2 참조.

20. In mysterio vocationis signatur per quatuor: per sacrificium Isaac, quia proprie per Abraham Deus Pater signatur; per Isaac, inquam, qui sibi ligna in collo portabat, scilicet lignum crucis Christus signatur per Iacob fecundantem uxores; per Iudam, qui habuit duos filios, Zaram et Phares, de quo multa dicuntur in benedictionibus, ut illud Genesis: Catulus leonis Iuda; ad praedam, fili mi, ascendisti; requiescens accubuisti ut leo et quasi leaena, quis suscitabit eum? Unde etiam legislator interseruit figuram illam de duobus filiis Iuda de Thamar. Signatur etiam per Ioseph rectissime, qui venditus a suis exaltatus fuit inter alienos. —Haec sunt duodecim mysteria principalia ante tempus Legis.

21. Sub Lege in mysterio lationis Legis signatur per virgam Moysi, qua flagellavit Aegyptum, qua siccavit maria, quae est virga virtutis, quam emisit Dominus ex Sion. Signatur per arcam testamenti, per multa in ea recondita. Signatur per ornatum Pontificis, ut per mitram, superhumerale etc.; in cuius morte profugi debebant redire ad propria. Signatur etiam per ritum sacrificii, per

20. 성소의 신비에서 그는 네 가지에 의해 의미됩니다. 첫째, 특히 아브라함을 통해 하느님께서 아버지로 드러나셨기 때문에 제물인 이사악에 의해 의미됩니다. 둘째, 나는 장작더미를, 즉 십자가 나무를 스스로 지고 간 이사악에 의해서 의미된다고 말했습니다.[70] 그리스도는 임신한 부인이 있는 야곱에 의해서 의미됩니다. 셋째, 두 아들, 즉 제라와 페레츠를 가진 유다에 의해 의미됩니다.[71] "유다는 어린 사자. 내 아들아, 너는 네가 잡은 짐승을 먹고 컸다. 유다가 사자처럼, 암사자처럼 웅크려 엎드리니 누가 감히 그를 건드리랴?"[72]라는 「창세기」의 구절처럼 축복 가운데 유다에 대해서 많은 것이 언급되었습니다. 따라서 율법의 입법자는 타마르의 자손인 유다의 두 아들에 대한 저 모습을 삽입했습니다. 넷째, 그리스도는 가장 정직한 요셉에 의해 의미되는데, 그의 형제들이 팔아버린 그는 이방인들 가운데에서 높이 들어올려졌습니다. ─ 이것은 율법 이전 시대에 있던 중요한 열두 신비입니다.

21. 율법 시대에 율법 선포의 신비에서 그리스도는 모세의 지팡이에 의해 의미됩니다. 그는 이 지팡이로 이집트를 쳤고, 이 지팡이로 바다를 말렸는데 이 지팡이는 능력의 지팡이입니다. "주님께서 당신 권능의 왕홀을 시온으로부터 뻗쳐[73]주십니다." 그는 계약의 방주에 의해, 방주에 숨겨진 많은 것에 의해 의미됩니다.[74] 주교관(主敎冠), 대제관복 등에 의해서처럼 주님의 장식품에 의해 의미됩니다. 피신했던 사람들은 대사제가 죽은 다음에야 그들의 집으로 되돌아갈 수 있었습니다.[75] 더욱이 그는 제사의 전례를 통해, 어린양에 의해, 숫양에 의해, 송아지 등에 의해 의

---

70 「창세기」 22:6.
71 「창세기」 38:27 이하. 강연 16에서 제라와 페레츠의 의미가 이어진다.
72 「창세기」 49:9.
73 「시편」 110:2.
74 「히브리인들에게 보낸 서간」 9:4: "그 속(=노아의 방주)에는 만나가 든 금 항아리와 싹이 돋은 아론의 지팡이와 계약의 판들이 들어 있었습니다."
75 「민수기」 35:28·32.

agnum, arietem, vitulum etc.; quae omnia referuntur ad Christum.

22. In mysterio prostrationis hostium similiter Christus signatur per Iosue ingressum, qui divisit Iordanem, ubi datur forma baptismi, et aquas, quae descendebant in mare mortuum, fecit redire in suam originem, hoc est animas. Signatur per suum conflictum. Signatur per suum triumphum, qui destruxit Iericho, suspendit reges, et post funiculis terram divisit et est introductor in terram promissionis. Ita Christus introducit nos in caelum per suum introitum.

23. In mysterio promotionis judicum signatur per Caleb, cui virtus duravit, qui explorator terrae fuit de tribu Iuda; per Othoniel, qui propter victoriam habuit uxorem Axam; per Gedeon, de quo in Isaia: Sicut in die Madian; per Samsonem, qui quasi in omnibus refertur ad Christum: per interfectionem leonis, per portas asportatas, qui etiam plures interfecit in morte quam vivus. Per amissionem capillorum signare non potest Christum, sed signat Christianum, qui

미됩니다. 이 모든 것이 그리스도와 관계있습니다.

22. 비슷하게 적들의 패망의 신비에서도 그리스도는 여호수아의 진입에 의해 의미되는데, 여호수아는 [예수가] 세례 받을 때 [성령이 비둘기의] 형상으로 내린 요르단 강을 나누었고 사해로 흘러 내려가는 물을 그 근원으로 되돌려 놓았습니다.[76] 이 물은 영혼입니다. 그리스도는 그의 전투에 의해 의미됩니다. 여호수아는 그의 승리에 의해 의미되는데, 그는 예리코를 파괴했고 왕들을 퇴위시키고 줄로 땅을 구분한 후에 약속의 땅으로 안내하는 안내자입니다. 이렇게 그리스도가 등장함으로써 그는 우리를 하늘로 이끌고 들어갑니다.

23. 그리스도는 판관의 선출의 신비에서 그에게 지속적으로 힘을 준 칼렙에 의해 의미됩니다. 칼렙은 유다 지파의 사람으로 [가나안] 땅의 정찰자였습니다.[77] 그리스도는 오트니엘[78]에 의해서 의미됩니다. 오트니엘은 승리한 덕택으로 아내인 악사를 얻게 되었습니다. 그리스도는 기드온에 의해 의미되는데 그리스도에 대해서 이사야는 "미디안을 치신 그 날처럼"[79]이라고 말합니다. 그리스도는 모든 것에서 그와 관계있는 듯한 삼손에 의해 의미됩니다. 사자가 찢겨 죽음으로써, 성문이 옮겨짐으로써 의미됩니다. 더욱이 "삼손이 죽으면서 죽인 사람이, 그가 사는 동안에 죽인 사람보다 더 많았다"[80]라고 합니다. 그는 머리털을 뽑혔기에 그리스도를 의미할 수 없고 성령의 일곱 가지 은사를 포기한 그리스도 신자를

---

76 「여호수아기」 3 : 16.
77 「민수기」 13 : 6: "유다 지파에서는 여푼네의 아들 칼렙"; 「판관기」 1 : 12 이하: "그때에 칼렙이 말하였다. '키르얏 세페르를 쳐서 점령하는 이에게 내 딸 악사를 아내로 주겠다.'"
78 오트니엘은 칼렙의 아우인 크나즈의 아들이다.
79 「이사야서」 9 : 3; 「판관기」 7 : 22; 「시편」 83 : 10: "미디안에서 하신 것처럼 그들에게 하소서."
80 「판관기」 16 : 30.

amittit septiformem gratiam Spiritus sancti. Unde quando non potest aliquid mysteriari in capite, transferendum est in membra.

24. In mysterio inunctionis regum signatur per David, per Salomonem, per Ezechiam, per Iosiam. —David figura est in multis. —Salomon signat Christum praeterquam in mulieribus, in quibus nullum bonum significare potest. Unde in Cantico, ubi dicitur: Sexaginta sunt reginae et octoginta concubinae, et adolescentularum non est numerus; non loquitur de uxoribus ad litteram, immo mysterialiter ponuntur ibi, in quibus signantur animae perfectae et imperfectae —Signatur per Ezechiam: Ego, inquit, dixi: In dimidio dierum meorum vadam ad portas inferi. —Iosias etiam signat Christum, de cuius morte factae sunt Lamentationes: Quomodo sedet sola civitas plena populo? Facta est quasi vidua domina gentium; princeps provinciarum facta est sub tributo.

25. In mysterio autem revelationis Prophetarum signatur specialiter per visum, per signum, per verbum, per factum. Primo quidem per visum, sicut vidit ollam succensam, et sic de aliis; et similiter virgam vigilantem, ibidem. Secundo, per signum, sicut de

의미합니다. 그러므로 신비적인 어떤 것이 머릿속에서 신비가 될 수 없을 때 그것은 사지(四肢)로 옮겨져야 합니다.

24. 왕의 도유(塗油)의 신비에서 그리스도는 다윗, 솔로몬, 히즈키야와 요시아에 의해 의미됩니다. ─ 다윗은 많은 사람들에게 전형입니다. ─ 솔로몬은 여자들에 관한 것을 제외하고 그리스도를 의미하는데, 여자들에 관한 한 그는 결코 선하지 않습니다. 따라서 "왕비가 예순 명, 후궁이 여든 명, 궁녀는 수없이 많지만"이라고 하는 「아가」에서[81] [저자인 솔로몬은] 문자대로의 아내에 대해 언급하는 것이 아니라 오히려 신비적으로 묘사하는데 이 언급에서는 아내들에게 있는 완전한 영혼과 불완전한 영혼이 의미됩니다. ─ 그리스도는 히즈키야에 의해 의미됩니다. 그는 이렇게 말했습니다. "나는 생각하였네. '내 생의 한창때에 나는 떠나야 하는구나. 남은 햇수를 지내러 나는 저승의 문으로 불려가는구나.'"[82] ─ 또한 요시아는 그리스도를 의미하는데, 그의 죽음에 대해 「애가」에서 언급됩니다. "아, 사람들로 붐비던 도성이 외로이 앉아 있다. 뭇 나라 가운데에서 뛰어나던 도성이 과부처럼 되고 말았구나. 모든 지방의 여왕이 부역하는 신세가 되어버렸구나."[83]

25. 그런데 예언자들의 계시의 신비에서 그리스도는 특히 환시에 의해, 표징에 의해, 말씀에 의해, 사건에 의해 의미됩니다. 첫째, 그는 끓는 냄비를 보듯이 환시에 의해 의미됩니다. 그리고 다른 것들에 대해서도 그렇습니다.[84] 비슷하게 그곳에서 편도나무 가지를 보듯이[85] 환시에 의

---

81 「아가」6:8. 불가타 성경에서는 제6장 제7절이다.
82 「이사야서」38:10.
83 「애가」1:1.
84 「예레미야서」1:13.
85 「예레미야서」1:11;「에제키엘서」24:3·6;「요엘서」2:6;「아모스서」4:2;「미카서」
   3:3.

Elisaeo et Giezi, qui portavit baculum super puerum, et non revixit; et postea ipse incubuit super ipsum; quod secundum Gregorium significat Legem et Christum. Tertio, per verbum, quod audiebant, sed non videbant, sicut dicebant: Verbum, quod locutus est Dominus super eum. Quarto, per factum, ut in facto Ionae, qui fuit tribus diebus in ventre ceti, sicut Dominus fuit per triduum in sepulcro. — In mysterio revelationis Prophetarum signatur per cantum harmoniae; in Psalmo: In psalterio decachordo, ubi David addiscit prophetare; per lumen sapientiae in libris sapientialibus; per canticum epithalamium, quod est sponsae Christi, in Cantico; per visum prophetiae, quod est diversimode: unus sicut virgam vigilantem vidit Christum, alius super solium excelsum, alius vestitum.

해 의미됩니다. 둘째, 그는 엘리사와 게하지에 대해서 그렇듯이 표징에 의해서 의미됩니다. 게하지가 "그 아이의 얼굴 위에 지팡이를 놓아보았으나 아무 소리도 응답도 없었다"[86]라고 하고, 그다음 엘리사가 "아이의 위에 엎드렸다"[87]라고 합니다. 이것은 그레고리우스에 따르면, 율법과 그리스도를 의미합니다.[88] 셋째, "이것은 주님께서 그에 대하여 하신 말씀이다"[89]라고 하듯이, 그들이 듣지만 보지 않는 말씀에 의해서 의미됩니다. 넷째, 요나의 경우처럼 사건에 의해 의미됩니다. "요나가 사흘 밤낮을 큰 물고기 배 속에 있었던 것처럼, 사람의 아들도 사흘 밤낮을 땅속에 있을 것이다."[90] — 그리스도는 예언자의 계시의 신비에서 선율이 아름다운 노래에 의해 의미됩니다. 「시편」에서는 다윗이 예언하는 것을 들어 알게 되자 "열 줄 수금으로 당신께 찬미 노래 부르오리다"[91]라고 합니다. 그는 「지혜서」에 있는 지혜의 빛에 의해, 「아가」에 있는 그리스도의 신부를 위한 결혼 축하곡에 의해 의미됩니다. 그는 다양한 방식으로 나타나는 예언의 환시에 의해 의미됩니다. 한 사람은 편도나무 가지를 보듯 그리스도를 보았고,[92] 다른 사람은 높이 솟아오른 어좌에 앉아 계시는 주님을 뵈었고,[93] 또 다른 사람은 옷을 입고 계시는 그리스도를 보았습니다.[94]

---

86 「열왕기 하권」 4:31.

87 「열왕기 하권」 4:34.

88 Gregorius, *Moralia in Iob*, IX, c.8, n.63 [PL 75, 894 이하] 참조.

89 「이사야서」 16:13: "이것은 예전에 주님께서 모압에 대하여 하신 말씀이다."

90 「마태오복음서」 12:40.

91 「시편」 144:9.

92 「예레미야서」 1:11.

93 「이사야서」 6:1.

94 「에제키엘서」 9:2: "그들 가운데 한 사람은 아마포 옷을 입고"; 「요한묵시록」 1:13: "그 등잔대 한가운데에 사람의 아들 같은 분이 계셨습니다."

26. In mysterio restaurationis primum signatur per Esdram, qui Scripturam et litteras reparavit; per Nehemiam, qui civitatem reparavit; per Zorobabel, qui templum reparavit; per Iesum, filium Iosedec, qui ritum colendi Deum reparavit.

27. In mysterio redemptionis hominum significatur Christus ut homo mansuetus in Matthaeo, ut leo triumphans in Marco; unde in eodem: Circumspiciens eos cum ira; ut vitulus occisus in Luca; unde: Fuit in diebus Herodis sacerdos, et oculum habet ad passionem; ut aquila volans quantum ad Divinitatem in Ioanne: In principio erat Verbum etc.

28. In mysterio diffusionis gratiae significatur ut diffusor largus in Actibus, cum dedit Spiritum sanctum; ut diffusor pius, ut in Paulo, in quo consummantur Actus Apostolorum; unde Lucas pauca dicit de aliis Apostolis et statim transit ad Paulum—qui dedit Spiritum sanctum; sicut patet de illis duodecim, qui baptizati erant in baptismo Ioannis—nec mirum, quia ipse fuit Beniamin et lupus rapax, ultimus Apostolorum, per quem significatur ordo futurus.

26. 그리스도는 복원의 신비에서 누구보다도 성경과 문헌을 다시 만들어낸 에즈라에 의해 의미됩니다.[95] 그는 성벽을 복구한 느헤미야에 의해 표시됩니다.[96] 그는 신전을 보수한 즈루빠벨에 의해서 표시됩니다. 그는 하느님을 찬미하는 제례를 복구한 여호차닥의 아들인 예수아에 의해 표시됩니다.[97]

27. 사람의 구원의 신비에서 그리스도는「마태오복음서」에 있는 온순한 사람처럼,「마르코복음서」에 있는 승리하는 사자처럼 제시됩니다. 따라서 같은 곳에서 "그분께서는 노기를 띠시고 그들을 둘러보셨다"[98]라고 합니다. 그는「루카복음서」에 있는 죽임을 당한 송아지처럼 표시됩니다. "헤로데 시대에 사제가 있었고"[99] 그의 눈은 수난을 향해 있었습니다. 그는「요한복음서」에 기록된 신성에 관한 한 날아다니는 독수리로 의미됩니다. "한처음에 말씀이 계셨다."[100]

28. 그리스도는 은총의 확산의 신비에서 성령을 부여했기 때문에「사도행전」에 묘사된 관대한 전파자로 의미됩니다. 그에게서 사도들의 행적이 완성되는 바오로에 있어서처럼 거룩한 전파자로 의미됩니다. 따라서 루카는 다른 사도에 대해서는 슬쩍 언급하고 즉시 바오로로 넘어갑니다. ― 그는 요한이 세례를 준 다른 열두 사도에 있어 분명하듯이 성령으로 세례를 주었습니다.[101] ― 이는 이상한 일이 아닙니다. 왜냐하면 바오로 자신은 벤야민이었고 약탈하는 이리였고[102] 사도 중에서 가장 마지

---

95 「에즈라기」3:2.
96 「느헤미야기」제2장.
97 「집회서」49:11-12 참조.
98 「마르코복음서」3:5.
99 「루카복음서」1:5.
100 「요한복음서」1:1.
101 「사도행전」19:1-7.
102 「창세기」49:27.

Significatur ut diffusor prudens in canonicis, ut diffusor sapiens in Epistolis Pauli.

29. In mysterio reserationis Scripturae significatur per modum praesidentis, ut patet per filium hominis in medio candelabrorum, qui habebat septem stellas, id est septem Ecclesias; per modum proeliantis, ut agnus cum bestia, cum dracone, in phialis et tubis; per modum triumphantis, quia habebat gladium acutum et falcem acutam; per modum beatificantis, quia vidit caelum novum et terram novam.

30. Haec sunt ergo mysteria circa lignum vitae, scilicet Scripturae, quae incipit ab aeternitate et terminata est ad aeternitatem. Unde: In principio creavit Deus caelum et terram; et in fine: Vidi caelum novum et terram novam. Hae sunt quadraginta octo tabulae tabernaculi: viginti in uno latere, et viginti in alio, in posteriori octo; in quo ponitur arca, scilicet Christus, continens in se omnes thesauros sapientiae et scientiae, in quem Cherubim respiciunt. Et haec sunt duodecim ligna circa lignum vitae.

막 사도였기 때문입니다. 그를 통해 미래의 질서가 의미됩니다. 그리스도는 정경에서는 사려 깊은 전파자로, 바오로 서간에서는 지혜로운 전파자로 의미됩니다.

29. 성경의 개봉의 신비에서 그리스도는 촛대 가운데에 있는 사람의 아들에 의해 분명하듯이 통치자의 방식에 의해 의미됩니다.[103] 그는 오른손에 일곱 별을 쥐고 있었습니다. 다시 말해서 일곱 교회를 갖고 있었습니다. 짐승과 큰 구렁이와 같이 있는 일곱 대접과 나팔에 있는 어린양처럼 그는 싸우는 사람의 방식에 의해 의미됩니다. 그는 승리하는 사람의 방식에 의해 의미되는데, 왜냐하면 날카로운 검과 날카로운 낫을 들고 있기 때문입니다.[104] 그리스도는 새 하늘과 새 땅을 보았기 때문에[105] 행복을 주는 사람의 방식에 의해 의미됩니다.

30. 이것들이 생명의 나무, 즉 태초로부터 시작하고 영원에서 끝나는 성경의 나무에 관한 신비들입니다. 따라서 한처음에 하느님께서 하늘과 땅을 창조하셨습니다. 그리고 나는 마지막에 새 하늘과 새 땅을 보았습니다. 이것은 마흔여덟 개의 성막의 널빤지입니다. 스무 개는 남쪽에, 그리고 스무 개는 북쪽에, 그리고 여덟 개가 서쪽에 세워져 있습니다. 이 안에 방주가 놓여 있습니다.[106] 다시 말해 그 자신 안에 지혜와 지식의 모든 보물을 지니고 있는,[107] 그의 안에서 커룹(케루빔)들이 마주 보고 있는[108] 그리스도가 계십니다. 그리고 이것이 생명의 나무 주위에 있는 열두 그루의 나무입니다.

---

103 「요한묵시록」 1 : 16.
104 「요한묵시록」 14 : 14.
105 「요한묵시록」 21 : 1.
106 「탈출기」 26 : 18.
107 「콜로새 신자들에게 보낸 서간」 2 : 3.
108 「탈출기」 25 : 18 이하.

De tertia visione tractatio tertia, quae,continuans
praecedentem, primo manifestat, quomodo in duodecim
mysteriis principalibus ostendatur etiam antichristus;
deinde incipit agere de infinitis caelestibus theoriis
germinantibus ex seminibus et fructibus Scripturae

1. *Protulit terra herbam virentem et facientem semen iuxta genus suum.* Dictum est, quod in duodecim mysteriis principalibus ostenditur Christus; et per oppositum ostenditur antichristus, quod sic manifestatur. —Primum est mysterium conditionis rerum; et ibi ostenditur per Lamech, qui primus introduxit bigamiam et fuit transgressor legis naturae et fuit luxuriosissimus; et tunc videntes filii Dei filias hominum, quod essent pulchrae, acceperunt sibi uxores ex omnibus, quas elegerant. Propter quod inductum fuit diluvium. Et inde colligitur, qualis erit antichristus, quia immundissimus; et inde ostenditur eius significatio, quia interficiet illum, in quo positum

셋째 날의 봄에 대한 세 번째 강연.
계속해서 앞서는 것에서 첫째, 열두 개의 본래적인 신비에서 적그리스도가 드러나는 방식과 둘째, 씨앗과 성경의 결실에서 발아된 무한한 천상에 관한 직관에 대한 강연

1. "땅은 푸른 싹을 돋아나게 하였고 제 종류대로 돋아나게 하였다."[1] 열두 개의 본래적인 신비에서 그리스도가 드러난다고 언급되었습니다.[2] 그리스도에 반대해 적그리스도가 드러난다는 것이 다음과 같이 분명해집니다. ― 첫째, 사물의 창조의 신비가 있습니다. 거기에서 적그리스도는 라멕에 의해 분명해지는데 그는 이중결혼을 도입했고, 자연법을 위반했으며 가장 무절제했습니다.[3] 그리고 그때 "하느님의 아들들은 사람의 딸들이 아름다운 것을 보고, 여자들을 골라 모두 아내로 삼았다"[4]라고 합니다. 이런 이유로 노아의 홍수가 초래되었습니다. 따라서 적그리스도는 가장 방탕한 것이므로 그가 어떠할지가 이로부터 추론될 수 있습니다. 이로부터 그의 표식이 분명해지는데, 왜냐하면 그는 표식이 찍혀 있

---

1 「창세기」 1 : 12.

2 강연 14, 17 이하.

3 「창세기」 4 : 19 : "라멕은 아내를 둘 얻었는데, 한 아내의 이름은 아다이고 다른 아내의 이름은 칠라였다." 라멕은 노아를 낳았다.

4 「창세기」 6 : 2.

est signum, scilicet Iudaeos, qui per Cain significantur. Et ideo de Lamech ultio dabitur septuagies septies, quia maius erit peccatum eius quam peccatum Iudaeorum.

2. In secundo mysterio, scilicet punitionis scelerum, signatur per Nemrod, qui primus se fecit imperatorem, cuius etiam auctoritate aedificata est turris, quae tangeret caelum; in quo intelligitur, quod antichristus erit superbissimus, ita ut extollatur super omne, quod dicitur Deus.

3. In tertio mysterio, scilicet vocationis vel electionis Patrum, signatur per Dan; et aliqui volunt dicere, quod ad litteram erit de tribu Dan. Utrum autem ita sit, non auderem affirmare; attamen in Apocalypsi tribus Dan non signatur. De isto Dan dicitur in Genesi: Fiat Dan coluber in via, cerastes in semita, qui abscondit se in sabulo, ut capiat aves circa se volantes; et in hoc ostenditur, quod erit fraudulentissimus. Mordet autem ungulas equorum, ut cadat ascensor eius retrorsum. Certum est, quod per equum significatur praedicator veritatis, per ungulam significatur perfectio evangelica, quam antichristus impugnabit. Equus enim, si non habet fixionem ungulae,

는 저 사람을 살해했기 때문입니다. 다시 말해 카인에 의해 표시된 유대인들을 살해했기 때문입니다.[5] 라멕은 일흔일곱 갑절로 앙갚음을 받을 것인데 그의 죄가 유대인이 지은 죄보다 더 중하기 때문입니다.

2. 두 번째 신비, 즉 악행의 처벌의 신비에서 적그리스도는 니므롯에 의해 표시됩니다.[6] 그는 자신을 지배자로 만든 첫 번째 사람이고 더욱이 그의 권위에 의거해 하늘에 닿는 탑이 세워졌습니다. 적그리스도가 그의 안에서 가장 교만할 것이라고 인식되고, 이렇게 하느님이라고 불리는 모든 것의 위로 들어올려집니다.

3. 세 번째 신비, 즉 선조들의 성소의 또는 선택의 신비에서 적그리스도는 단에 의해 대표됩니다. 그리고 몇몇 사람은 글자대로 단의 종족에 대한 저 말을 글자의 의미대로 이해하길 원합니다. 그런데 나는 그러한지를 감히 긍정하지 않습니다. 그런데 「요한묵시록」에서 단의 종족은 인장을 받지 못했습니다.[7] 저 단의 종족에 대해 「창세기」에서 "단은 길가의 뱀, 모래 안에 숨어 있는 오솔길의 독사가 되고 그래서 그의 주변을 날아다니는 새를 잡는다"[8]라고 합니다. 그리고 이 부분에서 가장 기만하는 사람이 될 것이라는 점이 드러납니다. 그는 "말 뒤꿈치를 물어 그 위에 탄 사람이 뒤로 떨어진다"라고 합니다. 말은 진리의 선포자를 의미하고 말 뒤꿈치는 적그리스도가 논박한 복음의 완성을 확실히 표시합니다. 만약 말발굽이 고정되어 있지 않다면 말은 아무것도 할 수 없습니다. 요셉

5 「창세기」 4:15: "카인을 죽이는 자는 누구나 일곱 갑절로 앙갚음을 받을 것이다."; 4:24: "카인을 해친 자가 일곱 갑절로 앙갚음을 받는다면 라멕을 해친 자는 일흔일곱 갑절로 앙갚음을 받는다."

6 「창세기」 10:8; 「테살로니카 신자들에게 보낸 둘째 서간」 2:4: "신이라고 일컬어지는 모든 것과 예배의 대상이 되는 것들에 맞서 자신을 그보다 더 높이 들어올립니다."

7 「요한묵시록」 7:4.

8 「창세기」 49:17: "단은 길가의 뱀, 오솔길의 독사, 말 뒤꿈치를 물어 그 위에 탄 사람이 뒤로 떨어진다."

nihil valet. Ioseph igitur erat cum filiis ancillarum, qui vendiderunt fratrem suum; Dan autem primogenitus fuit ancillarum.

4. In quarto mysterio, scilicet lationis Legis, signatur per Balaam, qui dedit pessimum consilium, qui fuit idololatra, et licet multa bona diceret, tamen aras aedificabat et auguria quaerebat. Et in hoc significatur, quod erit pessimus idololatra et invocator daemonum; in Daniele: Deum autem Maozim in loco suo venerabitur.

5. In quinto mysterio, scilicet prostrationis hostium, signatur per Achan, qui furatus fuit de anathemate et mortuus est excommunicatus; et in hoc significatur, quod erit avarissimus et rapacissimus. —In sexto mysterio, scilicet constitutionis vel promotionis iudicum, signatur per Abimelech, qui septuaginta fratres meliores se interfecit; et in hoc significatur, quod erit crudelissimus.

6. In septimo mysterio, scilicet inunctionis regum, signatur per Goliam armatum, qui exprobrabat agminibus filiorum Israel. Erit enim magnificus in exterioribus, loquetur etiam blasphemiam

은 자기 형제들을 팔아치운 몸종들의 아들들과 함께 있었습니다. 그런데 단은 몸종의 맏아들이었습니다.[9]

4. 네 번째 신비, 즉 율법 선포의 신비에서 적그리스도는 발라암에 의해 대변됩니다.[10] 발라암의 신탁은 가장 나쁜 신탁이었고 그는 우상숭배자였으며, 좋은 것을 많이 이야기했다 해도 제단을 만들고 점술을 찾았습니다. 그리고 가장 나쁜 우상숭배자가 될 것이고 악마에게 기도하는 자가 될 것이라는 점이 여기에서 드러납니다. 「다니엘서」에서는 "그들 대신에 성채의 신"[11]을 공경할 것이라고 합니다.

5. 다섯 번째 신비, 즉 적들의 패망의 신비에서 적그리스도는 아칸이 대표합니다.[12] 아칸은 파문의 재물을 도둑질했고 파문된 채 죽었습니다. 그가 가장 탐욕적이고 가장 욕심이 많을 것이라는 점이 여기에서 드러납니다. — 여섯 번째 신비, 즉 판관의 구성 또는 승진의 신비에서 적그리스도는 아비멜렉에 의해 드러납니다.[13] 그는 그보다 더 착한 자기 형제 일흔 명을 살해했습니다. 그가 가장 잔인하게 될 것이라는 점이 여기에서 특징지어졌습니다.

6. 일곱 번째 신비에서, 다시 말해 왕들에게 기름 바름(도유)의 신비에서 적그리스도는 무장한 골리앗에 의해 드러납니다.[14] 골리앗은 이스라엘 자손들의 전열을 비난했습니다. 그는 거인이었고 더욱이 하느님의 백

---

9 「창세기」35:25. 라헬의 몸종 빌하의 아들이 단과 납달리이다.
10 「민수기」22:22.
11 「다니엘서」11:38.
12 「여호수아기」7:1 이하.
13 「판관기」9:1.
14 「사무엘기 상권」17:4. 현재 팔레스타인 사람들은 예전에 필리스티아 사람이라고 불렸고, 성경에서는 '블레셋' 사람들이라고 불렸는데, 블레셋 거인 장수 골리앗이 바로 필리스티아 사람이다. 홍익희, 앞의 책, 2013, 79쪽 참조.

contra populum Dei.—In octavo mysterio, scilicet revelationis Prophetarum, signatur per regem impudentem, quia sciet argumenta et rationes ultra humanum modum, quia erit intelligens propositiones et astutissimus.

7. In nono mysterio, scilicet restaurationis principum, signatur per Antiochum, qui interpretatur silentium paupertatis, qui destruxit omnes leges universaliter, volens unam facere; qui illos septem fratres interfecit. Fecit etiam quod nullus ausus fuit, scilicet destruere legem Iudaeorum—verum est, quod Aman attentavit Iudaeos disperdere, sed non praevaluit—in quo significatur, quod erit destructor legis evangelicae et occisor Christianorum.—In decimo mysterio, scilicet redemptionis hominum, signatur per Iudam proditorem. Erit enim malignissimus.

8. In mysterio undecimo, scilicet diffusionis charismatum, signatur per Simonem magum, qui voluit emere Spiritum sanctum et in altum ascendit et postea cecidit, qui daemones invocavit. Erit enim mendacissimus, ut veniat in signis et prodigiis mendacibus. —

성에 맞서 신성모독을 범했습니다. ─ 여덟 번째 신비, 즉 예언자들의 계시의 신비에서 적그리스도는 파렴치한 왕에 의해 드러납니다.[15] 왜냐하면 그는 인간적인 척도 너머에 있는 증거와 이유를 알고 있기 때문이며 가장 교활한 의도를 인식할 것이기 때문입니다.

7. 아홉 번째 신비에서, 즉 임금의 복원의 신비에서 적그리스도는 안티오코스[16]에 의해 특징지어지는데[17] 그의 이름은 가난의 망각이라고 해석됩니다. 그는 하나의 법을 만들기 원하면서 일반적으로 모든 법을 파괴했습니다. 그는 저 일곱 형제들을 살해했고 더욱이 어느 누구도 감행하지 않았던 일을 했습니다. 즉 그는 감히 유대의 법을 파괴하려고 했습니다. 하만은 사실 모든 유대인을 없애버리려고 했지만 효과가 없었습니다.[18] ─ 하만은 적그리스도가 복음의 법의 파괴자와 그리스도 신자들의 살해자가 될 것임을 드러냅니다. ─ 열 번째 신비, 즉 인간의 구원의 신비에서 적그리스도는 배신자 유다에 의해 특징지어집니다.[19] 사실 유다가 가장 악의적인 인간일 것입니다.

8. 열한 번째 신비, 즉 은총의 확산의 신비에서 적그리스도는 마술사 시몬에 의해 특징지어집니다.[20] 시몬은 성령을 사고 싶어 했고 높이 올라갔고 그다음 아래로 추락했으며 마귀를 불렀습니다. 사실 그는 거짓 표징과 끝없는 거짓말을 일삼는 최고의 거짓말쟁이가 될 것입니다. ─ 열

---

15 「다니엘서」 8:23: "얼굴이 뻔뻔하고 술수에 능란한 임금이 일어나리라."
16 「마카베오기 상권」 1:10 이하.
17 「마카베오기 상권」 1:41 이하: "안티오코스 임금은 온 왕국에 칙령을 내려, 모두 한 백성이 되고 자기 민족만의 고유한 관습을 버리게 하였다." 일곱 형제들의 죽음에 대해서는 「마카베오기 하권」 7:4; 1:63 참조.
18 하만에 대해서는 「에스테르기」 3:1; 3:10; 9:6-10. 하만의 몰락에 대해서는 「에스테르기」 제7장 참조.
19 「마태오복음서」 26:14.
20 「사도행전」 8:9.

In mysterio duodecimo, scilicet reserationis Scripturarum, signatur per bestiam abyssalem sive ascendentem de abysso, quae omnia conculcat. Erit enim consummatus in omni malitia. Habebit enim septem capita, id est omnia genera tentandi et omnes modos, nunc per divitias, nunc per falsa miracula, nunc per metum etc. Unde in Iob: Stringit caudam quasi cedrum, quia in eo conflabuntur omnes malitiae; et sicut Christus habuit omnia charismata, ut natura assumta potuit accipere; sic ille omnes malitias habebit.

9. Sic igitur Scriptura explicat paulatim procedendo, quomodo antichristus erit primo immundissimus etc. Unde iuxta lignum vitae erat lignum scientiae boni et mali; quia iste promittet bona et dabit mala. Unde efficietur serpens, draco et bestia. —In omnibus istis mysteriis correspondentia est Patri et Filio et Spiritui sancto, quia Trinitas maxime debet refulgere in omnibus operibus horum mysteriorum. [Et licet Antichristus tot habeat subversionis vias, ut dictum est, ut quasi videatur impossibile humanae fragilitati persistere, tamen Christus benignissime providit homini ita quod unico, brevi, facili verbo potest aperte deprehendere eum, quod

두 번째 신비인 성경의 개봉의 신비에서 적그리스도는 심연에 있는 짐 승[21] 또는 모든 것을 짓밟는 심연에서 올라오는 짐승에 의해 의미됩니 다. 실제로 그는 모든 악함을 완전히 체현할 것입니다. 그는 모든 수단과 방식을 동원해, 즉 때로는 재화를 통해서, 때로는 잘못된 기적을 통해서, 때로는 공포를 통해서 일곱 개의 머리를 가질 것입니다. 따라서 욥은 그 의 안에서 모든 악이 야기되기 때문에 "염포로 꼬리를 묶었다"[22]라고 합 니다. 그리스도가 그에게 귀속된 본성을 받아들일 수 있는 모든 은사를 갖고 있듯이 적그리스도는 모든 악을 체현하게 될 것입니다.

9. 이렇게 성경은 적그리스도가 첫째[23] 어떻게 가장 부정한 자인가를 점차적으로 설명합니다. 그래서 생명의 나무 옆에 선악과가 있었습니 다.[24] 이 나무는 선을 약속하고 악을 줄 것이기 때문입니다. 뱀, 용, 그리 고 짐승이 창조되었습니다. — 이런 모든 신비에서 성부와 성자와 성령 은 상응합니다. 왜냐하면 삼위일체는 이 모든 신비의 작품에서 최고로 빛나야 하기 때문입니다. [적그리스도가 엄청 많은 파괴 수단을 갖고 있 고, 언급했듯이 인간의 허약함 때문에 그에 대한 저항이 불가능하다 해 도, 그리스도는 인간을 심히 염려하셔서 간략한 단순한 한마디로도 적 그리스도를 확실히 승복시킬 수 있습니다. 왜냐하면 적그리스도는 신도 아니고 참되지도 않기 때문입니다. 왜냐하면 적그리스도는 그리스도가

---

21 「요한묵시록」 13:1: "나는 또 바다에서 짐승 하나가 올라오는 것을 보았습니다. 그 짐승은 뿔이 열이고 머리가 일곱이었으며, 열 개의 뿔에는 모두 작은 관을 쓰고 있었 고 머리마다 하느님을 모독하는 이름들이 붙어 있었습니다."
22 「욥기」 40:12: "교만한 자는 누구든 살펴 그를 꺾고 악인들은 그 자리에서 짓밟아 보 아라."
23 우리는 적그리스도를 계속해서 다음과 같이 칭할 수 있다. 그는 가장 교만한 자, 가장 큰 사기꾼, 가장 비열한 우상숭배자, 가장 욕심이 많은 자, 가장 잔인한 자이고 파렴 치한이며 가장 비열하며, 그리스도를 죽인 자이고 가장 비루한 자이고 가장 큰 거짓 말쟁이이고 신성을 모독한 자다.
24 「창세기」 2:9.

non est Deus nec verus. Non enim potest homini dicere quid homo cogitat, sicut Christus frequenter in Evangelio facit, ut ibi: Ut quid ascendunt cogitationes in cor vestrum? Hoc enim solus potest ille facere qui potest animam creare, scilicet ad intimum animae venire, secundum Augustinum, *De Civitate Dei*.]

10. Sequitur de seminibus et fructibus: Protulit, inquit, terra herbam virentem et facientem semen iuxta genus suum. Sicut enim in congregatione aquarum significatur multiformitas intelligentiarum, et in germinatione terrae multiplicitas sacramentalium figurarum; sic in seminibus ostendit, se habere infinitatem quandam caelestium theoriarum, quae significantur per semina. Intelligentiae enim principales et figurae in quodam numero certo sunt, sed theoriae quasi infinitae: quia, sicut refulsio radii et imaginis a speculo fit modis quasi infinitis, sic a speculo Scripturae. Quis potest scire, quot sunt media inter angulum rectum et obtusum, inter angulum obtusum et acutum? Sicut enim in seminibus est multiplicatio in infinitum, sic multiplicantur theoriae. Unde in Daniele: Pertransibunt plurimi, et multiplex erit scientia, quia varie inspicit hic et ille in speculo.

11. Haec consideratio theoriarum est inter duo specula duorum Cherubim, duorum scilicet testamentorum, quae refulgent in invicem, ut transformetur homo a claritate in claritatem. Haec

복음에서 "너희들의 마음에 있는 생각이 무엇을 올라오게 하느냐?"라고 빈번히 묻듯이, 사람들이 무엇을 생각하는지 그에게 말할 수 없기 때문입니다. 영혼을 창조할 수 있는, 다시 말해서 아우구스티누스가 『신국론』에서 말하듯이 영혼의 가장 내부에 도달할 수 있는 그리스도만이 이렇게 할 수 있기 때문입니다.][25]

10. 씨앗들과 열매들에 대해서는 다음과 같이 언급됩니다. 땅은 푸른 싹을 돋아나게 하여라. 씨를 맺는 풀과 씨 있는 과일나무를 제 종류대로 돋아나게 하라고 하느님께서 말씀하셨다.[26] 물이 모인 곳에서 통찰의 다양성이 의미되고 땅에서 싹들과 과수들이 움틈으로써 성사적인 형상의 다양성이 의미되듯이, 이렇게 씨앗들을 통해 의미되는 천상의 직관이 씨앗들에 무한하게 있을 수 있다는 것이 드러납니다. 중요한 통찰과 형태는 어떤 확실한 수로 있지만 직관은 무한한 것처럼 있습니다. 광선과 거울에 비친 상이 마치 무한하게 반사되듯이 성경의 거울이 반사하는 것도 무한합니다. 직각과 무딘 각 사이에, 무딘 각과 뾰족한 각(銳角) 사이에 얼마나 많은 각이 있는지 누가 알 수 있습니까? 씨앗들이 무한하게 많이 번식할 수 있듯이 이렇게 직관도 증가합니다. 그러므로「다니엘서」에서는 "많은 이가 이리저리 돌아다니며 더 많은 깨달음을 얻을 것"[27]이라고 합니다. 왜냐하면 이 사람과 저 사람은 거울로 보듯 다양하게 바라보기 때문입니다.

11. 직관에 대한 이 숙고는 두 커룹의 두 개의 거울 사이에 있습니다. 다시 말해서 번갈아 빛나는 두 계약 사이에 있습니다. 그래서 인간은 너울을 벗은 얼굴로 변해 갑니다.[28] 그런데 시간들이 서로 다르게 결합하므

---

25 강연 15, 10부터는 내용이 완전히 달라진다. 강연 15, 제1~9까지를 제1부, 10부터를 제2부라고 할 수 있겠다.

26 「창세기」1:12. 뒤따르는 주제에 대해서는 강연 13과 14 참조.

27 「다니엘서」12:4.

autem germinatio seminum dat intelligere secundum diversas temporum coaptationes diversas theorias; et qui tempora ignorat istas scire non potest. Nam scire non potest futura qui praeterita ignorat. Si enim non cognosco, cuius arboris semen est; non possum cognoscere, quae arbor debet inde esse. Unde cognitio futurorum dependet ex cognitione praeteritorum. Moyses enim, prophetans de futuris, narravit praeterita per revelationem.

12. Notandum autem, quod sicut Deus sex diebus mundum fecit et in septimo requievit; ita corpus Christi mysticum sex habet aetates et septimam, quae currit cum sexta et octavam. Hae sunt rationes seminales ad cognoscendum Scripturas. —Prima aetas quasi infantia ab Adam usque ad Noe. Deus enim in principio quasi in semine posuit quod postea pullulavit in facto mystico vel opere. Prima dies significat primum tempus, quo datur homini lux et cognitio; et haec est infantia, quae oblivione deletur; sic quidquid actum est usque ad illud tempus, quo diluvio deletum est omne animal praeter illa quae fuerunt cum Noe.

로 씨앗들이 움트는 것은 서로 다른 직관을 인식하게 합니다. 그리고 시간을 모르는 사람은 다른 직관들을 알 수 없습니다. 왜냐하면 과거를 모르는 사람은 미래를 알 수 없기 때문입니다. 내가 만약 어떤 나무의 씨앗인지 인식하지 못한다면 나는 그것에서 어떤 나무가 나올지 모릅니다. 그러므로 미래의 것에 대한 인식은 과거의 것에 대한 인식에서 유래합니다. 미래의 것에 대해 예언하는 모세도 계시를 통해 과거의 것을 이야기 합니다.

12. 하느님께서 엿새 동안 세상을 만드시고 이레 날 휴식하셨듯이 그리스도의 신비체도 여섯 시대를 거칩니다. 또 여섯째 시대와 함께 나아가는 일곱째 시대가 있고[29] 여덟째 시대가 있음을 생각해야 합니다. 이 시대들은 성경을 인식하기 위한 씨앗의 근거입니다. — 흡사 유년기인 첫째 시대는 아담부터 노아까지의 시대입니다. 하느님은 후에 신비적인 사건 또는 활동에서 돋아나는 것을 처음에 씨앗에 설정합니다. 첫날은 첫째 시대를 의미하고 이 시대를 통해 사람에게 빛과 인식이 주어집니다. 첫날은 유년기인데, 유년기는 망각되어 버립니다. 이렇게 노아와 함께 있던 것들을 제외하고 그 시대에 모든 생물체가 대홍수로 숨졌습니다.[30] 대홍수가 일어나기 전까지 모든 것은 실제로 있었습니다.

---

28 「코린토 신자들에게 보낸 둘째 서간」3:18. 두 커룹에 대해서는 강연 9, 19 참조. 「탈출기」25:22: "속죄판 위, 곧 증언 궤 위에 있는 두 커룹 사이에서 이스라엘 자손들을 위하여 내가 너에게 명령할 모든 것을 일러주겠다." 커룹을 불타는 돌이라고 지칭하는 「에제키엘서」28:14와 16 참조.

29 Bonaventura, *Brevil.*, Prologus §2 [V, 203 이하]: "Describit autem per tria tempora mundum decurrere, scilicet per tempus legis naturae, legis scriptae et legis gratiae, et in his tribus temporibus septem distinguit aetates. Quarum prima est ab Adam usque ad Noe, secunda a Noe usque ad Abraham, tertia ab Abraham usque ad David, quarta a David usque ad transmigrationem Babylonis, quinta a transmigratione usque ad Christum, sexta a Christo usque ad finem mundi, septima decurrit cum sexta, quae incipit a quiete Christi in sepulcro, usque ad resurrectionem universalem, quando incipiet resurrectionis octava."

13. Secundum tempus respondet secundae diei et aetati pueritiae: quia tunc factum est firmamentum in medio aquarum; in quo tempore factum est foedus per arcam, ne homines delerentur per aquas inferiores, et per arcum, ne ulterius per diluvium perirent. Et sicut in pueritia pueri loquuntur et discunt loqui, sic in tempore secundo divisae sunt linguae. Et haec aetas durat a Noe usque ad Abraham.

14. In tertia die terra germinavit, et in tertia aetate, scilicet adolescentia, homo potens est generare. Et in tertia aetate, quae durat ab Abraham usque ad David, tunc coepit Synagoga in Abraham et per circumcisionem factam in carne eius florere.

15. In quarta die facta sunt luminaria caeli, et adornatum est caelum; et respondet aetati iuventutis, quia illa aetas apta est sapientiae. Et in quarta aetate sive tempore, quae durat a David usque ad transmigrationem Babylonis, viguit et floruit regnum et sacerdotium quasi duo luminaria, et stellae fuerunt Prophetae.

13. 둘째 시대는 둘째 날에, 그리고 소년기에 상응합니다. 왜냐하면 그때 물 한가운데 궁창이 생겼기 때문입니다.[31] 아래쪽에 있는 물 때문에 사람들이 몰살되지 않도록, 또한 더 이상 망각 때문에 멸망하지 않도록 이 시기에 노아의 방주를 매개로 계약이 맺어졌습니다.[32] 어린아이들이 말을 하고 또 말하는 것을 배우듯이, 둘째 시대에 언어가 나누어졌습니다.[33] 그리고 이 시기는 노아로부터 아브라함까지입니다.

14. 셋째 날에 땅에서 싹이 트고 셋째 시대인 청소년기에 사람들은 아이를 낳을 수 있는 능력을 갖춥니다. 그리고 아브라함에서 다윗까지 지속되는 이 시기에 회당은 아브라함에서 시작되었고, 할례를 받아 그의 후손들이 번성하기 시작했습니다.[34]

15. 넷째 날에 하늘의 빛물체들이 생겼고 하늘이 장식되었습니다. 그리고 이 시대는 지혜에 적합하기 때문에 이날은 젊은이들의 시대에 부합합니다. 다윗에서 바빌론 유배까지 지속되는 넷째 시대 또는 시간에 왕국과 사제직은 마치 두 개의 빛물체처럼 번성하고 만발하며 예언자들은 별들이었습니다.

---

30 「창세기」7:21; Bonaventura, *Brevil.*, Prologus §2: "Vocatur autem prima aetas infantia, quia, sicut infantia tota oblivione deletur, sic illa prima aetas per diluvium est consumta."

31 「창세기」1:6.

32 「창세기」6:18: "그러나 내가 너와는 내 계약을 세우겠다. 너는 아들들과 아내와 며느리들과 함께 방주로 들어가거라."; 9:12: "하느님께서 다시 말씀하셨다. '내가 미래의 모든 세대를 위하여, 나와 너희, 그리고 너희와 함께 있는 모든 생물 사이에 세우는 계약의 표징은 이것이다.'"

33 「창세기」11:7: "자, 우리가 내려가서 그들의 말을 뒤섞어 놓아, 서로 남의 말을 알아듣지 못하게 만들어버리자."

34 「창세기」17:2 이하.

16. Quinta die facti sunt pisces; et respondet senectuti, ubi iam incipit calor diminui; sic in quinta aetate, scilicet a transmigratione Babylonis usque ad Christum, Synagoga incepit deficere et senuit et perdidit auctoritatem.

17. Sexta die factus est homo princeps bestiarum; et respondet senio, quae aetas est matura et apta sapientiae; et respondet sextae aetati, quae est a Christo usque ad finem mundi; et in sexta aetate Christus natus est, sexta die crucifixus, sexto mense conceptus post conceptionem Ioannis. Sapientia ergo sexta aetate incarnata est.

18. Septima aetas currit cum sexta, scilicet requies animarum post Christi passionem. —Ad has sequitur octava aetas, scilicet resurrectio, de qua Psalmista ait: Mane astabo tibi et videbo, quoniam non Deus volens iniquitatem tu es. Et est reditus ad primum, quia post septimam diem regressus fit ad primam. —Haec sunt semina iactata ad intelligentiam Scripturarum, quae producuntur de illis arboribus secundum expositionem communem; et sic tempus dividitur in septem aetates.

19. Secundum alios reducitur tempus ad quinque; et hoc ponit Christus, qui ponit quinque vocationes: Simile est regnum caelorum homini patrifamilias, qui exiit primo mane conducere

16. 다섯째 날에 물고기들이 만들어졌습니다. 이날은 정열이 이미 식기 시작하는 노년기에 부합합니다. 이렇게 다섯째 시대에, 즉 바빌론 유배부터 그리스도에 이르는 시대에 회당은 없어지기 시작했고 쇠약해졌고 권위를 상실했습니다.

17. 여섯째 날에 짐승의 우두머리인 인간이 창조되었습니다. 그리고 이날은 노년에 상응하는데, 노년은 원숙한 시대이고 지혜에 적합한 시대입니다. 또한 이날은 여섯째 시대에 상응하는데, 이 시대는 그리스도로부터 시작해서 세상 끝까지 이르는 시대입니다. 그리스도는 여섯째 시대에 탄생했고 여섯째 날에 십자가에 못 박혔는데 그는 요한보다 여섯 달 후에 잉태되었습니다.[35] 그러므로 지혜는 여섯째 시대에 강생합니다.

18. 일곱째 시대는 여섯째 시대와 함께 갑니다. 다시 말해서 그리스도의 수난 이후에 영혼의 휴식이 있습니다. ─ 여덟째 시대, 즉 부활이 다른 시대들을 뒤따라오는데 이 시대에 대해 「시편」의 저자는 "당신은 불의를 원하시는 하느님이 아니시기에 이른 아침에 나는 당신의 곁에 서 있을 것이고 당신을 볼 것"[36]이라고 합니다. 그리고 이것이 첫째 것으로 회귀합니다. 왜냐하면 칠일이 지난 다음 첫째 날로 되돌아가기 때문입니다. ─ 이것들은 성경을 통찰하기 위해 뿌려진 씨앗들입니다. 이 씨앗들은 저 나무들로부터 나온다고 일반적으로 해석됩니다. 그리고 이렇게 시간도 일곱 시대로 나누어집니다.

19. 다른 시간들에 상응해 시간은 다섯으로 환원됩니다. 다섯 성소를 설정한 그리스도가 이 시간을 설정했습니다. 하늘나라는 자기 포도밭에서 일할 일꾼들을 사려고 이른 아침 집을 나서는 가장과 비슷합니다.[37]

---

35 「루카복음서」1:36.
36 「시편」5:4: "아침부터 당신께 청을 올리고 애틋이 기다립니다."

operarios in vineam suam, scilicet mane, tertia, sexta, nona, undecima. Mane fuit initium creaturae, quia posuit Deus hominem in paradiso et praecepit, ut operaretur et custodiret illum. Adhuc tamen ligonem non habebat nec sarculum; de lignis tamen facere poterat, quae sibi obediebant. — Secunda vocatio fuit per flagellum usque sub Noe, qui praedicabat, ut caverent amplius. — Tertia, sub Abraham, qui fuit cultor Dei et erector altarium, et haec usque ad Moysen. — Quarta, sub Moyse per Legem et miracula, et haec usque ad Christum. — Quinta, sub Christo et per Christum per poenitentiam, ad quam omnes vocavit et ad nuptias.

20. Secundum Sanctos modernos et antiquos distinguuntur tria tempora, scilicet legis naturae, legis scriptae et legis gratiae. — Septenarius appropriatur Spiritui sancto propter septem charismata gratiarum; quinarius Filio, propter quinque sensus spirituales — in huius signum Cherubim ala habebat quinque cubitos — ternarius Patri, quia ternarius principium est perfectorum; item, omnis

그는 이른 아침, 세 시, 여섯 시, 아홉 시, 그리고 열한 시에 일꾼들을 사러 나갑니다. 하느님께서 사람을 데려다 에덴동산에 두시어 그곳을 일구고 돌보라고 명령하셨기 때문에[38] 이른 아침에 피조물이 창조되기 시작했습니다. 그때까지 그에게는 괭이도 호미도 없었습니다. 그럼에도 그는 그에게 순종하는(=주어진) 나무로 괭이도 호미도 만들 수 있었습니다. — 두 번째 성소는 더욱 조심하라고 가르쳤던 노아의 일족에 이르기까지 채찍에 의해 있었습니다. — 세 번째 성소는 하느님의 숭배자인, 제단을 쌓은 아브라함의 성소이고, 이 성소는 모세까지 이르렀습니다. — 네 번째 성소는 율법과 기적에 의해 모세 아래 있었고 그리스도까지 이르는 성소입니다. — 다섯 번째 성소는 그리스도 아래에 또한 그리스도를 통한 회개에 의해 있습니다.[39] 그리스도는 모든 사람을 회개에, 그리고 혼인 잔치에 초대했습니다.[40]

20. 근대와 고대의 성인들에 따라 세 시대가, 즉 자연법의, 성경법의, 은총의 법의 시대가 구분됩니다.[41] — 하느님의 무상의 일곱 은사로 인해 성령에 일곱이 상응합니다. 다섯 개의 정신적인 감각이 있기에 아들에게 다섯이 상응합니다. — 그의 표식을 지닌 커룹의 날개는 다섯 암마[42]였습니다.[43] — 아버지에게는 셋이라는 수가 주어지는데, 셋은 완전한 것의 근거이기 때문입니다. 또한 필수적인 모든 증명은 셋에서 시작

---

37 「마태오복음서」 20 : 1. 우리말 성경에 따르면, "집을 나선 밭 임자와 같다."

38 「창세기」 2 : 15.

39 「마태오복음서」 4 : 17: "그때부터 예수님께서는 '회개하여라. 하늘나라가 가까이 왔다' 하고 선포하기 시작하셨다."

40 「마태오복음서」 22 : 2 이하: "하늘나라는 자기 아들의 혼인 잔치를 베푼 어떤 임금에게 비길 수 있다. 그는 종들을 보내어 혼인 잔치에 초대받은 이들을 불러오게 하였다. 그러나 그들은 오려고 하지 않았다."

41 Bonaventura, Brevil., p.6, c.2.

42 팔꿈치를 뜻하는 라틴어 'cubitum'은 팔꿈치에서 가운뎃손가락 끝까지의 길이로 약 44센티미터 안팎이므로 날개는 약 2미터 20센티미터이다.

43 「열왕기 상권」 6 : 24.

probatio necessario a ternario incipit et est prima; item, Pater tres habet notiones; est enim generans, innascibilis, spirans. —Triplex est lex: intra scripta, ut naturae; extra proposita, ut legis scriptae; desuper infusa, ut gratiae. Haec sunt seminaria, quae qui ignorat, scilicet haec tempora, non potest venire ad mysterium Scripturarum.

21. Iunge septem aetates, quinque vocationes, tria tempora, et habes quindecim, qui numerus mysterium habet, ut ostendit Hieronymus. Per descensum Spiritus sancti super centum viginti credentes: per istos quindecim gradus habet sol ascendere super nostrum hemisphaerium in una hora; quia, si dies naturalis viginti quatuor horas habet, et quodlibet signum triginta gradus et quolibet die volvuntur duodecim signa; necesse est, ut in una hora elevetur sol super hemisphaerium nostrum quindecim gradibus; et illud est mane resurrectionis, quando erimus in fine saeculi: Mane, inquit, astabo tibi et videbo. —Haec seminaria absolute considerata sunt.

하고 이는 첫 번째 증명입니다. 또한, 성부에게는 세 개의 개념이 있습니다.[44] 즉 성부는 생산하지만 창조될 수 없고 살아 계십니다. ─ 자연의 법처럼 인간에게 생득적인 법, 성문법처럼 제정된 법, 그리고 은총의 법처럼 위에서 주어진 법, 이렇게 세 가지 법이 있습니다. 이 씨앗들, 즉 이 시대들을 무시하는 사람은 성경의 신비에 도달할 수 없습니다.

21. 일곱 시대와 다섯 성소와 세 개의 시대를 더하십시오. 그럼 열다섯이 될 것인데, 열다섯은 히에로니무스가 말하듯이 신비를 지닌 숫자입니다.[45] 성령이 120명의 신자 위에 강림함으로써[46] 태양은 한 시간에 열다섯 단계를 통해 우리의 반구 위로 올라갑니다. 하루가 24시간이고 각 표식이 서른 단계를 갖고 있고 날마다 열두 개의 표식에 의해 지나간다면 태양은 분명 우리의 반구 위로 열다섯 단계 올라가야 하기 때문입니다. 그리고 이것은 우리가 세상의 마지막에 있게 될 때인 부활의 새벽입니다. 그리스도는 '이른 아침에 나는 너의 곁에 서 있을 것이고 너를 볼 것'[47]이라고 합니다. ─ 이 씨앗들은 완전하게 고찰된 것입니다.

---

44 성부의 개념에 대해서는 Bonaventura, *Brevil.*, p.I, c.3 참조: 강연 4, 16 참조.
45 「갈라티아 신자들에게 보낸 서간」 1:18: "그러고 나서 3년 뒤에 나는 케파(=베드로)를 만나려고 예루살렘에 올라가, 보름 동안 그와 함께 지냈습니다."; Hieronymus, *Comment in Epist. ad Gal.* 1, 18. I: "Non abs re arbitror, quindecim dies, quibus apud Petrum Paulus habitavit, plenam significare scientiam consummatamque doctrinam. Siquidem quindecim sunt carmina in Psalterio et quindecim gradus, per quos ad canendum ascendunt Deo, et in atriis eius consistendum iustus ascendit. Ezechias quoque, quindecim annorum spatio sibi ad vitam dato, aignum accipere meretur in gradibus [Isai 38, 8 seqq.] etc."
46 「사도행전」 1:15.
47 「시편」 5:4: "주님, 아침에 제 목소리 들어주시겠기에 아침부터 당신께 청을 올리고 애틋이 기다립니다."; 강연 15, 18 참조.

22. Item, comparatur quod oritur ad illud, de quo oritur, ut arbor ad semen, de quo oritur, et ad arborem, de qua semen oritur. Sic comparatur novum testamentum ad vetus, ut arbor ad arborem, ut littera ad litteram, ut semen ad semen. Et sicut arbor est de arbore, et semen de semine, et littera de littera; sic testamentum de testamento. Secundum hoc assignatur comparatio duorum testamentorum sex modis, secundum differentiam unitatis, dualitatis, ternarii, quaternarii, quinarii et senarii, semper addita unitate.

23. Secundum rationem unitatis duo sunt testamenta: unum in servitutem generans, alterum in libertatem; unum secundum timorem, alterum secundum amorem; unum secundum litteram, alterum secundum spiritum; unum secundum figuram, alterum secundum veritatem; et sic distinguuntur ista duo tempora ut nox et dies. Unde in Psalmo: Dies diei eructat verbum, et nox nocti indicat scientiam. In nocte illa Lex fuit ut luna; Patres, ut stellae, secundum Gregorium. Sed cum venit sol, tunc fuit clara dies.

24. Alia distinctio est secundum rationem dualitatis. Vetus testamentum habet duo tempora, scilicet tempus ante Legem et tempus sub Lege. —Sic in novo testamento respondet duplex tempus: tempus vocationis gentium, quod respondet primo; et tempus vocationis Iudaeorum, quod respondet secundo. Hoc tempus nondum est, quia tunc impletum erit illud Isaiae: Non levabit gens

22. 또한, 생산된 것은 생산의 근원과 비교됩니다. 마치 나무가 자신이 맺은 씨앗과 비교되고 씨앗을 맺는 나무와 비교되듯이 말입니다. 마치 나무가 나무와, 글자가 글자와, 씨앗이 씨앗과 비교되듯이 신약은 구약과 비교됩니다. 나무가 나무에서 또한 씨앗이 씨앗에서 또한 글자가 글자에서 나오듯이 이렇게 계약은 계약에서 나옵니다. 이에 따라 두 계약은 여섯 가지 방식으로 비교됩니다. 즉 항상 하나가 부가됨으로써 한 개, 두 개, 세 개, 네 개, 다섯 개, 그리고 여섯 개의 차이에 따라 비교됩니다.

23. 하나의 근거에 따라 두 가지 계약이 있습니다. 하나는 여종에게서 생산하는 것이고 다른 하나는 자유의 몸인 부인에게서 생산하는 것입니다.[48] 한 생산은 두려움에 따른 것이고 다른 생산은 사랑에 따른 것입니다. 하나는 문자에 따른 것이고 다른 하나는 영(靈)에 따른 것입니다. 하나는 형상에 따른 것이고 다른 하나는 진리에 따른 것입니다. 이렇게 밤과 낮처럼 저 두 시간이 구분됩니다. 그러므로 「시편」에서는 "낮은 낮에게 말을 건네고 밤은 밤에게 지식을 전하네"[49]라고 합니다. 그레고리우스에 따르면, 율법은 밤에 달처럼 있었고 조상들은 별처럼 있었습니다. 그런데 해가 떴을 때 낮이 되었습니다.

24. 다른 구분은 두 개의 근거에 따라 있습니다. 구약은 두 가지 시간을, 즉 율법 이전의 시간과 율법 이후의 시간을 갖습니다. ─ 이렇게 신약에서도 두 가지 시간이 부응합니다. 한 시간은 이교도의 성소의 시간인데, 이는 첫 번째 시간에 상응하고 다른 시간은 유대인들의 성소의 시간인데 이는 두 번째 시간에 상응합니다. "한 민족이 다른 민족을 거슬러

---

48 「갈라티아 신자들에게 보낸 서간」 4 : 24; 아우구스티누스, 앞의 책, 2004, 제15권, 2;
　　강연 2, 15 참조.
49 「시편」 19 : 3; Gregorius, *Moralia in Iob*, XXVII, c.8, n.42 : "선조들과 예언자들은 하
　　늘의 별과 같다."

contra gentem gladium, nec exercebuntur ultra ad proelium; quia hoc nondum adimpletum est, cum adhuc vigeat uterque gladius; adhuc sunt disceptationes et haereses. Unde Iudaei, quia hoc sperant, credunt, nondum venisse Christum.

25. Quod autem Iudaei convertantur, certum est per Isaiam et Apostolum, qui allegat auctoritatem: Si fuerit numerus filiorum Israel tanquam arena maris, reliquiae salvae fient. Et adhuc: Caecitas ex parte contingit in Israel, donec plenitudo gentium subintraret. Et hoc ostendit Isaias: Verbum misit Dominus in Iacob et cecidit in Israel. Verbum missum in Iacob; Iacob est nomen naturae, quia fuit de eius semine, sed cecidit in Israel; Israel, nomen spirituale: nos sumus filii Israel et filii Abrahae secundum repromissionem, quia sumus imitatores fidei Abrahae. Unde Isaias: Cognovit bos possessorem suum, et asinus praesepe domini sui; Israel autem me non cognovit, et populus meus non intellexit. Bos, ordo apostolicus, unde Paulus dicit se Hebraeum ex Hebraeis; ipsi fuerunt boves proscindentes terram; asinus fuit populus gentilis; Isaias: Venite,

칼을 쳐들지도 않고 다시는 전쟁을 배워 익히지도 않으리라"[50]라는 이사야의 저 말이 그때 완성되기에 이 시간은 아직 도래하지 않았습니다. 각각의 검들이 여전히 힘이 있었기에, 그때까지 논쟁과 이단이 있었기에 이사야의 말이 아직 성취되지 않았기 때문입니다. 이런 이유로 유대인들은 이것을 희망했기에 아직 그리스도가 오지 않았다고 믿습니다.

25. 그런데 유대인들이 개종했다는 것은 이사야와 권위를 드러내는 사도를 통해서 분명합니다. 이스라엘의 자손들이 바닷가의 모래만큼 있게 될 때라도 남은 사람들은 구원될 것입니다.[51] 그리고 일부 이스라엘 사람의 마음은 다른 민족들의 수가 다 찰 때까지 완고합니다.[52] 이사야가 이 마음을 드러냅니다. "주님께서 야곱에게 말씀을 보내시니 그것이 이스라엘 위로 떨어졌습니다."[53] 말씀이 야곱에게 보내졌습니다. 야곱은 이스라엘의 씨에서 태어났기에 자연적인 이름입니다. 그런데 말씀이 영적인 이름인 이스라엘 위에 내려졌습니다. 우리는 약속에 따라 이스라엘의 자손이고 아브라함의 자손입니다. 왜냐하면 우리는 아브라함의 믿음을 따르기 때문입니다. 그래서 이사야는 "소도 제 임자를 알고 나귀도 제 주인이 놓아준 구유를 알건만 이스라엘은 알지 못하고 나의 백성은 깨닫지"[54] 못한다고 합니다. 소는 사도적인 질서를 의미하고, 이런 이유로 바오로는 자신이 히브리 사람에게서 태어난 히브리 사람이라고 말합니다.[55] 밭을 가는 소는 히브리인들을, 나귀는 이방인들을 의미합니다.

---

50 「이사야서」 2:4;「로마 신자들에게 보낸 서간」 2:14 참조.
51 「이사야서」 10:22: "이스라엘아, 네 백성이 설사 바다의 모래 같다 하여도, 그들 가운데 남은 자들만 돌아올 것이다.";「로마 신자들에게 보낸 서간」 9:27: "이사야는 이스라엘을 두고 이렇게 외칩니다. '이스라엘 자손들의 수가 바다의 모래 같다 하여도 남은 자들만 구원을 받을 것이다.'"
52 「로마 신자들에게 보낸 서간」 11:25.
53 「이사야서」 9:7;「로마 신자들에게 보낸 서간」 9:6.
54 「이사야서」 1:3.
55 「필리피 신자들에게 보낸 서간」 3:5: "여드레 만에 할례를 받은 나는 이스라엘 민족

et ascendamus ad montem Domini et ad domum Dei Iacob. Et sequitur: Non levabit gens contra gentem gladium, nec exercebuntur ultra ad proelium. —Contradicunt Iudaei, quoniam nondum hoc impletum est; sed Propheta non loquitur pro primo adventu, vel pro prima vocatione, sed pro ultima, quando dies Domini erit super omnem arrogantem; nec est intelligendum, quod illos ramos sic dimittat Deus. [Sic ergo duo sunt tempora in utroque tempore; unde Deus non adhuc illos ramos, scilicet Iudaeos, evulsit.]

26. Tertia comparatio veteris et novi testamenti est secundum rationem ternarii: quia est tempus Synagogae initiatae, promotae, deficientis. —Sic in novo testamento est Ecclesiae initiatae, dilatatae, consummatae. Unde in Cantico ter laudatur Ecclesia, quae unica tantum est, nec sunt nec possunt esse plures. Laus Ecclesiae initiatae: Quae est ista, quae ascendit per desertum sicut virgula fumi? Secundo, Ecclesiae dilatatae: Quae est ista, quae progreditur quasi aurora consurgens, pulchra ut luna, electa ut sol? Tertio, Ecclesiae

이사야는 이렇게 말합니다. "자, 주님의 산으로 올라가자. 야곱의 하느님 집으로!"[56] 또 계속해서 "한 민족이 다른 민족을 거슬러 칼을 쳐들지도 않고 다시는 전쟁을 배워 익히지도 않으리라"[57]라고 합니다. ─ 이 말이 아직 성취되지 않았기에 유대인들은 반대합니다. 그런데 예언자들은 첫 번째 도래 또는 첫 번째 성소에 대해 말하지 않고 주님의 날이 오만한 모든 사람의 위에 있게 될 때[58]인 마지막의 도래 또는 성소에 대해 말합니다. 우리는 하느님께서 저 지파들을 용서했다고 이해하면 안 됩니다. [그러므로 그때마다의 시간에 두 개의 시간이 있습니다. 하느님은 그때까지 저 지파들을, 즉 유다의 지파들(=이스라엘 자손들)을 없애지 않으셨습니다.[59]]

26. 구약과 신약의 세 번째 비교는 세 가지 근거에서 생깁니다. 구약은 시작된, 발전된, 소멸하는 회당의 시간입니다. ─ 이렇게 신약에도 시작된 교회의, 확장된 교회의, 완성된 교회의 시간이 있습니다. 그러므로 「아가」에서 교회는 세 차례 찬미됩니다. 교회는 다수가 아니고 다수일 수 없으며 오직 하나입니다. 시작되는 교회에 대해 "연기 기둥처럼 광야에서 올라오는 저 여인은 누구인가?"라고 칭송됩니다.[60] 둘째, 확장된 교회에 대해 "새벽빛처럼 솟아오르고 달처럼 아름다우며 해처럼 빛나는 저 여인은 누구인가?"[61]라고 칭송됩니다. 셋째, 완성된 교회에 대해 "님

으로 벤야민 지파 출신이고, 히브리 사람에게서 태어난 히브리 사람이며, 율법으로 말하면 바리사이입니다."; 「로마 신자들에게 보낸 서간」 11:1: "나 자신도 이스라엘 사람입니다. 아브라함의 후손으로서 벤야민 지파 사람입니다." 제11장 제16절에서 사도는 뿌리와 가지를 예로 사용한다.

56 「이사야서」 2:3.
57 「이사야서」 2:4.
58 「이사야서」 2:12: "정녕 만군의 주님의 날이 오리라. 오만하고 교만한 모든 것, 방자하고 거만한 모든 것 위로 그날이 닥치리라."
59 「로마 신자들에게 보낸 서간」 9:27.
60 「아가」 3:6; 강연 2, 14 참조.
61 「아가」 6:10.

consummatae: Quae est ista, quae ascendit de deserto, deliciis affluens, innixa super dilectum suum? Necesse est enim, quod Rachel pariat filios suos in finali Ecclesia. Unde in Apocalypsi: Manasses ponitur ante patrem, quia sexto loco, et Ioseph undecimo, ultimo Beniamin, et non sine causa.

27. Quarta comparatio veteris et novi testamenti secundum coaptationes temporum est, quia quatuor tempora in veteri testamento respondent quatuor ordinibus circa tabernaculum duodecim tribuum, respondent quatuor lateribus civitatis Apocalypsis et quatuor animalibus circa sedem. Primum tempus est vocationis Patriarcharum; secundum, institutionis iudicum; tertium, inunctionis regum; quartum, illustrationis Prophetarum. — His quatuor in novo testamento respondet tempus Apostolorum, martyrum, pontificum, virginum.

28. Quinta comparatio est secundum rationem quinarii, ut sit manus dextera et sinistra habens quinque digitos. Primum tempus est conditionis naturarum; secundum, inspirationis Patriarcharum; tertium, institutionis legalium; quartum, illustrationis Prophetarum; quintum, restaurationis ruinarum. — In novo testamento respondet mane, tertia, sexta, nona, undecima. Mane respondet conditioni naturae, quando posuit Deus Adam in paradiso, ut operaretur et

치도록 즐거워하며 자기 연인에게 몸을 기댄 채 광야에서 올라오는 저 여인은 누구인가?"라고 칭송됩니다.[62] 왜냐하면 라헬이 마지막 교회에서 자기 아들들을 낳는 것이 필수적이기 때문입니다. 그러므로 「요한묵시록」에서는 므나쎄 지파가 여섯 번째 자리에 있으므로 아버지 앞에 놓이고 요셉 지파가 열한 번째 자리에 오고 벤야민 지파가 마지막 자리에 놓이는데[63] 아무런 이유 없이 이렇게 놓인 것은 아닙니다.

27. 구약과 신약의 네 번째 비교는 시간의 결합에 의해 있는데 구약에 있는 네 시간이 열두 부족의 천막과 관련이 있어 네 개의 질서에, 또한 「요한묵시록」에서 언급된 도성의 네 벽[64]과 어좌 근처에 있는 네 생물에 상응하기 때문입니다.[65] 첫 번째 시간은 시조의 성소의 시간입니다. 두 번째 시간은 판결의 규정의 시간입니다. 세 번째 시간은 왕에게 기름 바르는(塗油) 시간입니다. 네 번째 시간은 예언자의 예증의 시간입니다. ― 신약에 있는 사도들의 시간, 순교자의 시간, 주교의 시간, 동정녀의 시간이 이 네 시간에 상응합니다.

28. 다섯 번째 비교는 오른손과 왼손의 다섯 손가락처럼 다섯 개의 근거에 따라 있습니다. 첫 번째 시간은 자연의 조건의 시간입니다. 두 번째 시간은 시조들의 영감의 시간입니다. 세 번째 시간은 합법적인 규정의 시간입니다. 네 번째 시간은 예언자들의 예증의 시간입니다. 다섯 번째 시간은 폐허의 복구의 시간입니다. ― 신약에 언급된 이른 아침, 세 시, 여섯 시, 아홉 시, 열한 시가 이들 시간에 상응합니다.[66] 이른 아침은

---

62 「아가」 8:5.
63 「요한묵시록」 7:6; 「창세기」 41:51. 므나쎄 아버지는 요셉이다. 요셉 지파는 열한 번째 자리에, 요셉의 친동생인 벤야민 지파는 열두 번째 자리에 온다.
64 「요한묵시록」 21:16; 강연 6, 14 참조.
65 「민수기」 2:2: "이스라엘 자손들은 저마다 제 집안의 표지로 세운 깃발 아래 진을 쳐야 한다."; 「요한묵시록」 4:8; 강연 7, 21 참조.
66 「마태오복음서」 20:1; 강연 15, 19 참조.

custodiret illum. Primum tempus in novo testamento est diffusionis charismatum, quod respondet esse creaturae; secundum, vocationis gentium, quod respondet secundo; tertium, institutionis Ecclesiarum secundum leges, quod respondet tertio; quartum, religionum multiplicationis, quod respondet quarto, maxime Rechabitis, qui morabantur circa Iordanem, qui pauperes erant; quintum, in fine restaurationis collapsorum, quia oportet, quod veniat Elias, qui restituet omnia; cum eo et veniet Henoch. Bestia autem vincet illos duos testes. Unde necesse est, ut prius ruant, et fiat ruina et postea restauratio; tanta erit tribulatio, ut in errorem inducantur, si fieri potest, etiam electi.

낙원에서 일하고 낙원을 지키도록 하느님께서 아담을 낙원에 두셨을 때[67]이고 자연의 조건에 부응하는 시간입니다. 신약에서 첫 번째 시간은 피조물의 존재에 상응하는 하느님의 은사의 확산에 속합니다. 두 번째 시간은 이교도들의 성소의 시간으로, 이는 세 시에 부응합니다. 세 번째 시간은 법에 따른 교회 조직의 시간으로 여섯 시가 이에 상응합니다. 네 번째 시간은 종교가 증가하는 시간인데 아홉 시가 이에 부응하고 이 시간은 특히 레캅 집안 사람들의 시간입니다. 이들은 요르단 주변에 머물던 가난한 사람들입니다.[68] 다섯 번째 시간은 폐허의 복구가 완성되는 시간입니다. 왜냐하면 모든 것을 원 상태로 바로잡을 엘리야가 와야만 하기 때문입니다.[69] 그와 함께 에녹도 올 것입니다.[70] 그런데 짐승들이 저 두 증인을 정복합니다.[71] 그러므로 필연적으로 증인들이 먼저 파멸하고 폐허가 되고 그다음 복구됩니다. 큰 환난이 닥칠 것이고[72] 그래서 만약 가능하다면, [적그리스도는] 더욱이 선택된 이들까지 속이려고 할 것입니다.[73]

---

67 「창세기」 2 : 15.

68 「예레미야서」 35 : 2.

69 「마태오복음서」 17 : 11 : "과연 엘리야가 와서 모든 것을 바로잡을 것이다."; 「집회서」 44 : 16 : "에녹은 주님을 기쁘게 해드린 뒤 하늘로 옮겨졌다."; 「히브리인들에게 보낸 서간」 11 : 5 : "믿음으로써, 에녹은 하늘로 들어올려져 죽음을 겪지 않았습니다."

70 「창세기」 5 : 24 : "에녹은 하느님과 함께 살다가 사라졌다. 하느님께서 그를 데려가신 것이다."

71 「요한묵시록」 11 : 7 : "그들이 증언을 끝내면, 지하에서 올라오는 짐승이 그들과 싸워 이기고서는 그들을 죽일 것입니다."

72 「마태오복음서」 24 : 21.

73 「마태오복음서」 24 : 24 : "거짓 그리스도들과 거짓 예언자들이 나타나, 할 수만 있으면 선택된 이들까지 속이려고 큰 표징과 이적을 일으킬 것이다."

Collatio XVI

De tertia visione tractatio quarta, quae prosequitur agere de theoriis ex Scriptura germinantibus, et quidem ratione fructuum in coaptatione temporum, quatenus haec sibi mutuo correspondent; et in specie explicatur comparatio septenarii secundum correspondentiam trium temporum

1. *Protulit terra herbam virentem et facientem semen iuxta genus suum lignumque pomiferum et habens fructum unumquodque secundum speciem suam* etc. Dictum est circa istam visionem intelligentiae per Scripturam eruditae de intelligentia spirituali, quae intelligebatur per congregationem aquarum; item, de sacramentali figura, quae intelligebatur per germinationem terrae. Dictum est etiam de theoriis, quae intelliguntur et per semen et per fructum. Habent enim theoriae sementivam multiplicationem et refectivam sustentationem; ideo intelliguntur partim per semen et partim per germinationem fructuum. Quantum ad semen consistunt in coaptationibus temporum, secundum quod tempora sibi invicem succedunt: quantum ad arboris fructum, secundum quod tempora sibi mutuo correspondent. Secundum comparationem arboris vel seminis ad semen tempora sibi mutuo succedunt; secundum comparationem germinis ad germinans mutuo sibi correspondent, ut iam patebit.

시간들이 서로 상응하는 한 시간들의 적합한 결합에 있는 결실의 근거에서 성경에서 나온 명상에 대한 연속 강연. 세 가지 시간의 상응에 따른 개별적인 일곱 비교에 대한 강연

1. 땅은 푸른 싹을 돋게 하여라. 씨를 맺는 풀과 씨 있는 과일나무를 제 종류대로 땅 위에 돋게 하여라.[1] 영적인 통찰에 대해 성경에 의해 형성된 통찰의 상에 관하여 언급되었습니다.[2] 영적인 통찰은 물의 집합에 의해 인식되었습니다. 또한, 땅에서 나오는 것에 의해 인식되었던 거룩한 형상에 대해서도 언급되었습니다. 또한, 직관에 대해서도 언급되었는데, 직관은 씨앗과 결실에 의해서 인식됩니다. 사실 직관은 씨앗이 번식하고 식물의 생기를 회복하는 영양분을 지니고 있습니다. 따라서 직관들은 일부는 씨앗에 의해, 일부는 결실에 의해 인식됩니다. 씨앗이 시간들의 결합과 관계가 있는 한 시간은 순차적이고, 나무의 결실과 관계가 있는 한 서로 상응합니다. 나무의 비교 또는 씨앗에 대한 씨앗의 비교에 따라 시간은 순차적입니다. 곧 분명해지듯이 움트게 하는 것과 움틈의 비교에 상응해 시간은 서로 상응합니다.

---

1 「창세기」1:12.
2 강연 13~15.

2. Distinguuntur autem tempora secundum rationem ternarii, videlicet secundum tres leges: intra scriptam, exterius dispositam, superius infusam: secundum rationem quinarii: mane, tertia, sexta, nona, undecima, quae sunt, quinque vocationes usque ad finem mundi. — Et secundum hoc distinguuntur sex aetates; septima autem currit secundum omnes cum sexta. — Post novum testamentum non erit aliud, nec aliquod sacramentum novae legis subtrahi potest, quia illud testamentum aeternum est. Ista tempora sibi mutuo succedunt, et multa est in eis correspondentia, et sunt sicut germinatio seminis ex semine, ut de semine arbor, et de arbore semen.

3. Assignantur autem tempora, ut sibi mutuo correspondent, primo secundum rationem unitatis, ut comparatur unum tempus novi testamenti ad unum tempus veteris testamenti secundum correspondentiam litterae et spiritus, promissionis et solutionis, figurae et veritatis, promissionis terrenae et caelestis, timoris et amoris.

4. Item, duorum temporum ad duo: in veteri testamento tempus ante Legem et tempus sub Lege; in novo autem tempus vocationis gentium et tempus vocationis Iudaeorum, quae erit in fine. Et ista signata est in duobus filiis Iudae, scilicet Zaram et

2. 시간은 세 가지 근거, 즉 세 개의 법에 따라 구분됩니다. 즉 생득적인, 제정된, 위에서 주입된 법에 따라 구분됩니다. 시간은 다섯 근거에 따라, 즉 아침, 세 시, 여섯 시, 아홉 시, 열한 시에 따라 구분되는데 이들은 세상의 끝까지 있을 다섯 소명입니다.[3] — 그리고 이에 상응해 여섯 시대가 구분됩니다. 그러나 일곱째 시대는 여섯 시대와 함께 모든 것에 상응해 흘러갑니다. — 신약의 다음에는 아무것도 없을 것이고 새로운 법의 어떤 성사도 제거될 수 없습니다. 왜냐하면 신약은 영원하기 때문입니다.[4] 저 시간들은 순차적으로 흐르고 많은 것이 그 시간에 상응하고 이 시대는 씨앗에서 나무가, 나무에서 씨앗이 나오듯이 씨앗에서 나오는 씨앗의 생성처럼 있습니다.

3. 시간들은 서로 상응하듯이 나뉩니다. 첫째, 글과 영의 약속과 약속의 이행의, 형상과 진리의, 지상의 약속과 천상의 약속의, 두려움과 사랑의 상응에 따라 신약의 한 시간이 구약의 한 시간과 비교되도록 하나의 근거에 따라 나뉩니다.[5]

4. 또한, 두 개에 대한 두 시간의 비교가 있습니다. 구약의 시간은 율법 이전의 시간과 율법 반포 이후의 시간으로 나뉩니다. 신약의 시간은 이교도의 소명의 시간과 마지막에 있을 유대인의 소명의 시간으로 나뉩니다. 이것은 유다의 두 아들, 즉 제라와 페레츠[6]에서 표시되었습니다.[7] 제

---

3 「마태오복음서」 20 : 1 이하; 강연 15, 19 참조.

4 「히브리인들에게 보낸 서간」 13 : 20: 하느님께서 "영원한 계약의 피로, 양들의 위대한 목자이신 우리 주 예수님을 죽은 이들 가운데에서 끌어올리셨다."

5 「로마 신자들에게 보낸 서간」 2 : 29; 7 : 6; 「코린토 신자들에게 보낸 둘째 서간」 3 : 6 이하 참조.

6 제라는 '붉은빛을 내며 해가 떠오르다, 빛나다'란 뜻이고, 페레츠는 '틈, 돌파구'라는 뜻이다.

7 「창세기」 38 : 27: "타마르가 해산할 때가 되었는데, 그의 태 안에는 쌍둥이가 들어 있

Phares. Zaram enim primo extraxit manum et obstetrix ligavit in ea coccinum, et postea retraxit manum, et exivit Phares, qui divisit maceriam. Iudaei primo crediderunt, sed statim manum retraxerunt in primitiva Ecclesia; sed postquam plenitudo gentium subintravit, tunc Zaram exibit, et populus Iudaeorum convertetur.

5. Item, trium temporum ad tria, ut Synagogae initiatae, promotae et ultimatae; et in Ecclesia tempus Ecclesiae initiatae, dilatatae et consummatae. Unde in Cantico tres fiunt admirationes: Quae est ista etc., in laudem Ecclesiae; et econtra tres deplorationes in Lamentationibus; unde non sine causa toties repetitur alphabetum.

6. Item, quatuor ad quatuor, ut patuit supra in praecedenti collatione. —Item, quinque digitorum ad quinque: conditionis naturarum, inspirationis Patriarcharum, institutionis legalium, illustrationis prophetalium et restaurationis ruinarum; in novo testamento: donationis charismatum, vocationis gentium, institutionis Ecclesiarum, multiplicationis religionum, restitutionis omnium collapsorum. De quo dicitur, quod Elias, cum venerit, restituet omnia.

라가 먼저 손을 내밀었고 산파가 붉은 실을 손에 맸는데 제라는 손을 도로 집어넣었습니다. 그리고 틈을 비집고 페레츠가 나왔습니다. 유대인은 먼저 믿었지만 초기 교회에서 즉시 손을 집어넣었습니다. 그런데 많은 이민족이 살며시 들어온 다음 제라는 밖으로 나갔고 유대인들은 변화되었습니다.[8]

5. 또한, 세 가지에 대한 세 개의 시간의 비교가 있습니다. 즉 시작하는 시간, 발전하는 시간, 그리고 최종적인 회당의 시간이 있고, 교회의 시간은 교회의 시작, 확장, 완성의 시간으로 나뉩니다. 그리고 「아가」에서는[9] 세 차례 경탄합니다. 이 경탄은 교회를 찬양할 때 있습니다. 이와 반대로 「애가」에서는 세 차례 한탄합니다.[10] 그러므로 아무 이유 없이 알파벳이 여러 번 반복되는 것은 아닙니다.[11]

6. 또한, 앞의 강연에서 드러났듯이, 네 개는 네 시간과 비교됩니다.[12] ─ 또한, 다섯 개는 다섯 손가락과 비교됩니다. 자연의 조건의, 조상들의 영감의, 합법적인 제도의, 예언적인 예증의, 폐허의 재건의 시간들이 비교됩니다. 신약에서는 하느님 은총의 선사의, 이교도의 소명의, 교회의 제도의, 수도회의 다양화의, 모든 붕괴의 재건의 시간이 비교됩니다. 이에 대해 "엘리야가 와서 모든 것을 바로잡을 것"[13]이라고 합니다.

었다."

8 「에페소 신자들에게 보낸 서간」 제2장 제14절에서 그리스도에 대해 이렇게 언급된다. "그리스도는 우리의 평화이십니다. 그분께서는 당신의 몸으로 유다인과 이민족을 하나로 만드시고 이 둘을 가르는 장벽인 적개심을 허무셨습니다"("Ipse enim est pax nostra qui fecit utraque unum et medium parietem maceriae solvens inimicitiam in carne sua").

9. 강연 15, 26 참조.

10 「애가」 1:1; 2:1; 4:1.

11 「애가」 1:1과 2:1, 그리고 4:1은 모두 'ALEPH Quomodo'로 시작한다.

12 강연 15, 27과 뒤따르는 비교에 대해서는 강연 15, 28 참조.

13 「마태오복음서」 17:11.

7. Sequitur de comparatione senarii, addita unitate. Et sic accipitur mensura illius qui habebat calamum habentem sex cubitos et palmum ad mensurandum templum. — Septenarius secundum Gregorium est numerus universalitatis; est in maiori mundo et in minori et in Deo. — Iste enim mundus sensibilis constat ex quatuor elementis susceptivis influentiarum caelestium et in tribus orbibus influxivis et motivis. — Minor mundus consistit in quatuor elementis, quatuor humoribus, quatuor complexionibus, quatuor qualitatibus et tribus viribus vitalibus perfectivis, scilicet vegetabili, sensibili et rationali; unde illa quae sunt in mundo sensibili, in minori mundo colliguntur in quadam puritate. — Unde secundum aliquos, et non irrationabiliter, dictum est, quod orbis sidereus disponit ad susceptionem animae vegetabilis, orbis crystallinus ad susceptionem sensibilis, orbis empyreus ad susceptionem rationalis. Et secundum Hugonem quaternarius respondet corpori, ternarius respondet spiritui.

7. 한 개의 비교에 더해 여섯 개의 비교가 뒤따라 나옵니다. 이렇게 신전을 측정하기 위해 여섯 개의 팔꿈치와 손바닥 길이[14]의 장대를 지닌 사람의 척도가 파악됩니다.[15] 그레고리우스에 따르면, 일곱은 보편성의 수입니다. 일곱은 대우주, 소우주, 하느님에게 있는 보편성의 수입니다. — 감각적인 세상은 천체의 영향을 받아들일 수 있는 네 개의 구성요소로 이루어졌고 흘러들어 오고 움직이는 세 우주 안에 있습니다. — 소우주는 네 요소, 즉 네 개의 식물의 점액질(粘液質), 네 개의 결합, 네 개의 특질, 식물적인, 감각적인, 이성적인 힘인 생명을 완성하는 세 개의 활력적인 힘으로 구성됩니다. 감각적인 세계에 있는 것은 소우주에서 축적되어 순수해집니다. — 몇몇 사람이 성신천은 식물혼을, 수정천은 감각적 혼을, 정화천은 지성적 혼을 받아들일 준비가 되어 있다고 한 것은 아무 근거가 없는 말이 아닙니다.[16] 후고는 넷은 육체에, 셋은 정신에 상응한다고 합니다.[17]

---

14 'cubitum'은 팔꿈치에서 가운뎃손가락 끝까지의 길이로 약 44센티미터 안팎이고, 손바닥을 뜻하는 'palmus'는 4분의 3 로마 척(尺)인데, 한 척은 약 29.5센티미터이다. 계산하면 장대의 길이는 대략 3미터이다. 강연 15, 각주 41 참조.

15 「에제키엘서」 40 : 3; Gregorius, *Moralia in Iob*, XXXV, c.8, n.46 참조.

16 박주영, 앞의 책, 2012, 199쪽 참조. 토마스 아퀴나스는 육체와 영혼이 어떤 매개체에 의해 결합되어 있느냐는 물음에 대해 육체와 영혼 사이를 결합하는 것이 빛이라고 주장한다. 이 주장에 따르면, 이 빛은 일종의 '다섯 번째 본질'이며 빛의 세 가지 종류에 따라, 즉 항성의 빛, 천공의 빛, 그리고 수정체 같은 투명한 빛의 방식에 따라 구분된다. 몇몇 플라톤 학파는 식물혼은 성신천(星辰天)의 빛을 매개로, 감각적 혼은 수정천(水晶天)의 빛을 매개로, 지성적 혼은 정화천(淨化天)의 빛을 매개로 육체와 하나가 된다고 한다. 빛은 물체가 아니기 때문에 토마스 아퀴나스는 이런 견해와 논쟁할 가치조차 느끼지 않았고, '지어낸 것이고 우스운 것'이라며 이 견해를 가장 혹독히 비난했다. 토마스 아퀴나스, 정의채 옮김, 『신학대전』, 바오로딸, 2014, 제1부, 물음 76, 7항, 답변 참조.

17 Victor Hugues, *Erudit. didascal.*, II, c.5 [PL 176, 753]: "Ternarius quoque propter indissolubile mediae unitatis vincalum congrue ad animam refertur, sicut quaternarius, quia duo media habet, ideoque dissolubilis est, et proprie ad corpus pertinet."; Bonaventura, *Brevil.*, p.2, c.3: "Natura vero caelestis aut est uniformis et immobilis, et haec est empyreum, quia lux pura; aut mobilis et multiformis, et sic

8. Septenarius autem magnum mysterium habet. Omnis autem proportio et proportionalitas est secundum rationem ternarii et quaternarii: quia necesse est, ubi est proportionalitas, ut sit in quatuor terminis vel secundum rem, vel secundum rationem. Unde Augustinus primo Musicae ostendit, proportionem ascendere usque ad quatuor, quae ex partibus quaternarii generatur.

9. Iste autem septenarius sive in mundo sensibili, sive in mundo minori ortum habet a mundo archetypo, ubi sunt rationes causales secundum rationem septenarii. Deus enim habet rationem triformis causae: originantis, exemplantis, finientis, nec potest esse pluribus modis; unde Apostolus: Ex ipso et per ipsum et in ipso sunt omnia. — Ratio autem causandi est secundum quatuor, scilicet sublimitatem potentiae, profunditatem sapientiae, latitudinem benevolentiae, longitudinem aeternitatis; ut possitis, inquit Apostolus, comprehendere cum omnibus Sanctis, quae sit longitudo et latitudo et sublimitas et profundum. Potentia creat, sapientia gubernat, benevolentia perficit, aeternitas conservat.

10. Iste numerus universalitatis in mundo, in homine, in Deo est mysterialis. Secundum hunc numerum facit Deus currere mundum istum et Scripturam, quae explicat decursum mundi;

8. 일곱이란 수는 크나큰 신비를 품고 있습니다. 그런데 모든 비례와 비례적인 성격은 셋과 넷의 근거에서 생깁니다. 왜냐하면 사물에 따라 또는 근거에 따라 네 가지 규정이 있는 곳에 비례가 필수적으로 있기 때문입니다. 아우구스티누스는 『음악론』(De musica) 제1권에서[18] 넷까지 올라가는 비례를 제시합니다. 이 비례는 네 부분에서 생성되었습니다.

9. 그런데 감각적인 세계에 있는 또는 소우주에 있는 저 일곱이란 수는 본이 되는 세상에서 나왔습니다. 본이 되는 세상에는 일곱 근거에 따라 원인의 근거가 있습니다. 하느님에게는 사실 세 가지 원인의 근거가 있습니다. 생산의, 범형의, 완성의 원인의 근거가 있습니다. 이 근거들은 더 많이 있을 수 없습니다. 그러므로 사도는 "만물이 그분에게서 나와, 그분을 통하여 그분을 향하여"[19] 나아간다고 합니다. — 그러나 야기하는 것의 근거는 넷에 따라, 즉 능력의 탁월성에 따라, 지혜의 심원함에 따라, 사랑의 너비에 따라, 영원성의 길이에 따라 있습니다. 사도가 "여러분이 모든 성도와 함께 너비와 길이와 높이와 깊이가 어떠한지 깨닫는 능력을 지니고"[20]라고 하듯이 있습니다. 능력은 창조하는 것이고 지혜는 지배하는 것이고 사랑은 완성하는 것이고 영원성은 보존하는 것입니다.

10. 세상과 인간과 하느님 안에 있는 일곱이란 보편적인 수는 신비적인 수입니다. 하느님은 이 수에 따라 이 세상이 돌아가도록 만드셨고 세상의 흐름을 설명하는 성경을 만드셨습니다. 그리고 성경은 이 수에 따

---

firmamentum; aut mobilis et uniformis, et sic caelum medium inter empyreum et stellatum, quod est caelum crystallinum. Quartum autem membrum, scilicet quod sit uniforme et immobile, non potest stare, quia multiformitas disponit ad motus varietatem, non ad uniformem quietem."; 또한 c.4도 참조.

18 Augustinus, De musica, I, c.12, n.23 [PL 32, 1095 이하].
19 「로마 신자들에게 보낸 서간」11:36.
20 「에페소 신자들에게 보낸 서간」3:18.

et secundum hunc numerum tradi debuit et explicari. Describit ergo Scriptura secundum tempora originalia, figuralia, gratiosa seu salutifera.

11. Tempora originalia consistunt in primis septem diebus, figuralia, ab initio mundi usque ad Christum; ubi novum tempus incipit, licet Salomon dicat: Nihil sub sole novum —verum est secundum naturam, sed hoc est super naturam —et post sunt tempora gratiosa. —A temporibus originalibus incepit Moyses, et ita debuit facere, quia Scriptura primo debuit proferre semina tanquam terra germinans, et post, arbores figurarum, et postea, fructum. Ponuntur ergo septem dies ut tempora originalia. Prima dies, lucis formatae; secunda dies, aquae divisae; tertia dies, terrae fecundae; quarta, lucis sidereae; quinta, motivae vitae; sexta, humanae formae; septima, quietis primae.

12. Septem autem sunt tempora figuralia: tempus naturae conditae, purgandae culpae, gentis electae, Legis statutae, regalis gloriae, vocis propheticae, quietis mediae.

라 전승되어야 했고 설명되어야 했습니다. 그러므로 성경은 본원적인, 표상의, 은총 또는 구원을 가져오는 시간에 따라 세상의 흐름을 서술합니다.

11. 본원적인 시간은 첫 번째 칠일에 있습니다. 세상의 처음부터 그리스도에 이르기까지 표상의 시간이 있습니다. 솔로몬이 "태양 아래 새로운 것이란 없다"[21]라고 말했다 해도 여기에서 새로운 시간이 시작됩니다. — 이것은 자연에 따라 참된 것이지만 자연의 너머에 있는 것입니다. 이 시간 뒤에는 은총의 시간이 있습니다. — 모세는 최초의 시간에서 시작하고[22] 그 시간에서 시작해야 했습니다. 왜냐하면 성경은 첫째, 생산하는 땅처럼 씨앗을 맺어야 했고 그다음 형태를 지닌 나무를 드러내고, 그다음 열매를 맺어야 했기 때문입니다. 따라서 칠일이 최초의 시간처럼 설정됩니다. 첫날은 빛이 형성된 날이고 둘째 날은 물이 갈라진 날이고 셋째 날은 땅이 비옥해진 날이고 넷째 날은 천체의 빛이 생겨난 날이고 다섯째 날은 원동력이 되는 생명의 날이고 여섯째 날은 사람이 창조된 날이고 일곱째 날은 첫 번째 휴식의 날입니다.[23]

12. 비유적인 시간은 일곱 개입니다. 이 시간들은 창조된 자연의 시간, 정화되어야 하는 죄의 시간, 선택된 민족의 시간, 제정된 율법의 시간, 왕의 은총의 시간, 예언자의 목소리의 시간, 중간 휴식의 시간입니다.

---

21 「코헬렛」1:9.
22 「창세기」1:1; Bonaventura, *Brevil.*, p.2, c.2: "sex diebus sit in esse producta, ita quod in principio, ante omnem diem creavit Deus caelum et terram."
23 Bonaventura, *Brevil.*, p.2, c.2: "septima die requievit Deus, non a labore nec ab opere, cum usque nunc operetur sed a novarum specierum conditione"(일곱 번째 날에 하느님은 휴식을 취한다. 하느님은 지금까지 활동하기 때문에 일에서 쉬는 것도, 활동에서 쉬는 것도 아니다. 하느님은 새로운 종을 더 이상 창조하지 않을 뿐이다).

13. In novo testamento similiter sunt septem tempora: tempus collatae gratiae, baptismi in sanguine, normae catholicae, legis iustitiae, sublimis cathedrae, clarae doctrinae, pacis postremae.

14. Accipe correspondentiam. Formatio lucis est seminarium formationis naturae, et formatio naturae, collationis gratiae. — Tempus aquae divisae, tempus purgationis culpae, tempus baptismi in sanguine; quia, sicut dividitur aqua ab aquis, sic purgatio in arca facta est et formam baptismi gerit, secundum beatum Petrum, tam baptismi sanguinis quam fluminis quam flaminis. — Dies terrae fecundae, tempus gentis electae, tempus normae catholicae. Terra germinavit, Abraham Isaac genuit, et Isaac Iacob etc.; et Ecclesia normam fidei statuit, secundum quam succedunt fideles fidelibus.

15. Dies lucis sidereae, tempus Legis statutae, tempus normae iustitiae. Lux enim distincta fuit per solem, lunam et stellas; Lex secundum ritum colendi, censuram iudicandi, formam vivendi, sive secundum moralia, iudicialia, caeremonialia; sic in Ecclesia canones, deinde leges per Iustinianum in unum corpus redactae; quae primo erant paganorum factae sunt Christianorum, et regulae

13. 비슷하게 신약에도 일곱 개의 시간이 있습니다. 이 시간들은 선사된 은총의 시간, 피로 베푸는 세례의 시간, 보편적인 규범의 시간, 정의의 법의 시간, 고귀한 주교의 시간, 분명한 교리의 시간, 마지막 시간인 평화의 시간입니다.

14. 이 시간들에 상응하는 것을 파악하십시오. 빛의 형성은 자연의 형성의 씨앗에, 자연의 형성과 은총의 선사의 형성에 상응합니다. — 물이 갈라진 시간은 죄의 정화의 시간이고 이 시간은 피로 베푸는 세례의 시간입니다. 왜냐하면 이 시간에 물과 물이 갈라지듯이 노아의 방주에서 정화되고 세례의 형상을 낳기에 복된 베드로에 따르면 정화는 물에 의한 세례와 성령에 의한 세례에 속하듯이 피의 세례에 속합니다.[24] — 땅이 비옥해진 날은 선택된 민족의 시간인데 이 시간은 보편적인 규범의 시간입니다. 땅은 생산했고 아브라함은 이사악을 낳고 이사악은 야곱을 낳았습니다.[25] 그리고 교회는 신앙의 규범을 제정했고, 이 규범에 따라 [새] 신자들이 계속 생깁니다.

15. 천체의 빛의 날은 제정된 율법의 시간이고 정의의 규범의 시간입니다. 구분된 빛은 태양·달·별에 의해 있었습니다. 율법은 공경받아야 하는 대상에 대한 전례에 따라, 판단되어야 하는 징계에 따라, 살아 있는 것의 형상에 따라 있었습니다. 또는 도덕적인 것에 따라, 사법적인 것에 따라, 전례적인 것에 따라 있었습니다. 이렇게 교회에는 전례법이 있고, 그다음 유스티니아누스(Justinianus)에 의해 집대성된 법이 있습니다. 이 법은 처음에 비신자의 법이었고 지금은 그리스도 신자들의 법입니다. 그다음 복된 베네딕투스 수도원의 규칙처럼 수도원의 규칙이 제정되었습

---

24 「베드로의 첫째 서간」 3:20: "몇몇 사람, 곧 여덟 명만 방주에 들어가 물로 구원을 받았습니다."
25 「마태오복음서」 1:2 이하.

monasticae, ut beati Benedicti. Canones respondent caeremonialibus, politica iudicialibus, monastica moralibus. —Dies vitae motivae, tempus regalis gloriae, tempus sublimis cathedrae, scilicet proprie Romanae cathedrae. Sicut enim una pars vitae motivae fuit repentium, alia volatilium; sic in Ecclesia una pars est regum et Pontificum, alia subditorum.

16. Dies humanae formae, tempus vocis propheticae, tempus clarae doctrinae, in quo esset vita prophetica. Et necesse fuit, ut in hoc tempore veniret unus ordo, scilicet habitus propheticus, similis ordini Iesu Christi, cuius caput esset Angelus, ascendens ab ortu solis habens signum Dei vivi, et conformis Christo. —Et dixit, quod iam venerat. —Dies quietis sabbati, tempus quietis mediae, tempus quietis postremae. Tempus quietis mediae fuit, quando Prophetae nihil scripserunt. In Sapientia: Cum quietum silentium continerent omnia, et nox in suo cursu medium iter haberet; omnipotens sermo tuus de caelo a regalibus sedibus etc. Et tunc fuit silentium Prophetarum, medium inter primam quietem et ultimam. Fuit etiam quietum, quia tunc in maxima pace fuit mundus totus, unde et per duodecim annos templum pacis Romae clausum fuit ante adventum Christi, quia tempore guerrae semper apertum erat et tempore pacis clausum, unde etiam portae rubiginosae factae sunt. Tunc etiam imperator describi fecit mundum; et Deus hoc ponebat in corde pagani, ut Virgo iret in Bethlehem et ibi pareret in diversorio. —Et frequentissime inculcabat, quod non sunt a casu et a fortuna ista et consimilia posita in Scriptura, sed maxima ratione et maximo mysterio; sed qui non considerat nihil intelligit. —

니다. 전례법은 전례적인 것에, 공적인 것은 사법적인 것에, 수도원에 속하는 것은 도덕적인 것에 상응합니다. — 활력을 주는 생명의 날은 왕의 영광의 시간이고 고귀한 주교의, 다시 말해서 고유하게 로마가톨릭 교황의 시간입니다. 사실 움직이는 몇몇 생명체는 기어다니는 것이고, 다른 몇몇은 날아다니는 것이듯이 교회에도 한쪽에는 왕과 주교가, 또 한쪽에는 신하들이 있습니다.

16. 사람이 창조된 날은 예언자의 소리의 시간이고, 이 시간은 분명한 교리의 시간입니다. 예언자의 삶이 이 시대에 속합니다. 그리고 이 시간에 하나의 수도회가, 다시 말해 예수 그리스도의 수도회와 비슷한, 예언의 특징을 가진 수도회가 분명 생겼습니다. 예수 그리스도의 머리는 '살아 계신 하느님의 인장을 갖고 해가 돋는 쪽에서 올라오는' 천사이며[26] 그리스도와 같은 모습의 천사입니다. — 그리고 천사는 그가 이미 도착했다고 말합니다. — 안식일인 휴식의 날은 중간에 쉬는 시간이고 이 시간은 마지막에 쉬는 시간입니다. 중간에 휴식하는 시간은 예언자가 아무것도 기록하지 않던 때입니다. 「지혜서」에서는 "부드러운 정적이 만물을 뒤덮고 시간은 흘러 한밤중이 되었을 때 당신의 전능한 말씀이 하늘의 왕좌에서 사나운 전사처럼 멸망의 땅 한가운데로 뛰어"[27]내렸다고 합니다. 그리고 이때 예언자들은 침묵했고 첫 번째 휴식과 마지막 휴식 사이에 중간 휴식이 있습니다. 더욱이 이때 세상은 모두 아주 평화롭고 평온했습니다. 이런 이유로 그리스도께서 재림하시기 전에 로마의 평화의 신전은 12년 동안 닫혀 있었습니다. 그것은 전쟁의 시간에 항상 열려 있었고 평화의 기간에는 닫혀 있었기 때문에 문들은 잔뜩 녹슬었습니다. 이때 지배자가 세상을 만들었다고 합니다. 그리고 하느님은 이교도의 마음에 이것을 새기셨고, 그래서 동정녀는 베들레헴의 여관에서 [아이를]

---

26 「요한묵시록」7:2.
27 「지혜서」18:14-15.

Fuit etiam nox in suo cursu, quia tunc erat summa idololatria. [Sic erit etiam tempus pacis in fine. Quando enim Antichristus post maximam Ecclesiae ruinam occidetur a Michaele post illam summam Antichristi tribulationem, veniet tempus ante diem iudicii tantae pacis et tranquillitatis quale non fuit ab initio mundi, et invenientur homines tantae sanctitatis sicut fuit tempore Apostolorum. Nam persistentibus contra Antichristum dabitur Spiritus in summo; eis autem qui per Antichristum ceciderant, dabuntur induciae redeundi ad fidem 42 dierum, quale fuit tempus post Christi mortem 42 annorum. Quando autem post illud tempus veniet iudicium, omnino est incertum. Ideo tempus dicitur Christi adventus in Spiritu allegorice loquendo. Et de hoc loquitur Lucas: Erunt signa in sole et luna etc. Antequam videant Filium hominis in potestate et maiestate, praecedet istud tempus, quod etiam vocatur pacis postremae. Haec ergo duo tempora sunt seminarium et significata per diem quietis primae, quo Christus in sepulcro quievit.]

17. Secundum hoc ergo tempus naturae conditae fuit ab Adam usque ad Noe; tempus culpae purgandae, a Noe usque ad

낳았습니다.[28] — 그리고 이와 비슷한 일들이 우연히 또 요행으로 성경에 배치된 것이 아니라 가장 이성적으로 가장 큰 신비로서 배치된 것이라는 점이 자주 언급되어서 이것은 머릿속에 박혔습니다. 그러나 숙고하지 않는 사람은 아무것도 인식할 수 없습니다. — 더욱이 [그들은] 한밤중에 왔습니다. 왜냐하면 그때 가장 숭배받기 때문입니다. [더욱이 이렇게 마지막에 평화의 시간이 있을 것입니다. 사실 교회가 참담하게 몰락한 후 적그리스도가 미카엘 대천사에 의해 죽임을 당했을 때, 적그리스도로 인한 가장 큰 환난 이후에 세상의 처음부터 있지 않았던 평화와 평온의 시간이 심판의 날 이전에 도래합니다. 그리고 거룩한 사람들은 사도들의 시간에 있었듯이 있었습니다. 적그리스도에 지속적으로 대항하는 사람에게 성령이 가장 많이 주어지기 때문입니다. 그러나 그리스도의 죽음 이후 42년의 시간에 상응해 적그리스도 때문에 타락한 사람에게는 신앙을 회복하기 위한 42일의 시간이 주어질 것입니다. 그런데 이 시간 후에 최후심판의 날이 언제일지는 매우 불확실합니다. 그러므로 비유적으로 말하자면 성령으로 오시는 그리스도의 재림은 시간으로 언급됩니다. 그리고 루카는 이것에 대해 "해와 달과 별들에는 표징이 나타나고, 땅에서는 바다와 거센 파도 소리에 자지러진 민족들이 공포에 휩싸일 것"[29]이라고 합니다. 권능과 존엄을 지닌 사람의 아들을 이 민족들이 보기 전에 마지막 평화의 시간이라고 불린 시간이 먼저 있었습니다. 그러므로 이 두 시간은 씨앗에 속하고 그리스도가 무덤에 있던 첫 번째 휴식의 날에 의해 표시됩니다.]

17. 이에 맞갖게 아담부터 노아에 이르는 창조된 자연의 시간이, 노아로부터 아브라함에 이르는 정화되어야 하는 죄의 시간이, 아브라함부터

---

28 「루카복음서」 2:7: "그들은 아기를 포대기에 싸서 구유에 뉘었다. 여관에는 그들이 들어갈 자리가 없었던 것이다."
29 「루카복음서」 21:25 이하.

Abraham; tempus gentis electae, ab Abraham usque ad Moysen. Elegit enim Deus Abraham, non Lot; Isaac, non Ismael; Iacob, non Esau; et Iudam, de quo natus est Christus. Tempus Legis statutae, a Moyse usque ad Samuelem, qui unum reprobum regem inunxit et alium electum. Tempus regalis gloriae, a David usque ad Ezechiam, in quo transmigratio decem tribuum facta est. Tempus vocis propheticae, ab Ezechia stricte loquendo, large ab Ozia, qui fuit leprosus, usque ad Zorobabel. Sub Ezechia factum est illud magnum miraculum, quod dies habuit triginta duas horas per reversionem solis. Tempus pacis et quietis, a Zorobabel usque ad Christum.

모세에 이르는 선택된 민족의 시간이 있었습니다. 하느님은 롯[30]이 아니라 아브라함을, 이스마엘[31]이 아니라 이사악을, 에사우가 아니라 야곱을, 그리고 유다를 선택했습니다. 유다에게서 그리스도가 탄생했습니다.[32] 모세에서 사무엘에 이르는 제정된 율법의 시간이 있었습니다. 사무엘은 폐위된 왕에게 기름을 부었고[33] 다른 왕을 뽑았습니다.[34] 다윗에서 히즈키야에 이르는 왕의 은총의 시간 동안 열 종족이 이주했습니다.[35] 엄밀히 말하면 히즈키야에서, 넓은 의미로 한센병에 걸린 우찌야에서부터 즈루빠벨에 이르는 예언자가 예언한 기간이 있었고[36] 히즈키야 통치 기간 동안 해가 되돌아감으로써 하루가 서른두 시간이 되는 큰 기적이 일어났습니다.[37] 즈루빠벨에서 그리스도에 이르는 평화와 휴식의 시간이 있었습니다.

---

30 '감추어진' 또는 '덮개'란 뜻이다. 그는 하란의 아들이며 아브라함의 조카이다(「창세기」 12:5). 칼데아 우르에서 아브라함과 함께 가나안에 이주했으나(「창세기」 11:27-32) 가축이 많아져 아브라함과 함께 살 수 없게 되자 풀이 넉넉하고 비옥한 사해 연안 도시 소돔 근처에 정착하였다(「창세기」 13:5-13). 타락한 소돔과 고모라를 멸하시는 하느님의 심판에서 믿음이 없고 우유부단한 그의 아내는 소돔을 탈출할 때 천사의 훈계를 좇지 않고 뒤를 돌아보다가 소금 기둥이 되었다(「루카복음서」 17:28-32). 롯은 재난을 피하여 사해 동쪽 산지에 살았는데 롯과 그의 딸들 사이에서 모압과 암몬이 태어났다(「창세기」 19:30-38 참조).

31 '하느님께서 들으신다'라는 뜻이다. 광야에서 고통당하던 하가르의 호소를 들으셨다는 의미이다(「창세기」 16:11). 아브라함과 이집트 출신 여종 하가르 사이에서 태어난 아들이다. 아들이 없던 사라는 당시의 관습을 좇아 여종 하가르를 아브라함에게 주어 아들을 얻게 했다. 그때 아브라함은 가나안 땅에 거주한 지 10년이 지난 뒤로 그의 나이 여든여섯 살이었다(「창세기」 16:16). 이후 이스마엘은 파란 광야에서 살며 활잡이가 되었고, 하가르가 그를 이집트 여인과 결혼시켰다(「창세기」 21:20-21). 아브라함이 죽자 이복동생 이사악과 함께 부친을 장사지냈다(「창세기」 25:9).

32 「창세기」 12:1 이하; 17:19 이하; 25:23; 29:35; 「마태오복음서」 1:2 이하 참조.

33 「사무엘기 상권」 10:1 이하.

34 「사무엘기 상권」 16:1 이하: "주님께서 사무엘에게 말씀하셨다. "[……] 나는 이미 사울을 이스라엘의 임금 자리에서 밀어냈다. [……] 내가 너를 베들레헴 사람 이사이에게 보낸다. 내가 친히 그의 아들 가운데에서 임금이 될 사람을 하나 보아두었다." 이 임금이 다윗 왕이다.

35 「열왕기 상권」 18:10.

36 「역대기 하권」 26:19 이하; 「즈카르야서」 4:6 이하.

37 「이사야서」 38:8; 「열왕기 하권」 20:9 이하.

18. In novo testamento tempus collatae gratiae, a Christo et Apostolis, comprehendendo mortem Ioannis, usque ad Clementem Papam. —Tempus baptismi in sanguine, a Clemente usque ad Silvestrum, quia sub Clemente incepit magna persecutio, quando Iudaei venditi fuerunt, expulsi de Ierusalem, et Clemens cum populo missus est Chersonam in exsilium in Graeciam. Et in illo tempore medio a Clemente usque ad Silvestrum fuerunt decem maximae persecutiones. —Tempus normae catholicae, a Silvestro usque ad Leonem Papam primum, sub quo datum est Symbolum. — Tempus legis iustitiae, a Leone usque ad Gregorium Doctorem, in quo statutae sunt leges Iustinianae et canones et regulae canonicae et monasticae; in quo beatus Benedictus, qui etiam prophetavit de beato Gregorio et benedixit matrem praegnantem.

19. Tempus sublimis cathedrae, a Gregorio usque ad Hadrianum, sub quo mutatum est imperium ad Alemannos,

18. 신약에는 요한의 죽음을 포함하여 그리스도와 사도로부터 교황 클레멘스[38]까지 이르는 시간인 은총을 선사받은 시간이 있습니다. 클레멘스로부터 실베스테르[39]에 이르는 피로 베푸는 세례의 시간이 있습니다. 왜냐하면 클레멘스의 통치 시절 예루살렘에서 축출된 유대인들이 팔려갔을 때 심한 박해가 시작되었기 때문입니다. 그리고 클레멘스는 백성들과 함께 그리스에 있는 유배지 케르소네수스로 축출되었습니다.[40] 그리고 클레멘스에서 실베스테르에 이르는 저 중간의 시간에 10차례 가장 심한 박해가 있었습니다.[41] — 실베스테르 때부터 교황 레오 1세(재위 440~461)에 이르는 보편적인 규범의 기간이 있었는데, 이 기간에 신경 (信經)[42]이 생겼습니다. — 교황 레오부터 학자인 그레고리우스에 이르는 정의의 법의 시간이 있습니다. 이 기간에 유스티니아누스 법전과 경전과 경전의 규범과 수도원의 규칙이 제정되었습니다. 복자 베네딕투스도 이 시대에 살았는데, 그는 사실 복된 그레고리우스를 예언했고, 그를 잉태한 어머니를 축복했습니다.

19. 숭고한 주교좌의 시간은 그레고리우스부터 하드리아누스에 이르는 시간으로 이 기간에 제국은 독일인들에게 넘어갔고 콘스탄티노플

---

38 클레멘스 1세(Clemens I, 재위 88~97): 제4대 교황이자 교부이다. 축일은 11월 23일이다. 코린토 교회에 보낸 '클레멘스 편지'가 있는데, 95년경에 쓰인 신약 다음으로 오래된 문헌이다.

39 제33대 교황 실베스테르 1세를 의미하는 것 같다.

40 전승에 따르면, 클레멘스 1세는 트라야누스 황제 때 케르소네수스로 유배를 가서 그곳 채석장에서 노역 생활을 했는데, 죄수들이 물이 부족해 고통을 받았다. 이에 클레멘스가 기도하니 물이 솟아나 죄수는 물론 이교도까지 감화를 받아 그리스도교로 개종했다고 한다.

41 그리스도교를 박해한 열 명의 황제는 네로(재위 54~68), 도미티아누스(재위 81~96), 트라야누스(재위 98~117), 하드리아누스(재위 117~138), 마르쿠스 아우렐리우스(재위 161~180), 셉티미우스 세베루스(재위 193~211), 막시미누스 트라쿠스(재위 235~236), 데키우스(재위 249~251), 발레리아누스(재위 257~260), 디오클레티아누스(재위 284~305)이다.

42 325년 작성된 니케아 신경을 의미하는 것 같다.

et divisum imperium Constantinopolitanum. Carolus magnus imperator in Ecclesia occidentali fuit, Pipinus primus rex Italiae de Francis, quia, cum insultum alienarum gentium sustinere non possent, fecerunt eum regem Italiae; et pugnavit contra regem Longobardorum et praevaluit. — Tempus clarae doctrinae, ab Hadriano. Sed quantum durabit quis potest dicere vel dixit? Certum est, quod in illo sumus; certum etiam, quod durabit usque ad deiectionem bestiae ascendentis de abysso, quando confundetur Babylon et deiicietur, et post dabitur pax; primum tamen necesse est, ut veniat tribulatio; et ibi non est ponendus terminus, quia nullus scit, quantum tempus illud magnae pacis duret, quia, cum dixerint: pax et securitas, tunc repentinus eis superveniet interitus. — Tempus autem septimum sive quietis incipit a clamore Angeli, qui iuravit per viventem in saecula saeculorum, quod tempus amplius non erit; sed in diebus vocis septimi Angeli consummabitur mysterium Dei.

20. Sed septem tempora Ioannes Apostolus in Apocalypsi comprehendit septem visionibus, et quaelibet istarum est septiformis

의 제국은 나뉘었습니다. 서방 교회의 황제는 대(大)샤를 왕이었고 프랑크족으로 이루어진 이탈리아의 왕은 피핀 1세였습니다. 프랑크족은 다른 종족의 모욕을 참을 수 없었기 때문에 그를 이탈리아의 왕으로 만들었습니다. 그리고 피핀 1세는 롱고바르드족의 왕과 싸워서 승리했습니다. — 하드리아누스 이래로 분명한 교의의 시간이 있었습니다. 그런데 이 시간이 얼마나 지속될지 누가 말할 수 있습니까? 또는 말했습니까? 우리가 이 시간에 있는 것은 확실합니다. 이 시간은 또한 바빌론이 혼란에 빠지고 내던져졌을 때, 그리고 그 후 평화가 주어졌을 때 심연에서 올라오는 짐승을 추방할 때까지 지속될 것이 확실합니다.[43] 그럼에도 첫째, 환난이 닥치는 것이 필연적입니다.[44] 그러나 환난은 끝을 모릅니다. 왜냐하면 크나큰 평화의 저 시간이 얼마만큼 지속되는지 아무도 모르기 때문에 그들은 "사람들이 '평화롭다, 안전하다'라고 할 때"[45] 갑자기 그들에게 파멸이 닥친다고 말했기 때문입니다. — 그러나 일곱 번째 시간 또는 휴식의 시간은 천사의 환호성에서 시작합니다. 그런데 천사는 시간이 충분하지 않을 것[46]이라는 점을 영원무궁토록 살아 계신 분을 두고 맹세했습니다.[47] 그런데 일곱 천사가 환호한 날 하느님의 신비가 완전히 이루어질 것입니다.[48]

20. 「요한묵시록」에서 사도 요한은 일곱 시간을 일곱 상에서 파악하는데 이들 각각의 상은 다시 일곱 개이고 안식년의 수가 됩니다.[49] — 일곱

---

43 「요한묵시록」17:18.
44 「마태오복음서」24:21: "그때에 큰 환난이 닥칠 터인데, 그러한 환난은 세상 시초부터 지금까지 없었고 앞으로도 결코 없을 것이다."
45 「테살로니카 신자들에게 보낸 첫째 서간」5:3.
46 「요한묵시록」10:7.
47 「요한묵시록」10:6.
48 「요한묵시록」10:7.
49 「레위기」25:8: "너희는 안식년을 일곱 번, 곧 일곱 해를 일곱 번 헤아려라. 그러면 안식년이 일곱 번 지나 마흔아홉 해가 된다."

et consurgit ad numerum iubilaei. —Haec septem tempora forte clauduntur in Psalterio, ubi sunt tres quinquagenae.

21. Accipe adhuc correspondentiam temporis figuralis et salutaris. —In tempore naturae conditae et salutaris tria fuerunt: formatio hominis de terra; secundum tentatio, transgressio et nudatio; tertium eiectio, et unus filius interfecit alium, et ideo omnes filii, qui nati sunt de Cain, mali fuerunt et omnes perierunt. —In novo testamento post scripturam universalem et temporum cursus formatus est Christus, sicut homo sexta die, qui praesit volatilibus caeli et piscibus maris; sicut dicit Psalmus: Quid est homo, quod memor es eius; aut filius hominis, quoniam visitas eum? Minuisti eum paulo minus ab Angelis, gloria et honore conorasti eum. Omnia subiecisti sub pedibus eius, oves et boves universas, insuper et pecora campi. Volucres caeli et pisces maris etc. Et quod intelligatur de Christo, Apostolus dicit: Minuisti eum paulo minus ab Angelis, gloria et honore conorasti eum etc.; sequitur: Eum autem, qui modico quam Angeli minoratus est, videmus Iesum propter passionem mortis gloria et honore coronatum. Homo conditus de terra virginea, quae nondum sanguinem susceperat, significat Christum de Virgine natum; sicut etiam Eva de latere Adae formata, sic Ecclesia de Christi

개의 이 시간은 각 쉰 장씩 세 부분으로 이루어진 「시편」에 가장 정확히 포함되어 있습니다.

21. 그 밖에 또 표상의 시간 및 구령(求靈)의 시간의 상응을 파악하십시오. ― 창조된 자연과 구령의 시간에 세 가지가 있었습니다. 흙으로 빚어진 사람이 창조되었고, 둘째, 유혹·위법·알몸이 있었으며 셋째, [낙원에서] 추방되었습니다. 그리고 한 아들이 다른 아들을 살해했으며, 따라서 카인의 후예들은 모두 악하고 모두 멸망했습니다.[50] ― 하늘을 나는 새와 바다의 물고기보다 뛰어난 사람이 여섯째 날에 만들어졌듯이,[51] 신약에서는 보편적인 성경의 뒤에, 그리고 시간이 흐른 다음 그리스도가 형성되었습니다. 「시편」에서 다음과 같이 언급하듯이 말입니다. "인간이 무엇이기에 이토록 기억해 주십니까? 사람이 무엇이기에 이토록 돌보아 주십니까? 천사들보다[52] 조금만 못하게 만드시고 영광과 존귀의 관을 씌워주셨습니다. 당신 손의 작품들을 다스리게 하시고 만물을 그의 발아래 두셨습니다. 저 모든 양 떼와 소 떼 들짐승들 하며 하늘의 새들과 바다의 물고기들 물속 길을 다니는 것들입니다."[53] 그리고 이 구절은 그리스도에 대해 이해됩니다. 사도는 "천사들보다 잠깐 낮추셨다가 영광과 존귀의 관을 씌워주시고 만물을 그의 발아래 두셨"[54]다고 합니다. 이어서 "우리는 '천사들보다 잠깐 낮아지셨다가' 죽음의 고난을 통하여 '영광과 존귀의 관을 쓰신 예수님을 보고'"[55] 있다고 합니다. 아담의 갈빗대로 만들어진[56] 하와처럼 그리스도의 갈빗대에서 나온 교회처럼 아직 어떤 아이도 낳지 않은 처녀 같이 순수한 흙으로 창조된 인간은 동정녀에게서 태

---

50 「창세기」4 : 8; 아우구스티누스, 앞의 책, 2004, 제15권, 17 참조.
51 「창세기」1 : 26.
52 강연 8, 10 참조.
53 「시편」8 : 5 이하.
54 「히브리인들에게 보낸 서간」2 : 7 이하.
55 「히브리인들에게 보낸 서간」2 : 9.
56 성경 번역으로는 '갈빗대로 만들어진'이다.

latere. —Sed cum Christus nunquam praevaricatus fuerit, quomodo sibi correspondet transgressio Adae? Hoc transferri debet a capite ad membra.

22. Notandum, quod Ecclesia posita fuit in paradiso, sicut primus homo, ut operaretur, cum nullus aliquid suum esse dicebat. Incepit enim in magna perfectione quod modo in religiosis observatur, quia amor Christi adhuc recens erat; tunc multa turba sacerdotum obediebat fidei. Haec Ecclesia, scilicet quae incepit in Iudaeis, quia convertebantur modo tria millia, modo quinque millia, habuit lignum vitae; scilicet fidem, quia iustus meus ex fide vivit; habuit etiam lignum scientiae, scilicet Legem, quae remansit sibi ad videndum et legendum, non ad vescendum; immo in quocumque die comederis ex eo, morte morieris. Unde lignum scientiae potes videre, non manducare, quia destrueres quidquid Christus fecit; et necesse esset, subintrare mortem, quia littera occidit. Unde Paulus dixit: Ego Paulus dico

어난 그리스도를 의미합니다.[57] ─ 그런데 그리스도는 결코 죄를 짓지 않았는데 어떻게 아담의 죄가 그에게 상응할 수 있습니까? 죄는 머리에서 사지로 전달되어야 합니다.

22. '어느 누구도 어떤 것을 자기 것'이라고 부르지 않기 때문에 그곳에서 일하는 첫 번째 사람처럼 교회가 낙원에 근거해 있다는 것을 [우리는] 주목해야 합니다.[58] 그런데 그리스도에 대한 사랑은 그때까지 새로운 것이었기 때문에 교회는 수도원에서만 준수되는 것을 거의 완전하게 시작했습니다. 이때 다수의 사제들이 믿음에 복종합니다.[59] 교회는, 다시 말해서 유대인에서 시작했던 교회는 때로는 3,000명이, 때로는 5,000명이 세례를 받기 때문에[60] 생명의 나무가,[61] 즉 믿음이 교회에 있었습니다. 왜냐하면 '나의 의인은 믿음으로'[62] 살기 때문입니다. 더욱이 이 교회에는 인식의 나무, 즉 율법이 있었는데, 율법은 즐기기 위해서가 아니라, 교회를 직관하고 읽도록 하기 위해 있었습니다. 더욱이 '[그 열매를] 따 먹는 날, 너는 반드시 죽을 것'[63]입니다. 그러므로 그대는 인식의 나무를 먹을 수는 없고 직관할 수 있을 뿐입니다. 그렇지 않다면 그대는 그리스도가 행하는 것은 무엇이든 파괴했을 것이기 때문입니다. 그리고 문자가 죽었기에 죽음이 살금살금 끼어드는 것은 필연적입니다.[64] 그러므로 바오로는 "나 바오로가 여러분에게 말합니다. 만일 여러분이 할례를 받는

---

57 「창세기」 2 : 21; Bonaventura, *II. sent.*, d.18, a.1, q.1 참조; 강연 14, 23과 24 참조.

58 「창세기」 2 : 15.

59 「사도행전」 4 : 32; 6 : 7 참조.

60 「사도행전」 2 : 41; 4 : 4; 「코린토 신자들에게 보낸 둘째 서간」 3 : 6.

61 「창세기」 2 : 9.

62 「히브리인들에게 보낸 서간」 10 : 38; 「시편」 118 : 19; 「로마 신자들에게 보낸 서간」 1 : 17; 「갈라티아 신자들에게 보낸 서간」 3 : 11; 「하바쿡서」 2 : 4 참조.

63 「창세기」 2 : 17.

64 「코린토 신자들에게 보낸 둘째 서간」 3 : 6: "문자는 사람을 죽이고 성령은 사람을 살립니다."

vobis, quod si circumcidamini, Christus vobis nil proderit.

23. Doctores autem illi significantur per Adam fecundantem, qui incumbentes super Legem, quasi amantes uxorem, comederunt de ligno scientiae, ut Legem observarent, et consenserunt serpenti, qui suadebat Legem observandam; et inde orta est haeresis Ebionitarum, quod Lex observanda esset cum Evangelio; et fuit tantus zelus Legis, ut Petrus iret in illam simulationem; sed gratia Dei ipsum liberavit. —Et inde sequitur eiectio, quod Deus ab eis recessit; et dispersi sunt et maledicti sunt in opere suo et quasi a duobus ursis, Tito et Vespasiano, devorati sunt. Et sic Cain, scilicet populus Iudaeorum, occisor fratris sui, signum habuit.

24. In tempore culpae purgatae similiter fuerunt tria: fabricatio arcae, ostensio arcus, divisio linguarum. Noe per centum annos fabricavit arcam, in qua Noe cum septem animabus salvatus est. Cuius typum gerit baptismus, secundum quod dicit beatus Petrus, et fluminis et flaminis et sanguinis. —In novo testamento Clemens in hac arca contutatus est, quia praeparatum est sibi templum marmoreum in mari angelicis manibus, et alii submersi

다면 그리스도는 여러분에게 아무 소용이 없을 것"[65]이라고 합니다.

23. 그런데 사랑하는 사람이 자기 부인에게 하듯이 율법에 복종하는 교사들은 풍부한 결실을 맺게 하는 아담에 의해 특징지어집니다. 그들은 율법을 지키기 위해 인식의 나무의 열매를 먹었고, 율법을 준수하도록 설득한 뱀에 동의했습니다. 준수되어야 하는 율법은 복음과 일치해야 한다는 에비온파[66]의 이단 교리가 여기에서 유래합니다. 그리고 율법에 대한 열망은 베드로가 이 이단 교리에 빠질 만큼 컸지만 하느님의 은총이 그를 자유롭게 했습니다. ― 그리고 하느님께서 아담에게서 물러났기에 그는 추방되었고 뱀은 하느님의 작품에서 쫓겨나 뿔뿔이 흩어졌고 저주받았습니다.[67] 그리고 마치 암곰 두 마리에 의해 그렇게 되듯이,[68] 티토와 베스파시아누스에 의해 찢겨 죽었습니다. 이렇게 카인, 즉 그의 형제의 살인자인 유대 백성은 표식을 지니고 있습니다.

24. 비슷하게 정화되어야 하는 죄의 시간에 세 가지, 즉 방주의 제작, 무지개가 뜸, 언어의 구분이 있습니다.[69] 노아는 백 년에 걸쳐 방주를 만들었는데, 이 방주로 노아는 일곱 생물체와 함께 구원되었습니다. 세례가 방주의 범형을 따랐고 이에 따라 복된 베드로는 물의 세례, 성령의 세례, 피로 베푸는 세례를 언급합니다. ― 신약에서 언급되는 클레멘스는 천사의 손이 바다에서 그를 위해 대리석 신전을 준비했고, 다른 신전들은 가라앉았기 때문에 이 방주에 숨어 살았습니다. 그러므로 해적과 강

---

65 「갈라티아 신자들에게 보낸 서간」 5:2.
66 "2세기 유대교에서 출현한 에비온파(Ebionites)는 유대인의 율법과 관습을 강요하였고 예수는 선택된 자이고 예언자라고 언급하였다"(황명길, 앞의 책, 2014, 67쪽). 이들은 또한 "그리스도의 신성과 동정녀 탄생을 부인했다"(같은 책, 41쪽).
67 「창세기」 3:17.
68 「열왕기 하권」 2:24: "암곰 두 마리가 숲에서 나와, 그 아이들 가운데 마흔두 명을 찢어 죽였다."
69 「창세기」 6:14 이하; 9:12 이하; 11:7; 「베드로의 첫째 서간」 3:20.

sunt. Unde fuit magnum miraculum, quod per tot annos aperiebatur mare, donec piratae et latrones asportaverunt corpus eius.

25. Aliud fuit ostensio arcus; et tunc eduxit Deus Noe et pepigit cum eo foedus. —In novo testamento decem tribulationes fuerunt, ita ut Christiani possent dicere: Domine, salva nos, perimus. Et tunc eductus est Constantinus, et ostensum est sibi signum crucis in caelo, in quo vincere deberet; et tunc pepigit foedus, quod nunquam Romanum imperium persequeretur Christianos. — Tunc imperium Nemrod dissipatum est, et turris Babylonis, scilicet Romani, ad quam tunc omnes aspiciebant. Roma autem in Scripturis Babylon dicta est. Facta est etiam divisio linguarum, et lingua Hebraea remansit in domo Heber, et remansit confessio Christi in populo christiano.

26. In tempore gentis electae tria facta sunt: generatio Patriarcharum, descensus patriarchalis seminis in Aegyptum, afflictio populi et liberatio eius. —In novo testamento similiter Pontifici Romano datum est semen Doctorum altissimorum

도들이 그의 몸을 발견하기까지 오랜 기간 동안 썰물 현상이 있던 것은 커다란 기적이었습니다.

25. 둘째, 무지개가 있습니다. 이때 하느님은 노아를 치켜올렸고 그와 조약을 맺었습니다. ― 신약에는 열 개의 고난이 있었고 그래서 그리스도 신자들이 이렇게 말할 수 있습니다. "주님, 구해 주십시오. 저희가 죽게 되었습니다."[70] 그리고 이때 콘스탄티누스가 밖으로 이끌려 나왔고 하늘에 있는 십자가의 표식이 그에게 드러났습니다. 그는 십자가로써 승리해야 했을 것입니다.[71] 그리고 콘스탄티누스는 로마제국은 그리스도 신자들을 결코 박해하지 않는다는 조약을 맺었습니다. ― 니므롯[72] 왕국이 그때 무너져 버렸고, 바빌론의 탑도, 즉 로마인들도 흩어지게 되었는데 그때 모든 사람이 이 탑을 바라보았습니다. 그런데 로마는 성경에서 바빌론이라고 칭해졌습니다. 더욱이 말이 나뉘었고 히브리 말은 히브리인의 집에, 그리스도의 고백은 그리스도의 백성들에 머물렀습니다.

26. 선택된 민족의 시간에 세 가지가 이루어졌습니다. 즉 시조가 태어났고 시조의 후예가 이집트로 내려갔으며 백성이 고난받고 해방되었습니다. ― 비슷한 방식으로 신약에서도 흡사 열두 시조처럼 그리스어와 라틴어를 사용하는 가장 고상한 학자들의 후예가 로마의 주교가 되었습

---

70 「마태오복음서」8:25.
71 콘스탄티누스 황제는 312년 10월 29일에 있던 막센티우스와의 밀비우스 다리 전투 전날 밤 꿈에서 예수를 보았다. 그의 꿈에서 예수 그리스도는 다음 날 있을 전투에서 유일신의 가르침을 따르면 이길 것이라고 하면서 그리스도의 그리스어 단어의 첫 두 글자 'X'와 'P'를 합친 표시를 병사들의 방패에 그려 넣으라고 주문했다(황명길, 앞의 책, 2014, 55쪽 이하 참조). 그리스도를 뜻하는 그리스어는 'Χριστός'이다. 그리스어 알파벳 'P'는 영어의 'R'에 해당한다.
72 노아의 둘째 아들인 함의 아들은 에티오피아, 이집트, 풋, 가나안이고 에티오피아는 니므롯을 낳았다. 그가 세상의 첫 장사이다(「창세기」10:6 이하; 「역대기 상권」1:10; 「미카서」5:5 참조).

in Graeca et Latina lingua quasi Patriarchae duodecim. Graeci: Epiphanius, Basilius, Gregorius Nazianzenus, Gregorius Nyssenus, Athanasius, Chrysostomus; Latini: Hieronymus, Augustinus, Hilarius, Ambrosius, Orosius, Gregorius. —Post imperator descendit Constantinopolim, et alii post eum, et ibi obtinuerunt bona quaeque. —Mortuo Constantino, surrexit Constantius, qui ignorabat Ioseph, pessimus Arianus; et post Valentinianus et Iulianus, apostata pessimus, et afflixerunt populum Dei per haereses usque ad tempus Theodosii, qui natus est in occidente, qui fuit christianissimus, qui deiecit et exstirpavit Arianos et exaltavit Ecclesiam.

27. In tempore quarto, scilicet Legis statutae, fuit latio Legis, prostratio hostium, distributio et vindicatio hereditatum. — In novo testamento, scilicet a Leone usque ad Gregorium, lata est lex canonica, politica, monastica. Leo enim partim ex quatuor Conciliis, partim ipse canones ordinavit. —Item, prostratio hostium similiter per Iustinianum, qui Vandalos, Gothos, Longobardos, qui illas partes Italiae invaserant, superavit. —Item, distributio hereditatum, quia Gallia, Britannia, Germania conversa est ad fidem in plenitudine, et dilatata est Ecclesia in occidente, licet adhuc essent idolorum templa in Francia; sed dilatatio fuit in terra promissionis, non in Aegypto, non circa Graecos, sed circa Latinos.

니다. 그리스 학자들은 에피파니우스, 바실리우스, 나치안츠의 그레고리우스, 니사의 그레고리우스, 아타나시우스, 크리소스토무스이고, 라틴 학자들은 히에로니무스, 아우구스티누스, 힐라리우스, 암브로시우스, 오로시우스, 그레고리우스입니다. ― 황제가 콘스탄티노플로 내려간 다음, 그리고 그를 뒤따라 다른 사람들이 그곳으로 내려간 다음 그들은 그곳(=콘스탄티노플)에서 좋은 것은 그것이 무엇이든 약탈했습니다. ― 콘스탄티누스 대제가 죽은 다음 황제가 된 콘스탄티우스(Constantius)[73]는 요셉을 몰랐고[74] 가장 극악한 아리우스주의의 신도였습니다. 그다음 발렌티니아누스와 가장 사악한 배교자인 율리아누스는 테오도시우스 시대까지 이교론으로 하느님의 백성을 괴롭혔습니다. 테오도시우스는 서구에서 태어났고 가장 그리스도 신자다웠고, 아리우스를 밀쳐내고 제거했으며 교회를 현양했습니다.

27. 네 번째 시간, 즉 제정된 율법의 시간에 율법이 선포되었고, 적이 부복했으며 유산의 분배와 약속의 땅에 대한 권리가 주장되었습니다. ― 신약에서, 즉 레오부터 그레고리우스에 이르기까지 율법, 정치적인 법, 수도원의 법이 알려져 있었습니다. 사실 레오는 부분적으로는 네 개의 공의회에 의해, 부분적으로는 그 스스로 경전을 배열했습니다. ― 또한, 비슷하게 반달족, 고트족, 이탈리아의 땅을 침략했던 롱고바르드족을 정복한 유스티니아누스가 적을 정복했습니다. ― 또한, 갈리아, 브리타니아, 게르마니아는 완전한 신자가 되었기에 유산을 분배받았고 프랑스에 우상의 신전이 여전히 있었다고 해도 교회는 서방에서 팽창했습니다. 그러나 약속의 땅에서는 이집트인과 그리스인이 아니라 오히려 라틴족이 늘어났습니다.

---

73 콘스탄티누스 대제의 둘째 아들이며 아리우스의 신봉자였다. 그가 황제가 된 후 아리우스파가 세력을 얻게 된다.
74 「탈출기」 1:8.

28. In quinto tempore, scilicet regalis gloriae, fuerunt tria: deiectio superbi regis, ampliatio cultus divini, divisio decem tribuum a duabus. —In novo testamento tempore sublimis cathedrae a Gregorio usque ad Hadrianum patriarcha Constantinopolitanus contendebat cum Romano et dicebat se patriarcham catholicum, hoc est universalem, et fuit excommunicatus et humiliatus, et thronus David exaltatus, sicut Petro promiserat Dominus. Similiter, Gregorius, adhuc iuvenis et nondum Pontifex pugnavit cum Eutychio, qui negabat resurrectionem, et devicit eum in conspectu populi, ut David Goliam. —Sicut etiam David ampliavit cultum, sic iste ordinavit officium; et sicut David ducebat arcam cum septem choris, sic iste fecit processionem cum septem choris; et sicut David Angelum percutientem super Ierusalem et promeruit, ut cessaret, sic iste super Romam et promeruit, ut cessaret. [Et Augustinum genuit in Christo, quem misit in Angliam et per ipsum regnum Ecclesiae mirabiliter est dilatatum.] —Sicque factum est, quod Graeci, videntes, Ecclesiam Romanam exaltari, divisi sunt et ceciderunt in haeresim Eutychianam, et hoc tempore Heraclii, qui primo fuit bonus et postea cecidit in haeresim. Post illum nunquam

28. 다섯 번째 시간, 즉 왕다운 영광의 시간에 세 가지 사건이 있었습니다. 즉 교만한 왕이 제거되었고, 하느님에 대한 제례가 확대되었으며 두 종족으로부터 열 종족이 분리되었습니다. ― 신약의 시대에는 그레고리우스로부터 하드리아누스에 이르는 고귀한 주교좌 기간에 콘스탄티노플의 총대주교가 로마인들과 충돌했고, 가톨릭의 총대주교, 즉 보편적인 총대주교라고 자처했습니다. 그는 파문되었고 비참한 처지가 되었습니다. 하느님께서 베드로에게 약속하셨듯이 다윗의 왕좌는 드높여졌습니다.[75] 비슷하게, 그레고리우스는 젊었을 때 또 주교가 되기 전에 유티케스[76]와 싸웠습니다. 유티케스는 부활을 부정했고 다윗이 골리앗을 이겼듯이, 그는 백성들 앞에서 유티케스를 이겼습니다. ― 더욱이 다윗이 제례를 늘렸듯이 그레고리우스는 직무를 규정했습니다. 다윗이 춤추는 일곱 무리와 함께 [계약의] 궤를 모시고 갔듯이 그레고리우스는 춤추는 일곱 무리와 함께 행렬했습니다.[77] 또한 다윗이 예루살렘을 파멸시키는 천사가 도달한 것을 보고 자기 죄를 멈추었듯이[78] 그레고리우스도 로마를 치는 그 천사가 도달한 것을 보고 멈추었습니다. [그는 그리스도 안에서 아우구스티누스[79]를 낳았고, 그를 영국으로 보냈으며 그를 통해 교회의 왕국은 불가사의하게 팽창했습니다.] ― 이렇게 그리스인들이 로마의 교회가 현양되는 것을 보았을 때 그들은 분리되어 유티케스의 이단 교리에 빠졌고 헤라클리우스(Heraclius, 575~641) 시기에도 그랬습니다. 그는 처음에는 선한 사람이었지만 후에 이단 교리에 빠졌습니다. 동방에서는 그가 마지막 황제였습니다.[80] 아시리아인들이 유대인들을 파

---

75 「마태오복음서」 16:18.

76 유티케스(Eutyches, 378~454): 콘스탄티노플의 수도원장. 이단설로 알려진 단성론(monophysitism)을 주장해 칼케돈 공의회에서 이단으로 단죄받았다.

77 「사무엘기 하권」 6:12.

78 「사무엘기 하권」 24:16.

79 아우구스티누스(Augustinus, ?~604): 초대 캔터베리 대주교. 앵글로 색슨족을 그리스도교로 개종시켰으며, 캔터베리에 주교좌성당과 수도원을 세웠다. 이로 인해 캔터베리는 영국 가톨릭의 중심지가 되었다.

fuit imperator in oriente. Sicut etiam Assyrii vastaverunt Iudaeos, sic Saraceni occupaverunt Ecclesiam Antiochenam, Hierosolymitanam, Alexandrinam, Constantinopolitanam, usque Siciliam. Sicut illae decem tribus ceciderunt et recesserunt a domo David; sic illae Ecclesiae, quia ceciderunt et recesserunt a Petro, cui dictum erat: Tibi dabo claves regni caelorum, inciderunt in lupos.

29. In sexto tempore facta sunt tria: praeclaritas victoriae, praeclaritas doctrinae, praeclaritas vitae propheticae. —Praeclaritas victoriae in Sennacherib, qui venit contra Ierusalem, et Angelus Domini interfecit centum octoginta quinque millia. Et Ezechias contra naturam sanatus est, et sol abiit retro. —Similiter, in tempore Hadriani per Carolum, qui miraculose fecit triumphos quasi missus Angelus a Domino, et sol, id est aestus tribulationis, abiit retro, et facta est pax Ecclesiae, ut postea statueret archiepiscopos, episcopos et coenobia. —Hoc tempore fuit claritas doctrinae, quia Carolus

멸시켰듯이 사라센족은 시칠리아에 이르기까지 안티오키아, 예루살렘, 알렉산드리아, 콘스탄티노플의 교회를 점령했습니다. 저 열 개 종족이 패망하고 다윗의 집에서 물러났듯이 이 교회들도 패망하고 베드로로부터 떠났기 때문입니다. 예수님께서 베드로에게 "나는 너에게 하늘나라의 열쇠를 주겠다"[81]라고 말씀하셨습니다. 그런데 이 열쇠는 늑대들에게 떨어졌습니다.

29. 여섯 번째 시간에도 세 가지, 즉 승리의 찬란함, 교회의 찬란함, 예언적인 삶의 고귀함이 있습니다. ─ 예루살렘을 공격해 온 산헤립에 대항해 거둔 승리가 찬란했고, 주님의 천사는 18만 5,000명을 죽였습니다.[82] 그리고 히즈키야는 자연의 흐름에 역행해 건강해졌고,[83] 해는 뒤로 돌아갔습니다.[84] ─ 비슷하게 하드리아누스[85] 시대에 하느님께서 파견한 천사처럼 불가사의하게 승리한 샤를 대제에 의해 태양이, 다시 말해서 고통의 격정이 물러나고, 교회가 평화롭게 되어서 교회는 대주교를, 주교를, 수도원을 제정했습니다. ─ 이 시대에는 교리가 분명했습니

---

80 비잔틴 제국, 혹은 비잔티움 제국이라는 용어는 역사학자들이 붙인 명칭으로, 제국의 수도였던 고대 지명 콘스탄티노폴리스에서 유래한다. 정치적으로 로마의 이념과 제도를 이어받고, 종교적으로 그리스도교를 국교로 삼았다. 그리스를 중심으로 아나톨리아와 동지중해안의 여러 섬을 포함하여 강력한 중앙집권적 국가로 성장했으며, 유스티니아누스 1세(재위 527~565)의 과도기를 거쳐 왕권이 안정기에 접어든 헤라클리우스 1세(재위 610~641) 때 전성기를 누렸다.

81 「마태오복음서」16:19.

82 「열왕기 하권」19:35.

83 「열왕기 하권」20:5-6.

84 「열왕기 하권」20:11.

85 정통 신앙의 옹호라면 비잔틴 황제 못지않다고 자부하던 샤를 대제는 제2차 니케아 공의회의 세계적 성격을 부인했다. 샤를 대제는 제2차 니케아 공의회를 794년 프랑크푸르트에서 열린 서방의 보편 공의회로 대체할 작정이었다(후베르트 예딘, 최석우 옮김, 『세계공의회사』, 분도출판사, 2006, 43쪽 참조). "교황 하드리아노(=하드리아누스) 1세(772~795)는 니케아 공의회의 승인을 취소하지 않았고, 특히 비잔틴 황제를 파문하라는 카를(=샤를)의 요구를 거절했다"(같은 책, 43쪽).

vocavit clericos et scripsit libros, ut in sancto Dionysio Biblia et in multis locis, et inceperunt legere et philosophari, et religiosos etiam dilatavit. — Hoc tempore oportuit venire vitam per ordinem, qui haberet vitam propheticam. Hoc autem tempus est geminum, unde, sicut in passione Domini fuit primo lux, deinde tenebra, postea lux; sic necesse est, ut primo sit lux doctrinae, et succedat Iosias Ezechiae, post quam facta est tribulatio Iudaeorum per captivitatem. Necesse est enim, ut surgat unus princeps zelator Ecclesiae, qui vel erit, vel iam fuit — et addidit (sc. Bonaventura): Utinam iam non fuerit — post quem fit obscuritas tribulationum. Hoc tempore similiter Carolus exaltavit Ecclesiam, et eius successores oppugnaverunt eam: tempore Henrici quarti fuerunt duo Papae, similiter tempore Frederici magni, duo. Et certum est, quod aliquis inter eos voluit exterminare Ecclesiam; sed Angelus ascendens ab ortu solis clamavit quatuor Angelis: Nolite nocere terrae et mari, quousque signemus servos Dei nostri in frontibus eorum. Unde adhuc restat Ecclesiae tribulatio. Et dictum est Angelo Philadelphiae, qui sextus est: Haec dicit Sanctus et Verus, qui habet clavem David; qui aperit, et nemo claudit; claudit, et nemo aperit. Scio opera tua, quia ecce, dedi coram te ostium apertum. — Et dixit (sc. Bonaventura): quod adhuc

다. 왜냐하면 샤를 대제는 성직자들을 초대했고 그들이 책을 썼기 때문입니다. 예를 들면 생 드니 수도원에서 또한 다른 많은 곳에서 성직자들은 책을 읽고 철학적인 논의를 시작했고 더욱이 수도자들이 늘어났습니다. ― 이 시기에 예언적인 삶을 사는 사람은 수도회의 삶을 영위해야 했습니다. 그런데 이 시간은 다음과 같이 이중적입니다. 첫째, 그리스도의 수난 때처럼 빛이 있었고, 그다음 어둠이, 그다음 다시 빛이 있었습니다. 이렇게 첫째, 교리의 빛이 있고, 요시야가 히즈키야를 계승하는 것이 필수적이었고[86] 유대인들은 요시야의 다음에 유배되었기에 그들의 고난이 시작되었습니다. 사실 앞으로 있거나 또는 이미 있던 교회를 열망하는 단 한 사람의 지배자가 나오는 것이 필수적입니다. ― 그리고 [보나벤투라는] "제발 그가 곧 오지 않는다면 좋을 것"이라고 덧붙입니다. ― 이 열망자 다음에는 고난의 어둠이 생겼습니다. 비슷하게 이 시간에 샤를은 교회를 현양했고 그의 계승자들은 교회를 핍박했습니다. 하인리히 4세 통치 기간에 두 명의 교황이 있었고,[87] 비슷하게 프리드리히 대제의 통치 기간에도 두 명의 교황이 있었습니다. 그들 중 누군가가 교회를 말살하려 했다는 것은 확실합니다. 그런데 태양이 뜨는 쪽에서 올라오는 천사가 네 천사에게 큰 소리로 외쳤습니다. "우리가 우리 하느님의 종들의 이마에 인장을 찍을 때까지 땅도 바다도[88] 해치지 마라."[89] 그러므로 지금까지 교회의 환난은 남아 있습니다. 그리고 여섯 번째인 필라델피아 교회의 천사는 이런 말을 들었습니다. "거룩한 이, 진실한 이, 다윗의 열쇠를 가진 이, 열면 닫을 자 없고, 닫으면 열 자"[90] 없습니다. "나는 네가 한 일을 안다. 보라, 나는 아무도 닫을 수 없는 문을 네 앞에 열어두었다."[91] ― 그리고 [보나벤투라는] 말했습니다. 나는 계시든 다윗의 열쇠

---

86 「열왕기 하권」 22 : 23; 「역대기 하권」 34 : 35.

87 후베르트 예딘, 앞의 책, 2006, 49~52, 55쪽 참조.

88 우리말 성경 번역은 '땅도 바다도 나무도'이다.

89 「요한묵시록」 7 : 2.

90 「요한묵시록」 3 : 7; 1 : 11 참조.

intelligentia Scripturae daretur vel revelatio vel clavis David personae vel multitudini; et magis credo, quod multitudini.

30. In septimo tempore scimus quod haec facta sunt: reaedificatio templi, restauratio civitatis et pax data. Similiter in tempore septimo futuro erit reparatio divini cultus et reaedificatio civitatis. Tunc implebitur prophetia Ezechielis, quando civitas descendet de caelo, non quidem illa quae sursum est, sed illa quae deorsum est, scilicet militans; quando erit conformis triumphanti, secundum quod possibile est in via. Tunc erit aedificatio civitatis et restitutio, sicut a principio; et tunc pax erit. Quantum autem durabit illa pax, Deus novit.

31. Igitur cum sint septem tempora et in veteri testamento et in novo, et quodlibet triforme, vel in quolibet tria sint; septenarius multiplicatus per ternarium bis, quadraginta duo facit; et istae sunt quadraginta duae mansiones, quibus pervenitur ad terram promissionis. —Et sic patet, quomodo Scriptura describit successiones temporum; et non sunt a casu et fortuna, sed mira lux est in eis et multae intelligentiae spirituales.

든 성서의 인식이 개인에게 또는 백성에게 주어진다고, 그러나 백성에게 더 많이 주어진다고 여전히 믿습니다.

30. 우리는 일곱 번째 시간에 신전이 재건되고 도시가 복구되었으며 평화가 주어졌다는 것을 알고 있습니다. 비슷하게 미래의 일곱 번째 시간에 하느님이 다시 공경받게 될 것이고 도시가 재건될 것입니다. 도시가 하늘로부터 내려올 때 위로 가는 것이 아니라 아래로 가는 도시일 때,[92] 즉 투쟁하는 도시일 때 에제키엘의 예언이 완성될 것입니다.[93] 지상에서 가능한 승리자의 도시와 같은 모습이 될 것입니다. 처음부터 그렇듯 그때 도성이 건축되고 재건될 것입니다. 그때 평화가 있을 것입니다. 그러나 이 평화가 얼마만큼 지속되는지는 하느님이 알고 계십니다.

31. 따라서 구약과 신약에 일곱 시간이 있고 각각 세 가지 형태로 또는 각각의 것에 세 개가 있습니다. 2곱하기 3인 6에 일곱을 곱하면 마흔둘이 됩니다. 그리고 이는 마흔두 번 머묾입니다. 이렇게 [42년을 지나는 동안 진을 치고 머물렀다 떠나기를 반복하면서] 그들은 약속의 땅에 도착했습니다.[94] — 그리고 성경이 시간의 연속을 기술한 방식이 분명합니다. 시간의 연속은 우연히 있는 것이 아니고 이 연속들과 많은 영적인 인식 안에 경탄할 만한 빛이 있습니다.

91 「요한묵시록」 3 : 8.
92 「요한묵시록」 21 : 2.
93 「에제키엘서」 40 이하;「갈라티아 신자들에게 보낸 서간」 4 : 26.
94 「민수기」 33 : 1 이하.

Collatio XVII

De tertia visione tractatio quinta,
quae agit de theoriis Scripturae significatis per fructus,
scilicet de considerationibus reficientibus intellectum et affectum,
et primo quidem de reficientibus intellectum.

1. *Protulit terra herbam virentem* etc. Dictum est, quod visio intelligentiae per Scripturam eruditae versatur circa tria; circa intelligentias spirituales, quae intelliguntur per congregationes aquarum; circa figuras sacramentales, per germinationem herbarum et arborum; circa theorias multiformes, per multiplicationem seminum et refectionem arborum. Istae theoriae consistunt in considerationibus temporum sibi succedentium, quae sunt seminaria quaedam et in correspondentia eorundem; aliae theoriae consistunt in considerationibus salutarium refectionum; quia non in solo pane vivit homo. Considerare debet homo, ex quo pascatur, scilicet eloquio Scripturae; unde est lignum faciens fructum. Indiget enim intellectus refectione, indiget et affectus.

셋째 날의 봄에 대한 다섯 번째 강연.
결실에 의해 의미된 성경의 직관에 대한, 통찰과 감정의 휴식에 관한 숙고에 대한 강연. 첫째, 통찰을 휴식시키는 것에 대한 강연

1. "땅은 푸른 싹을 돋아나게 하였다. 씨를 맺는 풀과 씨 있는 과일나무를 제 종류대로 돋아나게 하였다."[1] 성경에 의해 형성된 통찰의 상은 세 가지와 관련해 움직입니다. 이 상은 물의 집합에 의해 인식되는 영적인 통찰과 관련해, 식물과 나무의 발아에 의한 성사의 형상과 관련해, 씨앗의 번식과 생기가 넘치는 나무에 의한 다양한 직관과 관련해 움직입니다. 이런 직관은 일종의 싹들이고 이들에 상응하는 연속적인 시간에 대한 명상이 있습니다. 건강을 주는 원기 회복에 대한 숙고인 다른 직관이 있습니다. 왜냐하면 사람은 오직 빵만으로 살지 않기 때문입니다.[2] 사람은 자신이 무엇으로부터 영양을 얻는지를 생각해야 합니다. 다시 말해 그는 성경의 말씀으로부터 양육된다는 것을 생각해야 합니다. 따라서 성경은 열매를 맺는 나무입니다. 이성은 휴식과 감정을 필요로 합니다.

---

1 「창세기」 1:12. 이하의 내용은 강연 13~16의 요약이다.
2 「마태오복음서」 4:4.

2. Primo dicendum de refectione intellectus. Sed, sicut dicit Apostolus, laborantem agricolam oportet prius edere de fructibus; quia praedicator oportet quod prius sit imbutus et dulcoratus in se, et post aliis proponat. Multi tamen volunt videri prophetae et audiri tanquam prophetae; et panis eorum vel cibus insipidus est et male coctus et frigidus, et detinent populum et parum proficiunt.

3. Notandum, quod sicut fructus oblectat visum et gustum, tamen principalius visum oblectat sua pulcritudine et decore, gustum vero dulcore et suavitate; sic et istae theoriae reficiunt intellectum suo decore et affectum sua suavitate. —Hoc innuit Scriptura dicens; Plantaverat autem Dominus Deus paradisum voluptatis a principio in quo posuit hominem etc.. Hoc dictum est per recapitulationem post septimam diem, quia ista plantatio facta fuit tertia die.

4. Sequitur; Produxitque omne lignum pulcrum visu et ad vescendum suave: lignum vitae in medio paradisi, lignum scientiae boni et mali, ut intellectum suo decore reficeret et affectum suavitate. Consummatio autem erat in ligno vitae, si lignum scientiae caveretur. Terra ergo est Scriptura, quae produxit omne lignum pulcrum visu quantum ad intellectum, et ad vescendum suave quantum ad

2. 첫째, 이성의 휴식에 대해 언급해야 합니다. 사도가 말하듯이 "애쓰는 농부가 소출의 첫 몫을 받는 것이 당연"[3]합니다. 복음 선포자는 먼저 정화되고 그의 마음은 감미로움으로 가득합니다. 그다음 그는 다른 사람들도 감미롭게 만듭니다. 그러나 많은 사람들이 예언자로 자처하려고 [그들의 말이] 예언자의 말로 간주되기를 원합니다. 그러므로 그들의 빵이나 음식, 또한 요리는 맛이 없고 따뜻하지 않습니다. 그들은 사람들을 붙잡지만 결과는 만족스럽지 않습니다.

3. 과일이 시각과 미각을 어떻게 즐겁게 하는지 [우리는] 주목해야 합니다. 과일은 먼저 보기에 좋고 탐스러워 시각을 즐겁게 하고, 감미롭고 부드러워 미각을 즐겁게 합니다. 이런 직관은 그것의 치장으로 통찰을 활력 있게 하고, 그것의 부드러움에 의해 감정을 활기차게 합니다. — 성경은 이것을 다음과 같이 말하면서 수긍합니다.[4] 하느님께서는 처음부터 쾌락의 동산을 꾸미시고 거기에 당신께서 빚으신 사람을 두셨습니다. 이것은 일곱째 날이 지난 후 뒤돌아볼 때 언급되었습니다. 왜냐하면 이 식목(植木)은 셋째 날 있었기 때문입니다.

4. 계속해서 "주 하느님께서는 보기에 탐스럽고 먹기에 좋은 온갖 나무를 흙에서 자라게 하시고, 동산 한가운데에는 생명나무와, 선과 악을 알게 하는 나무를 자라게 하셨다"[5]라고 합니다. 그래서 그의 아름다움으로 통찰을 활기차게 하고 감정을 부드럽게 합니다. 그런데 인식의 나무가 회피된다면 생명의 나무가 완성됩니다. 그러므로 성경은 통찰에 관한 한 보기에 아름다운 땅이고, 감정에 관한 한 미각을 부드럽게 하는 과실수를 생산하는 땅입니다. 다시 말해서 이들은 즐겁게 하고 휴식하게

---

3 「티모테오에게 보낸 둘째 서간」 2:6.
4 「창세기」 2:8.
5 「창세기」 2:9.

affectum, scilicet multiformes theorias oblectantes et reficientes. In paradiso caelesti non est plantatio nisi rationum aeternarum; et licet ibi sit refectio de praedestinationibus omnium Sanctorum, potissime tamen gaudebo de mea praedestinatione; et hoc innuit Salvator; Gaudete, quia nomina vestra scripta sunt in caelis. — Paulus potuit loqui de paradiso caelesti, qui raptus fuit usque ad tertium caelum; nos nescimus, sed loquimur de terrestri.

5. Est autem anima paradisus, in qua plantata est Scriptura, et habet mirabiles suavitates et decores. Unde in Cantico: Hortus conclusus, soror mea sponsa, hortus conclusus, fons signatus, emissiones tuae paradisus. Anima est hortus, in qua sunt sacramentalia mysteria et spirituales intelligentiae, ubi scaturit fons spiritualium emissionum; sed conclusus est et fons signatus, quia non patet immundis, sed illis, de quibus: Novit Dominus qui sunt eius Hunc hortum sapientia aeterna diligit et circa eum versatur; unde in Ecclesiastico: Ego sicut fluvius Doryx exivi de paradiso. Hunc hortum rigavit ille qui omnes plantat: quam enim plantationem non plantat, illa eradicabitur. Omnis plantatio, inquit, quam non plantavit Pater meus caelestis, eradicabitur. Sequitur: Dixi: Rigabo hortum

하는 다양한 직관입니다. 천상의 낙원에는 영원한 이성의 심음(식목)만
이 있습니다. 그때 모든 성인의 구령예정(救靈豫定)을 위해 휴식이 있다
고 해도 나는 나의 예정에 대해 특히 기뻐할 것입니다. 그리고 구세주께
서 이것을 허락하셨습니다. "너희 이름이 하늘에 기록된 것을 기뻐하여
라."[6] — 바오로는 천상의 낙원에 대해 말할 수 있었습니다. 그 사람은 셋
째 하늘까지 들어올려졌습니다.[7] 우리는 천상의 낙원을 모르지만 지상
의 낙원에 대해 말합니다.

5. 영혼은 그 안에 성경이 심겨 있는 낙원입니다. 영혼은 놀랍도록 부
드럽고 우아합니다. 「아가」에서는 "그대는 닫혀진 정원, 나의 누이 나의
신부여 그대는 닫혀진 정원, 봉해진 우물, 그대의 유출은 낙원이라오"[8]
라고 합니다. 영혼은 성사적인 신비와 영적인 통찰을 지닌 정원입니다.
이 정원에서 영적인 유출의 샘이 솟습니다. 그런데 우물은 닫혀져 있고
봉해져 있습니다. 왜냐하면 우물은 부정한 사람들에게 열리지 않고 그
들에 대해 "주님께서는 당신의 사람들을 아신다"[9]라고 칭해지는 사람들
에게 열리기 때문입니다. 영원한 지혜는 이 동산을 좋아하고 이 동산 쪽
으로 향합니다. 그러므로 「집회서」에서는 "나는 낙원에서 흘러나온 도
릭스 강과 같다"[10]라고 합니다. 모든 것을 심은 사람은 이 동산에 물을 댑
니다. 그는 자신이 심지 않은 식물들을 뽑을 것입니다. 예수님께서 "하늘
의 내 아버지께서 심지 않으신 초목은 모두 뽑힐 것"[11]이라고 말씀하십
니다. 「집회서」에서는 "나는 말한다. 나는 내가 심은 초목의 동산에 물을

---

6 「루카복음서」10:20.
7 「코린토 신자들에게 보낸 둘째 서간」12:2.
8 「아가」4:12 이하.
9 「티모테오에게 보낸 둘째 서간」2:19.
10 「집회서」24:41. 불가타 성경 제24장은 제47절까지 있으며, 우리말 성경 제24장은
   제34절까지 있다. 우리말 성경 제24장 제31절에 "나는 '내 동산에 물을 대고 꽃밭에
   물을 주리라'하였다"라고 되어 있다.
11 「마태오복음서」15:13.

meum plantationum et inebriabo prati mei fructum. —Rigat autem sanguine, quo aspersus est liber et omnis populus; rigat etiam affluentia Spiritus sancti manantis ab ipso, quam Scriptura habet, et quam invenimus in Scriptura. Haec sunt ergo ligna pulcra visu et ad vescendum suavia ratione fructuum pulcrorum et dulcium.

6. De refectione intellectus dicendum. Sicut enim corpus sine cibo perdit virtutem, decorem et sanitatem; sic anima sine intelligentia veritatis tenebrescit et infirma, deformis et instabilis fit in omnibus; oportet ergo refici. Hinc est, quod mens vagabunda, non habens cibum discurrit et est instabilis. Unde: Peccatum peccavit Ierusalem; propterea instabilis facta est; et ideo, eiecta de paradiso, vagatur et dat pretiosa quaeque pro cibo ad refocillandam animam. Unde haec est passio misera. Propter quod nihil sanius, nisi ut figantur cogitationes, ne vagentur in malum. —Unde Ioannes Cassianus venit cum multis ad quendam sanctum Patrem et conquestus est de instabilitate cogitationum, et quod in nullo poterat firmare intellectum. Et ille respondit: Si unquam versificati fuerant, et si tunc de illis cogitabant. Responderunt, quod in tantum, quod vix

댈 것이고 나의 풀밭의 과일들을 흠뻑 적실 것"[12]이라고 합니다. — 그런데 그는 피로 적셨고, 이 피가 계약의 책과 온 백성에게 뿌려졌습니다.[13] 피에서 흘러나오는 성령이 넘쳐서 성경이 갖고 있는 것과 우리가 성경에서 발견하는 것을 적십니다. 따라서 이것은 보기에 아름다운 나무이고 아름답고 달콤한 열매이기에 맛도 달콤합니다.

6. 이제 이성의 원기회복에 대해 언급해야 합니다. 음식을 먹지 않으면 몸이 힘과 아름다움, 그리고 건강을 잃듯이 진리를 인식하지 않는 영혼은 어두워지고 약해지고 볼품없게 되고 모든 것에서 불안정합니다. 영혼은 휴식을 취해야 합니다. 먹을 것이 없는 방황하는 정신은 흩어지고 불안정합니다. 그러므로 "예루살렘은 죄를 지었고 그 때문에 불안하게"[14] 됩니다. 따라서 예루살렘은 낙원에서 내쫓겨 떠돌아다니고 영혼을 소생시킬 음식을 위해 값비싼 대가를 치릅니다. 이것은 가엾은 수난입니다. 그 때문에 생각이 확고해지는 것보다 더 건강한 것은 없고 그래서 악한 일로 방황도 하지 않습니다. — 그러므로 요하네스 카시아누스[15]는 몇몇 사람과 함께 성부에 대한 생각에 도달했고 자기 생각이 불안정하다고 투덜댔고, 그는 어떤 것에서도 자기의 인식을 견고하게 할 수 없었습니다.[16] 그리고 그는 이렇게 대답했습니다. "만약 내 생각이 언젠가 시로 쓰인다면 그때 그것에 대해 생각했을 것이다." 이 말에 대해 많은 사람들은 대답했습니다. "더욱이 자면서도 그것에 대해 생각했을 만큼 다

---

12 「집회서」24 : 42.
13 「히브리인들에게 보낸 서간」9 : 19.
14 「애가」1 : 8. 아랫부분은 「애가」1 : 11이다.
15 요하네스 카시아누스(Johannes Cassianus, 360?~435?): 수도사. 동방 수도원 제도의 이념과 실제를 서방에 소개한 것으로 유명하다. 저서에 『공동생활 수도사의 규율 및 팔대 악덕의 구제』(전 12권)가 있는데, 이 책은 수도원 제도의 조직과 영적 생활의 방법을 언급한 지침서로서 베네딕토 회칙을 비롯해 서방의 수도원 규칙의 기초가 되었다.
16 강연 1, 16과 17; 강연 10, 12 참조.

de aliquo alio cogitare poterant, immo etiam dormiendo cogitabant. Dixit ille, quod illud erat propter consuetudinem. Unde oportet assuescere circa rem aliquam, quae, cum in mentem venerit, non sit mala.

7. Haec autem est Scriptura, ubi non unum, sed multa inveniuntur, in quibus est delectatio spiritualis; et sic non exibimus hortum paradisi, sed est anima ut operans et custodiens et facit sibi ex ea hortum parvum in mente deliciosum. —In hac sola scientia est delectatio, non in aliis. Philosophus dicit, quod magna delectatio est scire, quod diameter est asymeter costae; haec delectatio sit sua; modo comedat illam.

8. Egreditur autem de Scriptura quaedam lux seu illustratio in intellectum iunctum imaginationi, ut non pateat egressus sapienti. [Debet autem intellectus, secundum quod imaginationi iungitur, esse firmus, ut non pateat ingressus alicuius distrahentis nec ingressus diminuentis, sed intelligentia colligatur in idipsum, et tunc est efficax ad investigandam veritatem. Ex tunc autem a Scriptura multipliciter egreditur illustratio.] Et hoc aspiciendo ad duodecim, scilicet intra, extra, supra; infra, ante, retro; dextrorsum, sinistrorsum; ex opposito, in gyro; e longinquo, e vicino.

9. Illustrat Scriptura suis pullulationibus ab intra per interna spectacula; proponit enim spiritualia spectacula nobilia, quae specialiter sunt radicalia; ab extra per exempla extrinseca, de

른 것에 대해 간신히 생각할 수 있을 만큼 [그것에 대해 생각했을 것이다].” 카시아누스는 그것은 습관에 의한 것이라고 말했습니다. 그러므로 어떤 대상이 떠오를 때 그 자체 나쁜 사물이 아닌 대상과 관련해 친숙해져야 합니다.

7. 그런데 성경에는 하나가 아니라 많은 것이 있습니다. 많은 것이 우리에게 영적인 즐거움을 줍니다. 우리는 낙원의 동산을 피하는 것이 아닙니다. 영혼은 동산에서 일하고 그 동산을 지키며[17] [우리는] 정신에게 크나큰 즐거움을 주는 작은 동산을 영혼에서 만듭니다. — 즐거움은 다른 학문에는 없고 이 학문(=철학)에만 있습니다. 철학자는 지름과 측면이 비대칭이라는 것을 아는 것이 매우 즐겁다고 합니다.[18] 이 즐거움은 그의 즐거움일 것이고 큰 즐거움인 정신의 즐거움을 소모할 뿐입니다.

8. 그런데 성경에서 나오는 일종의 빛 또는 조명이 현자에게는 출구가 분명히 열려 있지 않을 것이라는 상상에 결합된 이성을 비춥니다. [상상에 결합되어 있다는 점에 따라 통찰은 확고해야 하고 떼어놓는 또는 감소시키는 어떤 것의 입장도 없고 오히려 이성은 자기 자신으로 모여지고, 그때 진리를 탐구할 수 있게 됩니다. 그때 성경에서 다양한 조명이 나옵니다.] 그리고 성경은 열두 방향을 바라보면서, 즉 안쪽을, 밖을, 위를, 아래를, 앞을, 뒤를, 오른쪽을, 왼쪽을, 반대로부터, 원에서, 멀리서, 가까이에서 바라보면서 비춥니다.

9. 성경은 그 자체 발아해서 내적인 상을 통해 안으로부터 조명합니다. 예컨대 성경은 영적인 고상한 상을 제시하는데, 이 상은 특히 믿음의 근본적인 상입니다. 성경은 외부에 있는 본을 통해 외부로부터 조명

---

17 「창세기」 2 : 15.
18 아리스토텔레스, 앞의 책, 1998, 제1권, 제13장.

quibus tota Scriptura est plena. Si vis exemplum patientiae, respice Iob et Tobiam; si magnanimitatis, respice David contra Goliam, et Iudam Machabaeum; si fidei exemplum, Abraham et Virginem gloriosam, cuius fides transcendit fidem Abrahae. Abraham enim credidit, posse se habere filium de sterili sene; sed Maria, quod Virgo conciperet de Spiritu sancto, credidit; neque concepisset, nisi credidisset. Si exemplum caritatis, vide Moysen, qui dixit: Aut dimitte eis hanc noxam, aut dele me de libro tuo, quem scripsisti. Si exemplum misericordiae, in Ecclesiastico: Hi sunt viri misericordiae, quorum pietates non defuerunt. Si de iustitia, fortitudine, prudentia, munditia, de omni virtute honesta proponit tibi exempla. Quia virtus consistit circa operationes particulares, ideo non sufficit regula interius directiva, nisi sit exemplum particulare; et ideo Scriptura utrumque ponit. Contra iram dedit regulam: Responsio mollis frangit iram; vide exemplum de Abigail, quae fregit iram David.

10. Item, illustrat a supra per divina promissa; docet enim Scriptura de his quae sunt supra. Unde Apostolus: Scimus,

610

하는데 성경 전체는 이런 본으로 가득 차 있습니다. 만약 그대가 인내의 예를 원한다면, 욥과 토빗을 주목하십시오. 만약 대범함의 예를 원한다면 골리앗에 맞선 다윗을 주목하십시오. 그리고 유다 마카베오를 주목하십시오. 만약 믿음의 예를 원한다면 아브라함과 성모 마리아를 주목하십시오. 성모님의 믿음이 아브라함의 믿음을 능가합니다. 사실 아브라함은 믿었고 아이를 낳을 수 없는 노파인 부인에게서 아들을 얻을 수 있었지만[19] 마리아는 처녀로서 성령으로 잉태한다는 말을 믿었습니다. 만약 믿지 않았다면 잉태하지 못했을 것입니다.[20] 만약 사랑의 예를 원한다면 모세를 보십시오. 그는 "그들의 죄를 부디 용서해 주시기 바랍니다. 그렇게 하시지 않으려거든, 당신께서 기록하신 책에서 제발 저를 지워주십시오"[21]라고 했습니다. 자비의 예를 원한다면 「집회서」를 보십시오. "저 사람들은 자비로워 그들의 의로운 행적이 잊혀지지 않았다."[22] 만약 정의에 관한, 용기에 관한, 실천적 지혜에 관한, 정결에 관한, 고결한 모든 덕에 관한 예를 원한다면 성경이 그대에게 예를 제시합니다. 덕은 개별적인 행위와 관련이 있기 때문에, 개별적인 본이 없다면 내적으로 지시하는 규범만으로는 충분하지 않습니다. 그러므로 성경은 각각의 것을 가정합니다. 분노에 대항해 성경은 규범을 제시합니다. 부드러운 대답은 분노를 가라앉힙니다.[23] 다윗의 분노를 가라앉힌 아비가일의 예를 보십시오.[24]

10. 또한, 성경은 하느님의 약속을 통해 위로부터 조명합니다. 성경은 천상에 있는 것에 대해 가르칩니다. 따라서 사도는 "우리의 이 지상 천막

---

19 「창세기」 15 : 2 이하; 17 : 15 이하; 18 : 11 이하.
20 「루카복음서」 1 : 26 이하.
21 「탈출기」 32 : 31-32.
22 「집회서」 44 : 10.
23 「잠언」 15 : 1.
24 「사무엘기 상권」 25 : 3 이하.

quoniam, si terrestris domus nostra huius habitationis dissolvatur, quod aedificationem ex Deo habemus, domum non manufactam, aeternam in caelis; et: In domo Patris mei mansiones multae sunt, ait Salvator; in Psalmis dicitur: Filii hominum sub umbra alarum tuarum sperabunt. Inebriabuntur ab ubertate domus tuae, et torrente voluptatis tuae potabis eos, quoniam apud te est fons vitae: et in lumine tuo videbimus lumen; et illud Apocalypsis: Agnus, qui in medio throni est, reget illos et deducet eos ad vitae fontes aquarum; et in Psalmo: Delectationes in dextera tua usque in finem. Proponit ergo nobis divina promissa.

11. Item, illustrat ab infra proponendo inferni tormenta. Psalmus: Pluet super peccatores laqueos; ignis et sulphur et spiritus procellarum pars calicis eorum; Apocalypsis: Et pars eorum in stagno ignis et sulphuris. Et ascendet fumus tormentorum eorum in saecula saeculorum. Haec proponit Scriptura a principio, ubi dictum est, quod tenebrae erant super faciem abyssi, usque ad finem. — Proponit ergo interna spectacula, extrinseca exempla, caelestia promissa, inferni supplicia.

집이 허물어지면 하느님께서 마련하신 건물, 곧 사람 손으로 짓지 않은 영원한 집을 하늘에서 얻는다는 사실을 우리는 알기 때문"[25]이라고 하고, 구세주는 "내 아버지의 집에는 거처할 곳이 많다"[26]라고 합니다. 그리고 「시편」에서는 이렇게 노래합니다. "사람들이 당신 날개 그늘 아래에서 희망합니다. 그들은 당신 집의 기름기로 흠뻑 취하고 당신께서는 그들에게 당신 기쁨의 강물을 마시게 합니다. 정녕 당신께는 생명의 샘이 있고 당신 빛으로 저희는 빛을 봅니다."[27] 또 「요한묵시록」에서는 "어좌 한가운데에 계신 어린양이 목자처럼 그들을 돌보시고 생명의 샘으로 그들을 이끌어주실 것"[28]이라 하고, 「시편」에서는 "당신 오른쪽에서 길이 평안을"[29] 누릴 것이라고 합니다. 그러므로 성경은 우리에게 하느님의 약속을 제시합니다.

11. 또한, 성경은 지옥의 형벌을 제시하면서 아래로부터 조명합니다. 「시편」에서는 "그분께서 악인들 위에 불과 유황의 비를 그물처럼 내리시어 타는 듯한 바람이 그들 잔의 몫이 되리라"[30]라고 하고, 「요한묵시록」에서는 그들이 "차지할 몫은 불과 유황이 타오르는 못(池)뿐"[31]이라고 하고, 또 "그들에게 고통을 주는 그 연기는 영원무궁토록 타오른다"[32]라고 합니다. 성경은 "어둠이 심연을 덮고 있었다"[33]라고 기록된 처음부터 끝(=「요한묵시록」)까지 이 구절을 제시합니다. — 따라서 성경은 내적인 상들, 외적인 예들, 천상의 약속들, 지옥의 형벌들을 제시합니다.

---

25 「코린토 신자들에게 보낸 둘째 서간」 5:1.

26 「요한복음서」 14:2.

27 「시편」 36:8-10.

28 「요한묵시록」 7:17.

29 「시편」 16:11.

30 「시편」 11:6.

31 「요한묵시록」 21:8.

32 「요한묵시록」 14:11.

33 「창세기」 1:2.

12. Si ista tibi non sufficiunt, sed vis exire et alibi quaerere refectionem intellectus; adhuc dabit tibi alias arbores, alios fructus, in quibus potes refici. Illustrat antrorsum per praecepta directiva; retrorsum, per districta iudicia; dextrorsum, per severa solatia; sinistrorsum, per dulcia seu benigna flagella.——Oportet enim lumen habere ante se. Mandatum enim lucerna est, et lex lux; haec dirigit in caelum, unde: Si vis ad vitam ingredi, serva mandata, quibus adduntur consilia; haec proponit nobis Scriptura ubique. Unde in illo Psalmo: Beati immaculati, et: Legem pone mihi, Domine, viam iustificationum tuarum etc., in omni versu fit mentio de mandatis vel sub nomine legis, vel testimonii, vel eloquii, vel alicuius nominis aequivalentis. Unde etiam apud Hebraeos omnes versus unius octonarii ab eadem littera incipiunt; quod non potuit servari apud nos, ut viginti duae litterae respondeant viginti duobus octonariis; et quilibet habet octo versus. Unde etiam Augustinus turbatus fuit circa tantam identitatem; quod tamen est magna scientia et mira varietas. Nam et ipse Augustinus semel vidit unam arborem pulcherrimam, habentem viginti duos ramos, et quilibet habebat octo ramusculos, et de illis guttae dulcissimae rorabant. Et intellexit, quod illa

12. 만약 이것들이 그대에게 충분하지 않다면, 그대는 밖으로 나가 다른 곳에서 아무 생각도 하지 않고 쉬고 싶어 할 것입니다. 성경은 지금까지 그대가 휴식을 취할 수 있는 다른 나무, 다른 열매를 주었습니다. 성경은 방향을 올바로 잡아주는 계명으로 나아갈 곳을 비추고 엄중한 판결에 의해 지나온 길을, 진지하게 위로하며 오른쪽을, 달콤하게 또는 호의적으로 채찍질하며 왼쪽을 비춥니다. — 사실 성경은 자기 앞을 빛으로 비춰야 합니다. 계명은 등불이고 법은 빛입니다.[34] 이것은 하늘로 방향을 돌립니다. 따라서 "네가 생명에 들어가려면 계명을"[35] 지키라고 하고, 이 계명에 충고가 덧붙여집니다. 성경은 도처에서 우리에게 계명을 제시합니다. 「시편」에서는 "행복하여라, 그 길이 온전한 이들"[36]이라고 하고, 또한 "주님, 당신 법령의 길을 저에게 가르치소서. 당신의 의로운 길을 따르오리다"[37]라고 합니다. 율법의 또는 증언의 또는 말씀 또는 비슷하게 들리는 어떤 이름의 지칭으로 모든 시구(詩句)에 계명이 언급되어 있습니다. 따라서 같은 글자로 이루어진 여덟 개 열로 구성된 모든 시구가 유대인들에서 시작합니다. 스물두 개의 알파벳[38]이 스물두 개의 여덟 열에 상응하는 것은 우리 곁에서 유지될 수 없었습니다. 각 알파벳은 여덟 개의 시구를 가지고 있습니다. 따라서 아우구스티누스도 이와 같은 일치에 관해 착각을 일으켰습니다. 그럼에도 이것은 위대한 앎이고 기묘한 다양함입니다. 물론 아우구스티누스 자신도 스물두 개의 가지가 있는 가장 아름다운 한 그루 나무를 한번 보았는데, 이들 가지에는 잔가지들이 각각 여덟 개 있었습니다. 그리고 이들 가지에서 가장 달콤한 이슬방울이 내립니다. 그리고 그는 이 나무가 「시편」이라는 것을 인식했습

---

34 「잠언」 6 : 23.

35 「마태오복음서」 19 : 17; 또한 결심에 대해서는 19 : 21 참조.

36 「시편」 119 : 1.

37 「시편」 118 : 33. 우리말 성경 번역은 "주님, 당신 법령의 길을 저에게 가르치소서. 제가 이를 끝까지 따르오리다"이다.

38 히브리어에는 자음이 22개 있고 모음은 없다.

arbor esset Psalmus: Beati immaculati in via. Unde meditatio legis summe necessaria est; Psalmus: Beatus vir, qui non abiit in consilio impiorum, sed in lege Domini fuit voluntas eius. Et erit tanquam lignum, quod plantatum est secus decursus aquarum. In Ecclesiastico: In multis operibus eius ne fueris curiosus, sed quae praecepit tibi, illa cogita semper.

13. Item, illustrat retrorsum per districta iudicia. Semper enim fecit Deus districta iudicia de transgressionibus praeceptorum, ut de lucifero, de Adam, de uxore sua, de Cain, de luxuriosis, super quos diluvium venit, de superbis, qui aedificaverunt turrim, de Chananaeis, de Israel. Similiter, novum testamentum plenum est iudiciis. Iudicium autem est retro, praeceptum ante. Iudicium respicit praeceptum; si transgredieris, punieris; nisi sequaris lucem dirigentem, gladius percutiet te; Psalmus: Nisi conversi fueritis, gladium suum vibravit, arcum suum tetendit et paravit illum, et in eo paravit vasa mortis, sagittas suas ardentibus effecit Arcus, iudicium Scripturae; duritia ligni, vetus testamentum; chorda, quae lignum flectit, novum testamentum; iudicia leviora et duriora, sagittae. Psalmus: Lex Domini immaculata convertens animas; testimonium Domini fidele, sapientiam praestans parvulis. Iudicia Domini vera,

니다. "행복하여라, 그 길이 온전한 이들." 그러므로 율법에 대해 묵상하는 것은 가장 필수적입니다. 「시편」에서는 "행복하여라! 악인들의 뜻에 따라 걷지 않고"[39] "오히려 주님의 가르침을 좋아"하는 사람, 그는 시냇가에 심긴 나무와 같이 되리라[40]라고 합니다. 「집회서」에서는 "너는 명령을 받은 일에만 전념"[41]하라고 하고, "네 일이 아닌 것에 간섭하지 마라"[42]라고 합니다.

13. 또한, 성경은 엄격한 판결에 의해 뒤쪽을 비춥니다. 하느님께서는 루시퍼에 대해서, 아담에 대해서, 하와에 대해서, 카인에 대해서, 그들 위에 홍수가 덮친 방탕한 사람들에 대해서, 바벨탑을 세운 교만한 사람들에 대해서, 가나안 사람들과 이스라엘에 대해서 그랬듯이 계명의 위반을 항상 엄격하게 판결하십니다. 비슷하게 신약성경도 판결로 가득 차 있습니다. 그런데 판결은 후에 내려지고 계명은 앞서 있습니다. 판결은 계명을 준수합니다. 만약 그대가 계명을 어긴다면 그대는 벌을 받을 것입니다. 만약 그대가 지시하는 빛을 따르지 않는다면 검이 그대를 죽일 것입니다. 「시편」에서는 "만약 네가 돌아서지 않는다면 악인은 여전히 칼을 갈고 활을 당기어 겨누는구나"[43]라고 하고, "이는 자신에게 살생의 무기를 들이대고 자기 화살을 불화살로 만드는 것"[44]이라고 합니다. 무지개는 성경의 판결입니다. 나무의 견고함은 구약성경이고 나무를 구부리는 줄은 신약성경입니다. 화살은 더 가볍고, 더 딱딱한 판결입니다. 「시편」은 "주님의 가르침은 완전하여 생기를 돋게 하고 주님의 법은 참되어 어수룩한 이를 슬기롭게 하네"[45]라고, 또한 "주님의 법규는 진실이니 모두

---

39 「시편」 1:1.
40 「시편」 1:2.
41 「집회서」 3:22.
42 「집회서」 3:23.
43 「시편」 7:13.
44 「시편」 7:14.
45 「시편」 19:8.

iustificata in semetipsa etc.

14. Item, dextrorsum illustrat per severa solatia. Nec sine causa dicuntur solatia severa et flagella benigna, quia solatia sunt periculosa. Vide Adam, Saul, Salomonem, Ieroboam idololatram et primum angelum, quibus omnibus solatia temporalia et excellentiae fuerunt occasio ruinae. Sunt autem occasio ruinae, quando placent; quando autem non placent, non se ingerit homo. Unde Christus noluit habere solatium temporale, quia cadent a latere tuo mille, et decem millia a dextris tuis etc. Plus debet quis velle esse in ista parte, in qua pauciores cadunt.

15. Item, sinistrorsum per benigna flagella illustrat. Unde Dominus permisit, Abel iustissimum interfici. Vide Noe, qui centum annis fabricavit arcam, et posuit ibi quidquid habebat; et totus mundus ipsum deridebat. — Et addidit hic, quod rex Franciae non posset hodie talem facere, qui considerat eam secundum suam mensuram cubitorum geometricorum. — De Abraham similiter, Isaac et Iacob, qui peregrinati fuerunt; et Ioseph, qui exaltari non poterat, nisi praecessisset venditio, incarceratio et humiliatio. Vide Moysen, quem Deus debebat praeponere toti mundo, quomodo fuit humiliatus; pascebat oves per quadraginta annos

가 의롭네"[46]라고 노래합니다.

14. 또한, [성경은] 진지하게 위로하며 오른쪽을 비춥니다. 진지한 위로와 호의적인 채찍은 아무런 이유 없이 언급되지 않습니다. 왜냐하면 위로는 위험한 것이기 때문입니다. 아담을, 사울을, 솔로몬을, 우상숭배자 예로보암과 첫 번째 천사를 보십시오. 이들 모두는 일시적인 위로와 탁월함 때문에 몰락했습니다. 그런데 위로와 탁월함을 좋아할 때 몰락하게 되고, 이것들이 즐겁게 하지 않을 때 사람은 나서지 않습니다. 따라서 그리스도는 일시적으로 위로하려고 하지 않았습니다. 왜냐하면 "네 곁에서 천 명이, 네 오른쪽에서 만 명이 쓰러져도 너에게는 닥쳐오지"[47] 않기 때문입니다. 더 가난한 사람들이 쓰러진 이쪽 편에 더 많은 사람들이 있고 싶어 하는 것은 분명합니다.

15. 또한, 성경은 너그러운 마음으로 채찍질하며 왼편을 비춥니다. 그러므로 주님께서는 가장 올바른 아벨이 죽임을 당하도록 허락하셨습니다. 백 년 동안 방주를 만들고 그 안에 자신이 가진 것은 무엇이든 들여 놓았던 노아를 보십시오. 온 세상은 그를 비웃었습니다. ─ 그리고 그(= 보나벤투라)는 프랑스의 왕은 오늘날 그런 것을 만들 수 없을 것이라고 부언했습니다. 노아는 방주를 자신의 기하학적인 팔꿈치의 척도[48]에 따라 계산했습니다. ─ 비슷하게 온 세상은 아브라함을, 타향살이하던 이사악과 야곱을, 매매, 감금, 겸손함이 없었다면 높여질 수 없던 요셉을 비웃었습니다. 하느님께서 그가 어떻게 낮추어졌는지 온 세상에 내세워야 했던 모세를 보십시오. 그는 40년 동안 한 사제의 양을 돌보았습니다.[49] 비슷하게 다윗도 고통 가운데 있던 동안 가장 선했고 고통을 통해

---

46 「시편」 19:10.
47 「시편」 91:7.
48 강연 16, 7의 각주 참조.
49 「탈출기」 3:1.

unius sacerdotis. Similiter David, quamdiu fuit in tribulatione, fuit optimus et ad regnum venit per tribulationes; et post, cum fuit in prosperitate, multa peccata commisit. Similiter Ezechias in infirmitate valde humilis fuit, sed postea superbus in adventu nuntiorum Babyloniorum. Vide Eliam pauperculum, qui non habebat ad comedendum, nisi quod corvus sibi ministrabat et illa paupercula vidua; qui tamen caelum claudebat. Vide Ioannem Baptistam, qui septem annorum intravit desertum et ibi super lapillos iacebat. Similiter de Christo et de Apostolis. Similiter dicit Paulus: Lapidati sunt, secti sunt, tentati sunt, in occisione gladii mortui sunt, circuierunt in melotis etc. Flagella ergo sunt suavissima. Aut ergo Deus flagellat, aut non. Flagellat autem omnem filium, quem recipit. Probata est haec per particularia; ergo debet inferri universaliter.

16. Adhuc etiam habet Scriptura arbores ad reficiendum. Illustrat autem ex his quae sunt ex opposito. Ostendit enim nobis acies infinitas contra nos, modo per septem duces, modo unum bellum, modo multa. Istud bellum est ab illo die, quo Michael et Angeli eius proeliabantur cum dracone. Imminet autem nobis triplex bellum: bellum domesticum, bellum civile et campestre. — Primum

왕이 되었지만 그 후 태평성대 시절에 죄를 많이 지었습니다.[50] 또한 히즈키야도 허약할 때 매우 겸손했지만 후에 바빌론의 사절단이 도착했을 때 교만해졌습니다.[51] 가난한 엘리야를 보십시오. 까마귀들이 그에게 먹을 것을 날라다 주지 않고 또 가난한 과부가 그의 시중을 들지 않았다면 그는 먹을 것이 없었습니다. 그럼에도 그는 하늘을 닫았습니다.[52] 7년 동안 광야에서 머물고 그곳에서 돌 위에 누워 있던 세례자 요한을 보십시오.[53] 성경은 그리스도와 사도들에 대해서도 비슷하게 말합니다. 또 바오로도 "돌에 맞아 죽기도 하고 톱으로 잘리기도 하고 칼에 맞아 죽기도 하였습니다. 그들은 궁핍과 고난과 학대를 겪으며 양 가죽이나 염소 가죽만 두른 채 돌아다녔"[54]다고 합니다. 가장 부드러운 채찍이 있습니다. 하느님께서는 때로 채찍질을 하십니다. 그가 아들로 인정하시는 모든 이에게는 채찍을 드십니다.[55] 이것은 개별적인 부분을 통해서 증명됩니다. 따라서 그것은 보편적인 것으로 되어야 합니다.

16. 더욱이 성경은 생기를 주기 위한 나무를 지니고 있습니다. 그런데 성경은 대립하고 있는 것에서 나온 것에 의해 조명합니다. 성경은 우리의 반대편에 있는 무한한 전열을 우리에게 제시합니다. 때로는 일곱 대신에 의해,[56] 때로는 한 번의 전쟁에 의해, 때로는 많은 전쟁에 의해 드러냅니다. 이 전쟁은 미카엘 대천사와 그의 천사들이 용과 싸웠던 그날부터 있습니다.[57] 그런데 우리에게는 세 가지 전쟁이 임박해 있습니다. 하나는 내란이고 다른 하나는 시민전쟁이고 또 하나는 평지에서의 전쟁입

---

50 다윗에 대해서는 「사무엘기 상권」 제16장 이하 참조.
51 히즈키야에 대해서는 「이사야서」 제38장 이하; 「열왕기 하권」 20 : 1 이하 참조.
52 엘리야에 대해서는 「열왕기 상권」 17 : 1 이하 참조.
53 요한에 대해서는 「루카복음서」 1 : 80; 3 : 1 이하 참조.
54 「히브리인들에게 보낸 서간」 11 : 37.
55 「히브리인들에게 보낸 서간」 12 : 6.
56 「에스테르기」 1 : 14.
57 「요한묵시록」 12 : 7.

cum carne, quae habet multas acies; haec ancilla semper parata est aperire, sicut Eva. Unde: Ab ea quae dormit in sinu tuo, custodi claustra oris tui.

17. Item, bellum civile est tentatio mundi, Omnis enim creatura est in muscipulam, quia creaturae pulcritudo trahit homines. Unde: Vanitas, inquit, vanitatum, et omnia vanitas. Quid habet homo de universo labore suo, quo laborat sub sole? Vane et frustra fit de quo nihil relinquitur homini in morte, et ideo cuncta vanitas; in Psalmo: Averte oculos meos, ne videant vanitatem.

18. Item, est bellum campestre, hostile cum daemonibus, qui die ac nocte infestant, modo magnificando, ut praesumamus, modo per considerationem scientiae, modo per considerationem sanctitatis; modo faciunt hominem iracundum, et sic diabolicum et adimpletum spiritu malignitatis; et faciunt eum cadere in tristitiam et desperationem, et sic de aliis. Haec docet fugere Scriptura. Quae enim scientia docet fugere contrarias potestates? Nulla.

19. Item, illustrat in gyro, ut, non esse fugiendum, quia undique praesidium habemus. Habemus enim ipsum Dominum et Angelos circa nos; unde in Psalmo: Montes in circuitu eius, et

니다. ─ 수많은 전열을 갖춘 첫 번째 전쟁은 육체와 싸우는 전쟁입니다. 이 하녀는 하와처럼 언제라도 입을 열 준비가 되어 있습니다. 그러므로 "네 품에 안겨 잠드는 여자에게도 네 입을 조심"[58]하라고 합니다.

17. 또한, 시민전쟁은 세상의 유혹입니다. 사실 모든 피조물은 덫에 빠져 있습니다. 왜냐하면 피조물의 아름다움은 인간을 잡아끌기 때문입니다.[59] 따라서 코헬렛은 "허무로다, 허무! 허무로다, 허무! 모든 것이 허무로다! 태양 아래에서 애쓰는 모든 노고가 사람에게 무슨 보람이 있으랴?"[60]라고, "우리는 이 세상에 아무것도 가지고 오지 않았으며 아무것도 가지고 갈 수"[61] 없다고 합니다. 「시편」에서는 "헛된 것을 보지 않게 제 눈을 돌려주소서"[62]라고 합니다.

18. 또한, 때로는 찬미하면서 때로는 지식에 대해 숙고하면서 때로는 거룩함을 숙고함으로써 밤낮 구분 없이 공격하는 적대적인 악마와 광야에서 싸우는 전쟁이 있습니다. 악마는 때로 사람을 화나게 해서 악마로 만들고 악의 기(氣)로 채웁니다. 그리고 사람을 슬픔과 실망 속에 빠지게 합니다. 그리고 다른 것들에 대해서도 그렇게 만듭니다. 성경은 이것을 피하라고 가르칩니다. 어떤 학문이 적대적인 힘을 피하라고 가르칩니까? 어떤 학문도 그렇게 하라고 가르치지 않습니다.

19. 또한, 성경은 원으로 둥글게 조명해서 피해질 수 없습니다. 왜냐하면 우리는 도처에서 도움을 받을 수 있기 때문입니다. 사실 우리 주변에는 하느님과 천사들이 있습니다. 그러므로 「시편」에서는 "산들이 예루

---

58 「미카서」 7:5.
59 「지혜서」 14:11.
60 「코헬렛」 1:2 이하.
61 「티모테오에게 보낸 첫째 서간」 6:7.
62 「시편」 119:37.

Dominus in circuitu populi sui. Unde puero Elisaei clamante propter latrones Syriae, qui volebant eum capere, dixit Elisaeus: Domine, aperi oculos pueri huius, et aperuit Dominus. Et ecce, mons plenus equorum et curruum igneorum in circuitu Elisaei. Iacob etiam, timens fratrem suum, vidit Angelos, unde dixit: Castra Dei sunt haec. Unde Psalmus dicit: Dominus illuminatio mea et salus mea, quem timebo? Et alibi: Nisi quia Dominus erat in nobis, dicat nunc Israel etc., usque in finem.

20. Item, illustrat e longinquo per figurarum signa; facit autem figuras de omnibus. Omnia autem, quae sunt in mundo, reducuntur ad duodecim, quibus utitur Scriptura, quae sunt signa longinqua: caelestes formae, elementares naturae, meteoricae naturae, minerales naturae; naturae germinum, natatilium, volatilium, gressibilium; humana organa, humanae vires, humana opera, humanae artes.

21. Primum ergo est forma caelestis. Utitur enim Scriptura omnibus caelis et stellis; Psalmus: Caeli enarrant gloriam Dei, et

살렘을 감싸고 있듯 주님께서는 당신 백성을 감싸고 계시다"[63]라고 노래합니다. 엘리사는 자신을 붙잡으려고 하는 시리아의 강도들[64] 때문에 부르짖는 그의 시종을 위해 이렇게 기도했습니다. "'주님, 저 아이의 눈을 여시어 보게 해주십시오.' 그러자 주님께서 그 종의 눈을 열어주셨다. 그가 보니 군마와 불병거가 엘리사를 둘러싸고 온 산에 가득하였다."[65] 또한 자기 형제들을 두려워 한 야곱은 천사들과 마주쳤습니다. "야곱은 그들을 보고 '이곳은 하느님의 진영이구나'"[66]라고 했습니다. 「시편」에서는 "주님은 나의 빛, 나의 구원. 나 누구를 두려워하랴?"[67]라고 하고, 또 다른 곳에서는 "이스라엘은 이렇게 말하여라. 주님께서 우리를 위하지 않으셨던들, 사람들이 우리를 거슬러 일어났을 때 주님께서 우리를 위하지 않으셨던들, 우리를 거슬러 저들의 분노가 타올랐을 때 우리를 산 채로 삼켜버렸으리라"[68]라고 합니다.

20. 또한, 성경은 형상을 표시해 멀리서 비춥니다. 그런데 성경은 모든 것에 대한 형상을 만듭니다. 그런데 세상에 있는 모든 것은 성경이 사용하는 서로 동떨어진 열두 표징으로 환원됩니다. 천상에 있는 형상의, 기본적인, 기상적인, 광물적인, 씨앗의, 자연의, 헤엄치는 것들의, 날아다니는 것들의, 걸어다니는 것들의 자연의 표징으로, 인간의 기관, 인간의 힘, 인간의 일, 인간의 기술로 환원됩니다.

21. 첫 번째 것은 천상에 있는 형상입니다. 성경은 모든 하늘과 별들을 사용합니다. 「시편」에서는 "하늘은 하느님의 영광을 이야기하고 창공은

---

63 「시편」125:2.
64 성경에 따르면, '아람의 부대'이다.
65 「열왕기 하권」6:17.
66 「창세기」32:2-3.
67 「시편」27:1.
68 「시편」124:1-3.

opera manuum eius annuntiat firmamentum; et Ecclesiasticus: Altitudinis firmamentum pulcritudo eius, species caeli in visione gloriae.

22. Formae elementares: ignea, aërea, aquea, terrea; omnibus utitur Scriptura. —Naturae meteoricae, ut nube, pluvia, rore, nive etc. ; et luminibus apparentibus in caelo, fluminibus, stagnis, quibus omnibus utitur. —Naturae etiam sunt minerales, ut septem metalla principalia et lapis pretiosus, ut lapis onychinus; in Genesi legitur: Ibi invenitur bdellium et lapis onychinus; et ibidem: Ubi nascitur aurum; et aurum terrae illius optimum est. Et in Apocalypsi duodecim lapides pretiosi. —Sunt etiam naturae germinum, ut arborum, herbarum, plantarum, seminum; de olere, gramine aliisque tractat de terra nascentibus.

23. Sunt etiam naturae natatilium, ut tractat de leviathan, de piscibus, de cetis. —Sunt naturae volatilium, ut de accipitre, de aquila, de columba, de passere; et est magnum mysterium, quare

그분 손의 솜씨를 알리네"⁶⁹라고 하고, 「집회서」에서는 "맑은 창공은 드 높은 곳의 자랑이며 하늘의 모습은 찬란한 영광 속에 드러난다"⁷⁰라고 합니다.

22. 기본적인 자연의 형상은 불·공기·물·흙의 형상인데 성경은 이 모든 것을 이용합니다. — 예를 들면 구름·비·이슬·눈 같은 기상에 따른 자연을 이용합니다. 하늘에서 드러나는 빛들, 강들, 호수들, 이 모든 것을 이용합니다. — 또한 일곱 개의 중요한 광물과 마노 같이 자연에 있는 광물이 있습니다. 「창세기」에서는 "그 고장에는 브델리움 향료⁷¹와 마노 보석도 있었다"⁷²라고 하고, 같은 곳에서 "그곳에서는 금이 났고, 그 땅의 금은 질이 좋았다"⁷³라고 합니다. 또한 「요한묵시록」에서는 열두 개의 보석을 열거합니다.⁷⁴ — 나무, 풀, 식물, 씨앗의 자연 같은 새싹의 자연이 있습니다. [「창세기」에서는] 채소와 풀과 땅에서 나오는 다른 것들에 대해서도 언급됩니다.

23. 성경은 헤엄치는 것들의 자연의 표징이 있다고 합니다. 그래서 성경은 레비아탄에 대해,⁷⁵ 물고기들에 대해, 고래에 대해 언급합니다. — 성경이 사냥매에 대해, 독수리에 대해, 비둘기에 대해, 참새에 대해 말하

---

69 「시편」 19 : 2.
70 「집회서」 43 : 1.
71 라틴어로는 고무수지(樹脂)라는 뜻이다.
72 「창세기」 2 : 12.
73 「창세기」 2 : 11.
74 「요한묵시록」 21 : 19 이하. 일반적으로 태어난 달을 상징하는 탄생석을 말한다. 탄생석은 「탈출기」 제28장과 「요한묵시록」 제21장 제19절 이하에서 언급한 열두 개의 보석에서 유래한다. 성경에서는 벽옥, 청옥, 옥수, 취옥, 마노, 홍옥, 감람석, 녹주석, 황옥, 녹옥수, 자옥, 자수정을 언급하고 있고, 이외에 열두 성문은 열두 진주로 되어 있다고 한다.
75 「욥기」 40 : 20. '레비아탄' 또는 '리바이어던'은 구약성서에 등장하는 바다 괴물을 말한다.

tantum tria genera volatilium ponuntur in sacrificio. Loquitur etiam de avibus lucifugis et de amatricibus lucis. —Item, de animali gressibili, de serpente, de colubro: Quasi a facie colubri fuge peccatum; qualiter permisit Deus tentationem fieri per serpentem. Item, de vulpibus, de capra, de porcis, de cervo, de hinnulo, de ursu, de bobus. Nec sine mysterio etiam tantum tria genera gressibilium offerebantur vel sacrificabantur.

24. Item, naturae hominis, de cuius partibus Scriptura tractat partim ad Deum translatis, partim ad Angelos. Unde Dionysius ostendit, quid significant membra humana in Angelis. —Item, vires vegetabiles, vires sensibiles, rationales etc., quibus omnibus Scriptura per totum utitur. —Item, de operibus humanis, ut constructione domorum, puteorum, agricultura, mercatura; et de omnibus artibus liberalibus et mechanicis. Theologus modo eis utitur ut arithmeticus, modo ut astrologus, modo ut geometer; modo videbis eum rhetorem, modo medicum.

듯이 날아다니는 것들의 자연의 표징이 있습니다. 그리고 날아다니는 것들의 세 종류만이 제사 때 놓이는 이유는 커다란 신비입니다.[76] [성경은] 또한 햇빛을 싫어하는 새들과 빛을 좋아하는 것들에 대해서도 언급합니다. — 또한 걸어다니는 동물에 대해, 뱀에 대해, 구렁이에 대해 말합니다. 뱀을 피하듯이 죄를 피하십시오.[77] 그리고 성경은 하느님께서 뱀을 통해 유혹이 생기도록 허용한 방식을 말하고 있습니다. 또한 성경은 여우에 대해, 산양에 대해, 암퇘지에 대해, 숫사슴에 대해, 사슴 새끼에 대해, 곰에 대해, 소에 대해 말합니다. 더욱이 신비가 없다면 걸어다니는 동물의 세 종류[78]만이 봉헌되지도 희생되지도 않았습니다.

24. 또한, 사람의 자연의 형상이 있습니다. 성경은 한편으로 하느님에, 또 한편으로 천사에 전념하는 이 부분에 대해 논합니다. 또 디오니시우스는 인간의 지체(肢體)가 천사들에게 무엇을 의미하는지 서술합니다.[79] — 또한 성경은 식물적인, 감각적인, 이성적인 능력을 전적으로 이용합니다. — 또한 집의 건축, 우물을 팜, 농사, 매매(賣買) 같은 사람의 일에 대해, 또 모든 자유 교양 학부의 학문과 생산적인[80] 학문에 대해 논합니다. 신학자는 때로는 수학자처럼, 때로는 천문학자처럼, 때로는 기하학자처럼 이들을 이용합니다. 그대는 신학자를, 때로는 수사학자로, 때로는 의사로 간주할 것입니다.

---

76 산비둘기, 집비둘기 그리고 정결한 새 두 마리(「레위기」 14:4)이다. 「레위기」 1:14 참조.
77 「집회서」 21:2.
78 「레위기」 1:2와 10; 세 종류는 소 또는 송아지, 양 그리고 암염소이다. 강연 14, 21 참조.
79 위 디오니시우스, 「천상의 위계」 제1장 제2절, 앞의 책, 2007; "나는 인간의 몸의 각 부분이 천사들에게 적합한 상징을 제공해 줄 수 있다고 생각합니다."
80 직역하면 기술적인 학문이지만, 여기에서는 생산적인 학문으로 번역했다. 생산적인 기술은 어떤 의미에서 종속적이고 철학적인 인식으로부터 멀어지기 때문에 당연히 외적인 것이라고 지칭할 수 있다. 이들은 양모 가공술(방직술), 무기 제조술, 농업, 사냥, 항해, 의술, 연극이다. 이에 대해 박주영, 앞의 글, 2013, 183~234쪽 참조; 강연 2, 16 각주 참조.

25. In hac consideratione est periculum, quia periculum est nimis longe recedere a Scripturae domo; puer enim nunquam vult multum recedere a domo. Sic periculum est in scientiis, quod tantum diffundant se per considerationes harum scientiarum, ut postea ad domum Scripturae redire non possint, et quod intrent domum Daedali, ut exire non possint. Melius est enim tenere veritatem quam figuram. Si ego viderem faciem tuam et rogarem te, ut apportares mihi speculum clarum, ut ibi viderem faciem tuam; stulta esset ista petitio. Sic est de Scripturis sanctis et figuris aliarum scientiarum.

26. Item, illustrat per gratiarum dona e vicino, quae supplent omnia, quae non habet industria. Multi enim venerunt hospites scientiae, scilicet ad domum nostram et ad nostram industriam; sed in his debet industria ponere terminum. Unde illustrat haec Scriptura e vicino; unde non oportet longe ire pro re, quae prope est. Describit enim Scriptura dona Spiritus sancti per totum; in Ioanne: Iesus fatigatus ex itinere sedebat super fontem; sequitur: Omnis, qui bibit ex aqua hac, sitiet iterum; qui autem biberit ex aqua, quam ego dabo ei, fiet in eo fons aquae salientis in vitam aeternam. —Unde duplex aqua notatur; describitur enim notitia una exterior, de qua qui plus bibet plus sitit; alia interior, de qua: Qui credit in me, sicut dicit Scriptura, flumina de ventre eius fluent aquae vivae. Hoc autem dixit de Spiritu sancto, quem accepturi erant credentes in eum. Istae sunt aquae de

25. 이런 생각들은 성경의 집으로부터 너무 멀리 떨어지는 위험을 내포합니다. 사실 자녀들은 결코 집에서 너무 멀리 떨어진 곳으로 가려고 하지 않습니다. 후에 성경의 집으로 되돌아갈 수 없는 이런 학문들을 숙고함으로써 자신을 확장하는 위험이, 또는 출구가 없는 다이달로스[81]의 집으로 들어가는 위험이 학문 안에 있습니다. 형상을 잡는 것보다 진리를 소유하는 것이 더 좋습니다. 내가 만약 그대의 얼굴을 보고 그대를 볼 분명한 거울을 나에게 가져오라고 청한다면 이는 어리석은 청입니다. 성경과 다른 학문의 형상에 있어서도 이와 같습니다.

26. 또한, 성경은 이웃에서 나온 은총의 선물을 통해 비추는데, 이 선물은 근면함이 이룰 수 없는 모든 것을 보완합니다. 말하자면 학문의 많은 손님들이 우리 집과 우리의 연구에 이르지만 연구는 학문에서 끝나야 합니다. 그러므로 성경은 이웃으로부터 비춥니다. 따라서 가까이 있는 사람을 위해서 멀리 가면 안 됩니다. 성경은 전체적으로 성령의 선물을 서술합니다. 「요한복음서」에서는 "길을 걷느라 지치신 예수님께서는 그 우물가에 앉으셨다"[82]라고 하고, 이어서 "이 물을 마시는 자는 누구나 다시 목마를 것이다. 그러나 내가 주는 물은 그 사람 안에서 물이 솟는 샘이 되어 영원한 생명을 누리게 할 것"[83]이라고 합니다. ─ 그러므로 두 가지 물, 즉 그 물을 더 많이 마시는 사람이 더 목이 마른 외적인 지식과 이것과 성격이 다른, 즉 목마름을 가라앉히는 내적인 다른 지식이 언급됩니다. 이 내적인 지식에 대해서는 "나를 믿는 사람은 성경 말씀대로 '그 속에서부터 생수의 강들이 흘러나올 것이다.' 이는 당신을 믿는 이들이 받게 될 성령을 가리켜 하신 말씀이었다"[84]라고 합니다. 이는 구원

---

81 다이달로스(Daedalos): 그리스 신화에 등장하는 아테네의 전설적인 건축가·조각가. 크레타 섬의 미궁을 만든 명장이다.
82 「요한복음서」 4 : 6.
83 「요한복음서」 4 : 13.

fontibus Salvatoris, scilicet notitiae gratiarum reficientes animas.

27. Iuxta haec mysteria est mysterium ligni vitae et mysterium ligni scientiae boni et mali. Qui enim tantum quaerit notitiam gustat de ligno scientiae boni et mali. Et hoc significatum est in Isaia: Pro eo quod abiecit populus ille aquas Siloe, quae currunt cum silentio, et assumsit magis Rasin et filium Romeliae; propter hoc, ecce Dominus adducet super eos aquas fluminis fortes et multas. Ut dicit Hieronymus, aquae Siloe currunt cum magno murmure: ergo manifestum, quod intellectus alius est ibi. —Aquae currentes cum silentio sunt sacra Scriptura, quae nisi in silentio addisci non potest; et ibi fit illuminatio. In signum huius dictum est caeco: Vade, lava in natatoria Siloe, quod interpretatur Missus. Aquae enim istae per revelationem sunt. Sed oportet prius linire oculos luto ex sputo et pulvere facto; saliva est sapientia; pulvis, caro Christi; lutum, fides de mysterio incarnationis. —Qui autem quaerunt Rasin et filium Romeliae sunt qui quaerunt exteriores scientias. Et ideo princeps Assyriorum dominabitur eis; Dominus voluit. Et hic notandum est, quod filii Israel furtive habuerunt vasa argentea Aegypti; sed postea nunquam voluit Dominus, quod reverterentur.

의 샘에서 나오는 물,[85] 즉 영혼을 활기차게 하는 은총에 대한 앎입니다.

27. 이런 신비들 곁에 생명나무의 신비와 선과 악에 대한 인식의 나무의 신비가 있습니다.[86] 지식만을 추구하는 사람은 선과 악에 대한 인식의 나무를 맛볼 뿐입니다. 그리고 이에 대해 「이사야서」에 "'이 백성이 잔잔히 흐르는 실로아 물을 업신여기고 르친과 르말야의 아들 앞에서 용기를 잃었다.' 그러니 보라, 주님께서는 세차고 큰 강물이 그들 위로 치솟아 오르게 하시리라"[87]라고 언급되어 있습니다. 그리고 히에로니무스는 말합니다. 실로암의 물은 크게 철썩거리면서 흐른다. 따라서 여기에서 다른 통찰에 대한 것이 다루어진다는 것이 분명하다. — 성경은 조용히 흐르는 물입니다. 그래서 성경은 침묵 속에서만 알려집니다. 그리고 여기에서 조명이 생깁니다. 조명의 표징으로 소경에게 "실로암 못으로 가서 씻어라"[88]라고 이르십니다. '실로암'은 '파견된 이'라는 뜻입니다. 사실 이 물은 계시에 의해 있습니다. 먼저 침과 티끌로 만들어진 진흙으로 눈을 칠해야 합니다. 침은 지혜이고 티끌은 그리스도의 몸입니다. 진흙은 강생의 신비에서 나오는 믿음입니다. — 그러나 르친과 르말야의 아들을 찾는 사람은 외적인 앎을 찾는 사람입니다. 그러므로 아시리아의 임금이 그들을 다스리게 할 것입니다.[89] 주님이 이것을 원하셨습니다. 그리고 [우리는] "이스라엘의 자손들은 이집트인들의 은붙이를 도둑질했다"[90]라는 것을 여기에서 주목해야 합니다. 그런데 그 후에 주님은 이스라엘의 자손들이 되돌아오는 것을 결코 원하지 않으셨습니다.

84 「요한복음서」7:38-39.
85 「이사야서」12:3.
86 「창세기」2:9.
87 「이사야서」8:6.
88 「요한복음서」9:7; 9:6 참조.
89 「이사야서」8:7.
90 「탈출기」3:22; 11:2; 12:36.

28. Et dixit: Credite mihi, quod adhuc erit tempus, quando nihil valebunt vasa aurea vel argentea, id est argumenta; nec erit defensio per rationem, sed solum per auctoritatem. Unde in signum huius Salvator, quando tentatus fuit, non defendit se per rationem, sed per auctoritates, et tamen bene scivisset per rationes. Significavit enim, quid facturus est corpus suum mysticum in tribulatione futura.

28. 그리고 주님은 말씀하십니다. "너희는 나를 믿어라. 금 그릇과 은 그릇이 아무런 힘이 없게 될 시간이 올 것이다. 이것이 증거이다. 그러므로 이성에 의해서 변호되지 않고 오직 권위에 의해서 변호될 것이다."[91] 따라서 구세주는 유혹을 받았을 때 이성에 의해 자신을 변호하지 않고 권위에 의해서 권위의 표징으로 변호했습니다. 그럼에도 그는 이성에 의해 잘 알고 있었을 것입니다. 그는 이로써 그의 신비한 육체가 미래의 환란에서 당하게 될 일을 의미했습니다.

---

91 「마태오복음서」4:4 이하.

Collatio XVIII

De tertia visione tractatio sexta, quae agit de
theoriis Scripturae significatis per fructus, et quidem
quantenus reficiunt affectum

1. Protulit terra herbam virentem etc.. Dictum est supra, quod istae theoriae reductuntur ad considerationem duplicem: ad considerationem succedentium temporum et sibi mutuo correspondentium in gubernatione mundi; et sic intelliguntur per semina. Consistunt etiam circa considerationem salutarium circumspectionum vel refectionum, quibus anima reficitur, et sic intelliguntur per fructus; et sic iste fructus est decorus, secundum quod ipso reficitur intellectus; et est sapidus, secundum quod ipso reficitur affectus. Sed haec refectio adhuc ad aliud ordinatur. — Dictum est autem, quomodo intellectus illustratur per has theorias, ut ultra procedatur ad degustandum eius fructum; et hoc necesse est. Qui enim ad hoc tantum laborat, ut sciat, quid et quomodo loquatur;

셋째 날의 봄에 대한 여섯 번째 강연.

직관이 감정을 휴식시킨다는 점에서 결실에 의해
특징지어진 성경의 직관에 대한 강연

1. "땅은 푸른 싹을 돋아나게 하였다. 씨를 맺는 풀과 씨 있는 과일나무를 제 종류대로 돋아나게 하였다."[1] 이 상은 두 개의 숙고로, 즉 시간의 연속에 대한 숙고와 세상의 통치에서 서로 상응하는 것에 대한 숙고로 환원한다는 것이 앞에서 언급된 바 있습니다.[2] 이 상은 씨앗들을 통해 인식됩니다. 이 상은 건강을 가져다주는 것에 대한 배려 또는 휴식의 숙고와 관련 있습니다. 영혼은 명상함으로써 휴식을 취하게 되고, 상은 이렇게 결실(=열매)에 의해 인식됩니다. 이 결실들은 인식을 생기 있게 하기에 아름답습니다. 이 열매는 맛있고, 따라서 이 열매에 의해 감정이 활기를 띠게 됩니다. 이 휴식은 아직도 다른 것을 향해 배열되어 있습니다. ― 통찰이 이런 명상을 통해서 어떻게 조명되는지, 그래서 이 명상의 열매를 맛보기 위해 멀리 나아간다는 것이 언급되었습니다. 그리고 이것은 필수적입니다. 그레고리우스가 말하듯이,[3] "그가 무엇을 말하고 또

---

1 「창세기」1:12.
2 강연 15~17.

interius vacuus remanet ut dicit Gregorius, ab interna devotione; quia, secundum Apostolum, factus est velut aes sonans aut cymbalum tinniens.

2. Illustratur ergo intellectus duodecim modis, ut dictum est; sed in quatuor modis, ut dictum est; sed in quatuor modis ultimis melius dicetur, quam diceretur prius, ita ut id quod ponebatur in undecimo loco, ponatur in duodecimo. Illa ergo ultima, quibus utitur Scriptura, et illustratur anima, sunt quatuor, scilicet civiem praesidia, qui sunt spiritus hierarchici, e directo; item, hostium certamina, ex obliquo, ut patet de tribus hostibus; gratiarum dona, e vicino; figurarum signa, e longinquo. Haec est illustratio ultima, quia in hanc ultimam praecedentes intrant; ad quam consurrunt formae caelestes, elementares, meteoricae, minerales; naturae, germinum, natatilium, volatilium, gressibilium; humana membra, humanae vires, humana facta, humanae artes, ex quibus omnibus anima assurgit in laudem Dei. Et iste actus est affectus, qui habet rectificare intellectum.

3. Verum est, quod circa ista incidit periculum ligni scientiae boni et mali, ut, dimisso ligno vitae, scilicet suavitate affectus, anima evagetur circa scientias alias et in tantum elongetur, ut non redire

어떤 방식으로 말하는지 알기 위해서만 일하는 사람은 내적인 봉헌에서 볼 때 내적으로 비어 있는 사람입니다." 왜냐하면 사도에 따르면 이런 사람은 "요란한 징이나 소란한 꽹과리에 지나지 않기"[4] 때문입니다.

2. 언급했듯이,[5] 통찰은 열두 가지 방식으로 조명됩니다. 그런데 앞서 언급된 것보다 말미에 언급된 네 방식에 대해 더 잘 다루어질 것입니다. 그래서 열한 번째 자리에 배치되었던 것은 이제 열두 번째 자리에 놓입니다. 따라서 성경이 이용하는, 그리고 영혼을 조명할 때 사용하는 저 마지막 것은 네 개입니다. 첫째, 위계적인 영인 직접적인 시민의 방어의, 또한 세 가지 적에서 분명하듯이 적과의 전투의, 곁에 있는 표시인 은총의 선물의, 멀리 있는 표시인 형상의 표식입니다. 이 조명은 궁극적인 조명인데 앞서는 것들이 궁극적인 이 조명 안에 들어가기 때문입니다. 천상적인, 기본적인, 기상적인, 광물적인 형상이 이것으로 함께 흘러들어 갑니다. 자연의, 싹이 나는 것의, 헤엄치는 것의, 날아다니는 것의, 걸어다니는 것의 형상이 궁극적인 것을 향해 흘러들어 갑니다. 인간의 사지, 인간의 힘, 인간의 행위, 인간의 기술이 궁극적인 것을 향해 흘러들어 갑니다. 이 모든 것으로부터 영혼은 하느님을 찬미하기 위해 치솟습니다. 그리고 이 작용들은 감정인데, 감정은 인식을 바로잡을 수 있습니다.

3. 선과 악을 알게 하는 나무의 위험이 이것들에 관련해 생겨서 영혼은 생명의 나무, 즉 감정의 달콤함의 나무[6]를 떠난 다음 다른 학문 주변을 배회합니다. 그렇게 인간은 낙원과 낙원의 즐거움에서 멀어짐으로써

---

3 Gregorius, *Homiliae in Evang. et in Eech.*, II, homil. 40, n.3: "Quapropter bene de doctis et negligentibus per Salomonem [Eccle. 6,7] dicitur: omnis labor hominis in ore eius, sed anima illius non implebitur, quia quisquis ad hoc solummodo laborat, ut sciat, quid loqui debeat, ab ipsa refectione suae scientiae mente vacua ieiunat."

4 「코린토 신자들에게 보낸 첫째 서간」 13:1.

5 강연 17, 16~26 참조.

6 「창세기」 2:9.

possit et excludatur a deliciis paradisi et non gustet de ligno vitae. Edere de ligno vitae his illustrationibus est refici, ut homo nihil quaerat nisi intellectum veritatis, affectum pietatis, delectationem suavitatis sive solatium contemplationis. Sed quando homo horum obliviscitur et delectatur in studio curiositatis, vult scire tantum; et ex hoc nascitur supercilium vanitatis, cum alios despicit; ex quo sequitur litigium contentionis, quia reputat se despectum, quando quis respondet ei; et semper paratus est contra illos qui resistunt ei. Et per hoc aufertur homini vera vita; sicut Adam, vel potius mulier, quae curiosa fuit et voluit esse sicut Deus; et ideo consuerunt sibi perizomata et refuderunt culpam in alium, ut Adam in Deum, quia uxorem talem dederat sibi, mulier autem in serpentem. Debent ergo istae illustrationes intrare in affectum, ut intellectus rectificetur.

4. In hoc horto multa deambulatio est, quia, si non placet stare in primo, vade ad secundum, et sic de aliis. Et sic homo stipatus est malis; unde in Cantico: Fulcite me floribus, stipate me malis; et in Psalmo: Scuto circumdabit te veritas eius. Sicut ergo intellectus ordinatur ad affectum, et fides est via ad caritatem; sic istae illustrationes transire debent in affectum, ut intellectus speculativus fiat practicus.

생명의 나무에서 나는 열매를 맛보지 못하게 되었습니다. 이 조명에 의해서 생명의 나무를 먹는다는 것은 소생된다는 것입니다. 그래서 인간은 진리에 대한 통찰, 경건함의 감정, 달콤함의 기쁨 또는 명상이 주는 위로만을 찾습니다. 그런데 인간이 이런 것들을 망각하고 호기심을 채우려는 열망이 넘쳐 기뻐할 때 그는 오직 알고자 할 뿐입니다. 그리고 다른 사람들을 경멸할 때 이로부터 허영의 자만이 생깁니다. 누군가가 그에게 답변할 때 자신이 경멸당했다고 생각하기에 이 자만으로부터 언쟁이 생깁니다. 그리고 인간은 자신에게 저항하는 사람에게 반대하려고 항상 준비하고 있습니다. 아담처럼 또는 오히려 호기심에 가득 차서 하느님처럼 되려고 했던 하와처럼[7] 인간은 참된 생명을 빼앗겼습니다. 그래서 그들은 무화과나무 잎을 엮어서 두렁이를 만들어 입고[8] 다른 사람에게 죄를 돌렸습니다. 아담은 자신에게 그런 부인을 주었다고 하느님에게, 그리고 하와는 뱀에게 죄를 떠넘겼습니다.[9] 따라서 이런 조명들은 인간이 올바른 인식을 갖도록 감정 안으로 들어가야 합니다.

4. 이 동산에서는 모든 곳을 산책할 수 있습니다. 만약 맨 앞에 서서 가는 것이 마음에 들지 않는다면 두 번째에 서서 가십시오. 그리고 다른 것에 대해서도 이렇습니다. 이렇게 사람은 사과에 둘러싸여 있습니다. 그러므로 「아가」에서는 "꽃들로 나를 받치고 사과로 나를 둘러싸라"[10]고 하고, 「시편」에서는 "그분의 진실이 너를 방패로써 둘러쌀 것"[11]이라고 합니다. 따라서 인식이 감정을 향해 있고 믿음이 사랑으로 나가는 길이듯이 이 조명들은 사변적인 통찰이 실천적인 통찰이 되도록 감정으로 건너가야 합니다.

7　「창세기」3:5.
8　「창세기」3:7.
9　「창세기」3:12-13.
10　「아가」2:5.
11　「시편」91:4: "그분의 진실은 큰 방패와 갑옷이라네."

5. Oritur autem ex his duodecim triplex fructus: ex primis quatuor oritur fructus gratiae, ex mediis fructus iustitiae, ex ultimis fructus sapientiae. De his fructibus in Deuteronomio: De benedictione Domini terra eius, dicitur de Ioseph, de pomis caeli et rore, atque abysso subiacente; de pomis fructuum solis et lunae, de vertice antiquorum montium, de pomis collium aeternorum et de frugibus terrae et de plenitudine eius. Tangit istum triplicem fructum sive istas illustrationes, secundum quod generant poma refectiva, secundum quod iste triplex fructus est a Christo; unde in Cantico: Sicut malus inter ligna silvarum, sic dilectus meus inter filios. Sub umbra illius quem desiderabam, sedi, et fructus eius dulcis gutturi meo.

6. De fructu igitur gratiae scriptum est in Psalmo: Dominus dabit benignitatem, et terra nostra dabit fructum suum; de fructu iustitiae in Cantico, de fructu sapientiae in Proverbiis: Primi et purissimi fructus eius. Isti ergo fructus oriuntur a Christo, a Ioseph benedicto, qui producit poma de caelo et rore, atque abysso subiacente, scilicet charismata gratiarum per modum roris in corda humilia.

5. 그런데 통찰의 열두 가지 방식은 세 개의 열매를 맺습니다. 처음 네 개에서 은총의 열매가, 중간 것에서 정의의 열매가, 마지막 것에서 지혜의 열매가 유래합니다. 이 열매에 대해 「신명기」에서 "요셉을 두고서는 이렇게 말하였다. '그의 땅은 주님께 복 받은 땅. 하늘의 귀한 선물인 이슬과 저 아래 펼쳐진 심연으로, 해가 내놓는 값진 선물과 다달이 나오는 값진 선물로, 예로부터 있던 산에서 나는 최상품과 처음부터 있던 언덕에서 나는 값진 선물로, 땅과 그 안에 가득 찬 것에서 나는 값진 선물로 복을.'"[12] 받으라고 합니다. 그리스도로부터 나오는 세 가지 열매에 따라 조명이 원기를 회복해 주는 과일들을 생산하는 한 여기에서 저 세 가지 열매 또는 이 조명이 언급됩니다. 그러므로 「아가」에서 "젊은이들 사이에 있는 나의 연인은 숲속 나무들 사이의 사과나무 같답니다. 그이의 그늘에 앉는 것이 나의 간절한 소망, 그이의 열매는 내 입에 달콤"[13]하다고 합니다.

6. 은총의 열매에 대해 「시편」에서 "주님께서도 복을 베푸시어 우리 땅이 그 열매를 내어주리라"[14]라고 노래합니다. 정의의 열매에 대해서는 「아가」에 기록되어 있고 지혜의 열매에 대해서는 「잠언」에 "지혜의 첫 번째의 또 가장 순수한 열매"[15]라고 쓰여 있습니다. 따라서 이 열매는 그리스도에서, 복된 요셉에서 유래합니다. 요셉은 하늘과 이슬로부터, 그리고 심원에 놓여 있는 것에서 과일을, 즉 겸손한 마음에 있는 이슬과 같은 은총의 은사를 만들어냅니다.

---

12 「신명기」33:13-16.
13 「아가」2:3.
14 「시편」85:13.
15 「잠언」3:14. 우리말 성경 번역은 이렇다. "지혜의 소득은 은보다 낫고 그 소출은 순금보다 낫다."

7. Per poma solis et lunae et verticem montium intelligitur exercitium perfectae iustitiae, quae est in hoc, quod homo se exerceat ad mandata Dei implenda, secundum statum subiectionis, praelationis, contemplationis. — De pomis solis intelligitur quantum ad merita iustitiae praesidentis; de pomis lunae, quantum ad meritum iustitiae subiacentis; de pomis et vertice montium, per hoc intelligitur sublimitas apostolicorum virorum, qui tenent vitam, quam Deus dedit in paradiso. Si enim homo non peccasset, nulla fuisset agrorum divisio, sed omnia communia.

8. Per poma collium aeternorum intelligitur sapientia vel fructus sapientiae, quae est in contemplatione aeternarum rationum et in consideratione caelestium spirituum sublimatorum; Psalmus: Illuminans tu mirabiliter a montibus aeternis, turbati sunt omnes insipientes corde etc.. De frugibus terrae, quantum ad considerationem divinarum condescensionum in ordinibus Ecclesiarum. — De plenitudine eius, quantum ad coniunctionem utriusque Ecclesiae militantis et triumphantis, quomodo Dominus posuit finem eius pacem, scilicet, ut declarabit, sicut flumen pacem.

9. Sic igitur iste fructus est a Christo tripliciter, quia Iesus Christus est Filius Dei: quia Iesus, ab ipso fructus gratiae; quia

7. 태양과 달의 열매에서 또 산의 정상에서 완전한 정의가 실천된 것을 [우리는] 알게 됩니다. 이 정의는 인간이 종속의, 선택의, 명상의 상태에 따라 완성되어야 하는 하느님의 계명을 준수하도록 연습하는 것입니다. 태양의 열매들은 통치자의 정의의 보상과 관련해, 달의 열매는 봉사하는 사람들의 정의의 보상과 관련해 통찰됩니다. 산의 정상에 있는 열매에 관한 한 이 열매에 의해서 사도들[16]의 숭고함이 인식됩니다. 사도들은 하느님께서 낙원에서 주는 삶을 영위합니다. 인간이 죄를 짓지 않았다면 땅의 구분이 없었고 모든 것이 공통적이었을 것입니다.

8. 낙원의 과일에 의해서 지혜 또는 지혜의 열매가 인식됩니다. 인간은 영원한 이성에 대해 명상할 때 또한 숭고한 천상의 영에 대해 숙고할 때 지혜롭습니다. 「시편」은 "당신께서 영원한 산에서 기묘하게 조명하실 때 마음이 어리석은 모든 사람은 혼란스러워진다"[17]라고 노래합니다. 지상의 결실은 교회의 질서에서 하느님의 겸양에 대한 숙고와 관련해 인식됩니다. — 호전적인 교회와 개선하는 교회, 이 두 교회의 결합과 관련해, 하느님께서 마지막에, 즉 앞으로 천명되듯이 강물에 평화를 설정하듯이, 평화를 설정하는 방식이 풍부한 결실에서 인식됩니다.[18]

9. 예수 그리스도는 하느님의 아들이기 때문에 그리스도에서 유래하는 열매도 세 가지입니다. 예수이기에 그로부터 은총의 열매가 나오고

---

16 직역하면 '사도적인 사람들'이다.
17 「시편」76:5 이하: "당신은 영광스러우신 분 전리품의 산들보다도 뛰어나신 분! 심장이 강한 자들도 가진 것 빼앗긴 채 잠에 떨어졌습니다. 역전의 용사들도 모두 손을 놀릴 수 없었습니다."
18 「시편」147:14: "네 강토에 평화를 가져다주시고"; 「이사야서」48:18: "너의 평화가 강물처럼, 너의 의로움이 바다 물결처럼 넘실거렸을 것을."

Christus, fructus iustitiae; quia Filius Dei, fructus sapientiae. Omnes enim considerationes et a Christo sunt et ad Christum reducunt. — Si consideras in terna spectacula luminum, ad Christum te reducunt. — Si venis ad exempla, summum exemplar omnium virtutum in Christo est. Si patientiam consideras Iob, maior est Christi patientia; patientiam Iob audistis et finem Domini vidistis, dicit ille. Stellae enim nihil sunt in comparatione solis. — Si venis ad praemia aeterna, haec non habebimus nisi per Christum; in Ioanne: Haec est vita aeterna, ut cognoscant te solum verum Deum, et quem misisti Iesum Christum. — Si ad tormenta perpetua; nisi manus Christi te teneat, non liberaberis. Puer enim, si timet cadere in praecipitium, optime se tenet ad matrem; nisi enim per sanguinem Christi liberatus fueris, non poteris salvari.

10. Si consideras praecepta: hoc est praeceptum meum, ut diligatis invicem. — Si de iudicio: Christus iudicare habet; et hunc debemus libenter velle habere iudicem, quia nos diligit; unde debemus sibi dicere: Domine, debes nos iudicare; sed fac, ut sanguis tuus satisfaciat pro nobis.

그리스도이기에 정의의 열매가, 하느님의 아들이기에 지혜의 열매가 나옵니다. 모든 숙고는 그리스도에서 나와서 그리스도에게 되돌아갑니다. — 만약 그대가 빛의 내적인 상을 숙고한다면 이 상은 그대를 그리스도에게 되돌아가게 합니다. — 그대가 예(例)[19]를 들 수 있다고 해도 모든 덕의 최고의 예는 그리스도 안에 있습니다. 그대가 욥의 인내를 숙고한다고 해도 그리스도의 인내심이 더 강합니다. "여러분은 욥의 인내에 관하여 들었고, 주님께서 마련하신 결말을 알고 있습니다"[20]라고 저 사람(=야고보)은 말합니다. 별들은 태양과 비교될 때 아무것도 아니기 때문입니다. — 그대가 영원한 보상에 도달한다고 해도 우리는 그리스도에 의해서가 아니라면 이 보상을 받을 수 없을 것입니다. 「요한복음서」에서는 "영원한 생명이란 홀로 참 하느님이신 아버지를 알고 아버지께서 보내신 예수 그리스도를 아는 것"[21]이라고 합니다. — 만약 그대가 영원한 형벌을 받게 되었음에도 그리스도의 손이 그대를 잡지 않는다면 그대는 자유롭게 되지 않을 것입니다. 아이가 절벽에서 떨어지는 것을 두려워한다면 아이는 어머니 품에 찰싹 달라붙어 있습니다. 만약 그대가 그리스도의 피에 의해 자유롭게 되지 않는다면 그대는 구원될 수 없을 것입니다.

10. 만약 그대가 "이것이 나의 계명이다. [내가 너희를 사랑한 것처럼] 너희도 서로 사랑"[22]하라는 계명을 생각한다면 — 만약 그대가 판결에 대해 생각한다면 그리스도께서 판결하실 수 있습니다. 그리고 그리스도께서 우리를 사랑하시기에 우리는 그리스도께서 재판관이시기를 기꺼이 원해야 합니다. 그러므로 우리는 그분께 "주님, 당신께서 우리를 판단하셔야 합니다. 당신의 피가 우리를 위해 속죄하게 하십시오"라고 말해야 합니다.

---

19 '예' 또는 '본'(本)으로 번역했다.
20 「야고보 서간」 5:11.
21 「요한복음서」 17:3.
22 「요한복음서」 15:12.

11. Si consideras solatia severa, in Christo non videntur per illum modum, sicut in aliis, sed per alium; quia sibi nunquam periculosa fuerunt, nec temporalia solatia habuit. — Miscuit enim cum solatiis amaritudinem, cum fruitione poenam; anima enim eius, quae semper unita est Divinitati, summe delectabatur; et tamen ipse miscuit amaritudinem, paupertatem, crucem, et e converso miscuit solatia in flagellis, in quibus summe delectabatur. Unde exemplo Christi in consolatione iungendus est timor, et in tristitia iungendum est solatium, exemplo etiam beati Francisci, qui, quando ei offerebatur honor, dicebat socio suo, quod ibi nihil erant lucrati; sed quando recipiebant vituperia, tunc lucrabantur.

12. Si consideras e directo ad civium praesidia, hierarcha principalis Christus est. — Si de pugna; etsi Angeli et Sancti iuvant — Psalmus: Levavi oculos meos in montes, unde veniet auxilium mihi — principalis tamen pugnator Christus est; unde in Psalmo: Providebam Dominum in conspectu meo semper, quoniam a dextris est mihi, ne commovear; item, in Actibus: Video caelos apertos et Filium hominis stantem a dextris Dei. — Si gratiam consideras, haec omnia veniunt de sede Dei et Agni. Vidi, inquit Ioannes, fluvium procedentem de sede Dei et Agni. — Si consideras

11. 만약 그대가 진지한 위로를 생각한다면 이 위로는 다른 것과 같은 방식에 의해 그리스도에게서 드러나지 않고 다른 방식에 의해 드러납니다. 왜냐하면 이 위로는 그에게 결코 위험한 것이 아니었고 또한 그는 일시적으로 위로하지도 않았기 때문입니다. — 그런데 그는 위로에 고초를, 향유에 징벌을 섞었습니다. 항상 신성과 결합되어 있는 그의 영혼은 가장 기뻐하기 때문입니다. 그럼에도 그리스도 자신은 고초와 가난, 그리고 십자가를 모두 겪었고, 이와 반대로 채찍질을 당하며 위로했고, 채찍질을 당할 때 가장 기뻐했습니다. 그러므로 그에게 명예가 주어졌을 때 명예에 의해서는 어떤 것도 얻어지지 않는다고 그의 동료들에게 말했던, 그러나 그들이 경멸을 받아들일 때 이롭다고 말했던 복된 프란체스코의 예에 따라 두려움은 위로받을 때 본인 그리스도와 결합되어야 하고 슬플 때 위로의 본(=위로자이신 예수)과 결합되어야 합니다.[23]

12. 만약 그대가 가까이 있는 시민을 보호하려고 생각한다면 가장 중요한 위계는 그리스도이십니다. —「시편」에서 "산들을 향하여 내 눈을 드네. 내 도움은 어디서 오리오?"[24]라고 노래하듯이 — 그대가 싸움에 대해 생각한다면 천사와 성인들이 지지합니다. — 가장 뛰어난 전사는 그리스도이십니다. 그러므로 「시편」에서 "언제나 주님을 제 앞에 모시어 당신께서 제 오른쪽에 계시니 저는 흔들리지 않으리이다"[25]라고 하고, 또한 「사도행전」에서 "하늘이 열려 있고 사람의 아들이 하느님 오른쪽에 서 계신 것이 보입니다"[26]라고 합니다. — 만약 그대가 은총을 생각한다면 "이 모든 것은 하느님과 어린양의 어좌에서 나옵니다." 요한은

---

23 Francisco, *Opuscula*, apophthegma, 51 : "Dum in quodam castro multi sancto viro exhiberentur honores, dixit socio : Abeamus hinc, nihil enim hic lucramur, dum honoramur; ibi est nostrum lucrum, ubi vituperamur et vilipendimur"; Bonaventura, *Opera omnia, Tomus V*, p. 416, n.4에서 재인용.

24 「시편」121 : 1.

25 「시편」16 : 8.

26 「사도행전」7 : 56.

figurarum signa, omnia referuntur ad Christum et sunt obscura, nisi per Christum solvantur signacula. —Unde omnes considerationes remittunt ad Christum.

13. A Christo ergo est fructus gratiae. Est autem quadruplex fructus gratiae; stabilire animam per fidem, sanctificare per divinum amorem, sursum ferre per spem, inclinare per divinum timorem. —De primo Apostolus: Optimum est gratia stabilire cor, non escis. Iudaei stabiliebant se super escas. —De secundo Petrus: Propter quod, succincti lumbos mentis vestrae, sobrii perfecte sperate in eam quae offertur vobis gratiam, in revelationem Iesu Christi. Sanctification enim est in eo, quod virtutes, quae sunt lumbi mentis, transferuntur in Deum. —De tertio ad Titum: Iustificati gratia ipsius, heredes sumus secundum spem vitae aeternae. Et prima Petri: Benedictus Deus et Pater Domini nostri Iesu Christi, qui secundum magnam misericordiam suam regeneravit nos in spem vivam. —De quarto Ecclesiasticus: Quanto maior es, humilia te in omnibus.

"나는 하느님과 어린양의 어좌에서 흘러나오는 강을 보았다"[27]라고 합니다. — 그대가 만약 형상의 표식을 생각한다면, 모든 것은 그리스도에게 돌아가고 그리스도가 봉인을 열지 않는다면[28] 모호한 것이 됩니다. — 그래서 모든 숙고는 그리스도에게 돌아가게 됩니다.

13. 따라서 은총의 열매는 그리스도로부터 옵니다. 그런데 은총의 열매는 네 가지입니다. 이 네 가지는 믿음에 의해 영혼을 견고하게 함, 하느님의 사랑을 통해 영혼을 거룩하게 함, 희망에 의해 영혼을 위로 옮김, 하느님에 대한 두려움에 의해 영혼을 낮춤입니다. — 첫 번째 것에 대해 사도는 "음식에 관한 규정이 아니라 은총으로 마음을 굳세게 하는 것이 좋습니다"[29]라고 합니다. 유대인들은 음식을 통해서 자신들을 건강하게 만듭니다. — 두 번째 것에 대해서 베드로는 "마음을 가다듬고 정신을 차려, 예수 그리스도께서 나타나실 때 받을 은총에 여러분의 모든 희망을 거십시오"[30]라고 합니다. 사실 성화(聖化)는 정신의 허리인 덕들이 하느님으로 옮아갈 때 이루어집니다. — 세 번째 것과 관련해「티토에게 보낸 서간」에서 "우리는 그분의 은총으로 의롭게 되어, 영원한 생명의 희망에 따라 상속자가"[31] 되었다고 합니다. 그리고「베드로의 첫째 서간」에서 "우리 주 예수 그리스도의 아버지 하느님께서 찬미받으시기를 빕니다. 하느님께서는 당신의 크신 자비로 우리에게 생생한 희망을 주시고 우리를 새로 태어나게"[32] 하셨다고 합니다. — 네 번째 것과 관련해「집회서」에서 "네가 높아질수록 자신을 더욱"[33] 낮추라고 합니다.

---

27 「요한묵시록」22:1.

28 「요한묵시록」5:5.

29 「히브리인들에게 보낸 서간」13:9.

30 「베드로의 첫째 서간」1:13.

31 「티토에게 보낸 서간」3:7.

32 「베드로의 첫째 서간」1:3: 우리말 성경 번역은 이렇다. "우리를 새로 태어나게 하시어 [……] 우리에게 생생한 희망을 주셨습니다."

33 「집회서」3:18.

14. Per luminum spectacula disponitur anima ad primum actum gratiae. Quanto enim plus intelligitur Scriptura, tanto augetur fides; et sic est una refectio affectus. —Sanctorum exempla disponunt ad sanctificationem animae, ad secundum actum gratiae. Inter omnia, quae de Ioseph leguntur, placet illud, quod sic fidelitatem servavit domino suo; cum tamen domina sua pulcherrima erat et comminabatur sibi. David similiter, cum multa fecerit, quae movent ad imitationem, illud potissime placet, quod cum Saul posset interficere, noluit; qui tamen, ut dicit Augustinus, nec Deum nec hominem timebat: hominem non, quia sopor irruerat in omnes; Deum non, quia ille reprobatus erat, et David secundum veritatem rex erat, et tamen ex caritate dimisit. Et similiter in omnibus Patribus fuit haec caritas; qui tamen, si aliquando ceciderunt, poenituerunt. Unde si displicet tibi casus David, placeat tibi eius poenitentia, ut dicit Hieronymus, et habes in hoc, ut de casu suo nullus desperet, et de statu suo nullus praesumat.

15. Gratia autem sursum agens habetur per spem. Psalmus: Quid enim mihi est in caelo, et a te quid volui super terram? Deus

14. 영혼은 빛의 상에 의해 은총의 첫 번째 작용을 위해 배열됩니다. [우리가] 성경을 인식하면 인식할수록 [우리의] 믿음이 성장합니다. 이렇게 감정이 휴식을 취합니다. — 성인들의 본은 영혼의 성화를 위해, 즉 은총의 두 번째 작용을 위해 배열됩니다. 요셉에 대해 언급된 모든 것 가운데에서 그가 주인의 마음에 든 것은 그의 주인에게 신의를 유지한 것입니다.[34] 그럼에도 아름다운 그의 여주인은 그를 유혹했습니다. 이와 비슷하게, 다윗도 [우리가] 본받을 만한 많은 일을 했는데 이 일 중에서 그가 사울을 죽일 수 있었음에도 죽이길 원하지 않은 것이 가장 좋은 일입니다.[35] 아우구스티누스가 말했듯이, 그는 주님도 사람도 두려워하지 않았습니다. 죽음은 모든 사람에게 닥치는 것이기에 사람을 두려워하지 않았고, 사울이 비난받았기에 또 다윗은 참으로 왕이었기에 사랑으로 인해 하느님을 두려워하지 않았습니다. 비슷하게, 모든 조상 안에 이 사랑이 있었습니다. 그러나 그들이 언젠가 나락에 빠진다면, 그들은 후회합니다. 그러므로 다윗의 처신[36]이 그대의 마음에 들지 않는다면 히에로니무스가 말하듯이,[37] 그의 참회를 기꺼이 받아들이십시오. 그대는 그의 처신에 대해 어느 누구도 실망하지 않는다는 것과 그의 상황에 대해 어느 누구도 잘못 생각하지 않는다는 것을 여기에서 알게 됩니다.

15. 위에서 작용하는 은총은 희망을 통해 주어집니다. 「시편」에서는 "하늘에서 무엇이 나에게 있으며 내가 땅 위에서 당신으로부터 무엇을

---

34 「창세기」 39 : 7 이하.

35 「사무엘기 상권」 24 : 5 이하; 26 : 5 이하; 26 : 11: "주님께서는 내가 주님의 기름부음 받은 이에게 손을 대지 못하게 하셨다."; 26 : 12: "다윗은 사울의 머리맡에서 창과 물병을 가지고 나왔다. 주님께서 그들 위에 깊은 잠을 쏟으시어 그들이 모두 잠들었기 때문에, 다윗을 본 사람도 알아채거나 잠을 깬 사람도 없었다."; 아우구스티누스, 앞의 책, 2004, 제17권, [16, 2] 참조.

36 「사무엘기 하권」 제11장 참조. 다윗은 밧세바를 차지하기 위해 그녀의 남편인 우리야를 죽였다.

37 Hieronymus, *Epist.*, 77, n.4 [PL 22, 692s.].

cordis mei, et pars mea Deus in aeternum, et alibi: Dixi: tu es spes mea, portio mea in terra viventium, ut totum reservetur in illam patriam. Ideo quod momentaneum est et leve tribulationis nostrae aeternum gloriae pondus operatur. Dominus enim delectationes habet in dextera; Psalmus: Delectationes in dextera tua usque in finem; in sinistra habet divitias et glorias et consolationes temporales. Debemus autem adhaerere dexterae; Psalmus: Me suscepit dextera tua, Domine. Ergo praemia disponunt ad tertium actum gratiae. — Similiter gratiam inclinantem facit habere quarta consideratio, scilicet tormentorum infernalium. [Consideratio tormentorum inclinat animam ad divinum timorem, quia sicut crescente spe crescit gratia sursum ferens, sic crescente timore crescit gratia inclinans.]

16. Similiter iustitiae quatuor actus sunt: facere bona, fugere mala, formidare prospera, ferre adversa. — De primis duobus Psalmus: Declina a malo et fac bonum. Oculi Domini super iustos; et: Vultus autem Domini super facientes mala. — De tertio: Beatus homo, qui semper est pavidus in prosperitatibus. Unde iustus

원했었는가?"[38]라고, 또 "나의 마음의 주님, 나의 몫인 주님은 영원하시다"[39]라고, 또 다른 곳에서 "주님, 당신께 부르짖으며 말씀드립니다. '주님은 저의 희망,[40] 산 이들의 땅에서 저의 몫입니다'"[41]라고 합니다. 이로써 모든 것이 저 고향(=천상)에서 보존될 것입니다. "우리가 지금 겪는 일시적이고 가벼운 환난이 그지없이 크고 영원한 영광을 우리에게 마련해 줍니다."[42] 왜냐하면 기쁨이 주님의 오른편에 있기 때문입니다. 「시편」에서는 "기쁨을, 당신 오른쪽에서 길이 평안을 누리리이다"[43]라고 합니다. 주님의 왼쪽에는 재물과 영광과 세속적인 위로가 있습니다. 우리는 오른쪽에 매달려 있어야 합니다. 「시편」에서는 "주님, 당신 오른손이 저를 붙들어 주십니다"[44]라고 합니다. 따라서 보상은 은총의 세 번째 작용입니다. ─ 비슷하게 네 번째 숙고, 즉 지옥의 형벌에 대한 숙고는 자신을 낮추는 은총을 갖게 합니다. [형벌에 대한 숙고는 하느님을 두려워 하도록 영혼을 낮춥니다. 왜냐하면 희망이 커질수록 위로 옮기는 은총이 자라듯이 두려움이 많아질수록 아래로 낮추는 은총이 자라기 때문입니다.]

16. 비슷하게 정의의 네 작용이, 즉 선한 일을 함, 악한 일을 피함, 행운을 두려워함, 역경을 참음이 있습니다. ─ 처음 두 가지 것에 대해서 「시편」에서는 "악을 피하고 선을 행하라. 주님의 눈은 의인들을 굽어보시고 주님의 얼굴은 악을 행하는 자들에게 맞서신다"[45]라고 합니다. ─ 세 번째 것에 대해서는 "행복하여라, 행복 가운데에서도 늘 두려워하는 마

---

38 「시편」 73:25: "저를 위하여 누가 하늘에 계십니까? 당신과 함께라면 이 세상에서 바랄 것이 없습니다."
39 「시편」 78:26: "하늘에서 샛바람을 일으키시고 당신 힘으로 마파람을 몰아오시어."
40 우리말 성경에는 '피신처'로 되어 있다.
41 「시편」 142:6.
42 「코린토 신자들에게 보낸 둘째 서간」 4:17.
43 「시편」 16:11.
44 「시편」 63:9.
45 「시편」 34:15 이하.

deprecatur, ne ruat, et si corruat, ut resurgat; quia septies cadet iustus et resurget. —De quarto in Proverbiis: Iustus quasi leo confidens absque terrore erit. Et: Beati, qui persecutionem patiuntur propter iustitiam. Et: Pro iustitia agonizare pro anima tua, et usque ad mortem certa pro iustitia.

17. Isti fructus oriuntur ex quatuor mediis considerationibus, scilicet antrorsum, retrorsum, dextrorsum, sinistrorsum, ut, secundum Dionysium, anima moveatur circulariter, recte et circumflexe. Et dicit Richardus, quod quaedam aves sursum volant, quaedam deorsum, quaedam circulariter, quaedam ante etc. Sic anima per istas considerationes.

18. Ex prima consideratione habetur primus actus, scilicet facere bonum, per directionem praeceptorum; si vis ad vitam ingredi, serva mandata. Consideratio enim mandatorum Dei facit facere bonum. Praeceptum Domini rectum est in se; iustitia enim nihil aliud est, quam rectitudo; rectitudo autem per se est in lege,

음을 지닌 사람!"⁴⁶이라고 합니다. 따라서 올바른 사람은 파멸하지 않도록 간청하고 만약 쓰러지면 다시 일어서도록 간구합니다. 왜냐하면 "의인은 일곱 번 쓰러져도 일어나기"⁴⁷ 때문입니다. — 네 번째 것에 대해서 「잠언」은 "의인은 사자처럼 당당하고 두려움 없이 있을 것이다"⁴⁸라고, 또 "행복하여라, 의로움 때문에 박해를 받는 사람들!"⁴⁹이라고, 또 "네 영혼 때문에 정의를 위해 고통을 당하고 정의를 위해 죽기를 각오"⁵⁰하라고 합니다.

17. 이 열매들은 가운데에서 나가는 네 개의 숙고에서 유래합니다. 다시 말해서 디오니시우스가 말하듯이⁵¹ 영혼은 앞을 향해 가며, 뒤쪽을 보며, 오른쪽과 왼쪽을 향하면서 원형으로, 직선으로, 그리고 나선형으로 움직입니다. 또한 리카르두스는 몇몇 새는 위로, 몇몇 새는 아래로, 몇몇 새는 원형으로, 몇몇 새는 앞으로 날아간다고 말했습니다. 영혼은 이렇게 숙고하면서 있습니다.

18. 첫 번째 숙고와 관련해 율법의 지시에 의해 첫 번째 작용이 이행됩니다. 즉 선이 행해집니다. "만약 네가 생명에 들어가기를 원한다면 계명을 지켜라."⁵² [사람이] 하느님의 계명에 대해 숙고하면 선을 행하게 됩니다. 하느님의 계명은 그 자체 올바릅니다. 사실 정의는 올바름 이외의 다른 것이 아닙니다. 올바름 자체는 율법에 있고, 올바름에 참여하는 것

---

46 「잠언」28 : 14.

47 「잠언」24 : 16.

48 「잠언」28 : 1.

49 「마태오복음서」5 : 10.

50 「집회서」4 : 33. 우리말 성경은 제4장 제28절이다: "진리를 위하여 죽기까지 싸워라. 주 하느님께서 네 편을 들어 싸워주시리라."

51 위 디오니시우스, 「신명론」, 제4장, 제9절, 앞의 책, 2007.

52 「마태오복음서」19 : 17. 안셀무스는 정의가 올바름이라고 가르친다: "Iustitia est rectitudo voluntatis propter se servata"(Anselmus, *Dialog de Veritate*, c.12).

per participationem in servante. Oportet ergo praecepta divina considerare, acceptare, amare; si sic fecissent Adam et Eva, non cecidissent; et sic transformaris per amorem.

19. Ex secunda consideratione oritur fructus iustitiae, scilicet fugere mala, scilicet per iudicia districta; Ecclesiasticus: Ne semines mala in sulcis iniustitiae, et non metes ea in septuplum. Nullus enim vult metere zizaniam vel lolium, quia, ut dicitur in Deuteronomio, iuxta modum culpae erit et plagarum modus. Consideratio igitur iudiciorum facit fugere mala.

20. Ex tertia consideratione, scilicet per severe solatia, oritur fructus iustitiae, scilicet formidare prospera. Oblatis enim honoribus, fugit homo, quia timet in culpam incidere, quia in quolibet grano est vermis: in grano honoris, elatio; in grano divitiarum. avaritia; in grano deliciarum, concupiscentia. Fructus enim quidam sunt, qui statim incipiunt verminari, ut cerasa in Italia. Quidam sunt, qui apparent optimi, et tamen vermis est intus. —Econtra, per dulcia flagella ostenditur fructus iustitiae quartus, scilicet patienter ferre adversa; vide Paulum, Laurentium.

21. Similiter sapientiae fructus ex quatuor ultimis antithetis nascitur. Huius sunt quatuor actus: sapientia enim est confortans,

은 [율법을] 준수하는 것입니다. 그러므로 하느님의 계명을 숙고하고 받아들이고 사랑하는 것이 필수적입니다. 만약 아담과 하와가 이렇게 했더라면, 그들은 타락하지 않았을 것입니다. 그리고 그대는 사랑에 의해 변화될 것입니다.

19. 두 번째 숙고에서 정의가 결실을 맺습니다. 즉 판결이 엄격해서 결과적으로 악을 피하게 됩니다. 「집회서」에서는 "불의의 고랑에 씨를 뿌리지 마라. 그 수확을 일곱 배로 거둘까 두렵다"[53]라고 합니다. 사실 어느 누구도 잡초 또는 가라지를 수확하고 싶어 하지 않습니다. 「신명기」에서 말하듯이 "[사람은] 그의 잘못에 해당하는 만큼 매를 맞을 것"[54]이기 때문입니다. 그러므로 [우리가] 판결에 대해 생각하면 [우리는] 악을 피합니다.

20. 세 번째 숙고로부터, 즉 거짓 없는 위로에서 정의의 열매인 행운을 두려워함이 유래합니다. 인간은 죄에 떨어질까 두려워하기 때문에 주어진 명예로부터 도망갑니다. 왜냐하면 모든 알맹이에는 벌레가 있기 때문입니다. 명예로운 인간은 교만해지고, 부는 탐욕에서 오고, 향락은 욕정에서 옵니다. 또한 몇몇 열매는 이탈리아에 있는 버찌처럼 즉시 썩기 시작합니다. 몇몇 열매는 가장 좋은 것처럼 보이지만 그럼에도 안에 벌레가 있습니다. — 이와 반대로, 달콤한 채찍에 의해 정의의 네 번째 열매, 즉 꿋꿋하게 역경을 감수함이 드러납니다. 바오로와 라우렌티우스[55]를 보십시오.

21. 비슷하게 최종적인 네 개의 반명제에서 지혜가 열매를 맺습니다. 네 개의 작용이 이에 속합니다. 지혜는 강하게 하고, 싸우고, 명상하고,

---

53 「집회서」7 : 3.
54 「신명기」25 : 2.
55 라우렌티우스(Laurentius, ?~258) : 기독교 성인. 로마의 7명의 부제 중 한 사람이다.

colluctans, contemplans, collaudans. —Confortans in bono; Ecclesiastes: Sapientia confortabit sapientem super decem principes civitatis. —Est etiam colluctans contra malum; unde Ecclesiastes: Melior est sapientia quam arma bellica; et in Sapientia: Certamen forte dedit illi, ut vinceret et sciret, quoniam omnium potentior est sapientia. —Est etiam contemplans summum bonum; in Sapientia: Est enim haec speciosior sole. Facit enim animam gustare et uniri. — Est etiam collaudans ex omnibus Deum. Hic fructus est coniunctus gloriae; hoc opus, hoc munus, hic fructus: videbimus, amabimus, laudabimus.

22. Hi quatuor fructus per ordinem oriuntur. Consideratio e directo per civium praesidia disponit ad primum actum sapientiae, in acie terribili, ordinata et in choris castrorum.

23. Secundo, per hostium certamina ex adverso oritur secundus fructus, scilicet colluctari contra hostes; quia homo, quando

찬양합니다. — 지혜는 선을 강하게 합니다. 「코헬렛」에서는 "지혜는 지혜로운 이를 성 안에 있는 열 명의 권세가보다 더 힘세게 만든다"[56]라고 합니다. — 지혜는 더욱이 악에 맞서 싸웁니다. 그러므로 「코헬렛」에서는 "지혜가 무기보다 낫다"[57]라고 하고, 「지혜서」에서는 "격렬한 싸움이 벌어졌을 때에 그에게 승리를 주어 지혜[58]가 그 무엇보다도 강함을 깨닫게 해주었다"[59]라고 합니다. — 더욱이 지혜는 최고선을 명상하는 것입니다. 「지혜서」에서는 "지혜는 해보다 아름답다"[60]라고 합니다. 사실 지혜는 영혼이 맛보고 결합하도록 합니다. — 더욱이 지혜는 모든 것 중에서 하느님을 찬양하는 것입니다. 이 열매는 영광과 결합되어 있습니다. 이 일, 이 직분, 이 열매, 우리는 이들을 볼 것이고, 사랑하게 될 것이고, 찬미하게 될 것입니다.[61]

22. 이 네 가지 열매는 질서에 의해 생깁니다. 이 열매는 첫째, 시민들을 방어함으로써 지혜의 첫 번째 작용을 위해 배열하고 기를 든 군대처럼 두려움을 자아내며 배열해 있으라고 가장 먼저 준비합니다.[62]

23. 둘째, 적군들과 마주해 전투하면서 두 번째 열매가, 즉 '적들에 마주해 싸움'이 나옵니다. 포위된 사람들이 탈출하기 위해 많은 길을 찾듯

---

56 「코헬렛」7:19.

57 「코헬렛」9:18.

58 우리말 성경에는 '깊은 신심'이라고 되어 있다.

59 「지혜서」10:12.

60 「지혜서」7:29.

61 아우구스티누스, 앞의 책, 2004, 제22권 [30, 5]: "Ibi vacabimus et videbimus, videbimus et amabimus, amabimus et laudabimus; ecce, quod erit in fine sine fine" (그때 우리는 쉬게 되고 보게 될 것이고, 보게 되고 사랑하게 되고, 찬미하게 될 것이다. 보라, 끝없는 끝에 있을 것을).

62 「아가」6:4: "예루살렘처럼 어여삐 기를 든 군대처럼 두려움까지 자아낸다오."; 6:10: "해처럼 빛나고 기를 든 군대처럼 두려움을 자아내는."; 7:1: "너희는 어찌하여 술람밋이 두 줄 윤무를 추기라도 하는 듯 바라보느냐?"

habet hostes, tunc valde sagaciter se gerit, et imminens bellum facit hominem sagacem, fortem et sapientem; sicut inclusi multas inveniunt vias ad evadendum; unde tentatio imminens quasi ex obliquo fortiorem reddit, sicut radius veniens super corpus opacum, densum, solidum, postea reflexus, maius lumen et calorem generat, ut patet in speculo ferreo. Similiter magis castus quis efficitur, cum inimicus fortiter vult trahere ad luxuriam.—Sicut enim dixit, mulier habebat daemonem, qui in illa loquebatur et dixit, quod Franciscus magnum malum eis faciebat, et quod bene erant contra ipsum congregati quinque millia ad ipsum deiiciendum; et frater, qui audivit, dixit beato Francisco; tunc ipse surrexit et dixit, quod modo fortior esset.

24. Tertius fructus sapientiae est contemplari summum bonum, quod oritur ex consideratione e vicino per gratiarum dona. Tanta enim posset esse gratia, quod existens hic esset quasi in paradiso. Videret enim in intimis suis, sicut beatus Paulus, qui dicit: Sapientiam loquimur inter perfectos; et post: Nobis autem revelavit Deus per Spiritum sanctum. Sicut enim nemo scit quae sunt hominis, nisi spiritus, qui in illo est; ita et quae Dei sunt nescimus, nisi Spiritus Dei intret in nos.

25. Ex quarto, scilicet e longinquo, nobis innascitur collaudatio Dei in omnibus. Omnes enim creaturae effantur Deum.

이 사람은 적들이 있을 때 매우 명민하게 행동하고 전쟁이 임박하면 민첩하게, 용감하게, 지혜롭게 움직입니다. 그러므로 쇠로 된 거울에서 분명하듯이 어두운, 빽빽한, 단단한 물체에 도달한 광선이 그다음 굴절되어 더 많은 빛과 열을 생산하듯이 마치 유혹이 닥치면 간접적으로 더 용감한 사람에게 유혹이 돌아갑니다. 비슷하게, 적이 방탕해지도록 더 강하게 유인하려고 할 때 어떤 사람은 더 순결하게 됩니다. — 이렇게 그(=보나벤투라)는 한 여자 안에서 속삭이고 말하는 악마가 그 여자 안에 있었다고 또한 프란체스코 성인이 그 악마와 여자에게 커다란 악을 준비했다고 또한 성인을 무너뜨리기 위해 성인에 대항하려고 족히 오천 악마가 모였다고 말했습니다. 이 이야기를 들은 그의 형제 수사가 일어나서 "지금 난 더 강해졌다"라고 말했다고 합니다.

24. 지혜의 세 번째 열매는 최고선을 명상하는 것입니다. 최고선은 은총의 선물에 의해 이웃에서 나온 숙고에서 유래합니다. 마치 사람이 낙원에서 사는 것처럼 여기(=지상 세계)에서 사는 것이 그렇게 큰 은총일 수 있습니다. 복된 바오로가 "성숙한 이들 가운데에서는 우리도 지혜를 말합니다"[63]라고, 또 이어서 "하느님께서는 성령을 통하여 그것들을 바로 우리에게 계시해 주셨습니다"[64]라고 말했듯이, 그는 그들의 내면을 보았을 것입니다. 그 사람 속에 있는 영이 아니고서야, 어느 누구도 그 사람의 생각을 알 수 없듯이 하느님의 영이 우리 안에 들어오지 않는다면 우리는 하느님의 생각을 깨닫지 못합니다.[65]

25. 네 번째 것, 즉 모든 피조물이 드리는 하느님에 대한 찬미가 먼 곳에서부터 우리 안에 생깁니다. 모든 피조물은 하느님을 이야기합니다.

---

63 「코린토 신자들에게 보낸 첫째 서간」 2:6.
64 「코린토 신자들에게 보낸 첫째 서간」 2:10.
65 「코린토 신자들에게 보낸 첫째 서간」 2:11 참조.

Quid ego faciam? Cantabo cum omnibus. Grossa chorda in cithara per se non bene sonat, sed cum aliis est consonantia. Figurarum signa ab omnibus creaturis accipiuntur in Scriptura ad laudandum Deum, ut patet in Psalmo: Laudate Dominum de caelis; et in: Benedicite omnia opera Domini Domino, a summo usque deorsum; sic homo Deum videns in omnibus, Deum gustans in omnibus tribus viribus suis. Psalmus: Iucundum sit ei eloquium meum, ego vero delectabor in Domino; et alibi: Delectasti me, Domine, in factura tua; et: Magnificabo eum in laude. Sic in omnibus habet gustum et refectionem intellectus et affectus. — Ex his omnibus fructibus surgunt fructus amoris et caritatis, quae intenditur in omnibus. Omnis enim Scriptura ordinatur ad caritatem. Hi duodecim fructus ordinate ascendunt ad caritatem.

26. Descendendo autem a caritate fluunt charismata duodecim, quae sunt fructus, quos ponit Apostolus ad Galatas quinto: Fructus autem spiritus est caritas, gaudium, pax, patientia, longanimitas, bonitas, benignitas, mansuetudo, fides, modestia, continentia, castitas. Gratia enim et iustitia et sapientia non possunt esse sine caritate. Nam fructus dicitur a frui; frui autem est inhaerere alicui rei propter se

나는 무엇을 만들 것인가? 나는 모든 피조물과 노래할 것입니다. 키타
라[66]의 굵은 현은 그 자체 아름다운 소리를 내지 않고, 다른 것들과 조화
를 이루어 아름다운 소리를 냅니다. 모든 피조물에서 나오는 형상은 "주
님을 찬양하여라, 높은 데에서"[67]라고 하는 「시편」에서 제시되듯이 하느
님을 찬미하기 위해 성서에 채택된 것입니다. 그리고 가장 높은 곳에서
아래에 이르기까지 "주님의 업적들아, 모두 주님을 찬미하여라"[68]라고
하듯이, 모든 것에서 하느님을 보는 사람은 자신의 세 가지 능력으로 하
느님을 맛봅니다. 「시편」에서는 "내 노래가 그분 마음에 들었으면! 나는
주님 안에서 기뻐하네"[69]라고, 또 다른 곳에서는 "주님, 당신께서 하신
일로 저를 기쁘게 하셨으니"[70]라고, 또 "송가로 그분을 칭송하리라"[71]라
고 합니다. 이렇게 그는 모든 것에서 인식과 욕구의 맛과 휴식을 취합니
다. ─ 이 모든 결과로부터 사랑과 애덕의 결과가 생깁니다. 사랑과 애덕
은 모든 것에서 추구됩니다. 사실 성서 전체는 사랑을 향해 있습니다. 열
두 개의 이 열매는 질서 정연하게 사랑으로 상승합니다.

26. 하느님의 열두 은사는 사랑에서 흘러나와 하강합니다. 이 은사들
은 사도가 「갈라티아 신자들에게 보낸 서간」 제5장에서 언급한 열매입
니다. "성령의 열매는 사랑, 기쁨, 평화, 인내, 너그러움, 선의, 호의, 온유,
신의, 중용, 절제, 순결입니다."[72] 사실 은총과 정의와 지혜는 사랑 없이

---

66 키타라(kithara) : 고대 그리스의 발현악기이다.

67 「시편」148 : 1.

68 「다니엘서」3 : 57;「시편」103 : 22 : "Benedicite Domino omnia opera eius."

69 「시편」104 : 34.

70 「시편」92 : 5.

71 「시편」69 : 31.

72 「갈라티아 신자들에게 보낸 서간」 5 : 22 이하 참조. 우리말 성경에는 "성령의 열매는
    사랑, 기쁨, 평화, 인내, 호의, 선의, 성실, 온유, 절제입니다"로 되어 있다. 아우구스
    티누스, 앞의 책, 2004, 제11권, 25 : "quod proprie fructus fruentis, usus utentis sit"
    ("향유[享有]는 향유하는 사람의 일이고 사용은 사용하는 사람의 일"이다) 참조.

ipsam. Unde nec iustitia nec miracula nec scire mysteria sine caritate prosunt. Et hoc sentiunt omnes doctores et Sancti. Sic ecce, quod una vetula, quae habet modicum hortum, quia solam caritatem habet, meliorem fructum habet quam unus magnus magister, qui habet maximum hortum et scit mysteria et naturas rerum.

27. Sufficientia autem horum duodecim fructuum sumitur per hunc modum. Secundum Augustinum, filium Pauli, quatuor sunt diligenda ex caritate, quibus fruimur: Deo, me ipso in Deo, proximo in Deo, corpore meo in Deo. —Deo autem fruor, quando summe in Deo conquiesco, delector, unior: conquiesco per amorem, delector per gaudium, unior per pacem. Et haec tria ordinata sunt; quia, ubi est pax, necesse est, ut sit gaudium; et ubi gaudium, necesse est, ut sit quies.

28. Secundo, fruor me ipso in Deo. Anima autem mea fruor, quando illam possideo; quia, si transit res in possessionem alterius, fructum non habeo. Tunc autem possideo, quando patienter possum ferre adversa; in patientia vestra possidebitis animas vestras;

있을 수 없습니다.[73] 열매는 '향유하다'에서 도출되었는데 '향유하다'는 자기 자신을 위해서 어떤 사물에 달라붙어 있다는 뜻입니다. 따라서 정의도 기적도 '신비를 앎'도 사랑 없이는 유용하지 않습니다. 그리고 모든 학자와 성인이 이것을 알고 있습니다. 보라! 유일하게 사랑만을 갖고 있기에 작은 정원을 가꾸는 한 노파는 큰 정원을 지닌, 신비와 사물의 본성을 알고 있는 위대한 선생보다 더 좋은 열매를 갖고 있다는 것을 …….

27. 이 열두 결과는 이런 방식에 의해 충분해집니다. 바오로의 아들인 아우구스티누스에 따르면[74] 우리가 향유하는, 사랑받아야 할 네 가지, 즉 하느님, 하느님 안에 있는 나 자신, 하느님 안에 있는 이웃, 하느님 안에 있는 내 몸은 사랑에서 나옵니다.[75] ─ 내가 하느님 안에서 마음껏 휴식을 취하고 기뻐하고 하나가 될 때 하느님을 향유합니다. 나는 사랑에 의해 휴식을 취하고, 기쁨에 의해 기뻐하고, 평화에 의해 하나가 됩니다. 그리고 이 세 가지는 질서 정연하게 배열되어 있습니다. 왜냐하면 평화가 있는 곳에 필연적으로 기쁨이 있고, 기쁨이 있는 곳에 필연적으로 고요함이 있기 때문입니다.

28. 둘째, 나는 하느님 안에 있는 나 자신을 향유합니다. 그런데 내가 나의 영혼을 소유할 때 나는 영혼을 향유합니다. 만약 사물이 다른 것의 소유로 넘어간다면 나는 열매를 얻지 못하게 됩니다. 그런데 내가 참을성 있게 역경을 감수할 수 있을 때 나는 열매를 갖게 됩니다. "너희는 인내로써 영혼을 얻게 될 것이다."[76] 그런데 우연 또는 운명에 대한 믿음에

---

73 「코린토 신자들에게 보낸 첫째 서간」13:1 이하.
74 아우구스티누스, 앞의 책, 2005, 제7권 [21, 27]; 제8권 [12, 29]; 「로마 신자들에게 보낸 서간」13:13 참조.
75 Bonaventura, *Brevil.*, p.5, c.8. 아우구스티누스에 따르면, 하느님만이 '향유'의 대상이고 하느님 이외의 모든 것은 '사용'의 대상이다. 특히 아우구스티누스, 앞의 책, 2004, 제8권, 8 참조.

patienter autem ferre adversa non debet esse a casu, vel fortuna, sed intuitu mercedis; et hoc est exspectare mercedem; tertium est condonare iniurianti offensam. Et haec tria sunt per patientiam, longanimitatem, bonitatem. Patientia est adversa tolerando; longanimitas, exspectando mercedem ex omnibus tribulationibus; bonitas, liberaliter condonando. Unde si caritas patiens, longanimis, bona; tunc inundationes maris quasi lac sugit, sicut Laurentius carbonibus quasi floribus laetabatur. Hi fructus sunt in spiritu, non in carne. Unde Iacobus: Omne gaudium existimate, fratres mei, cum in tentationes varias incideritis.

29. Tertio, proximo fruimur in Deo, quando habemus caritatem ad proximum; et hoc tripliciter: benigne in corde vel animo; mansuete in contubernio; fideliter in verbo vel signo. Cor benignum habeo, quando quidquid boni habet proximus in meum bonum refundo. Similiter mansuetudo est, quae hominem facit gregalem et socialem. Aliqui homines sunt valde boni, et tamen sunt ita duri in signis, quod homo non audet eis appropinquare; sed quando homo familiarem se reddit, tunc est mansuetus. Similiter fidelitas multum facit amabilem; et haec facit confidere de homine magis in verbo quam in corde, quia affectus est variabilis.

서 역경을 참을성 있게 감수해서는 안 되고, 보수를 고려해서 역경을 감수해야 합니다. 그리고 이는 보상을 기대하는 것입니다. 세 번째 것은 가해자가 주는 모욕을 용서하는 것인데 이는 세 가지, 즉 인내, 너그러움, 선의에 의해 있습니다. 인내는 역경을 참는 것이고, 너그러움은 모든 고난에 대한 보상을 기대하는 것이고, 선의는 너그럽게 용서하는 것입니다. 그러므로 만약 사랑이 인내하고 너그럽고 선하다면, 라우렌티우스가 꽃을 보며 기뻐하는 것처럼 숯 때문에 기뻐하듯이 사랑은 우유를 빨아 마시듯이 바다의 범람을 막습니다.[77] 이 열매는 정신에 있지, 육신에 있지 않습니다. 그래서 야고보는 "나의 형제 여러분, 갖가지 시련에 빠지게 되면 그것을 다시없는 기쁨으로 여기십시오"[78]라고 합니다.

29. 셋째, 우리가 이웃을 사랑할 때 우리는 하느님 안에서 이웃을 향유합니다. [우리는] 세 가지로, 즉 마음으로 또는 영혼으로 너그럽게, 교제할 때 온유하게, 말과 표징에서 진실하게 향유합니다. 이웃이 갖고 있는 선은 그 선이 무엇이든 나의 선으로 다시 흘러들게 할 때 나는 친절한 마음을 갖고 있습니다. 비슷하게, 사람을 같은 무리에 속하는 사람으로 또 사회적인 사람으로 만드는 것은 온유함입니다. 몇몇 사람은 매우 착하지만 그럼에도 무뚝뚝하게 보여서 감히 어느 누구도 이 사람에게 접근하려고 하지 않습니다. 그런데 사람이 이웃에 향할 때 그는 온유합니다. 비슷하게, 신의는 많은 사람을 사랑스러운 사람으로 만듭니다. 그리고 신의는 진심보다 말로 사람을 더 신뢰하게 하는데 감정은 변할 수 있기 때문입니다.

---

76 「루카복음서」 21:19: "너희는 인내로써 생명을 얻어라."
77 「신명기」 33:19.
78 「야고보 서간」 1:2.

30. Quarto, fruor corpore meo in Deo, quando mundum servo corpus meum, et hoc, quando servatur modestia in gustu, continentia in tactu, castitas in omnibus sensibus. In gustu principaliter notatur modestia. Corpora luxuriosorum, gulosorum, incontinentium non sunt in pace sepulta.

31. Sic ergo descendendo, ex caritate, quae est unguentum fluens a capite ad barbam usque ad oram vestimenti, est fruitio Dei, mei, proximi, corporis. Sicut ergo sunt duodecim fructus ex duodecim illustrationibus ascendendo ad caritatem, sic sunt duodecim fructus descendendo. Et hoc est illud quod in Apocalypsi dicitur, ex utraque parte fluminis esse lignum vitae, afferens fructus duodecim per duodecim menses: ab una parte fluminis fructus intellectuales, ab altera affectuales; vel ab una parte fructus ascendentes, ab altera descendentes.

32. Iste ergo est fructus Scripturarum, scilicet caritas. Propter hanc sunt mysteria, intelligentiae, theoriae. Unde in fine Apocalypsis: Beati, qui lavant vestimenta sua, ut intrent per portam civitatis. — Et dicebat: Imaginor illas duodecim illustrationes primas sive ascendentes, quae fluunt a Deo et ad Deum terminantur et currunt per totam Scripturam; imaginor sicut duodecim circulos, ut in quemcumque anima intret, inveniat silvam et arborum amoenitatem ac fructuum ubertatem.

30. 넷째, 내가 내 몸을 깨끗하게 보존할 때 나는 하느님 안에서 내 몸을 향유합니다. 그리고 이것은 미각에서 중용이, 촉각에서 자제가, 모든 감각에서 순결이 보존될 때입니다. 특히 미각에서 절제가 요구됩니다. 방탕한 사람, 탐식하는 사람, 무절제한 사람의 몸은 평화롭게 묻히지 않습니다.[79]

31. 그러므로 머리에서 턱수염을 지나 옷의 가장자리에 이르기까지 흐르는 성유(聖油)인 사랑으로부터[80] 내려가면서 하느님의, 나의, 이웃의, 육신의 향유가 나옵니다. 사랑으로 올라가는 열두 개의 조명에 열두 개의 열매가 있듯이, 하강할 때에도 열두 개의 열매가 있습니다. 그리고 이것이 「요한묵시록」에서 "강 이쪽 저쪽에는 열두 번 열매를 맺는 생명나무가 있어서 다달이 열매를 내놓습니다"[81]라고 언급하는 것입니다. 강의 한쪽에서는 이성적인 열매가, 다른 쪽에서는 감정적인 열매가 나옵니다. 또는 한쪽에서는 상승하는 열매가, 다른 쪽에서는 하강하는 열매가 나옵니다.

32. 이 열매는 성경의 열매, 즉 사랑입니다. 사랑 때문에 신비, 통찰, 직관이 있습니다. 「요한묵시록」의 마지막 부분에서는 "자기들의 긴 겉옷을 깨끗이 빠는 이들은 행복하다. 그들은 [생명나무의 열매를 먹는 권한을 받고] 성문을 지나 그 도성으로 들어가게 될 것"[82]이라고 합니다. — 그리고 그(=보나벤투라)는 이렇게 말했습니다. 나는 저 열두 개의 첫 번째 또는 상승하는 조명을 상상한다. 이 조명은 하느님으로부터 흘러서 하느님에서 끝나고 성경 전체를 관통해 흐른다. 이렇게 나는 영혼이 그 안으로 들어가는 열두 개의 원을 통해서 영혼이 숲을, 그리고 나무의 쾌적함과 풍부한 과일들을 발견한다고 상상한다.

---

79 「집회서」 44:14: "그들의 몸은 평화롭게 묻히고 그들의 이름은 대대로 살아 있다."
80 「시편」 133:2; Bonaventura, *Brevil.*, p.7, c.7; Prologus §3 참조.
81 「요한묵시록」 22:2.
82 「요한묵시록」 22:14.

Collatio XIX

De tertia visione tractatio septima et ultima,
quae, agit de recta via et ratione, qua fructus Scripturae
percipiantur, sive qua per scientiam et sanctitatem
ad sapientiam perveniatur

1. *Protulit terra herbam virentem et facientem semen iuxta genus suum.* Dictum est de fructibus sacrae Scripturae; et ad hos fructus invitat nos Sapientia aeterna; in Ecclesiastico: *Ego quasi vitis fructificavi suavitatem odoris, et flores mei fructus honoris et gratiae. Transite ad me omnes qui concupiscitis me, et a generationibus meis implemini.* Si volumus transire, oportet, nos esse filios Israel, qui transierunt Aegyptum; sed Aegyptii non transierunt, sed submersi sunt. Illi autem transeunt, qui totum suum studium ponunt, qualiter a vanitatibus transeant in regionem veritatis. A veritate in vanitatem transivit Adam, unde in Psalmo: *Verumtamen in imagine pertransit homo, sed et frustra conturbatur. Thesaurizat et ignorat, cui*

셋째 날의 봄에 대한 일곱 번째인 마지막 강연.

성경의 열매가 지각되게 하거나 학문과 신성을 통해 지혜에 도달하게 하는 올바른 길과 이성에 대한 강연

1. "땅은 푸른 싹을 돋아나게 하였다. 씨를 맺는 풀과 씨 있는 과일나무를 제 종류대로 돋아나게 하였다."[1] 성경의 열매에 대해 언급되었고 영원한 지혜가 우리를 이 열매로 초대합니다. 「집회서」에서는 "내가 포도넝쿨처럼 달콤한 향기의 열매를 맺었고, 나의 꽃은 존경과 은총의 열매"[2]라고 하고, 또 "나에게 오너라, 나를 원하는 이들아. 와서 내 열매를 배불리"[3] 먹으라고 합니다. 우리가 만약 통과하려고 한다면, 우리는 이집트를 통과한 이스라엘의 자손들이어야 합니다. 이집트인들은 넘어가지 못하고 물에 가라앉았습니다.[4] 그런데 자기의 열정을 소진한 사람은 진리의 영역으로 건너가듯이 허무함으로부터 건너갔습니다. 아담은 진

---

1 「창세기」1:12.
2 「집회서」24:23. 우리말 성경은 「집회서」제24장 제17절이다: "내가 친절을 포도순처럼 틔우니 나의 꽃은 영광스럽고 풍성한 열매가 된다."
3 「집회서」24:26. 우리말 성경은 「집회서」제24장 제19절이다: "나에게 오너라, 나를 원하는 이들아. 와서 내 열매를 배불리 먹어라."
4 「탈출기」14:1 이하.

congregabit ea. Mane sicut herba transeat, mane floreat et transeat, vespere decidat, induret et arescat. Quando ergo amatur commutabile bonum, transitorium, vanum; tunc homo transit; et hunc transitum reprobat Sapientia. Hic transitus facit omne malum. Sic transivit lucifer, cui dictum est: Verumtamen ad infernum detraheris. Primo proiectus est per culpam, secundo per iudicium. Sic etiam fecit Adam; postquam dimisit lignum vitae, abscondit se. Vidit enim se nudum ab omnibus habitibus bonis; propter quod abiectus est de paradiso.

2. Sapientia ergo et caritas sunt principales fructus; quibus principaliter est contraria vanitas. Unde in Cantico exprimitur sapientia amorosa. Non enim potest quis dicere verba Cantici sine sapientia et amore, nec nisi elongatus a vanitate. Et ideo Ecclesiastes praecedit hunc librum; ubi ostendit vanitatem, cum dicit: Vanitas vanitatum, et omnia vanitas. Haec propositio vera est et probatur in toto libro. Oportet ergo transire ab omnibus ad veritatem, ut non sit delectatio nisi in Deo.

3. Quomodo autem transeundum est? Volunt omnes esse sapientes et scientes. Sed cito accidit, quod mulier decipit virum. Sapientia autem est supra tanquam nobilis; sed scientia infra, at

리로부터 공허함으로 건너갔습니다. 따라서 「시편」에서는 "인간은 한 낱 그림자로 지나가는데 부질없이 소란만 피우며 쌓아둡니다. 누가 그것들을 거두어 갈지 알지도 못한 채"⁵라고, "아침에 돋아났다 사라져 갑니다. 저녁에 시들어 말라버립니다"⁶라고 합니다. 그러므로 일시적이고 허무한 또 변하기 쉬운 선을 사랑할 때 사람은 변합니다. 지혜는 이 변화를 비난합니다. 이 변화는 모든 악을 만듭니다. 그래서 "저승으로, 구렁의 맨 밑바닥으로 떨어졌다"⁷라고 묘사되는 루시퍼는 변했습니다. 아담이 그랬듯이 그는 첫째, 죄 때문에 추방되었고, 둘째, 심판에 의해 추방되었습니다. 아담은 생명의 나무를 잃은 다음 숨어버렸습니다. 그는 자기에게 있던 모든 좋은 것을 빼앗겼고 낙원에서 쫓겨났습니다.⁸

2. 지혜와 사랑은 중요한 열매들입니다. 공허함이 특히 지혜와 사랑에 마주해 있습니다. 「아가」에서 지혜는 사랑으로 충만한 것으로 묘사됩니다. 어느 누구도 지혜와 사랑 없이 「아가」의 말을 할 수 없고 허무함으로부터 멀어지지 않고 「아가」의 말을 할 수 없습니다. 그러므로 "허무로다, 허무! 모든 것이 허무로다!"⁹라고 말하며 허무함을 드러내는 「코헬렛」은 [성경의 순서에 따르면] 「아가」 앞에 있습니다. 이 첫 구절은 참되며 「코헬렛」 전체에서 증명됩니다. 따라서 즐거움은 하느님 안에 없다면 있지 않듯이 모든 것으로부터 진리로 넘어가야 합니다.

3. 그런데 어떻게 넘어갈 수 있을까요? 모든 사람은 현자이기를 또한 식자(識者)이기를 원합니다. 그런데 부인이 남편을 속이는 일이 손쉽게 일어났습니다.¹⁰ 지혜는 말하자면 고상한 것으로서 위에 있고 학문은 아

---

5 「시편」39:7.
6 「시편」90:6.
7 「이사야서」14:15.
8 「창세기」3:6.
9 「코헬렛」1:2.

videtur homini pulchra, et ideo vult sibi coniungi, et inclinatur anima ad scibilia et sensibilia et vult ea cognoscere et cognita experiri et per consequens eis uniri. Et ita enervatur, ut Salomon, qui voluit omnia scire et disputavit super lignis a cedro, quae est in Libano, usque ad hyssopum; et oblitus est principalis, et ideo est factus vanus. Non est ergo securus transitus a scientia ad sapientiam; oportet ergo medium ponere, scilicet sanctitatem. Transitus autem est exercitium: exercitatio a studio scientiae ad studium sanctitatis, et a studio sanctitatis ad studium sapientiae; de quibus in Psalmo: Bonitatem et disciplinam et scientiam doce me. Incipit a summo, quia vellet gustare, quam bonus et suavis est Dominus; ad sapientiam autem perveniri non potest nisi per disciplinam, nec ad disciplinam nisi per scientiam: non est ergo praeferendum ultimum primo. Malus esset mercator, qui stannum praeeligeret auro. Qui enim praefert scientiam sanctitati nunquam prosperabitur.

4. Augustinus, de Civitate Dei, dicit, quod Angeli boni sive spiritus habent nomen angeli, scilicet nuntii, quia de humilitate gaudent; spiritus nequam vocantur daemones, scilicet scientes,

래에 있습니다. 학문은 인간에게 아름다운 것으로 보이고 따라서 인간은 학문과 결합되기를 원하고 영혼은 알 수 있고 지각할 수 있는 것으로 기울어지고, 이것들을 인식하려고 하고, 인식된 것을 경험하고 싶어 하고 결과적으로 그것들과 하나가 되고 싶어 합니다. 이렇게 인간은 모든 것을 알고 싶어 했고 레바논에 있는 향백나무부터 우슬초에 이르기까지 초목에 관하여 이야기했던 솔로몬처럼[11] 나약하게 됩니다. 그는 중요한 것을 망각했고 따라서 그가 이룬 것은 헛된 것이 되었습니다. 지식에서 지혜로 넘어가는 것은 안전한 것이 아닙니다. 따라서 중간을, 즉 신성함을 설정해야 합니다. 그런데 넘어감은 이행입니다. 앎에 전념함에서 신성함에 전념함으로 나아가는 이행입니다. 신성함에 전념함에서 지혜에 전념함으로 나아가는 이행입니다. 이들에 대해 「시편」에서 "선함과 교육과 지식을 제게 가르치소서"[12]라고 합니다. 지혜는 주님께서 얼마나 좋고 달콤하신지 맛보고[13] 싶어 했기 때문에 최고의 것에서 시작합니다. 그런데 우리는 교육받지 않으면 지혜에 도달할 수 없고 또 학문에 의해서가 아니라면 교육받을 수 없습니다. 따라서 우리는 마지막 것을 첫 번째 것보다 더 낫게 여기면 안 됩니다. 주석(朱錫)을 금보다 더 좋은 것으로 여기는 사람은 수완이 좋은 장사꾼은 아닐 것입니다. 사실 학문을 신성함보다 낮게 여기는 사람은 결코 행복을 얻지 못할 것입니다.

4. 아우구스티누스는 『신국론』에서 선한 천사 또는 영은 겸손함을 좋아하기 때문에 'angeli'라는 명칭을, 즉 '알림'이라는 명칭을 갖는다고 합니다.[14] 악한 영은 악마라고, 즉 '알고 있는 자'라고 불립니다. 왜냐하

---

10 「창세기」 3:6·12.
11 「열왕기 상권」 5:13: "솔로몬은 레바논에 있는 향백나무부터 담벼락에서 자라는 우슬초에 이르기까지 초목에 관하여 이야기할 수 있었으며, 짐승과 새와 기어다니는 것과 물고기에 관하여도 이야기할 수 있었다."
12 「시편」 119:66. 우리말 성경에는 "올바른 깨달음과 지식을 제게 가르치소서"라고 되어 있다.
13 「시편」 34:9.

quia ab illius fastu volunt nominari. Sed verendum est quod dicit Iob de behemoth-leviathan: Sternet sibi aurum quasi lutum. Per scientiam enim est tentatio facilis ad ruinam. Unde: Eritis sicut dii, scientes bonum et malum. Unde quidam super viam naturae volunt perscrutari, sicut de contingentibus. Beatus Bernardus dicit de gradibus superbiae, quod primum vitium est curiositas, per quod lucifer cecidit; per hoc etiam Adam cecidit. Appetitus scientiae modificandus est, et praeferenda est ei sapientia et sanctitas.

5. Qualiter ergo studendum est scientiae et sanctitati et sapientiae? Oportet scire, ut de fructibus sapientiae habeatur, et per portas civitatis possimus introire; Ecclesiastes: Labor stultorum perdet eos qui nesciunt in urbem pergere, hoc est, qui nesciunt studere in quibus oportet. In Genesi dicitur, quod tulit Dominus Deus hominem et posuit in paradiso, ut operaretur et custodiret illum. — Oportet operari in sacra Scriptura et exercitare intellectum. Seneca:

면 악마들이 그들의 오만불손함에 의해 그렇게 명명되기를 원했기 때문입니다. 그런데 욥이 하마-레비아탄에 대해 말하는 것은 존경받아야 합니다. "그는 진흙에 눕듯이 금 위에 눕는다."[15] 사실 앎은 쉽게 멸망하도록 하는 유혹입니다. 따라서 "너희가 하느님처럼 되어서 선과 악을 알게 된다."[16] 몇몇 사람은 우연한 것을 탐구하듯이 자연의 길 위에서 탐구하기를 원했습니다. 성 베르나르두스는 교만[17]의 단계에 대해서 말했는데 첫 번째 악은 호기심입니다. 루시퍼는 이 악에 의해 추락했고 아담도 또한 추락했습니다. 앎에 대한 욕구는 조절되어야 하고 지혜와 신성함이 앎보다 더 나은 것으로 간주되어야 합니다.

5. 우리는 어떻게 학문과 신성함과 지혜에 전념해야 합니까? 지혜의 열매에 취해서 우리가 도성의 문을 통해 안으로 들어갈 수 있다는 것을 알아야 합니다. 「코헬렛」에서는 "어리석은 자는 노고에 지쳐 성읍으로 가야 하는 것조차 알지 못한다"[18]라고 합니다. 이들은 어떤 것에 전념해야 하는지를 모르는 사람들입니다. 「창세기」에서는 "주 하느님께서는 사람을 데려다 에덴동산에 두시어, 그곳을 일구고 돌보게 하셨다"[19]라고 합니다. ── [인간은] 성경에 전념해야 하고 인식을 단련해야 합니다. 세네카[20]는 육체를 단련하는 사람을 많이 만났지만 천재는 조금 만났을

---

14 아우구스티누스, 앞의 책, 2004, 제15권, 23: "그리스어 앙겔로스는 라틴어로는 앙겔루스라고 표기하는데, 눈시우스로 번역된다." 눈시우스는 '알리는 자'(使臣)라는 뜻이다.
15 「욥기」41:21.
16 「창세기」3:5.
17 교만(驕慢)은 그리스도교에서 말하는 칠죄종 중에서 첫 번째에 해당한다. 또 칠죄종은 교만, 인색, 색정, 질투, 분노, 탐욕, 나태이다. 16세기 독일의 신학자 페터 빈스펠트(Peter Binsfeld)가 분류한 죄와 악마의 관계는 이렇다. 교만(Lucifer), 인색(Mammon), 색정(Asmodeus), 질투(Leviathan), 분노(Satan), 탐욕(Beelzebub), 나태(Belphegor)이다.
18 「코헬렛」10:15.
19 「창세기」2:15.

Multos inveni exercitantes corpus, paucos ingenium. Haec exercitatio est spiritus ad pietatem; unde in Proverbiis: Per agrum hominis pigri transivi et per vineam viri stulti. Et ecce, totum repleverant urticae, et operuerant superficiem eius spinae, et maceria lapidum destructa erat. Hoc fit, quando homo habet bonam dispositionem et non exercet eam, sed crescunt ibi urticae malignitatis, spinae cupiditatis. Maceria lapidum virtutum destruitur propter dissipationem cogitationum; unde ibidem: Praepara foris opus tuum, et diligenter exerce agrum tuum.

6. Modus studendi debet habere quatuor conditiones: ordinem, assiduitatem, complacentiam, commensurationem. — Ordo diversimode traditur a diversis; sed oportet ordinate procedere, ne de primo faciant posterius. Sunt ergo quatuor genera scripturarum, circa quae oportet ordinate exerceri. Primi libri sunt sacrae Scripturae. In testamento veteri secundum Hieronymum

뿐[21]이라고 합니다. 이 단련은 경건함을 향한 정신입니다. 따라서 「잠언」
에서는 "내가 게으른 사람의 밭과 지각 없는 자의 포도원을 지나갔는데
보아라, 온통 엉겅퀴가 우거지고 전부 쐐기풀이 뒤덮였으며 돌담이 무너
져 있었다"[22]라고 합니다. 인간이 좋은 성향을 갖고 있지만 이 성향을 단
련하지 않고 악의의 쐐기풀이, 탐욕의 엉겅퀴가 자라나는 곳에서 똑같은
일이 생깁니다. 덕의 돌담은 생각이 분산되기 때문에 파괴됩니다. 그러
므로 같은 곳에서 "바깥일을 준비하고 너의 밭을 부지런히 준비"[23]하라
고 합니다.

6. 전념하는 사람의 방식에는 네 가지 조건이 있는바, 즉 질서, 지속,
마음에 듦, 중용입니다. ― 질서는 다양한 것에서 다양하게 전달됩니다.
그런데 앞에 있는 것이 뒤의 것이 되지 않도록 질서 있게 진행되어야 합
니다. 그러므로 [우리는] 네 종류의 책을 질서 있게 읽어야 합니다. 첫 번
째 읽어야 할 책은 성경의 책입니다. 히에로니무스에 따르면[24] 구약은 스

---

20 세네카(Seneca, 기원전 4~기원후 65): 로마제정 초기의 스토아학파 철학자·극작
   가·정치가. 형은 「사도행전」에 등장하는 갈리오 총독이다. 스페인 코르도바 출생으
   로, 로마에서 수사학과 철학을 공부했다. 네로의 스승으로, 황제복멸 사건에 연루되
   어 고난을 당한 것으로 알려져 있다. 작품에 『자비에 관하여』(*De clementia*), 『마음의
   평정에 관하여』(*De tranquillitate animi*) 등이 있다.

21 Seneca, *Epistula*, 80: "cogito mecum, quam multi corpora exerceant, ingenia quam
   pauci."

22 「잠언」 24:30 이하.

23 「잠언」 24:27 참조.

24 Bonaventura, *Brevil.*, Prologus, §1: "Vetus autem occurrit cum multitudine librorum.
   Habet enim libros legales, historiales, sapientiales et prophetales, ita quod primi sunt
   quinque, secundi decem, tertii quinque et quarti sunt sex, ac per hoc in universo
   viginti sex. ― Novum testamentum similiter habet libros his correspondentes
   secundum quadruplicem formam. Nam legalibus correspondent libri evangelici,
   historialibus, Actus apostolici, sapientialibus, Epistolae Apostolorum et maxime Pauli,
   prophetalibus correspondet liber Apocalypsis."; 다섯 권의 율법서는 「창세기」, 「탈출
   기」, 「레위기」, 「민수기」, 「신명기」이고, 열 권의 역사서는 「여호수아기」, 「판관기」,
   「열왕기」, 「역대기」, 「에즈라기」, 「토빗기」, 「유딧기」, 「에스테르기」, 「욥기」 그리고

viginti duo libri, in novo testamento octo sunt. Secundi libri sunt originalia Sanctorum; tertii, Sententiae magistrorum; quarti, doctrinarum mundialium sive philosophorum.

7. Qui ergo vult discere quaerat scientiam in fonte, scilicet in sacra Scriptura, quia apud philosophos non est scientia ad dandam remissionem peccatorum; nec apud Summas magistrorum, quia illi ab originalibus traxerunt, originalia autem a sacra Scriptura. Unde dicit Augustinus, quod ipse decipi potest et alii; sed ibi est fides tanta, ubi non potest esse deceptio. Et hoc dicit Dionysius *de Divinis Nominibus*, quod nihil assumendum est, nisi quod ex eloquiis sacris divinitus nobis est expressum. — Studere debet Christi discipulus in sacra Scriptura, sicut pueri primo addiscunt a, b, c, d etc., et postea syllabicare et postea legere et postea, quid significet pars. Similiter in sacra Scriptura primo debet quis studere in textu et ipsum habere in promptu et intelligere, quid dicitur per nomen, non solum sicut Iudaeus, qui semper intendit ad litteralem sensum. Tota Scriptura est quasi una cithara, et inferior chorda per se non facit harmoniam, sed cum aliis; similiter unus locus Scripturae dependet ab alio, immo unum locum respiciunt mille loca.

물두 편, 신약은 여덟 편입니다. 두 번째 책들은 성인들이 저술한 원전이고 세 번째 책들은 교사들의 명제집이며 네 번째 책들은 이 세상의 이론 또는 철학자들의 학설을 다룬 책입니다.

7. 배우려고 하는 사람은 학문을 근원에서, 즉 성경에서 찾습니다. 왜냐하면 철학자들 곁에는 죄를 용서하는 학문이 없기 때문입니다. 교사들의 대전에도 이런 학문이 없는데, 이 대전들은 본래적인 것에서 기인하기 때문입니다. 그런데 본래적인 것은 성경에서 기인합니다. 그러므로 아우구스티누스는 그 자신이 또한 다른 사람들도 기만당할 수 있다고 말합니다. 그런데 기만이 있을 수 없는 곳에 그만큼 큰 믿음이 있습니다. 디오니시우스도 『신명론』에서 이것을 말합니다. 성스러운 말씀으로부터 하느님의 뜻에 따라 우리에게 말해진 것이 아니라면 어떤 것도 채택되어서는 안 됩니다.[25] — 그리스도의 제자들은 마치 어린아이들이 처음에 a, b, c, d 등과 같은 알파벳을 배우고, 그다음 음절을 말하고 그다음 읽고 그 후에 한 부분이 의미하는 것이 무엇인지 배우듯이 성경을 연구해야 합니다. 유사하게 성경([연구])에서도 누군가는 첫째, 문맥을 공부해야 하고 이 문맥을 드러내 보여야 하고 인식해야 합니다. 문자적인 의미에 항상 치중하는 유대인처럼 인식하는 것이 아니라 명사에 의해서 언급되는 것이 무엇인지 인식해야 합니다. 성경 전체는 하나의 키타라 같고 아래에 있는 현은 그 자체 화음을 만들어내지 않고 다른 것들과 함께 화음을 만들어냅니다. 비슷하게 성경의 한 부분은 다른 부분에 의존해 있고 더욱이 수천의 부분이 한 부분을 바라보고 있습니다.

「마카베오기」이다. 다섯 권의 지혜서는 「잠언」, 「코헬렛」, 「아가」, 「지혜서」, 「집회서」이고, 여섯 권의 예언서는 대예언서라고 불리는 「이사야서」, 「예레미야서」, 「에제키엘서」, 「다니엘서」, 「시편」과 소예언서라고 불리는 열두 권의 예언서이다.

25 위 디오니시우스, 「신명론」 제1장, 제2절, 앞의 책, 2007.

8. Notandum, quod quando Christus fecit miraculum de conversione aquae in vinum, non statim dixit: fiat vinum, nec fecit de nihilo; sed voluit, quod ministri implerent hydrias aqua, ut dicit Gregorius. Ad litteram, quare sic fecit, ratio reddi non potest; sed secundum spiritualem intelligentiam reddi potest ratio: quia Spiritus sanctus non dat spiritualem intelligentiam, nisi homo impleat hydriam, scilicet capacitatem suam, aqua, scilicet notitia litteralis sensus, et post convertit Deus aquam sensus litteralis in vinum spiritualis intelligentiae. — Propter hoc Paulus fuit altus, quia ipse didicerat Legem ad pedes Gamalielis. Unde qui Scripturam habet potens est in eloquiis et etiam in venusto sermone. Unde beatus Bernardus parum sciebat, sed quia in Scriptura multum studuit; ideo locutus est elegantissime.

9. Primum igitur est, quod homo habeat Scripturam non sicut Iudaeus, qui solum vult corticem. Unde quidam Iudaeus semel legebat illud capitulum Isaiae: Domine, quis credidit auditui nostro etc.; et legebat ad litteram et non potuit habere concordantiam nec sensum, et ideo proiecit librum ad terram, imprecans, ut Deus confunderet Isaiam, quia, ut sibi videbatur, non poterat stare quod dicebat.

8. 우리는 그리스도가 물을 포도주로 변화시키는 기적을 행했을 때 "포도주가 되어라"고, 또 "무로부터 만들었다"고 즉시 말하지 않고 그레고리우스가 말하듯이[26] 시중드는 사람들이 물 항아리를 채우기를 원했다는 점에 주목해야 합니다. 왜 이렇게 만들었는지 글자대로는 해명할 수 없습니다. 그러나 영적인 통찰에 따라서는 해명할 수 있습니다. 왜냐하면 성령은 사람이 항아리를, 즉 그의 능력을 물로, 다시 말해서 자의적인 의미에 따른 인식으로 채우지 않는다면 영적인 인식을 부여하지 않기 때문입니다. 그다음 하느님은 자의적인 의미의 물을 영적인 인식의 포도주로 바꾸십니다. — 바오로는 가말리엘[27] 문하에서 율법에 따라 교육을 받았기 때문에[28] 고결했습니다. 따라서 성경을 아는 사람은 연설가, 더욱이 훌륭한 연설가일 수 있습니다. 성 베르나르두스는 많은 것을 알지는 못했지만 성경에 대단히 정통했기 때문에 가장 고상하게 이야기했습니다.

9. 첫째, 인간은 오직 껍질만을 원하는 유대인처럼 성경을 모릅니다. 어떤 유대인은 "주님, 우리가 들은 것을 누가 믿었고 주님의 권능이 누구에게 드러났습니까?"[29]라는 「이사야서」의 구절을 한 번, 또 글자대로 읽었기에 이 구절에 동의할 수도 없었고 의미를 깨달을 수도 없어서 책을 땅에 던져버렸습니다. 그가 말한 것이 견지될 수 없을 것처럼 보였기 때문에 하느님께서 이사야에게 창피를 주시라고 저주하면서 말입니다.

---

26 Gregorius, *Homiliae in Evang. et in Ezech.*, I, homil. 6, n.7 : "Quem non parvulorum ipsa evangelica historia in miraculi operatione reficiat, quod hydrias vacuas Dominus aqua impleri praecepit eandemque aquam protinus in vinum vertit."

27 가말리엘(Gamaliel) : 자유주의자 힐렐의 손자(일설에는 아들 또는 제자). 사도시대의 랍비로, 사도 바오로의 율법 교사로 알려져 있다.

28 「사도행전」22 : 3.

29 「이사야서」53 : 1 이하 ; 「로마 신자들에게 보낸 서간」10 : 16.

10. Ad hanc autem intelligentiam non potest homo pervenire per se, nisi per illos quibus Deus revelavit, scilicet per originalia Sanctorum, ut Augustini, Hieronymi et aliorum. Oportet ergo recurrere ad originalia Sanctorum; sed ista sunt difficilia; ideo necessariae sunt Summae magistrorum, in quibus elucidantur illae difficultates. Sed cavendum est de multitudine scriptorum. Sed quia ista scripta adducunt philosophorum verba, necesse est, quod homo sciat vel supponat ipsa. —Est ergo periculum descendere ad originalia, quia pulcher sermo est originalium; Scriptura autem non habet sermonem ita pulcrum. Unde Augustinus, si tu dimittas Scripturam et in libris suis studeas, pro bono non habet: sicut nec Paulus de illis qui in nomine Pauli baptizabantur. Sacra Scriptura in magna reverentia habenda est.

11. Maius autem periculum est descendere ad Summas magistrorum, quia aliquando est in eis error; et credunt, se intelligere originalia, et non intelligunt, immo eis contradicunt. Unde sicut fatuus esset qui vellet semper immorari circa tractatus et nunquam ascendere ad textum; sic est de Summis magistrorum. In his autem homo debet cavere, ut semper adhaereat viae magis communi.

12. Descendere autem ad philosophiam est maximum periculum; unde Isaias: Pro eo, quod abiecit populus ille aquas Siloe, quae currunt cum silentio, et assumsit magis Rasin et filium Romeliae; propter hoc, ecce, Dominus adducet super eos aquas

10. 하느님께서 그들에게 자신을 계시한 저 사람들에 의해서, 즉 성인들의, [예를 들면] 아우구스티누스, 히에로니무스, 그리고 다른 성인들의 저술에 의해서가 아니라면 인간은 스스로 이 통찰에 도달할 수 없습니다. 그러므로 인간은 성인들의 저술을 읽어야 하지만 이 저서는 어렵습니다. 따라서 그 안에서 저 난제를 해결하는 교사들의 대전이 필수적입니다. 사람은 많은 책을 읽어야 합니다. 이들 작품은 철학자들의 말을 인용하기 때문에 독자가 이 말들을 알거나 또는 전제하는 것이 필수적입니다. ― 따라서 강연의 원본이 아름답다는 이유로 원본을 받아들이는 위험이 있습니다. 그런데 성경에는 이렇게 아름다운 이야기들이 없습니다. 그러므로 바오로가 그 자신의 이름으로 세례받은 사람들에 대해서 좋은 일로 여기지 않았듯이,[30] 아우구스티누스도 만약 그대가 성경을 떠나서 그(=아우구스티누스)의 책에 전념한다면 이것을 좋은 일로 여기지 않을 것입니다. 성경은 크나큰 존경을 받아야 합니다.

11. 그 안에 가끔 오류가 있는 교사들의 대전을 받아들이는 것이 더 큰 위험입니다. 교사들은 자신들이 원전을 이해했다고 믿지만 이해하지 못했고, 더욱이 원전에 반대하기도 합니다. 따라서 항상 논문(=이차 문헌)에만 머무르려고 하고 결코 텍스트 원전을 읽지 않는[31] 사람이 어리석듯이 교사들의 대전의 경우도 이렇습니다. 그런데 이 대전에서도 사람은 항상 일반적인 길에 더 매달려 있는 일을 경계해야 합니다.

12. 철학을 받아들이는 일이 가장 큰 위험입니다. 그러므로 이사야는 "'이 백성이 잔잔히 흐르는 실로아 물을 업신여기고 르친과 르말야의 아들 앞에서 용기를 잃었다.' 그러니 보라, 주님께서는 세차고 큰 강물이, 아시리아의 임금과 그의 모든 영광이 그들 위로 치솟아 오르게 하시리

---

30 「코린토 신자들에게 보낸 첫째 서간」 1 : 12; Bonaventura, *I Sent.* d.17, p.1, 9.1 참조.
31 직역하면 '텍스트로 올라가지 않는'이다.

fluminis fortes et multas, regem Assyriorum etc. Non amplius revertendum est in Aegyptum. —Notandum de Hieronymo, qui post studium Ciceronis non habebat saporem in propheticis libris; ideo flagellatus fuit ante tribunal. Hoc autem propter nos factum est; unde magistri cavere debent, ne nimis commendent et appretientur dicta philosophorum, ne hac occasione populus revertatur in Aegyptum, vel exemplo eorum dimittat aquas Siloe, in quibus est summa perfectio, et vadant ad aquas philosophorum, in quibus est aeterna deceptio.

13. Signatum fuit hoc in Gedeone, ubi illi qui probati fuerunt ad aquas, qui scilicet lambuerunt sicut canes, pugnaverunt et vicerunt; et illi qui flexo poplite incurvati biberunt, reversi sunt; et vincentibus datae sunt tubae, lagenae et laternae, et per clangorem buccinae et complosionem lagenarum vicerunt. Isti sunt Ecclesiae praedicatores, qui clangunt in praedicatione buccina. Lagenae sunt corpora, lampades sunt miracula. Quando enim pro veritate mortui sunt, miraculis coruscaverunt et superaverunt hostes. Isti autem, qui bibunt lingua attrahendo sicut canes, qui parum aquae lingua hauriunt, sunt qui de philosophia parum sumunt; sed illi qui flexo poplite bibunt, sunt qui totaliter se ibi incurvant, et illi curvantur ad errores infinitos, et inde fovetur fermentum erroris; Osee: Quievit paululum civitas a commixtione fermenti, donec fermentaretur totum; et fovent

|

라. 그것은 강바닥마다 차올라 둑마다 넘쳐흐르리라"[32]라고 말합니다. 더는 이집트[33]로 돌아가면 안 됩니다. ─ 키케로의 작품을 연구한 후에 예언서에 맛들이지 않은 히에로니무스를 주목하십시오. 그래서 그는 법정 앞에서 매를 맞았습니다. 그런데 이것은 인간을 위해서 일어난 일입니다. 그러므로 교사들은 철학자들이 말한 것을 매우 칭찬하고 차용하지 않도록 경계하고, 이런 경계를 기회 삼아 백성들이 이집트로 돌아가지 않도록 하고 또는 그들의 본보기에 따라 최고의 완전함인 실로암[34] 물을 신뢰하도록 하고 그 안에 영원한 기만이 있는 철학자들의 물로 나아가지 않도록 경계해야 합니다.

13. 이런 일은 기드온에서 의미되었습니다. 물가에서 시험된 사람들이, 다시 말해 개가 핥듯이 물을 핥은 사람들이 그곳에서 싸웠고 승리했습니다. 그리고 무릎을 꿇고 굽힌 채 물을 마신 사람들은 되돌려 보내졌습니다.[35] 또한 승리자에게는 나팔과 단지와 횃불이 주어졌고 그들은 울려퍼지는 나팔 소리와 깨지는 소리를 내는 단지를 이용해 승리했습니다. 이들은 선포할 때 나팔을 부는 교회의 선포자입니다. 단지는 몸이고 횃불은 기적입니다. 그들이 진리를 위해 죽을 때 그들은 기적에 의해 찬란히 빛나고 적들을 정복했습니다. 개가 물을 마시듯이 혀로 물을 핥는 사람들, 혀로 물을 조금 마신 사람들은 철학에 아주 조금 취한 사람들입니다. 그런데 무릎을 꿇고 물을 마신 사람들은 완전히 그곳으로 몸을 숙인 사람이고 무한한 오류로 몸을 숙인 사람들입니다. 여기에서 오류의 누룩이 품에 안겨졌습니다. 호세아는 "도시는 반죽을 하여 완전히 부풀 때까지 누룩이 섞이는 잠깐 동안 조용하다"[36]라고 말합니다. 그리고 "그들은

---

32 「이사야서」 8:6 이하; 강연 17, 27 참조.
33 이집트는 학문, 특히 철학을 의미한다.
34 강연 17, 27 참조.
35 「판관기」 7:4 이하; Gregorius, *Moralia in Iob*, XXX, c.25, n.74: "Qui ergo, dum aquas bibunt, genuflexisse perhibentur, a bellorum certamine prohibiti recesserunt."

ova aspidum, ut quod confotum fuerit erumpat in regulum.

14. Nota de beato Francisco, qui praedicabat Soldano. Cui dixit Soldanus, quod disputaret cum sacerdotibus suis. Et ille dixit, quod secundum rationem de fide disputari non poterat, quia supra rationem est, nec per Scripturam, quia ipsam non reciperent illi; sed rogabat, ut fieret ignis, et ipse et illi intrarent. —Non igitur tantum miscendum est de aqua philosophiae in vinum sacrae Scripturae, quod de vino fiat aqua; hoc pessimum miraculum esset; et legimus, quod Christus de aqua fecit vinum, non e converso. — Ex hoc patet, quod credentibus fides non per rationem, sed per Scripturam et miracula probari potest. In Ecclesia etiam primitiva libros philosophiae comburebant. Non enim panes mutari debent in lapides. [Sed moderno tempore fit mutatio vini in aquam et panis in lapidem contra Christi miracula.]

15. Est ergo ordo, ut prius studeat homo in sacra Scriptura quantum ad litteram et spiritum, post in originalibus, et illa subiiciat sacrae Scripturae; similiter in scriptis magistrorum et in scriptis philosophorum, sed transeundo et furando, quasi ibi non sit permanendum. Quid lucrata fuit Rachel, quod furata fuit idola patris sui? Tantum fuit lucrata, quod mentita fuit et simulavit infirmitatem et abscondit ea subter stramenta cameli et sedit desuper; sic, quando

독사의 알을 품고 알이 깨지면 독사가 나온다"[37]라고 합니다.

14. 술탄[38]에게 설교한 복된 프란체스코에 주목하십시오. 프란체스코는 술탄이 자기 사제들과 토론할 것을 그에게 위임했을 때 믿음은 이성 위에 있어서 이성에 따라서는 믿음에 대해 토론할 수 없다고, 또한 그(= 술탄)의 사제들은 성경을 받아들이지 않기 때문에 성경에 대해서도 토론할 수 없다고 했습니다. 그는 사람들이 불을 피운다면 그 자신과 그의 사제들이 불 속으로 들어갈 것인지 물었습니다. ― 포도주가 물이 되도록 철학의 물에서 성경의 포도주로 흘러들어 가 뒤섞이면 안 됩니다. 이것은 가장 나쁜 기적일 것입니다. 성경에서는 그리스도가 물을 포도주로 만들었지 포도주를 물로 만든 것이 아니라고 합니다. ― 이로부터 신앙은 이성에 의해서가 아니라 성경과 기적에 의해서 입증될 수 있다는 것이 믿는 사람들에게 분명해집니다. 초대교회 시대에 철학 서적들은 불태워졌습니다.[39] 빵은 돌로 변하면 안 됩니다. [그런데 지금 시대에는 그리스도의 기적과 반대로 포도주가 물로 변하고 빵이 돌로 변합니다.]

15. 그러므로 글자와 영에 관한 한 인간이 먼저 성경을 연구하고 그다음 원전에 전념하고 원전을 성경 아래에 놓는 것이 순서입니다. 비슷하게 사람들은 그곳에 계속 머물러서는 안 되듯이 열광하면서 교사들의 저술과 철학자들의 저술로 넘어갑니다. 아버지 집안의 수호신들을 훔쳐낸 라헬은 무슨 이익을 얻었습니까?[40] 그녀는 다만 거짓말을 했고 병을 앓는 척했고 그 수호신들을 낙타의 안장 속에 감추고 그 위에 앉아 있는 이익을 얻었을 뿐입니다.[41] 철학자들의 두루마리가 숨겨질 때도 이렇습

---

36 「호세아서」7:4; 「요한복음서」2:7 이하.
37 「이사야서」59:5.
38 술탄은 아랍어로 '통치자', '권위'를 뜻한다.
39 「사도행전」19:19.
40 「창세기」31:19.

quaterni philosophorum absconduntur. Aquae nostrae non debent descendere ad mare mortuum, sed in suam primam originem.

16. Secundo oportet habere assiduitatem. Impedimentum enim est maximum lectio vagabunda, quasi plantans modo hic, modo ibi; modo legere unum, modo alium. Vagatio exterior signum est vagationis animae; et ideo talis non potest proficere, quia non figitur in memoria; sicut ponit exemplum Gregorius, quod quando homo videt semel faciem hominis, non ita perfecte postea cognoscit, sed quando frequenter videt, postea cognoscet. Sic de sacra Scriptura: quia primo faciem obscuram habet, postea, quando frequenter videtur, efficitur familiaris.

17. Tertio oportet habere complacentiam. Sicut enim Deus proportionavit gustum et cibum, quia cibo dedit saporem, gustui autem discretionem; et ex his duobus cibus incorporatur: sic primo oportet sumere Scripturam, postea masticare, demum incorporare. Ad quid homo bibet aquam turbidam? Ieremias: Quid tibi vis in via Aegypti, ut bibas aquam turbidam? Sed bibe aquam salutarem, scilicet sapientiae.

니다. 우리의 물은 죽음의 바다로 흘러 내려가면 안 되고 물의 최초의 근원으로 흘러가야 합니다.[42]

16. 둘째, 인간은 지속적이어야 합니다. 한번은 여기에서, 또 한번은 저곳에서 나무를 심는 사람처럼 한번은 저것을 읽고 또 한번은 다른 것을 읽듯이 편력하는 독서가 지속성을 방해합니다. 외적인 방황은 영혼의 방황의 표시입니다. 따라서 편력하는 독서 같은 것은 도움이 될 수 없습니다. 왜냐하면 이런 것은 기억 속에 남지 않기 때문입니다. 그레고리우스가 사람은 자기 얼굴을 한번 본 다음 완전히 인식하는 것이 아니라 자주 본 다음 인식한다는 것을 예로 들었듯이 성경에 관해서도 그렇습니다. 왜냐하면 성경은 처음에 희미한 얼굴을 갖고 있고, 그 후 빈번히 읽힐 때 친숙한 얼굴이 되기 때문입니다.

17. 셋째, 사람은 누구의 마음에 들어야 합니다. 하느님께서 음식에는 맛을 주고 미각에는 식별력을 주어서 미각과 음식을 상응토록 하고 이 두 가지에 의해 음식의 맛이 느껴지듯이, 처음에는 성경을 취해야 하고 그다음 씹어야 하고 마지막에 성경과 일치해야 합니다. 인간이 무엇을 위해 더러운 물을 마십니까? 예레미야는 "그런데도 네가 더러운 물을 마시러 이집트로 내려가다니 웬 말이냐?"[43]라고 묻습니다. 건강을 가져다주는 물을, 즉 지혜의 물을 마시도록 하십시오.

---

41 「창세기」 31:34 이하.
42 「여호수아기」 3:16: "위에서 내려오던 물이 멈추어 섰다. 아주 멀리 차르탄 곁에 있는 성읍 아담에 둑이 생겨, 아라바 바다, 곧 '소금바다'로 내려가던 물이 완전히 끊어진 것이다. 그래서 백성은 예리코 맞은쪽으로 건너갔다."; 「시편」 114:3: "바다가 보고 달아났으며 요르단이 뒤로 돌아서셨네."
43 「예레미야서」 2:18.

18. Nota, quod animal, quod non ruminat, immundum est. Ruminatio enim fit eo, quod animal habet duos ventres; attrahit cibum ad os et totum ruminat et proiicit in alterum ventrem ulteriorem. —In Psalmo: Quam dulcia faucibus meis eloquia tua, super mel ori meo! Non diligas meretricem et dimittas sponsam tuam; in Sapientia: Hanc amavi et exquisivi a iuventute mea. Non accipias glandes et siliquas porcorum, ut suspendaris cum Absalom per capillos, scilicet affectus tuos. Doctrinae saeculares sunt sicut quercus altae, proceres, inflexibiles. Noli comedere pepones Aegypti et porros et allia, sed manna de caelo; et non nauseas super cibo isto, non sis carnalis, sicut filii Israel, et hi non inveniebant nisi unum saporem, sed alii homines spirituales inveniebant omnis saporis suavitatem.

19. Quartum est commensuratio, ut non velit sapere super vires, sed sapere ad sobrietatem. Unde ait Sapiens: Mel invenisti, comede quod tibi sufficit, ne forte satiatus evomas illud. Non plus te extendas, quam ingenium tuum potest ascendere, nec infra maneas.

18. 되새김질하지 않는 동물은 불결합니다.[44] 동물의 위는 두 개[45]이고 따라서 되새김질을 합니다. 동물은 음식을 입으로 끌어당기고 모든 음식을 되새김질하고 더 떨어져 있는 다른 위로 보냅니다. —「시편」에서는 "당신 말씀이 제 혀에 얼마나 감미롭습니까! 그 말씀 제 입에 꿀보다도"[46] 달다고 합니다. 그대는 매춘부를 사랑하지 않을 것이고 그대의 신부를 내쫓지 않을 것입니다. 「지혜서」에서는 "나는 지혜를 사랑하여 젊을 때부터 찾았다"[47]라고 합니다. 그대가 압살롬과 함께 머리카락, 즉 그대의 욕정 때문에 매달려 죽게 되지 않도록 도토리와 돼지 여물을 받아들이지 마십시오.[48] 세속적인 가르침은 우뚝 솟은 참나무처럼 거대하고 단호합니다. 이집트 땅에서 먹던 수박과 부추와 마늘을 먹지 말고 하늘에서 내려오는 만나를 먹으시오.[49] 그리고 저 음식을 혐오하지 말고 이스라엘의 자손들이 그렇듯 욕정적인 사람이 되지 마시오. 이스라엘의 자손들은 오직 한 가지 맛을 알았을 뿐이고 영적인 다른 사람들은 모든 맛의 달콤함을 알았습니다.

19. 넷째, 중용이 있습니다. 중용은 자신의 힘을 넘어서서 생각하려 하지 않고 절제를 생각합니다.[50] 현자(=솔로몬)는 말합니다. "꿀을 발견하더라도 적당히 먹어라. 질려서 뱉어버리게 된다."[51] 그대의 재능이 올라갈 수 있는 것보다 더 멀리 올라가지 말고 아래 머물지도 마십시오. 또

---

44 「루카복음서」11:26.

45 포유류는 인간의 위와 대체로 비슷하지만, 되새김질하는 염소나 소, 사슴, 기린 등과 같은 초식동물의 위는 네 개 또는 세 개이다. 닭을 비롯한 곡물을 섭취하는 조류의 위는 전위(前胃)와 위(모래주머니)로 구성되어 있다.

46 「시편」118:103.

47 「지혜서」8:2.

48 「사무엘기 하권」14:26; 18:9.

49 「탈출기」16:3;「민수기」11:4; 21:5;「지혜서」16:20.

50 「로마 신자들에게 보낸 서간」12:3.

51 「잠언」25:16.

Unde in designationem huius, ut dicit Dionysius, Seraphim mediis volabant alis, ut nec sistat homo citra id quod potest, nec ascendat ultra id quod potest; sicut illi qui cantant ultra vires, nunquam bonam faciunt harmoniam. — Et dicit Augustinus, quod illi qui non ordinant studium, sunt sicut pulli equorum, qui modo currunt huc, modo illuc; sed iumentum plano passu tantum vadit, eo quod aeque proficit; sic unus durus, dummodo ordinare sciat studium suum, sicut ingeniosus inordinate studens.

20. Qui autem vult proficere in hoc studio, oportet, quod habeat sanctitatem et possit studere ad vitam timoratam, impollutam, religiosam, aedificatoriam. — Haec est vita Sanctorum timorata, ut in his quae agit, semper timeat, sive vadens ad Missam, sive ad mensam, sive stans, sive ambulans, quia in omnibus potest esse peccatum; Iob: Verebar omnia opera mea, sciens, quod non parceres delinquenti. Optimum signum est timor, et pessimum signum est audacia, quia talis nunquam corrigitur.

21. Secundo, vita impolluta, quod totum faciat propter amorem Dei, non propter amorem alicuius rei, quia omnis amor suspectus est nisi Dei. Unde dicit Augustinus, et beatus Bernardus in quadam epistola ad quendam monachum, quod dilectio Apostolorum ad carnem Christi impediebat adventum Spiritus sancti. Quid de alio amore creaturarum? Psalmus: Renuit consolari anima

디오니시우스가 말했듯이, 중용의 형태로 사람은 가운데 날개로 날아갑니다.[52] 자기 능력을 넘어서는 노래를 하는 사람들이 결코 좋은 화음을 만들 수 없듯이 사람은 자신이 할 수 있는 일의 아래쪽에 있지도 않고 자신이 할 수 있는 일을 넘어 올라가지도 않습니다. ─ 아우구스티누스는 연구 성과를 정돈하지 않는 사람은 이리 뛰고 저리 뛰는 망아지처럼 있다고 합니다.[53] 짐승은 똑같이 유유히 걷기 때문에 걷기가 쉽습니다. 체계적으로 연구하지 않는 재능이 있는 사람처럼 자기의 연구물을 정돈할 줄 아는 사람도 이렇게 잘 견딥니다.

20. 연구를 하고 싶어 하는 사람은 거룩해야 하고 두려워하는 삶, 깨끗한 삶, 종교적인 삶, 건설하는 삶을 위해 연구할 수 있어야만 합니다. ─ 이것이 성인들이 두려워하는 삶이어서 행동하는 성인들은 미사를 드리기 위해 또는 식사하기 위해 걸어갈 때 또는 서 있을 때 또는 산책할 때 항상 두려워합니다. 왜냐하면 모든 것에는 죄가 있을 수 있기 때문입니다. 욥은 "저의 모든 고통이 두렵기만 한데 당신께서 저를 죄 없다 않으신 것을 저는 압니다"[54]라고 합니다. 가장 좋은 신호는 두려움이고 가장 나쁜 신호는 무모함인데 무모함은 결코 교정되지 않기 때문입니다.

21. 둘째, 어떤 사물에 대한 사랑 때문이 아니라 하느님에 대한 사랑 때문에 총체적인 것을 만들기에 깨끗한 삶입니다. 왜냐하면 하느님의 사랑이 아니라면 모든 사랑은 의심스럽기 때문입니다. 따라서 아우구스티누스[55]와 성 베르나르두스는 한 수도사에게 보내는 편지에서 그리스도의 육신에 대한 사도들의 사랑이 성령의 도래를 방해한다고 썼습니다. 피조물의 다른 사랑에 대해서는 어떻습니까? 「시편」에서는 "내 영혼은

---

52 위 디오니시우스, 「천상위계론」 제4장, 제7절, 앞의 책, 2007.

53 Augustinus, *Hypoghost*, III, 11, 20 [PL 45, 1632].

54 「욥기」 9 : 28.

55 Augustinus, *In Evangelium Ioannis tractatus*, 94, n.4.

mea etc. Custodi me, Domine, ut pupillam oculi. Pupilla non bene custoditur munda, quando est vapor, vel pulvis, vel humor in ea.

22. Tertio, quod sit vita religiosa, clausa sicut maceria vineae; sic oportet, quod homo faciat sibi restrictionem gustus, linguae et sensuum ceterorum: quia, si quis putat, se religiosum esse, non refrenans linguam suam, sed seducens cor suum; huius vana est religio. Sepi aures tuas spinis. Vita nostra non debet esse data loquelis, sed lacrymis.

23. Quarto, quod sit vita aedificatoria proximi et remoti, ut sit paratus omnes aedificare et doleat, si quis ex ipso scandalizatur; et debet cavere damna alterius; quia, si ego solus bene comederem, et alii ieiunarent, male factum esset. Et iste est fructus aliorum.

24. Item sequitur ex his praedictis, scilicet scientia et sanctitate, fructus sapientiae vel studium, quod consistit in quatuor, quae sunt necessaria, scilicet recognitio internorum propriorum defectuum. Unde in fronte Apollinis scriptum erat: Recognosce te ipsum; sine hoc impossibile est venire ad sapientiam. Unde quanto sapiens plus proficit, tanto plus se despicit. Unde malus mercator est qui se ipsum decipit; quod facit qui se appretiatur plus quam valet;

위로도 마다하네. 당신 눈동자처럼 저를 보호하소서"[56]라고 합니다. 눈동자에 수증기, 먼지 또는 물기가 있을 때 눈동자는 깨끗할 수 없습니다.

22. 셋째, 종교적인 삶이 있는데, 이는 포도나무의 울타리에 의해서 그렇듯 닫혀 있는 삶입니다. 이렇게 인간이 미각을, 혀를, 그리고 그 외의 감각을 자제해야 할 필요가 있습니다. 왜냐하면 "누군가 자신이 종교적이라고 생각한다면, 그는 그의 혀를 억제하는 자가 아니라 그의 마음을 속이는 자이기 때문입니다." 그의 종교는 공허합니다. "네 귀를 가시로 둘러싸라."[57] 인간의 삶은 말을 위해 주어지면 안 되고 눈물을 위해 주어져야 합니다.

23. 넷째, 삶은 이웃이 또한 멀리 떨어져 있는 사람이 만들어가는 것입니다. 인간은 모든 것을 할 준비가 되어 있습니다. 만약 어떤 사람이 그에 대해 분개한다면 그는 슬퍼합니다. 또한 사람은 다른 사람의 손해를 주시해야 합니다. 오직 나만 잘 먹고 다른 사람들은 먹을 것이 없다면 이는 나쁜 일이기 때문입니다. 나만 잘 먹는 것은 다른 사람들의 결핍의 대가(代價)입니다.

24. 또한 앞서 언급된 것으로부터, 즉 학문과 성스러움으로부터 나오는 결론은 네 개의 필연적인 것, 다시 말해서 인간의 내적인 결함을 인정하는 지혜의 결실 또는 연구입니다. 그러므로 아폴론 신전 앞에는 '너 자신을 인식하라!'라고 새겨져 있고, 이런 인식 없이 지혜에 이르는 것은 불가능합니다. 그러므로 현자가 더 멀리 가면 갈수록 그는 더 많은 것을 내려다봅니다. 따라서 나쁜 장사꾼은 자신을 기만하는 사람입니다. 자신의 가치보다 자신을 더 높이 평가하는 사람이 이렇게 처신합니다. 그 상

---

56 「시편」76 : 3; 16 : 8.
57 「야고보 서간」1 : 26;「집회서」28 : 28.

sed debet alios appretiari et se despicere; et hoc est principalissimum studium sapientiae, ut sibi ipsi persuadeat homo suos defectus et fiat humilis in oculis suis.

25. Secundum studium sapientiae est castigatio passionum, quae sunt septem affectiones animae, quatuor principales et tres annexae: timor, dolor, spes, gaudium; desiderium, verecundia, odium. Etiam in omnibus his contingit excedere. Puer autem, quando nimis clamat, compescitur; sic homo censura quadam iudiciali debet domare et restringere huiusmodi passiones, ut, quando venit dolor, dicatur sibi: sta in pace, et sic de aliis; et praescinde istas puerilitates et pueriles affectiones. Pueri enim insecutores sunt passionum; maledictus puer centum annorum.

26. Tertium studium sapientiae est ordinatio cogitationum; unde: Stultus per fenestram prospicit in domum proximi. Et hic est magna difficultas ordinare phantasmata nostra, ut, quando sumus in Ecclesia, nil cogitemus nisi de officio, et sic de aliis; et necessario oportet ordinare has cogitationes ad hoc, quod Spiritus sanctus intret per sapientiam, quia Spiritus sanctus disciplinae effugiet fictum et auferet se a cogitationibus, quae sunt sine intellectu. Et ideo oportet habere certas materias, circa quas nos exerceamus.

인은 다른 사람을 평가해야 하고 자신을 내려다봐야 합니다. 그리고 사람이 자기의 결점을 확신하고 자기 눈에 겸손하게 되는 것이 지혜가 가장 중요하게 생각하는 것입니다.

25. 둘째, 지혜는 격정을 징계하는 일에 전념합니다. 격정은 영혼의 일곱 가지 감정입니다. 이 중 네 개는 중요한 격정이고 세 개는 부가적인 것입니다. 두려움·슬픔·희망·기쁨이 중요한 것이고, 욕구·수치심·미움이 부가적인 격정입니다. 이 모든 격정은 지나치기도 합니다. 소년이 큰 소리를 지를 때 그는 제어됩니다. 이렇게 인간은 사법적인 어떤 징계 때문에 이런 격정들을 억누르고 억제해야 합니다. 그래서 슬픔이 찾아올 때 인간은 '평화 가운데 머무르라'고 스스로에게 말하고, 다른 격정에 대해서도 이와 같습니다. 이런 소년기와 소년기의 격정을 끊어버리십시오. 소년들은 더욱이 격정을 쫓습니다. "백 살에 못 미친 자를 저주받았다 하리라"[58]라고 합니다.

26. 지혜가 세 번째로 전념하는 일은 생각을 정돈하는 일입니다. 그러므로 "어리석은 자는 창문으로 이웃집을 살핀다."[59] 이것이 인간의 상상의 상을 배열하는 큰 어려움입니다. 그래서 우리가 교회에 있을 때 우리는 봉사에 대해서만 생각하고 다른 일에 있어서도 이렇습니다. 성령이 지혜를 통해 들어온다는 생각을 반드시 정돈해야 합니다. 왜냐하면 "가르침을 주는 성령은 거짓을 피해가고 미련한 생각을 꺼려 떠나가 버리기"[60] 때문입니다. 그러므로 확실한 실천 대상이 있어야 합니다.

---

58 「이사야서」 65:20.
59 「집회서」 21:26.
60 「지혜서」 1:5.

27. Quartum studium sapientiae est desiderii sursumactio; hoc facit alia studia valere, ut posteriora obliti extendamus nos ad ea quae sunt priora. Sapientis oculi in capite eius. Cor sapientis in dextera eius. Hoc est sapientis studium, ut non declinet studium nostrum nisi ad Deum, qui est totus desiderabilis. — Haec quatuor sunt difficilia, nisi habeantur prima studia, et cum his sunt facilia. Unde facile est tunc habere dominium supra passiones, ut dicitur de quodam philosopho, qui dixit servo suo: Quantum te affligerem, si non essem iratus.

27. 지혜가 네 번째로 전념하는 일은 욕구의 상승입니다. 이것은 다른 연구를 가치 있게 만들어서 인간은 "뒤에 있는 것을 잊어버리고 앞에 있는 것을 향하여"[61] 내달리고 "지혜로운 이의 눈은 제 앞을"[62] 보며 "지혜로운 마음은 오른쪽에 있다"[63]라고 합니다. 이것이 지혜가 전념하는 것입니다. 그래서 인간은 전적으로 열망할 만한 것인 하느님을 연구할 뿐입니다. ── 지혜가 가장 중요하게 생각하는 일이 없다면 이 네 가지는 나아가기 어렵고 만약 이 생각과 결합한다면 이 네 가지는 쉽게 진행됩니다. 그렇게 되면 그의 하인에게 "내가 격분한 상태가 아니라면 내가 어떻게 너를 때리겠느냐?"[64]라고 말했던 한 철학자에 대해 언급되듯이 격정을 제어하기란 쉽습니다.

---

61 「필리피 신자들에게 보낸 서간」 3 : 13.
62 「코헬렛」 2 : 14
63 「코헬렛」 10 : 2; 「아가」 5 : 16.
64 Cicero, *Tuscul. Disput.*, IV, c.36.

Collatio XX

De quarta visione, scilicet intelligentiae per contemplatione suspense, tractatio prima, quae agit in genere de triplici obiecto huius contemplationis sive de contemplatione caelestis hierarchiae, militantis Ecclesiae et mentis humanae hierarchizatae

1. Dixit autem Deus: fiant luminaria in firmamento caeli et dividant diem ac noctem; et sint in signa et tempora et dies et annos. Et fecit Deus duo magna luminaria: luminare maius, ut praeesset diei, et luminare minus, ut praeesset nocti, et stellas. Et posuit eas in firmamento caeli, ut lucerent super terram; et vidit Deus, quod esset bonum. Et factum est vespere et mane, dies quartus. Dictum est supra, quod Deus dedit Danieli intelligentiam omnium visionum; et occasione eius distinctae sunt sex visiones correspondentes operibus sex dierum. —Nunc dicendum est de quarta, scilicet intelligentiae per contemplationem suspensae. —Sed intelligendum, quod hanc

넷째 날의 봄인 직관을 통해 상승된 통찰에 대한 첫 번째 강연.
이 직관의 세 가지 대상 또는 천상의 위계에 대한 직관과 호전적인 교회와 단계지어진 인간 정신의 직관에 대한 강연

1. "하느님께서 말씀하시기를 '하늘의 궁창에 빛물체들이 생겨, 낮과 밤을 가르고, 표징과 절기, 날과 해를 나타내어라. 그리고 하늘의 궁창에서 땅을 비추는 빛물체들이 되어라' 하시자, 그대로 되었다. 하느님께서는 큰 빛물체 두 개를 만드시어, 그 가운데에서 큰 빛물체는 낮을 다스리고 작은 빛물체는 밤을 다스리게 하셨다. 그리고 별들도 만드셨다. 하느님께서 이것들을 하늘 궁창에 두시어 땅을 비추게 하시고, 낮과 밤을 다스리며 빛과 어둠을 가르게 하셨다. 하느님께서 보시니 좋았다. 저녁이 되고 아침이 되니 나흗날이 지났다."[1] 하느님께서 다니엘에게 모든 환상에 대한 통찰력을 주셨고,[2] 다니엘의 시대에 엿새 동안의 작업에 상응하는 여섯 개의 환상이 구분되었다는 것이 앞에서 언급되었습니다. — 이제 네 번째 상에 대해, 즉 명상에 의해 들어올려진 통찰의 상에 대해 언급해야 합니다. — 그러나 갈망하는 사람이 아니라면 어느 누구도 이 상

---

1 「창세기」 1:14-19.
2 「다니엘서」 1:17; 강연 3, 22 이하 참조.

visionem nullus habet, nisi sit vir desideriorum, nec potest eam habere nisi per magnum desiderium. Unde Psalmus: Gustate et videte, quoniam suavis est Dominus. Primo dicit gustate. Gustus enim suavis non est, nisi praecedat appetitus gustabilis vel ad gustabile suscipiendum.

2. Haec autem intelligentia per contemplationem suspensa datur per opus quartae diei, in qua luminaria facta sunt. Anima autem illa sola per contemplationem suspensa est, quae habet solem et lunam et stellas in firmamento suo. Considera, modo si non esset sol et luna et stellae in firmamento, quid esset mundus? Non esset nisi quaedam massa tenebrosa, quia etiam nox cum lumine siderum adhuc tenebrosa et horribilis est. Sic est de anima. Quae enim non habet gratiam contemplationis est sicut firmamentum sine luminaribus; sed quae habet est firmamentum ornatum luminibus. Et sicut differt caelum non habens haec luminaria a caelo habente, sic anima non habens, ab anima disposita ad hoc; unde differt sicut Angelus a bestia. Bestialis est homo carens his et habens faciem inclinatam ad terram sicut animal; sed plenus luminibus est totus angelicus.

3. In quarto die fecit Deus solem et lunam et stellas, quia haec visio est principaliter circa tria: circa luculentam considerationem caelestis hierarchiae, circa luculentam considerationem militantis Ecclesiae, circa luculentam considerationem mentis humanae

을 가질 수 없으며[3] 커다란 열망에 의해서가 아니라면 이 상을 가질 수 없다는 것을 인식해야 합니다. 그러므로 「시편」에서는 "너희는 맛보고 눈여겨보아라. 주님께서 얼마나 좋으신지!"[4]라고 합니다. 그는 먼저 '맛보라'고 합니다. 왜냐하면 맛있는 것에 대한 욕구 또는 맛있는 것을 받아들이려는 욕구가 먼저 있지 않다면 달콤한 맛을 볼 수 없기 때문입니다.

2. 그런데 인간은 명상에 의해 고양된 통찰을 빛들이 창조된 넷째 날의 작업에 의해 얻습니다. 그런데 영혼은 해와 달과 별이 궁창에서 갖는 상에 의해 고양됩니다. 만약 해와 달과 별이 아직 궁창에 있지 않았다면 세상은 어떠했을지 생각해 보십시오. 성좌(星座)의 빛이 있는 밤도 여전히 어둡고 끔찍하기 때문에, 그렇다면(=해와 달과 별이 궁창에 없다면) 세상은 어두운 덩어리였을 것입니다. 이것은 영혼에게도 해당되는데 명상의 은총을 받지 못한 영혼은 빛물체들이 없는 궁창과 같기 때문입니다. 그러나 은총을 갖고 있는 영혼은 빛물체들로 장식된 궁창입니다. 이런 빛물체들이 없는 하늘이 빛물체들이 있는 하늘과 구분되듯이 그 안에 빛이 없는 영혼도 빛을 갖는 성향이 있는 영혼과 구분됩니다. 이들은 천사가 동물과 구분되듯이 구분됩니다. 빛이 없는 인간은 동물적이며 이 인간은 마치 동물처럼 얼굴을 땅 쪽을 향하고 있지만 빛으로 충만한 인간은 온전한 천사와 같습니다.

3. 하느님께서는 넷째 날 해와 달과 별들을 창조하셨는데, 네 번째 상은 주로 세 개에 관한 것입니다. 즉 천상의 위계에 대한, 호전적인 교회에 대한, 단계지어진 인간 정신에 대한 조명된 고찰에 관한 것입니다. 만약 천상의 왕국을 고찰하지 않는다면, 그리고 하강하는 호전적인 교회를 이 상으로부터 고찰하지 않는다면, 그리고 이 교회를 단계적으로 꾸미는

---

3 「다니엘서」 9:23; Bonaventura, *Itin.*, Prologus, 3 참조.
4 「시편」 34:9.

hierarchizatae. Nisi enim speculetur supernam monarchiam et contueatur descensum Ecclesiae militantis ab ea et suam ipsius hierarchicam adornationem, nunquam erit contemplativa; sed tunc habebit lucem solarem, lunarem et stellarem. Prima consideratio comparatur luci solari, secunda luci lunari, tertia luci stellari. Haec anima est felix, quae se contuetur ornatam et conformem illi Ierusalem, et hierarchiam illustratam, scilicet angelicam, et hierarchiam illustrantem, scilicet divinum principatum personarum.

4. Luculenta ergo consideratio caelestis monarchiae assimilatur luci solari propter triplicem rationem: propter fulgorem puritatis praecipuae, propter fulgorem limpiditatis praeclarae, propter fulgorem inflammationis vivificae. Haec tria habet illa consideratio.

5. Ratione primi est summae dignitatis et excellentiae, quae habet puritatem et est elongata ab omni faece corruptionis. De ista puritate Ecclesiasticus: Sicut sol oriens in altissimis Dei, sic mulieris bonae species in ornamentum domus suae. Haec verba conveniunt aeternae sapientiae et menti aeterna sapientia illustratae. Est enim sicut sol in altissimis, non propter positionem, quia sol non est altior omnibus planetis, sed sol dicitur altissimus ratione altissimae puritatis, actualitatis et luminositatis; unde est secundum Isidorum quasi solus lucens. Haec est sapientia aeterna, quae ubique attingit propter suam munditiam. —Comparatur autem mulieri bonae,

장식을 이것으로부터 고찰하지 않는다면 이 상은 결코 직관된 상이 아닐 것입니다. 그러나 직관된 상일 때 그것은 해와 달과 별들의 빛을 갖게 될 것입니다. 첫 번째 고찰은 태양빛과, 두 번째 고찰은 달빛과 세 번째 고찰은 별빛과 비교됩니다. 자신이 꾸며졌다고, 또한 저 예루살렘과 같은 모양이라고 스스로 생각하는 영혼은 행복합니다. 조명을 받은 위계에 속하는 자들, 즉 천사들을 통해, 또한 조명하는 위계에 속하는 자, 즉 삼위일체의 신성한 권능을 통해 자신을 생각하는 영혼은 행복합니다.

4. 천상 왕국에 대한 조명된 고찰은 세 가지 이유로 태양빛과 비교됩니다. 뛰어난 순수함의 광채 때문에, 매우 밝고 모든 것을 투명하게 비추는 광채 때문에, 생생한 불길의 광채 때문에 [태양빛과 비교됩니다].

5. 첫 번째 것의 근거에 의해 천상 왕국은 순수함을 지닌 최고의 위엄과 뛰어남을 지녔고 부패의 모든 효소에서 떨어져 있습니다. 이 순수함에 대해서 「집회서」에서는 "집 안을 깨끗하게 정돈하는 착한 아내의 아름다움은 주님의 창공에 떠오르는 태양과 같다"[5]라고 합니다. 이 말들은 영원한 지혜와 이 지혜에 의해 밝혀진 정신에 부합합니다. 이 지혜는 높은 창공에 있는 태양과 같기 때문입니다. 태양이 다른 모든 행성보다 더 높이 있어서 그 위치 때문이 아니라 태양이 최고의 순수함, 작용, 빛남의 근거에서 가장 높은 것이기에 그렇습니다. 그러므로 이시도루스[6]에 따르면 "흡사 혼자 빛나는 듯"합니다. 이 지혜는 순수하기 때문에 도처에서 [다른 것과] 관계가 있는 영원한 지혜입니다.[7] ― 영원한 지혜는 착

---

5 「집회서」26 : 16.
6 Isidorus, *Etymologiae*, c.71, n.1; 위 디오니시우스, 「신명론」 제4장, 제1절 및 제4절, 앞의 책, 2007 참조.
7 「지혜서」 8 : 2 이하 참조.

non propter aliquod femineum vel effeminatum, quod sit in ipso; sed quia in sapientia aeterna est ratio fecunditatis ad concipiendum, producendum et pariendum quidquid est de universitate legum. Omnes enim rationes exemplares concipiuntur ab aeterno in vulva aeternae sapientiae seu utero, et maxime praedestinationis. Unde quia ab aeterno rationes praedestinationis concepit, non potest nos non diligere; et sicut ab aeterno concepit, sic in tempore produxit sive peperit et postea in carne patiendo parturivit. Et potest hoc intelligere intellectus et habet altissimam contemplationem.

6. Est ergo haec consideratio illius esse purissimi; purissimum autem, quia simplicissimum, simplicissimum autem, quia summe unum. Ideo dicitur Israel, viro contemplativo: Audi, Israel, Dominus Deus tuus unus est. — Similiter anima contemplativa intelligitur per mulierem illam; et dicuntur animae contemplativae filiae Ierusalem, quia formosae et fecundae. Et formositas est fecunditas, quia, quanto plus concipiunt lumina, tanto formosiores sunt; unde: Beati mundo corde, quoniam ipsi Deum videbunt. Unde per puritatem, non per rationem, oportet introire in contemplationem. Et ideo cum simplicibus sermocinatio eius; qui habent mentes puras, non excaecatas propter malitiam supervenientem. Animae ergo, quae sunt

한 아내와 비교되는데, 그녀 안에 있을 여성성 또는 여성적으로 됨 때문이 아닙니다. 수태를 위한, 생산을 위한 근거와 대자연의 법칙의 보편성에서 나오는 것은 무엇이든 낳을 수 있는 가임성의 근거가 영원한 지혜에 있기 때문입니다. 모든 범형적인 근거는, 특히 예정(豫定)의 근거는 태초로부터 영원한 지혜의 음부 또는 자궁에서 잉태됩니다. 이 지혜가 태초로부터 예정의 근거를 잉태하기 때문에 이 지혜는 우리를 사랑하지 않을 수 없습니다. 지혜가 태초로부터 잉태하듯이 지혜는 시간 안에서 생산하고 출산하고 그다음 육신의 괴로움을 겪으면서 산고를 겪습니다. 통찰은 지혜를 인식할 수 있고 최고의 직관을 갖고 있습니다.

6. 가장 순수한 저 존재에 대한 이런 숙고가 있습니다. 이 존재는 가장 단순하기 때문에 가장 순수하고 최고로 일자이기 때문에 가장 순수합니다.[8] 그러므로 직관하는 사람은 이스라엘에게 "이스라엘아, 들어라! 주 우리 하느님은 한 분이신 주님"[9]이라고 합니다. — 또한 직관하는 영혼은 저 여인에 의해 인식됩니다. 이 영혼은 아름답게 빛나고 충만하기 때문에 이스라엘의 딸들이라고 불립니다. 아름답게 빛남은 다산성(多産性)인데, 이 영혼이 더 많은 빛을 받아들일수록 영혼은 더 빛나기 때문입니다. 그래서 "행복하여라, 마음이 깨끗한 사람들! 그들은 하느님을 볼 것"[10]이라고 합니다. 따라서 영혼은 이성에 의해서가 아니라 순수함에 의해서 직관 상태에 들어서야 합니다. 순수한 정신을 가진, 그들을 덮치는 악의에 의해 눈멀지 않은 사람들은 "올곧은 사람들과 이야기"[11]합니다. 그러므로 아름답게 빛나는 다산의[12] 영혼은 예루살렘의 딸들[13]이라

---

8   Bonaventura, *Itin*., v.3 참조.
9   「신명기」 6:4.
10   「마태오복음서」 5:8.
11   「잠언」 3:32.
12   강연 20, 20 참조.
13   「아가」 1:4; 2:7; 3:5.

formosae et fecundae, dicuntur filiae Ierusalem et intelliguntur per solem ratione formositatis, et per mulierem ratione fecunditatis.

7. Secundo comparatur soli propter fulgorem limpiditatis praeclarae; ubi maior fulgor, ibi maior claritas et limpiditas; unde Ecclesiasticus: Sol illuminans per omnia respexit, et gloria Domini plenum est opus eius. Unde Gregorius: Quid est, quod non videant qui videntem omnia vident? —Anima beati Benedicti bene fuit contemplativa, quae totum mundum vidit in uno radio solis. Non multum studuerat ipse nec libros habebat, quia decimo tertio anno mundum dimiserat et latitabat inter fruteta cum bestiis, sicut una fera; unde etiam pastores crediderunt eum feram. Et ut dicit Gregorius, mundus non fuit coangustatus in uno radio solis, sed eius animus fuit dilatatus, qui vidit omnia in illo cuius magnitudine omnis creatura angusta est et parva et modica. Unde in Sapientia: Quasi momentum staterae est ante te orbis terrarum et sicut gutta roris antelucani. De hac praeclaritate in libro Sapientiae: Est enim speciosior sole et super omnem dispositionem stellarum, luci comparata invenitur prior.

고 불리고 아름답게 빛남의 근거에 의해, 태양에 의해, 그리고 가임성의 근거에 의해, 여인에 의해 인식됩니다.

7. 둘째, 생각은 매우 밝은 투명한 광채 때문에 태양과 비교됩니다. 더 많은 광채가 있는 곳이 더 밝고 투명합니다. 「집회서」에서는 "찬란한 태양은 만물을 내려다보고 주님의 업적은 그분의 영광으로 가득 차 있다"[14]라고 합니다. 그러므로 그레고리우스는 "모든 것을 보는 사람이 보지 않는 것이 도대체 무엇이냐?"[15]라고 묻습니다. 베네딕토 성인은 뛰어나게 명상적인 영혼을 지닌 분이셨습니다. 그의 영혼은 태양의 한 광선으로 세계 전체를 봅니다. 성인은 고학력자가 아니며 그분께는 책도 없었습니다. 그는 열세 살 때부터 세상을 등지고 덤불 속에서 짐승들과 섞여 야수처럼 지냈습니다. 따라서 목동은 그를 야생동물로 여겼습니다. 그리고 그레고리우스가 말하듯이,[16] 세계는 태양의 한 광선에 압축되어 있는 것이 아니라 창조자의 위대함에 비추어볼 때 모든 피조물은 한정되어 있고, 작으며 보잘것없다는 것을 보는 사람의 영혼은 확장되었습니다. 그러므로 「지혜서」에서는 [온 세상도 당신 앞에서는] "천칭의 조그마한 추 같고 이른 아침 땅에 떨어지는 이슬방울"[17] 같다고 합니다. 그리고 이런 밝음에 대해서 「지혜서」에서는 "지혜는 해보다 아름답고 어떠한 별자리보다 빼어나며 빛과 견주어보아도 그보다 더 밝음을 알 수 있다"[18]라고 합니다.

---

14 「집회서」 42 : 16; 강연 13, 22.

15 Gregorius, *Dialogi de vita et miraculis patrum italicorum et aeternitate animarum* IV, c.33 : "Quid est quod ibi nesciant, ubi scientem omnia sciunt?"

16 Gregorius, *Dialogi de vita et miraculis patrum italicorum et aeternitate animarum*, II, Dialog, c.35.

17 「지혜서」 11 : 23. 우리말 성경은 제11장 제22절이다.

18 「지혜서」 7 : 29.

8. Considera, quod in anima contemplativa describitur universus orbis et quilibet spiritus caelestis, qui in se habet descriptum totum orbem; describitur etiam radius supersubstantialis, qui et universum orbem et universum spiritum continet. Ergo in anima contemplativa mira sunt lumina et mira pulcritudo. Sic ergo mundus, pulcher a summo ad imum, ab initio ad finem, descriptus in anima facit speculum; et quilibet spiritus est speculum: et sic in anima est mira numerositas, summus ordo, summa proportionalitas. Pulcra ergo est universitas spirituum, quia, quoties in anima sic relucet dispositio orbis terrarum et spirituum beatorum et radii supersubstantialis, toties in ea est mira refulgentia; et ex hoc est speciosior sole. Rursus, radius, qui continet omnem dispositionem et repraesentat omnes theorias, est in anima, et in illo anima absorbetur per mentis transformationem in Deum; et ideo est anima super omnem dispositionem stellarum.

9. Tertio, haec consideratio comparatur luci solari propter fulgorem inflammationis vivificae. Est enim radius solis ad vivificandum, non ad consumendum nisi per accidens et ratione alicuius dispositionis. De hoc calore inflammante Ecclesiasticus: Sol in aspectu annuntians in exitu, vas admirabile opus Excelsi. In meridiano exurit terram, et in conspectu ardoris eius quis poterit sustinere? Tripliciter sol exurens montes, radios igneos exsufflans et refulgens radiis suis excaecat oculos. — Vult dicere, quod quando ille sol aspicitur, quod ipse sol sic annuntiat quae sunt apud se et in se, et oritur super hemisphaerium mentis nostrae, quod in meridiano exurit, et in conspectu ardoris eius non poterit aliquis sustinere. —

8. 보편적인 세상이, 또한 전체 세상을 함유하고 있는 임의의 천상적인 영이 명상하는 영혼에서 묘사된다는 것을 생각해 보십시오. 또한 보편적인 세상과 보편적인 정신을 포함하는 존재를 초월하는 빛[19]도 서술됩니다. 명상하는 영혼에는 기묘한 빛과 기묘한 아름다움이 있습니다. 이렇게 가장 높은 것에서 가장 낮은 것에 이르기까지, 처음부터 끝까지 영혼에 묘사된 아름다운 세상은 상을 만들고 각각의 정신은 상입니다.[20] 영혼에게는 기묘한 조화와 최고의 질서와 최상의 비례가 있습니다. 그러므로 영의 보편성은 아름답습니다. 왜냐하면 세상의, 또 복된 영의, 또한 초실체적인 광선의 배치가 영혼에서 이렇게 반사될 때마다 영혼에는 기묘한 반사 광선이 생기고 이로부터 영혼은 태양보다 더 빛납니다. 반면 모든 질서를 포함하고 모든 직관을 제시하는 광선은 영혼에 있고 저 광선에서 영혼은 정신의 변형에 의해 하느님 안에 흡수됩니다. 이렇게 영혼은 성좌들의 모든 배치 너머에 있습니다.

9. 셋째, 이 숙고는 생생한 불길의 빛 때문에 태양빛과 비교됩니다. 우연히 그리고 어떤 특정한 질서의 근거에서가 아니라면 사실 태양 광선은 소진하기 위해서가 아니라 삶을 일깨우기 위해 있습니다. 이 열화에 대해 「집회서」에서는 "동이 틀 때 떠오르는 태양은 놀라운 도구가 되어 지극히 높으신 분의 위업을 선포한다. 한낮의 태양은 땅을 메마르게 하니 누가 그 열을 견디어내겠는가? 태양은 그 세 배나 되는 열기로 산을 달군다. 태양은 그 불꽃 같은 열기를 내뿜고 그 강렬한 빛으로 눈을 멀게 한다"[21]라고 합니다. ― 그는 사람이 저 태양을 바라볼 때 태양은 자신의 옆에 있는 것, 자신 안에 있는 것을 알리고 우리 정신의 반구 위에서 한

---

19 존재를 초월하는 것은 하느님이다. 위 디오니시우스, 「신명론」 제4장, 제1절, 앞의 책, 2007 이하 참조.
20 강연 5, 25 이하 참조.
21 「집회서」43:2 이하; 위 디오니시우스, 「신명론」 제4장, 앞의 책, 2007 참조.

Animae enim non sublevatae sunt quasi in hieme; sed quae sunt elevatae ad mediocrem contemplationem sunt quasi in vere; sed quae elevatae sunt ad excessus ecstaticos sunt sicut in aestate et percipiunt fructus autumnales, quia quiescunt. Tunc enim in autumno colligunt fructus et faciunt et celebrant solemnitates in autumno. Sed ubi exurit in meridie? Quando in maxima virtute est, hoc est in caelo.

10. Haec enim est perfecta contemplatio; et illas inflammationes et ardores, quos emittit ille sol in animas illas, quae habent excessus mentales, nullus potest explicare. Si enim secundum Apostolum gemitus sunt inenarrabiles, quibus postulat pro nobis Spiritus, quid sunt excessus? quid ardores? Unde: Quis ex vobis poterit habitare cum ardoribus sempiternis? — Et vere sol exurit tripliciter, quia sol aeternus terram illam hierarchicam et istam humanam irradiat et inflammat triplici vel triformi amore et sursum agit in Deum utramque: illam per tentionem, visionem et fruitionem; hanc per caritatem de corde puro, conscientia bona, fide non ficta; hierarchiam, dico, caelestem secundum trinas hierarchias collocatam.

11. Sed quid est, quod iste radius excaecat, cum potius deberet illuminare? Sed ista excaecatio est summa illuminatio, quia est in sublimitate mentis ultra humani intellectus investigationem.

낮에 불타고, 어느 누구도 태양열을 눈앞에서 견딜 수 없다고 말하고 싶어 할 것입니다. — 고양하지 않은 영혼은 겨울에 있는 것 같고, 명상의 중간에 이른 영혼은 봄(春)과 같습니다. 그러나 황홀한 무아지경에 이른 영혼은 여름의 작열하는 빛 가운데 있는 것 같고, 사람은 휴식기를 위해 가을에 열매를 수확합니다. 영혼은 가을에 수확하고 축제를 준비하고 즐깁니다.[22] 그런데 태양은 한낮에 어디에서 불탑니까? 해는 하늘에 있을 때 가장 뜨겁게 비춥니다.

10. 사실 이는 완전한 명상입니다. 그리고 어느 누구도 정신적인 무아지경에 이른 영혼에게 저 태양이 보내는 저 불꽃과 작열하는 열을 설명할 수 없습니다. 사도에 따르면 "성령께서 몸소 말로 다할 수 없이 탄식하시며 우리를 대신하여 간구해"[23] 주시지 않는다면 그때 무아지경은 무엇이고 작열하는 열은 또 무엇입니까? 그러므로 "우리 가운데 누가 이 영원한 불꽃 속에 머물 수 있으랴?"[24]고 합니다. — 태양은 사실 세 가지로 빛납니다. 영원한 태양은 질서를 갖춘 지구와 인간의 땅을 비추고, 세 가지 또는 세 가지 형식의 사랑으로 불타고 이들 각각을 하느님에게 들어올립니다. "깨끗한 마음과 바른 양심과 진실한 믿음에서 나오는 사랑을"[25] 저 향함과 명상과 향유에 의해서 들어올립니다. 그러므로 나는 세 가지 위계에 따라 배치된 천상의 위계[26]를 말합니다.

11. 그런데 오히려 빛나야 하는 곳에서 이 광선이 눈을 멀게 한다는 것은 무엇입니까? '눈멀게 함'은 최고의 빛남(=조명)입니다. 이 '눈멀게 함'은 정신이 가장 높은 곳에 도달할 때 인간의 지성이 추구하는 것을 넘

---

22 「탈출기」 23:16 참조.
23 「로마 신자들에게 보낸 서간」 8:26 참조.
24 「이사야서」 33:14.
25 「티모테오에게 보낸 첫째 서간」 1:5; Bonaventura, *Brevil.*, p.7, c.7.
26 강연 13, 24 참조.

Ibi intellectus caligat, quia non potest investigare, quia transcendit omnem potentiam investigativam. Est ergo ibi caligo inaccessibilis, quae tamen illuminat mentes, quae perdiderunt investigationes curiosas. Et hoc est quod dixit Dominus, se habitare in nebula; et in Psalmo: Posuit tenebras latibulum suum.

12. Haec est ergo consideratio luculenta caelestis hierarchiae. Propter haec ergo tria dicitur sol. De hoc potest accipi quod scribitur primo Machabaeorum: Refulsit sol in clypeos aureos, et resplenduerunt montes ab eis sicut lampades ignis. Clypei sunt rationes aeternae praedestinationum aeternarum, quae habent rationem armaturae et rationem fulgoris incorruptibilis. Sol aeternus, scilicet sapientia aeterna, refulget in clypeos, quando sublimat Deus mentem contemplativam ad percipiendum fulgorem veritatis aeternae et illarum rationum; et montes resplendent, quia sol ille per istas rationes quasi per clypeos aureos illuminat montes, hoc est spiritus in aeternitate firmatos et sublimitate, qui recipiunt primo orientales radios primaria infusione, meridionales perfecta illustratione, occidentales postrema retentione. Hi tripliciter oriuntur a sole et splendent sicut lampades ignis, quia est ibi inflammatio permaxima. Et in hoc est tota ratio contemplationis, quia nunquam venit in contemplatione radius splendens, quin etiam sit inflammans. Et ideo in Cantico loquitur Salomon per modum amoris et per modum cantici, quia ad illos fulgores non potest perveniri nisi per amorem.

어 내면의 정점에서 일어나기 때문입니다. 지성은 어떤 흔적도 쫓아갈 수 없기 때문에 또 지성은 모든 탐구 능력을 넘어가기 때문에 지성은 거기에서 어둠에 싸여 있습니다. 그럼에도 호기심 어린 탐구를 포기한 내면을 조명하는 접근할 수 없는 어둠이 거기에 있습니다. 그리고 이것이 구름 속에 사시는 주님이 말씀하시는 것입니다.[27] 「시편」에서는 "어둠을 가리개 삼아 당신 주위에 둘러치시고"[28]라고 합니다.

12. 이것이 천상위계에 대한 중요한 숙고입니다. 이 위계를 기반으로 태양은 세 가지로 불립니다. [우리는] 「마카베오기 상권」에 기록된 것을 이에 대해 인용할 수 있습니다. "태양이 금과 구리로 된 방패들을 비추니, 타오르는 횃불처럼 산들이 번쩍였다."[29] 방패는 영원한 예정(豫定)의 영원한 근거이고, 이 영원한 예정은 무장의 근거와 파괴될 수 없는 광채의 근거를 갖고 있습니다. 하느님께서 영원한 진리의 광채와 진리의 근거의 광채를 파악하도록 명상하는 정신을 들어올릴 때 영원한 지혜인 영원한 태양은 방패에 의해 반사됩니다. 그리고 저 태양이 금 방패에 의해서 그런 것처럼 이 근거에 의해서 산을 비추기에 산들도 빛을 발합니다. 이것은 탁월하기에 영원히 강해진, 들어 높여진 정신이고 이 정신은 첫째, 태양이 떠오를 때 동녘의 빛을 받아들이고 조명이 완성됨에 따라 한낮의 빛을, 그리고 마지막에 남아 있는 서녘의 빛을 받아들입니다. 세 개의 광선이 태양에서 나오며 횃불처럼 빛납니다. 왜냐하면 태양에서 가장 큰 불꽃이 생기기 때문입니다. 그리고 그 안에 직관의 모든 근거가 있습니다. 빛나는 광선은 타오르지 않고는 결코 직관되지 않기 때문입니다. 솔로몬은 「아가」에서 사랑과 노래의 방식으로 노래합니다. 사랑에 의해서가 아니라면 저 광선에 도달할 수 없기 때문입니다.

---

27 「열왕기 상권」 8:12: "주님께서는 짙은 구름 속에 계시겠다고 하셨습니다."
28 「시편」 18:12; 강연 2, 32; Bonaventura, *Itin.*, c.VII, 5.
29 「마카베오기 상권」 6:39.

13. Item, contemplatio consistit in consideratione luculenta militantis Ecclesiae. Haec consideratio intelligitur per lucem lunarem; qui enim non novit hanc non potest quidquam comprehendere. Unde non est ornatum caelum, nisi habeat luminare maius et luminare minus. Unde Ioannes vidit civitatem Ierusalem non solum stantem, immo etiam descendentem a Deo, formatam et ornatam. Sicut enim radius solis per lunam illuminat noctem, sic radius divinus per Ecclesiam illuminat ipsam animam contemplativam. Radius enim divinus in caelesti hierarchia umbram non habet, sicut lux solis non habet tenebrositatem in se sive in suo fonte; sed in luna, quae habet obscuritatem, non est simpliciter clarus. Sic in Ecclesia militante, in qua est radius in figuris et in aenigmatibus. —Comparatur autem Ecclesia militans lunae propter refulgentiam subobscuram sive symbolicam, propter refulgentiam excessivam sive ecstaticam, et propter refulgentiam ordinatam.

14. Prima ergo refulgentia in Ecclesia est symbolica per symbola Sacramentorum et figurarum, per quae decurrit Ecclesia a principio usque ad finem. De hoc Ecclesiasticus: Luna in omnibus in tempore suo, ostensio temporis et signum aevi. Dicit ergo, quod luna est manifestatio temporum et per modum signationis; et hoc est in Ecclesia per symbola; quia aliter non est possibile, nobis lucere divinum radium, nisi varietate sacrorum velaminum anagogice circumvelatum, secundum Dionysium.

13. 또한, 직관은 호전적인 교회에 대한 빛나는 생각입니다. 이 교회는 달빛에 의해 인식됩니다. 이 빛을 모르는 사람은 어떤 것도 인식할 수 없습니다. 그러므로 하늘은 큰 빛물체와 작은 빛물체로만 장식되었습니다.[30] 요한은 "거룩한 도성 새 예루살렘이 신랑을 위하여 단장한 신부처럼 차리고 하늘로부터 하느님에게서 내려오는 것을"[31] 보았다고 합니다. 태양빛이 달을 통해 밤을 비추듯이 하느님의 빛도 교회를 통해 명상하는 영혼을 비춥니다. 태양빛이 자기 안에 또는 자신의 근원에 어떤 어두움도 갖고 있지 않듯이 천상위계에 있는 하느님의 광선도 어둡지 않습니다. 그러나 어두운 달의 광선은 완전히 밝지 않습니다. 마찬가지로 광선이 형상과 수수께끼로 있는 호전적인 교회에서도 그렇습니다. ─ 호전적인 교회는 희미한 또는 상징적인 광휘 때문에 또한 과다한 또는 무아지경의 광휘 때문에 또 질서 정연한 광휘 때문에 달과 비교됩니다.

14. 교회에 있는 첫 번째 광휘는 성사(聖事)와 형상의 표징에 의한 상징적인 광채입니다. 교회는 성사와 형상의 표징에 의해 처음부터 끝까지 달려갑니다. 이에 대해 「집회서」에서는 "달은 제때에 맞춰 자리를 잡고 시간과 시대의 표징을 알려 준다"[32]라고 합니다. 그러므로 이는 달이 표징의 방식을 통해 시간을 드러낸다는 것을 말합니다. 그리고 이것은 교회에서 표징에 의해 생깁니다. 디오니시우스가 말하듯이, "신비 상징적으로 두루 감싸진 성스러운 베일의 다양성에 의해서가 아니라면 하느님의 광선이 우리를 비추는 일은 달리 가능하지 않기 때문입니다."[33]

---

30 「창세기」 1:16.
31 「요한묵시록」 21:2; 21:10: "하늘로부터 하느님에게서 내려오는 거룩한 도성 예루살렘을 보여 주었습니다."
32 「집회서」 43:6.

15. Unde lunam videre possumus, non solem, quia radius solis contemperatur nobis per lunam. Sic radius aeternitatis non potest aspici in se, sed si aspicimus illum radium, ut est in Ecclesia, velatum per Sacramenta et figuras; possumus aspicere ipsum, qui nobis ostendit, quae sunt facta, quae facienda, quae sunt in aeternitate: quae sunt facta, per allegoriam; quae facienda, per tropologiam; quae in aeternitate, per anagogiam. Intelligimus enim aliquo modo figurarum doctrinam, quibus testamentum vetus et etiam novum plenum est; ut patet per Apostolum, quod passio Christi et veritas fuit et figura, similiter resurrectio. —Et ideo figurae nondum explanatae sunt; sed quando luna erit plena, tunc erit apertio Scripturarum, et liber aperietur, et septem sigilla solventur, quae adhuc non sunt aperta. —Credite mihi, tunc videbimus quasi per plenilunium, quando leo noster de tribu Iuda surget et aperiet librum, quando consummabuntur passiones Christi, quas modo corpus Christi patitur. Oportet enim surgere Herodem, sub quo illudatur Christus, et Petrus incarceretur.

16. Item, comparatur lunae propter refulgentiam excessivam. Ecclesiasticus: A luna signum diei festi, luminare, quod minuitur in consummatione. Mensis secundum nomen eius est, crescens mirabiliter in consummatione. Duo dicit de luna: et quod mirabiliter crescit in consummatione et mirabiliter diminuitur. Et hoc verum

15. 태양 광선이 달을 통해 우리를 은은하게 비추기 때문에 우리는 태양이 아니라 달을 볼 수 있습니다. 이렇게 영원성의 광선은 그 자체 보여질 수 없지만 교회에서 그렇듯 우리가 이 광선을 본다면 이 광선은 성사와 형상에 의해 가려진 광선입니다. 우리는 일어난 일, 이행되어야 하는 것, 그리고 영원히 있는 것을 우리에게 보여 주는 이 광선을 볼 수 있습니다. 일어난 일은 비유에 의해, 이행되어야 하는 것은 전의에 의해, 영원히 있는 것은 신비의 상징적인 해석에 의해 볼 수 있습니다. 우리는 사실 어떤 방식에 의해 형상의 학설을 인식합니다. 그리스도의 수난이 진리였으며 형상이고, 비슷하게 부활이라는 것이 사도에 의해 드러났듯이[34] 구약은, 더욱이 신약은 이들 형상으로 가득 차 있습니다. — 그러므로 이들 형상은 아직 열리지 않았지만, 보름달이 뜨게 될 때 성경이 개봉될 것이고 책이 열리면 그때까지 열리지 않던 일곱 개의 봉인이 떼어질 것입니다. — 나를 믿어라, 유다 지파에서 난 우리의 사자가 승리하여 두루마리를 펼 수 있게 될 때,[35] 오직 그리스도의 육신이 견디어낸 그리스도의 수난이 완성될 때 우리는 마치 보름달의 빛에 의해서 보듯이 보게 될 것입니다. 그러나 그가 통치할 때 그리스도를 조롱하고 베드로를 감옥에 가두었던 헤로데도 부활해야 합니다.[36]

16. 또한, 교회는 흘러넘치는 광채 때문에 달에 비교됩니다. 「집회서」에서는 "축제의 표징도 달에서 나온다. 이 빛물체는 완전히 찼다가 기운다. 월이라는 말도 달에서 나오는데, 그 모양이 변하면서 차오르는 모습은 기묘하다"[37]라고 합니다. 달에 대해서는 두 가지로, 즉 기묘하게 차오

---

33 위 디오니시우스, 「천상위계론」 제1장, 제2절, 앞의 책, 2007.
34 「로마 신자들에게 보낸 서간」 6:8; 「에페소 신자들에게 보낸 서간」 2:5-6; 「콜로새 신자들에게 보낸 서간」 2:12 이하. 비유에 대해서는 Bonaventura, *Brevil.*, Prologus §4 참조.
35 「요한묵시록」 5:5.
36 「루카복음서」 23:11(헤로데에 대해서); 「사도행전」 12:4(베드로에 대해서).
37 「집회서」 43:7 이하.

est sive in coniunctione cum sole, sive in oppositione: in oppositione fit; quando enim est in plena oppositione ad solem, tunc distat ab eo magis, quam potest, et tunc minus illuminatur secundum veritatem quam in alio tempore quocumque. — Quod sic probatur. Regula est in perspectiva, quod quando corpus luminosum maius est quam corpus opacum sphaericum, quod illuminat; quanto magis appropinquat corpus ad corpus, tanto magis illuminatur opacum, quia basis corporis luminosi est maior, et angulus radiorum maior; quando vero plus distat, tunc angulus minor est, et basis minus de corpore opaci attingit. Sed quando est in plena oppositione, tunc est in maxima distantia: ergo tunc minus illuminatur secundum veritatem, sed plus secundum apparentiam, quia tunc vocatur luna plena.

17. Item, apud coniunctionem est e contrario, quia, cum sit in maxima appropinquatione, qua esse potest, tunc illuminatur magis secundum veritatem et minus secundum apparentiam, quia tunc nihil videmus de luna. — Ergo sive consummatio intelligatur vel quantum ad oppositionem, vel quantum ad coniunctionem, utrumque verum est: et quod mirabiliter crescit et mirabiliter minuitur in consummatione.

18. Luna, quae crescit et minuitur, significat hominem in vita activa et contemplativa, sicut stella matutina, quae aliquando praecedit solem, et tunc significat vitam contemplativam; et aliquando sequitur, et tunc significat vitam activam. — Haec luna est Ecclesia, vacans contemplationi et actioni. Quando vacat contemplationi, tunc summe illuminatur fulgoribus caelestibus; quando vero vacat actioni, tunc minus illuminatur; et non vivit homo, qui non minuatur, quando dat se actioni, excepto Christo, qui fuit perfectus et in

르고 기묘하게 이지러진다고 언급됩니다. 그리고 이것은 태양과 결합해 있거나 또는 태양에 마주해 있을 때 참입니다. 마주해 있을 때, 즉 달이 태양에 완전히 마주 서 있을 때면 달은 태양에서 가장 멀리 떨어져 있고 이렇게 되면 다른 어떤 때보다 더 적게 조명되는 것이 참입니다. ― 이것은 이렇게 증명됩니다. 광원체가 자신이 비추는 어두운 둥근 물체보다 크다는 것은 사실입니다. 광원체가 물체에 다가갈수록 어두운 물체는 더 조명됩니다. 왜냐하면 광원체의 영역과 광선의 각도가 더 크기 때문입니다. 그러나 광원체가 더 멀어지면 각도는 작아지고 광원체가 어두운 물체를 비추는 영역도 더 작아집니다. 그런데 광원체가 비추는 영역이 광원체와 완전히 마주해 있을 때 이들은 가장 멀리 떨어져 있습니다. 이때 어두운 물체는 사실 가장 적게 조명됩니다. 그러나 외관상 더 많이 조명되고 이때 달은 보름달이라고 불립니다.

17. 더 나아가, 결합의 경우는 반대입니다. 달은 광원체에 의해 존재할 수 있는 가장 가까이 접근했을 때 실제로는 더 많이, 외관에 따라서는 더 적게 조명되고 이때 우리는 달을 전혀 보지 못하기 때문입니다.[38] ― 그러므로 달의 차오름은 대립 또는 결합에 관한 한 인식되고 이 두 가지가 각각 진리입니다. "달은 기묘하게 차오르고 차오름이 끝나면 기묘하게 이지러진다."

18. 금성이 태양보다 먼저 뜰 때는 명상하는 삶이 의미되고, 태양을 뒤따를 때는 활동적인 삶이 특징지어지듯이 차고 이지러지는 달은 활동적이며 명상하는 삶을 사는 인간을 의미합니다. ― 이 달은 명상과 행위에 전념하는 교회입니다. 교회가 명상에 전념할 때 교회는 천상의 빛에 의해 최고로 비추어집니다. 그러나 교회가 행위에 전념할 때 교회는 덜 비추어집니다. 그리고 완전하게 행위하고 명상했던 그리스도를 제외하고

---

38 강연 13, 23.

actione et contemplatione, Unde nullus homo sapiens unquam descendit ad actionem, maxime praesidentium, nisi quadam necessitate; quia, secundum Gregorium in Pastoralibus, pollens virtutibus invitus accedit, carens vero virtutibus nec coactus. Quare? quia ex hoc minuitur lumen illud, quod est maximae illuminationis, scilicet contemplationis.

19. Sed econtra, sicut sponsa desiderat sponsum, et materia formam, et turpe pulcrum; ita anima appetit uniri per excessum contemplationis; et tunc, quando hemisphaerium animae totum luminibus plenum est, tunc homo exterius fit totus deformis, tunc homo fit sine loquela. Unde tunc habet veritatem illud in Cantico: Nolite me considerare, quod fusca sim, quia decoloravit me sol, quia tunc maxime coniungitur interioribus illumjnationibus; unde in Exodo: Ex quo locutus es ad servum tuum, impeditioris et tardioris linguae factus sum. Similiter Iacob, scilicet Israel, vir fortis, fortificatus fuit in lucta Angeli, emarcuit tamen nervus femoris eius, et factus est claudus, quia haec contemplatio facit vilem animam apparere hominibus, quando summo soli coniungitur. —Haec est Esther, quae non quaerit mundum muliebrem, sed contenta est naturali pulcritudine nec quaerit istos ornatus meretricios. —Et

행위에 전념할 때 작아지지 않는 사람은 없습니다. 따라서 꼭 그럴 필요가 없다면 어떤 현자도, 특히 어떤 통치자도 결코 행동하려고 아래로 내려가지 않습니다. 그레고리우스의 『사목규칙서』에 따르면, "능력이 없는 사람은 강요받지 않아도 마지못해 능력이 있는 것에 다가가기"[39] 때문입니다. 무엇 때문에 그렇습니까? 이로부터 가장 큰 조명의 빛, 즉 명상의 빛이 약해지기 때문입니다.

19. 그런데 그와 반대로 신부가 신랑을, 질료가 형상을, 추한 것이 아름다움을 갈망하듯이[40] 영혼은 충분히 명상함으로써 하나가 되기를 욕구합니다. 그리고 영혼의 반구(半球)가 온통 빛으로 충만하다면, 인간은 외적으로 완전히 볼품없게 되고, 이렇게 되면 그는 말이 없는 사람이 됩니다. 이때 「아가」에 있는 "내가 가무잡잡하다고 빤히 보지 말아요. 햇볕에 그을렸을 뿐이니까요"[41]라는 말이 참이 됩니다. 왜냐하면 이때 그는 내적인 조명과 특히 결합하기 때문입니다. 그러므로 「탈출기」에서는 "주님께서 이 종에게 말씀하시는 지금도 그러합니다. 저는 입도 무디고 혀도 무딥니다"[42]라고 합니다. 유사하게 강한 남자인 야곱, 즉 이스라엘은 천사와 씨름할 때 힘이 셌지만 그의 엉덩이 신경이 마비되어서 절름발이가 되었습니다.[43] 왜냐하면 이 명상이 가장 높이 있는 태양과 결합할 때 [이 명상은] 영혼을 인간에 있어 저속한 것으로 만들기 때문입니다. ― 이 명상은 여자의 장식품을 찾지 않고 매춘부의 장식품을 찾지도 않았던 자연적인 아름다움에 만족한[44] 에스테르입니다. ― 그리고 주님

---

39 Gregorius, *Liber regulae pastoralis*,1:9: "Inter haec itaque quid sequendum est, quid tenendum, nisi ut virtutibus pollens coactus ad regimen veniat, virtutibus vacuus ne coactus accedat?"

40 Aristoteles, *Physica*, I, c.9, 192a 22-25.

41 「아가」1:6.

42 「탈출기」4:10.

43 「창세기」32:24 이하.

44 「에스테르기」2:15.

dicebat: quia dico vobis, quod nunquam qui vult apparere potest venire ad contemplationem.

20. Tertio comparatur lunae propter refulgentiam ordinatam. Ecclesiasticus: Vas castrorum in firmamento caeli resplendet; dicitur de luna. Omnia enim, quae sunt in Ecclesia, sunt secundum rationem ordinis ordinata et robusta seu indissipabilia et iucunda. — Propter primum dicitur: Vas castrorum in firmamento caeli, quia terribilis est, ut castrorum acies ordinata. Quid videbis in Sulamite nisi choros castrorum? Quia iste ordo totus est ad pugnandum contra universitatem hostium. —Item, habet iucunditatem; ideo dicit resplendet. Et haec est gloria, quae est formositas cum iucunditate; unde et divites ostendunt gloriam suam, incedendo in gloria vestium et laetitia, sicut in nuptiis et festis.

21. Haec est secunda pars contemplationis, considerare scilicet Ecclesiam, secundum quod est supervestita figuris et theoriis, et secundum quod est illustrata a sole, et secundum quod est ordinata ad pugnandum; et sic habetur luna in firmamento animae, ut consideratur per theologiam symbolicam, per theologiam mysticam, per theologiam proprie dictam.

은 이렇게 말씀하십니다. "내가 너희에게 말한다. 눈에 띄길 원하는 사람은 결코 명상에 도달하지 못한다."

20. 세 번째로 교회는 질서 정연한 광채 때문에 달에 비교됩니다. 「집회서」에서 "높은 곳에 진을 친 만군의 등대가 되어 하늘 창공에서 빛을 뿜어낸다"[45]라고 하는 것은 달에 대한 말입니다. 사실 교회에 있는 것은 모두 질서의 근거에 따라 배열되고 견고한 것, 흩어질 수 없는 것, 흥겹게 하는 것입니다. — 첫 번째 것 때문에 "높은 곳에 진을 친 만군의 등대"라고 언급됩니다. 왜냐하면 일사불란하게 사열된 군대의 전열처럼 두려움을 자아내기[46] 때문입니다. "너희는 어찌하여 술람밋이 두 줄 윤무를 추기라도 하는 듯 바라보느냐?"[47] 왜냐하면 이 질서 전체는 전투를 위해 적군 전체에 마주해 있기 때문입니다. — 또한 이 질서는 유쾌함을 지니고 있고, 따라서 '그것은 빛난다'고 칭해집니다. 그리고 이 유쾌함은 유쾌함을 지닌 아름다움인 영광입니다. 이렇게 부자들은 결혼식과 축제 때처럼 아름다운 옷을 입고 환호하며 그들의 영광을 드러냅니다.

21. 어떻게 표상과 이론으로 뒤덮여 있는지, 태양에 의해 조명되고 있는지, 싸우기 위해 전열이 정렬되어 있는지에 따라 교회를 생각하는 것이 명상의 두 번째 부분입니다. 상징신학, 신비신학, 그리고 고유한 것으로 언급된 신학에 의해 숙고되듯이 달은 이렇게 영혼의 기반에서 취해집니다.

---

45 「집회서」 43 : 8.
46 「아가」 6 : 3.
47 「아가」 7 : 1.

22. Tertia pars contemplationis est in consideratione mentis humanae hierarchizatae; et haec intelligitur per stellas sive per lucem stellarum, quae quidem habet radiationem mansivam, decoram et iucundam. Anima, quae habet haec tria, est hierarchizata.

23. De radiatione mansiva, quae est in anima hierarchizata, dicitur in libro Iudicum: Stellae, manentes in ordine et cursu suo, pugnaverunt contra Sisaram. Sucut enim stellae sunt fixae in caelo, sic oportet quod contemplativus sit fixus et mansivus, non vacillans nec habens oculos tremulos, sed aquilinos. Unde Dionysius: Habens oculos, scilicet investigationis rationis, debet esse fixus, fixione siderea manens. Non manet autem, nisi habeat cursum et ordinem, ordinem scilicet hierarchicorum graduum et virtutum, et postmodum currat incessanter per illos de virtute in virtutem; et hoc est pugnare contra diabolum. Mens enim fixa in stabilitate graduum hierarchicorum et virtutum non est otiosa, sed dormit homo exterius et vigilat interius; hoc autem est hominum vivacium, stabilitorum in fatigabiliter. Hae considerationes faciunt animas robustas.

24. Item, habet radiationem decoram. Unde Ecclesiasticus: Species caeli gloria stellarum. Caeli sunt animae caelestes, speciosae, decorae; sed in gloria stellarum, scilicet in gloriosa refulgentia, quae consistit in consideratione decora. Unde debet esse manens

22. 명상의 세 번째 부분은 위계로 나뉜 인간 정신의 숙고에 있습니다. 그리고 이 부분은 별들에 의해 또는 별빛에 의해 인식되며 사실 머무는, 장식하는 그리고 쾌적한 빛을 갖고 있습니다. 이 세 가지를 갖는 영혼은 위계로 나뉩니다.

23. 위계로 나뉜 영혼에 있는 광채에 대해서 「판관기」에서는 "하늘에서는 별들도 싸웠네. 자기들의 궤도에서 시스라와 싸웠네"[48]라고 합니다. 별들이 하늘에 고정되어 있듯이 명상하는 사람들도 지속적으로 그리고 방황하거나 흔들리는 눈빛 없이 독수리의 눈을 갖고 확고하게 있어야 합니다. 그러므로 디오니시우스는 "탐구하는 이성의 눈을 갖고 있는 사람은 천체의 섭리에 안배되어 확고하게 머물러 있어야 한다"[49]라고 말합니다. 이런 사람이 방향과 질서를, 다시 말해서 위계의 단계와 탁월성의 질서를 갖고 있지 않다면 그는 [한곳에] 머물지 않고, 끊임없이 이것들을 통해 "더욱더 힘차게 나아갑니다."[50] 그리고 이것은 악마에 대항해 싸운다는 것입니다. 위계의 단계와 덕의 지속성에 고정되어 있는 정신은 활동적이고 인간은 외적으로 잠자고 있지만 내적으로 깨어 있습니다.[51] 그런데 이런 정신은 활기찬 사람과 지칠 줄 모르고 지속적으로 나아가는 사람에게 어울립니다. 이런 숙고는 강건한 영혼을 만듭니다.

24. 또한, 직관하는 사람은 장식하는 광선을 갖고 있습니다. 따라서 「집회서」에서는 "하늘의 아름다움은 별들의 영광이고"[52]라고 합니다. 하늘은 수려하고 치장한 천상의 영혼입니다. 그러나 하늘은 성좌의 영광에, 다시 말해서 아름다운 것을 바라보는데 있는 영광스러운 반사에 있

---

48 「판관기」 5:20.
49 위 디오니시우스, 「천상위계론」 제1장, 제2절, 앞의 책, 2007.
50 「시편」 84:8.
51 「아가」 5:2: "나는 잠들었지만 내 마음은 깨어 있었지요."
52 「집회서」 43:10; 아우구스티누스, 앞의 책, 2005, 제10권 [34, 53].

in Deo, crescens de virtute in virtutem, ut attentissime attendat ad illos fulgores, ut, si dormiat, cor suum vigilet perspicaciter. Multi enim sunt, qui amant pulcritudinem; pulcritudo autem non est in exterioribus, sed ipsius effigies; vera autem pulcritudo est in illa pulcritudine sapientiae.

25. Tertio assimilatur luci stellarum propter radiationem iucundam. Baruch: Stellae dederunt lucem in custodiis suis et laetatae sunt, vocatae sunt et dixerunt: Adsumus, et luxerunt cum iucunditate ei qui fecit illas. His anima comparatur, quando vocatur a Deo per inspirationem, et ipsa currit per desiderium; in Psalmo: Laetatus sum in his quae dicta sunt mihi: in domum Domini ibimus. Gaudete, quia nomina vestra scripta sunt in caelis; quia ex gaudio in illis illuminationibus nascitur lumen indeficiens. Psalmus: Ex ore infantium et lactentium perfecisti laudem. Quoniam videbo caelos tuos, opera digitorum tuorum, lunam et stellas, quae tu fundasti: quae radiant radiatione mansiva, contemplativa et hierarchica; sed debet esse cum virtute, cum decore, cum iucunditate. Unde in Cantico: Pulcra es, amica mea, suavis et decora: quia iucunda, ideo

는 영혼입니다. 그러므로 명상하는 사람은 하느님 안에 머문 채 있어야 하고 '더욱더 힘차게 나아가는' 가운데 있어야 합니다. 그래서 그는 가장 주의 깊게 저 광선에 주목하고 그가 잠자고 있다 해도 그의 마음은 명민하게 깨어 있어야 합니다. 사실 아름다움을 사랑하는 사람은 많습니다. 그런데 아름다움은 외적인 사물에 있지 않고 그 자체의 형상이 아름다운 것입니다. 그러나 참된 아름다움은 지혜의 아름다움입니다.

25. 셋째, 명상은 즐겁게 만드는 광선 때문에 별들의 빛에 유사합니다. 「바룩서」에서 "별들은 때맞추어 빛을 내며 즐거워한다. 그분께서 별들을 부르시니 "여기 있습니다" 하며 자기들을 만드신 분을 위하여 즐겁게 빛을 낸다"[53]라고 합니다. 영혼은 영감에 의해 하느님으로부터 부름을 받고 욕구에 의해 하느님께 달려갈 때 별들과 비교됩니다. 「시편」에서는 "'주님의 집으로 가세!' 사람들이 나에게 이를 제 나는 기뻤네"[54]라고 합니다. 꺼지지 않는 빛이 저 조명들 안에서 환호하며 생겨나므로[55] (영들이 너희에게 복종하는 것을 기뻐하지 말고) "너희 이름이 하늘에 기록된 것을 기뻐하라"[56]라고 합니다. 「시편」에는 또 이렇게 쓰여 있습니다. "아기와 젖먹이들의 입에서 나오는 것으로 당신께서는 요새를 지으셨습니다. 우러러 당신의 하늘을 바라봅니다. 당신 손가락의 작품들을 당신께서 굳건히 세우신 달과 별들을."[57] 달과 별들은 지속적인, 명상하게 하는, 그리고 위계에 따른 빛으로 비춥니다. 그러나 달과 별은 덕으로 치장하고 즐거워해야 합니다. 그러므로 「아가」에는 "내 영혼아, 너는 아름답고 달콤하며 치장하고 있다"[58]라고 합니다. 즐겁기 때문에 달콤합니다. 치장했

---

53 「바룩서」 3:34 이하.
54 「시편」 122:1.
55 「집회서」 24:6: "Ego feci in caelis, ut oriretur lumen indeficiens." 우리말 성경에는 이 부분이 빠져 있다.
56 「루카복음서」 10:20.
57 「시편」 8:3 이하.
58 「아가」 6:3. 우리말 성경에는 제6장 제4절에 비슷한 구절 "나의 애인이여, 그대는 티

suavis; quia decora, ideo pulcra; quia mansiva, ideo terribilis ut castrorum acies ordinata.

26. Fecit ergo Deus die quarta solem et lunam et stellas, quia Deus dedit animae, ut habeat considerationem sui ipsius et Ecclesiae militantis et caelestis monarchiae. In Cantico: Quae est ista quae ascendit quasi aurora consurgens, pulcra ut luna, electa ut sol, terribilis ut castrorum acies ordinata. Aurora est, quando consurgit in considerationem sui; luna, in considerationem Ecclesiae militantis; sol, quando in Deum absorbetur; et ex his est terribilis ut castrorum acies ordinata.

27. De viro contemplativo dicitur in laudem Simonis, Oniae filii, in Ecclesiastico: Quasi stella matutina in medio nebulae et quasi luna plena in diebus suis lucet et quasi sol refulgens; sic ille refulsit in templo Dei, quasi arcus refulgens inter nebulas gloriae. — Stella in consideratione proprii adornatus, sed in medio nebulae propter humilitatem, quae est necessaria viro contemplativo; non sit ut lucifer, sed ut magis dicat: Quoniam tu illuminas lucernam meam, Domine; Deus meus illumina tenebras meas. — Quasi luna per considerationem Ecclesiae militantis, considerando eius principium, medium et finem. Unde non habetur illuminatio, nisi quando Ecclesia consideratur secundum sua tempora; Rachel adhuc concipiet et parturiet, et

기에 아름답습니다. 광대하기에 "기를 든 군대처럼 두려움까지 자아냅니다."[59]

26. 하느님은 나흘날 태양과 달과 별들을 만드셨습니다. 하느님께서 이들을 영혼에게 주셨기에 영혼은 그 자신을 숙고하고 또한 호전적인 교회와 천상왕국을 숙고합니다. 「아가」에서는 "새벽빛처럼 솟아오르고 달처럼 아름다우며 해처럼 빛나고 기를 든 군대처럼 두려움을 자아내는 저 여인은 누구인가?"[60]라고 합니다. 그 여인은 새벽빛입니다. 그녀가 고양(高揚)해서 자신을 숙고할 때, 그 여인은 호전적인 교회의 숙고에서 달이고, 하느님 안에 흡수될 때 그녀는 태양입니다. 그리고 이런 모든 것들로부터 그녀는 기를 든 군대처럼 두려움까지 자아냅니다.

27. 「집회서」에서는 명상하는 사람에 대해서 오니아스의 아들인 시몬을 칭찬하면서 이렇게 말합니다. "그는 구름 사이에서 비치는 새벽별 같고 축제일의 보름달 같았으며 지극히 높으신 분의 성전을 비추는 해와 같고 영광의 구름 사이에서 빛나는 무지개와도 같았다."[61] — 자기의 고유한 치장을 바라보는 별, 그럼에도 명상하는 사람에게 필수적인 겸손 때문에 구름 사이에 있는 별은 루시퍼처럼 있지 않고 오히려 — 마치 교회의 시작이며 중간이며 끝을 숙고하는, 또 호전적인 교회에 대해 숙고할 때 있는 달처럼 — "주님, 정녕 당신께서 저의 등불을 밝히십니다. 저의 하느님께서 저의 어둠을 밝혀주십니다"[62]라고 합니다. 따라서 교회가 자기의 시간에 적합하게 숙고되지 않을 때 교회는 조명되지 않습니다.

르차처럼 아름답고"가 실려 있다.

59 「아가」6:4.
60 「아가」6:9. 불가타 성경에는 'ascendit' 대신 'progreditur'로 되어 있다. 우리말 성경은 제6장 제10절이다.
61 「집회서」50:6-8.
62 「시편」18:29.

Beniamin nascetur. — Sicut sol refulsit, quando scilicet elevata est in contemplatione Dei. — Et tunc est sicut luna plena, quando istos splendores pulcherrimos et praeclaros ab illa praeclara luce suscipit; et tunc talis anima est sicut arcus, quia reconciliatrix Dei et hominis, sicut lumina portabat Moyses a Deo ad populum. [Sicut arcus refulgens, scilicet ex famosis meritis et apud Deum pretiosis Deum hominibus, homines Deo contemplans conglutinat. Hoc debet facere famulus Dei dicendo: Domine, dimitte huic populo peccatum aut dele me de libro vitae, in quo me disposuisti.]

28. De hoc Ioannes in Apocalypsi: Vidi signum magnum in caelo: mulier amicta sole, et luna sub pedibus eius, et in capite eius corona duodecim stellarum. Prima visio est de candelabris et filio hominis et septem stellis; secunda de septem sigillis; tertia de Angelis tuba canentibus; quarta, quando apertum est templum, et signum magnum apparuit de muliere amicta. In prima manifestatur fulgor ordinis praesidentium; in secunda, fulgor pugnantium ut martyrum; in tertia, fulgor docentium, per clangorem tubae; in quarta, fulgor contemplantium, qui habent solem et lunam et

라헬이 또한 임신해서, 해산하게 되었는데 산고가 심하였습니다. 그리고 벤야민이 태어났습니다.[63] ― 명상하는 사람이 하느님에 대한 명상으로 들어올려질 때 태양이 빛났듯이. ― 그가 가장 아름답고 빛나는 저 광채를 저 빛나는 빛으로부터 받아들일 때 그는 보름달처럼 있습니다. 마치 모세가 빛을 하느님으로부터 백성에게 가져왔듯이[64] 무지개는 하느님과 인간의 중재자이기 때문에,[65] 그때 이런 영혼은 무지개처럼 있습니다. [마치 명상하는 자가 명예로운 공적에 의해, 그리고 하느님의 곁에 있는 소중한 사람들을 하느님을 명상하는 사람들에 결합할 때 빛나는 무지개처럼. 하느님의 일꾼은 자신이 "주님, 그들의 죄를 부디 용서해 주시기 바랍니다. 그렇게 하시지 않으려거든, 당신께서 기록하신 책에서 제발 저를 지워주십시오"[66]라고 말할 때 이 일을 이루어야 합니다.]

28. 「요한묵시록」에서 이에 대해 "하늘에 큰 표징이 나타났습니다. 태양을 입고 발밑에 달을 두고 머리에 열두 개 별로 된 관을 쓴 여인이 나타난 것입니다"[67]라고 합니다. 첫 번째 환영은 등잔대와 사람의 아들과 일곱 별에 대한 것[68]이고 두 번째 환영은 일곱 봉인에 대한 것[69]이며 세 번째 환영은 나팔을 부는 일곱 천사에 대한 것[70]이고 네 번째 환영은 하느님의 성전이 열리고 망토를 걸친 여인의 위대한 표징이 드러나는 것에 대한 것입니다.[71] 첫 번째 환영에서는 앞에 서 있는 분의 위계의 광휘가, 두 번째 환영에서는 순교자 같은 전투자의 광휘가, 세 번째 환영에서

---

63 「창세기」35 : 16 이하.

64 「탈출기」24 : 3 이하; 32 : 15; 34 : 29; 32 : 31 이하 참조.

65 「창세기」9 : 13 참조.

66 「탈출기」32 : 32.

67 「요한묵시록」12 : 1.

68 「요한묵시록」1 : 12 이하.

69 「요한묵시록」5 : 1.

70 「요한묵시록」8 : 6.

71 「요한묵시록」11 : 19; 12 : 1.

stellas.—Ex consideratione caelestis monarchiae est amicta sole, quia est principale.—Sed quando descendit anima ad considerationem Ecclesiae militantis, habet lunam sub pedibus, non ad conculcandum, sed quia se fundat et sustentat super Ecclesiam. Nec enim est anima contemplativa, nisi per Ecclesiam sustentetur quasi super basim.—Post considerationem hierarchicarum illuminationum est quasi habens stellas duodecim. Stellae sunt duodecim mysteria reseranda, quae per duodecim signationes in futuro significantur, quae sunt signationes electorum.

29. Nota, quod duodecim signationes sunt sub sexto sigillo et sub sexto Angelo, et mensuratio civitatis et ostensio civitatis et apertio libri; et sexto Angelo, scilicet Philadelphiae, qui interpretatur, conservans hereditatem, dictum est de clave David, et de quo dicitur: Qui vicerit scribam super eum nomen meum et nomen civitatis novae Ierusalem.—vide, quod adhuc non fecerat mentionem de civitate—hoc est, dabo notitiam Scripturarum isti sexto Angelo; sed amaricabitur venter eius, et in ore eius erit dulce tanquam mel. Et iste ordo intelligitur per Ioannem, cui dictum est: Sic eum volo manere, donec veniam.

는 나팔소리가 울려퍼질 때 스승의 광휘가, 네 번째 환영에서는 태양과 달과 별을 지닌 명상하는 사람의 광휘가 드러납니다. — 태양이 가장 중요한 것이므로 천상 왕국에 대한 숙고에서 태양을 입고 있습니다. — 그런데 영혼이 호전적인 교회를 숙고하기 위해 하강할 때, 영혼은 교회를 부수기 위해서가 아니라 교회 위에 자신을 세우고 지탱하기 위해서 달을 밟고 있습니다. 사실 명상하는 영혼은 마치 반석 위에서 지탱되듯 교회에 의해 지탱됩니다. — 위계에 따른 조명을 숙고한 다음 영혼은 열두 개의 별을 갖고 있는 것 같습니다. 별들은 미래에 열두 개의 표징으로 표시되는, 선택된 사람의 표징인 개봉되어야 할 열두 개의 신비입니다.

29. 열두 개의 표징은 여섯 개의 봉인과 여섯 천사 아래 있다는 점에 주목하십시오.[72] 도시의 측량과 도시의 제시와 책의 개봉에 주목하십시오. 그리고 여섯 번째 천사가, 다시 말해서 유산의 보존자라고 해석되는 필라델피아 교회의 천사가 다윗의 열쇠에 대해 언급하고, 그에 대해 이렇게 기록하고 있습니다. "승리하는 사람에게 새 예루살렘의 이름과 나의 새 이름을 새겨주겠다."[73] — 보라, 아직 도시에 대해 언급되지 않았소. — 다시 말해서 나는 이 여섯 천사에게 성경에 대한 지식을 줄 것입니다. 그러나 "이것이 네 배를 쓰리게 하겠지만 입에는 꿀같이 달 것이다."[74] 요한이 이 질서를 인식하는데, [예수님께서는] 그에게 "내가 올 때까지 그가 살아 있기를 바란다"[75]라고 말씀하십니다.

---

72 「요한묵시록」 7:4-9; 6:12 이하; 9:14 이하; 21:9 이하; 11:2 이하; 3:12 참조; 10:2 참조. 이들 부분에서 언급한 모든 것에 대해서는 강연 23, 14~15 참조.
73 「요한묵시록」 3:7·12.
74 「요한묵시록」 10:9.
75 「요한복음서」 21:22.

30. Et dicebat, quod malignitatibus latrantium necesse est impleri hoc sexto tempore, in quo fecit Deus hominem ad imaginem et similitudinem suam. Et addebat: Videte vocationem vestram, quia magna est. Et dicebat, quod malignitatibus ipsorum iudicium Deus pauperibus tribuet, ut sint iudicantes duodecim tribus Israel; et in hac vita talibus debetur contemplatio. Contemplatio non potest esse nisi in summa simplicitate; et summa simplicitas non potest esse nisi in maxima paupertate; et haec est huius ordinis. Intentio beati Francisci fuit esse in summa paupertate. — Et dicebat, quoniam multum retrocessimus a statu nostro, et ideo permittit nos Deus affligi, ut per hoc reducamur ad statum, qui debet habere terram promissionis. Magna promisit Deus Israeli, et magni ex illis electi sunt, ut Apostoli sui. — Iudaei fuerunt excaecati, isti fuerunt illustrati; sed illi dederunt se carni; quidam volunt dare loculos Christo. — Nota etiam, quod pauci intraverunt terram promissionis; et illi qui dissolverunt cor populi, non introierunt.

30. 그리고 그[76]는 울부짖는 사람의 악행으로 이 여섯 번째 (마지막) 시간이 반드시 가득 채워져야 한다고 말합니다. 이 시간에 하느님께서는 하느님과 비슷하게 하느님의 모습으로 사람을 만드셨습니다.[77] 그리고 그는 덧붙입니다. "여러분이 부르심을 받았을 때를 생각해 보십시오."[78] 왜냐하면 그는 위대하신 분이기 때문입니다. 그리고 그는 "하느님은 그의 심판에 의해 악인은 살려 두지 않으시고 가련한 이들의 권리는 보장하십니다.[79] 그래서 그들이 이스라엘의 열두 지파를 심판할 것입니다"[80]라고 합니다. 그리고 명상은 이런 삶에 주어집니다. 명상은 가장 단순한 것에 있지 않으면 있을 수 없고, 가장 단순한 것은 가장 가난한 것에 있지 않으면 있을 수 없습니다. 그리고 이것이 우리 수도회의 지향입니다. 복된 프란체스코는 가장 가난한 것을 지향합니다. ― 그리고 그는 "우리 상황에서 우리가 멀리 되돌아왔기에 하느님은 우리가 괴롭힘을 당하도록 허용하셨다"라고 말합니다. 이것에 의해 우리는 약속의 땅을 가져야 하는 상태로 되돌아갑니다. 하느님은 이스라엘에게 위대한 것을 약속하셨고 그의 사도들처럼 이들로부터 위대한 자들이 선택되었습니다. ― 유대인들은 현혹되었고, 조명되었습니다. 그러나 유대인들은 육체에 굴복했습니다. 몇몇 사람은 그리스도에게 돈주머니를 주려고 했습니다. ― 아주 적은 사람만이 약속의 땅에 들어간다는 것을 기억하십시오. 그리고 백성의 마음을 녹여 약하게 하는 사람들은 그 땅에 들어가지 못합니다.[81]

---

76 보나벤투라를 말한다.
77 「창세기」 1 : 26.
78 「코린토 신자들에게 보낸 첫째 서간」 1 : 26.
79 「욥기」 36 : 6.
80 「루카복음서」 22 : 30.
81 「여호수아기」 14 : 8.

De quarta visione tractatio secunda,
quae specialiter agit de primo obiecto intelligentiae
per contemplationem suspensae,
nempe de consideratione hierarchiae caelestis

1. Fecit Deus duo magna luminaria etc.. Dictum est, quod contemplatio consistit in luculenta consideratione caelestis monarchiae, in luculenta consideratione militantis Ecclesiae, in consideratione luculenta mentis humanae hierarchizatae sive hierarchice ordinatae. Prima intelligitur per solem, secunda per lunam, tertia per stellas. Primo dicendum de sole.

2. Sol aeternus, Pater et Filius et Spiritus sanctus, est vigens, fulgens, calens: Pater est summe vigens; Filius, summe fulgens; Spiritus sanctus, summe calens. Pater, lux vigentissima; Filius, splendor pulcherrimus et fulgentissimus; Spiritus sanctus, calor ardentissimus. Sicut iste sol cuncta vivificat, cuncta illustrat, cuncta calefacit; et sicut ista tria: vigor, splendor, calor, sunt unus sol, et tamen habent distinctionem nec sunt tres soles: sic Pater et Filius et

넷째 날의 봄인 특히 고양된 직관을 통한
지성의 첫 번째 대상에 대한 두 번째 강연.
천상의 위계에 대한 직관을 다루는 강연

1. "하느님께서는 큰 빛물체 두 개를 만드시어, 그 가운데에서 큰 빛물
체는 낮을 다스리고 작은 빛물체는 밤을 다스리게 하셨다."[1] 명상은 하
늘 왕국에 대한, 호전적인 교회에 대한, 단계지어진 또는 질서 정연한 인
간 정신에 대한 분명한 숙고에 있다고 언급되었습니다. 첫 번째 숙고는
태양을 통해, 두 번째 숙고는 달을 통해, 세 번째 숙고는 별들을 통해 인
식됩니다. 먼저 태양에 대해 언급해야 합니다.

2. 영원한 태양인 성부와 성자와 성령은 활력을 주고 빛나며 뜨겁게
합니다. 성부는 가장 활력적이고 성자는 가장 빛나며 성령은 가장 뜨겁
게 합니다. 성부는 가장 활력적이고 성자는 가장 아름답고 가장 빛나는
광채이고 성령은 가장 뜨거운 열입니다. 저 태양이 모든 것을 생기 넘치
게 하고 모든 것을 조명하고 모든 것을 뜨겁게 하듯이, 저 세 가지인 활
력과 광채와 열이 하나의 태양이고 셋으로 구분된다고 해도 세 개의 태

---

1 「창세기」 1:16.

Spiritus sanctus unus Deus. Et sicut vigor est splendens et calens, splendor est vigens et calens, calor vigens et splendens in isto sole visibili; sic Pater est in se et in Filio et in Spiritu sancto, et Filius est in Patre et in se et in Spiritu sancto, et Spiritus sanctus est in Patre et in Filio et in se secundum rationem circumincessionis, quae notat identitatem cum distinctione.

3. In hac consideratione est quaedam ratio exemplaritatis divinae respectu omnium illuminationum; sed quaedam illuminatio respondet Patri, secundum quod est in se ipso; et alia, secundum quod est in Filio; et alia, secundum quod est in Spiritu sancto. — Et alia est Filii, ut est in se ipso; alia, ut est in Patre; et alia, ut est in Spiritu sancto. — Et alia est Spiritus sancti, ut est in se; et alia, ut est in Patre; et alia, ut est in Filio. — Et secundum hunc numerum novenarium habent illuminationes esse. Hae illuminationes habent esse in consideratione Patris et Filii et Spiritus sancti in se ipsis, et sunt tres; et aliae, in ipsis ut ad invicem relatis, et sunt sex; et ita sunt novem. [Secundum has sex comparationes personarum ad invicem dictum est sex vicibus: Dixit Deus: fiat, et factum est in operibus sex dierum.]

4. Intelligendum ergo, quod de Deo trino et uno fiunt appropriationes proprietatum essentialium appropriatarum secundum hunc numerum novenarium. Quaedam respiciunt Trinitatem ut originans principium, quaedam ut gubernans medium, quaedam ut finale complementum, ut beatificans omnia, scilicet beatificabilia.

양이 있는 것이 아니듯이 성부와 성자와 성령은 한 하느님이십니다. [우리가] 볼 수 있는 저 태양이 활력적으로 빛나고 열을 내고, 광채를 활력적으로 만들고 열을 내고, 열이 생기 있게 만들고 빛나듯이, 이렇게 구분되어 있지만 동일하다고 하는 성삼위의 상호내재성의 근거에 따라 성부는 그 자신과 성자와 성령 안에, 성자는 성부와 그 자신과 성령 안에, 그리고 성령은 성부와 성자와 그 자신 안에 계십니다.

3. 모든 조명의 측면에서 하느님의 범형의 어떤 근거가 이 생각에 기반하고 있습니다. 그런데 어떤 조명은 성부에 상응하고, 따라서 성부 자신 안에 있습니다. 또 어떤 조명은 그것에 따라 성자 안에 있습니다. 또 다른 조명은 그것에 따라 성령 안에 있습니다. — 다른 조명은 성자에 상응해서 성자 안에 있습니다. 다른 조명은 성부 안에, 또 다른 조명은 성령 안에 있습니다. — 또 다른 조명은 성령의 조명이고 성령 안에 있습니다. 또 다른 조명은 성부 안에 있습니다. 그리고 또 다른 조명은 성자 안에 있습니다. 조명은 이 아홉 개의 조명에 상응해서 존재합니다. 이 조명은 성부와 성자와 성령에 대한 숙고 자체 안에 존재하고, 이 존재는 세 개입니다. 그리고 다른 조명은 상호 관계가 있듯이 자신 안에 존재를 갖고 있는데, 이 존재는 여섯 개입니다. 그리고 이렇게 존재가 아홉 개 있습니다. [인격에 대한 이 여섯 개의 상호 비교에 따라] 하느님께서 "되어라, 그리고 6일 동안의 작업에서 이루어졌다"[2]라고 말씀하셨다는 것이 여섯 번 언급되었습니다.

4. 따라서 이 아홉 개의 수에 따라 셋이며 하나인 하느님에게 고유한, 하느님께 귀속되는 본질이 생긴다는 것을 인식해야 합니다. 어떤 사람은 삼위일체를 생성하는 시작으로 보고, 어떤 사람은 조종하는 매개자로 보고, 어떤 사람은 최종적인 보완으로, 모든 것을 복되게 하는 것으로, 즉

----

2 「창세기」1:3.

Unde Trinitas est sol universorum principiativus, gubernativus, consummativus vel beatificativus.

5. Secundum quod est origo originans, sic sunt tria appropriata, scilicet potentia, sapientia, voluntas. Haec tria sunt necessaria principio originanti. Sapientia enim fundatur in aliqua potentia. Si enim potentiam non haberet, nihil posset producere. Si haberet potentiam, et sapientiam non haberet; non produceret sapienter, quia potentia sine sapientia praeceps est. Item, si haberet potentiam et sapientiam, et nollet; tunc aut nihil produceret, aut invitus esset, et sic esset miser. Et sic patet, quod voluntas reducit principium in actum. —Et quia in his etiam est ratio principiationis aeternae, ideo appropriantur haec tria ipsis, non solum ut principium originans aliorum, sed etiam respectu personarum. [Ista sicut se invicem praesupponunt, ita etiam circumplectuntur. Dico autem praesuppositionem non solum ordinis naturalis sive originis, sed coexistentiam, qua nullum istorum trium appropriatorum convenienter sine reliquo assignaretur in divinis. Habent enim se haec sic ad invicem secundum quod unum est ab alio originatum et sunt Deo attributa secundum quod habet rationem principiandi. Deus enim est omnium principium et origo, in quantum potest et scit et vult. —Haec igitur est assignatio prima proprietatum essentialium scilicet potentiae, sapientiae, voluntatis.]

6. Secunda appropriatio est soli aeterno, secundum quod est medium cuncta gubernans; et secundum hoc sunt tria appropriata, scilicet pietas, veritas, sanctitas; quia omnis gubernatio et omnis

행복을 줄 수 있는 것으로 봅니다.[3] 따라서 삼위일체는 시작하고 조종하며 완성하는 또는 행복을 주는 모든 것의 태양입니다.

5. 삼위일체가 생성하는 근원이라는 점에서 [삼위일체에] 귀속되는 세 가지가 있는데, 이들은 능력(힘), 지혜, 의지입니다. 이 세 가지는 생산하는 시작에 필수적입니다. 또한 지혜는 어떤 능력에 근거하고 있습니다. 만약 지혜가 능력이 없다면 아무것도 생산할 수 없을 것입니다. 능력은 있지만 지혜가 없다면 생산하는 근원은 아무것도 현명하게 생산할 수 없을 것입니다. 왜냐하면 지혜가 없는 능력은 위험하기 때문입니다. 또한 능력과 지혜를 갖고 있으나 원하지 않는다면 이때 근원은 아무것도 생산하지 않거나 마지못해 하고 비참하게 될 것입니다. 이렇게 근원이 행동하도록 만드는 것이 의지라는 점이 분명합니다. — 이 세 가지 안에 영원한 시작의 근거가 있기에 이 세 가지는 다른 것들을 생산하는 시작으로뿐만 아니라, 인격의 근거에서도 삼위일체에 귀속됩니다. [이들이 서로를 전제조건으로 삼듯이 이들은 서로 에워싸고 있습니다. 나는 자연적인 질서 또는 근원의 전제조건뿐만 아니라 공존을 말합니다. 공존에 의해서 이 세 가지 귀속의 어떤 것도 다른 것 없이는 신적인 것에 적절하게 배정되지 않습니다. 이 세 가지는 하나가 다른 것으로부터 생산된다는 점에서 서로 관계가 있고 시작하는 것의 근거를 갖고 있다는 점에서 하느님에 귀속됩니다. 사실 하느님은 능력과 앎과 의지를 갖고 있는 한 모든 것의 시원이며 근원입니다. — 그러므로 생산하는 근원은 본질적인 속성, 즉 능력·지혜·의지에 있는 첫 번째 요소입니다.]

6. 두 번째 귀속은 영원한 태양에 귀속되는 것인데, 이는 모든 것을 조종하는 매개자입니다. 이 귀속에는 세 가지, 즉 경건·진리·거룩함이 속합니다. 왜냐하면 모든 주재(主宰)와 모든 율법은 경건하고 참되고 거룩

---

3 Bonaventura, *Brevil.*, p.1, c.6. 다른 아홉 가지 숙고에 대해서는 강연 21, 12~15 참조.

legislatio est pia, vera, sancta; ad Romanos: Itaque Lex sancta, et mandatum sanctum et iustum et pium. Ab his enim tribus manant tres leges, nec possunt esse plures, scilicet naturae, legis scriptae et gratiae. Lex naturae appropriatur Patri, lex scripta Verbo, lex gratiae Spiritui sancto. —Lex naturae est lex pietatis. Pietas videtur inesse omni naturae, etiam insensibili. Radix enim totum, quidquid recipit, mittit ad ramos; fons quidquid haurit transmittit ad rivulos. Similiter in bestiis pietas videtur esse patris ad prolem, quia quidquid gustant et sumunt praeter necessarium, et etiam de necessario, in lac convertunt et in nutrimentum prolis. —Lex Scripturae est lex veritatis, quia est in quadam verae promissionis pronuntiatione. —Lex sanctitatis est lex gratiae; ad Romanos: Lex enim spiritus vitae in Christo Iesu liberavit me a lege peccati et mortis.

7. Per haec tria Deus trinitas, scilicet Pater, Filius et Spiritus sanctus, est pius, verus, sanctus, dans legem piam naturae, legem veram Scripturae, legem sanctam gratiae. Et per has tres gubernat mundum et secundum haec tria imprimit leges in mente rationali. Omnis enim moralis lex est secundum haec tria, sive secundum has tres; sed in lege naturae sunt minus distinctae et explicitae; in lege scripta, magis explicitae et minus perfectae; in lege gratiae, magis

하기 때문입니다. [사도는] 로마 신자들에게 "그러나 율법은 거룩합니다. 계명도 거룩하고 의롭고 선한 것입니다"[4]라고 합니다. 이 세 가지에서 세 가지 법이, 즉 자연법, 성문법, 그리고 은총의 법이 흘러나오는데 세 가지 법보다 더 많은 법은 있을 수 없습니다. 자연법은 성부에, 성문법은 말씀에, 은총의 법은 성령에 귀속됩니다. — 자연법은 자애의 법입니다. 자애는 모든 자연에, 더욱이 감각이 없는 자연에 내재해 있는 것 같습니다. 뿌리는 무엇을 받아들이든 모두 가지에 보냅니다. 샘의 원천은 물을 얼마나 긷든지 모두 작은 개울로 보냅니다. 비슷하게 동물에 있어서도 새끼들에 대한 자애심은 수컷에게 속하는 것 같습니다. 왜냐하면 동물들은 무엇이든 먹고 필수적인 것 이외에도 먹으며 더욱이 필수적인 것을 젖으로, 새끼들의 양식으로 바꾸기 때문입니다. — 성문법은 진리의 법입니다. 왜냐하면 그것은 어떤 참된 약속의 선포에 있기 때문입니다. — 거룩함의 법은 은총의 법입니다. 「로마 신자들에게 보낸 서간」에서 사도는 "그리스도 예수님 안에서 생명을 주시는 성령의 법이 나를[5] 죄와 죽음의 법에서 해방시켜 주었기 때문"[6]이라고 합니다.

7. 이 세 가지 법을 통해서 삼위이신 하느님, 즉 성부·성자·성령은 자애롭고 참되며 거룩합니다. 하느님은 자연에 자애로운 법을, 성경에 참된 법을, 은총에 거룩한 법을 부여합니다. 그리고 이 세 가지 법을 통해서 그는 세상을 조종하고 이 세 가지에 적합하게 이성적인 정신에 법을 새겨넣습니다. 도덕적인 모든 법은 이 세 가지에 따라 있거나 세 가지 법에 따라 있습니다. 그런데 자연법은 좀 덜 구분되고 덜 명시적입니다. 성문법은 더 명시적이고 아주 완전하지 않습니다. 은총의 법은 더 명시적이고 더 완전합니다. 주님은 "나는 율법을 폐지하러 온 것이 아니라 오히

---

4 「로마 신자들에게 보낸 서간」 7:12. 불가타 성경에는 'pium'이 아니라 'bonum'으로 되어 있다. 세 가지 법에 대해서는 강연 15, 20 참조.
5 불가타 성경에는 '나를'이 아니고, '그대를'이라고 되어 있다.
6 「로마 신자들에게 보낸 서간」 8:2.

explicitae et perfectae: unde dicit Dominus: Non veni solvere Legem, sed adimplere. — Et secundum haec tria Deus est pius cultor sui, verus professor sui, sanctus amator sui; et quaelibet persona habet se ad se pie, vere, sancte et ad alteram: ut Pater pie ad se, pie ad Filium, pie ad Spiritum sanctum, et vere et sancte, et sic de aliis.

8. Et ex hoc, quod est sui pius cultor, sui verus professor, sui sanctus amator, descendit de caelis triplex radius in mentem secundum tria mandata primae tabulae. Nam creatura debet se habere ad Deum pie, vere, sancte: pie Deum colere, et sic primum praeceptum: Non adorabis deos alienos, sed unum solum; vere Deum profiteri: Non assumes nomen Dei tui in vanum; sancte Deum amare: Memento, ut diem Sabbati sanctifices. Haec tria ille sol imprimit in supremam partem animae. — Et quia inferior informatur ex superiori et datur sibi in adiutorium; ideo necesse est, ut inferior habeat praecepta, per quae conformetur superiori, ut pie, vere, sancte se habeat: pie ad superiores, maxime ad parentes, et sic: Honora patrem tuum et matrem tuam: vere et iuste ad pares, et sic: Non

려 완성하러 왔다"[7]라고 합니다. ─ 이 세 가지에 따라 하느님은 그 자신의 경건한 숭배자, 참된 고백자, 거룩한 애모자(愛慕者)이십니다. 각 위격은 그 각각에 대해 자애롭게 참되게 거룩하게 있고 다른 위격에 대해서도 이렇게 있습니다. 예를 들어 성부는 자신에 대해, 성자에 대해, 성령에 대해 자애롭게 계시고 또한 참되고 거룩하게 계십니다. 그리고 성자와 성령에 있어서도 이와 같습니다.

8. 자신의 경건한 숭배자이고 참된 고백자이며 거룩한 애모자라는 사실로부터 첫째 판의 세 계명에 따라 세 개의 광선이 하늘에서 정신으로 내려옵니다. 왜냐하면 피조물은 하느님에 대해 경건하고 참되고 거룩하게 있어야 하기 때문입니다. 하느님을 경건하게 숭배함이 첫 번째 계명입니다. "너는 다른 신들을 섬겨서는 안 된다."[8] 오직 한 분 하느님만을 섬겨야 합니다. 또 하느님을 진실하게 믿어야 합니다. "주 너의 하느님의 이름을 부당하게 불러서는 안 된다."[9] 하느님을 거룩하게 사랑해야 합니다. "안식일을 기억하여 거룩하게 지켜라."[10] 저 태양은 이 세 가지를 영혼의 가장 높은 부분에 새겨놓았습니다. ─ 위에 있는 사람이 아래에 있는 사람을 형성하고 그 사람에게 도움을 줍니다. 따라서 아래에 있는 사람은 계명을 준수하고, 이로써 위에 있는 사람에게 속하게 되어 경건하고 참되고 거룩하게 처신하는 것이 필수적입니다. "너의 아버지와 어머니를 공경하여라"[11]라는 계명처럼 윗분들에게, 특히 부모님에게 효심을 가져야 합니다. 배우자를 진실하고 의롭게 대해야 합니다. 이렇게 모든 불의가 금지된 곳에서 살인해서는 안 됩니다.[12] 아랫사람을 거룩하게 대

---

7 「마태오복음서」 5:17.
8 「탈출기」 20:3. 우리말 성경에는 "너에게는 나 말고 다른 신이 있어서는 안 된다"로 되어 있다.
9 「탈출기」 20:7.
10 「탈출기」 20:8.
11 「탈출기」 20:12.
12 「탈출기」 20:13.

occidas, ubi prohibetur omnis iniuria; sancte ad inferiores, et sic: Non adulterabis, ubi prohibetur omnis actus impudicitiae.

9. Haec autem tria non possumus habere ad alterum, nisi prius habeamus apud nos. Ideo sunt alia tria praecepta: unum, quod rectificat omnes actus; aliud, quod rectificat omnes sermones; aliud, quod rectificat omnes affectiones. — Quod rectificat actus, et sic: Non furtum facies; ubi non solum prohibetur alienum, immo praecipitur, ut de suo det. Et sic accipit Apostolus: Qui furabatur iam non furetur, magis autem laboret manibus suis, ut habeat, unde tribuat necessitatem patienti. — Quod autem rectificat sermones, sic: Non falsum testimonium dices; ubi prohibetur omnis falsitas sive in se, sive in alio; loquimini veritatem, unusquisque cum proximo suo. — Quod autem rectificat omnes affectiones, sic: Non concupisces uxorem etc. Augustinus: Bona est lex, quae, dum concupiscentiam prohibet, omnia mala prohibet. Concupiscentia autem duplex est, scilicet carnalitatis et cupiditatis; et haec ultima est radix omnium malorum; unde etiam Legislator in hoc praecepto descendit ad particulare, ut ad asinum, servum, ancillam etc.

해야 합니다. 그러므로 음란한 모든 행위가 금지된 곳에서 간음해서는
안 됩니다.[13]

9. 그런데 우리가 이 세 가지를 우리 가까이에 갖고 있지 않다면 우리
는 이 세 가지 계명에 따라 다른 사람을 대할 수 없습니다. 다른 세 계명
이 있습니다. 한 계명은 모든 행위를 바르게 하라는 것이고, 다른 계명은
모든 말을 바르게 하라는 것이고, 또 다른 계명은 모든 감정을 바르게 하
라는 것입니다. — 행동을 바르게 한다는 것은 이렇습니다. 다른 사람의
것을 취하는 것은 금지되어 있을 뿐만 아니라, 더욱이 그의 것을 돌려주
라고 명해진 곳에서 도둑질해서는 안 됩니다.[14] 사도는 이렇게 이해합니
다. "도둑질하던 사람은 더 이상 도둑질을 하지 말고, 자기 손으로 애써
좋은 일을 하여 곤궁한 이들에게 나누어줄 수 있어야 합니다."[15] — 말을
바르게 한다는 것은 이렇습니다. 모든 거짓이 그 자신에게 또는 다른 사
람에게 금지되는 곳에서 "거짓 증언을 해서는 안 된다."[16] "저마다 이
웃에게 진실을 말하십시오."[17] — 모든 감정을 올바르게 한다는 것은 이
렇습니다. "이웃의 아내를 탐내서는 안 된다."[18] 아우구스티누스에 따르
면, 욕정을 억제하는 반면 모든 악을 억제하는 법이 좋은 법입니다.[19] 그
런데 욕정은 두 가지입니다. 이 두 가지는 음행과 물욕이라는 욕정입니
다. 사실 "돈을 사랑하는 것이 모든 악의 뿌리입니다."[20] 그러므로 계명
을 정한 분은 이 계명에서 개별적인 것으로, 즉 나귀에까지, 남종이나 여
종에까지 내려갑니다.[21]

13　「탈출기」 20:14.
14　「탈출기」 20:15.
15　「에페소 신자들에게 보낸 서간」 4:28.
16　「탈출기」 20:16.
17　「에페소 신자들에게 보낸 서간」 4:25.
18　「탈출기」 20:17.
19　Augustinus, *De spiritu et littera liber unus*, c.4, n.6 참조.
20　「티모테오에게 보낸 첫째 서간」 6:10.

10. Et in hoc praecepto est consummatio praeceptorum Dei, velit, nolit mundus — sic enim affirmabat — scilicet in abdicatione omnis cupiditatis. — Unde sicut novenarius completur et perficitur per additionem unitatis; sic novem praecepta per abdicationem cupiditatis, quae est amor privatus, repugnans bono communi. Et ideo, sicut caritas est finis et perfectio omnium praeceptorum; sic abdicatio cupiditatis, quae caritati opponitur, perfectio est praeceptorum. — Et ista tria ostendit Apostolus ad Titum: Sobrie, pie et iuste vivamus in hoc saeculo. Sobrie, scilicet sancte, pie — stat — iuste, scilicet vere. Deus ergo dat leges non voluntate, sed maxima ratione.

11. Tertia appropriatio convenit Deo, ut est in ratione beatificantis; et secundum hoc sunt tria: aeternitas, formositas, iucunditas; aeternitas in Patre, formositas in prole, iucunditas in nexu utriusque. Secundum appropriationem Hilarii, aeternitas in Patre, species in Imagine, usus in Munere. Anima igitur efficitur beata, dum fit particeps aeternitatis, quando in memoria Deum habet per tentionem; formositatis, per visionem; iucunditatis, per fruitionem. — Haec appropriata respiciunt Deum non solum in se, sed ut est principium et origo originans, gubernans, beatificans.

10. 세상이 원하든 원하지 않든 이 계명에서 ─ 사실 사도는 이렇게 주장합니다. ─ 즉 모든 탐욕을 포기할 때 하느님의 계명이 완성됩니다. 그러므로 하나를 추가함으로써 아홉이 보완되고 완성되듯이 아홉 개의 계명은 공동의 선에 반하는 사사로운 사랑인 탐욕을 포기함으로써 보완되고 완성됩니다. 따라서 사랑이 모든 계명의 끝이고 완성이듯이[22] 사랑의 반대인 탐욕을 포기하는 것이 계명의 완성입니다. ─ 사도는 이 세 가지를 티토에게 드러냅니다. "현세에서 신중하고 경건하고 의롭게 살도록 해줍니다."[23] 신중하게, 즉 거룩하게, 경건하게 ─ 이는 단호합니다 ─ 의롭게, 즉 참되게 살도록 해줍니다. 그러므로 하느님은 의지에 따라서가 아니라 가장 큰 이성에 따라 계명을 주셨습니다.

11. 세 번째 귀속은 행복하게 하는 사람에게 그런 것처럼 하느님에게 적합합니다. 그리고 이에 따라 세 가지가 있는데, 이들은 영원성·아름다움·유쾌함입니다. 영원성은 성부에게, 아름다움은 자손들에게, 유쾌함은 이 둘의 결합에 있습니다. 힐라리우스가 언급한 귀속에 따르면 영원성은 성부에게, 아름다움은 모상에, 사용은 직분에 따라 있습니다.[24] 따라서 영혼은 하느님에게 향하면서 하느님을 기억할 때 영원성의 참여자가 되는 동안 복된 것이 됩니다. 영혼은 상에 의해 아름답게 되고, 향유에 의해 유쾌해집니다. ─ 이렇게 귀속된 것은 하느님을 그 자체로 볼 뿐만 아니라, 생산하고 지배하며 복되게 만드는 시원이며 기원처럼 봅니다.

---

21 「탈출기」 20 : 17.
22 「티모테오에게 보낸 첫째 서간」 1 : 5.
23 「티토에게 보낸 서간」 2 : 12.
24 Augustinus, *De trinitate*, II [1]; Bonaventura, *Brevil.*, p.1, c.6 참조. "aeternitas in Patre, species in Imagine, usus in Munere."; 아래 전제에 대해서는 Bonaventura, *Brevil.*, p.7, c.7 참조.

12. Ex primis luminibus aeternitatis, secundum quod est in se ipsa et ad alias personas, accipiuntur novem considerationes, quae sunt in primo monarcha, et in nullo alio inveniuntur omnes. Iste ergo, qui est summe vigens, summe fulgens, summe calens, iste solus est princeps, qui est principium in producendo, medium in gubernando, finis in beatificando, in omnibus primatum tenens. Ad hoc autem, quod sit verus monarcha, debet esse summa celsitudine pollens, summa fortitudine praesidens, summa dulcedine pascens: primum Patri, secundum Filio, tertium Spiritui sancto; summa celsitudine pollens Pater in se, summa celsitudine pollens in Filio, summa celsitudine pollens in Spiritu sancto; et sic de aliis personis. Habemus igitur monarcham summe pollentem, summe praesidentem et dulcissime pascentem.

13. Ad hoc autem, quod sit summe pollens, necesse est, ut sit summe sanctus, summe sapiens, summe stabilis: summe sanctus in diligendo bona, summe sapiens in discernendo vera, summe stabilis in decernendo iusta. Summa stabilitas convenit Patri, secundum quod est in se; summa sapientia, secundum quod est in Filio; summa sanctitas, secundum quod est in Spiritu sancto.

14. Ad hoc autem, quod sit summa fortitudine praesidens, necesse est, quod sit monarcha summe authenticus, summe praevalidus, summe invictus: authenticus in praecipiendo, praevalidus in prosequendo, invictus in triumphando: authenticus in statuendo leges, praevalidus vel virilis in ministrando vires, invictus

12. 그 자체에 있는, 그리고 다른 위격을 위해서 있는 영원성의 첫째 조명으로부터 아홉 개의 숙고가 받아들여지는데, 이들 숙고는 첫 번째 임금 안에 있고 모든 것은 다른 어떤 것에서도 발견되지 않습니다. 따라서 가장 활력이 있고 가장 빛나고 가장 뜨겁게 만드는 것이, 생산할 때 시작이고 조종할 때 매개자이고 행복하게 할 때 목적인 것이, 그리고 만물 가운데에서 수위권을 가진 것만이 왕입니다.[25] 그러나 참된 왕이 되기 위해서 가장 고상하며 영향력이 있어야 하고 가장 용기 있게 지배해야 하고 가장 부드러워서 즐겁게 해야 합니다. 첫 번째 것은 성부에, 두 번째 것은 성자에, 세 번째 것은 성령에 해당합니다. 성부는 가장 고상한 가운데 그 자체 영향력이 있고, 가장 고상한 가운데 성자 안에서 영향력이 있고, 가장 고상한 가운데 성령 안에서 영향을 끼칩니다. 그리고 다른 위격에 있어서도 이와 같습니다. 그러므로 우리에게는 가장 영향력 있고 가장 지배적이며 가장 부드럽고 즐겁게 만드는 군주가 있습니다.

13. 그런데 가장 영향력 있는 군주이기 위해서 그는 가장 거룩하고 가장 지혜롭고 가장 확고해야 합니다. 선한 것을 좋아할 때 그는 가장 거룩하고, 참된 것을 구분할 때 가장 지혜롭고, 올바른 것을 판별할 때 가장 확고합니다. 성부는 가장 확고하고, 이에 적합하게 성부는 그 자체로 있습니다. 성부는 가장 지혜롭고 이에 적합하게 성자 안에 있고, 가장 거룩하고 이에 적합하게 성령 안에 있습니다.

14. 군주는 가장 용감하게 지배하는 사람이 되기 위해서 필연적으로 가장 진정성이 있어야 하고 가장 강력해야 하고 적이 없어야 합니다. 그는 명령할 때 진정성이 있어야 하고, 뒤따라갈 때 강해야 하고, 승리할 때 무적이어야 합니다. 법을 제정할 때 진정성이 있어야 하고, 힘을 부여할 때 강하거나 남자다워야 하고, 적을 정복할 때 불굴의 사람이어서 승리자로

---

25 「콜로새 신자들에게 보낸 서간」 1:18.

in superando hostes, ut appareat victoriosus. Auctoritas convenit Filio, secundum quod Filius est in Patre; virilitas, ut est in se ipso; triumphus, ut est in Spiritu sancto. —Et in his consistit media hierarchia angelica, quae appropriatur Filio, ut patebit.

15. Tertio ad hoc, quod sit summa dulcedine pascens, necesse est, ut sit summe strenuus in deducendo vel praeeundo vel manuducendo, summe sagax in erudiendo, summe sedulus in custodiendo; ut strenue praecedat, sagaciter doceat, sollicite custodiat; deducat per exempla, erudiat per documenta, custodiat per adiutoria. Et sic Spiritus sanctus deducit, secundum quod est in Patre; erudit, secundum quod est in Filio; custodit, secundum quod est in se ipso. Ad hunc solem aspiciunt omnes spiritus caelestes et subcaelestes. In his novem creatura assimilatur, ut potest, Creatori.

16. Et has illuminationes et conditiones primo recipiunt mentes hierarchicae per gloriam, ut Angeli et animae beatae, quia ille sol primo illuminat illos et per illos nos; quia ordo est, ut illustratio fiat primo eorum quae sunt sibi similiora et propinquiora; unde et locus supremus datus est eis. Illi autem, qui rebelles sunt his luminibus, corruerunt. Et ex eo, quod Angeli primo recipiunt illuminationem a sole primo, inde recipiunt configurationem deiformem et hierarchizationem et sacrum obtinent principatum, et per illos hierarchizatur Ecclesia.

드러나야 합니다. 권위는 성자에게 적합합니다. 이에 따라서 성자는 성부 안에 있습니다. 남자다움은 그 자신 안에 있듯이 있고, 승리는 성령 안에 있듯이 있습니다. ─ 중간의 위계인 천사의 위계가 이것들 안에 있는데, 천사의 위계는 아래에서 드러나게 되듯이[26] 성자에게 귀속됩니다.

15. 셋째, 가장 부드럽게 즐겁게 하는 것이기 위해서 그것은 인도할 때 또는 앞서갈 때 또는 손을 잡아끌 때 가장 용감해야 하는 것이 필수적입니다. 그것은 교육할 때 가장 현명하고, 보호할 때 가장 면밀해야 합니다. 용감하게 앞서가고, 현명하게 교육하고, 면밀하게 보호해야 합니다. 본으로써 인도하고, 문헌을 이용해 교육하고, 도움으로써 보호합니다. 이렇게 성령은 인도하고 이에 따라 성부 안에 있습니다. 성령은 교육하고, 이에 따라 성자 안에 있습니다. 성령은 보호하고 이에 따라 그 자체 있습니다. 하늘에 있는 또는 하늘 아래 있는 모든 영이 이 태양을 바라봅니다. 이 아홉 개에서 피조물은, 가능한 한 창조자와 같아집니다.

16. 천사 그리고 복된 영혼 같은 영광에 의해 위계지어진 정신은 먼저 이 조명과 조건을 받아들입니다. 왜냐하면 저 태양은 먼저 천사들을 비추고 천사들을 통해서 우리를 비추기 때문입니다. 자신을 더 많이 닮고 더 가까이 있는 것의 조명이 먼저 생기는 것이 순서상 맞기 때문에 가장 윗자리가 이들에게 주어집니다.[27] 그런데 이 빛에 반대하는 것들은 몰락할 것입니다. 천사들이 먼저 첫 번째 태양으로부터 빛을 받아들인다는 사실로부터 그들은 하느님의 형상을 받아들이고 위계와 성스러운 최고 권력을 차지하고 교회를 질서 있게 정돈합니다.

---

26 강연 21, 19 이하 참조.
27 위 디오니시우스, 「천상위계론」 제4장, 제2절, 앞의 책, 2007.

17. Unde definitur hierarchia secundum Dionysium: Est autem hierarchia ordo divinus, scientia et actio ad deiforme, quantum possibile est, assimilata, et ad inditas ei divinitus illuminationes proportionaliter in Dei similitudinem ascendens. Ordo potestatis respondet Patri, scientia sacra Filio, operatio Spiritui sancto. Unde hierarchia dicit potentiam, scientiam, actionem. Potentia enim sine scientia hebes est, scientia sine actione, infructuosa. Ex hoc enim, quod appropinquat soli aeterno, oportet, quod sit sacra ordinatio; et per hoc sequitur, quod sit deiformis, quia format eam seu creaturam partim per naturam, partim per gratiam, partim per gloriam: per imaginem, per similitudinem, per deiformitatem. Et ideo ascendit ad inditas ei illuminationes, ascendens per influentiam.

18. Haec autem influentia non est simpliciter quid increatum; nec ex hoc sequitur, quod influentiae sit influentia, quia haec influentia reducit in Deum; dicit enim continuationem cum primo principio et reductionem in ipsum, non sicut res distans. Unde vera est influentia, quae egreditur et regreditur, ut Filius exivit a Patre et revertitur in ipsum. Unde dicit, quod est assimilata in sacra ordinatione, scientia et operatione per hoc, quod est ad deiforme, quantum possibile est, ascendens, partim per naturam imaginis, partim per naturam similitudinis scilicet gratiae, partim per naturam

17. 디오니시우스가 내린 정의에 따르면, 위계는 거룩한 질서이고, 학문이고, 가능한 한 신적인 형상에 동화된 작용이고, 하느님께서 그들에게 주신 조명에 비례해서 하느님과 비슷해지기 위해 상승하는 것[28]입니다. 능력의 질서는 성부에, 거룩한 학문은 성자에, 행위는 성령에 상응합니다. 따라서 위계는 능력과 앎과 행위를 말합니다. 앎이 결여된 능력은 활기가 없으며, 행동하지 않는 앎은 아무 결실이 없기 때문입니다. 위계가 영원한 태양에 접근한다는 사실로부터 위계는 거룩한 배열이어야 합니다. 그리고 이로부터 위계가 거룩한 형상이라는 결론이 나옵니다. 왜냐하면 위계는 한편으로는 자연에 의해, 한편으로는 은총에 의해, 한편으로는 영광에 의해, 한편으로는 상상에 의해, 한편으로는 유사성에 의해, 거룩한 형상에 의해 거룩한 배열을 또는 피조물을 형성하기 때문입니다. 따라서 위계는 유입에 의해 상승하면서 피조물에게 주입된 조명으로 상승합니다.

18. 이 유입은 단적으로 창조되지 않은 것이 아니며, 하느님에게 되돌아가므로 이로부터 유입이 유입에 귀속된다는 결론이 나오지 않습니다. 디오니시우스는 첫째, 근원과 더불어 지속을 말하고 또한 그 자체로 회귀함을 말하는데 멀리 떨어져 있는 사물이 회귀하듯 회귀하는 것은 아닙니다. 그러므로 마치 아들이 아버지에게서 나왔다가 다시 아버지께 가듯이[29] 밖으로 나왔다가 되돌아가는 유출이 참된 유출입니다. 따라서 디오니시우스는 유출은 거룩한 배열, 학문, 그리고 행위에서 다음과 같은 것에 의해 동화되었다고 말합니다. 즉 한편으로는 모상의 본성에 의해서, 한편으로는 유사성의, 즉 은총의 본성에 의해서, 한편으로는 거룩한 형상의 영광의 본성에 의해서, 가능한 한 거룩한 형상으로 상승한다는 점에 의해서 동화되었다고 말합니다. 그리고 비례적으로 동화되었습

---

28 위 디오니시우스, 「천상위계론」 제3장, 제1절, 앞의 책, 2007.
29 「요한복음서」16:28.

deiformitatis gloriae; et proportionaliter, quia secundum plus et minus, ut capax est, est in Dei similitudinem reducta. —Et ex hoc hierarchia disponitur per tres hierarchias, ut tripliciter illustrata. Et necesse est, quod quaelibet habeat tres ordines; et quod prima hierarchia approprietur Patri, secunda Filio, tertia Spiritui sancto; et quod prima hierarchia assimiletur Patri in tribus, et secunda in tribus Filio, et tertia Spiritui sancto in tribus, sicut patebit.

19. Sufficientia autem horum tripliciter accipitur: prima, ex ratione exemplaritatis aeternae; secunda, ex integritate hierarchiae; tertia, secundum dispositionem caelestis monarchiae. —Nota, quod sicut homini caeco serviunt omnes stellae, sic homini non advertenti serviunt Angeli et mittunt mirabiles illuminationes. Unde peccator multum reprehendendus est, qui negligit ista et adiutoria eorum. —In prima hierarchia sunt nomina ista: Throni, Cherubim, Seraphim; in secunda, Dominationes, Virtutes, Potestates; in tertia, Principatus, Archangeli, Angeli. —Et distinguuntur secundum exemplar aeternum, quod est vigens, fulgens, calens, Deus trinitas, Pater, Filius et Spiritus sanctus; et tota essentia Patris in se ipso, tota in Filio, tota in Spiritu sancto; et tota essentia Filii in se ipso, tota in Patre, tota in Spiritu sancto; et tota essentia Spiritus sancti in Patre, tota in Filio, tota in se ipso. Si ergo hierarchia debet assimilari Trinitati, oportet, quod sit ordo, qui respondeat Patri, secundum quod est in se ipso, et secundum quod est in Filio, et secundum quod est in Spiritu sancto. —Similiter oportet, quod sit ordo, qui respondeat Filio, secundum quod est in Patre, et secundum quod est in se ipso, et secundum quod est in Spiritu sancto. Et idem est de Spiritu sancto. Ille enim sol sibi proximo simillime et expressissime imprimit.

니다. 왜냐하면 용납되는 한 많고 적음에 따라 하느님의 모상으로 회귀하기 때문입니다. ― 그리고 세 개로 조명된 위계처럼 위계는 이로부터 세 개의 위계에 의해 배치됩니다. 그리고 각 위계가 세 개의 질서를 갖는 것이 필수적입니다. 첫 번째 위계는 성부에게, 두 번째 위계는 성자에게, 세 번째 위계는 성령에게 귀속됨이 필수적입니다. 또한 아래 서술에서 드러나게 되듯이 첫 번째 위계가 삼위 안에서 성부에게, 두 번째 위계가 삼위 안에서 성자에게, 그리고 세 번째 위계가 삼위 안에서 성령에게 귀속됨이 필수적입니다.

19. 이 구분은 세 가지 측면에서 만족스럽습니다. 첫째, 영원한 범형의 근거로부터 만족스럽고, 둘째, 위계의 온전함으로부터 만족스럽고, 셋째, 천상 왕국의 배치에 따라 만족스럽습니다. ― 어둠 속에 있는 사람에게 모든 별이 도움이 되듯이 천사는 하느님으로부터 떠나지 않는 사람에게 도움이 되고 그 사람들에게 놀라운 빛을 보낸다는 점에 주목하십시오. 그러므로 조명과 천사들의 도움을 업신여긴 죄인은 매우 비난을 받습니다. ― 첫 번째 위계에는 왕좌, 커룹, 사랍 같은 명칭이, 두 번째 위계에는 지배·덕·능력 같은 명칭이, 세 번째 위계에는 권품천사, 대천사, 천사 같은 명칭이 있습니다. ― 이들은 활기를 주고, 조명하며 뜨겁게 하는 삼위일체 하느님인 성부·성자·성령인 영원한 본에 따라 구분됩니다. 성부의 온전한 본질은 그 자신 안에 있고 또한 성자에게 있으며 성령에게 있습니다. 성자의 온전한 본질은 그 자신 안에 있고 성부에게 있으며 성령에게 있습니다. 그리고 성령의 온전한 본질은 성부에게 있고 또한 성자에게 있으며 그 자신 안에 있습니다. 그러므로 만약 위계가 삼위일체와 같아져야 한다면 그 자신 안에, 성자 안에, 성령 안에 있는 것에 맞갖게 성부에 상응하는 질서이어야 합니다. ― 비슷하게 성부 안에, 자기 자신 안에 그리고 성령에 있는 것에 맞갖게 성자에 상응하는 질서이어야 합니다. 성령에게 대해서도 이와 같습니다. 사실 저 태양은 그것에 가까이 있는 것에 가장 비슷하게 그리고 가장 명확하게 각인합니다.

20. Ordo Patri respondens, secundum quod est in se ipso, est ordo Thronorum; ordo respondens Patri, secundum quod est in Filio, est ordo Cherubim; ordo respondens Patri, secundum quod est in Spiritu sancto, est ordo Seraphim. —Ordo respondens Filio, secundum quod est in Patre, est ordo Dominationum, cuius est imperare; secundum quod Filius est in se ipso, est ordo Virtutum; secundum quod est Filius in Spiritu sancto, est ordo Potestatum. —Ordo respondens Spiritui sancto, secundum quod est in Patre, est ordo Principatuum; secundum quod est in Filio, est ordo Archangelorum, quorum est secreta revelare; secundum quod est Spiritus sanctus in se ipso, est ordo Angelorum. —Et dicebat, quod semel conferebat cum uno, de quo ordine fuisset Gabriel. Et dicebat ille, quod sibi revelatum fuerat, quod erat de media hierarchia et de medio ordine, scilicet Virtutum. —Et hoc videtur valde congruum, ut ille qui erat nuntius conceptionis Filii Dei, de illo ordine mitteretur, qui Filio appropriatur. Item, quia erat nuntius Mediatoris, congruum fuit, ut de medio ordine mitteretur. Hoc dictum est secundum probabilitatem. Unde etiam Gabriel vocatus est fortitudo Dei et venit ad confortandam Virginem. Item, quia debebat mitti communis persona. —Sic ergo patet, quod quaelibet hierarchia respondet Patri et Filio et Spiritui sancto.

21. Nota autem, quod prima hierarchia non originatur nec illuminatur nisi a solo Deo; media autem illuminatur a Deo et a suprema; infima autem a Deo et a suprema et media; ecclesiastica autem ab omnibus. Unde radius solis aeterni primo illuminat

20. 성부 자신 안에 있는 것에 맞갖게 성부에 상응하는 질서는 왕좌의 질서입니다. 성자 안에 있는 것에 맞갖게 성부에 상응하는 질서는 커룹의 질서입니다. 성령 안에 있는 것에 맞갖게 성부에 상응하는 질서는 사람의 질서입니다. ― 성부 안에 있는 것에 맞갖게 성자에 상응하는 질서는 지배의 질서입니다. 이에는 명령함이 속합니다. 자신 안에 있듯이 성자에 맞갖게 있는 위계는 덕의 위계입니다. 성령 안에 있듯이 성자에 맞갖게 있는 위계는 능력의 위계입니다. ― 성부에게 있듯이 성령에 상응하는 위계는 왕권의 위계입니다. 성자 안에 있는 것에 맞갖게 있는 위계는 대천사의 위계인데, 비밀을 계시함이 대천사의 일입니다. 성령 안에 있듯이 성령의 위계는 천사의 위계입니다. ― 디오니시우스는 가브리엘이 어떤 위계에서 나왔는지에 대해서 언젠가 한 사람과 숙고했다고 말합니다. 그리고 저 사람은 가브리엘이 중간의 위계로부터 중간의 질서에서, 즉 덕의 질서에서 나왔다는 것이 그에게 계시되었다고 말했습니다. ― 성자의 잉태를 알리는 전령(傳令)이었던 가브리엘이 성자에게 귀속되는 저 위계에서 보내졌다는 것은 매우 적절해 보입니다. 또한, 그는 중개자[30]의 전령이었으므로 중간의 질서에서 보내진 것은 적합했습니다. 이는 개연성에 따라 언급되었습니다. 따라서 가브리엘은 하느님의 용기라고 불리고, 처녀를 용감하게 만들려고 왔습니다. 또한, 공통적인 위격이 파견되어야 했습니다. ― 그러므로 위와 같이 각 위계가 성부와 성자와 성령에 상응하는 것이 분명합니다.

21. 첫 번째 위계는 태양인 하느님으로부터가 아니라면 유래하거나 조명되지 않는다는 것에 주목하십시오. 중간의 위계는 하느님으로부터 그리고 가장 높은 곳에 있는 위계에 의해, 아래에 있는 위계는 하느님으로부터 또한 가장 높은 곳에 있는 위계로부터 그리고 중간의 위계로부터 조명됩니다. 교회의 위계는 이 모든 것으로부터 조명됩니다.[31] 따라서

---

30 「티모테오에게 보낸 첫째 서간」 2:5.

hierarchiam sibi propinquam et secundum similitudinem suam hierarchizat eam; deinde per illam venit in mediam et per illas in infimam et per omnes in ecclesiasticam. Nec tamen intelligendum, quod Angelus creet Angelum.

22. Secundum autem, quod primum principium se habet in ratione originantis, gubernantis, beatificantis; sic est concordantia hierarchiarum. —Nobilius enim est beatificare quam creare vel gubernare, et creare, ubi datur esse, quam gubernare, ubi conservatur quod datum est. Summo principio in ratione beatificantis respondet suprema hierarchia, in ratione creantis respondet media, in ratione gubernantis respondet ultima. Suprema summe inflammat, media summe vigorat, infima summe reducit.

23. In ratione beatificantis erant tria appropriata, scilicet aeternitas, formositas, iucunditas; et secundum has correspondent ordines primae hierarchiae: aeternitas respondet Patri, cui respondent Throni, in quibus Deus sedere dicitur, quia Deum habent; formositas Filio, cui Cherubim; iucunditas Spiritui sancto, cui Seraphim, amor. —Item, sunt alia tria appropriata, scilicet potentia, sapientia, voluntas, ut est in ratione principiantis. Potentia appropriatur Patri, cui respondent Dominationes, quarum est imperare; sapientia Filio, cui respondent Virtutes; voluntas Spiritui sancto, cui respondent Potestates, in quibus destruuntur omnes adversariae potestates. — In ratione gubernantis sunt tria appropriata: pietas, veritas, sanctitas.

영원한 태양의 광선은 먼저 자기 가까이에 있는 위계를 조명하고, 그것의 유사함에 따라 이 위계를 배열합니다. 그다음 이 위계를 거쳐 중간의 위계에 도달하고 이 위계들을 거쳐 아래에 있는 위계에, 그리고 이런 모든 위계를 거쳐 교회의 위계에 도달합니다. 그럼에도 천사가 천사를 창조한다고 인식되면 안 됩니다.

22. 첫 번째 시작이 생산하고 조종하며 행복하게 하는 것의 근거에 있다는 점에 따라 위계들은 일치합니다. — 복되게 하는 것이 창조하거나 조종하는 것보다 더 고상하고, 존재가 주어지는 곳에서 창조하는 것은 주어진 것을 보존하거나 조종하는 것보다 더 고상합니다. 가장 위에 있는 위계는 행복하게 만드는 것의 근거에서, 중간의 위계는 창조하는 것의 근거에서, 그리고 마지막 위계는 조종하는 것의 근거에서 최고의 원리에 상응합니다. 가장 위에 있는 위계는 특히 불을 붙이는, 중간의 위계는 특히 강건하게 하는, 하위의 위계는 최고의 것에게 되돌아가는 위계입니다.

23. 행복하게 만드는 것의 근거에는 차용된 세 가지가, 즉 영원성, 아름다움, 유쾌함이 있었습니다. 첫 번째 위계가 이들에 상응합니다. 영원성은 성부에 상응하는데, 어좌가 성부에 상응합니다. 하느님께서 영원하시기에 어좌에 앉아 계신다고 언급됩니다.[32] 아름다움은 성자에 상응하는데, 이에는 커룹이 상응합니다. 즐거움은 성령에 상응하는데, 이에는 사랑인 사랍이 상응합니다. — 또한, 시작하는 것의 근거에 있듯이 차용된 다른 세 가지, 즉 능력·지혜·의지가 있습니다. 능력은 성부에게 속하는데, 지배(주품천사)가 그에 상응하고 명령함이 지배에 속합니다. 지혜는 성자에게 속하고 덕이 그에 상응합니다. 의지는 성령에게 속하고 권능이 성령에 상응하는데, 적대적인 모든 권능이 이 권능에서 파멸합니

31 위 디오니시우스, 「천상위계론」 제10장, 제1절, 앞의 책, 2007.
32 「시편」 9 : 5; 강연 21, 33 참조.

Pietas est in Angelis, veritas in Archangelis, sanctitas competit maxime Principatibus. Oportuit ergo, quod hierarchia, secundum quod est reducta in Deum, haberet expressam similitudinem; quod unus non potuit explicare.

24. Tertia consideratio est, secundum quod illud principium tenet principium monarchiae. Ille enim monarcha est summa celsitudine pollens, quia summe sapiens in discernendo vera, summe sanctus in diligendo bona, summe stabilis in decernendo iusta. Seraphim respondent summae sanctitati, in quibus est amor sanctus; unde clamant: Sanctus, sanctus, sanctus. Sapientiae respondent Cherubim, in quibus est plenitudo scientiae. Stabilitati respondent Throni, in quibus est sedes alta, patula ad suscipiendum.

25. Secundo, monarcha, qui est summa fortitudine praesidens, est authenticus in statuendo leges, praevalidus in ministrando vires, invictus in superando hostes. In statuendo leges habet ordinem Dominationum, quarum est imperare, formare imperium. In ministrando vires, sic est ordo Virtutum, quarum est miracula facere et prosequi quod imperatum est. In superando hostes, sic est ordo Potestatum, quarum est omne inordinatum repellere et omne ordinatum promovere.

26. Tertio, monarcha est summa dulcedine pascens, quia est summe strenuus in manuducendo, summe sagax in erudiendo,

다. ─ 조종하는 것의 근거에서 차용된 세 가지, 즉 경건·진리·거룩함이 있습니다. 경건은 천사에게, 진리는 대천사에게, 거룩함은 특히 왕권에 적합합니다. 그러므로 하느님에게 회귀했다는 점에서 위계에 명확한 유사성이 있어야 했는데 이것은 그 어떤 사람도 설명할 수 없습니다.

24. 세 번째 숙고는 저 시작이 왕국의 시작에 있다는 것에 적합합니다. 저 임금은 참된 것을 구분할 때 지극히 현명하고, 선한 것을 좋아할 때 지극히 거룩하고, 의로운 것을 판결할 때 지극히 확고하기 때문에 가장 높이 있을 때 영향력이 있습니다. 사람은 최고의 거룩함에 상응하는데, 사람은 거룩한 사랑을 지니고 있습니다. 따라서 그들은 "거룩하시다, 거룩하시다, 거룩하시다"[33]라고 외칩니다. 지혜에는 커룹이 상응하는데, 커룹은 박식합니다. 왕좌는 확고함에 상응하는데, 왕좌에는 용납하기 위한 광대한 높은 어좌가 있습니다.

25. 둘째, 가장 용감하게 통치하는 왕은 법을 제정할 때 진실하고, 힘을 부여할 때 강하고, 적들을 정복할 때 불굴의 사람입니다. 그는 지배의 질서를 지니고 법을 제정하는데, 명령하고 왕국을 형성하는 일이 지배에 속합니다. 힘을 부여할 때 덕의 질서가 있습니다. 기적을 행하고 명령된 일을 수행하는 것이 이에 속합니다. 그가 적을 정복할 때 권능의 위계가 있는데, 모든 무질서를 배제하고 잘 배치된 모든 것을 성취하는 것이 이에 속합니다.[34]

26. 셋째, 왕은 가장 부드럽고 즐겁게 만드는 사람입니다. 그가 손을 잡고 인도할 때 그는 지극히 활기차고, 교육할 때 지극히 날카롭고, 보호

---

33 「이사야서」 6:3.
34 위 디오니시우스, 「천상위계론」 제8장, 제1절, 앞의 책, 2007.

summe sedulus in custodiendo. Primum est Principatuum, quorum est roborare; secundum Archangelorum, quorum est secreta revelare; tertium Angelorum, quibus congruit sedula custoditio. —Istae sunt tres hierarchiae, quas illuminat ille sol tripliciter; unde: Tripliciter sol exurens montes. Isti sunt montes Bether; in Cantico: Similis est dilectus meus capreae hinnuloque cervorum super montes Bether. Super istos montes iste sol immittit primas illuminationes.

27. Alia est distinctio secundum integritatem hierarchicam, ad quam requiritur sacra potestas vel sacra ordinatio, sacra scientia, sacra operatio. Triplex enim est genus vitae in caelo et in terra, scilicet actuosae, otiosae et ex utraque permixtae. Actuosa respondet operationi; otiosa, scientiae; permixta, ordini. Ideo sunt activi, contemplativi, ex utroque permixti.

28. Scientia respondet supremae hierarchiae; actio, infimae; ordo sive potestas, mediae. Scientia autem triplex est: sursumactiva et reducens in originem; speculativa, suscipiens lumina; discretiva, sententiam decernens, iudicia faciens. Prima est in Seraphim, secunda in Cherubim, tertia in Thronis. Et quia scientia, ut est speculativa, convenit medio ordini, ideo tenuit nomen scientiae; alii duo addunt sursumactionem et discretionem vel determinationem; ideo

할 때 지극히 주의 깊기 때문입니다. 첫 번째 것은 왕권(권품천사)에 속하며, 이에는 강건함이 속합니다. 두 번째 것은 대천사에게 속하며, 이에는 비밀을 계시함이 속합니다. 세 번째 것은 천사에게 속하며, 주의 깊은 준수가 이에 일치합니다. ― 이들은 세 위계이고, 저 태양이 이들을 세 배로 조명합니다. 그래서 "태양은 그 세 배나 되는 열기로 산을 달군다"[35]라고 합니다. 이 산은 베텔 산[36]입니다. 「아가」에서는 나의 연인은 베텔 산 위의 노루와 같고 어린 사슴과 같다[37]라고 합니다. 저 태양은 저 산 위에서 첫 번째 빛을 내뿜습니다.

27. 위계의 온전함에 맞갖게 또 다른 구분이 있는데, 거룩한 능력 또는 거룩한 배열, 거룩한 학문, 거룩한 작용이 이 구분을 위해 요구됩니다. 사실 하늘에 있는 또 땅에 있는 삶은 세 종류인데, 이는 활동적인 삶과 명상적인 삶, 그리고 활동적이며 명상적인 삶입니다. 활동적인 삶은 행위에 상응하고 명상적인 삶은 학문에, 이 둘의 결합에서 나온 삶은 수도회에 상응합니다. 따라서 활동적인 사람, 명상하는 사람, 활동적이며 명상하는 사람이 있습니다.

28. 학문은 가장 높은 위계에 상응합니다. 행위는 맨 아래에 있는 위계에, 질서 또는 능력은 중간의 위계에 상응합니다. 학문은 세 가지입니다. 위로 올라가고 근원으로 되돌아가는 학문, 사변적이고 발광체를 받아들이는 학문, 구분하고 판결을 확정짓고 재판하는 학문이 있습니다. 첫 번째 학문은 사룹에, 두 번째 학문은 커룹에, 세 번째 학문은 왕좌에 있습니다. 사변적인 학문은 중간의 질서에 일치하므로 학문이란 명칭을 갖고 있습니다.[38] 다른 두 가지는 상승하는 작용, 구분 또는 규정에 덧붙여짐

---

35 「집회서」43:4.
36 「창세기」12:8; 28:10-22. 야곱이 꿈에 하늘에 이르는 사다리를 본 곳이다.
37 「아가」2:17: "나의 연인이여 베텔 산 위의 노루처럼, 젊은 사슴처럼 어서 돌아오세요."
38 위 디오니시우스, 「천상위계론」 제7장, 제1절, 앞의 책, 2007.

denominantur a superadditis. Scientia enim proprie habet rationem speculationis.

29. Secundo, de sacra potestate; est triplex potestas: sublimis, virilis, triumphalis. Primae potestati respondet ordo Dominationum; secundae, ordo Virtutum; tertiae, ordo Potestatum. Et quia potestatis proprie est hostes superare, ideo ordo Potestatum retinuit sibi nomen.

30. Attenditur etiam distinctio secundum actionem, quae est infima, in qua sunt omnes spiritus, in ministerium missi, quia illi supremi ab intimis nunquam recedunt. — Unde de Seraph misso ad Isaiam movet quaestionem Dionysius et non solvit eam; magis tamen videtur sentire, quod fuit Angelus alius, accipiens inflammationem ab Angelo illius ordinis, et sic denominabatur ab illo. — Huius actionis triplex est actus: purgare, illuminare, perficere. Maior est perfectio quam illuminatio, et haec maior quam purgatio; purgare convenit Angelis, illuminare Archangelis, perficere Principatibus.

31. Tertia distinctio est secundum aspectus caelestis monarchiae. Iste est aspectus ad supremam, ad se ipsam, ad infimam, sicut praelatus bene ordinatus est, qui est subiectus superiori, ordinatus respectu sui, et tunc bene praesidet inferioribus. Lucifer

니다. 따라서 이들은 첨가된 것으로부터 명명됩니다. 학문은 본래 사변의 근거를 갖고 있습니다.

29. 둘째, 거룩한 능력에 대해 살펴봅시다. 능력(힘)은 세 가지인데, 이들은 고상한 능력, 남성적인 능력, 승리하는 능력입니다. 첫 번째 능력에는 통치의 질서가 상응하고, 두 번째 능력에는 덕의 질서가, 세 번째 능력에는 힘의 질서가 상응합니다. 적들을 정복함은 본래적으로 능력에 속하므로 능품천사는 그의 명칭을 견지합니다.

30. 또한 행위에 따른 구분이 주목되는데, 이 구분은 가장 아래에 있는 것이고 시중들도록 파견된 모든 영이 행위에 있습니다.[39] 왜냐하면 저 최고의 것은 심오한 것으로부터 결코 물러나지 않기 때문입니다. ─ 그러므로 디오니시우스는 이사야에게 파견된[40] 사람에 대해서 의문을 제기하고 그 물음을 해결하지 않았습니다. 그럼에도 오히려 사랍의 위계에 있는 천사로부터 불을 받아들이는 다른 천사가 있었고, 이렇게 저 다른 천사로부터 명명된다고 이해하는 것 같습니다. ─ 이런 행위의 작용은 세 가지인데, 이는 정화함·조명함·완성함입니다. 조명보다 완성이 더 뛰어나고, 정화보다 조명이 더 뛰어납니다. 정화는 천사들에게 부합하고, 조명은 대천사들에게, 완성은 왕권에 부합합니다.

31. 세 번째 구분은 천상 왕국의 측면에 따라 있습니다. 이 측면은 자기 위에 있는 왕국, 왕국 자체 그리고 아래에 있는 왕국을 주시합니다. 또한 자신의 관점에서 최고 왕국의 주체인 주교가 아주 잘 질서지어져 있듯이 질서지어져 있고 이때 가장 낮은 것에 있는 왕국을 잘 지배합니다. 루시퍼는 이 질서를 지키지 않았고, 따라서 위계에서 내쫓겼습니다.

---

39 「히브리인들에게 보낸 서간」1:14.
40 「이사야서」6:6.

non servavit hunc ordinem, et ideo de ordine est proiectus; primo voluit praeesse, et tamen plus tenebatur Deo quam sibi. —Iste aspectus est secundum rationem susceptionis, speculationis, unitionis. Memoria suscipit, intelligentia speculatur, voluntas unitur. Per has vires, et non per alias, est conversio ad Deum. Plus autem est uniri quam suscipere, vel speculari; ideo unitioni respondent Seraphim, speculationi Cherubim, susceptioni Throni; in Seraphim est amor, in Cherubim splendor, in Thronis susceptio patula et tranquilla.

32. Secundum rationem ordinis vel aspectus in se ipsam non est nisi secundum potestatem ordinatam quantum ad tria: aut imperat quod est faciendum, aut prosequitur imperatum, aut defensat quod factum est; et in hoc assistunt sibi spiritus, quia unus imperat, alius prosequitur, alius defendit, sicut in collegiis. Nisi sit ordinata susceptio, virtutum communicatio, communicati defensio, non est ordo. Primum est Dominationum, secundum Virtutum, tertium Potestatum. —Et dixit, quod non bene posuerat in alio loco Potestates aut Virtutes, nec bene tunc viderat. —In aspectu autem ad nos, sic tria ab eis recipimus beneficia: quid agere, quid praeeligere, quid prosequi. Quid agere, docent Angeli; quid praeeligere, Archangeli; quid prosequi, Principatus.

33. Ex verbis Dionysii, de Angelica Hierarchia, capitulo septimo, extrahitur, quod amor Seraphim est continuus, summe intensus, summe penetrativus usque ad cor Dei, usque ad intima

먼저 루시퍼는 통치하고 싶어 했고, 그럼에도 자기 자신에게보다 하느님에게 더 속박되었습니다. — 이 측면은 용납·숙고·합일의 근거에 따라 있습니다. 기억은 받아들이고, 이성은 숙고하고, 의지는 결합합니다. 다른 능력에 의해서가 아니라 이 능력에 의해서 하느님에게 회귀합니다. 받아들임 또는 숙고함보다 결합함이 더 위대합니다. 따라서 사람은 일치에 상응하고, 커룹은 숙고에, 왕좌는 용납에 상응합니다. 사람에는 사랑이, 커룹에는 광채가, 왕좌에는 누구에게나 개방된 고요한 수용이 있습니다.

32. [이 구분은] 질서 또는 관점의 근거에 맞게 세 가지에 관한 한 질서잡힌 능력에 따라서가 아니라면 그 질서 자체에 있지 않았습니다. 질서는 이행되어야 하는 것을 명령하거나 명령된 것을 따르거나 이행된 것을 변호합니다. 이 안에서 영은 스스로를 돕습니다. 왜냐하면 공동체에서 그렇듯 하나의 영은 명령하고, 다른 영은 따르고, 또 다른 영은 변호하기 때문입니다. 질서에 따른 수용이, 덕의 교류가, 협의된 변호가 없다면 질서는 없습니다. 첫째 주권의 질서가, 둘째 덕의 질서가, 셋째 힘의 질서가 있습니다. — 그는 힘 또는 덕을 다른 장소에는 잘 설정하지 않았고, 그곳에서 잘 보지도 않았다고 말했습니다. — 그런데 우리는 우리를 바라보면서 세 가지 선을, 즉 행해야 하는 것을, 선택해야 하는 것을, 따라야 하는 것을 힘 또는 덕으로부터 받아들입니다. 천사들은 행해야 하는 것을, 대천사들은 선택해야 하는 것을, 권품천사는 따라야 하는 것을 가르칩니다.

33. 『천상위계론』 제7장에 있는 디오니시우스의 언급에 따르면[41] 사람의 사랑은 지속적이고 지극히 집중적이고 지극히 하느님의 마음에까지, 하느님의 심부(深部)에 이르기까지 영혼의 내면에서 나오는 사랑입

41 위 디오니시우스, 「천상위계론」 제7장, 제1절, 앞의 책, 2007.

Dei ex intimis animae procedens; et ponit proprietates ignis semper mobilis. Et loquitur isto modo de igne largo modo, ut extendatur ad quintam essentiam. Et in hoc ostenditur amor continuus, superfervidus, scilicet intensus, superacutus, scilicet penetrativus. — De Cherubim dicit, quod suscipiunt copiose, speculantur praeclare, perfruuntur iucunde illo lumine. — De Thronis, quod sedes est elevata, quod est firma, stabilis, patula ad susceptionem luminis. Throni dicuntur ad iudicandum, quod in illis sedet Deus, quia divinissimi sunt et famulariter manifestant consilium suum per iudicium. Consilium enim occultum est, sed manifestatur per iudicium; illis autem manifestat consilium suum. — De Dominationibus, quod significant quandam excellentiam in quadam libertate, et cum hoc similiter significant quandam praesidentiam respectu animarum et non appetitum habent inordinati dominii. — De Virtutibus; virtus enim est ultimum de potentia; unde non dicitur quaecumque potentia virtus, sed quae est ultimata; nec quaecumque res dicitur virtuosa, sed quae habet stabilitatem in durando, fortitudinem in resistendo. Item, quod sit fortis, nunquam imbecilliter infirmetur, quamdiu Deus vult influere in eam, et in maxima erectione recipere illuminationes. Item, quod habeat sublimitatem, quod semper ad divina feratur. — Similiter, de Potestatibus. — Dominationum est, imperare; Virtutum, prosequi; Potestatum, ordinare, ut nihil sit contrarium, unde dicit vim repulsivam. — Item, Principatuum est deducere; Archangelorum,

니다. 디오니시우스는 불의 속성은 항상 움직일 수 있는 것이라고 가정합니다. 그리고 그는 이런 방식으로 다섯 번째 본질까지 확대되는 광대한 불에 대해 말합니다. 그리고 지속적이고 매우 격렬한, 즉 집중적이고 매우 강렬한, 즉 침투하는 사랑이 여기에서 드러납니다. ─ 그는 커룹은 풍부하게 받아들이고 분명하게 고찰하고 저 조명에 의해 즐겁게 향유한다고 언급합니다. ─ 왕좌에 대해서는 왕좌가 상승되었다고, 왕좌는 굳건하고 안정되어 있고 빛의 수용에 개방적이라고 언급합니다. 판결하기 위해 하느님께서 왕좌에 앉아 계신다고 언급합니다. 왜냐하면 왕좌(座天使)는 가장 신적인 사람들이고, 시중을 들며 판결에 의해 신의 의지를 명시하기 때문입니다. 사실 의도는 숨겨져 있다가 판결에 의해 드러납니다. 하느님은 가장 신적인 사람들에게 자신의 의도를 드러내십니다. ─ 지배자들에 대해서[42] 그는 지배자들이 자유 상태에서 어떤 탁월성을 드러내고, 이와 더불어 유사하게 영혼의 관점에서 어떤 통치를 지시하며, 통치자로서 그의 욕구는 무질서하지 않다고 말합니다. ─ 덕들에 대해서 말한다면, 덕은 사실 가장 마지막 능력입니다.[43] 따라서 어떤 능력이든 덕이라고 지칭되지 않고 최후에 있는 능력이 덕입니다. 어떤 사물이든 덕스럽다고 지칭되지 않고 지속적으로 안정된 가운데 용기 있게 저항하는 것이 덕스러운 것입니다. 또한 용감한 것은 하느님께서 그 안에 들어가길 원하는 한 또한 최대로 일어나서 조명을 받아들이기를 원하는 한 결코 쇠약해지면 안 됩니다. 또한, 용기는 탁월해야 한다고, 그래서 항상 신적인 것으로 옮아갈 것이라고 말합니다. ─ 능력에 대해서도 이와 유사합니다. ─ 명령함이 지배에 속합니다. 추종이 덕에, 어떤 것도 대립되지 않도록 배열함이 능력에 속합니다. 따라서 그는 이것을 반발하는 힘이라고 말합니다. 또한, 인도함이 권품천사에게, 계시함이 대천

---

42 위 디오니시우스, 「천상위계론」 제7장, 제7절; 제1장, 제9절, 앞의 책, 2007. 도미니온즈, 즉 주품천사(主品天使)들이다.

43 Aristoteles, *De caelo et mundo*, II, c.11.

revelare; Angelorum, nuntiare.

[Haec igitur est prima consideratio mentis per contemplationem suspensae, scilicet quantum ad lucem solarem. Istarum quinque sufficientiarum numerus ad ternarium hoc modo redigitur. Nam primae tres, scilicet quarum una sumitur iuxta personarum circumincessionem et secunda iuxta appropriatorum integritatem et tertia quae sumitur iuxta monarchae dispositionem, pro tanto pro una sufficientia reputantur, quia ab ipso primo exemplari, licet diversimode se habente, sumuntur. Ac deinde secunda reputabitur, quae sumitur ab integrantibus hierarchiam, quae sunt scientia, potestas, ordo. Demum tunc erit tertia, quae sumitur iuxta aspectuum diversitatem.

Et nota quod illa sufficientia quae sumitur iuxta novem dispositiones monarchae, hoc modo accipitur prout monarcha refulget in eis principalius per ordinem, scilicet in ratione diligentis, discernentis, iudicantis; item, in ratione dictantis, prosequentis, iudicantis; item, in ratione deducentis, erudientis, custodientis. Haec quidem omnia facit per se et communicat angelis ad cooperandum sibi.]

사에게, 선포함이 천사들에게 속합니다.[44] [그러므로 이것이 태양의 빛에 관한 한, 휴식하는 명상 가운데 있는 정신의 첫 번째 사유입니다. 다섯 가지 충족은 이런 방식으로 셋으로 축소됩니다. 왜냐하면 첫 번째 세 개 중 하나는 인격적인 성삼위의 내적인 결합에 따라, 두 번째 것은 귀속의 완전함에 따라, 세 번째 것은 왕국의 건설에 따라 선택되었는데, 이들은 그 본이 서로 상이하다고 해도 첫 번째 본 자체로부터 취해지기 때문에 충족하기 위해서 그만큼 많이 숙고되었고, 취해졌습니다. 그리고 그 다음 두 번째 것이 숙고되는데, 두 번째 것은 위계를 온전하게 하려는 것으로부터 취해지고 이것은 학문·능력·질서입니다. 마지막으로 세 번째 것이 있을 것인데, 이것은 바라봄의 다양성에 따라 취해집니다.

그리고 왕국은 아홉 개로 배열될 때, 즉 질서에 의해서, 다시 말해 세심한 사람, 구분하는 사람, 판결하는 사람의 이성에 의해, 마찬가지로 명령하는 사람, 따르는 사람, 판결하는 사람의 이성에 의해, 또한 이끄는 사람, 교육하는 사람, 보살피는 사람의 이성에 의해 더 본래적인 의미에서 배열될 때 빛나듯이 충족된다는 것에 주목하십시오. 하느님은 이 모든 것을 몸소 만들고 그들을 도와주기 위해서 천사들에게 이것들을 전달합니다.]

---

44 강연 21, 20~23 참조.

De quarta visione tractatio tertia,
quae specialiter agit tum de secundo obiecto huius visionis,
nempe de consideratione militantis Ecclesiae, tum de tertio,
quod est ipsa anima hierarchizata

1. Signum magnum apparuit in caelo, mulier amicta sole, et luna sub pedibus eius, et in capite eius corona stellarum duodecim. Dictum est de consideratione caelestis monarchiae, quae intelligitur per lucem solarem, ut est sol vigens, fulgens, calens, secundum quod consurgunt in anima novem lumina secundum considerationes divinae excellentiae, divinae influentiae, divinae praesidentiae; et quomodo caelestis hierarchia illustratur ab illo sole et hierarchizatur propter conformitatem ad solem, propter dispositionem integritatis hierarchiae et propter multiformitatem aspectuum.

2. Restat ergo dicere de luna. Sicut enim anima contemplativa est mulier bona, amicta sole, ita luna est sub pedibus eius, non

넷째 날의 봄에 대한 세 번째 강연.
특히 한편으로 이 봄의 두 번째 대상인
호전적인 교회의 숙고에 대한, 또 한편 위계지어진 영혼 자체인
이 봄의 세 번째 대상에 대한 강연

1. "하늘에 큰 표징이 나타났습니다. 태양을 입고 발밑에 달을 두고 머리에 열두 개 별로 된 관을 쓴 여인이 나타난 것입니다."[1] 활력을 주고 빛나며 뜨겁게 하는 태양이 있듯이 태양의 빛에 의해 인식되는 천상 왕국의 숙고에 대해 언급되었습니다.[2] 하느님의 탁월성에 대한, 하느님이 부어주는 유입에 대한, 하느님의 통치에 대한 숙고에 맞게 영혼에서 아홉 개의 빛이 일어납니다. 그리고 이런 방식으로 천상의 위계는 저 태양으로부터 조명되고 태양과 일치해서, 위계가 온전하게 배열되어서, 그리고 다양한 봄에 의해 배열됩니다.

2. 따라서 달에 대해 언급하는 일이 남아 있습니다. 명상하는 영혼이 태양을 입은 착한 부인이듯이, 달은 발로 짓밟기 위해서가 아니라 견고

---

1 「요한묵시록」 12:1.
2 강연 21 참조.

ad conculcandum, sed ad stabiliendum, scilicet militans Ecclesia. Philosophi multa consideraverunt de sole aeterno, sed nihil eis valuit, quia non fuit luna sub pedibus. Unde sicut luna est filia solis et recipit lumen ab eo, similiter militans Ecclesia a superna Ierusalem; unde Apostolus dicit eam matrem nostram, quia est mater influentiarum, quibus efficimur filii Dei. Caelestis hierarchia est illustrativa militantis Ecclesiae. —Oportet ergo, quod Ecclesia militans habeat ordines correspondentes hierarchiae illustranti. Distinguuntur autem tripliciter: uno modo secundum rationem processuum; alio modo secundum rationem ascensuum; tertio modo secundum rationem exercitiorum.

3. Primo ergo secundum rationem processuum, quia in tempore nascitur et procedit, non sicut Angeli, qui subito creati sunt et simul firmati. Sicut enim luna plus et plus recipit lumen a sole, quousque veniat ad complementum; sic Ecclesia. Habet ergo tres ordines, scilicet fundamentales, qui respondent supremae hierarchiae; promoventes, qui respondent mediae; consummantes, qui respondent infimae.

4. Fundamentales ergo respondent supremae, quia in spiritualibus fundamenta sunt altissima; in corporalibus vero, quia res descendunt ad infimum, ideo fundamentum est infimum, sed in spiritualibus fundamentum est supremum. Unde et homo habet caput erectum ad caelum, quod est sicut radix. Unde sicut in arboribus per radicem est derivatio et attractio ad ramos, sic in homine quidquid est in corpore derivatur a capite, licet aliud

하게 하기 위해서 여인의 발밑에 있습니다. 달은 호전적인 군대인 교회입니다. 많은 철학자가 영원한 태양에 대해 숙고했지만 달이 발밑에 없었기에 그들에게 유용한 것은 없었습니다. 그러므로 달이 태양의 딸이고 태양으로부터 빛을 받아들이듯, 호전적인 교회는 비슷하게 천상의 예루살렘으로부터 빛을 받습니다. 따라서 교회는 유입의 어머니이기에 사도는 교회를 우리의 어머니라고 부릅니다.[3] 우리는 그 유입에 의해 하느님의 자녀가 되었습니다. 호전적인 교회를 조명하는 천상의 위계가 있습니다. — 따라서 호전적인 교회에는 조명하는 것의 위계에 상응하는 질서가 있어야만 합니다. 이 질서는 셋으로 구분됩니다. 한편으로 경과의 근거에 따라, 또 다른 방식으로 상승의 근거에 따라, 세 번째 방식으로 연습의 근거에 따라 구분됩니다.

3. 첫째, 경과의 근거에 따른 질서를 언급해야겠습니다. 교회는 시간 안에서 태어나고 지속되기에 갑자기 창조되고 동시에 견고해진 천사와 다릅니다. 달이 보름달이 될 때까지 태양으로부터 점차적으로 빛을 받아들이듯 교회도 그렇습니다. 교회는 세 가지 질서를 갖고 있는데 이는 최고의 위계에 상응하는 근본적인 질서, 중간의 위계에 상응하는 진행하는 질서, 가장 아래의 위계에 상응하는 완성하는 질서입니다.

4. 근본적인 질서(위계)는 정신적인 것에 있는 가장 높은 근거이기에 최고의 위계에 상응합니다. 그런데 사물은 가장 아래로 내려가기 때문에 물질적인 기반은 아래에 있습니다. 그러나 영적인 기반은 위에 있습니다. 따라서 사람은 [나무] 뿌리처럼 하늘을 향해 곧추선 머리를 갖고 있습니다. 나뭇가지가 뿌리에서 나오고 끌어당겨지듯 사람에 있어서도 몸에 있는 것은 그것이 무엇이든 머리에서 나옵니다. 철학자에 따르면, 심

---

3 「갈라티아 신자들에게 보낸 서간」 4:26: "그러나 하늘에 있는 예루살렘은 자유의 몸으로서 우리의 어머니입니다."

membrum sit principalius, ut cor, secundum Philosophum. Christus autem, qui est caput, locum supremum tenet in hierarchia nostra.

5. Sunt ergo tres ordines: fundamentales, respondentes Patri; promoventes, Filio; consummantes, Spiritui sancto. Sunt autem in Ecclesia tres ordines fundamentales, scilicet ordo patriarchalis, prophetalis, apostolicus; ad Ephesios: Iam non estis hospites et advenae; sequitur: Superaedificati supra fundamentum Apostolorum et Prophetarum. Patriarchae fuerunt patres Apostolorum secundum carnem et secundum promissionem. Iste ordo respondet Patri, ut est in se ipso; prophetalis respondet Patri, ut est in Filio; apostolicus respondet Patri, ut est in Spiritu sancto. Isti Apostoli sunt filii excussorum; Psalmus: Sicut sagittae in manu potentis, ita filii excussorum; et alibi: Pro patribus tuis nati sunt tibi filii.

6. Ordo patriarchalis respondet Thronis; ordo prophetalis, Cherubim; ordo apostolicus, Seraphim. In Patriarchis fuit stabilitas fidei; in Prophetis, limpiditas cognitionis; in Apostolis, fervor caritatis. Si ergo genitura novi testamenti fuit a nobilissimo principio, debuit esse a nobilissimis principibus. Et ideo Apostoli respondent Seraphim, quia apostolicus ordo conformatur Christo, et ante illum

장 같은 다른 지체가 더 중요하다고 해도 말입니다.[4] 머리인 그리스도는 우리의 위계에서 최상의 자리를 차지합니다.

5. 따라서 세 가지 질서가 있습니다. 근본적인 질서는 성부에 상응합니다. 진행하는 위계는 성자에 상응합니다. 완성하는 위계는 성령에 상응합니다. 그런데 교회에는 세 개의 근본적인 위계, 즉 조상의 위계, 예언자의 위계, 사도의 위계가 있습니다. 「에페소 신자들에게 보낸 서간」에서는 "여러분은 이제 더 이상 외국인도 아니고 이방인도 아닙니다"라고, 또 "여러분은 사도들과 예언자들의 기초 위에 세워진 건물"[5]이라고 합니다. 조상들은 육신에 따라 또한 약속에 따라 사도들의 아버지였습니다. 이 위계는 그 자체로 성부에 상응합니다. 예언자의 위계는 성자에게 있는 것으로 성부에 상응합니다. 사도의 위계는 성령에게 있는 것으로 성부에 상응합니다. 이 사도들은 젊어서 얻은 아들들입니다. 「시편」에서는 "젊어서 얻은 아들들은 전사의 손에 들린 화살들 같구나"[6]라고 하고, 또 다른 곳에서는 "당신 아들들이 조상의 뒤를 이으려 태어났다"[7]라고 합니다.

6. 조상의 위계는 왕좌의 위계에 상응합니다. 예언자의 위계는 커룹에, 사도의 위계는 사랍에 상응합니다. 조상에게는 믿음의 확고함이 있습니다. 예언자들에게는 인식의 투명함이 있습니다. 사도들에게는 사랑의 뜨거움이 있습니다. 따라서 만약 『신약성경』이 가장 고상하게 시작했다면 가장 고상한 왕으로부터 있었어야 했습니다.[8] 사도의 위계는 그리스도에 맞추어지게 되기 때문에 사도들은 사랍에 상응합니다. 조명하는 위

4 Aristoteles, *De partib. animal*, II, c.1; III, c.3 이하; 강연 1, 19 참조.
5 「에페소 신자들에게 보낸 서간」 2:19 이하.
6 「시편」 127:4.
7 「시편」 45:17.
8 「시편」 45:17.

ordo illuminativus, scilicet prophetalis, et ante illum ordo stabilis, scilicet patriarchalis.

7. Sunt etiam tres ordines promotivi, per quos Ecclesia stabilitur in ordinibus martyrum, confessorum, virginum. Ordo martyrum respondet Filio, ut est in Patre, quia in martyribus fuit maxima potestas. Ordo confessorum respondet Filio, ut est in semetipso, scilicet ratione doctrinae. Ordo virginum respondet Filio, ut est in Spiritu sancto. Per viros istos dilatata est Ecclesia, in qua sunt exempla virtutis: in ordine martyrum documenta veritatis, in ordine confessorum privilegia sanctitatis fulgent, in ordine virginum privilegia castitatis. Per virgines intelliguntur non solum puellae passae pro Christo, sed omnes, qui zelo castitatis sequestraverunt se a mundo, ut Hilarion, Paulus, primus eremita.

8. Martyres respondent Dominationibus, confessores Virtutibus, virgines Potestatibus, ubi removetur omnis deordinatio. In martyribus Ecclesia aliquantulum fuit obscurata, quia luna apparuit sicut sanguis, sed repurgata est et rediit ad maiorem dilatationem; unde per sanguinem martyrum dilatata est Ecclesia. Similiter tempore confessorum per haereticos impugnata est; sed post haeresis destructa est in Conciliis, et magis est Ecclesiae fides explanata. Similiter tempore virginum, quando homines ad carnem convertebantur, excitavit Spiritus sanctus mentes quorundam, ut castitatem amarent et servarent.

계, 즉 예언자의 위계가 사도들의 위계보다 높고, 지속적인 위계, 즉 조상의 위계가 조명하는 위계보다 높습니다.

7. 계속 나아가는 세 가지 질서가 있는데, 이 질서에 의해 교회는 순교자의, 고백자의, 독신자의 질서에서 확고해집니다. 순교자에게는 가장 큰 권능이 있기 때문에 순교자의 위계는 성부에게 있는 성자에 상응하고 고백자의 위계는 그 자신 안에 있듯이, 즉 교의의 근거 위에 있는 성자에 상응합니다. 독신자의 질서는 성령으로 드러난 성자에 상응합니다. 저 사람들을 통해서 교회가 확산되는데, 이 교회 안에 덕의 본이 있습니다. 순교자의 위계에는 진리의 증거가 있고, 고백자의 위계에서 거룩함의 특전이 빛나고, 독신자의 위계에서 정결의 특전이 빛납니다. 그리스도 때문에 고통받은 여인들뿐만 아니라 예를 들면 힐라리온,[9] 바오로, 첫 번째 은수자처럼 정결하게 머물고 싶은 열망으로 세상으로부터 단절한 모든 사람이 독신자라고 간주됩니다.

8. 모든 무질서가 없어진 곳에서 순교자들은 지배자에, 고백자는 덕에, 독신자는 권능에 상응합니다. 달이 온통 피처럼 되기 때문에[10] 교회는 순교자에게 조금 감춰져 있지만 정화되었고, 좀 더 확장됩니다. 교회는 순교자의 피에 의해 확장됩니다. 또 고백자의 시간에 교회는 이교도들에 의해 공격받았습니다. 그런데 공의회에서 이교도들이 척결된 다음 교회의 믿음은 더 확장되었습니다. 또 독신자의 시간에, 인간이 육체를 향해 돌아섰을 때 성령은 정결을 사랑하고 보존하도록 몇몇 사람의 정신을 자극했습니다.

---

9   힐라리온(Hilarion, 291~371): 팔레스티나 출신의 수도사. 부모는 이교도였지만 열다섯 살 때 개종하였다. 채식을 실천한 것으로 알려져 있다.
10 「요한묵시록」 6:12.

9. Tertius est ordo consummantium, et sunt tres, scilicet praesidentium, magistratuum, regularium. Ordo praesidentium respondet Spiritui sancto, ut est in Patre; ordo magistratuum respondet eidem, ut est in Filio; ordo regularium respondet eidem, ut est in se ipso. Primo Ecclesia fuit fundata in primis tribus; secundo, in tribus mediis crevit; tertio oportet, quod sit ordinata in tota sua universitate et compleatur per Spiritum sanctum. Sunt ergo in Ecclesia praesidentes et subditi, docentes et discipuli, regulantes et regulati; et intelligo magistros seu docentes vel philosophiam, vel ius, vel theologiam, vel artem quamcumque bonam, per quam promoveatur Ecclesia. Per ordinem praesidentium intelliguntur praelati cuiuscumque auctoritatis. Per ordinem regulantium et regulatorum comprehenditur vita monastica; et isti sunt ultimi, quia oportet, mundum consummari in castitate, quia ultimi non generabunt. Consistit ergo in hoc consummatio Ecclesiae, ut regatur secundum rationem praelationis, secundum rationem illustrationis, secundum rationem a carne abstractionis.

10. Ordo praesidentium respondet Principatibus; ordo magistratuum, Archangelis; ordo regularium, Angelis, qui habent officium humilitatis. Debent enim plus esse subiecti regulares superiori suo, quam discipuli magistro, quam subiecti praesidenti; quia sic decet nos implere omnem iustitiam. Unde ille qui magis est humilis, maior est apud Deum.

9. 셋째, 완성하는 사람의 위계가 있고 이는 세 가지입니다. 즉 통치자·교사·수도회의 위계가 있습니다. 통치자의 위계는 성부에게 있는 것으로 성령에 상응합니다. 교사의 위계는 성자에게 있는 성령에, 수도자의 위계는 그 자신 안에 있는 성령에 상응합니다. 첫째, 교회는 처음 세 가지 것에 근거하고 있습니다. 둘째, 교회는 중간의 세 가지 것에서 성장합니다. 셋째, 교회는 그것의 전체적인 보편성을 향해 질서지어져 있고, 성령에 의해 보완되어야 합니다. 그러므로 교회에는 장상과 일반 신도와 교사와 학생이, 규정을 만드는 사람과 규정을 지키는 사람이 있습니다. 그리고 나는 철학과 율법을 또는 신학을 또는 그것이 무엇이든 그것에 의해 교회가 발전하는 어떤 것이든 훌륭한 기술을 가르치는 사람을 교사라고 이해합니다. 지배자의 질서에 의해 어떤 권위를 지닌 고위 성직자가 인식됩니다. 규정을 정하는 사람과 규정을 지키는 사람의 위계에 따라 수도원의 삶이 이해됩니다. 세상은 정결에서 완성되어야 하므로 또 마지막 사람들은 아이를 낳지 않기에 아이를 낳지 않는 사람들이 마지막 사람들입니다. 따라서 세상 안에서 교회가 완성됩니다. 그래서 교회는 선택의 근거에, 조명의 근거에, 육체로부터 제거되는 근거에 따라 조종됩니다.

10. 지배자의 위계는 왕권에 상응합니다. 교사의 위계는 대천사에, 규정을 지키는 사람은 겸손할 의무가 있는 천사에 상응합니다.[11] 규칙을 지키는 사람은 학생이 선생에게, 신하가 지배자에 종속되어 있는 것보다 더 그의 위에 있는 규정의 주체에 종속되어 있어야 합니다. "우리는 이렇게 해서 마땅히 모든 의로움을 이루어야"[12] 하기 때문입니다. 그러므로 더 겸손한 사람이 하느님 곁에서 더 위대한 사람입니다.

---

11 강연 19, 4 참조.
12 「마태오복음서」 3:15.

11. Alia est distinctio secundum rationem ascensus et graduum ecclesiasticorum. Oportet autem, eam ordinari tribus ordinibus lapidum. Sunt autem gradus quidam purgativi, illuminativi, perfectivi. — Purgatio autem triplex est: purgatur homo a consortio foedorum, a nubilo ignorantiarum, ab infestatione daemonum. His respondet ordo ostiariorum, lectorum, exorcistarum: ordo ostiariorum, ut excludantur immundi, excommunicati, energumeni, catechumeni et non fundati in fide. Et ista fiebant in Ecclesia primitiva, quando Ecclesia optime erat disposita; sed modo porcus et canis intrant. — Ordo lectorum est, ut homo purgetur a nubilo ignorantiarum per auditum lectionis, ut homo sciat historiam eorum quae leguntur, et sic informetur. Unde etiam in primitiva Ecclesia, quia tunc quasi omnes erant litterati, legebatur eis lectio. — Tertia purgatio a vexationibus daemonum per ordinem exorcistarum. — Ordo primus respondet Angelis, secundus Archangelis, tertius Principatibus.

12. Item, est ordo graduum ad illuminandum per ordinem acolythorum, subdiaconorum, levitarum. Acolythorum est ferre lumina, subdiaconorum legere Epistolam, diaconorum legere Evangelium. Omnes autem ministrant vasa, sed diversimode, quia acolythus ampullas, subdiaconus parat calicem, diaconus offert; unde etiam aliquando ministrabat Sanguinem, quando ministrabatur Sanguis olim.

13. Isti ergo ordines sunt illuminativi. Illuminatio autem quaedam est per exempla exteriora, quaedam per documenta

11. 또 다른 구분은 상승의 근거에, 또 교회의 위계의 근거에 합당한 구분입니다. 그런데 교회는 "돌 세 켜로"[13] 배열되어야 합니다. 정화하고 조명하며 완성하는 어떤 단계가 있습니다. ─ 사람은 세 가지에서, 즉 추악함에서, 무지의 먹구름에서, 악마의 괴롭힘에서 정화됩니다. 수문직(守門職)을 받은 사람, 독서직을 받은 사람, 구마직(驅魔職)을 받은 사람의 위계가 이 세 가지에 상응합니다. 불결한 사람, 파문당한 사람, 마귀들린 사람, 예비 신자, 믿음에 근거하지 않은 사람들이 수문직의 위계에서 배제됩니다. 이들은 교회가 가장 잘 운영되던 초대교회에 생겼습니다. 그러나 얼마 지나지 않아 돼지와 개(=이단자)가 교회에 들어왔습니다. ─ 독서자의 위계는 신자가 성경말씀을 들음으로써 무지의 먹구름에서 벗어나고, 이때 독서 내용의 역사를 알게 되면서 형성됩니다. 더욱이 초대교회에서는 모든 것이 문자로 쓰인 것이기에 강독이 행해졌습니다. ─ 구마직을 받은 사람의 권위에 의해 악마의 괴롭힘에서 정화되는 것이 세 번째 정화입니다. ─ 첫 번째 위계는 천사에, 두 번째 위계는 대천사에, 세 번째 위계는 지배자에 상응합니다.

12. 또한, 시종직을 받은 사람, 차부제(次副祭), 부제의 위계에 의해 조명을 받는 단계의 위계가 있습니다. 시종직을 받은 사람에게는 촛대를 옮기는 일이, 차부제에게는 [미사 전례 때] 독서가, 부제에게는 복음을 읽는 일이 속합니다. 모든 사람은 서로 다른 방식으로 용기(容器)를 관리합니다. 왜냐하면 시종직을 받은 사람은 촛대를, 차부제는 성작(聖爵)을 준비하고 부제는 이들을 봉헌하기 때문입니다. 이 때문에 예전에 피가 봉헌되었을 때는 더욱이 피를 봉헌했습니다.

13. 이 위계들은 조명하는 위계들입니다. 어떤 조명은 외적인 본에 의해, 어떤 조명은 중간의 증언에 의해, 어떤 조명은 최상의 증언에 의해

---

13 「열왕기 상권」6:36.

mediocria, quaedam per documenta suprema. —Primi portant cereos, ut acolythi, quibus dicitur: Sint lumbi vestri praecincti, et lucernae ardentes. Lucernae enim sunt opera lucida secundum Gregorium. —Secundi illuminant verbo et exemplo; ut sitis sine querela et simplices filii Dei, sine reprehensione, in medio nationis pravae et perversae, inter quos lucetis sicut luminaria in mundo, verbum vitae continentes, ut subdiaconi, qui continent verbum Epistolarum. —Tertii per documenta altissima, ut Evangeliorum, sunt diaconi. Unde etiam solebant praedicare, ut Stephanus, Laurentius, Vincentius. Unde in Luca Angelus ad pastores ait: Annuntio vobis gaudium magnum etc. Ille Angelus est diaconus. — Ordo acolythorum respondet Potestatibus; ordo subdiaconorum, Virtutibus: ordo diaconorum, Dominationibus.

14. Est etiam ordo perfectivus, et iste est triplex, sacerdotalis, episcopalis et patriarchalis. Consummatio enim est secundum triplicem modum. Una est in administratione communi Sacramentorum, sine quibus non est salus, ut est baptismus, poenitentia, eucharistia, unctio extrema. Primum est, per quod introducitur homo in Ecclesiam; secundum, per quod reducitur in gradum pristinum; tertium, per quod homo deducitur in caelum. Primum est, ad deletionem culpae originalis; secundum, ad deletionem mortalis; tertium, ad deletionem omnis venialis; et quia in his non est perfectio nisi ut in Christo, ideo Sacramentum eucharistiae committur sacerdoti specialiter.

있습니다. — 첫 번째 사람들은 시종직을 받은 사람처럼 초를 가져옵니다. 이 사람에 대해 "너희는 허리에 띠를 매고 등불을 켜놓고"[14] 있으라고 언급합니다. 그레고리우스에 따르면, 등불은 밝히는 것입니다. — 두 번째 사람들은 말과 본으로 조명합니다. "비뚤어지고 뒤틀린 이 세대에서 허물없는 사람, 순결한 사람, 하느님의 흠 없는 자녀가 되어, 이 세상에서 별처럼 빛날 수 있도록 하십시오. 생명의 말씀을 굳게 지니십시오."[15] 그래서 차부제는 서간의 말씀을 지닌 사람입니다. — 세 번째 것들은 복음사가들의 증언처럼 가장 오래된 증언에 의해 부제에게 속합니다. 따라서 스테파노, 라우렌티우스, 빈첸시오처럼 예언하곤 합니다. 그러므로 「루카복음서」에서는 천사가 목자들에게 말합니다. "나는 온 백성에게 큰 기쁨이 될 소식을 너희에게 전한다."[16] 이 천사는 부제입니다. — 수문직을 받은 사람의 위계는 권능에, 차부제의 위계는 능품천사(=덕)에, 부제의 위계는 주품천사(=지배자)에 상응합니다.

14. 더욱이 완성하는 위계가 있고 이 위계는 세 가지, 즉 성직자·주교·족장의 위계입니다. 완성의 방식은 세 가지입니다. 한 방식은 성사를 공통적으로 이행하는 것인데, 세례성사·고해성사·성체성사·병자성사 같은 성사로, 이런 성사 없이는 구원이 없습니다. 사람은 첫 번째 성사에 의해서 교회로 들어가고 두 번째 성사에 의해서 예전의 단계로 되돌아가고 세 번째 성사에 의해서 하늘로 인도됩니다. 첫 번째 성사는 원죄의 소멸을 위해 있습니다. 두 번째 성사는 대죄의 소멸을 위해 있습니다. 세 번째 성사는 모든 소죄(小罪)의 소멸을 위해 있습니다. 그리스도만이 완전하므로 성체성사는 특히 사제에게 위임됩니다.

---

14 「루카복음서」 12 : 35.
15 「필리피 신자들에게 보낸 서간」 2 : 15-16.
16 「루카복음서」 2 : 10.

15. Secunda est in administratione ordinum privilegiatorum, ut sacri ordinis et confirmationis; quod est episcoporum, non aliorum; et quia faciunt sacerdotes perfectiores; ideo in ipsis debet esse altior perfectio ad dandum Spiritum sanctum, qui non nisi per Apostolos dabatur; ideo etiam locum tenent Apostolorum. — Super Apostolos autem est Christus, et post Petrus. Oportet ergo, esse patrem patrum quem nos Papam vocamus, qui tamen propter humilitatem quatuor habet patriarchas: Constantinopolitanum, Alexandrinum, Hierosolymitanum, Antiochenum. Et de his loquitur Isaias; Erunt quinque civitates in terra Aegypti, loquentes lingua Chanaan et iurantes per Dominum exercituum; Roma autem universalis est, ideo civitas solis vocabitur una; quia, etsi aliae quatuor sedes plenam auctoritatem habeant super Ecclesias vicinas illis, tamen Roma habet universaliter, sicut sol, plenitudinem potestatis super omnes. — Et secundum hoc sunt tres ordines, non quidem propter novi characteris impressionem, quia ultra sacerdotium non est gradus; sed propter eminentiam et potestatem. — Primus respondet Thronis, secundus Cherubim, tertius Seraphim; quia oportet, episcopum esse amplectentem eum qui secundum doctrinam est fidelem sermonem. Papa autem debet esse perfectissimus inter omnes. Si autem sic esset ordinatio interius, sicut exterius, optima esset.

15. 두 번째 방식은 신품성사와 견진성사 같은 특권을 지닌 사람의 위계를 지도하는 것입니다. 이는 다른 사람의 권한이 아닌 주교의 권한입니다. 더 완전한 덕성을 갖춘 사제들이 이를 행하기 때문입니다. 그러므로 사도들에 의해서만 부여되는 성령을 보내기 위해서 그들 자신이 더 완성된 사람이어야 합니다. 따라서 주교들은 사도들의 자리를 갖습니다. — 사도들 위에 그리스도가 계시고 그리스도 다음에 베드로가 있습니다. 따라서 우리가 교황이라고 부르는 사제들의 사제의 존재가 필수적입니다. 그럼에도 교황이 스스로 겸손해지도록 그의 아래에 네 명의 총대주교, 즉 콘스탄티누스, 알렉산드리아, 예루살렘, 안티오키아의 총대주교가 있었습니다.[17] 이들에 대해 이사야는 "이집트 땅에는 가나안 말을 하고 만군의 주님께 충성을 맹세하는 다섯 성읍이 생길"[18] 것이라고 말합니다. 그런데 로마는 보편적이어서 [이 도시 가운데] 하나는 태양의 도시라고 불릴 것입니다. 왜냐하면 다른 네 옥좌가 그들에게 가까운 교회에 대해 충분한 권위를 갖고 있다고 해도, 일반적으로 로마는 태양처럼 모든 것에 대해 충분한 권능을 갖고 있기 때문입니다. — 그리고 사제직 너머에는 위계가 없기 때문에 사실 새로운 종류의 특징 때문이 아니라 탁월함과 권능 때문에 이에 맞게 세 개의 위계가 있습니다.[19] — 첫 번째 위계는 왕좌에 상응하고, 두 번째 위계는 커룹에, 세 번째 위계는 사랍에 상응합니다. 주교는 "가르침을 받은 대로 진정한 말씀을 굳게 지키는 사람"[20]이어야 하기 때문입니다. 그런데 교황은 모든 사람 가운데 가장 완전한 사람이어야 합니다. 만약 외적인 위계처럼 내적인 위계가 있다면 내적인 위계가 가장 좋은 위계일 것입니다.

---

17 후베르트 예딘, 앞의 책, 2006, 14쪽 이하: "관구 대주교 제도와 총대주교 제도의 완성과 더불어 이에 상응하는 공의회 유형이 생겨났다."

18 「이사야서」 19:18.

19 Bonaventura, *IV. Sent.*, d.24, p.2, a.2, q.3.

20 「티토에게 보낸 서간」 1:9.

16. Tertia ordinatio est secundum rationem exercitiorum, quae sunt tria: actuosum, otiosum, ex utroque permixtum; vita activa, vita contemplativa, ex utroque permixta. Et licet ordo praelatorum secundum ordinem ascensuum ponatur in summo, tamen secundum istum processum ponitur in medio, ex quo permixtus est. Est ergo ordo activorum in infimo, ordo praelatorum in medio, ordo contemplativorum in summo. —Ordo activorum respondet Patri, cui competit generatio et productio; ordo praelatorum Filio; ordo contemplativorum Spiritui sancto.

17. Unde in Ecclesia sunt tres ordines: monasticus, qui est productus tantum; laicus, qui est producens; clericalis, qui est productus et etiam producens. Nam ex laico fit clericus, et non e converso, si iam ordinem sacrum habet, nec alio modo fieri debet, etiam si non habet, nisi sit totaliter ineptus. Ex clerico fit religiosus et non e converso.

18. In ordine laicorum est triplex ordo, scilicet sacrarum plebium, sacrorum consulum, sacrorum principum. Restituam, inquit, iudices tuos, sicut a principio. Boni enim principes habent bonos consiliarios. Et boni principes et boni consules habent bonas plebes, quia erudiunt illas. Econtra mali principes habent malos consiliarios, et per consequens male instruunt plebes. Malae plebes eligunt malos principes. —Primus ordo, scilicet plebium, respondet

16. 세 번째 위계는 이행의 근거에 따라 있는데, 이 이행은 세 가지입니다. 활기찬 이행, 고요한 이행, 그리고 이 두 가지로 이루어진 이행입니다. 즉 능동적인 삶, 명상적인 삶, 이 둘로 이루어진 삶입니다. 주교들의 위계는 상승의 질서에 따라 가장 높은 곳에 설정된다고 해도 상승하는 진행은 중간에 설정되고 이로부터 합성된 위계가 있습니다. 그러므로 활동적인 사람의 위계는 가장 아래에, 주교들의 위계는 중간에, 명상하는 사람의 위계는 가장 높은 곳에 있습니다. — 활동적인 사람의 위계는 성부에 상응하는데, 낳음과 생산이 성부에게 어울립니다. 주교들의 질서는 성자에 상응하고, 명상하는 사람의 질서는 성령에 상응합니다.

17. 교회에는 세 개의 위계가 있습니다. 이들은 생산되기만 하는 수도원의 위계, 생산하는 평신도의 위계, 생산된 또한 생산하는 성직자의 위계입니다. 평신도에서 성직자가 되지, 성직자가 평신도가 되지는 않기 때문에 이미 거룩한 위계를 갖고 있다면 [위계는] 다른 방식으로 정해지면 안 되며, 비록 거룩한 위계를 갖고 있지 않더라도 전혀 쓸모가 없는 것이 아닐 것입니다. 성직자에서 독실한 사람이 나오지, 독실한 사람이라고 성직자가 되는 것은 아닙니다.

18. 평신도의 위계에는 세 가지 위계가, 즉 경건한 백성들의 위계, 경건한 조언자의 위계, 경건한 지배자의 위계가 있습니다. 그는 "너의 판관들을 처음처럼 돌려놓으리라"[21]라고 합니다. 선한 군주들에게는 선한 조언자들이 있습니다. 선한 군주와 선한 조언자들에게는 착한 백성들이 있는데, 이 군주와 조언자들이 백성들을 교육하기 때문입니다. 반대로 사악한 군주들에게는 사악한 조언자들이 있고 결과적으로 백성들을 악하게 가르칩니다. 사악한 백성들은 사악한 군주를 선택합니다. — 첫 번째 위계, 즉 백성들의 자리는 천사에 상응합니다. 두 번째 위계, 즉 조언자

---

21 「이사야서」 1 : 26.

Angelis; secundus, scilicet consulum, Archangelis; tertius scilicet principum, Principatibus. —Modo autem non est ita, sicut quando Constantinus regnabat. Qualis consiliarius fuit Ambrosius, qui adhuc Saracenus, scilicet catechumenus, virgo fuit! Sed modo principes sunt socii furum, et consiliarii in munere consulunt.

19. Secundus ordo est clericalis, activus et contemplativus, qui et pascere debet et contemplari, ut sint medii inter Deum et plebem. Omnis enim pontifex ex hominibus assumtus pro hominibus constituitur in iis quae sunt ad Deum, ut offerat dona et sacrificia pro peccatis. Et hi sunt tres ordines: ministerialis, sacerdotalis, pontificalis. Ad hos reducuntur omnes, quia omnes aut sunt ministrantes, et sunt primi sex; aut sunt sanctificantes per verba; aut sunt regentes per eminentiam. —Primus ordo, scilicet ministerialis, respondet Potestatibus; ordo sacerdotalis, in quo est efficacia Sacramenti, est ordo Virtutum; ordo pontificum respondet Dominationibus, quia habet iubere, in quo est efficacia et virtus.

20. In ordine contemplantium sunt tres ordines respondentes supremae hierarchiae, quorum est divinis vacare. Intendunt autem divinis tripliciter: quidam per modum supplicatorium, quidam per modum speculatorium, quidam per modum sursumactivum. — Primo modo sunt illi qui se totos dedicant orationi et devotioni et divinae laudi, nisi aliquando, quando intendunt operi manuali

들의 위계는 대천사에 상응하고 세 번째, 즉 군주의 위계는 지배자의 위계에 상응합니다. — 지금은 콘스탄티누스가 통치하던 때와 다릅니다. 그때까지 사라센인이었던, 즉 예비 신자였던 암브로시우스가 독신으로 살았을 때 그는 어떤 조언자였습니까! "지도자들은 도둑의 친구들일 뿐이고"[22] 조언자들은 보수를 바라고 조언합니다.

19. 두 번째 위계는 능동적이며 명상하는 성직자의 위계입니다. 성직자는 하느님과 백성들 사이의 매개자처럼 백성들을 먹이고 바라보아야 합니다. "모든 대사제는 사람들 가운데에서 뽑혀 사람들을 위하여 하느님을 섬기는 일을 하도록 지정된 사람입니다. 곧 죄 때문에 예물과 제물을 바치는 것입니다."[23] 이것들은 세 가지 위계입니다. 봉사하는 위계, 사제의 위계, 주교의 위계입니다. 모든 사람은 이들로 환원되는데, 왜냐하면 모든 사람은 첫 번째 여섯 사람인 봉사하는 사람들이거나, 말씀에 의해 성화(聖化)시키는 사람이거나, 탁월성에 의해 지배하는 사람들이기 때문입니다. — 첫 번째 위계, 즉 봉사하는 위계는 권능에 상응하고, 성사(聖事)의 작용을 갖는 사제의 위계는 덕의 위계이고, 주교의 위계는 명령할 수 있기에 작용과 힘을 지닌 지배에 상응합니다.

20. 신적인 일에 전념하는 것이 명상하는 사람에게 속하는데 이 사람의 위계에는 최상의 위계에 상응하는 세 개의 위계가 있고, 이 위계는 신적인 것에 의해 세 가지를 추구합니다. 어떤 사람은 숭배자의, 또 어떤 사람은 숙고하는 사람의 방식을 통해, 또 어떤 사람은 위로 이끄는 방식을 통해 추구합니다. — 그들이 자기 자신과 다른 사람을 부양하기 위해 손수 작업하며 노동에 힘쓸 때가 아니라면 기도와 신심과 하느님에 대한 찬미에 자신을 전적으로 봉헌하는 사람들이 첫 번째 방식에 따라 있

---

22 「이사야서」 1 : 23.
23 「히브리인들에게 보낸 서간」 5 : 1.

seu labori ad sustentationem suam et aliorum, ut sunt ordo monasticus, sive albus, sive niger, ut Cisterciensis, Praemonstratensis, Carthusiensis, Grandimontensis, Canonici regulares. Omnibus istis datae sunt possessiones, ut orent pro illis qui dederunt. Huic respondent Throni.

21. Secundus est, qui intendit per modum speculatorium vel speculativum, ut illi qui vacant speculationi Scripturae, quae non intelligitur nisi ab animis mundis. Non enim potes noscere verba Pauli, nisi habeas spiritum Pauli; et ideo necesse est, ut sis sequestratus in deserto cum Moyse et ascendas in montem. — Huic respondent Cherubim. Hi sunt Praedicatores et Minores. Alii principaliter intendunt speculationi, a quo etiam nomen acceperunt, et postea unctioni. —Alii principaliter unctioni et postea speculationi. Et utinam iste amor vel unctio non recedat a Cherubim. —Et addebat, quod beatus Franciscus dixerat, quod volebat, quod fratres sui studerent, dummodo facerent prius, quam docerent. Multa enim scire et nihil gustare quid valet?

습니다. 흰색 수도복의 수도사이든 검은색 수도복의 수도사이든 그들이
속한 수도원의 질서가 있고, 시토회,[24] 프레몽트레 수도회,[25] 카르투지오
회,[26] 그랑몽 수도회,[27] 수도자 참사회원이 있습니다. 이 모든 수도회에는
재산이 허용됩니다. 그래서 이들은 기부자들을 위해 기도합니다. 왕좌가
이 위계에 상응합니다.

21. 두 번째는 오직 깨끗한 영혼만이 인식하는 성경을 생각하는데 전
념하는 사람들처럼 상 또는 사변의 방식에 의해 신적인 것을 추구하는
위계입니다. 그대가 바오로의 정신을 갖고 있지 않다면 그대는 바오로의
말을 깨달을 수 없습니다. 그러므로 이렇게 그대는 모세와 함께 광야에
내던져져 있고 산으로 올라가야 했습니다.[28] ― 커룹이 이 위계에 상응
합니다. 이들은 설교하는 형제 수사들과 하급 성직자들입니다. 어떤 사
람들은 주로 명상을 지향해서 명상으로부터 그들의 이름을 갖습니다. 그
다음 도유(塗油)[29]에 전념합니다. ― 또 어떤 사람들은 주로 도유에, 그다
음 상에 전념합니다. 아무쪼록 이 사랑 또는 도유가 커룹으로부터 물러
나지 않기를 바랍니다. ― 그(=보나벤투라)는 [이렇게] 덧붙입니다. 그의
형제 수도사들이 가르치기보다 먼저 행하기만 할 때 복된 프란체스코는
그들이 연구하기를 원한다고 말했습니다.[30] 많은 것을 알고 있으면서 어
떤 것도 시험하지 않는 것이 무슨 효력이 있습니까?

---

24 1098년 수도사 로베르투스(Robertus)가 프랑스 시토(Citeaux)에 세운 수도회.
25 1121년 성직자의 공동 생활을 개혁해야 한다고 주장한 노르베르트(Norbert von
    Xanten)가 동료와 함께 프레몽트레(Prémontré)에 세운 수도회.
26 1084년 성(聖) 브루노(Saint Bruno of Cologne, 1030~1101)가 세운 수도회.
27 프랑스의 성 스테판(Stephan de Muret, 1054?~1124)이 노르망디의 그랑몽
    (Grandmont)에 세운 수도회.
28 「탈출기」3:1 이하; 19:3; 24:12 이하; 33:2 이하 참조.
29 Bonaventura, *Itin.*, c.IV, 4 참조.
30 Bonaventura, *Legenda S. Francisci*, c.11 참조.

22. Tertius ordo est vacantium Deo secundum modum sursumactivum, scilicet ecstaticum seu excessivum. — Et dicebat: Quis enim iste est? Iste est ordo seraphicus. De isto videtur fuisse Franciscus. Et dicebat, quod etiam antequam haberet habitum, raptus fuit et inventus iuxta quandam sepem. — Hic enim est maxima difficultas, scilicet in sursumactione, quia totum corpus enervatur, et nisi esset aliqua consolatio Spiritus sancti, non sustineret. Et in his consummabitur Ecclesia. Quis autem ordo iste futurus sit, vel iam sit, non est facile scire.

23. Primus ordo respondet Thronis; secundus Cherubim; tertius Seraphim, et isti sunt propinqui Ierusalem et non habent nisi evolare. Iste ordo non florebit, nisi Christus appareat et patiatur in corpore suo mystico. — Et dicebat, quod illa apparitio Seraph beato Francisco, quae fuit expressiva et impressa, ostendebat, quod iste ordo illi respondere debeat, sed tamen pervenire ad hoc per tribulationes. Et in illa apparitione magna mysteria erant. — Sic ergo distinguuntur isti ordines secundum maiorem et minorem perfectionem; comparatio autem est secundum status, non secundum personas; quia una persona laica aliquando perfectior est quam religiosa. [Unus autem est Monarcha, qui est principium omnium ordinum et graduum. Totum enim Ecclesiae corpus unum est, unum cibum habens, unum praemium expectans, una columba tam formosa, ut dictum est, similis lunae. Extra hanc unitatem non est membrum Christi.]

22. 세 번째 질서는 위쪽으로 이끄는 방식에 따라, 즉 무아지경으로 또는 과도하게 하느님에게 전념하는 사람의 위계입니다. ― 그(=보나벤투라)는 말합니다. 이것은 무엇인가? 이것은 사람의 위계입니다. 프란체스코 성인이 이 위계에 속했던 것 같습니다. 그리고 그는 그가 옷을 입기 전에 탈혼 상태에 빠졌고 어떤 울타리 옆에서 발견되었다고 합니다.[31] ― 이것은, 즉 상승은 매우 어렵습니다. 왜냐하면 몸 전체가 무기력해지고 성령의 어떤 위로가 없다면 지탱하지 못하기 때문입니다. 그리고 교회는 여기에서 완성될 것입니다. 이 위계가 미래에 어떤 위계가 될지 또는 이미 어떤 위계가 되었는지 아는 것은 쉽지 않습니다.

23. 첫 번째 위계는 왕좌에, 두 번째 위계는 커룹에, 세 번째 위계는 사람에 상응합니다. 그리고 이 위계들은 예루살렘 가까이 있고 높이 올라갈 일만 남았습니다. 이 질서는 그리스도가 자신의 신비로운 육신에서 드러나고 고난을 겪지 않았다면 꽃피우지 않을 것입니다. ― 그(=보나벤투라)는 이 위계가 오상(五傷)을 받은 세라핌적인 훌륭한 복된 프란체스코 성인에게 드러나고, 또 이 위계가 성인에 상응해야 하지만 그럼에도 고난에 의해 이 위계에 도달해야 한다고 말합니다.[32] 그리고 저 드러남에 크나큰 신비가 있었습니다. ― 이렇게 이 위계들은 더 완성되거나 또 덜 완성되면서 구분됩니다. 그런데 비교는 사람에 따라서가 아니라 지위에 따라 있습니다. 왜냐하면 한 명의 평신도는 가끔 수도자들보다 더 완전하기 때문입니다. [모든 질서와 단계의 시작인 한 명의 군주가 있습니다. 전체 교회는 한 몸입니다. 이 교회는 한 음식을 먹고 하나의 보상을 기대합니다. 언급했듯이 달에 유사한 하나의 아름다운 비둘기입니다. 이 하나 이외에 그리스도의 지체는 없습니다.]

---

31 Bonaventura, *Legenda S. Francisci*, I 참조.
32 Bonaventura, *Itin.*, Prologus §2 이하.

24. Sequitur de luce stellari, per quam anima hierarchizata intelligitur. Necesse est enim, ut anima, quae est hierarchizata, habeat gradus correspondentes supernae Ierusalem. Grandis res est anima: in anima potest describi totus orbis. Pulcra dicitur sicut Ierusalem, quia assimilatur Ierusalem per dispositionem graduum hierarchicorum. Disponuntur autem in anima tripliciter: secundum ascensum, secundum descensum et secundum regressum in divina; et tunc anima videt Angelos Dei ascendentes et descendentes per scalam, ut vidit Iacob in mente sua. —Abbas Vercellensis assignavit tres gradus, scilicet naturae, industriae, gratiae. Sed non videtur, quod aliquo modo per naturam anima possit hierarchizari. Et ideo nos debemus attribuere industriae cum natura, industriae cum gratia, et gratiae super naturam et industriam.

25. Tres autem sunt gradus industriae cum natura sive actus, scilicet nuntiatio, dictatio, ductio. Nuntiatio respondet Angelis; dictatio, Archangelis; ductio, Principatibus. —Industria enim primo percipit quod quilibet sensus nuntiat. Visus et auditus multa nuntiant, sed auditus plura, ut illa quae Romae fiunt; gustus, odoratus et tactus non vadunt longe, et ideo tardi sunt. Cavere autem debet industria, ut non permittat, omnem nuntium intrare, ut mulieres videre. Industria ergo debet discernere inter nuntiata, utrum sint respuenda, vel eligenda. —Deinde necesse est deliberatio, quae est dictatio, utrum liceat; et si liceat, utrum deceat; et si liceat et deceat, utrum expediat. Nil enim expedit, nisi quod licet et decet. —Deinde necessaria est ductio, ut prosequatur. Prosequi autem est assumere

24. 질서 정연한 영혼은 별의 빛에 의해 인식되는데 이제 이 빛에 대해 언급할 차례입니다. 질서 정연한 영혼에는 필연적으로 천상의 예루살렘에 상응하는 단계가 있습니다. 영혼은 숭고합니다. 우주 전체가 영혼 안에 서술될 수 있습니다. 영혼은 예루살렘처럼 아름답다[33]고 합니다. 왜냐하면 영혼은 단계적인 위계를 통해 예루살렘과 비슷해지기 때문입니다. 그리고 영혼은 세 가지로, 상승에 따라, 하강에 따라, 신적인 것으로 회귀함에 따라 배열됩니다. 이때 영혼은 야곱이 그의 꿈에서 보았듯이 층계를 오르내리는 하느님의 천사를 봅니다.[34] ── 베르셸리 관구의 대수도원장은 세 단계를, 즉 자연의, 근면의, 은총의 단계를 제시했습니다. 그렇지만 영혼이 자연에 의해 어떤 방식으로 배열될 수 있는지는 보이지 않습니다. 따라서 우리는 자연과 더불어 있는 근면에, 은총을 지닌 근면에, 자연과 근면 너머에 있는 은총에 영혼을 부여해야 합니다.

25. 자연과 더불어 있는 근면 단계 또는 행위는 세 개, 즉 알림·구술(口述)·인도(引導)입니다. 알림은 천사에, 구술은 대천사에, 인도는 지배자에 상응합니다. ── 공통감각은 첫째, 각 감각이 알리는 것을 지각합니다. 시각과 청각은 많은 것을 알리는데 예컨대 로마에서 무슨 일이 있는지를 알리듯이 청각이 더 많이 알립니다. 미각·후각·촉각은 멀리 나아가지 않고 따라서 더딘 것입니다.[35] [사람들은] 여자들이 볼 수 없도록 모든 소식이 들어오는 것을 부지런히 경계해야 합니다. 그러므로 소식 중에서 물리쳐야 하는 것과 선택해야 하는 것을 부지런히 구분해야 합니다. ── 따라서 허락되는지 말하는 숙고가 필수적입니다. 만약 허락된다면 적합한지, 만약 허락되고 적합하다면 유익한지 말로 표현합니다. 허용되고 적합한 것만이 유익합니다. ── 그다음 이행하기 위해서 인도가

---

33 「아가」6:4; 강연 4, 6 참조.
34 「창세기」28:12.
35 Bonaventura, *III. sent.*, d.24, dub.2.

in facultatem voluntatis, et hoc est Principatuum. Multi enim sunt Angeli et Archangeli, scilicet perspicientes et deliberantes quod expedit, sed non sunt prosequentes, ut Principatus.

26. Secundus est gradus industriae cum gratia; et sunt tres actus. Primus, ut propter Deum fiat quod deliberatum est; unde prima ordinatio est in Deum, quae est Potestatum, scilicet in finem ordinare et quidquid deordinatum est, removere; et quia hoc est difficile, ideo necessaria est roboratio, quae est Virtutum; et quia in finem ordinare est difficile et roborare; ideo sequitur imperatio, quae est Dominationum.

27. Tertia hierarchizatio est gratiae super naturam et industriam, quando scilicet anima supra se elevata est et, se deserta, suscipit divinas illuminationes et supra se speculatur quod sibi datum est; et ex hoc surgit in divina sive sursum agitur. Ista tria sunt susceptio, revelatio, unio, ultra quam non procedit mens. Et in istis consistit Canticum canticorum totum, scilicet in castis, castioribus, castissimis susceptionibus; in castis, castioribus, castissimis speculationibus; in castis, castioribus, castissimis unitionibus; et tunc poterit dicere illud Cantici: Osculetur me osculo oris sui. — Susceptio respondet Thronis, revelatio Cherubim, unio Seraphim. Et haec hierarchizatio est secundum ascensum.

28. Item, est hierarchizatio animae secundum descensum sive per modum descendendi. Oportet enim, ut unguentum capitis

필수적입니다. 그런데 이행은 의지의 능력에서 취함이고,[36] 이는 지배자에 속합니다. 유익한 것을 통찰하고 숙고하는 많은 천사와 대천사가 있습니다. 그런데 많은 천사와 대천사는 지배자처럼 행하지 않습니다.

26. 두 번째 위계는 은총을 지닌 작용의 단계로, 이는 세 가지입니다. 첫째, 작용은 하느님 때문에 깊이 숙고된 것이 이행되는 것으로 권능에 속하는 첫 번째 질서는 하느님 안에 있습니다. 목적을 향해 배열하고 무질서한 것을 제거하는 것이 권능에 속합니다. 그리고 이것이 어렵기에 덕의 하나인 강함이 필수적입니다. 목적을 향해 배열하고 강하게 하는 것은 어렵기 때문에 지배에 속하는 명령이 뒤따라 나옵니다.

27. 세 번째 위계는 영혼이 고양하고 자신을 떠나서 하느님의 빛을 받아들이고 자기에게 주어진 것을 자기 위에서 고찰할 때 자연과 작용 너머에 있는 은총의 위계입니다. 그리고 이로부터 영혼은 신적인 것으로 상승하고 또는 위쪽으로 내몰립니다. 저 세 가지 위계는 받아들임, 계시, 일자인데 정신은 이것 너머로 나아가지 않습니다. 그리고 모든 노래 중의 노래인 「아가」가 이것으로 구성됩니다. 즉 순결한 것, 더 순결한 것, 가장 순결한 받아들임으로, 순결한 것, 더 순결한 것, 가장 순결한 사유로, 순결한 것, 더 순결한 것, 가장 순결한 합일로 구성됩니다. 그리고 이때 아가의 저 말을 언급할 수 있습니다. "아, 제발 그이가 내게 입 맞춰 주었으면!"[37] — 받아들임은 왕좌에, 계시는 커룹에, 합일은 사랍에 상응합니다. 이 위계는 상승에 적합한 위계입니다.

28. 또한, 영혼의 위계는 하강에 따라 또는 하강하는 방식에 따라 있습니다. 왜냐하면 천상의 위계의 머리에 있는 기름은 수염 위로 흘러내리

---

36 Augustinus, *De trinitate*, X [11, 17].
37 「아가」 1:1.

hierarchiae supernae cadat in barbam, in mediam hierarchiam, et in vestimenta, id est infimam. Haec autem habent fieri secundum virtutes animae, quae sunt tres, secundum Dionysium: susceptivae, custoditivae, distributivae; ut copiose suscipiat, studiose custodiat, liberaliter refundat; unde gratis accepistis, gratis date.

29. Ad hoc autem, quod anima recipiat illa lumina, requiritur vivacitas desiderii, perspicacitas scrutinii, tranquillitas iudicii. Non enim est contemplativa anima sine desiderio vivaci. Qui hoc non habet nihil de contemplatione habet, quia origo luminum est a supremis ad infima, non e converso. —Primus respondet Seraphim, qui est ardens sicut ignis; unde ignis maximam significationem habet in Scripturis. Ad istum ignem ardentem in vertice montis ascendit Moyses, et tamen illum ignem prius vidit in pede montis. Non enim Moyses descendere potuit ad erudiendum populum, nisi prius ad ignem ascendisset. Desiderium ergo disponit animam ad suscipiendum lumen.

30. Secundo oportet, quod anima perspicaciter advertat vel percipiat quae data sunt sibi a Deo, et non habeat phantasmata vel occupationes, quin possit occupari et ferri in illa lumina. Et istud respondet Cherubim.

31. Tertio oportet, quod habeat tranquillitatem iudicii, quia donum Dei non debet in vacuum recipere, ut non pervertatur

고, 가운데 위계에 있는 기름은 옷깃 위로, 즉 가장 아래에 있는 것으로 흘러내리는 것이 분명하기 때문입니다.[38] 이 기름들은 영혼의 힘에 따라 생길 수 있는데, 디오니시우스에 따르면, 이 힘은 세 가지, 즉 받아들이는, 보존하는, 분배하는 힘입니다.[39] 영혼은 풍부하게 받아들이고, 힘써 보존하고, 관대하게 쏟아 넣습니다. "너희가 거저 받았으니 거저 주어라."[40]

29. 영혼이 저 빛을 받아들이기 위해서 활력적인 욕구, 통찰하는 정밀한 연구, 신중한 판단이 요구됩니다. 사실 생기만 있고 욕구는 없는 영혼은 명상적이 아닙니다. 욕구가 없는 사람은 명상으로부터 아무것도 얻지 못하는데 빛은 위에서 아래로 조명하지, 아래에서 위로 조명하지 기 때문입니다. — 첫 번째 것은 불처럼 뜨거운 사람에 상응합니다. 그러므로 불은 성경에서 가장 큰 의미를 갖습니다. 모세는 산 정상에 있는 불타는 저 불로 올라갔고, 그럼에도 저 불을 산기슭에서 먼저 보았습니다.[41] 모세가 먼저 불로 올라가지 않았다면 그는 백성을 가르치기 위해 내려갈 수 없었습니다. 따라서 욕구는 빛을 받아들이도록 영혼을 배치합니다.

30. 둘째, 영혼은 명민하게 주목하거나 하느님께서 자신에게 주신 것을 지각해야 합니다. 그리고 영혼은 표상 상이 없거나 또는 전념하는 일이 없다면 저 빛을 점령할 수 없고 저 빛으로 옮아갈 수 없습니다. 이는 커룹에 상응합니다.

31. 셋째, 영혼은 어떤 격정 때문에 판단이 흐려져서 하느님의 선물을 헛되이 하면 안 되기에[42] 신중하게 판단해야 합니다. 왜냐하면 만약 내가

---

38 「시편」133:2.
39 위 디오니시우스, 「천상위계론」, 제15장, 제3절, 앞의 책, 2007 참조.
40 「마태오복음서」10:8.
41 「탈출기」19:17 이하; 24:12 이하.

iudicium in aliqua passione; quia, sicut animae iudicium pervertitur, si inordinate amo vel odio, sic similiter, si spero, et sic de aliis passionibus. Et hoc respondet Thronis.

32. Ex his sequitur auctoritas imperii. Ex quo enim desiderio suscipit et istud perspicaciter percipit et tranquille faciendum iudicat, quod Deus vult; tunc anima imperat fieri; et istud respondet Dominationibus. Sed imperare parum valet, nisi faciat; ideo oportet, quod sit virilitas propositi exercitati, quod respondet Virtutibus, ut propter nullam tribulationem dimittat bonum, quod scit Deum velle. — Post quod venit nobilitas triumphi propter impedimenta, quae occurrunt, postquam recipitur aliquid a Deo; et istud respondet Potestatibus, scilicet de omnibus triumphare. Haec tria faciunt mediam hierarchiam animae.

33. Tertium est custoditi distributio; et in hoc sunt tria vel tripliciter contingit, scilicet per claritatem exempli, per veritatem eloquii, per humilitatem obsequii. Sic debemus vitam dare proximo, scilicet per exempla, scientiam, substantiam. — Praeclaritas exempli respondet Principatibus, quorum est ducere; veritas eloquii, Archangelis; humilitas obsequii, Angelis. — Sic ergo est consummatio in humilitate secundum descensum, et inceptio in caritate; ascendendo e contrario. Sic ergo descendendo incipimus a vivacitate desiderii ad humilitatem obsequii. Unde Christus venit ad humilitatem obsequii nostri. Sicut ergo anima habet Angelos ascendentes, sic debet habere descendentes. Unde in Ioanne: Nemo ascendit in caelum, nisi qui

무분별하게 사랑하거나 미워한다면, 영혼의 판단이 악화되듯이 내가 이와 유사하게 희망한다면, 다른 격정에 대해서도 이렇기 때문입니다. 이것은 왕좌에 상응합니다.

32. 이로부터 지배의 권위가 결과로 나옵니다. 영혼은 욕구로부터 받아들이고 욕구를 명민하게 지각하고 하느님께서 원하시는 것을 하기 위해 고요하게 판단합니다. 이때 영혼은 하느님께서 원하시는 것이 이루어지라고 명령합니다. 그리고 이는 지배에 상응합니다. 그런데 명령은 행해지지 않으면 별반 효력이 없습니다. 그러므로 덕에 상응해 당당하게 먼저 실행해야 합니다. 하느님께서 선을 원하는 것을 알고 있으므로 아무런 걱정도 하지 않고 선을 방치하면 안 됩니다. ── 그다음 닥쳐온 장애를 극복하면 승리에 대한 긍지가 생깁니다. 그다음 영혼은 하느님으로부터 어떤 것을 받아들입니다. 이것은, 즉 모든 것을 극복하고 승리한다는 것은 덕에 상응합니다. 이 세 가지는 영혼의 중간 위계를 형성합니다.

33. 세 번째는 신중한 분배인데 이 안에 세 가지가 있거나 또는 범형의 명백함에 의해서, 진술의 진리에 의해서, 순종의 겸손함에 의해서 세 가지가 생깁니다. 우리는 이렇게 이웃에게 본을 통해, 앎을 통해, 재산을 통해 삶을 부여해야 합니다. ── 본의 명백함은 지배자에 상응하는데 지배자의 소임은 이끄는 것입니다. 진술의 진리는 대천사에, 순종의 겸손함은 천사에 상응합니다. ── 그러므로 하강에 의해 겸손함에 완결이, 사랑에 시작이 있습니다. 상승할 때는 이와 반대입니다. 우리는 활력적인 욕구에서 시작해서 순종의 겸손함에 이를 때까지 하강합니다. 따라서 그리스도는 인간의 비천함에 이르기까지 하강하셨습니다. 영혼이 상승하는 천사를 갖듯이 하강하는 천사도 갖고 있어야 합니다. 따라서 「요한복음서」에 따르면, "하늘에서 내려온 이, 곧 하늘에 있는 사람의 아들 말고

---

42 「코린토 신자들에게 보낸 둘째 서간」 6:1.

descendit de caelo, filius hominis, qui est in caelo.

34. Tertio modo modus distinguendi in anima secundum regressum est secundum triplicem gradum contemplationis. Gregorius super Ezechielem ponit tres gradus: aut enim quod venit in considerationem nostram est extra nos, aut intra nos, aut supra nos. Unde Deus contemplatur aut in his quae sunt intra nos, aut extra nos, aut supra nos, secundum tres potentias, scilicet exteriores, interiores, superiores, sive apprehensivas, amativas, operativas. Et secundum philosophum omnis anima nobilis tres habet operationes, scilicet animalem ad extra, intellectualem ad intra, divinam ad supra. Oportet ergo, ut anima habeat hierarchizationem secundum has potentias: primo secundum virtutes exteriores, circa quas sunt tria, scilicet discreta perlustratio, discreta praeelectio, discreta prosecutio.

35. Primo ergo debet esse discreta perlustratio, ut discrete consideretur mundus ab anima. Nam in anima est sicut quaedam manus scribens. Sensus enim percipit exteriora et post, sensus communis; deinde imaginatio, et ratio considerat et reponit in memoria. Oportet ergo, quod sit magna discretio ad custodiendam domum, ne omnes intrent ad has vires; nihil nuntietur regi et reginae, quod sit inutile. Latro enim introduci non debet coram rege, nisi forte, ut condemnetur. Eva enim misera et incauta introduxit eloquium serpentis et dubitavit; et isto eloquio hodie

는 하늘로 올라간"[43] 이가 없습니다.

34. 세 번째 방식으로 명상의 세 단계에 적합하게 회귀에 따라 구분하는 방식이 영혼에 있습니다. 그레고리우스는 「에제키엘서」에 대한 주해에서 세 가지 단계를 설정합니다.[44] 우리의 숙고 대상은 우리의 외부에 있거나 우리 안에 있거나 우리 위에 있습니다. 그러므로 하느님은 우리 안에 있는 것에서 또는 우리의 외부에 또는 우리의 위에 있는 것에서 세 가지 능력에 따라, 즉 더 밖에 있는, 더 안에 있는, 더 위에 있는 것에 따라, 또는 파악하는, 사랑하는, 작용하는 능력에 따라 직관됩니다. 그리고 철학자에 따르면[45] 고상한 모든 영혼의 작용은 세 가지, 즉 외부로 향하는 활기를 주는 작용, 내부로 향하는 이성적인 작용, 위로 향하는 신적인 작용입니다. 따라서 영혼은 이들 능력에 따라 분명 위계를 갖습니다. 첫째, 외적인 힘에 따른 위계가 있는데, 이 위계는 세 가지, 즉 신중한 검토, 신중한 선택, 신중한 수반입니다.

35. 첫째, 영혼의 위계는 세상이 영혼과 분리되어 숙고되듯이 신중하게 검토되어야 합니다. 확실히 영혼에는 글자를 쓰는 어떤 손과 같은 것이 있습니다. 감각은 외적인 것을 지각하고, 그다음 공통감각이 지각하고, 그다음 상상이 지각하고 그리고 이성이 숙고하고 기억 속에 저장합니다.[46] 모두가 이 능력 안으로 들어가지 않도록 집은 매우 신중하게 보호되어야 합니다. 유용하지 않은 것은 어떤 것도 왕과 왕비에게 알려지지 않습니다. 강도는 혹시 단죄되지 않는다면 왕의 면전으로 이끌려 들어오면 안 됩니다. 하와는 가련하고 무모하게 뱀의 말을 들었고, 의심했

---

43 「요한복음서」 3:13.

44 Gregorius, *Homiliae in Evang. et in Ezech.*, II, homil. 5, n.8 이하.

45 Dionysius, *De causis*, propos. 3: "Omnis … operationes. Nam ex operationibus eius est operatio intelligibilis et operatio divina."

46 Bonaventura, *Itin.*, c.II, 4; c.II, 16 참조.

multi corrumpuntur. Nihil ergo debet intrare per portas istas immundum; in Apocalypsi: Foras canes et venefici et impudici. — Secundum est discreta praeelectio; et quo apparet, quid percipitur, sequitur, ut praeeligatur, ex quo percipitur bonum; quia in bonis est electio ordinata; non enim prius manducandum quam celebrandum. — Et hoc respondet Archangelis, et discreta perlustratio convenit Angelis. — Post sequitur iudicium — et istud convenit Principatibus — quod est in prosecutione. Ex quo bonum percipitur et bonum praeeligitur faciendum, sequi debet iudicium ad prosequendum. Haec autem omnia operatur gratia, non industria sola cum natura, ut dicebatur primo.

36. Secunda hierarchizatio mentis est quantum ad potentias interiores; quod est magis difficile quam primum. Haec autem consistit in tribus, quae sunt: districta castigatio, districta confortatio, districta convocatio, quae interius hierarchizatam faciunt animam. — Primo, quod castigentur radices passionum et amputentur, et enerventur contrariae potestates. Venit enim princeps mundi huius et in me non habet quidquam. Quamdiu enim passiones illae dominantur homini, diabolus habet de suo in homine. Ad hoc autem faciendum necesse est, ut eradicetur triplex libido: libido principandi, libido delectandi, libido possidendi; quia haec triplex libido inducit diabolum in

습니다.[47] 오늘날 이 말에 의해서 많은 사람들이 파멸합니다. 따라서 부정한 것은 어떤 것도 저 문을 통해서 들어가면 안 됩니다. 「요한묵시록」에 따르면 "개들과 마술쟁이들, 불륜을 저지르는 자들은 밖에 있어야"[48] 합니다. ― 둘째, 신중한 선택이 있습니다. 지각된 것에 의해 드러나서, 선이 지각되도록 선택하는 것이 결론으로 나옵니다. 왜냐하면 선에는 올바른 선택이 있기 때문입니다. 축제가 열리기 전에 먹고 마시면 안 됩니다. ― 이것은 대천사에 상응합니다. 신중한 검토는 천사에 적합합니다. ― 그다음 지배에 적합한 판단이 뒤따릅니다. 판단은 수행에 있습니다. 이 수행으로부터 선이 지각되고, 이행을 위해 선이 선택되자마자 이행을 위해 판단해야 합니다. 앞서 언급되었듯이,[49] 이 모든 것은 자연과 더불어 근면함만으로 되지 않고 은총이 이들을 작용시킵니다.

36. 정신의 두 번째 위계는 내적인 능력의 측면에 있습니다. 이 위계는 첫 번째 위계보다 더 어렵습니다. 이 위계는 세 가지인데, 이 세 가지는 엄중한 징계, 매우 용맹하게 만듦, 위중한 소명이고, 이들은 내면적으로 위계가 정해진 영혼을 만들어냅니다. ― 첫째, 격정의 뿌리는 억제되고 제거되며 반대하는 힘은 무기력해집니다. "이 세상의 우두머리가 오고 있기 때문이다. 그는 나에게 아무 권한도 없다."[50] 저 격정이 사람을 지배하는 동안, 악마는 사람들 안에서 힘을 갖습니다. 그런데 이를 위해서 세 가지 욕망이, 즉 지배자의 욕망, 쾌락의 욕망, 소유에 대한 욕망[51]이 필수적으로 근절되어야 합니다. 왜냐하면 이 세 욕망은 악마를 영혼으로 끌어들이기 때문입니다. ― 이 질서는 권능에 상응합니다. 악

---

47 「창세기」3:1 이하 참조.
48 「요한묵시록」22:15.
49 강연 22, 24 이하 참조.
50 「요한복음서」14:30.
51 「요한의 첫째 서간」제2장 제16절에서는 '육의 욕망과 눈의 욕망과 살림살이에 대한 자만'이라고 한다.

animam. —Haec autem hierarchizatio respondet Potestatibus. Non potest autem anima potestativa esse, quamdiu diabolus habet ius suum in anima. Oportet ergo, ut homo habeat tria opposita: ut sit subiectus, castus, pauper. Et sic amputantur radices passionum; in Cantico: Tempus putationis advenit, quia qualibet die pullulant.

37. Secunda est districta confortatio. Sicut enim triplex libido facit pronitatem ad malum, sic triplex infirmitas facit difficultatem ad bonum. Haec autem est infirmitas negligentiae, impatientiae, diffidentiae. Quidam ita sunt negligentes, ut durum sit eis facere bonum; secundi, ut cito sint impatientes; tertii, etsi ambo praemissa non habeant, tamen cito diffidunt. Oportet ergo, per mentis vigilantiam, tolerantiam, confidentiam animam reformari. Et huic respondet ordo Virtutum.

38. Sequitur districta convocatio. Quando enim mens est ordinata sicut Ecclesia, quando habet potestatem supra se, tunc est templum Dei; quando dominatur et imperat omnibus viribus, tunc est hierarchizata Dominationibus; quando virtutes vocantur ad opera sua, et dicitur huic: fac hoc, et illi: fac tu illud. Ad hoc autem faciendum necesse est, ut dominetur appetitibus, phantasmatibus, occupationibus, ut sit districtio in appetitibus, phantasmatibus, occupationibus. —Et tunc est anima domina sui, quando concupiscibili aufertur concupiscentia triplex, irascibili aufertur infirmitas triplex, rationali aufertur error triplex. Tunc anima habet imperium in

마가 영혼에서 자기 권리를 행사하는 동안 영혼은 힘을 가질 수 없습니다. 따라서 인간은 악마에 저항하는 세 가지를 갖고 있어야 합니다. 인간은 순종하고 정결하고 가난해야 합니다. 격정의 뿌리는 이렇게 근절됩니다. 이 뿌리는 날마다 돋아나기에 「아가」에서는 "가지를 칠 시간이 다가왔다"[52]라고 합니다.

37. 두 번째 것은 매우 용맹하게 만듦입니다. 세 가지 욕망이 악으로 기울게 하듯이, 세 가지 허약함이 선으로 향하는 것을 어렵게 합니다. 이것은 무관심이라는 허약함, 참지 못함이라는 허약함, 불신이라는 허약함입니다. 몇몇 사람은 선을 행하는 일에 둔감하고 선을 행하는 일에 무심합니다. 두 번째 사람들은 참지 못하는 급한 사람들입니다. 세 번째 사람들은 비록 첫 번째와 두 번째 사람들 같은 사람들은 아니라고 해도 쉽게 불신하는 사람들입니다. 그러므로 정신의 경계, 인내, 신뢰를 통해 영혼을 새롭게 해야 합니다. 그리고 능품천사의 위계가 영혼에 상응합니다.

38. 위중한 소명이 뒤따라옵니다. 정신이 교회처럼 정돈되어 있을 때, 그 자체의 너머에서 권능을 갖고 있을 때 하느님의 신전이 있기 때문입니다. 정신이 지배하고 모든 힘에 명령할 때 정신은 지배자(주품천사)에 의해 질서지어집니다. 덕들은 주품천사의 작용을 위해 부름을 받습니다. 그리고 이 사람에게 "이것을 하라 하고 저 사람에게 저것을"[53] 하라고 합니다. 그런데 이를 위해서 탐욕, 환상상, 일을 억제하고, 이로써 탐욕, 환상상, 일에 있어서 엄격한 것이 필수적입니다. ─ 세 가지 욕구될 수 있는 것에서 탐욕이 제거될 때, 쉽게 화내는 것에서 세 가지 약함이 제거될 때, 이성적인 것에서 세 가지 오류가 제거될 때 영혼은 자기 자신의 주인입니다. 저 격정들이 제거되었을 때 영혼은 자기 왕국을 통치하고 이때

---

52 「아가」 2 : 12. 우리말 성경에는 이 구절이 없다.
53 「마태오복음서」 8 : 9.

regno suo; et tunc non expellitur extra domum suam, quando illae passiones sunt amputatae; et in tali anima Deus habitat, non in furiosa concupiscentia etc. Diabolus libenter imprimit quod in se habet; haec sunt furor irrationalis, amens concupiscentia, phantasia proterva.

39. Sequitur, quomodo anima hierarchizatur quantum ad virtutes superiores. Quando enim anima facit quod potest, tunc gratia facile levat animam, et Deus ibi operatur, ut sit digna semper admissio, digna inspectio, digna inductio. —Digna admissio divinorum respondet Thronis. Et ita intelligitur illud quod legitur in Threnis: Consurge in principio vigiliarum, effunde sicut aquam cor tuum ante conspectum Domini, id est, pone ante Deum preces. In Psalmo: Domine, ante te omne desiderium meum, et gemitus meus a te non est absconditus.- Et post, quando elevatur, non debet esse otiosa et debet circumspicere; Isaias: Ierusalem, consurge et sta in excelso; et: Tunc videbis et afflues, et mirabitur et dilatabitur cor tuum. Tunc enim debet anima esse fixa et stans et exspectare. — Post sequitur divina inductio; quando facta est digna admissio et sancta perceptio, tunc rapitur in Deum sive in dilectum. Unde in Cantico: Laeva eius sub capite meo, et dextera illius amplexabitur me. Ego dilecto meo, et dilectus meus mihi, qui pascitur inter lilia, quia

자기 집 밖으로 쫓겨나지 않습니다. 그리고 하느님은 광포한 탐욕에 거주하시지 않고 이런 영혼에 거주하십니다. 악마는 자기 안에 갖고 있는 것을 기꺼이 표시합니다. 이것들은 터무니없는 광란, 무분별한 탐욕, 제멋대로의 환상입니다.[54]

39. 높은 곳에 있는 덕에 관한 한, 영혼이 배열되는 방식이 결론으로 나옵니다. 영혼이 할 수 있는 것을 할 때 은총은 영혼을 쉽게 들어올리고, 하느님은 은총을 내리셔서 합당한 허락, 합당한 고찰, 합당한 인도가 항상 있습니다. ─ 하느님의 합당한 허락은 왕좌에 상응합니다. 그리고 이렇게 「애가」에서 언급한 것이 이해됩니다. "야경이 시작될 때마다 일어나 주님 면전에 네 마음을 물처럼 쏟아놓아라."[55] 이는 하느님 앞에서 간청하라는 말입니다. 「시편」에서는 "주님, 당신 앞에 저의 소원 펼쳐져 있고 저의 탄식 당신께 감추어져 있지 않습니다"[56]라고 합니다. ─ 그다음 영혼이 들어 높여졌을 때 영혼은 한가하게 있으면 안 되고 두루 살펴보아야 합니다. 이사야는 "예루살렘아, 일어나 높은 곳에 서 있어라"[57]라고 하고, 또한 "그때 이것을 보는 너는 기쁜 빛으로 가득하고 너의 마음은 두근거리며 벅차오르리라"[58]라고 말합니다. 그때 영혼은 고정되어 있어야 하고, 서 있어야 하고, 기대해야 합니다. ─ 그다음 하느님의 인도가 뒤따릅니다. 합당하게 허락받고 거룩하게 인식되었을 때 영혼은 하느님 또는 사랑하는 사람에 사로잡힙니다. 그래서 「아가」에서는 "그이의 왼팔은 내 머리 밑에 있고 그이의 오른팔은 나를 껴안는"[59]다고, 또 "나는 내 연인의 것, 내 연인은 나의 것. 그이는 나리꽃 사이에서 양을"[60] 친다고

---

54 위 디오니시우스, 「신명론」 제4장, 제23절, 앞의 책, 2007. 번역본에는 '터무니없는 노염, 분별없는 욕망, 무모한 환상'이라고 되어 있다.

55 「애가」 2:19.

56 「시편」 38:10.

57 「이사야서」 51:17; 「바룩서」 5:5.

58 「이사야서」 60:5.

59 「아가」 2:6.

iam sensit unionem et factus est unus spiritus cum Deo; unde: Qui adhaeret Deo unus spiritus est; et hoc est supremum in anima, quod animam facit esse in caelo. — Et istis per ordinem respondent ordines supremae hierarchiae. — Et sic est anima mulier amicta sole, et luna pedibus eius, et in capite eius corona duodecim stellarum, quia est plena luminibus et nunquam oculum divertit a lumine.

40. Et quia in hac vita non possumus stare in uno, ideo anima habet duodecim materias sicut duodecim lumina, circa quae semper moveatur in quodam circulo, sicut sol percurrit duodecim constellationes, scilicet per duodecim signa, et nunquam exit. Hae autem considerationes ornant animam, et ideo sunt sicut corona ex duodecim stellis, quae sunt: consideratio corporalium naturarum, spiritualium substantiarum, intellectualium scientiarum, affectualium virtutum, institutarum divinitus legum, infusarum divinitus gratiarum, irreprehensibilium iudiciorum, incomprehensibilium misericordiarum, remunerabilium meritorum, praemiantium praemiorum, temporalium decursuum, aeternalium rationum. — In his debet contemplativa anima versari semper in aliquo istorum luminum, sicut sol semper est in aliquo signo.

41. Et nota, quod luna patitur eclipsim in capite, vel in cauda draconis. Sunt autem duae intersectiones in caelo super eclipticam,

합니다. 왜냐하면 영혼은 이미 일치되었다고 느끼고 하느님과 한 정신이 되었기 때문입니다. 그러므로 "주님과 결합하는 이는 그분과 한 영이 됩니다."[61] 그리고 하늘에서 영혼을 만드는 것은 영혼의 절정입니다. — 최고의 위계 질서가 질서 있게 이에 상응합니다. — 그리고 영혼은 빛으로 가득하고 빛으로부터 결코 눈을 떼지 않기 때문에, 영혼은 "태양을 입고 발밑에 달을 두고 머리에 열두 개 별로 된 관을 쓴 여인"[62]입니다.

40. 그리고 우리는 이 삶에서 하나 안에 고정해 있을 수 없기 때문에 영혼은 열두 개의 빛처럼 열두 개의 대상을 갖고 있습니다. 태양이 열두 성좌를 주행하고, 다시 말해 열두 표징을 통해 주행하고 결코 떠나지 않듯이 영혼은 열두 대상의 주변에서 어떤 원으로 움직이듯이 항상 움직입니다.[63] 이 숙고는 영혼을 장식하고 열두 개의 별로 된 화관처럼 있습니다. 이 열두 개의 별은 물리적인 자연에 대한, 정신적인 실체에 대한, 이성적인 앎에 대한, 영혼이 지닐 준비가 되어 있는 덕에 대한, 하느님에 의해 제정된 법에 대한, 하느님으로부터 주입된 은총에 대한, 헤아리기 어려운 판단에 대한,[64] 헤아릴 수 없는 자비에 대한, 보상받을 만한 공로에 대한, 보답하는 보수에 대한, 시간적인 경과에 대한, 영원한 근거에 대한 숙고입니다. — 이들 안에서 명상하는 영혼은 조명하는 어떤 하나의 빛에 항상 있어야 합니다. 태양이 항상 어떤 표징 안에 있듯이 말입니다.

41. 달이 용의 머리 또는 꼬리에서 식(蝕)을 겪는다는 것에 주목하십시오. 하늘에는 황도 위에 두 개의 절개면이 있습니다. 달은 용의 머리 또

---

60 「아가」 6 : 2.
61 「코린토 신자들에게 보낸 첫째 서간」 6 : 17.
62 「요한묵시록」 12 : 1.
63 Bonaventura, *Brevil.*, p.2, c.4 : "cum, inquam, ita sit, caelestia corpora per lumen et motum sunt in distinctiones temporum, scilicet diei, secundum lucem solis et motum firmamenti; mensis, secundum motum lunae in circulo obliquo."; 강연 10, 2 참조.
64 「로마 신자들에게 보낸 서간」 11 : 33.

per quam transit luna, quae vocantur caput et cauda draconis; draco vocatur propter circulum, quasi tenens caudam in ore. Illa intersectio, quae est versus aquilonem, vocatur caput, quia sol magis laedit nos, quando est ibi, quia magis diametraliter urit nos, sicut draco est peior et magis nocivus in capite. Cauda autem est versus meridiem, et minus laedit nos sol, quando est in parte illa, quia magis a nobis elongatur. Et quando sol in una parte est, et luna in puncto alio sibi opponitur, ut in plenilunio; tunc eclipsatur.

42. Similiter vir contemplativus eclipsatur dupliciter et cadit turpiter et multum periculose, eo quod vix resurgit; nec mirum, quia de alto cadit. Cadit enim per errorem et per praesumtionem. Videt enim se illuminatum et praesumit, et fit luciferianus et cadit a luce in tenebras horribiles. Cadit similiter per errorem aestimationis, quae oritur ex praesumtione, quando credit, se omnia habere per revelationem. Semper tamen debet esse regula. —Unde dicebat, quod multi decipiuntur, quod credunt, se habere omnia per revelationem. —Unde in illa visione et apparitione, quae est regula omnium apparitionum, Domini in monte, apparuerunt Christus, Moyses et Elias, ut nihil credatur verum vel revelatum, nisi quod consonat Legi, Prophetis et Evangelio. —Debet ergo contemplativus esse humilis et circumspectus, ut non ad caput draconis veniat per praesumtionem, vel in cauda involvatur per errorem. Et ideo mulier, scilicet anima hierarchizata, videt duas visiones, scilicet arcam et civitatem.

는 꼬리라고 불리는 이 절개면을 통해 변합니다.[65] 마치 입에 꼬리를 물고 있는 것 같은 원 때문에 용이라고 불립니다. 북쪽에 있는 저 절개면은 태양이 북쪽에 있을 때 우리에게 더 해롭기 때문에 머리라고 불립니다. 용이 머리 부분에서 더 위험하고 더 해롭듯이, 태양은 바로 맞은편에서 우리를 더 강하게 내리쬐기 때문입니다. 정오를 향해 있을 때 태양은 저 꼬리에서 우리를 덜 비춥니다. 왜냐하면 태양은 우리로부터 더 멀리 떨어져 있기 때문입니다. 태양이 한편에 있고, 다른 편에 달이 보름달일 때처럼 정확히 마주하고 있을 때 달은 어두워집니다.

42. 비슷하게, 명상하는 사람은 이중으로 어두워지며, 추하게 그리고 더 위험하게 추락합니다. 그는 가까스로 일어섭니다. 그는 높은 곳에서 떨어지기 때문에 놀랄 일이 아닙니다. 그는 오류와 자만 때문에 추락합니다. 그는 자신이 조명된 것을 알고 자만하며 루시퍼처럼 되고, 빛으로부터 끔찍한 어둠으로 떨어집니다. 비슷하게 그는 계시에 의해 자신이 모든 것을 가졌다고 믿을 때 자만에서 생기는 판단의 오류로 인해 추락합니다. 항상 규율이 있어야 합니다. — 그는 많은 사람들이 속는다고, 계시에 의해 자신이 모든 것을 가졌다고 믿는다고 말합니다. — 따라서 모든 현현(顯現)의 규범인 산 위에서 일어난 주님의 변용(變容)인 저 환상과 출현에서 그리스도와 모세와 엘리야가 나타났습니다.[66] 그리고 율법에, 예언에, 또 복음에 일치하지 않는다면 어떤 것도 참이라고 또는 계시되었다고 믿어지지 않습니다. — 그러므로 명상하는 사람은 자만심 때문에 용의 머리에 다다르지 않도록 또 오류 때문에 꼬리에 감싸이지 않도록 겸손하고 신중해야 합니다. 따라서 여인은, 즉 위계지어진 영혼은 두 가지 환시를, 즉 계약 궤와 거룩한 도성을 봅니다.[67]

65 Thomas Aquinas, *De caelo et mundo*, II, 강의 13 참조.
66 「마태오복음서」17 : 3.
67 「요한묵시록」11 : 19; 21 : 2 이하.

Collatio XXIII

De quarta visione tractatio quarta,
quae continuat agere de tertio obiecto
huius visionis, quod est ipsaanima hierarchizata

1. Fecit Deus duo luminaria magna, luminare maius, ut praeesset diei; et luminare minus, ut praeesset nocti, et stellas. Dictum est, quomodo anima hierarchizatur in consideratione lucis solaris, secundum quod sol ille est vigens, splendens, calens; Pater et Filius et Spiritus sanctus est origo omnium illuminationum vel irradiationum in ratione excellentiae, influentiae, praesidentiae; et secundum quod illa assimilatur soli secundum conformitatem et propter integritatem hierarchicae dispositionis et propter triformem aspectum; et sunt sex considerationes. —Hierarchizatur etiam in consideratione militantis Ecclesiae, in qua est distinctio secundum rationem processuum, ascensuum et exercitiorum, quia sic consideratur Ecclesia, et non aliter, in qua est unum caput, unum corpus, unus cibus. De qua Paulus loquitur multum, qui

위계지어진 영혼 자체를 다루는 봄의 세 번째 대상에 관한 지속적인,
넷째 날의 봄에 대한 네 번째 강연

1. "하느님께서는 큰 빛물체 두 개를 만드시어, 그 가운데에서 큰 빛물
체는 낮을 다스리고 작은 빛물체는 밤을 다스리게 하셨다. 그리고 별들
도 만드셨다."[1] 태양 광선을 고찰할 때 영혼이 어떻게 질서지어져 있는
지가 언급되었습니다.[2] 이에 따르면 태양은 힘이 있고 빛나며 뜨겁게 합
니다. 성부와 성자와 성령은 탁월함, 유입, 통치의 근거에서 모든 빛남
또는 방사(放射)의 근거입니다. 이에 따라 영혼은 일치에 따른, 또한 질서
에 따른 배치의 통합과 세 가지 모습 때문에 태양과 닮게 됩니다. 그리고
이에 대해 여섯 가지 숙고가 있습니다. ─ 영혼은 호전적인 교회의 관점
에서 배열되는데, 이 교회는 발전, 상승 그리고 연마의 근거에 맞게 구분
됩니다. 교회는 이렇게 숙고되며 다르게 숙고되지 않기 때문입니다. 교
회 안에는 하나의 머리, 하나의 몸, 하나의 빵이 있습니다. 사도 바오로
는 이 교회에 대해 많은 것을 말했는데, 그는 이런 생각에 숙련되어 있었

---

1 「창세기」1:16.
2 강연 21과 22에서 언급되었다.

exercitatus erat in ea consideratione. Similiter Psalterium multum loquitur de hac; et aliquando loquitur in persona talis, aliquando in persona alterius. Unde in Psalmo: Dominus regnavit, decorem indutus est, tangit caput Ecclesiae et quatuor ordines eius. — Postea dictum est, quomodo anima hierarchizatur in contemplatione sui secundum ascensum et descensum et reascensum. Et quando anima habet haec, sunt et fiunt in ea mirabiles theoriae. Habet autem duodecim novenarios: tres exemplares in sole, tres exemplatos in caelesti hierarchia et tres in subcaelesti et tres in se ipsa. Quae sunt duodecim illustrationes, quibus adduntur duodecim considerationes quasi duodecim stellae, scilicet corporalium naturarum etc.; ita quod semper anima sit in lumine; quia non potest stare in uno; et in ultima est quies, scilicet in ratione exemplaris in patria. — Haec autem non sunt simul in via, sed in patria uno aspectu omnia videbuntur. Sunt autem liberae omnes istae duodecim considerationes et habent ramos infinitos, de quibus fieret liber magnus.

2. Si autem ducantur duodecim per duodecim, erunt centum quadraginta quatuor, numerus scilicet civitatis Ierusalem. Anima enim sic hierarchizata est civitas, in qua Deus habitat et videtur; de qua Ioannes: Sustulit me in spiritu in montem magnum et altum; et: Vidi sanctam civitatem, Ierusalem novam. Et ibidem dicit, quod

습니다.[3] 유사하게 「시편」 저자도 교회에 대해 많은 것을 언급했습니다. 그는 어떤 때는 이런 위격에서, 또 어떤 때는 다른 위격에서 언급했습니다. 그러므로 「시편」에서는 "주님은 임금이시다. 존엄을 차려입으셨다"[4] 라고 하고, 교회의 머리와 교회의 네 질서를 논합니다. — 그다음 영혼이 상승과 하강과 회귀에 따라 명상할 때 배열되는 방식이 언급되었습니다. 또 영혼이 명상할 때 영혼에는 불가사의한 직관이 있었고 [또한 그것이] 생겨납니다. 그런데 영혼은 열둘을 아홉 개씩 갖고 있습니다. 세 개의 범형은 태양에, 모사된 세 개는 천체에, 또 세 개는 지상에 그리고 또 다른 세 개는 영혼 자체에 있습니다. 이들은 열두 개 조명인데, 마치 열두 개 별처럼 열두 개 숙고가, 다시 말해서 물질적인 자연의 숙고가 이 조명에 덧붙여집니다.[5] 그래서 영혼은 항상 조명 안에 있을 것입니다. 왜냐하면 영혼은 하나 안에 머물러 있을 수 없기 때문입니다. 그리고 결국 예컨대 피안에 있는 범형인 근거에서 휴식합니다. — 그런데 이들은 또한 지상에 있지 않고 천상에서 한번 바라봄으로써 모든 것을 직관합니다. 저 열두 개 숙고는 자유로우며[6] 또한 무한한 가지를 갖는데, 이들로부터 위대한 책이 만들어질 것입니다.

2. 12 곱하기 12는 144이고 이는 예루살렘 도시의 수일 것입니다. 사실 이렇게 질서지어진 영혼은 하느님이 그곳에 거하시고 또한 드러나시는 도시입니다. 이 도시에 대해 요한은 "성령께 사로잡힌 나를 크고 높은 산 위로 데리고 가서는, 하늘로부터 하느님에게서 내려오는 거룩한 도

3 「에페소 신자들에게 보낸 서간」 1:22; 「콜로새 신자들에게 보낸 서간」 1:18; 「로마 신자들에게 보낸 서간」 12:4 이하; 「코린토 신자들에게 보낸 첫째 서간」 10:17: "빵이 하나이므로 우리는 여럿일지라도 한 몸입니다. 우리 모두 한 빵을 함께 나누기 때문입니다."; 「코린토 신자들에게 보낸 첫째 서간」 12:12 이하.

4 「시편」 92:1 이하.

5 강연 22, 40.

6 강연 15, 10 참조.

mensus est duodecim millia stadiorum; et post, quod longitudo et latitudo et altitudo aequalia sunt, et mensura murorum centum quadraginta quatuor cubitorum.

3. Quomodo potest hoc esse? Vide illud, quod dictum est, in fine Apocalypsis; circa medium autem dictum est: Vidi supra montem Sion Agnum stantem, et cum eo centum quadraginta quatuor millia, habentes nomen eius et nomen Patris eius scriptum in frontibus suis. In apertione autem sexti sigilli dictum est in Apocalypsi: Vidi alterum Angelum ascendentem ab ortu solis, habentem signum Dei vivi, et clamavit quatuor Angelis, quibus datum est nocere terrae et mari, dicens: Nolite nocere terrae et mari neque arboribus, quoadusque signemus servos Dei nostri in frontibus eorum. Et audivi numerum signatorum, centum quadraginta quatuor millia signati ex omni tribu filiorum Israel. Ex tribu Iuda duodecim millia signati etc. Tribus autem Dan non ponitur, sed Manasses ponitur pro Dan, et Ioseph pro Ephraim. In Deuteronomio non ponitur Simeon.

성 예루살렘을 보여 주었습니다"[7]라고 하고, 또 계속해서 "도성은 길이와 너비와 높이가 똑같이 1,200스타디온이었습니다. 또 성벽을 재어보니 144페키스"[8]라고 적고 있습니다.

3. 이런 일이 어떻게 있을 수 있습니까? 「요한묵시록」 마지막 부분에 언급된 것을 보십시오. 「요한묵시록」 중간 부분에는 "내가 또 보니 어린양이 시온 산 위에 서 계셨습니다. 그와 함께 14만 4,000명이 서 있는데, 그들의 이마에는 어린양의 이름과 그 아버지의 이름이 적혀 있었습니다"[9]라고 기록되어 있습니다. 그런데 「요한묵시록」에서는 봉인의 개봉 때 여섯 개의 봉인이 언급되었습니다. "나는 또 다른 한 천사가 살아 계신 하느님의 인장을 가지고 해 돋는 쪽에서 올라오는 것을 보았습니다. 그가 땅과 바다를 해칠 권한을 받은 네 천사에게 큰 소리로 외쳤습니다. 우리가 우리 하느님의 종들의 이마에 인장을 찍을 때까지 땅도 바다도 나무도 해치지 마라. 나는 인장을 받은 이들의 수가 14만 4,000명이라고 들었습니다. 인장을 받은 이들은 이스라엘 자손들의 모든 지파에서 나온 사람들이었습니다. 유다 지파에서 1만 2,000명이 인장을 받았습니다."[10] 그런데 단(Dan) 지파는 언급되지 않는데, 단 지파 대신 므나쎄 지파가 인장을 받았고 에프라임 지파 대신 요셉 지파가 인장을 받았습니다. 「신명기」에 따르면, 시메온 지파는 인장을 받지 못했습니다.[11]

---

7   「요한묵시록」 21 : 10 · 2.

8   「요한묵시록」 21 : 16-17.

9   「요한묵시록」 14 : 1; 언급된 것에 대해서는 강연 23, 3과 23, 4; 강연 23, 13과 23, 14; 강연 20, 29 참조.

10 「요한묵시록」 7 : 2 이하; 야곱의 아들들에 대해서는 「창세기」 29 : 31-30; 29 : 24; 35 : 23-26 참조. 야곱의 아들은 르우벤, 시메온, 레위, 유다, 단, 납탈리, 가드, 아세르, 이사카르, 즈불룬, 요셉, 벤야민이다. 므나쎄와 에프라임은 요셉의 아들이다. 야곱이 후에 이 둘을 자기 아들로 삼았다. 이에 대해 「창세기」 41 : 51-52; 46 : 20; 48 : 5 참조. 야곱의 아들의 이름의 뜻은 강연 23, 16 이하 참조.

11 「신명기」 제33장 참조. 모세는 죽기 전에 이스라엘 자손에게 축복을 내리는데, 이때 시메온은 제외되었다. 「신명기」에는 시메온 대신 에프라임이 언급된다. 「창세기」

4. Primo ponit signatos, qui erant supra montem Sion, et postea, quod Angelus unus de effundentibus phialas, qui oportet, quod sit sextus, ostendit ei civitatem, cuius mensura centum quadraginta quatuor cubitorum erat. Circa principium Apocalypsis dicitur sexto Angelo, scilicet Philadelphiae: Qui vicerit, faciam illum columnam in templo Dei mei et scribam super eum nomen meum et nomen civitatis novae Ierusalem, de qua locutus non fuit nisi in fine. — Sex sunt tempora, quorum sextum tempus habet tria tempora cum quiete. Et sicut Christus in sexto tempore venit, ita oportet, quod in fine generetur Ecclesia contemplativa. Ecclesia enim contemplativa et anima non differunt, nisi quod anima totum habet in se, quod Ecclesia in multis. Quaelibet enim anima contemplativa habet quandam perfectionem, ut videat visiones Dei.

5. Sustollitur, ut videat Ierusalem tripliciter: in caelo consistentem, de caelo descendentem, ad caelum ascendentem. Aliter non est anima contemplativa. — De primo Isaias: Surge, illuminare Ierusalem; et post: Non erit tibi amplius sol ad lucendum, et splendor lunae non illuminabit te, sed erit tibi Deus tuus in lucem sempiternam.

4. 첫째, 요한은 시온 산 위에 있던 사람들을 인장을 받은 사람들이라고 부릅니다. 그다음 그는 자기 대접에 있는 것을 쏟아버린 천사 중 한 천사인 여섯째 천사를 언급합니다. 그 천사는 그에게 도시를 보여 주었어야 했는데, 이 도시는 144암마에 달합니다.[12] 「요한묵시록」 앞부분에서는 여섯째 천사인 필라델피아 교회의 천사에게 이렇게 말합니다. "승리하는 사람은 내 하느님 성전의 기둥으로 삼아 새 예루살렘의 이름과 나의 새 이름을 그 사람에게 새겨주겠다."[13] 새 예루살렘에 대해서는 마지막에 있었다고 언급되었습니다. — 시간은 여섯이고, 이 중 여섯째 시간은 고요한 세 개의 시간[14]을 갖고 있습니다. 그리스도가 여섯째 시간에 오시듯이 이렇게 마지막에 명상하는 교회가 생기는 것이 분명합니다. 교회가 많은 사람에게서 취하는 것을 영혼이 그 자체 모두 갖고 있지 않다면 명상하는 교회와 영혼은 구분되지 않습니다. 명상하는 영혼은 어떤 영혼이든 어떤 식으로든 완전해서 하느님을 직관합니다.

5. 영혼은 세 개의 예루살렘을 보기 위해서, 즉 하늘에 있는 예루살렘, 하늘로부터 하강하는 예루살렘, 하늘로 상승하는 예루살렘을 보기 위해서 들어올려집니다. 그렇지 않다면 영혼은 명상하는 영혼이 아닙니다. — 첫 번째 예루살렘에 대해서 이사야는 "일어나 예루살렘을"[15] 비추라고 하고, 이어서 "해는 너에게 더 이상 낮을 밝히는 빛이 아니고 달도 밤의 광채로 너에게 비추지 않으리라. 너의 주님께서 너에게 영원한 빛이 되어 주시리라"[16]라고 말합니다.

49:5 이하; 49:7 참조.

12 「요한묵시록」 16:12.

13 「요한묵시록」 3:12; 강연 20, 29 참조.

14 강연 16, 29; 「열왕기 상권」 10:1 이하; 16:4 이하 참조.

15 「이사야서」 60:1.

16 「이사야서」 60:19.

6. Quando enim anima elevatur per influxum sibi vigorem, splendorem, ardorem, pie veneratur, clare contemplatur, sancte perfruitur, ac per hoc comprehendit secundum modum suum longam aeternitatem, latam caritatem, sublimem potentiam, profundam sapientiam principii, circa quod debet versari, ut sit Rachel primo, scilicet visum principium; quando haec considerat, tunc est civitas, habens quatuor latera civitatis, considerando, quomodo istud principium omnia originat per sublimem potentiam, omnia gubernat per profundam sapientiam, omnia reparat per latam caritatem sive benevolentiam, omnia remunerat per longam aeternitatem. Sic intelligit ipsum solem secundum substantiam, potentiam et operationem et videt omnia reducta ad legem aeternaliter existentem.

7. Secundo elevatur ad contuendum civitatem de caelo descendentem, hoc est assumtam humanitatem. Filius enim Dei descendit ad nostram humanitatem, et hoc est descendere Ierusalem; animae enim non descendunt. Ego sum, inquit, panis vivus, qui de caelo descendi, et cum ipso omnia charismata gratiarum; in Sapientia: Venerunt mihi omnia bona pariter cum illa. Quando ergo anima elevatur per influxum sibi divinitus vigorem, splendorem,

6. 영혼이 생기와 광휘 또 열망의 유입에 의해 고양할 때 영혼은 경건하게 기도하고 청정(淸靜)하게 명상하며 거룩하게 향유합니다. 또한 영혼은 이로써 자신의 방식에 따라 기나 긴 영원성을, 드넓은 사랑을, 고귀한 능력을, 시원의 심원한 지혜를 파악합니다. 첫째, 라헬처럼,[17] 즉 첫 번째 봄처럼 있습니다. 영혼이 저 시작이 고귀한 능력을 통해 모든 것을 낳는 방식을, 심오한 지혜를 통해 모든 것을 조종하는 방식을, 넓은 사랑 또는 호의를 통해 모든 것을 보상하는 방식을, 기나 긴 영원함에 의해 모든 것을 보상하는 방식을 생각하면서 숙고할 때 네 벽을 가진 도성이 있게 됩니다.[18] 이렇게 영혼은 태양 자체를 실체, 능력, 그리고 작용에 따라 인식하고 영원히 존재하는 법으로 되돌아가는 모든 것을 봅니다.

7. 둘째, 영혼은 하늘에서 하강하는 도시를 자세히 보기 위해서, 다시 말해서 예수님께서 취하신 인성(人性)을 보기 위해서 상승합니다. 하느님의 아들은 인간의 육신을 취해 내려오셨고 이는 예루살렘이 하강한다는 의미입니다. 영혼은 하강하지 않습니다. "예수님께서 '나는 하늘에서 내려온 살아 있는 빵'이라고 말씀하셨습니다."[19] 또한 예수님과 더불어 모든 은총의 은사도 하늘에서 내려왔습니다. 「지혜서」에서는 "지혜와 함께 좋은 것이 다 나에게 왔다"[20]라고 합니다. 따라서 영혼이 하느님의 생기와 광휘, 열망이 유입됨으로써 고양할 때 영혼은 경건하게 숭배하고

---

17 Bonaventura, *De mysterio trini*. VIII, conclusio : "Ac per hoc Rachel, quae vitam designat contemplativam, interpretatur visum principium, quia qui illud videt in quantum primum principium, habet suae conditionis statum et desiderium terminatum."

18 「에페소 신자들에게 보낸 서간」3 : 18 : "여러분이 모든 성도와 함께 너비와 길이와 높이와 깊이가 어떠한지 깨닫는 능력을 지니고" 참조; 「요한묵시록」21 : 16.

19 「요한복음서」6 : 41.

20 「지혜서」7 : 11.

ardorem, pie colit, clare speculatur sancteque perfruitur et per hoc comprehendit assumtae humanitatis mirabilem exortum, mirabilem occasum, mirabilem ascensum vel conscensum, mirabilem regressum; tunc habet quatuor latera civitatis de caelo descendentis. Mirabilem, inquam, exortum in nativitate, occasum in crucifixione, conscensum in resurrectione et ascensione, regressum ad iudicium.

8. Haec quatuor ostendit Ecclesiastes, dicens: Oritur sol et occidit et ad locum suum revertitur; ibique renascens gyrat per meridiem et flectitur ad aquilonem. Mirabilis fuit exortus, quo radius supersubstantialis unitur humanitati in utero, ex utero prodiit, et quomodo conversatus est in mundo vigens, lucens, inflammans; in morte, quomodo dignatus est mori; et post de inferis ascendit ad corpus et post in caelum; et quomodo regredietur ad iudicandum. — Mira longitudo aeternitatis fuit in unione Divinitatis ad humanitatem. Nam separatio fuit impossibile maius, quod sit post Deum non esse, quia facilius esset, separari Angelum a suo esse. Latitudo caritatis fuit in morte; mira sublimitas potentiae in ascensione, mira profunditas sapientiae erit in iudicio. Haec sunt admirabilia, quibus anima ponitur quasi extra se.

9. Tertio ad hoc, quod sit hierarchica, necesse est, ut videat civitatem in caelum ascendentem. Et hoc est, quando per infusum sibi divinitus vigorem, splendorem, ardorem a sole aeterno pie veneratur, praeclare speculatur, sancte perfruitur, ac per hoc comprehendit

청정하게 사색하며 거룩하게 향유합니다. 그리고 이것을 통해 받아들여진 인성의 불가사의한 일출과 일몰과 상승 또는 동승과 회귀를 파악합니다. 이때 영혼에는 하늘에서 하강하는 도성의 네 성벽이 있습니다. [영혼에는 예수님의] 탄생이라는 불가사의한 일출, 십자가에 매달리셨을 때 있는 불가사의한 일몰, 부활과 승천 때 있는 불가사의한 상승 또는 동승과 심판하기 위해 되돌아가는 불가사의한 회귀가 있다고 나는 말합니다.

8. 「코헬렛」은 "태양은 뜨고 지지만 떠올랐던 그곳으로 서둘러 간다. 남쪽으로 불다 북쪽으로 도는 바람은 돌고 돌며 가지만 제 자리로 되돌아온다"[21]라고 하면서 이 네 가지를 드러냅니다. 일출은 불가사의했습니다. 일출 때 초실체적인 광선이 태중에 있는 인성과 결합하고, 모태로부터 나오고, 원기왕성하고, 빛나며, 뜨겁게 만들면서 이 세상에 거처하고 있습니다. 예수님은 관습대로 죽었습니다. 그다음 그는 육신을 취하려고 지옥에서 올라왔고 그다음 승천하셨습니다. 이런 모양으로 최후 심판을 위해 되돌아옵니다. — 영원함의 가장 기묘함은 인성과 신성의 결합에 있었습니다. 천사를 그것의 존재에서 분리하는 것이 더 쉬울 것이기 때문에 하느님 다음에 있는 비존재가 하느님과 분리하는 것은 더 불가능했습니다. 사랑의 너비는 죽음에 있습니다. 상승할 때 있는 능력의 오묘한 고귀함과 지혜의 오묘한 심오함은 최후 심판 때 있을 것입니다. 이들은 기묘한 것들이고 이것들에 의해 영혼은 자기 밖에 놓이듯이 놓여집니다.

9. 셋째, 질서지어진 영혼을 위해 하늘로 상승하는 도성을 보는 것이 필수적입니다. 영혼이 영원한 태양으로부터 하느님의 활력, 광선, 열정을 받아들임으로써 경건하게 기도하고 청정하게 명상하며 거룩하게 향유할 때, 또한 활력·광선·열정에 의해 하느님 사랑의 풀 수 없는 끈을,

---

21 「코헬렛」1:5-6.

divinae caritatis indissolubile vinculum, divinae caritatis incoarctabile donum, divinae caritatis insuperabile incendium, divinae caritatis incomprehensibile solatium; tunc videt civitatem Dei, scilicet se ipsam, et habet quatuor latera, de quibus ad Ephesios: In caritate radicati et fundati, ut possitis comprehendere cum omnibus Sanctis, quae sit latitudo et longitudo et sublimitas et profundum etc.

10. Non es enim adhuc civitas Dei nec signatus, nisi signeris Spiritu sancto ad pie venerandum, et per hoc possis comprehendere, quae sunt in Deo et per Deum et apud Deum: indissolubile vinculum in praedestinationis ratione, qua diligit semper et semper dilexit et semper diliget praedestinatos aeterna caritate; nisi comprehendas incoarctabile donum in universarum rerum conditione, quas libere condidit et ornavit et cuilibet dedit modum, speciem et ordinem; tertio, insuperabile caritatis incendium in Filii traditione [et nobis dedit corpus cum sensibus, animam cum potentiis, Filium in tormentis et ipsum in redemptionem et in cibum et per eum sacramenta Ecclesiae, in quo apparet ardor maximae caritatis]; quarto, incomprehensibile solatium, quando consideras, quod Deus glorificabit corpus et animam, ut absorbeantur et inebrientur a rore caeli.

하느님 사랑의 압축할 수 없는 선물을, 하느님 사랑의 극복할 수 없는 사랑의 불을, 하느님 사랑의 이해할 수 없는 위로를 파악할 때 영혼은 하늘로 상승하는 도성을 봅니다. 이때 영혼은 하느님의 도성을, 즉 자기 자신을 보게 됩니다. 영혼은 네 개의 성벽을 갖고 있는데, 이에 대해서 「에페소 신자들에게 보낸 서간」에서는 "여러분이 사랑에 뿌리를 내리고 그것을 기초로 삼게 하시기를 빕니다. 그리하여 여러분이 모든 성도와 함께 너비와 길이와 높이와 깊이가 어떠한지"[22] 깨달을 수 있기를 바란다고 합니다.

10. 그대가 하느님을 경건하게 공경하도록 성령을 통해 표시하지 않는다면 그대는 아직 하느님의 도성도 아니고 도성을 표시하지도 않습니다. 또한 그대는 성령을 통해 하느님 안에, 하느님을 통해서 또한 하느님의 곁에 있는 것을, 즉 예정(豫定)의 근거에 있는 끊을 수 없는 하느님과 맺은 끈을 파악할 수 있을 것입니다. 만약 그대가 하느님이 자유롭게 창조했고, 장식했고, 각각의 것에 척도와 형상과 질서를 부여한 피조물의 보편 선의 근거에서 무한한 선물을 파악하지 않는다고 해도 하느님은 끊을 수 없는 하느님과 맺은 끈으로 구원되기로 미리 정해져 있던 사람들을 영원히 사랑할 것입니다. 그는 항상 사랑하고, 항상 사랑했고, 항상 사랑할 것입니다.[23] 셋째, 아들을 봉헌하는 사건에서 극복할 수 없는 사랑의 불을 인식할 것입니다. [하느님은 우리에게 감각을 지닌 육체를, 능력을 지닌 영혼을, 고통당하는 아들을 주셨고, 구속하도록, 그 자신을 빵으로(=양식으로) 내어주셨고 또한 그를 통해 교회의 성사를 주셨습니다. 아들 안에서 가장 뜨거운 사랑의 열정이 드러납니다]. 넷째, 하느님께서 하늘의 이슬을 삼키고 이 이슬에 의해 취하게 되는 육체와 영혼의 찬양을 그대가 주목할 때 그대는 이해할 수 없는 위로를 알게 될 것입니다.

---

22 「에페소 신자들에게 보낸 서간」 3:17-18.
23 「예레미야서」 31:3; 「에페소 신자들에게 보낸 서간」 1:4; 「베드로의 첫째 서간」 1:20 참조; 강연 2, 23 참조.

11. Sed oportet, quod signum veritatis imprimatur in animam, per quod etiam anima fit hortus conclusus, fons signatus. — Primum signum, ut habeat caritatis indissolubile vinculum, scilicet quando anima sic diligit, ut dicat: Quis nos separabit a caritate Christi? Tribulatio, an angustia, an persecutio, an fames etc.; non, quin homo possit cadere a caritate, sed quando sic est, ut cogitet nunquam peccare. — Secundo, ut habeat divinae caritatis incoarctabile donum, ut diligat omnia, quae diligit Deus, et amicos et inimicos et extraneos et propinquos. Unde: Caritas Dei diffusa est in cordibus nostris. Per hanc enim anima se diffundit ad diligendum omne bonum et solum bonum.

12. Ulterius, haec caritas dat animae incendium; unde in Cantico: Pone me ut signaculum super cor tuum, quia fortis est ut mors dilectio, quando sic diligit, ut in summe desiderabile totaliter feratur et pro nihilo habeat prospera, pro nihilo adversa, ut sint omnia quasi festuca una in fornace; si dederit homo omnem substantiam domus suae pro dilectione, quasi nihil despiciet eam. — Quarta signatio est in hoc, quod anima sentiat incomprehensibile solatium, quod taliter dilatetur in se, quod nec ipsa possit

11. 그런데 진리의 표징은 영혼 안에 각인되어 있어야 합니다. 영혼은 이 표징에 의해 닫힌 정원이 되고 봉해진 우물이 됩니다.[24] — 첫 번째 표징은 영혼이 하느님과 끊을 수 없는 끈을 갖는 것입니다. 다시 말해서 영혼이 그렇게 좋아하는데 "무엇이 우리를 그리스도의 사랑에서 갈라놓을 수 있겠습니까? 환난입니까? 역경입니까? 박해입니까? 굶주림입니까? 헐벗음입니까? 위험입니까? 칼입니까?"[25] 사람이 사랑에서 멀어질 수 없는 것이 아니라 결코 죄를 짓지 않았다고 생각할 때 사랑에서 멀어집니다. — 영혼이 무한한 하느님의 선물을 갖는 것이 둘째 표징입니다. 이 표징은 하느님께서 좋아하는 모든 것, 친구를 더욱이 적을, 외국인을 또 이웃을 좋아하는 것입니다. "하느님의 사랑이 우리 마음에 부어졌다."[26] 영혼은 이 사랑에 의해 모든 선을, 그리고 오직 선만을 사랑하기 위해서 자신을 발산합니다.

12. 그 밖에 이 사랑은 영혼에게 열정을 줍니다. 그래서 「아가」에서는 "인장처럼 나를 당신의 가슴에 지니셔요. 사랑은 죽음처럼 강한 것"[27]이라고 합니다. 영혼은 이렇게 사랑하기 때문에 가장 욕구될 수 있는 것으로 완전히 옮아가고 모든 것이 마치 아궁이에 있는 하나의 지푸라기 같듯이 무(無) 대신에 행운을, 무 대신에 불행을 지닙니다. 그의 집의 모든 재산을 아무것도 아닌 것처럼 경멸하듯이 사람은 사랑을 위해 그 재산을 내어놓습니다. — 네 번째 표징은 영혼이 파악할 수 없는 위로를 느낀다는 점에, 이렇게 스스로 발산한다는 점에, 영혼 자체가 그것을 파악할 수도, 다른 것에 설명할 수도 없다는 점에 있습니다. 이것에 대해 「아가」에서는 "먹어라, 벗들아. 마셔라, 사랑에"[28] 취하라고 합니다. 그녀는

---

24 「아가」4:12.
25 「로마 신자들에게 보낸 서간」8:35.
26 「로마 신자들에게 보낸 서간」5:5.
27 「아가」8:6 이하.
28 「아가」5:1.

comprehendere nec aliis explicare. De quo in Cantico: Comedite, amici, et inebriamini carissimi. Haec inebriata dicit: Introduxit me rex in cellam vinariam; et prius: Introduxit me rex in cellaria sua, quando alienatur, sicut homo ebrius, qui nescit, quid faciat; unde Paulus nescivit, utrum in corpore esset, an extra corpus. —De hoc signo Psalmus: Fac mecum signum in bonum, ut videant qui oderunt me et confundantur.

13. De isto signo Paulus: Signati estis spiritu adoptionis. Per hoc signum discernuntur amici ab inimicis, liberi a servis, caelestes a terrenis. Hoc signum imprimitur in fronte animae contemplativae et in frontibus electorum. Hoc signum fuit in signatis supra montem Sion; in secunda ad Timotheum: Firmum fundamentum Dei stat; hoc est signum, quo novit Dominus, qui sunt eius; novit per signum expressum, per quod anima invocat nomen Domini ab intimis.

14. Sic anima contemplativa signatur a Deo. Unde sub sexto Angelo dicitur, quod apparuit Angelus habens signum Dei vivi, hoc fuit in assignatione Ierusalem ut in caelo consistentis.

취해서 "임금님이 나를 연회장으로 이끌었다"[29]라고 합니다. 그리고 자신이 무슨 일을 했는지 모르는 취한 사람처럼 소외되었을 때 그녀는 "임금님이 나를 내전으로 데려다주셨네"[30]라고 노래합니다. 그러므로 바오로는 [그 사람이] 몸째 그리되었는지, 몸을 떠나 그리되었는지 모른다고 합니다.[31] — 그리고 네 번째 표징에 대해 「시편」에서는 "저에게 어지심의 표징을 보이소서. 저를 미워하는 자들이 이를 보고 부끄러워하리니"[32]라고 합니다.

13. 네 번째 표징에 대해 바오로는 이렇게 말합니다. "여러분도 약속된 성령의 인장을 받았습니다."[33] 이 인장에 의해 친구와 적들이, 자유인과 노예가, 천상의 것과 지상의 것이 구분됩니다. 이 인장은 명상하는 영혼의, 선택된 자들의 이마에 찍혀 있습니다. 시온 산 위에 서 있는 표징을 받은 사람들이 이 표징을 지니고 있었습니다.[34] 「티모테오에게 보낸 둘째 서간」에 따르면, "하느님께서 놓으신 튼튼한 기초는 그대로 서 있으며, 거기에는 '주님께서는 당신의 사람들을 아신다'는, 또 '주님의 이름을 받들어 부르는 사람은 모두 불의를 멀리해야 한다'라는 말씀이 봉인처럼 새겨져 있습니다."[35]

14. 이렇게 명상하는 영혼은 하느님으로부터 표징을 받습니다. 따라서 여섯 번째 천사에 대해 "한 천사가 살아 계신 하느님의 인장을 가지고"[36] 나타났다고 합니다. 이는 천상의 예루살렘을 지정할 때 있었습니

---

29 「아가」2:4.
30 「아가」1:4.
31 「코린토 신자들에게 보낸 둘째 서간」12:2 이하.
32 「시편」86:17.
33 「에페소 신자들에게 보낸 서간」1:13; 「로마 신자들에게 보낸 서간」8:15; 「코린토 신자들에게 보낸 둘째 서간」1:22 참조.
34 「요한묵시록」14:1; 강연 23, 3 참조.
35 「티모테오에게 보낸 둘째 서간」2:19.

Huic Angelo apparuit signum expressivum, quantum ad modum vivendi consonum isti signo, quod est, quod signatur: *Ex tribu Iuda duodecim millia signati* etc.; et hoc est: qui habet hanc triplicem lucem elevantem, triplicem oportet quod habeat perfectionem, respondentem caritati. Unde signare hoc modo est per professionem ad hoc alligare et imprimere signum, ut respondeat illi signo caritatis.

15. Haec autem perfectio consistit in descriptione civitatis, scilicet quod anima habeat in se divinum Dei cultum, divinum Dei nexum, divinum Dei zelum, divinum Dei sensum. Cultus est in oriente, nexus in meridie, zelus in septentrione, sensus in occidente. Et sunt tres portae ad orientem, tres ad occidentem, tres ad meridiem, tres ad septentrionem. —Cultus habet duos comites: unum antecedentem, alterum subsequentem. Ad perfectum cultum tria sunt necessaria, scilicet aeternae veritatis veridica professio, supernae maiestatis humilis veneratio, internae sanctitatis virilis custoditio. Unde ponuntur tres portae ad orientem.

16. *Ex tribu Iuda duodecim millia signati.* Isti enim non ordinantur secundum carnalem generationem, quia Iudas non fuit primus filius, sed ordinantur secundum spiritualem. Iudas enim interpretatur confessio; et haec est fundamentum, quia spirituale

다. 이 표징에 적합한 삶의 방식에 관한 한 이 천사에게 분명한 표징이 드러났습니다. 이 표징은 "유다 지파에서 1만 2,000명이 인장을 받았다",[37] 그리고 다른 지파도 그렇다고 표시하는 것입니다. 다시 말해서 이 세 가지 상승하는 빛을 가진 사람은 필수적으로 사랑에 상응하는 세 가지 완전함을 갖습니다. 이런 방식으로 인장을 받는다는 것은 신앙고백을 통해 그것에 결합하고 표징을 새기는 것입니다. 그래서 표징은 사랑의 저 표징에 상응합니다.

15. 이 완성은 도성을 묘사하는 것입니다. 다시 말해서 영혼이 하느님에 대한 신성한 공경을, 하느님에 대한 신성한 의무를, 하느님에 대한 신성한 갈망을, 하느님에 대한 신성한 생각을 그 자체 갖고 있을 때 완성이 있습니다. 공경은 일출(＝동쪽)에, 의무는 정오(＝남쪽)에, 갈망은 북쪽에, 생각은 일몰(＝서쪽)에 있습니다. 그리고 동쪽에 성문이 셋, 북쪽에 성문이 셋, 남쪽에 성문이 셋, 서쪽에 성문이 셋 있었습니다.[38] — 공경에는 두 명의 동반자가 있습니다. 한 동반자는 앞서가는 사람이고 또 한 동반자는 뒤따르는 사람입니다. 신성한 공경을 위해서는 세 가지가 필요합니다. 즉 영원한 진리를 분명히 고백하고, 겸손한 마음으로 천상의 위엄을 존경하며, 내적인 거룩함을 확고히 준수해야 합니다. 따라서 동쪽으로 문이 셋 놓입니다.

16. 유다 지파에서 1만 2,000명이 인장을 받았습니다. 유다는 맏아들이 아니고[39] 이런 이유로 이들은 몸에서 나온 것에 따라 배열되지 않고 영적으로 생산된 것에 따라 배열됩니다. 유다는 고백[40]으로 번역됩니다.

---

36 「요한묵시록」7:2.
37 「요한묵시록」7:5.
38 「요한묵시록」21:13.
39 유다는 야곱과 레아의 네 번째 아들이다.
40 「창세기」29:35. 성경에는 '찬송하다'로 되어 있다.

fundamentum fides est, super quam fundatur Ecclesia. Hoc est ergo primum, ut apud te sit integra confessio veritatis, perfecta credulitas et assensus.

17. Secundo requiritur supernae maiestatis humilis veneratio, et hoc est, quando homo considerat proprii sceleris immanitatem et divinae severitatis immensitatem. Et ideo sequitur: Ex tribu Ruben duodecim millia signati. Ruben interpretatur filius visionis.

18. Tertio requiritur internae sanctitatis virilis custoditio, ut sic sit homo praecinctus, accinctus contra omnia, restrictor omnium defluxionum. Unde etiam sacerdotes prohibebantur bibere vinum et omne, quod inebriare poterat, quando intrabant templum ad ministrandum. Patet etiam de praescriptione munditiae. Ista autem munditia est cordis. —Et ideo sequitur: Ex tribu Gad duodecim millia signati. Gad interpretatur accinctus.

19. Non sufficit autem verus cultus, nisi sit perfectus nexus, quia caritas docet Deum colere et amare; et hoc est, quando anima infima contemnit, summa appetit, in medio dilatatur, ita quod in supremo habet sublimationem, in imo sequestrationem, in medio dilatationem; et hoc est sempiternae beatitudinis appetitus

정신적인 기반은 믿음이기에 고백이 기반입니다. 그리고 교회는 이 믿음 위에 서 있습니다. 따라서 그대의 곁에 진리에 대한 온전한 고백, 완전한 신앙심과 용인이 있는 것이 첫 번째 기반입니다.

17. 둘째, 겸손하게 천상의 위엄을 존경할 것이 요구되고, 이 요구는 사람이 자신의 엄청난 악행과 하느님의 무한한 엄정함을 숙고할 때 충족됩니다. 따라서 "르우벤 지파에서 1만 2,000명이 인장을"[41] 받는 결과가 나옵니다. 르우벤은 '보라, 아들이다'라는 뜻입니다.[42]

18. 셋째, 내적인 거룩함을 확고히 준수할 것이 요구됩니다. 이렇게 사람은 허리에 띠를 매고 있고 모든 것에 대항해 무장하고 있고, 모든 발산을 제어합니다. 따라서 사제들은 "만남의 천막 안에 들어올 때에는, 포도주나 독주[43]를 마셔서는"[44] 안 된다고 합니다. 이것은 정결함의 규정에도 분명히 해당합니다. 이 정결함은 마음의 정결함입니다. ― 따라서 다음과 같은 결론이 나옵니다. "가드 지파에서 1만 2,000명이" 인장을 받았습니다.[45] 가드는 띠로 묶인[46] 사람이라고 해석합니다.[47]

19. 사랑은 하느님을 숭배하고 사랑하라고 가르치기 때문에 완전한 구속이 아니라면 참된 공경은 충분하지 않습니다. 사랑은 영혼이 맨 밑에 있는 것을 경멸하고, 최상의 것을 욕구하며 중간에서 확산될 때 생깁니다. 그래서 영혼은 최상의 것으로 승화하고, 최하의 것에서 분리되고, 중간의 것

---

41 「요한묵시록」7:5.
42 「창세기」29:32 참조.
43 '만취시킬 수 있는 것'을 의미한다.
44 「레위기」10:9.
45 「요한묵시록」7:5.
46 또는 '무장한'이라고 번역할 수 있다. 그런데 우리말 성경에 따르면, 가드는 '다행, 행운'으로 되어 있고, 레위가 '매이다'와 관련이 있다.
47 「창세기」30:11.

praecipuus, supernae dilectionis affectus dilatatus, mundanae prosperitatis vel possessionis contemptus perfectivus. Haec tria intelliguntur per tres signatos sequentes.

20. Necesse est ergo, ut in anima sit contemptus verus, ut sit primo beatitudinis appetitus. Et ideo sequitur: Ex tribu Aser duodecim millia signati. Aser interpretatur beatus, scilicet pinguis panis, praebens delicias regibus. Beatus autem est qui in beatitudinem summo amore transfertur.

21. Deinde sequitur supernae dilectionis dilatatio. Et ideo sequitur: Ex tribu Nephthali duodecim millia signati. Nephthali interpretatur latitudo et significat, quod quicumque vult habere caritatis nexum, quod habeat ordinatum affectum ad omnes; sed hoc habere non possunt, si sint privati boni amatores.

22. Ideo oportet, quod sit contemptus omnium. Et ideo sequitur: Ex tribu Manasse duodecim millia signati. Manasses interpretatur oblivio. Aliqui enim despiciunt mundialia, sed non deserunt; alii deserunt, sed non despiciunt; alii despiciunt et deserunt, sed non obliviscuntur. Quando ergo anima dimittit

으로 확산합니다. 사랑은 영원한 행복을 특히 욕구하고 천상에서의 사랑에 대한 부풀려진 욕구, 세속적인 행복 또는 소유를 완전히 경멸하는 것입니다. 이 세 가지는 뒤따라 인장을 받은 세 사람에 의해 인식됩니다.

20. 정당한 경멸이 영혼에 있어야 하므로 먼저 행복의 욕구가 있습니다. 따라서 "아세르 지파에서 1만 2,000명"[48]이 인장을 받았다는 결론이 나옵니다. 아세르는 행복한 사람이라고 번역됩니다.[49] "아세르는 양식이 넉넉하여 임금에게 진미를 올리리라."[50] 그런데 최고의 사랑에 의해 지복으로 옮겨지는 사람이 행복한 사람입니다.

21. 그다음에는 천상에서의 사랑이 유출됩니다. 그리고 "납탈리 지파에서 1만 2,000명"[51]이 인장을 받았다는 결론이 나옵니다. 납탈리는 광대함이란 뜻이고, 누구든지 사랑의 의무를 갖기 원한다는 것을, 모든 것에 대한 합당한 욕구를 갖는다는 것을 의미합니다. 그런데 완전하지 않은 선을 사랑하는 사람은 이 욕구를 가질 수 없습니다.

22. 그러므로 모든 것을 경멸하는 것이 분명히 있습니다. 따라서 "므나쎄 지파에서 1만 2,000명"[52]이 인장을 받았다는 결론이 나옵니다. 므나쎄는 망각[53]이란 뜻입니다.[54] 몇몇 사람은 세속적인 것을 경멸하지만 등한시하지 않습니다. 또 어떤 사람들은 등한시하지만 경멸하지 않습니다. 또 어떤 사람들은 경멸하고 등한시하지만 잊지 않습니다. 따라서 영혼은 세속적인 것을 무시하고 망각할 때 완성됩니다. 므나쎄 지파는 여

---

48 「요한묵시록」7:6.
49 「창세기」30:13.
50 「창세기」49:20.
51 「요한묵시록」7:6;「창세기」30:7.
52 「요한묵시록」7:6.
53 성경에는 '잊게 해주는 이'라고 되어 있다.
54 「창세기」41:51.

et obliviscitur, tunc est perfectio; et ista collocatur in sexto loco; Psalmus: Obliviscere populum tuum et domum patris tui. Augustinus: Minus te amat qui tecum aliquid amat, quod non propter te amat. — Manasses igitur ponitur sexto loco, qui fuit filius Ioseph, qui fuit undecimus filius Iacob. Unde non sine mysterio ponitur sexto loco.

23. Tertio, in anima contemplativa oportet quod sit perfectus zelus, ut sic amet, quod omne malum repellat. Duo autem sunt comites zeli caritatis, scilicet pietas praecedens et patientia subsequens; quia aliqui sunt pii zelatores, et postea convertuntur in furorem impatientiae. Et tunc erunt tres portae ad aquilonem, scilicet benignae miserationis affectuosa condescensio, severae districtionis aemulatoria rectitudo, acerbae vel humanae tribulationis victoriosa perpessio; et sic est contra aquilonem civitas munita.

24. Et ideo sequuntur tres signati: primus, ex tribu Simeon duodecim millia signati. Simeon interpretatur audiens moerorem, et significat miserationem ad proximum. Iste Simeon est iustus et timoratus, recipiens Christum inter brachia. Nisi enim homo sit misericors, non est dignus recipere illum qui propter misericordiam descendit de caelo.

섯 번째 자리에 옵니다. 「시편」에서는 "네 백성과 네 아버지 집안을 잊어"[55]버리라고 합니다. 아우구스티누스는 "너 이외에 다른 것을 사랑하는 사람은 너 때문에 사랑하는 것이 아니기에 너를 덜 사랑하는 사람"[56]이라고 합니다. — 따라서 야곱의 열한 번째 아들인 요셉의 아들 므나쎄는 여섯 번째 자리에 옵니다. 그런데 므나쎄 지파가 여섯 번째 자리에 놓인 것은 신비입니다.[57]

23. 셋째, 명상하는 영혼에는 크나큰 갈망이 있습니다. 그래서 영혼은 모든 악을 몰아내는 것을 사랑합니다. 애덕을 갈망하는 동반자는 둘입니다. 즉 앞서가는 경건함과 뒤따르는 인내입니다. 몇몇 사람은 경건하며 열정이 넘치기 때문에 그들은 후에 참지 못하는 격정에 빠져듭니다. 이때 북쪽에 문이 셋 있었습니다. 즉 인자한 자비의 자애로운 겸양과 올바른 경쟁에 의한 엄격한 구분, 그리고 가혹한 또는 인간적인 고통을 이겨내는 인내가 그것입니다. 도시는 북쪽에 대비해 방비를 갖추었습니다.

24. 인장을 받은 세 지파가 뒤따라 나옵니다. 첫째, 시메온 지파에서 1만 2,000명이 인장을 받았습니다.[58] 시메온은 비애를 듣는 사람이라고 번역되고[59] 이웃에 대한 동정을 의미합니다. 이 시메온은 의롭고 독실하며, 그리스도를 두 팔에 받아 안았던 사람입니다.[60] 자비로운 사람만이 인간에 대한 측은지심 때문에 하늘에서 내려온 저 사람을 받아들일 자격을 갖습니다.

---

55 「시편」45:11.
56 아우구스티누스, 앞의 책, 2005, 제10권 [29, 40].
57 강연 23, 28; 강연 23, 3; 강연 15, 26 참조.
58 「요한묵시록」7:7.
59 「창세기」29:33.
60 「루카복음서」2:25·28.

25. Deinde, quia misericordia sine rectitudine aemulatoria nihil valet; ideo sequitur: Ex tribu Levi duodecim millia signati. Levi interpretatur additus; Levi enim accepit sacerdotium propter zelum, unde interfecit fratres suos idololatras. Phinees similiter adeptus est sacerdotium propter zelum, et Mathathias et filii eius propter zelum adepti sunt sacerdotium et principatum et duraverunt usque ad Herodem. Levi significat praelatos, qui debent habere spiritum severitatis et pietatis, ut Moyses, qui cum esset mitissimus, confregit tabulas; econtra Heli, qui, quia fuit remissus, ipse mortuus est et filii eius. Unde plus nocet praelatus misericors abiiciens omnem rigorem disciplinae quam praelatus rigidus sine misericordia. Et ita intelligitur illud Ecclesiastici: Melior est iniquitas viri quam mulier benefaciens.

26. Tertio, oportet, quod sit mundanae tribulationis victoriosa perpessio. Qui enim corripit debet se praeparare ad patientiam. Unde Christus subvertit mensas in zelo, et post, quando quaerebant eum, exhibuit se; unde: Qui patiens est multa gubernatur sapientia. Non est dubium, quod illi quorum mensas subverterat, postea clamabant: Crucifige eum. —Ideo sequitur: Ex tribu Issachar

25. 또한 올바름을 열망하지 않으면 측은지심은 아무런 가치가 없습니다. 따라서 레위 지파에서 1만 2,000명이 인장을 받았다[61]는 결론이 나옵니다. 레위는 보태진 것으로 해석됩니다.[62] 레위는 열성 때문에 사제직을 받았습니다. 그리고 우상을 숭배하는 자기 형제들을 살해했습니다.[63] 피느하스도 비슷하게 열성으로 인해 사제직을 얻었고[64] 마타티아스와 그의 아들들도 열성 때문에 사제직을 얻었으며[65] 이는 헤로데까지 지속되었습니다. 레위는 가장 온화한 사람이었음에도[66] 돌판을 깨버린 모세처럼 엄격함과 자비심의 정신을 갖고 있어야 하는 고위 성직자들을 의미합니다. 그와 반대로 엘리는 무기력했기에 그와 그의 아들이 죽었습니다.[67] 엄격한 모든 훈육을 포기하는 자비로운 고위 성직자가 자비심이 없는 엄격한 고위 성직자보다 더 해롭습니다. 「집회서」의 말씀인 "선을 행하는 여자보다 남자의 악이 더 낫다"[68]가 이 맥락에서 이해됩니다.

26. 셋째, 세속적인 고통을 이겨내는 인내가 분명히 있습니다. 꾸짖는 사람은 인내할 각오를 해야 합니다. 그리스도는 격분해서 탁자들을 엎어 버리셨고,[69] 그다음 그들이 그에게 물었을 때 자신을 드러내셨습니다.[70] 따라서 인내하는 사람은 많은 것을 지혜롭게 조종합니다.[71] 그가 엎어버린 탁자의 주인들이 후에 "그를 십자가에 못박으시오"라고 외쳤다는 것

---

61 「요한묵시록」7:7.
62 「창세기」29:34.
63 「탈출기」32:26 이하.
64 「민수기」25:7 이하.
65 「마카베오기 상권」2:1-5.
66 「탈출기」32:19.
67 「사무엘기 상권」4:11.
68 「집회서」42:14.
69 「요한복음서」2:14 이하.
70 「요한복음서」18:4.
71 「잠언」14:29: "분노에 더딘 이는 매우 슬기로운 사람이지만 성을 잘 내는 자는 제 미련함만 드러낸다."

duodecim millia signati. Issachar interpretatur asinus fortis, et ad litteram asinus crucem habet in spatulis. Hanc crucem ferre debet semper esse paratus. Non est autem eius interpretatio asinus fortis, sed merces; et significat virum, qui amore mercedis est armatus. Unde in Matthaeo: Cum maledixerint vobis et persecuti vos fuerint et persecuti vos fuerint et dixerint omne malum adversum vos mentientes propter me; gaudete et exsultate, quoniam merces vestra copiosa est in caelis. — Et dicebat, quod semel loquebatur cum fratre Aegidio, qui dicebat sibi, quod non sumus sapientes, sicut beatus Franciscus sapiens mercator fuit; sed nos dissipamus substantiam, quia deberemus dare unum denarium, ut homo alapam nobis daret; sed nos nec habemus sapientiam asini, qui portat sarcinam suam, et ubi plus percutitur et plura vituperia sibi dicuntur, tanto melius portat. Sic homo obediens nullum bonum debet dimittere, immo melius facere propter quamcumque tribulationem, nec aliter est contemplativus.

27. Ex parte occidentis est perfectus Dei sensus; et hic sensus facit nos contemplari et comites habet statum quietum et excessum iucundum. In quiete enim potest esse status cogitandi et contemplandi, in occidente scilicet, ubi est quies, conciliatio, caligo

은 의심의 여지가 없습니다.[72] — "이사카르 지파에서 1만 2,000명이 인장을 받았다"[73]라는 구절이 뒤따라 나옵니다. 이사카르는 튼튼한 나귀라는 뜻입니다.[74] 글자대로 나귀는 종려나무 가지로 만들어진 십자가를 등에 졌습니다.[75] 나귀는 항상 이 십자가를 나를 준비를 하고 있어야 합니다. 이사카르는 힘센 나귀일 뿐만 아니라 보상이라고 해석되고[76] 보상에 대한 사랑으로 무장되어 있는 사람을 의미합니다. 「마태오복음서」에서는 "사람들이 나 때문에 너희를 모욕하고 박해하며, 너희를 거슬러 거짓으로 온갖 사악한 말을 하면" "기뻐하고 즐거워하여라. 너희가 하늘에서 받을 상이 크다"[77]라고 합니다. — 그(=보나벤투라)는 프란체스코 성인이 언젠가 수사 에지디우스와 대화할 때 에지디우스는 성인이 현명한 상인이었던 것처럼 우리가 현명하지는 않다고 말했다고 합니다. 우리는 우리의 따귀를 때리라고 누군가에게 1데나리온을 주어야만 하기에 재물을 낭비합니다. 우리에게는 짐을 운반하는 당나귀의 지혜가 없습니다. 당나귀는 더 많이 맞고 더 비난받는 만큼 [짐을] 더 운반합니다. 순종하는 사람은 어떤 선도 무시하면 안 되고 더욱이 모든 고통 때문에 더 잘해야 합니다. 그가 그렇게 하지 않으면 명상하는 사람이 아닙니다.

27. 일몰의 측면에서 [영혼은] 하느님에 대해 완전히 이해합니다. 이 이해는 우리가 명상하도록 하며 고요한 머묾과 즐겁게 하는 일탈을 동반합니다. 사유하고 직관하는 사람은 고요한 상태에 있을 수 있습니다.[78] 다시 말해서 고요, 화해, 어두움 또는 어둠 안으로 들어가는 일몰에 있을

---

72 「요한복음서」19:15.

73 「요한묵시록」7:7.

74 「창세기」49:14.

75 「창세기」30:14 참조. 우리말 성경에는 '합환채'로 되어 있다.

76 「창세기」30:18. 이사카르는 '값'과 '빌리다'와 관계가 있다고 한다.

77 「마태오복음서」5:11 이하.

78 Aristoteles, *Physica*, VII, c.3 : "Nam, quia quieta est residetque anima, sciens fit et prudens."; Bonaventura, *Itin.*, c.7, n.5 참조.

sive introitus in caliginem. —Ad istum sensum requiritur sublimis mansionis pacificus status, sagacis discretionis perspicuus conspectus vel contuitus, suavis consolationis ecstaticus excessus.

28. Oportet habere signum Zabulon, quod est habitaculum fortitudinis, qui habet statum primum; Psalmus: Quoniam tu es, Domine, spes mea; unde: Turris fortissima nomen Domini, ad illam confugiet iustus. Ille solus est pacatus, qui figit se in illo, in quo non est transmutatio nec vicissitudinis obumbratio. Unde: In te, Domine, speravi, non confundar in aeternum.

29. Secundo, oportet habere sagacis desiderii perspicuum contuitum, ut, sicut columba videt super aquas residens avem rapacem, sic homo videat in Scripturis. Et hoc pertinet ad Ioseph, qui interpretatur accrescens; Filius accrescens Ioseph, filius pulcherrimus, salvator Aegypti, princeps fratrum, significat discretionem, per quam homo est aliorum rector et instructor; et hoc sagacitatis est. Et est in undecimo loco, ut frumenta colligat, non folia, sed documenta veritatis in Scripturis sacris, et postea refundat ad salutem populi. —

수 있습니다. — 이 생각을 위해 숭고하게 머무르는 평화로운 상태, 예리하게 식별하는 투명한 관찰 또는 주시, 부드러운 위로가 황홀하게 넘쳐나야 합니다.

28. 영혼은 첫 번째 자리에 있는 즈불룬의 인장을 가져야만 하는데, 이는 용기의 거처입니다. 「시편」에서는 "주님, 당신께서 나의 희망이시기 때문입니다"[79]라고 합니다. 따라서 "주님의 이름은 견고한 성탑 의인은 그곳으로 달려가 안전하게"[80] 됩니다. 그에게 변화도 없고 변동에 따른 그림자도 없는[81] 그 자신의 내면에 멈추어 있는 사람만이 평온합니다. 그래서 [「시편」에서는] "주님, 당신은 저의 희망이시니 영원히 수치를 당하지 않게 하소서"[82]라고 합니다.

29. 둘째, 영혼은 예리한 욕구를 정확하게 관찰해야 합니다. 그래서 비둘기가 물 위에 사는 맹금(猛禽)을 보듯이 사람은 성경에서 봅니다. 이것은 보태진 사람으로 불리는 요셉과 관련이 있습니다. 보태진 아들 요셉,[83] 가장 아름다운 아들, 이집트인들의 구원자, 형제들의 지도자[84]는 식별을 의미합니다. 사람은 식별함으로써 다른 사람의 지배자이며 지도자가 됩니다. 그리고 이는 총명함의 표시입니다. 열한 번째 자리에 놓이는 요셉은 곡식을, 겨가 아니라 성경에 있는 진리의 증거를 모았습니다. 그다음 그는 백성들의 안녕을 위해 되쏟아놓았습니다.[85] — 그는 상속 재

---

79 「시편」 91 : 9.

80 「잠언」 18 : 10.

81 「야고보 서간」 1 : 17.

82 「시편」 31 : 2. 우리말 성경에는 "주님, 제가 당신께 피신하니 다시는 수치를 당하지 않게 하소서"로 되어 있다.

83 「창세기」 30 : 24. 제49장 제22절에는 "요셉은 열매 많은 나무"라고 되어 있다. 「창세기」 외에 야곱의 아들에 대해서는 「신명기」 33 : 6-25 참조.

84 「집회서」 49 : 15.

85 「창세기」 41 : 45.

Hic est Angelus sextus Philadelphiae, salvans hereditatem. Hic providet frumenta contra famem futuram.

30. Ultimo est suavis contemplationis gustus ecstaticus. Ex tribu, inquit, Beniamin duodecim millia signati. Filius dexterae Beniamin, filius doloris, in cuius partu mortua est Rachel, et tamen Beniamin amantissimus Domini tota die quasi in thalamo morabitur; et significat ecstaticum excessum contemplationis. Ultra hunc non nascitur filius Iacob. Hic est sopor cum excessu. Ad hanc signationem nullus venit, nisi transeat omnes praecedentes.

31. Hae signationes consistunt ex duplici perfectione, scilicet duodenarii, qui numerus abundans est, et ex mille, qui consurgit ex denario in se replicato replicatione perfecta; decies enim decem sunt centum, et decies centum sunt mille. Hanc signationem nemo accipit, nisi ille qui habet calculum, in quo est nomen, quod nemo scit, nisi qui accipit; hoc est lignum vitae, hic fruitur homo vita. Unde: Beati qui lavant vestimenta sua et intrant per portas civitatis, ut sit potestas eorum in ligno vitae. —Et dicebat: Ad hoc

산을 보존하는 필라델피아 교회의 여섯 번째 천사입니다.[86] 이 천사는 앞으로 닥칠 기근에 대비해 곡식을 준비합니다.

30. 마지막으로 영혼은 부드러운 상의 무아지경을 맛봅니다. 요한은 "벤야민 지파에서 1만 2,000명이 인장을 받았다"라고 합니다.[87] 오른편에 있는 아들(=정실[正室]의 아들)인 벤야민은 고통의 아들입니다. 그가 태어날 때 라헬이 죽었는데[88] 그럼에도 주님께서 가장 사랑하시는 벤야민은 온종일 신방에 머물듯이 주님 곁에서 삽니다.[89] 그리고 그는 명상이 무아지경 상태로 넘쳐난다는 것을 의미합니다. 벤야민은 야곱의 막내아들입니다. 야곱은 잠이 너무 많은 사람입니다. 앞선 모든 사람이 변하지 않았다면 어느 누구도 이 표식에 도달하지 않았습니다.

31. 이 표식은 두 개의 완성으로 이루어졌습니다. 다시 말해서 흘러넘치는 수인 열둘과 천(千)으로 되어 있습니다.[90] 십(十)이 반복되고 반복되어서 천(千)이 됩니다. 10곱하기 10은 100이고 10곱하기 100은 1,000입니다. 그것을 받는 사람 말고는 아무도 모르는 새로운 이름이 새겨져 있는 돌이 없다면 어느 누구도 이 표식을 받지 않습니다.[91] 이것은 생명의 나무이고 여기에서 사람은 삶을 향유합니다.[92] 그러므로 "자기들의 긴 겉옷을 깨끗이 빠는 이들은 행복하다. 그들은 생명나무의 열매를 먹는 권한을 받고, 성문을 지나 그 도성으로 들어가게 될 것이다."[93] — "나는

---

86 「요한묵시록」3:7; 강연 20, 29 참조.

87 「요한묵시록」7:8.

88 「창세기」35:18 이하.

89 「신명기」33:12.

90 강연 11, 21 참조: "Partes siquidem duodenarii (habet enim quinque partes: duodecimam, sextam, quartam, tertiam, dimidiam) simul ductae non duodecim, sed sexdecim sunt."

91 「요한묵시록」2:17.

92 「요한묵시록」2:7.

lignum vitae volui vos adducere. Ferculum fecit Salomon de lignis Libani; columnas fecit argenteas, reclinatorium aureum, ascensum purpureum media caritate constravit. Reclinatorium aureum est sapientia contemplativa. Hanc nullus habet, nisi qui habet columnas argenteas, quae sunt virtutes stabilientes animam; ascensus purpureus est caritas, quae facit ascendere ad superiora et descendere ad inferiora. [Unde sive mente excedamus in Deum, sive descendamus ad proximum, caritas Dei urget nos, et tandem perveniemus ad locum pacis, solatii et quietis. Quod nobis praestare dignetur, qui cum Patre et Spiritu sancto vivit et regnat Christus, Filius Patris, in saecula saeculorum. Amen.]

그대들을 이 생명의 나무로 데려가고 싶었다"라고 그(=보나벤투라)는 말합니다. "솔로몬 임금은 자신을 위하여 레바논 나무로 연(輦)을 만들었네. 기둥은 은으로, 등받이는 금으로 만들고 의자는 자홍포로 덮었으며 사랑스럽게 꾸몄네."[94] 금으로 된 등받이는 명상하는 지혜입니다. 영혼을 받치고 있는 덕인 은으로 된 기둥을 갖고 있지 않은 사람에게는 이 지혜가 없습니다. 자홍포로 덮인 의자는 위에 있는 것으로 상승하게 하고 아래에 있는 것으로 하강하게 하는 사랑(애덕)입니다. [그러므로 우리는 정신적으로 하느님에게 넘어가거나 이웃에게 내려갑니다. "그리스도의 사랑이 우리를 다그칩니다."[95] 우리는 마침내 평화, 위로, 고요함의 장소에 도달합니다. 이를 위해 우리의 가치를 인정해 주시는 분은 세세에 영원히 성부와 성령과 함께 살아 계시고 다스리시는 성부의 아들 그리스도이십니다. 아멘.]

---

93 「요한묵시록」 22:14; 강연 18, 32 참조. 우연인지 몰라도 성경의 마지막 편인 「요한묵시록」 마지막 구절에 「창세기」 제2장에 나오는 생명의 나무가 언급되어 있다.

94 「아가」 3:9 이하.

95 「코린토 신자들에게 보낸 둘째 서간」 5:14 이하.

Additamentum

Adhuc superest visio quinta in principio operis proposita, scilicet visio intelligentiae per spiritum prophetiae sublimatae: quibus exercitiis contemplationis, quibus virtutibus, quibusque Scripturae sacrae documentis anima humana in via illustretur, ut per sapientiam increatam novo et singulari inhabitandi genere, quae omnibus mobilibus mobilior est (Sap 7,24.), illustretur illustratione gratuita ad praedicendum futura, ad dicendum longe distantia, ad aperiendum cordium secreta, pro quanto sibi Dominus huius incerta et occulta divinae sapientiae dignabitur communicare, sicut multis sibi carissimis aperire dignatus est, ut patet de multis tam in novo quam in veteri testamento. Nam et haec visio non minima pars est vitae spiritualis.

Superest etiam visio sexta in principio proposita, scilicet visio intelligentiae per raptum mentis in Deum absorptae, videlicet quibus exercitiis et donis anima contemplantis appropinquat ad mentis excessum ecstaticum, quae etiam revelationes fiunt animae raptae et dulcedines, quantum sacrae Scripturae auctoritas et mysteria innuunt. Et haec est ultima pars vitae spiritualis in via. Et fit hac sexta visione homo formatus in animam viventem (Gn 2,7), post quam ultimate

이 작품의 처음에 의도된 다섯째 봄(환상), 즉 숭고한 예언의 정신에 의한 통찰의 상은 완성되지 않았다. 어떤 명상의 경험에 의해, 어떤 덕에 의해, 성서의 증거에 의해 인간의 영혼은 지상에서 비추어진다. 어떤 움직임보다 더 빠른(『지혜서』 7:24) 새로운 또 개별적인 거주 방식에 있는 창조되지 않은 지혜를 통해 미래를 예언하기 위해, 멀리 떨어져 있는 것을 말하기 위해, 마음의 비밀을 열기 위해 은총 가득한 조명에 의해 비추어진다. 주님의 지혜에 있는 불분명한 것과 숨겨져 있는 것을 알리는 것이 주님께 적합한 만큼 구약에서 그렇듯이 신약에서도 증거에 의해 그에게 귀중한, 수많은 것에 이 상을 알리는 것이 주님께 적합한 것 같다. 이 상은 영적인 삶의 가장 미소한 부분이 아니다.

더욱이 처음에 의도된 여섯째 봄도 완성되지 않았다. 즉 무아지경에 의해 하느님 안으로 들어올려짐으로써 통찰하는 봄이 완성되지 않았다. 말할 것도 없이 명상하는 영혼은 어떤 경험과 선물에 의해 정신의 무아지경에 접근한다. 더욱이 성경의 권위와 신비가 증명하듯이, 무아지경의 영혼에서 계시와 즐거움이 생긴다. 그리고 이는 지상에서 영적인 삶의 마지막 부분이다. 이 여섯째 날에 대한 봄에 의해서 사람은 생명체가 되고(『창세기』 2:7) 그다음 하느님은 새로운 선물을 더 이상 보내지 않으면서 명상하는 사람의 영혼에서 휴식하시고 지상에서 인간 삶의 새로운

quiescit Deus in anima contemplantis, cessans a novorum donorum collatione; ipsaque anima, prout status viae patitur, in Deo quiescit, cessans a novis vitae humanae exercitiis in statu viae.

Superest etiam ultima visio, scilicet visio intelligentiae per statum gloriae consummatae, quando fit reversio animae ad corpus, quae et qualiter in illo statu gloriae videbit. Et haec visio est post hanc vitam. Istae autem tres ultimae visiones adhuc plus continerent quam quatuor praedictae.

Sed heu, heu, heu! superveniente statu excelsiori et vitae excessu domini et magistri huius operis, prosecutionem prosecuturi non acceperunt. Haec autem, quae de quatuor visionibus notavi, talia sunt, qualia de ore loquentis rapere poteram in quaternum. Alii quidem duo socii mecum notabant, sed eorum notulae prae nimia confusione et illegibilitate nulli fuerunt utiles nisi forte sibi. Correcto autem meo exemplari, quod legi poterat ab auditorum aliquibus, ipse doctor operis de ipso meo exemplari et quamplures alii rescripserunt, qui pro eo mihi debent grates. —Elapsis autem diebus multis, concedente mihi copiam temporis et libri reverendo patre fratre Thoma, ministro Alemanniae superioris, rursum respexi quae scripseram veloci manu; et visus sum recolligere ordinate, cooperante mihi memoria, quo loquentis vocem audieram, auditu et visu, quo recordabar gestuum loquentis, quae solent memoriae cooperari, secundum Philosophum, in libro de Memoria et reminiscentia (c. 1). Nec tamen apposui quidquam quod ipse non dixerat, nisi ubi distinctionem librorum Aristotelis localiter amplius, quam ipse dixerat, distinxi. Alia autem non apposui, nisi quod etiam loca auctoritatum aliquarum assignavi. — Legebatur et componebatur hoc opusculum Parisiis, anno Domini MCCLXXIII, a Pascha usque ad Pentecosten, praesentibus aliquibus magistris et baccalaureis theologiae et aliis fratribus centum sexaginta.

경험을 놓아버리는 영혼 자체는 삶의 상태를 견디듯이 하느님 안에서 휴식한다.

더욱이 영광의 상태에 의해 완성된 통찰의 봄인 마지막 봄이, 즉 영광의 저 상태에서 무엇을 어떻게 보게 될 영혼이 육체로 향하게 될 때 생기는 봄이 남아 있다. 이 봄은 이 삶의 뒤에 있다. 그런데 나머지 세 개의 봄은 앞서 언급한 네 개의 봄보다 여전히 더 많은 것을 포함했을 것이다.

아이고, 애통하고 또 애통한지고! 더 고상한 곳에서 엄습하는 운명에 의해 이 강연의 저자와 스승이 삶을 하직하였기에 계속하려는 의지를 가졌던 사람들도 진척을 이루지 못했다. 그런데 여기에서 네 개의 봄에서 언급된 모든 것을 나는 내가 할 수 있던 한에서 내가 들은 만큼 내 작품 안에 끼워넣었다. 다른 두 동료가 나와 함께 작업했지만 그들이 쓴 것은 너무 혼란스러웠고 또 읽을 수 없었기 때문에 어느 누구에게도 도움이 되지 않고 기껏해야 그들 자신에게만 도움이 될 뿐이다. 몇몇 청자가 읽을 수 있던 나의 원본이 수정된 후에 나의 작품 자체를 다루는 선생들과 다른 많은 사람들이 그것을 인용했고 내게 감사를 표했다. ― 그러나 많은 날들이 지난 후 내가 존경하는 형제 사제 토마스가 나에게 많은 시간과 서적을 허락해 주어서 나는 내가 재빨리 기입했던 것을 독일인 장상들의 책에서 통독했다. 내가 듣고 봄으로써 말하는 사람의 목소리를 들었기에, 기억이 도와주곤 하는, 말하는 사람의 몸짓을 내가 기억하기에 철학자가 『기억과 회상에 대하여』(제1장)에서 언급했듯이 기억의 도움을 받아 질서 정연하게 다시 모으는 것에 대해 생각했다. 그럼에도 나는 아리스토텔레스의 책을 인용 부분에 따라 더 구분한 곳에서가 아니라면 그보다 더 많이 진술하지 않았다. 그 외에 나는 다른 권위 있는 저자의 인용 부분을 썼을 뿐 다른 것은 부가하지 않았다. ― 이 작품은 파리에서 1273년 부활절에서 오순절까지 신학과의 몇몇 교수와 학사들에게, 그리고 다른 160명의 동료 수사들 앞에서 소개되었고 강독되었고 수정되었다.

중세철학과 신학에서 중요한 시기는 13세기이다. 프란체스코수도회와 도미니코수도회가 13세기에 탄생했기 때문이다. 프란체스코 성인이 뜻을 같이하는 사람들과 공동생활을 시작한 것이 1210년이고 도미니코수도회는 1216년 교황의 인가를 받았다. 중세의 뛰어난 두 성인이 각각의 수도회에서 배출되었으니, 프란체스코수도회의 보나벤투라 성인과 도미니코수도회의 토마스 성인이 그들이다. 보나벤투라는 수도회 창설자인 프란체스코 성인을 따라 수도회의 기본적인 지향을 따르려 노력했던 성인이다. 보나벤투라의 저서인 『하느님께 나아가는 정신의 여정』(*Itinerarium mentis in deum*)은 프란체스코 성인이 예수의 오상(五傷)을 받았다고 하는 베르나 산에서 명상하는 가운데 기획되었다고 하는데, 보나벤투라 성인이 추구한 것이 명상과 관조라는 것을 이 책을 통해 알 수 있다. 그러나 신비적인 사유를 내포하고 있는 성인의 저서에는 또한 철학적인 심오한 사상도 내포되어 있다. 『하느님께 나아가는 정신의 여정』이 특히 관조적인 책이라면, 그의 미완성으로 남은 마지막 저서인 『6일간의 세계 창조에 대한 강연』(*Collationes in Hexaemeron*)은 신학과 철학을 모두 아우르는 작품이라고 할 수 있다.

이 번역서는 해제 앞부분에서 밝혔듯이 『6일간의 세계 창조에 대한 강연』의 연구 번역서이다. 내가 이 책을 처음 접한 것은 유학 시절 박사논문 지도교수를 만나 논문 주제를 정할 때였다. 그는 내게 보나벤투라에 대한 연구를 해보는 것이 어떻겠느냐고 제안했는데, 아마도 한국 하면 떠오르는 것이 신비스러운 이미지 때문이어서 그런 것이 아닐까 하는 생각을 해본다. 그때 접한 책이 방금 언급한 두 저서이다. 그러나 보나벤투라 성인의 사유는 나에게 신비스러웠고 결과적으로 3년이란 짧지 않은 기간이 지난 후에 사실 그 길을 포기했다.

그러나 항상 마음속에 담고 있던 이 책의 내용과 성인의 사상을 좀 더 분명히 알고 싶어서 나름대로 조금씩 마음 가는 대로 번역을 해보았다. 지금껏 중세철학에 대한 연구는 고대철학이나 근대철학에 대한 연구에 비해 활발하지 못했지만, 그럼에도 근래 중세철학 전공자들에 의해 많은 책들이 번역ㆍ소개되고 있다. 내가 전공한 토마스 아퀴나스에 대한 연구는 활발하여 관련 연구서를 비롯해 번역서와 논문들이 다행히 많이 나와 있지만 보나벤투라 성인을 비롯해 다른 많은 중세 사상가들의 작품은 거의 소개되지 않은 것이 아쉬움으로 남는다. 앞으로 중세철학의 저변을 넓힐 수 있는 많은 연구자들이 나오기를, 또한 아직 우리 철학계에 소개되지 않은 중세 사상가들을 대할 수 있기를 진심으로 바라며 이 책이 미진하나마 철학의 길을 가는 분들께 도움이 되었으면 하는 마음이다.

우리말 성경 구절은 한국천주교주교회의 성서위원회에서 편찬한 2005년 판을 참고로 했는데, 유감스럽게도 본문에 인용된 성경 구절의 부분이 우리말 성경 구절의 부분과 일치하지 않는 경우에는 불가타 성경을 참고했다. 또한 전집에 수록된 이 저서에 있는 각주를 참고로 각주를 달았다. 본문의 [ ] 안에 단어가 들어간 경우는 번역의 맥락을 고려해 내가 임의로 넣은 단어이며, [ ] 안에 긴 문장이 있는 경우는 전집에는 없지만 번역할 때 이용한 Bonaventura, *Collationes in Hexaemeron*, lat./deut., München, 1979에 있는 문장임을 밝힌다.

언어는 인문학을 비롯한 다른 학문을 하는 데 기본이 되는 도구라는 것이 평소 나의 생각이다. 말하자면 외국어를 완벽하게 할 수는 없다 해도, 전공 분야 텍스트의 원어를 읽고 이해할 수 있는 능력을 갖추는 것이 중요하다는 것이 나의 지론이다. 언어마다 낱말이 갖는 고유한 의미와 아무리 훌륭한 번역가라도 번역해 낼 수 없는 미묘한 의미의 차이가 있기 때문이다. 따라서 고대철학을 한다면 그리스어, 중세철학을 한다면 라틴어를 읽고 이해할 수 있는 능력이 무엇보다도 중요하다.

중세철학을 전공한 사람으로서 이야기하고 싶은 또 한 가지는 다음과 같다. 혹자는 현대라는 말로도 부족할 초현대적인 이 시대에 왜 중세철학을 여전히 이야기하고 있느냐고 물을 것이다. 왜 하필 몇백 년 전의 철학자이자 신학자인 보나벤투라나 토마스 아퀴나스의 철학이란 말인가? 이 사상을 다루는 것은 어불성설 아닌가? 그러나 이런 물음은 좀 성급하다고 생각한다. 이 책이 이런 성급한 물음을 던지는 분들에게 어느 정도 도움을 주길 바란다. 나는 중세 사상가들에 대한 책을 집필하거나 작품의 번역 작업이 결코 헛된 일은 아닐 것이라고 믿는다. 인류의 정신사는 하루아침에 이루어진 것이 아니다. 인류의 사상은 우리 역사 안에 면면히 이어져 내려왔고, 또 그렇게 이어져 내려갈 것이다.

마음 가는대로 끄적였던 번역이 이렇게 책으로 나오게 되었다고 감격스러운 기분은 들지 않는다. 그동안 너무 오랜 시간이 흘렀고 그래서 하나의 짐을 벗는구나 하는 생각밖엔 없다. 이 책을 내면서 많은 분들께 감사의 인사를 드려야 할 것 같다. 가장 먼저 기꺼이 이 책의 출판을 맡아주신 도서출판 길의 이승우 편집장에게 감사를 드려야 하겠다. 여타의 명망 있는 출판사들조차 요즘은 전공서적 출판을 꺼리는 상황임에도 이 책의 출판을 흔쾌히 결정해 주셔서 감사할 뿐이다. 적지 않은 분량의 라틴어 대역 원고를 몇 번씩이나 꼼꼼히 보아주신 이남숙 편집자께도 감사드린다. 또한 '강 엘리사벳 연구기금'이 베풀어 준 후의는 잊을 수 없다.

이 책의 번역 초기부터 출판사 소개까지 모든 과정에서 도움을 주신 가톨릭대 철학과 박승찬 교수님과 알게 모르게 많은 도움을 베풀어 주신 중세철학회 회원 선생님들께도 고마움을 전한다. 이 책이 그분들의 기대에 어느 정도 부응할지 걱정이 앞선다. 지금은 우리 곁에 계시지 않지만 이 책이 '강 엘리사벳 연구기금'의 번역서로 지정되었을 때 "박 선생, 니 그 책 야무지게 한 번 번역해 봐라" 하시며 가장 기뻐하셨던 고(故) 강성위 교수님께 감사드린다. 마지막으로 라틴어 원문의 입력 작업을 도와주고, 바쁘다는 핑계로 제대로 주어진 역할을 다하지 않은 나를 이해해 주고 참아준 삶의 동반자, 색소폰으로 제2의 인생을 살고 있는 색소포니스트 남편 함영환 님에게 고마움을 전한다.

밤하늘에 떠 있는 별을 볼 수 있는 이곳에서 덕유산 자락을 바라보며 중세철학에 조금이나마 기여할 수 있는 일이 무엇일까를 고민해 본다.

2019년 5월 20일
옮긴이 박주영

1. 보나벤투라 원전

Bonaventura, *Doctoris Seraphici S. Bonaventurae S. R. E. Episcopi Cardinalis Opera omnia*, 1~10 vols, Ad Claras Aquas(Quaracchi), prope Florentiam, 1882~1902.

_____, *Itinerarium mentis in deum*, 1891(*Itin.*으로 약기). *Opera omnia*, 제5권에 수록.

_____, *Commentarii S. Bonaventurae in primum librum Sententiarum Petri Lombardi*, 1882(*Sent.*로 약기).

_____, *Liber secundus Sententiarum*, 1885.

_____, *Breviloquium*, 1891(*Brevil.*로 약기). *Opera omnia*, 제5권에 수록.

_____, *Quaestiones disputatae de Scientia Christi*, 1891(*De scientia christi.*로 약기). *Opera omnia*, 제5권에 수록.

_____, *Quaestiones disputatae de mysterio Trinitatis*, 1891(*de mysterio Trini.*로 약기). *Opera omnia*, 제5권에 수록.

_____, *Collationes de septem donis Spiritus Sancti*, 1891. *Opera omnia*, 제5권에 수록.

_____, *De perfectione evangelica*, 1891. *Opera omnia*, 제5권에 수록.

_____, *Legenda S. Francisci*, 1898. *Opera omnia*, 제8권에 수록.

_____, *Itinerarium mentis in deum, ─ De reductione artium ad theologiam*, eingeleitet, übersetzt und erläutert von Julian Kaup OFM, München: Kösel-Verlag 1961.

2. 2차 문헌

Ambrosius, *Opera omnia: Patrologiae cursus completus*, Series latinae: vols. 14~15, Migne, 1882; 1887.

Anselmus, *De Veritate* (Über die Wahrheit), Lateinisch-deutsch, Stuttgart-Bad Cannstatt: Fromann 1966.

Aristoteles, *Die Kategorien*, Griechisch/Deutsch, Reclam 1998.

_____, Hans Günter Zekl, trans., *Physik*, Griechisch/Deutsch, Felix Meiner 1987.

_____, Eugen Rolfes, trans., *Lehre vom Schluß oder Erste Analytik*, Felix Meiner 1992.

_____, Eugen Rolfes, trans., *Lehre vom Beweis oder Zweite Analytik*, Felix Meiner 1990.

_____, *Meteorologie* (Über die Welt), Berlin, 1970.

_____, *Aristotle's De generatione et corruptione*, trans. with notes by C. J. F. Williams, Oxford: Clarendon 1982.

_____, *De partibus animalium* (Über die Glieder der Geschöpfe), hg. u. erl. v. Paul Gohlke, Paderborn, 1959.

Augustinus, *S. Aurelii Augustini Opera omnia*, 1841.

_____, *De vera religione*, Lateinisch/Deutsch, übers. v. Wilhelm Thimme, Stuttgart, 1991.

_____, *De trinitate*, Lateinisch/Deutsch, Felix Meiner 2001.

_____, *Vom Gottesstaat*, München, 1991.

Beda, *Opera omnia:Patrologiae cursus completus*, Series latinae: vols. 90~94, Migne, 1850.

Boethius, *Opera omnia:Patrologiae cursus completus*, Series latinae: vols. 63~64, Migne, 1847.

Caesariensis Priscianus, *Institutionis Grammaticae*, Leipzig: Teubner 1855.

Cicero (Marcus Tullius Cicero), *De natura deorum*, Lateinisch/Deutsch, Reclam 1995.

_____, *Rhetorica*, London: Oxonii 1902.

Gregorius, *Opera omnia:Patrologiae cursus completus*, Series latinae: vols. 75~79, Migne, 1895(vol. 4); 1896(vol. 3).

Hermann Diels, *Die Fragmente der Vorsokratiker*, Griechisch/Deutsch, Weidmann, 1996.

Hugo von Sankt Viktor, *Didascalicon de Studio Legendi:Studienbuch*, Lateinisch/Deutsch, ed. T. Offergeld, Freiburg-Basel-Wien: Herder 1997.

Isidorus Hispalensis, *Etymologiae*, ed. W. M. Lindsay, Oxonii 21957.

Origenes, *Opera omnia. Patrologiae cursus completus*, Series graecae: vols. 11~17, Migne, 1857.

Platon, *Kratylos*, in: *Sämtliche Werke*, übersetzt von Friedrich Schleiermacher, Hamburg, 1994.

_____, *Nomoi*, in: *Sämtliche Werke*, übersetzt von Friedrich Schleiermacher, Hamburg, 1994.

Plinius, *Naturalis Historiae (Libri I-VI)*, Berlin: Gruyter 1998.

Plotinos, *Plotins Schriften*, Felix Meiner 1956.

Thomas Aquinas, *In Arisotelis Libros De Caelo et Mundo: De Generatione et Corruptione Meteorologicorum Expositio*, ed. P. Fr. R. M. Spiazzi, Taurini/Romae, 1952.

_____, *Quaestio Disputata De Virtutibus*, in: *Quaestiones Disputatae II*, ed. P. Bazzi und P. M. Pession, Taurini/Romae, 1965.

_____, *In Librum Beati Dionysii De Divinis Nominibus Expositio*, ed. C. Pera, Taurini/Romae, 1950.

Werner Beierwaltes, "Aufstieg und Einung in Bonaventuras mystischer Schrift Itinerariummentis in deum", in: *Denken des Einen*, hg. W. Beierwaltes, Frankfurt am Main, 1985.

김남일, 『야웨와 바알』, 살림, 2004.

박주영, 「『6일간의 세계 창조에 대한 강연』(Hexaemeron)의 연구번역」, 『중세철학』 제15호, 한국중세철학회, 2009, 187~218쪽.

_____, 「『모든 학문의 신학으로의 환원』(De reductione artium ad theologiam) 연구번역」, 『중세철학』 제19호, 한국중세철학회, 2013, 183~234쪽.

_____, 『악이란 무엇인가』, 누멘, 2012.

베르길리우스, 천병희 옮김, 『아이네이스』, 도서출판 숲, 2007.

소피아 로비기, 이재룡 옮김, 『성 보나벤투라』, 가톨릭대학교출판부, 2001.

아리스토텔레스, 김진성 역주, 『형이상학』, EjB, 2007.

_____, 조대호 옮김, 『형이상학』, 도서출판 길, 2017.

_____, 강상진·김재홍·이창우 옮김, 『니코마코스 윤리학』, 도서출판 길, 2011.

_____, 김재홍 옮김, 『변증론』, 까치, 1998.

_____, 김진성 역주, 『범주론·명제론』, EjB, 2007.

_____, 유원기 역주, 『영혼에 관하여』, 궁리, 2005.

아우구스티누스, 성염 역주, 『신국론』, 분도출판사, 2004.

_____, 김기찬 옮김, 『고백록』, 현대지성사, 2005.

_____, 박주영 옮김, 『행복론』, 누멘, 2010.

_____, 이 밖의 아우구스티누스 작품은 모두 Augustinus, *S. Aurelii Augustini Opera omnia*,

1841에 수록되어 있는 작품들이다.

아폴로도로스, 천병희 옮김,『원전으로 읽는 그리스 신화』, 도서출판 숲, 2006.

앤드루 라우스, 배성옥 옮김,『서양 신비사상의 기원』, 분도출판사, 2001.

원유동,『보나벤투라의 빛의 形而上學』, 한국학술정보(주), 2008.

위 디오니시우스, 엄성옥 옮김,『위 디오니시우스 전집』, 은성출판사, 2007.

제프리 버튼 러셀, 김영범 옮김,『중세의 악마 루시퍼』, 도서출판 르네상스, 2006.

캔터베리의 안셀무스, 박승찬 옮김,『모놀로기온 & 프로슬로기온』, 아카넷, 2002.

키케로, 허승일 옮김,『의무론』, 서광사, 2006.

_____, 김남우 옮김,『투스쿨룸 대화』, 아카넷, 2014.

토마스 아퀴나스, 이재경 역주,『지성단일성』, 분도출판사, 2007.

_____, 정의채 옮김,『신학대전』, 바오로딸, 2014.

플라톤, 김태경 옮김,『소피스테스』, 한길사, 2007.

홍익희,『유대인 이야기』, 행성비, 2013.

황명길,『기독교 7대 공의회의 역사와 신학』, 고려신학교출판부, 2014.

후베르트 예딘, 최석우 옮김,『세계공의회사』, 분도출판사, 2006.

1217년경	이탈리아 중부 비테르보(Viterbo) 인근 바뇨레지오 다 조반니(Bagnoregio da Giovanni)에서 아버지 조반니 디 피단차(Giovanni di Fidanza)와 어머니 마리아 디 리텔로(Maria di Ritello) 사이에서 귀족 가문의 아들로 태어남(학자들에 따라 그의 출생 연도는 무려 5년의 차이를 보임).
1238년	조반니 피단차가 원래 이름이었고 '요한'으로 세례를 받았으나, 프란체스코회에 입회하면서 '보나벤투라'로 개명함.
1243년	파리에서 영국인 재속 사제이자 교수였던 헤일즈의 알렉산더(Alexander of Hales) 밑에서 공부하기 시작함.
1250년	페트루스 롬바르두스의 『명제집』(*Libri Sententiarum*)에 대한 주석 작업에 착수하여 1254년에 완성함. 그동안 파리 대학에서 신학을 강의할 수 있는 자격을 얻음과 동시에 프란체스코회에 할당된 파리 대학 교수로서 활동할 자격도 취득함(그러나 재속 신학자와 수도회 소속 신학자와의 갈등을 비롯한 문제들로 인해 곤란을 겪음).
1257년	2월에 높은 학식과 성덕을 인정받아 제7대 프란체스코회 총장에 임명되었으며, 8월에는 교황 알렉산데르 4세가 신학자들 간의 문제를 해소함으로써 토마스 아퀴나스와 함께 파리 대학 교수로 취임함.
1259년	『하느님께 나아가는 정신의 여정』을 저술함.
1261년	『프란체스코 대전기』와 『프란체스코 소전기』를 저술함.
1265년	교황 클레멘스 4세에 의해 요크(York) 대주교로 임명되었으나 거절함.

1273년	알바노(Albano)의 대주교로 임명되었으나 이 자리까지는 고사하지 못하며, 마지막 작품인 『6일간의 세계 창조에 대한 강연』을 집필하지만 미완성으로 남음.
1274년	5월 7일, 교황 그레고리우스 10세에 의해 교회의 개혁과 예루살렘 성지에 대한 군사적 원조, 그리고 동방정교회와의 통합 문제를 논의하기 위한 제2차 리옹 공의회가 소집되자 참석함.
1274년	공의회 참석 중인 7월 15일에 선종(善終)함.
1482년	4월 14일, 교황 식스투스 4세에 의해 시성(諡聖)됨.
1588년	3월 14일, 교황 식스투스 5세에 의해 교회박사로서 'Doctor Seraphicus'(세라핌 박사)라는 영예로운 칭호를 받음.